建德年鉴

JIANDE YEARBOOK | 2021

建德市史志编纂委员会 编

方志出版社
Publishing House of Local Records

建德市史志编纂委员会

《建德年鉴》编辑部

建德名片

全国文明城市

中国气候宜居城市

国家卫生城市

全国首批绿化模范城市

国家级生态示范区

国家园林城市

全国生态文明先进市

全国科普示范市

全国科技进步考核先进市

中国最具影响力旅游名城

中国十佳休闲宜居生态城市

中国最佳旅游休闲胜地

中外优秀旅游胜地

中国优质碳酸钙产业基地

全国首个国家级出口低压
电器质量安全示范区

中国草莓之乡

中国有机茶之乡

中国优质柑橘之乡

中国藏红花之乡

全国首批、浙江首个国家有机
食品生产基地建设示范县

浙江省级生态文明示范市

浙江省清新空气示范区

浙江省首批农业绿色
发展先进县(市)

◎ 新安江水库九孔泄洪（吕志峰/摄）

◎ 新安江主城区江滨受灾严重

◎ 新安江城管中队冒雨抢险

◎ 新安江主城区罗桐社区居民楼被淹

◎ 下涯镇之江村紧急修筑和加固防洪堤

◎疫情防控·市领导检查小区卡点

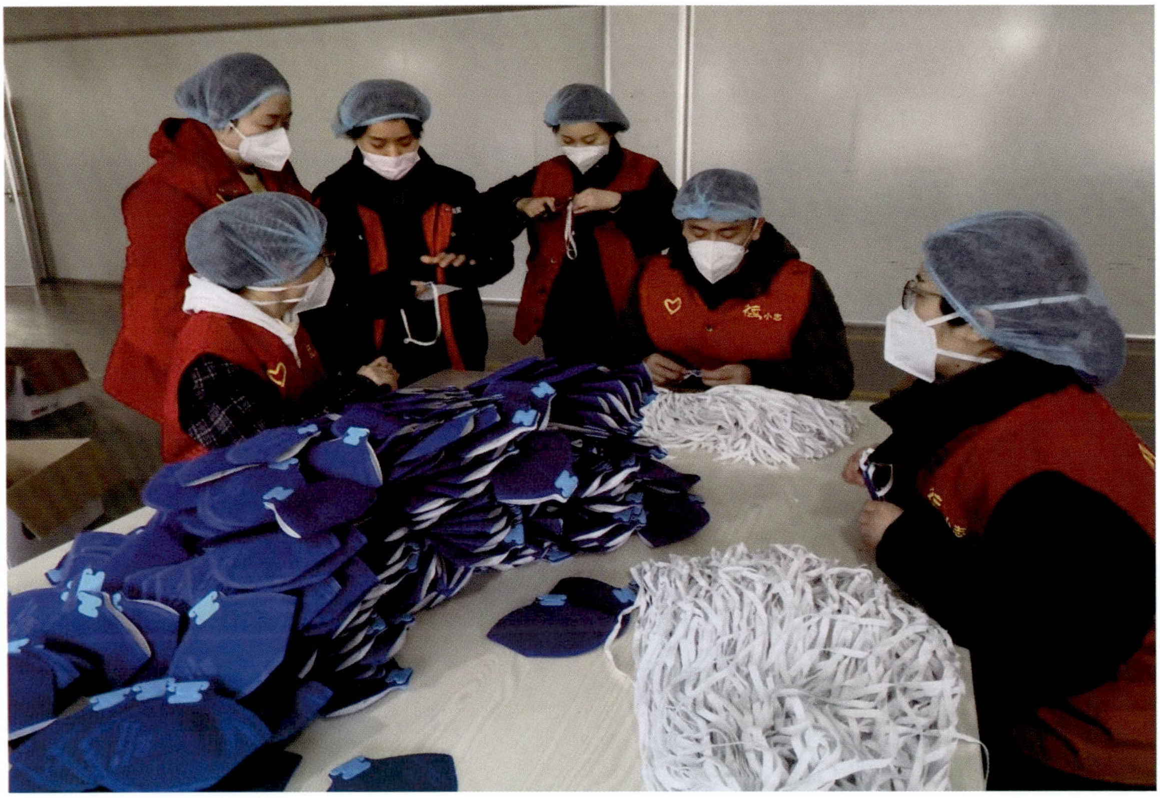

◎疫情防控·志愿者支援口罩企业生产线

◎疫情防控·市领导慰问援鄂医护人员家属

◎疫情防控·表彰“抗疫”先进个人

◎ 3月18日，副省长彭佳学（前左二）到建德市调研春季农业生产工作

◎ 4月1日，省人大常委会副主任史济锡（左三）到建德市调研乡村振兴工作

◎ 5月26日，省委常委、组织部部长黄建发（前右三）在“千鹤妇女精神”教育基地考察调研

◎ 6月10日，省人大常委会副主任姒健敏（前排左三）到建德市开展“两法两条例两决定”执法检查

◎ 6月10日，交通运输部党组成员、副部长兼总规划师、综合规划司司长王志清（前右三）到建德市考察工作

◎ 6月23日，省委常委、统战部部长熊建平（左三）到建德市调研企业复工复产及美丽城镇建设等工作

◎ 7月9日，杭州市市长刘忻（左二）到建德市检查抗洪救灾情况

◎ 9月17日，全国妇联党组书记、副主席、书记处第一书记黄晓薇（前右二），在浙江省委常委、组织部部长黄建发（前右四）陪同下到建德市调研考察

◎ 10月11日，中国民用航空局党组成员、副局长吕尔学（左三）到建德市调研通用航空发展情况

◎10月13日，省委常委、宣传部部长朱国贤（前左二）到建德市参加“美丽浙江行”启动仪式

◎ 10月28日，副省长成岳冲（前左二）考察梅城“美丽城镇”建设

◎ 12月16日，省检察院党组书记、检察长贾宇（前左）到建德市调研

◎ 8月24日，第30届中国电视金鹰奖评审会议在新安江举行

◎ 9月22日，2020年中国农民丰收节浙江庆丰收活动在建德市大同镇稻香小镇举行

编辑说明

一、《建德年鉴（2021）》（以下简称本年鉴）以马克思列宁主义、毛泽东思想、邓小平理论、“三个代表”重要思想、科学发展观、习近平新时代中国特色社会主义思想为指导，坚持辩证唯物主义和历史唯物主义的立场、观点和方法，全面、系统地记载2020年建德市政治、经济、文化和社会发展的基本情况，为社会各界读者了解和研究建德提供基本信息资料。

二、本年鉴由类目、分目、条目三级组成。条目标题加【 】表示。卷首设特载、大事记、市情概览；百科设中共建德市委员会、建德市人民代表大会、建德市人民政府、政协建德市委员会、民主党派·工商联（总商会）、群众团体、法治、军事、农业·农村、水资源管理与水利建设、工业、商贸、交通运输、城乡建设与管理、生态环境保护建设和自然资源规划管理、安全生产与应急管理、金融·保险、财政·税务、经济管理、人力资源管理和社会保障、信息业、科学技术与气象服务、教育、文化·旅游·体育、卫生健康、社会生活、乡镇（街道）；卷末2020年度新闻人物、名录、重要文件选录、索引，全书近70万字。为保持历史文献原貌，4个特载文献及重要文件选录内容以原文收录。

三、本年鉴收录内容和图片以2020年度为主，个别内容和图片时间视具体情况适当上溯和下延。图（照）片来源，除版权所有者明确（彩页“领导视察”图片由市融媒体中心记者拍摄）外，其他来自多种途径，仅注明提供者，不再一一标明。《建德市行政区划图》由市民政局提供。

四、本年鉴“大事记”，因设“抗疫”“抗洪”专记，相关内容集中记载，不入大事记；中共建德市委、市人民代表大会、市人民政府、政协建德市委员会各次重要会议，因在具体分目（条目）下已做详细记载，仅记会议时间及名称，具体内容不入大事记；上级领导到建德视察、检查、调研工作，除少数重大事件外，陪同的建德市有关领导活动不入大事记。

五、内文中除“民主党派”分目外，未标明党派的“市委”均为“中共建德市委”，“党员”均为“中共党员”，“党建”工作均为“中国共产党建设”工作。

六、本年鉴采用语体文，涉及人称、职务等情况，以第三人称表述。在前文出现“建德市”情况下，后文可视情况使用“本市”，以便于表述流畅自然。

七、本年鉴的数字、计量单位和标点符号，按照国家最新标准使用。其中，不使用“亩”（不足1公顷者，使用“亩”，括注公顷）、“公里”“公斤”“度”，而使用“公顷”“千米”“千克”“千瓦时”，个别情况例外。部分涉密内容，按照《中华人民共和国保密法》规定处理。部分市情数据，按照2018年4月公布的《建德市第一次地理国情普查公报》（截止时间2015年12月31日），对此前年份采用的数据进行修正。

八、本年鉴所载信息资料由全市各机关、单位提供，经《建德年鉴》编辑部整理编辑，并由建德市史志编纂委员会审核而成，主要数据采纳《建德市2020年国民经济和社会发展统计公报》和《建德统计年鉴（2020）》，具有法定效力。

建德市行

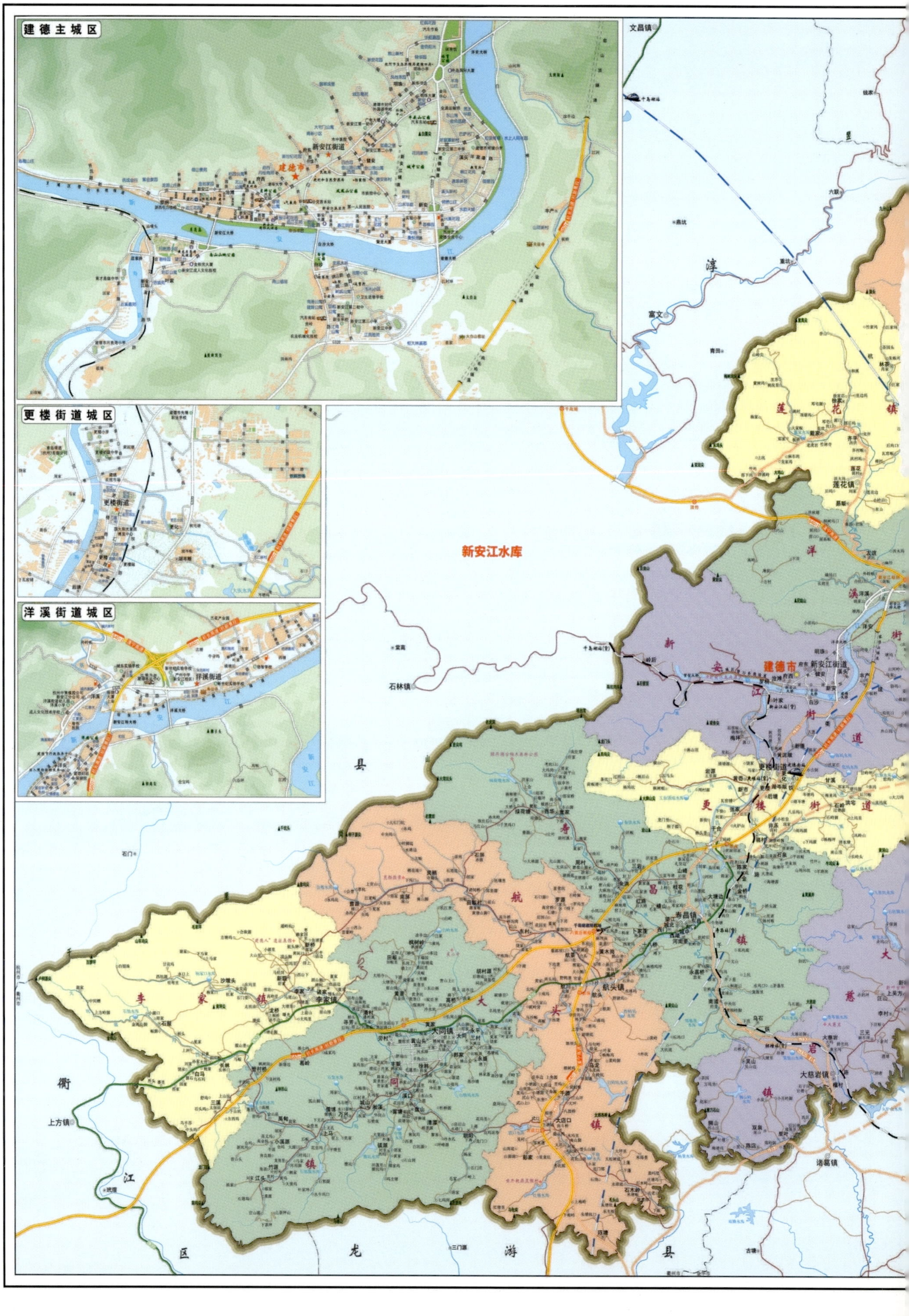

建德主城区
建德市
新安江街道
更楼街道城区
更楼街道
洋溪街道城区
洋溪街道
新安江水库
文昌镇
富文
青田
石林镇
石门
莲花镇
洋溪街道
新安江街道
更楼街道
寿昌镇
航头镇
大同镇
李家镇
大慈岩镇
大洋镇
上方镇
诸葛镇
衢江区
龙游县

政区划图

注：内部用图

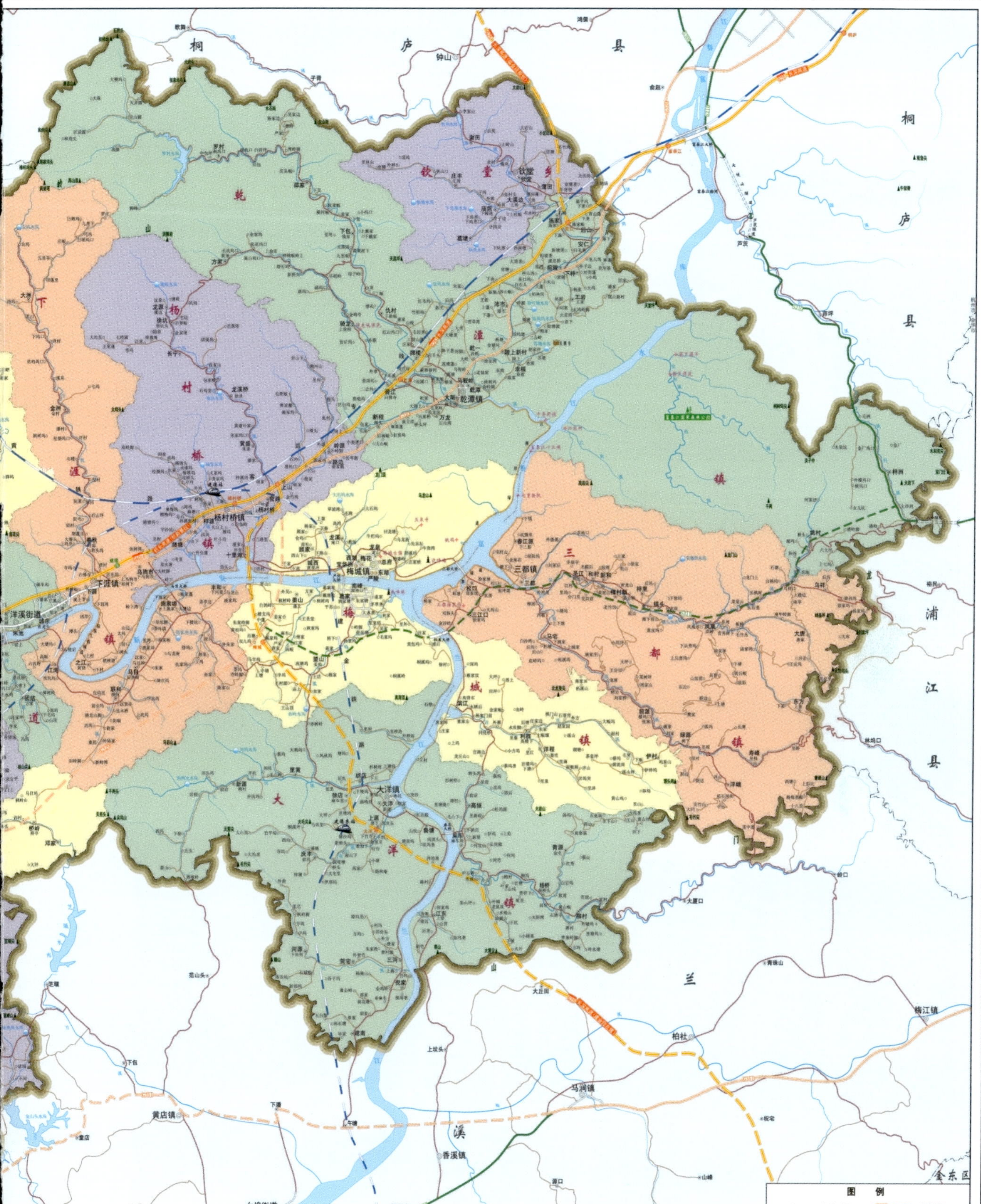

建德市民政局 浙江煤炭测绘院有限公司 联合编制 地图审核号：浙杭S（2019）028号 二〇一九年十月

◎ 9月28—29日，“（全国）乡村治理数字化实践暨党建引领强村善治研讨会”在建德市举行

◎ 12月3日，“画说严州”全国知名画家走进建德活动成果展开幕

目　录

特　载

高标准打造“宜居建德”　高水平推动跨越赶超
奋力谱写“十四五”高质量现代化发展新篇章
——在市委十四届七次全体（扩大）会议上的报告……1
政府工作报告
——在建德市第十六届人民代表大会第五次会议上……13
2020年建德市国民经济和社会发展统计公报……26
建德市第七次人口普查主要数据公报……32

专　记

抗击突如其来的新冠肺炎疫情……34
成功创建全国文明城市……35
新安江水库九孔泄洪始末……38

大事记

1月……42
2月……43
3月……43
4月……45
5月……47
6月……48
7月……49
8月……50
9月……51
10月……53
11月……54
12月……55

市情概览

基本地情……57
地理位置……57
建置沿革……57
市名由来……58
自然环境……58
资源状况……59
气候……60
历史人文……60
浙江人类源头——建德人……60
与伍子胥有关的乡土文化……61
入选部编小学教材的《宿建德江》……61
唐末诗人李频……61
范仲淹与《严先生祠堂记》……61
陆游与严州刻书业……61
章燮与《唐诗三百首》……62
蒲松龄《聊斋志异》首个刻本……62

浙江名酒严东关五加皮酒……62
人口……62
总人口……62
人口性别结构……62
人口年龄分布……62
人口区域分布……62
人口迁移……64
国民经济和社会发展……64
概况……64
地区生产总值……64
财政收入……64
规模以上工业增加值……64
农林牧渔业增加值……64
对外贸易……64
教育事业……64
科技事业……64
文化、体育事业……65
社会保障……65
气象……67
概况……67
气温……67
降水量和雨日……67
日照……67
寒潮……67
强对流天气……67
梅汛期暴雨……68
晴热高温……69
秋季连阴雨……69
低温雨雪冰冻天气……69

中共建德市委员会

综述……70
概况……70
产业转型与做强……70
重点项目投资……70
城乡面貌改善……70
群众福祉增加……71
全面从严治党……71
市委重要会议……71
市委十四届八次全体（扩大）会议……71
市委十四届九次全体（扩大）会议……71
市委常委会议……72
战疫情促发展暨“五大比拼”工作部署会……75
市委农村工作会议暨全国乡村治理体系建设试点示范工作部署会……75
市纪委十四届五次全体（扩大）会议……76
全市党建工作暨巡察工作动员部署会……76
文明委全体（扩大）会议暨创建全国文明城市“决战决胜”誓师大会……76
全面深化改革工作……76
概况……76
“最多跑一次”改革……76
“改革创新大比拼”活动……77
改革试点（示范）……77
调查研究与政策制定……77
概况……77
重点调研及成果转化……77
重要政策意见制定……78
市委巡察工作……78
概况……78
实施多部门联动巡察机制……78
疫情防控巡察……78
碳酸钙整治提升巡察……78
市直管公房专项巡察……79
实现村级巡察全覆盖……79

纪检监察……79
概况……79
“全面从严治党”推进与落实……79
清廉建设监督与深化……79
特殊时期政治监督……80
政治生态建设……80
干部“四风”纠治与群众身边不正之风和腐败问题整治……80
澄清容错机制建设……80
案件查处……81
清廉文化建设……81
保密工作……81
宣传教育……81
保密监督检查……81
其他工作……81
对台湾及港澳工作……82
对台湾地区工作……82
对港、澳特区工作……82
宣传思想工作……82
概况……82
理论学习……82
理论宣讲……82
疫情舆论引导和社会宣传……82
主题宣传……83
“文明建设”工程……83
建德市融媒体中心……83
网络综合治理……85
文化传承……85
文化供给……85
意识形态工作……85
组织工作……85
概况……85
干部培训与激励……86
干部使用管理……86
基层党建工作……86
人才储备……87
“退二线”干部一线履职……87
“新安夜话·部长有约”访谈活动……87
村（社区）组织换届……87
举办全国党建引领强村善治研讨会……87
创设政企红盟……87
农村发展党员违规违纪问题排查整顿……87
外来人才引进与培育……87
科研人才平台建设……88
本土人才培育……88
统一战线工作……88
概况……88
助力疫情防控及复工复产……88
基层统战工作……89
机构编制工作……89
概况……89
综合行政执法领域机构改革……89
市级平台体制机制调整完善……89
经济领域机构编制配置……90
民生领域机构编制配置……90
机构编制资源配置方式创新……90
临时机构与编外用工管理……90
机构编制规划……90
机构编制业务服务……90
史志工作……90
概况……90
党史宣讲……90
红色场馆建设……91
《建德年鉴（2020）》出版发行……91
修志辅导工作……91
史志系列丛书编印……91

党校教育工作……………………………………91
概况……………………………………………91
教学培训………………………………………92
科研咨政………………………………………92
基层宣讲………………………………………92
老干部工作……………………………………92
概况……………………………………………92
主要荣誉………………………………………92
“医养一体化”居家养老服务社会化养老
探索……………………………………………93
老干部“银色家园”综合体建设战略合作
协议签约………………………………………93
举办首次全市退休公务员集体荣退仪式………93
丰富个性化服务………………………………93
信访和“12345”市长公开电话………………93
概况……………………………………………93
涉“经济体制改革”信访受理…………………93
成功创建全国“三无县”……………………94
深入推进社会矛盾纠纷调处化解中心
（信访超市）规范化建设 …………………94
提升“12345”效能指数………………………94
档案工作………………………………………94
概况……………………………………………94
数字档案馆建设………………………………94
档案工作“最多跑一次”改革…………………95
档案工作服务农村基层社会治理项目…………95
档案文化宣传…………………………………95

建德市人民代表大会

综述……………………………………………96
概况……………………………………………96
助力高质量一体化发展………………………96
助推市域治理效能提升………………………96
充分发挥代表主体作用………………………97
重要会议………………………………………97
建德市第十六届人民代表大会第四次
会议……………………………………………97
“一府两院”工作报告会………………………98
全市人大宣传工作会议………………………98
市十六届人大常委会会议……………………98
主任会议听取专项工作汇报…………………99
重要活动………………………………………100
中介机构规范发展专题调研…………………100
“乡村振兴”工作评议…………………………100
首次试行预算草案“三审”制…………………100
代表联络站规范化建设………………………100
“助力垃圾分类，人大代表在行动”主题
实践活动………………………………………100
首次专题听取和审议人大街道工委工作
情况报告………………………………………101
探索与长三角地区人大建立交流合作和
协同发展机制…………………………………101
执法检查………………………………………101
视察检查………………………………………101

建德市人民政府

综述……………………………………………103
概况……………………………………………103
主体指标总体向好……………………………103
科学精准防控新冠肺炎疫情…………………103
抵御新安江水库九孔泄洪灾损………………103
传统制造业提升改造…………………………104
文体旅融合加快………………………………104
重大产业项目落地平稳………………………104

数字化建设…………………………………… 104
城乡发展融合深入……………………………… 104
人民福祉持续增强……………………………… 104
2020年度十件民生实事项目全面完成……… 105
重要会议……………………………………………105
市政府全体（扩大）会议…………………… 105
市政府常务会议……………………………… 106
市长办公会议………………………………… 108
外事工作……………………………………………110
概况……………………………………………110
服务好涉外疫情防控………………………… 110
服务好企业复工复产………………………… 110
行政审批服务管理及（“最多跑一次”改革）··110
概况……………………………………………110
城市数字化亮点工程建设…………………… 110
公民身份信息变更“一件事”联办改革…… 110
“无窗口化”改革…………………………… 110
“1+4+12+N”四级政务服务体系构建……… 111
中介服务管理规范化…………………………111
机关事务工作………………………………………111
概况……………………………………………111
防疫防汛保障…………………………………111
数字化建设探索………………………………111
后勤服务保障…………………………………111
公务用车管理…………………………………112
公务接待管理…………………………………112
房产基建管理…………………………………112

政协建德市委员会

综述……………………………………………113
重要会议……………………………………………114
市政协十四届委员会第四次会议…………… 114
市政协常委会会议………………………… 114
政协履职……………………………………………115
协商建言………………………………………115
民主评议………………………………………116
专题议政………………………………………116
“请你来协商”平台建设…………………… 117

民主党派·工商联（总商会）

民革建德市委员会…………………………… 120
概况……………………………………………120
参与抗疫服务社会…………………………… 120
议政建言………………………………………120
专题调研………………………………………121
祖国统一联谊工作…………………………… 121
中国民主同盟建德市委员会……………………… 121
概况……………………………………………121
参与新冠肺炎疫情防控……………………… 121
“不忘合作初心，继续携手前进”主题
教育活动…………………………………… 121
参政议政活动………………………………… 122
开展民主监督………………………………… 122
政治协商工作………………………………… 122
社会服务工作………………………………… 122
“盟员之家”建设…………………………… 122
中国民主建国会建德市委员会…………………… 122
概况……………………………………………122
参与抗疫防汛工作…………………………… 123
参政议政工作………………………………… 123
两会平台建言献策…………………………… 123
协商建言………………………………………123
企业家联谊会工作…………………………… 123
服务基层与社会……………………………… 123

中国民主促进会建德市委员会…………………124
概况……………………………………………124
参与新冠肺炎疫情防控………………………124
“不忘合作初心，继续携手前进”主题
教育……………………………………………124
参政议政………………………………………124
政治协商………………………………………125
民主监督………………………………………125
社会服务………………………………………125
建德市工商业联合会（总商会）……………125
概况……………………………………………125
参政议政………………………………………125
“建商”宣传…………………………………125
会员教育培训体系建设………………………126
企业社会责任履行……………………………126
服务经济建设…………………………………126
承办杭州市工商联“主席会长思享会”……126

群众团体

建德市总工会…………………………………127
概况……………………………………………127
防疫抗疫工作…………………………………127
“最美抗疫职工”评比表彰…………………127
王国平获全国劳动模范称号并进京
接受表彰………………………………………128
召开建德市总工会第十六届委员会
两次全体会议…………………………………128
共青团建德市委员会…………………………129
概况……………………………………………129
浙江省中长期青年发展规划
（2017—2025 年）省级试点…………………129
青少年思想工作………………………………129
“农创客”工程………………………………129
参与疫情防控和抗洪救灾……………………129
组织开展各类“学子活动”…………………130
志愿者服务工作………………………………130
服务青年群体…………………………………130
建德市妇女联合会……………………………130
概况……………………………………………130
承办“传承弘扬千鹤妇女精神”系列
座谈会…………………………………………130
“千鹤妇女精神教”育基地创建成全国
妇女爱国主义教育基地………………………131
妇女权益保障和维护…………………………131
留守儿童关爱工作……………………………131
妇女领衔“美丽庭院”创建工作……………132
“最美家庭”及“文明家庭”评选表彰……132
女工“大比武”活动…………………………132
妇女干部综合素质提升………………………132
建德市科学技术协会…………………………132
概况……………………………………………132
疫情防控科普宣传……………………………132
服务科技工作者………………………………132
服务创新驱动…………………………………132
服务科学决策…………………………………133
全民科学素质提升工作………………………133
青少年科普专项工作…………………………133
建德市文学艺术界联合会……………………133
概况……………………………………………133
联合承办之江新安影像论坛…………………134
抗疫情专题文艺创作…………………………134
举（承）办多种艺术展览……………………133
开展“我的美丽乡愁”红色主题创作………134
文艺人才扶持…………………………………134
文艺创作成果…………………………………135

建德市残疾人联合会…………………………… 135
概况……………………………………………135
残疾人关怀政策落实………………………… 135
无障碍环境建设……………………………… 136
“残疾人之家”提升星级项目……………… 136
换发第三代残疾人证免费乘公交…………… 136
建德市红十字会……………………………… 136
概况……………………………………………136
积极参与疫情防控和抗洪救灾……………… 136
救护培训工作………………………………… 137
“博爱帮困”工程…………………………… 137
“博爱家园”建设…………………………… 137

法 治

综述……………………………………………138
概况……………………………………………138
“平安建德”创建…………………………… 138
社会稳定维护………………………………… 138
基层善治基础建设…………………………… 138
“数字赋能”建设…………………………… 138
市域社会治理………………………………… 139
诉源治理………………………………………139
开展执法司法规范化水平提升年活动……… 139
“扫黑除恶”专项斗争……………………… 139
法治政府建设………………………………… 139
概况……………………………………………139
法治政府建设主体责任落实………………… 139
行政规范性文件管理………………………… 140
政府法律顾问制度…………………………… 140
行政执法监督约谈制度……………………… 140
行政执法“三项制度”落实情况专项执法监督……………………………………… 140
行政执法案卷评查…………………………… 140
行政复议职责履行…………………………… 140
行政争议调解中心实质化运行……………… 140
依法履行重大行政决策程序护航房屋征收… 140
公安……………………………………………141
概况……………………………………………141
特殊时期治安保障…………………………… 141
风险管控………………………………………141
道路交通安全综合治理……………………… 141
打击社会治安领域违法犯罪活动…………… 142
打击经济领域违法犯罪活动………………… 142
社会基层治理平台建设……………………… 142
检察……………………………………………143
概况……………………………………………143
参与各项涉疫工作…………………………… 143
营造法治化营商环境………………………… 143
服务打好“三大攻坚战”…………………… 143
参与社会综合治理…………………………… 143
法律监督职能履行…………………………… 144
保障改善民生民利…………………………… 144
未成年人保护………………………………… 144
推动检察改革创新…………………………… 144
法院……………………………………………145
概况……………………………………………145
惩治刑事犯罪………………………………… 145
处理民商事纠纷……………………………… 146
促进依法行政………………………………… 146
切实解决“执行难”………………………… 146
一站式多元解纷机制建设…………………… 146
民生司法保障………………………………… 146
诉讼制度改革………………………………… 147
司法行政………………………………………147
概况……………………………………………147

视频会见帮教中心投入使用……147
“执法司法规范化水平提升年”活动……147
“法雨春风”服务月活动……147
调解和事队……148
基层民主法治建设……148
“法治带头人”“法律明白人”培育工作……148
市场主体法律顾问服务网格化全覆盖……148
《编外人员管理实施办法》……148
《中华人民共和国民法典》宣传……148

军事

人民武装……149
概况……149
召开“千鹤女子民兵连”组建方案研讨暨任务部署会……149
民兵骨干、民兵教练员和学生军训教员集训……149
建德市赴温州考察洞头先锋女子民兵连建设……149
民兵跨区联训……149
完成2020年度征兵工作……149
武警建德中队……150
概况……150
参与新冠肺炎疫情防控……150
参与抗洪抢险救灾……150
人民防空……150
概况……150
防空警报建设与管理……150
人防宣传教育……151
退役军人事务……151
概况……151
保障体系建设……151
就业安置工作……151
拥军优抚工作……151

农业·农村

综述……153
新农村建设……153
概况……153
农村人居环境长效管理……153
美丽乡村建设……153
农村经营管理……154
概况……154
承包数据档案管理……154
农村综合产权流转交易平台建设……154
农村金融改革……154
“消薄”增收工作……155
农村集体资产管理……155
规范提升新型农业经营主体……155
乡村治理体系试点工作……155
实施数字乡村治理新模式……156
农田建设管理……156
概况……156
实施杭州市中低产田改造示范项目……156
高标准农田评估……156
涉农城乡区域统筹发展……157
产业协作……157
项目协作……157
交流互动……157
粮油生产……157
概况……157
规范落实国家粮食惠农政策……157
水稻绿色高质高效创建工作……157
稻米品牌建设……157

经济作物……157
概况……157
建德草莓品牌建设……158
建德首次获得国家非主要农作物品种登记…158
建德苞茶品牌建设……158
中药材生产……159
兰花产业发展迅速……159
畜牧生产……160
概况……160
发展绿色生态畜牧业……160
水产业……160
概况……160
渔业转型……160
水产健康养殖示范场建设……160
建德市水产技术推广站注销……161
农业科技及农业机械……161
新品种引进与推广……161
农业机械……161
农业行政执法……161
概况……161
植物检疫和有害生物防除工作……162
畜产品安全监管……162
动物疫病防控……162
农业机械执法检查……162
钱塘江干流禁渔工作……162
林业……162
概况……162
造林和义务植树……163
全域绿化彩化……163
森林扶育苗和公益林管理……163
湿地保护与管理……163
高效特种林业产业基地建设……163
林业企业……164
林政资源管理……164
自然保护地管理……164
森林消防工作……164
野生动物保护与管理……165
林业病虫害检测与防治防控……165
行政执法……165
林场……165

水资源管理与水利建设

水资源管理……167
水资源概况……167
实施“最严格水资源管理”制度……167
节水型社会建设……167
编制建德市节约用水“十四五”规划……167
公共机构节水降耗监察……168
水利建设……168
概况……168
重点项目……168
水利事业改革……168
美丽河湖建设……169
智慧水利工程……169

工 业

综述……170
概况……170
“新制造计划”建德行动方案……170
复工复产工作……170
“空间拓展大比拼”活动……170
工业行业……171
概况……171
生物科技行业……171

纺织服务行业……171
电子电器行业……171
建材水泥行业……171
金属加工行业……171
日用轻工行业……171
机械制造行业……171
食品饮料行业……171
新材料行业……171
其他行业……171
信息和智慧经济……171
概况……171
制造业与互联网融合……172
数字化服务能力提升……172
德信 AI 产业园飞地建成并投入运营……172
“1+2+X”数字经济平台构建……172
企业培育和管理……172
概况……172
企业经营管理人才培训……173
深化“亩均论英雄”改革……173
企业服务优化……173
“创新主体”培育……173
工业品牌建设……173
概况……173
经济发展特别贡献奖……174
经济发展十大突出贡献制造业企业……174
十大亩均绩效制造业企业……174
工信部第二批专精特新“小巨人”企业……174
经济发展十大突出贡献制造业企业……174
“市级重点制造业企业”评选……174
“市级培育制造业企业”评选……174
节能降耗……175
概况……175
节能专项监察执法……175
淘汰 35 蒸吨/小时以下燃煤锅炉……175
高耗能项目管控……175
节能宣传工作……175
工业企业简介……176
农夫山泉建德生产基地……176
中策橡胶（建德)有限公司……176
建德海螺水泥有限责任公司……176
浙江建业化工股份有限公司……177
杭州东方雨虹建筑材料有限公司……177
杭州奥立达电梯有限公司……177
建德市朝美日化有限公司……177
浙江大洋生物科技集团股份有限公司……178
杭州屹通新材料股份有限公司……178
杭州朗索医用消毒剂有限公司……178
新安江水力发电厂……179
建德经济开发区（航空小镇）……179
概况……179
浙江省首个大型航空产学研基地投入运营……179
德翼高科项目开工并列为浙江省“152”及杭州市大好高项目……179
野马飞机生产制造总部项目落户……180
成立 5G 应用联合实验室……180
建德市高铁新区……180
概况……180
四大产业平台建设……180
建德市移民创新创业小微企业园开园……180
市第一批重大项目集中签约集中开工……180

商　贸

综述……181
概况……181
特色街区打造……181

消费券发放……181
商贸扶持政策……181
商贸安全生产管理……181
重点商贸项目……182
再生资源回收项目……182
海关业务……182
电子商务……182
概况……182
公共服务……182
园区集聚……183
农村电商……183
跨境电商……183
直播电商……184
招商引资……184
概况……184
重点招商项目……184
外资招商及港澳台资招商……187
对外经贸……187
概况……187
出口市场与主要出口商品……188
自主品牌建设……188
“订单+清单”系统工作……188
境外外经贸综合服务体系提升建设……188
公平贸易工作……188
出口信保工作……188
“一带一路”市场开拓……188
国内贸易……189
集市贸易……189
粮食购销及储备……189
成品油市场……189
烟草专卖……189
供销合作……190

交通运输

综述……191
概况……191
交通卡点疫情防控……191
应对新安江水库九孔泄洪……192
交通基础设施建设……192
概况……192
320国道建德段改建工程完工……192
交通信息化建设……193
“四好农村路”三年行动计划收官……193
农村公路保险……193
杭州县市首个交通全流程电子标试点成功…193
“一公里驿站”助力乡村振兴……193
建德至金华高速公路开通……193
道路交通运输及行业管理……194
概况……194
城区公共交通建设……194
公路治超非现场执法检测称重系统建成……194
“两治一整”百日攻坚行动……194
危险货物道路运输专项整治行动……195
实施杭州市首个特种交通机械设备智能监管……195
水路运输管理……195
概况……195
涉水项目与水上船舶安全监管……195
船舶及港口污染防治……195
船舶拖泥数据测量……196
铁路运输……196
金千铁路建德段……196
杭黄高铁建德站……196
杭衢高铁建德段建设……196
金建铁路建德段建设……196

航空交通运输……197
机场改（扩）建工程……197
建德千岛湖通用机场被列为省航空应急救援主运行基地……197
建德千岛湖通用机场获得三字码“JDE”……197
实现长三角通勤旅游航线互联互通……197

城市建设与管理

综述……198
城乡建设……198
涉城乡住房建设国土空间规划……198
“美丽城镇”建设……198
“无违建”市创建……198
市政设施维修管理……199
“拥江发展”项目……199
供电……199
概况……199
电力生产安全稳定……199
电网发展提档升级……199
用电环境优化……199
落实用电“惠企”政策……200
供气……200
概况……200
杭州市天然气利用工程建德段建设……200
供水和排水……200
概况……200
用水服务……200
水表普查与维护……200
农饮水达标提标工程……201
排水……201
建筑业与房地产管理服务……201
概况……201
不动产登记……201
村镇住房及历史建筑管理……202
设计（消防）管理……202
建筑行业管理……202
城市管理……202
概况……202
参与新冠肺炎疫情防控……202
垃圾分类处置……203
环境整治长效治理……203
门前“三包三色”分类管理……203
建德市环境能源项目成功点火运行……203
垃圾投放点位提升改造……203
“违建”治理……204
召开第二十四个环卫工人节表彰大会……204
住房制度改革和住房保障……204
房产和住房保障管理……204
住房制度改革……204
住房公积金管理……204
概况……204
落实疫情期间支持政策……205
数字赋能“零跑腿”……205

生态环境保护建设和自然资源规划管理

环境保护……206
概况……206
环境质量……206
固体废物排放……206
环境法治建设……206
建设项目环境管理……206
环境监督管理……207

信访和提议案…………………………… 207
环境保障和监测………………………… 207
环境管理体系国际标准认证…………… 207
生态建设…………………………………207
概况…………………………………………207
生态文明示范市创建…………………… 207
生态文明宣传…………………………… 208
“三废”治理…………………………… 208
国土规划和自然资源管理…………… 209
概况…………………………………………209
国土空间规划…………………………… 209
规划管理……………………………………209
农转用报批……………………………… 209
土地出让……………………………………210
指标收益……………………………………210
土地资源空间拓展……………………… 210
地质灾害防治…………………………… 210
矿政管理……………………………………210
生态修复……………………………………210
自然资源信息数字化工作……………… 211
征地拆迁……………………………………211
自然资源督察………………………………211

安全生产与应急管理

综述………………………………………212
安全生产…………………………………212
安全生产行政执法检查………………… 212
企业风险管控体系建设………………… 212
第二轮安全生产专项整治三年行动…… 213
社会化服务……………………………… 213
行政许可“最多跑一次”改革………… 213
员工安全培训…………………………… 213
应急管理…………………………………213
概况…………………………………………213
防灾减灾工作…………………………… 214
应急准备及演练………………………… 214
市应急综合指挥中心建设……………… 214
“两办”值班室与应急值班双向融合……… 214
省航空应急救援主运行基地和杭州市常态化备勤点建设……………… 215
消防救援…………………………………215
概况…………………………………………215
险情处置……………………………………215
队伍建设……………………………………215
消防安全综合治理……………………… 215

金融·保险

综述………………………………………217
中国人民银行建德市支行…………… 217
概况…………………………………………217
特殊时期贷款政策落实………………… 217
债务融资工具发行……………………… 218
信用体系建设…………………………… 218
金融风险监测…………………………… 218
外汇服务与管理………………………… 218
金融服务……………………………………218
银行保险业监管………………………… 218
概况…………………………………………218
小额贷款公司监管……………………… 219
上市企业监管监管……………………… 219
银行………………………………………219
中国工商银行股份有限公司建德支行……… 219
中国农业银行股份有限公司建德市支行…… 219
中国银行建德支行……………………… 220

建设银行建德支行…… 220
交通银行杭州建德支行…… 220
建德农商银行…… 221
浙商银行杭州建德支行…… 221
建德湖商村镇银行…… 221
杭州银行建德支行…… 222
中国农业发展银行建德市支行…… 222
上海浦东发展银行杭州建德支行…… 222
中信银行杭州建德支行…… 222
宁波银行杭州建德支行…… 222
台州银行股份有限公司杭州建德支行…… 222
中国民生银行杭州建德支行…… 223
浙江民泰商业银行杭州建德支行…… 223
泰隆银行股份有限公司杭州建德支行…… 223
中国邮政储蓄银行股份有限公司
建德市支行…… 223
保险…… 223
中国平安财险保险股份有限公司
建德支公司…… 223
中国太平洋财产保险股份有限公司
建德支公司…… 224
中国人寿保险股份有限公司
建德市支公司…… 224
中华联合财产保险股份有限公司
建德支公司…… 224
证券…… 224
中国银河证券股份有限公司
建德新安路证券营业部…… 224
财通证券建德严州大道证券营业部…… 225
小额贷款企业…… 225
建德市新安小额贷款股份有限公司…… 225
建德市白沙小额贷款有限公司…… 225
建德市建业小额贷款股份有限公司…… 226

财政·税务

财政…… 227
概况…… 227
民生支出保障…… 227
财政事项改革…… 227
财政监管…… 228
防范化解风险…… 228
入围全省农村综合改革集成建设项目县…… 228
入围 2020—2022 年省级绿色转化
财政专项激励政策名单…… 228
国有资产经营…… 228
建德市城市建设发展投资有限公司…… 228
建德市交通发展投资有限公司…… 229
建德市资产经营投资有限公司…… 229
建德市新安旅游投资有限公司…… 230
杭州建德高铁新区投资发展有限公司…… 230
杭州"两山"建设开发有限公司…… 231
税务…… 231
概况…… 231
全面完成开源增收项目预期目标…… 232
减税降费政策全面落实…… 232
个人所得税年度汇算清缴工作…… 232
市场主体清查试点工作…… 232
服务企业"创先争优"专项工作…… 232
优化税收营商环境…… 232
增值税电子发票试点工作…… 232
依法治税工作…… 233
完善"司法协作"机制建设…… 233
税（费）种管理…… 233
税收风险管理…… 233

经济管理

综述……234
概况……234
规划编制与重大课题调研……234
重点项目建设……234
社会信用体系建设……234
经济体制改革……235
概况……235
防疫专项再贷款与退税政策……235
营商环境评价……235
小城市培育……235
区域合作和对口支援……235
概况……235
东西部扶贫协作……235
山海协作工程……236
公共资源交易……236
概况……236
实施“不见面”招投标制度……236
公共资源交易监管……236
审计……237
概况……237
疫情防控审计……237
财政审计……237
经济责任审计……237
自然资源资产审计……237
政府投资审计……237
政策跟踪审计……237
民生资金审计……238
统计……238
概况……238
第七次全国人口普查工作……238
防范和惩罚数据造假专项整治工作……238
市场监管……239
概况……239
农贸市场提升工程……239
防疫物资市场秩序保障……239
商事登记集成化改革……239
“放心消费”工程……239
“诚信计量”建设……239
标准体系建设……239
落实企业纾困解难政策……240
食品安全监管……240
药品药械安全监管……240
特种设备安全监管……240
产品质量安全监管……241
强化市场主体信用监管……241
物价管理……241
价格监督检查……241
落实“转供电”新政……241
知识产权保护……241
商标培育……241
专利知识产权工作……242
知识产权保护……242

人力资源管理和社会保障

综述……243
人才资源管理……243
概况……243
专车接送助力企业复工复产……244
用工“云”招聘与顶岗实习……244
人才培养……244
技能培训……244
招引优秀党政储备人才……244
公开招聘事业人员……244

劳动保障……244
概况……244
人力社保业务“家门口”办……245
“七星级”社保大厅建设……245
养老保险审核……245
医疗保障……245
概况……245
新冠肺炎疫情防控和复工复产工作……245
药品集中带量采购工作……245
医保药品支付标准全覆盖改革……245
成立医疗保障反欺诈中心……246
医保基金监管……246
“最多跑一次”改革……246

信息业

综述……247
通信……247
中国电信股份有限公司建德分公司……247
中国移动通信集团浙江有限公司建德分公司……247
中国联合网络通信有限公司建德分公司……248
铁塔公司建德办事处……248
邮政……249
概况……249
参与疫情防控期间各项服务……249
重大资产处置……249
数字电视网络……249
概况……249
基础建设……250
大数据服务……250

科学技术与气象服务

科学技术……251
概况……251
科技创新主体培育……251
科技平台建设……251
科技成果转化……252
科技支农……252
科技人才队伍建设与服务……252
助力复工复产……252
气象服务……253
生态气象服务……253
公共气象服务……253
气象现代化建设……253
农业气象服务……253
气象防灾减灾工作……253
气象社会管理……254
人工影响天气工作……254
气象科普宣传……254

教　育

综述……255
概况……255
教育项目建设……255
特殊时期教学……255
校园安全建设……256
跨县域新名校集团化合作办学……256
足球进校园工程……256
文明校园创建活动……256
承办省级中学生田径锦标赛……256
落实教育领域民生实事……256
学前教育……256

概况……256
幼儿教师职业技能大赛……257
民办幼儿园“问题清单式”督查……257
义务教育……257
概况……257
举办中小学生文化艺术节……257
学生近视防控工作……257
劳动教育实践活动……257
初中提质强校行动……257
高中段教育……258
概况……258
2020 年高考成绩保持稳定……258
师生职业技能大赛……258
产教融合实践……258
职业教育活动周宣传……258
建德市工业技校……258
成人（社区）·民办教育……259
概况……259
社区教育品牌创建工作……259
民办学校准入审核管理……259
民办教育监管专项整治……259
师资队伍……259
概况……259
教师科研成果……259
教师招聘招引……260
专业技术职务评审和资格认定注册……260
骨干教师队伍建设……260
“支教”工作……260
两级名师工作室建设……260
高等教育……260
概况……260
杭州科技职业技术学院严州校区……260
国家电力网浙江省电力有限公司培训中心
浙西分中心……260

文化·旅游·体育

文化……262
概况……262
考古与文保工作……262
“非遗”保护成果及展示……262
建德市博物馆开馆……263
图书馆工作……263
体育……263
概况……263
体育设施升级完善……263
全民健身运动……264
体育竞技成绩……264
举办第二届全国智能体育大赛建德城市赛…264
“夏日冬泳”百城挑战赛……264
第二届武林大会……264
第三届建德新安江万人徒步大会……264
Wynca 新安·2020 建德 17℃新安江
马拉松比赛……264
其他文体旅融合重大赛事……265
旅游……265
概况……265
文旅融合……265
文旅产业数字化……266
旅游景区提档升级……266
大型旅游推介会……266
旅游消费惠民措施……266
“江清月近人”实景演艺开演……266
“千鹤妇女精神”教育基地建成开放……266

卫生健康

综述……267
概况……267
综合医改……267
“智慧”医疗……267
医共体建设……268
新冠肺炎疫情防控……268
家庭医生签约……268
应急体系建设……268
公共卫生……269
概况……269
健康体检与死亡原因报告……269
疾病预防控制……269
免疫规划……269
主要传染病防治……269
地方病防治……270
卫生监测……270
健康教育……270
学生口腔窝沟封闭工作……271
精神卫生工作……271
妇幼保健……271
概况……271
孕产妇管理……271
托幼机构管理……271
“艾梅乙”母婴消除……271
“两癌”筛查……271
新生儿先天性心脏病筛查……271
爱国卫生……272
概况……272
改厕改水……272
病媒生物防制……272
健康教育……272
中医中药……272
“新冠”疫情防控中医中药应用……272
中医适宜技术基地创建……272
中医药科研……272
医疗帮扶合作……273
职业安全……273
概况……273
尘毒职业病危害治理……273
职业病防治工作……273
国家电网公司职业病防治院……273
概况……273
疫情防控工作……274
职业卫生工作……274
门诊诊疗工作……274
工伤康复工作……274

社会生活

民政工作……275
概况……275
社会救助……275
养老服务……275
村（居）委会换届选举……275
基层社会治理……275
社会工作人才队伍建设……276
社区减负工作持……276
殡葬改革……276
婚姻登记服务……276
移民扶持工作……276
地名公共管理与服务……277
老龄工作……277
概况……277
老年人医疗健康与养生服务……277

老年人服务…………………………………277
人口与计划生育……………………………277
概况……………………………………………277
国标母婴设施建设…………………………277
生育登记服务………………………………277
计生特殊家庭关心关爱工作………………278
青春健康教育工作…………………………278
计划生育业务培训…………………………278
民族与宗教工作……………………………278
概况……………………………………………278
少数民族村发展扶持工作…………………278
涉宗教活动场所管理………………………278
关心下一代工作……………………………279
概况……………………………………………279
教育与宣讲工作……………………………279
关爱与帮教工作……………………………279
基地与组织建设……………………………279
建德市社会科学联合会……………………279
概况……………………………………………279
开展社科普及活动…………………………280
社科基地建设提升…………………………280
省市课题申报………………………………280
学术研究活动………………………………280
宣传平台打造………………………………280

乡镇（街道）

新安江街道…………………………………281
概况……………………………………………281
新冠肺炎疫情防控…………………………282
全国文明城市创建成功……………………282
落实企业复工复产政策……………………282
平安创建……………………………………282
民生工程建设………………………………282
街道项目办成立……………………………283
社区财务体制改革…………………………283
村（社区）组织换届………………………283
城镇老旧小区综合改造……………………283
更楼街道……………………………………283
概况……………………………………………283
重点项目建设………………………………284
水利基础设施建设…………………………284
惠民生办实事………………………………284
城乡道路交通建设…………………………284
“美丽乡村”建设…………………………285
社会文化事业………………………………285
农村家宴中心建设工作……………………285
基层综合治理工作…………………………285
举办现场急救培训班………………………285
洋溪街道……………………………………285
概况……………………………………………285
洋安区块征迁“清零”……………………286
杭州万洋科技众创城开工建设……………286
打造小吃品牌“虾哥螺妹”………………287
“蓝妈妈”善治品牌建设…………………287
新华三期安置房 EPC 项目………………287
莲花镇………………………………………287
概况……………………………………………287
小微权力监管中心成立……………………288
疫情防控与复工复产………………………288
工业经济发展………………………………288
招商引资……………………………………288
许建茹获“乡村振兴领军人物”荣誉称号…288
全域旅游……………………………………288
特色农业……………………………………288

美丽宜居环境打造……289
“五水共治”持续深化……289
梅城镇……289
概况……289
工业企业改造与发展……290
创成浙江省新时代“美丽城镇”建设样板镇……290
文化农旅融合成果……291
“美丽乡村”建设……291
农村住房改造完成安置房分房……291
举办严州古城开城仪式暨钱塘江诗路·第二届梅城诗词大会……291
严州古城步行街入选杭州高品质步行街……291
杨村桥镇……291
概况……291
草莓产业新发展……293
重点项目建设……293
全市首家数字监察办公室……293
全市首家“指尖户主会”……293
杨长线道路拓宽工程……293
学校植物科普馆开馆……293
下涯镇……293
概况……293
成立之江部省共建大党委……294
高强高导铜合金项目建成……294
纳米复合功能性新型面料及 3D 印花和 3D 喷绘面料项目落地……295
“阳光征迁五公开”工作法……295
土地整治……295
成立之江村乡村振兴发展有限公司……295
人居环境建设……295
“消薄”增收工作……295
大洋镇……295
概况……295
抗“疫”服务企业……296
农旅融合振兴乡村工作……296
低效用地盘活……296
“乡村小脑”建设试点……297
文化惠民工作……297
基础设施改善……297
寿昌镇……297
概况……297
集镇建设……298
新农村建设……299
创建“美丽城镇”省级样板……299
省 AAAAA 级景区镇创建成功……299
社会治理工作……299
乡贤统战工作……299
大慈岩镇……300
概况……300
黄炜获“全国抗击新冠肺炎疫情先进个人”荣誉称号……300
“美丽乡村”建设……301
“荷美小镇”平台谋划……301
农文旅融合发展……301
新叶村获评全国重点旅游乡村……301
第八届西湖荷花展双城联展暨第十二届建德荷花节……301
企业招才引智……301
平安建设工作……301
航头镇……302
概况……302
现代农业提档升级……302
“美丽乡村”建设……302
探索新型治理路径……303
“文化航头”品牌建设……303

建德市首座骨灰堂建成并投入使用…………303
大同镇……………………………………………303
概况………………………………………………303
成立农创大党委……………………………… 305
农文旅深度融合……………………………… 305
创业创新焕发活力…………………………… 305
“双千”直播空间点正式启动……………… 305
“云上稻香”平台上线……………………… 305
古城文化研究系统开展……………………… 305
“美丽城镇”建设规划编制………………… 305
李家镇……………………………………………306
概况………………………………………………306
“美丽城镇”和“美丽乡村”建设………… 307
乡村善治工作………………………………… 307
水利工程建设及农村饮用水安全…………… 307
管道天然气正式开通………………………… 307
李家镇绿色能源站工程正式投运…………… 307
首届斐济果开摘品尝节……………………… 308
乾潭镇……………………………………………308
概况………………………………………………308
城乡面貌综合整治…………………………… 309
打造德治社会品牌…………………………… 309
举办 2020 第九届浙江自行车联赛首站
建德乾潭爬坡赛…………………………… 309
新一轮小城市培育试点三年行动计划
通过浙江省专家评审 ……………………310
钦堂乡……………………………………………310
概况………………………………………………310
“美丽城镇”建设…………………………… 311
“一句话宣传口号”征集…………………… 311
钦堂乡小微企业创业园开建………………… 311
举办首届“钦·亲”杯乡音宣讲达人秀……312
组队参加市农村文化礼堂运动会…………… 312
第五届“稻舞田间”稻香节暨杭州国际日
系列活动………………………………… 312
首届新时节乡贤敬老大会………………… 312
三都镇……………………………………………312
概况………………………………………………312
“农业特色型”美丽城镇建设…………… 313
新农村建设………………………………… 313
乡村善治典范——“美好账本” ………… 313
城乡会客厅对外开放……………………… 314
吉远智能云仓暨电商孵化中心建设项目
正式启动………………………………… 314
松口村入选全国“一村一品”示范村……… 314
省医学生思政理论课校外实践教育
基地揭牌………………………………… 314

2020 年度新闻人物

第七届建德市道德模范………………………… 315
王江平……………………………………………315
李则华……………………………………………315
李 萍……………………………………………315
杨利娟……………………………………………315
邹雪明……………………………………………316
傅胜红……………………………………………316
雷国香……………………………………………316
黎绵和……………………………………………316
穆亚涵……………………………………………316
穆海鸿……………………………………………317

名 录

2020 年度建德市优秀共产党员………………… 318

2020 年度新任市领导简介…………………………318
2020 年建德市组织机构及负责人名录………… 319
市委和市委工作部门、直属单位……………… 319
市人大和人大常委会机关……………………… 321
市政府和政府工作部门、直属单位………… 321
市政协和政协机关……………………………… 324
民主党派 工商联………………………………324
人民武装…………………………………………325
检察、审判机关………………………………… 325
事业单位…………………………………………325
群众团体…………………………………………325
企业单位…………………………………………326
双重和垂直管理单位…………………………… 327
乡镇（街道）…………………………………… 328

重要文件选录

重要文件目录…………………………………… 331
中共建德市委文件……………………………… 331
市委办公室文件………………………………… 331
市政府文件……………………………………… 331
市政府办公室文件……………………………… 331
市委重要文件辑录……………………………… 332
中共建德市委 关于全面建设风清气正
政治生态的“十项规定”…………………… 332
中共建德市委 建德市人民政府印发
《关于应对新冠肺炎疫情支持企业
共渡难关的政策》的通知…………………… 333
中共建德市委 建德市人民政府关于印发
《建德市低收入农户高水平全面小康
行动计划（2018—2022 年）》的通知……334
中共建德市委 建德市人民政府关于印发
《建德市全面推进文化兴盛行动
实施方案（2019—2022 年）》的通知……… 337
市政府重要文件辑录…………………………… 340
建德市人民政府关于印发《建德市政府
投资项目管理办法》的通知………………… 340
建德市人民政府关于印发《建德市
最低生活保障实施办法》的通知………… 345
建德市人民政府关于调整完善基本
医疗保险部分政策的通知………………… 348
建德市人民政府办公室关于印发
《建德市公共租赁住房保障货币补贴
实施办法》的通知………………………… 350
建德市人民政府办公室关于印发
《建德市发展学前教育第三轮
行动计划》的通知………………………… 353
建德市人民政府办公室关于开展既有
住宅加装电梯工作的实施意见…………… 357
建德市人民政府关于公布《建德市
2020 年度政府集中采购目录
及标准》的通知…………………………… 360
建德市人民政府关于降低非居民
用管道天然气价格的通知………………… 365

索 引

目名索引…………………………………………366
图表索引…………………………………………384

特 载

Special Reports

高标准打造“宜居建德” 高水平推动跨越赶超 奋力谱写“十四五”高质量现代化发展新篇章

——在市委十四届九次全体(扩大)会议上的报告

中共建德市委书记童定干

(2020 年 12 月 28 日)

同志们:

这次市委全会的主要任务是：高举习近平新时代中国特色社会主义思想伟大旗帜，以党的十九大和十九届二中、三中、四中、五中全会精神为指导，深入学习贯彻习近平总书记考察浙江、杭州重要讲话精神，认真落实省委十四届八次全会、杭州市委十二届十一次全会决策部署，回顾总结 2020 年工作，研究谋划“十四五”发展，全面部署 2021 年任务，审议通过《中共建德市委关于制定国民经济和社会发展第十四个五年规划和二〇三五年远景目标的建议》，进一步动员全市广大干部群众坚定信心、攻坚克难、奋力拼搏，在忠实践行“八八战略”、奋力打造“重要窗口”、加快展现“头雁风采”的新征程中贡献建德力量，奋力谱写建德“十四五”高质量现代化发展新篇章，实现跨越赶超新崛起。

下面，我代表市委常委会向全会作报告。

一、总结回顾市委十四届七次全会以来的主要工作，切实为“十四五”发展增信心、强决心

市委十四届七次全会以来的这一年极不平凡，面对突如其来的新冠肺炎疫情、历史首次“九孔泄洪”、持续的经济下行压力等一系列“大战大考”，市委团结带领全市各级党组织和广大党员干部群众，顽强拼搏、自信实干、化危为机，坚定高质量发展方向不动摇，紧抓“六稳”“六保”工作不放松，推动全市各项工作取得新进展。我们着力打赢了“六大硬仗”：一是坚守底线，全力打赢疫情防控硬仗。坚持人民至上、生命至上，广大党员干部冲锋在前、日夜坚守，全体市民守望相助、共克时艰，成为全省最早“清零”、率先复工复产的县市之一。二是众志成城，全力打赢防汛抢险硬仗。坚持“最坏打算、最足准备”两手抓，党员干部群众齐上一线、连续作战，最大程度把受灾损失降到最低，成功经受住新安江水库首次九孔泄洪的艰巨考验，得到省、杭州市主要领导批示肯定。三是顽强实干，全力打赢争先创优硬仗。围绕全省“争先创优”、杭州“15+7”，擂响“五大比拼”战鼓，半年度 MEI 指数跻身全省“优+”区县（市）。前三季度 GDP 增长 4.6%，增速排名全省第 7、杭州第 4，为建德历史最好排名。四是从严从紧，全力打赢村社换届硬仗。四套班子靠前指挥、一线督战，机关部门、乡镇(街道)各司其职、大抓落实，以最大担当、最强合力“换”出最好结果，村社党组织换届全部

一次性成功，村（居）委会选举一次成功率达99.9%，“一肩挑”人选党组织选举、村(居)委会选举平均得票率分别达97.5%和98.5%。五是首创必成，全力打赢文明创建硬仗。全市上下锁定目标、勠力同心，市民群众倾力奉献、暖心服务，党员干部忠实坚守、艰辛付出，三年奋斗换来一朝圆梦，成功摘得“全国文明城市”金字招牌。六是久久为功，全力打赢无违建创建硬仗。以“不达目的、誓不收兵”的决心和“踏石留印、抓铁有痕”的拼劲，栉风沐雨强推进、动真碰硬显担当，圆满通过省“无违建市”创建验收。通过八年创建，拆出了产业发展新空间，绘就了美丽城乡新画卷。

预计全年地区生产总值增长5%，地方财政收入增长10%，工业投资增长15%，城镇和农村居民人均可支配收入分别增长3.5%和7%。具体工作成效，主要体现在以下五个方面：

1.一年来，我们坚定不移强产业、促转型，经济发展提能增效。工业转型升级稳步推进，实施数字化攻关项目16个、物联网项目53个、机器换人项目67个，工业技改投资增长36.4%，自营出口增长21.6%，均居杭州第一。“凤凰行动”取得重大突破，建业化工、深蓝科技、大洋生物先后上市，屹通新材IPO注册获批。平台建设深入推进，航空小镇(开发区)纳入杭州市“万亩千亿”新产业平台，省机场集团航空产学研培训基地正式运营，野马飞机生产制造总部项目成功落地；高铁新区(高新园)11个亿元以上重大项目建成投产，万洋众创城、兰博士纳米铜、亿联新材料等10亿元以上新签约项目全部开工建设。文旅产业蓄势发力，入围全国县域旅游综合实力百强县(全国76位)，寿昌镇获评浙江省AAAAA级景区镇。1—11月，全市接待游客1300万人次，实现旅游总收入130.4亿元，景澜·新安江宿、开元方外等高等级酒店建成开业，“千鹤妇女精神”教育基地建成开放，被授予全省首个全国妇女爱国主义教育基地，梅城古城步行街、寿昌中山路步行街入选杭州市高品质步行街，“江清月近人”实景演艺火爆市场、广受青睐。农业稳步发展，成功创建国家首批有机食品生产基地建设示范县，杨村桥创成国家级特色农业强镇。启动建德数字农业中心建设，入选国家电子商务进农村综合示范市。

2.一年来，我们全力以赴抓投资、增动能，发展后劲显著增强。有力有序攻项目，全年签约招商项目75个，其中亿元以上项目53个。5个“152”项目全年落地率80%，96个市本级重点项目100%开工。快人一步抢资源，向上争取各类指标2793亩、资金30.4亿元，承担省级以上试点54个，13个项目列入省级重点项目库。刀刃向内深改革，在全省首推战疫“先行用地”，在杭州率先试行“先租后让”供地模式。完成指标盘活406亩、建设用地复垦621亩、垦造水田5048亩、低效用地再开发1249亩。全力破解融资难题，各项贷款余额达543亿元、增长31.4%，增速居杭州首位。千方百计强创新，上榜2020中国创新百强县(列58位)，浙江大学、浙江科技学院建德技术转移中心落地，航空小镇通航省级重点实验室、5G应用联合实验室揭牌运行，高铁新区杭师大新安硅谷研究院正式启用。首届高层次人才创业大赛成功举办，在杭飞地“建德智立方”顺利开园。引进培育顶尖人才13名，杭州市级以上领军人才77名，新增国家高新技术企业37家。

3.一年来，我们扎扎实实优环境、重融合，城乡面貌加速改善。生态治理取得新成效，“五水共治”喜夺“大禹银鼎”，顺利接受第二轮中央环保督察，环境能源项目、易腐垃圾处置工程进入试运行，“污水零直排区”做法入选生态环境部典型案例。城乡品质跃上新台阶，新安江城区慢行系统二期、府前路区块旧城改造项目顺利推进，博物馆建成开馆。美丽城镇建设全面推进，梅城、寿昌成功创成省级样板，美丽乡村“一廊十线”全域提升。交通建设取得新进展，临金高速建德至金华段正式通车，桐溪大桥开工建设，千岛湖通用机场实现长三角短途航线全覆盖。高质量推进“四好农村路”建设，新建和改造农村公路150公里、美丽经济交通走廊80公里，新增绿道95.7公里。

4.一年来，我们倾心倾力办实事、促和谐，群众福祉日益增进。基本民生切实保障，全年民生支出32.5亿元，占全部一般公共预算支出的74.1%。十大民生实事圆满完成，新增城镇就业21429人。公共服务全面深化，“最多跑一次”改革向民生领域延伸，21项“一件事”实现落地联办。教育医疗资源均衡发展，新安江二小扩建工程、建德二院迁建工程项目顺利推进。入选全省首批“文化基因解码工程”试点县市。社会治理创新推进，成功承办全国首期乡村治理体系建设试点示范研讨会，“走村不漏户，户户见干部”做法入选第二批全国乡村治理典型案例，《数字赋能乡村振兴的基层探索》得到袁家军书记批示肯定。建立完善“大安全、大应急、大减灾”体系，安全生产事故和死亡人数分别下降22.2%、44.4%。完成第七次全国人口普查登记，深化东西扶贫协作、对口支援，岑巩县如期实现脱贫摘帽。

5.一年来，我们紧贴中心重引领、夯基础，全面从严治党不断深入。思想建设持续深化，深入学习领会习近平新时代中国特色社会主义思想，巩固提升“不忘初心、牢记使命”主题教育成效，全方位开展党的十九届五中全会精神学习宣讲。认真贯彻落实《中国共产党宣传工作条例》，修订意识形态工作考核细则，严格落实“八纳入四报告两研究”要求，全面夯实意识形态阵地。基层基础有效夯实，全面完成“标杆50·进位百佳”创建，组建群众“十支队”199支，有效破解“干部干、群众看”问题。巩固发展消薄增收成果，实现村级集体经济“3020”全覆盖。干部队伍不断优化，修订中层干部选任办法，强化年轻干部培养，新提任“85后”市管副职29名、“90后”中层正职68名，激励151名“退二线”干部一线履职。清廉建设有力推进，出台政治生态建设“十项规定”，推进“四责联述”“四级联听”“四责协同”，压紧压实管党治党政治责任。在全省率先建立基层公权力智慧监督体系，“澄清门下道澄清”旗帜鲜明激励担当作为，“巡乡带村”完成全覆盖。认真落实省委“基层减负40条”，驰而不息正风肃纪，始终保持惩治腐败高压态势，查处违反中央八项规定精神问题17起19人，立案查处违纪违法案件232件，党纪政务处分229人。

同志们，2020年即将过去，“十三五”迎来圆满收官。回首过往，收获饱含艰辛、成绩来之不易，是全市上下同心同行、不懈奋斗的结果。正是因为我们始终坚持党的领导，第一时间贯彻落实上级各项决策部署，坚持一以贯之、一抓到底，才能在错综复杂的形势中处变不惊、迎难而进，保证各项工作始终沿着正确的方向前进。正是因为我们始终扭住发展主题，坚持把发展作为第一要务，团结一心、拼搏实干，才能有力推动综合实力稳步提升，转型升级迈出坚实步伐。较“十二五”末，预计全市地区生产总值年均增长7%，地方财政收入年均增长9.9%，城镇和农村居民人均可支配收入年均分别增长7.5%和8.9%。累计完成固定资产投资近千亿，工业投资连续10年保持两位数增长。获得全国文明城市、中国首个气候宜居城市等国家级荣誉13项、省级荣誉44项，入选全国乡村治理体系建设试点等省级以上试点80项，成为全省小城镇环境综合整治优秀县市和全省美丽城镇建设起航地。正是因为我们始终聚焦实干导向，坚持“好字优先、干字当头、快字为要、成字为本”的根本方法，严格落实“工作项目化、项目表格化、表格责任化”的工作机制，把一切工作都聚焦到赶超发展上，把所有精力都集中到狠抓落实上，把优良作风都体现到攻坚克难上，才能创造许多振奋人心的“建德速度”“建德经验”“建德样板”。这些年来，在市委统揽全局下，政府履职尽责、狠抓落实，人大、政协积极作为、主动担当，乡镇（街道）一线攻坚、埋头实干，市级部门靠前服务、创新破难，各位老领导、新乡贤献计献策、倾心倾力，广大企业家艰苦创业、开拓创新，全体市民群众大力支持、无私奉献，最终汇聚起推动跨越赶超的磅礴力量。在此，我谨代表中共建德市委，向所有为建德发展付出艰辛努力、作出重要贡献的广大干部群众和社会各界人士，表示最衷心的感谢和最崇高的敬意！

在肯定成绩的同时，我们也要清醒看到当前面临的困难和不足，主要体现在：经济下行压力仍然较大，转型升级任务依然艰巨，创新能力亟待提升；公共服务优质供给的精准性、协同性还不够强；部分党员干部主动进取、勇争一流的韧劲还需进一步增强，工作推进中责任落实、一抓到底的机制还需进一步健全，一些重点难点工作的突破力度还需进一步加大。对此，我们必须高度重视、认真研究，拿出有力措施，切实加以解决。

二、准确把握新发展阶段的趋势和建德面临的形势，深刻理解“十四五”发展的新目标、新要求

“十四五”时期是开启全面建设社会主义现代化国家新征程、向第二个百年奋斗目标进军的第一个五年。站在新的历史起点，我们必须认真贯彻党的十九届五中全会、省委十四届八次全会和杭州市委十二届十一次全会精神，坚决落实上级“十四五” 规划建议和纲要要求， 全力以赴对照新坐标、找准新方位、明确新举措，科学谋划好我市“十四五”发展各项工作和 2035 年远景目标。

要深刻把握当前形势。当今世界正经历百年未有之大变局，新冠肺炎疫情影响深远，经济全球化遭遇逆流，世界经济恢复将是一个长期、缓慢和不均衡的过程。我国发展仍将处在重要战略机遇期，制度优势显著，治理效能提升，经济长期向好，中华民族伟大复兴正加快实现。“十四五”时期，我们将正式迈入以“高质量发展”为主题的新发展阶段，全面贯彻“创新、协调、绿色、开放、共享”的新发展理念，加快构建“以国内大循环为主体、国内国际双循环相互促进”的新发展格局。我们必须切实增强政治意识、大局意识、机遇意识，不断洞悉时代特征、把握发展大势，以全局的站位、开放的胸怀、务实的举措，全面把握新发展阶段、坚定贯彻新发展理念、服务构建新发展格局，进一步锚定目标、校准航向，推动各项工作全面过硬、各个领域持续争先。

要全面把握发展趋势。从阶段趋势看，进入新发展阶段后， 新一轮科技革命和产业变革深入发展，创新已居于现代化建设全局中的核心地位；数字变革、智慧赋能成为时代特征，大数据、物联网、区块链、人工智能等一批前沿科技将重塑未来市场和竞争格局；消费升级成为趋势和规模，休闲度假、康养运动、文化体验等新型消费呈现爆发式增长；内需市场不断扩大，供给侧结构性改革持续深化，产品的高质量供给成为新需求、新模式。从省市部署看，浙江正围绕忠实践行“八八战略”、奋力打造“重要窗口”，以担起“五大历史使命”、实施“十三项战略抓手”， 全力争创社会主义现代化先行省；杭州聚焦展现“头雁风采”，以打造“数智杭州?宜居天堂”为战略导向，加快推进数字变革、创新策源，着力构建“一核九星”城市发展新格局，强化市域统筹“一盘棋”。我们必须在置身发展趋势、把握重要战略中，进一步找准“建德坐标”、锚定“建德方位”，主动承接、积极对接、强化衔接，努力将建德制造、建德品牌“打出去”，将高端要素、优质资源“引进来”，持续赢得“十四五”高质量现代化发展的主动与先机。

要准确把握自身态势。新发展阶段下，我们必须始终遵循“扬优势、补短板”这一根本方法、关键路径，不仅要认识“自身具备什么”，更要明白“将来依靠什么”；不仅要了解“长得有多高、块头有多大”，更要注重“颜值怎么样、气质好不好”，全力拉长长板、补齐短板，使发展实力更强、特色魅力更足。要彰显特色、发挥优势。中国作为拥有 14 亿人口的大国， 已成为全球最具潜力的大市场 （人均 GDP 突破 1 万美元、中等收入群体超 4 亿人）；特别是长三角地区更是一个拥有 2.2 亿人口、 集聚高端资源要素的大平台 （2019 年经济总量已达 3.4 万亿美元，超过全球第五大经济体）。建德是国家级生态示范区、 全国首个气候宜居城市， 处于“杭州—黄山” 世界级黄金旅游线的核心区域，也是未来三条高铁、三条高速交会、“公铁水航”联运的综合交通枢纽今年列入《小康》中国县域综合实力百强县（94 位）、全国县域投资潜力百强县（72 位）、 全国县域经济综合竞争力 200 强县（118 位）。我们要顺势而为、乘势而上，不断放大自身在区位、生态、文化等领域的突出优势，持续培育市场、强化供给、加快融入，努力把生态禀赋、人文底蕴、交通优势、产业基础转化为发展胜势。要借势借力、补齐短板。针对当前建德发展中面临的经济总量不大、发展质效不高、城市能级不足、创新能力不强等突出短板，坚持借梯登高、借船出海、借力发展，精准对接“一带一路”、长三角一体化发展、全省“四大”建设、杭州市域统筹等一系列战略机遇、辐射效应，加快承接优质资源、落地转化高端要素，努力在科技创新、人才引育、产业转型、公共服务方面实现重大突破。

“十四五”时期，对于建德来说，一鼓作气、善作善成，才能乘势而上、走在前列；稍有懈怠、略有迟疑，就会错失机遇、落后掉队。全市广大干部群

众必须切实增强“坐不住、等不起、慢不得”的紧迫感、危机感、责任感，拿出百倍决心、付出万般努力，在机遇机会中全力赢得优势，在变化变局中实现跨越赶超。

基于上述形势和条件，市委提出建德“十四五”时期发展的指导思想和总体目标是：高举习近平新时代中国特色社会主义思想伟大旗帜，深入贯彻习近平总书记对浙江、杭州工作的重要指示精神，全面落实党的十九大和十九届二中、三中、四中、五中全会精神，紧紧围绕“五位一体”总体布局和“四个全面”战略布局，坚定不移贯彻创新、协调、绿色、开放、共享新发展理念，坚持以人民为中心的发展思想，坚持稳中求进工作总基调，以推动高质量发展为主题，以深化供给侧结构性改革为主线，以改革创新为根本动力，以满足人民日益增长的美好生活需要为根本目的，以打造“宜居建德”为总目标，深入实施“生态立市、创新兴市、工业强市、文旅活市”四大战略，努力在服务构建国内大循环、国内国际双循环新发展格局中展现建德作为，在忠实践行“八八战略”、奋力打造“重要窗口”新征程中贡献建德力量，实现跨越赶超新崛起。

1.为实现“十四五”高质量现代化发展，必须进一步明确建德新崛起的战略定位

站在新的历史起点，建德“十四五”发展的任务更重、目标更高、内涵更丰富、要求更全面。我们必须在践行“八八战略”、打造“重要窗口”、展现“头雁风采”新征程中保持战略定力，按照各项工作“高站位、高标准、高质量”推进、各项成果“全领域、全方位、全过程”展示的要求，围绕打造“宜居建德”，突出“活力建德、数智建德、美丽建德、文化建德、幸福建德、平安建德”六个建德建设，加快实现从“气候宜居城市”到“宜居城市”的全方位蝶变，让“十四五”建德的实力更强、产业更兴、环境更美、治理更优、生活更好。

活力建德——在质量效益明显提升基础上实现经济持续健康较快发展，区域创新能力全面提升，先进制造业发展提速，产业基础高级化和产业链现代化水平显著增强，经济结构更加优化。“十四五”期间迈入全省“工业强县”行列，创建成为部省共建乡村振兴示范区、国家级全域旅游示范市。

数智建德——聚焦数字变革、智慧赋能，加快“数字产业化、产业数字化、城市数字化”三化融合，打造形成具有建德特色的数字经济核心产业体系，推动数字经济与实体经济深度融合。建强城市大脑“建德平台”，实现公共服务、社会治理数字化建设、智能化水平明显提升。

美丽建德——不断放大全国“首个气候宜居城市”品牌效应，进一步厚植生态优势，生产生活方式绿色转型成效显著，人居环境更加优美，“两山”转化取得新突破，建成国家生态文明建设示范市，基本建成美丽中国“建德样板”。

文化建德——社会主义核心价值观深入人心，钱塘江诗路文化带建德段打造取得显著成效，以“德文化”为统领的地域优秀文化在深入挖掘的基础上得到创造性转化、创新性发展，基本建成文化事业繁荣、文化产业规模化的“文化建德”，实现“德文化”品牌具有全省乃至全国影响力。

幸福建德——民生领域投入力度持续加大，实现更高质量、更加充分就业，居民收入增长和经济增长基本同步，城乡居民收入差距持续缩小。“美好教育”“健康建德”水平全面提升，人民全生命周期美好生活需求得到更高水平满足。

平安建德——不断健全自治、德治、法治“三治融合”的城乡治理体系，建成全国乡村治理体系建设示范市，“德·治理”品牌形成体系、领跑全国。重大风险防范化解能力、突发公共事件应急能力、防灾救灾能力显著增强，统筹发展和安全更加有力，实现社会大局和谐稳定。

2.为实现“十四五”高质量现代化发展，必须进一步争创建德新崛起的先行优势

在处于新发展阶段、构建新发展格局的大背景下，我们提出在“十四五”期间，要高标准打造“宜居建德”、高水平推动跨越赶超，必须按照省委、杭州市委既定的战略导向、重大部署和重要抓手，结合市委“十四五”规划《建议》的目标要求，着重抓紧抓实抓好“九项重点举措”：

一要努力打造浙西科创高地。创新是第一动力，人才是第一资源。要毫不动摇坚持“创新”在现代化建设中的核心地位、首位战略，努力为“十四五”发展汇聚更多要素动能。要全力打造科创平

台。把科创平台打造作为推动产业转型升级的战略支撑,全力构筑多层次创新平台体系。以新安江科技城为科创“主核”平台,全面拉开区块框架、加快形成路网体系,加大生命健康、新材料等主导产业引育力度,全力吸附高端要素资源;以航空小镇(开发区)、高铁新区(高新园)为依托,高标准推进“一个行业一个创新服务综合体”建设,加速园区创新能力提档升级;以小微企业园、众创空间、农创客中心等各类平台为支点,持续增强产业自主创新、源头创新能力。要突出企业创新主体。鼓励企业设立技术研发中心、科技孵化器,支持龙头企业打造创新联合体,引导各类创新要素加速集聚。实施高新技术企业、科技型企业“双倍增”计划,“十四五”期间新增国家高新技术企业50家以上、省科技型中小企业300家以上。强化校企、校地产学研合作,建立更多院士工作站、重点实验室,推动产业链上下游、大中小企业融通创新。着力强化人才智力引育。国以才立、业以才兴。抢抓杭州建设“全球人才蓄水池”契机,深入实施“建德英才”计划,探索建设人才服务综合体,加快实施“揭榜挂帅”机制,持续打响“遇建未来”人才活动品牌,全方位集聚优秀青年、培育“建德工匠”。统筹存量“双创”平台资源,加快拓展沪杭“飞地”布局,努力汇聚天下英才来建筑梦圆梦、成就精彩人生。

二要努力打造全省“工业强县”。坚定不移实施“工业强市”战略,以数字经济和制造业高质量发展“双引擎”为主抓手,全力打造杭州新的经济增长极,确保“十四五”期间迈入全省“工业强县”(全市规上工业总产值确保实现800亿元、力争1000亿元)。大力推进传统产业改造提升。以打造“百亿工程”为主抓手,深入推进传统制造业改造提升2.0版。大力实施化工行业省级试点改造提升工程,加快构建本地产业链供应链体系,全力打造绿色化、生态化全产业链集群。充分发挥勇华电器、五星车业等智能工厂示范引领作用,推动低压电器、五金工具、家纺等块状行业腾笼换鸟、集聚入园,带动行业数字化改造提升步伐,努力打造一批“未来工厂”“智慧工厂”。深入开展凤凰行动,力争“十四五”期间新增上市企业5家以上。以中控智新为依托,深化工厂物联网、企业上云行动,力争建设企业级工业互联网平台10家以上、行业级平台5家以上,确保全市规上工业数字化改造全覆盖。到2025年,实现传统制造业规上工业总产值500亿元以上。全力加快新兴产业培育引进。着力培育壮大生命健康、通航制造和新材料产业,以万洋生命健康产业园为主抓手,努力打造杭州“医药港”建德产业基地;擦亮“航空小镇”特色品牌,围绕培育通用航空全产业链,加快通航制造实现实质性突破。建成东翼新材料、德翼高科、亿联新材料等重大产业项目,将新材料产业打造成为新支柱产业。到2025年,实现新兴产业规上工业总产值300亿元以上。持续推进平台能级提升突破。深入实施开发区(园区)整合提升工程,重点推进航空小镇、高铁新区产业主平台空间拓展、提档升级,不断强化项目承载力、投资吸引力、辐射带动力。航空小镇(开发区)抢抓“万亩千亿”平台建设契机,加快通航“未来产业”布局,推动机场基础设施和气象中心、情报中心等通航服务体系加快建设,全力打造国家级通航产业示范区。高铁新区(高新园)作为支撑建德先进制造业发展的核心平台,大力推进园区扩容,力争拓展用地空间5000亩以上。加强新材料、生物医药、高端装备制造等产业培育招引,建成省级功能性高新材料产业园。加快低压电器产业园、电动车产业园、防护用品产业园等数字化、智能化“园中园”建设步伐,努力打造传统工业园区“转型样板”。

三要努力打造杭州高品质郊区新城。顺应都市化发展趋势和县域经济向城市型经济转型要求,重点聚焦城市能级提升,着力探索“小县大城”之路,努力打造“产城融合、职住平衡、生态宜居、交通便利”的杭州高品质郊区新城。全力提升城市承载能力。围绕“多中心、组团式”城市发展路径,大力构建“一主两翼两组团”城市空间格局(“一主”为新安江、洋溪、更楼、下涯,“两翼”为梅城、寿昌2个副城,“两团组”为乾潭、大同2个中心镇),实现主城区建成区面积达20平方公里以上,全面提升城市承载力、人口集聚度。大力集聚高端要素资源。主动承接杭州城市核心区医疗、教育、科技、人才等优质资源“西进”工程,持续推动市域公共服务提档升级、扩面提质。加快现代物流、金融服务、高等级宾馆、精品民宿、商业综合体等现代服务业集聚发展,全面增强城市综合竞争力、对外影响力。着力推进城乡融合发展。推动梅城、寿昌“两大副城”与主城区融合发展,乾潭、大同“两大组团”集聚提升;集中力量打造一批独具韵味的示范村、特色村、精品村,探索建设一批生态、人文、产业交融共促的“未来乡村”“数字乡村”,努力构筑城乡融合发展示范区。

四要努力打造浙西综合交通枢纽。大力推动“交通一体化、交产联动化、交旅融合化”发展,高水平打造“承南启北、通江达海”的浙西综合交通枢纽。加快打造综合交通枢纽体系。“十四五”期间建成金建铁路、衢建铁路、临金高速等重大交通项目,着力形成三条高铁交互汇聚(杭黄、金建、衢建)、“一横一纵三连”高速成网(一横:杭新景高速、一纵:临金高速、“三连”:杭新景龙游支线、千黄高速、建德至武义高速)、“空中廊道”持续开辟、“黄金水道”加快提升的“公铁水航”立体交通网络,全力打造航空港、铁路港、公路港、内河港、物流港“五港合一”的“浙西综合交通枢纽”。加快推进市域交通互联互通。启动实施320、330、351国道,311省道,溪胡线县道等重大交通改建工程,扎实推进“四好农村路”建设,不断完善以国省道为骨架、主次干道为支撑的市域路网体系。规划建设三江口等重要节点直升机起降点,建成40个以上直升机停机坪,打造华东地区通航枢纽。加快施家、桐溪综合作业区等重大项目建设,全面复兴“黄金水道”,不断织密市域交通“基础网”“互联网”,形成“外联内畅”大交通格局。加快实现“交产联动、交旅融合”协同发展。大力发展现代交通物流业,谋划推进更楼、杨村桥、下涯和洋溪等重要物流节点建设,着力构建形成以公路物流为龙头、空港物流为突破、物流信息平台为支撑的物流发展体系。落实TOD发展理念,鼓励交通基础设施与沿线地上、地下空间综合开发,以水上客运、休闲绿道、低空旅游等特色模式,加速交旅融合发展步伐,努力打造要素集成、资源集中、业态集聚的“枢纽新城”。

五要努力打造服务新发展格局的县域实践。以更大力度改革、更广领域融入、更高水平开放,努力在服务构建“双循环”新发展格局中实现更大作为。在改革引领中打造最优营商环境。坚持以“最多跑一次”改革推动打造国际一流营商环境,加快“一件事”集成改革,推进个人办事、企业开办、不动产登记“分钟制”和项目审批“小时制”。深入推进行政服务中心“去中心化改革”,探索打造“指尖上的行政服务中心”,推动更多服务事项“掌上办理”、更多服务内容“基层延伸”。统筹打好减税降费、融资担保、政策兑现“组合拳”,高标准开展“三服务”活动,着力解决企业最关心、最关切的问题。在内外循环中融入新发展格局。立足自身特色优势,从“单项依靠”向“服务互惠”转变,充分借力上海、杭州等长三角中心城市的溢出、辐射效应,全力推动休闲度假、康养运动、会议会展、美食经济、研学教育、电商直播等“新消费市场”培育壮大,引导优势产业、传统产业加快产品提质升级,积极参与“双循环”、抢占“新市场”,着力提升建德品牌影响力、重塑建德制造新优势。在开放合作中提升新发展活力。坚持协同联动、错位发展,在融杭接沪中找准平台共建、产业共兴、科创共用的切入点、结合点。加快浙西跨境电商产业园改造提升步伐,推动跨境电商提质增效,支持企业拓展外向型经济发展,不断巩固提升国际市场份额。高标准做好山海协作、对口支援和东西部扶贫协作,努力实现合作共赢。

六要努力打造美丽中国“建德样本”。始终保持“生态优先”战略定力,深入践行“两山”理念,高水平建设全域美丽大花园。全力擦亮生态底色。持续擦亮“气候宜居城市”品牌成色,深入开展山水林田湖草生态修复工程试点建设,加快“国家生态文明建设示范市”“国家森林城市”创建步伐,扎实推进全省幸福河湖试点建设,有机贯通美丽乡村、美丽城镇、美丽城市,努力展示“一户一处景、一村一幅画、一镇一天地、一城一风光”的“建德样本”大美格局。全力打造具有标志性、辨识度的“美丽窗口”。聚焦“新安江—富春江”黄金主轴线,以新安江主城区、梅城三江口国际滨水度假区、黄饶半岛乡村振兴示范区为关键支点,全力打造拥江发展“标志性示范带”,全方位展示美丽生态、美丽人文、美丽产业、美丽人居,成为全省大花园建设“重要展示窗口”。全力实施乡村振兴战略。坚持把农业农村发展作为富民强市的关键抓手,围绕“美丽优势”转化为“美丽产业”,加快“一镇一业”“一村一品”建设步伐,高标准建设草莓小镇、稻香小镇、摄影小镇、荷美小镇等特色小镇,高水平打造“一廊十线”美丽乡村升级版,推动乡村产业从“卖产品”向“卖风景”“卖文化”“卖体验”转型。大力推进“农创客”联合会、农业产业化联合体、特色农产品优势区建设,持续提升建德草莓、建德苞茶等区域公用品牌影响,加快打造一批田园综合体、特色精品园,不断拓展“两山”转化通道,使“美丽+”成为发展的最大竞争力、最优生产力。

七要努力打造全省“德文化”高地。文化是历史的积淀、智慧的结晶、城市的命脉,文化底蕴的厚度决定着城市发展的高度。必须精心保护文化遗产、弘扬地域文化、做强文旅产业,持续提升发展软实力。注重挖掘文化内涵。深入挖掘提炼以“建功立德”为核心要义的严州文化、“三自”水电文化、“千鹤妇女精神”等“德文化”内涵,全面解码文化基因、阐释时代精神、讲好建德故事,激发全市人民昂扬向上、崇德向善的精神风貌。切实加大地域优秀文化挖掘力度,创造更多媲美《大洋埠》《紫金滩》《江清月近人》的原创文艺作品,不断彰显建德历史之韵、人文之美。持续提升文明品质。积极践行社会主义核心价值观,全面巩固提升全国文明城市创建成果。加快构建三级新时代文明实践体系,切实以“德文化”涵养气质、沁润人心,推动“最美现象”成为“最美风尚”。发挥图书馆、博物馆等文化阵地作用,推进农村文化礼堂功能集聚,不断提升百姓群众文化获得感。加快推进文旅融合。全力抢抓文旅市场爆发式增长“风口”,全面对接钱塘江诗路文化带、杭黄世界级文化旅游廊道,加快“一轴四片区”文旅产业布局,推进梅城、寿昌融入“千年古城复兴计划”。谋划空间用地要素保障,加快打造一批可观、可游、可住的旅游场景、旅游产品,探索建设一批“未来旅游体验区”。依托山水人文优势,聚焦“爱的原乡、爱在17”品牌,努力做好“山、水、村、诗、夜”五篇文章,全力发展运动休闲、滨水休闲、乡村休闲、文化休闲、夜间休闲产业,着力打造“处处有景、全域宜游”的文旅融合发展样本。

八要努力打造“最具幸福感城市”县域范例。自觉践行以人民为中心的发展思想,落实为民办实事长效机制,做到幼有善育、学有优教、劳有厚得、病有良医、老有颐养、住有安居,持续提升人民群众获得感幸福感安全感。做优公共服务。推进教育资源扩容提质,高水平推进“美好教育”样板区建设。优化医疗资源布局,深化“三医联动”“六医统筹”改革,高标准建成杭州市第十人民医院。围绕“喜迎亚运”,加快实施一批城乡体育设施提升工程,倡导后疫情时代健康生活方式。做强民生保障。把稳就业、保就业摆在更加重要位置,完善就业创业服务政策,全面提高城镇就业率。围绕保民生、兜底线,健全覆盖全民、统筹城乡、公平统一的多层次社会保障体系,完善社会救助、慈善事业、优抚安置制度,加强残疾人等特殊群体关心关爱,坚决守住社会保障底线。做好富民增收。围绕实现共同富裕目标,持续深化农业农村土地制度、产权制度、财政支农等综合改革,多渠道增加群众财产性收入,实现居民收入增长与经济增长同步,让群众有更多可观可感的实惠。持续壮大村级集体经济,力争到2025年实现全市经营性收入50万元村(社)全覆盖,其中100万元村(社)达50%以上。

九要努力打造整体智治的县域治理现代化体系。围绕推进市域治理体系和治理能力现代化,着力构建整体智治、三治融合、数字赋能的现代基层治理体系,努力建设更高水平的平安建德。高标准推进法治建设。加强党对法治建设的领导,提高运用法治思维和法治方式深化改革、推动发展、化解矛盾、维护稳定的能力。持续深化法治建德建设,健全重大行政决策机制,严格执行公众参与、专家论证、集体讨论等重大行政决策程序。深入推进依法行政,认真落实行政复议、行政执法公示制度。完善市镇村三级公共法律服务体系,形成办事依法、遇事找法、解决问题用法、化解矛盾靠法的良好法治环境。高效能推进社会治理。聚焦整体智治、智慧赋能,深化城市大脑建德平台建设,围绕城市管理、安全生产、交通运输等重点领域、关键环节,持续丰富应用场景、强化实战功能。加快“数字乡村”建设步伐,高标准建成全国乡村治理体系建设示范市。落实省委“县乡一体、条抓块统”改革要求，推动基层治理“四平台”高效联通、协同赋能，加快社会治理综合指挥中心、城市大脑建德平台、清廉建德智慧中心、应急指挥中心“四中心”迭代升级、效能提升，全力打造基层治理现代化的“县域样板”。高水平推进平安建设。统筹发展和安全，坚持慎终如始、以变应变，继续交出疫情防控高分答卷。持续深化矛调中心建设，创新完善“最多反映一次”建德做法，实现矛盾纠纷一站式接收、一揽子调处、全链条解决。打好扫黑除恶决胜战、重点整治提升战，深入推进安全生产、消防、交通、食品药品等领域隐患整治，不断完善社会治安防控体系，持续夺取平安建设“星级金鼎”。

3.为实现“十四五”高质量现代化发展，必须进一步提升建德新崛起的队伍能力

干事创业、关键在人。建德要在“十四五”期间实现跨越赶超、率先突破，离不开一支高素质、专业化的硬核干部队伍。我们必须持续建强队伍、抓人促事，不断强化思想淬炼、政治历练、实践锻炼、专业训练，通过全面提升“六项能力”，使我们的干部队伍真正面向现代化、聚力高质量、引领“十四五”。

一要培育战略视野。眼界决定境界，思路决定出路。要善于从全局视角谋划问题、从长远眼光思考问题、从整体格局把握问题，进一步强化全球视野、战略眼光、前瞻谋划，在“十四五”高质量现代化建设中不断融入大局、谋深发展、做优特色、干出实绩。

二要树立高位标准。干事创业，只有锚定高标准，才能呈现高质量。要始终秉承“要干就干最好、要争就争一流、要站就站排头”的精气神，敢与先进比高低、敢与强者比胜负，在引领“十四五”发展中勇于示范、力争上游、走在前列。

三要坚持系统思维。要厚植“整体智治、高效协同”的系统思维，通过数据共享、流程再造和业务协同，集成高效推进“十四五”各项目标、任务、责任的落实，抓好“牵一发而动全身”、具有乘数效应的关键环节，不断完善系统谋划、专班运作、比学赶超的工作机制，做到纲举目张、以纲带目。

四要提升科学素养。要始终尊重规律、尊重科学，掌握前沿知识、培养创新精神，主动适应当前社会分工精细化、专业化的趋势要求，推动广大干部知识储备持续更新、能力素养全面提升，着力打造一支具有专业知识、专业能力、专业精神的高素质干部队伍。

五要增强斗争本领。既要敢于斗争、更要善于斗争，认真汲取在疫情防控、防汛救灾、安全生产等工作中的经验启示，着力提高统筹安全和发展的能力，始终保持见叶知秋的敏锐和化危为机的能力，面对困难迎难而上、面对危机挺身而出、面对瓶颈勇于突破，切实把矛盾问题解决在未发之时、萌芽之初。

六要强化执行能力。抓落实、强执行，既是“真本领”，更是“硬功夫”。要通过大力营造“唯实唯先、善作善成”的团队文化，掌握“迭代升级、久久为功”的工作方法，做到精准有力抓执行、高效闭环抓落实，让“想干事、能干事、干成事”成为全体建德干部的自觉行动和过硬能力。

三、扎实做好2021年各项工作，全力以赴为“十四五”高质量现代化发展开好局、起好步

五年看头年。2021年是建党100周年，也是“十四五”开局之年，更是建德扬帆再出发、全面开启现代化建设新征程的开局起步之年。要实现“十四五”规划和2035年远景目标的宏伟蓝图，2021年是基础、更是关键，必须全力以赴做好年度各项工作。

2021年全市工作的总体要求是：高举习近平新时代中国特色社会主义思想伟大旗帜，认真贯彻落实党的十九大和十九届二中、三中、四中、五中全会、中央经济工作会议和省委全会、省委经济工作会议、杭州市委全会精神，坚持稳中求进工作总基调，立足新发展阶段，贯彻新发展理念，构建新发展格局，坚持系统观念，扎实做好“六稳”工作、全面落实“六保”任务，大力实施动能提档、产业提能、统筹提效、城乡提优、民生提质、党建提强“六大工程”，为建德“十四五”高质量现代化发展开好局起好步，以优异成绩向建党100周年献礼！

建议2021年全市经济社会发展主要预期目标是：地区生产总值增长7.5%，固定资产投资增长10%，工业投资增长10%，地方财政收入增长12%，城镇和农村居民人均可支配收入与经济增

长同步，全面完成上级下达的约束性指标任务。

围绕上述要求和预期目标，着重抓好以下六个方面工作：

（一）大力实施动能提档工程，激发跨越赶超新活力

1.全面增强创新“驱动力”。加快新安江科技城建设步伐，全力推进万洋众创城建设，完成城市综合体CBD项目规划设计和一期用地出让。积极打造“院士之家”“人才之家”等综合性服务平台，新增杭州市级以上产业创新服务综合体1家、杭州市级企业研发中心5家、杭州市级以上高新技术企业（“雏鹰计划”企业）20家、省科技型中小企业55家以上。切实抓好人才引育，集中力量引育高层次人才20名以上、立项引智项目30项以上。

2.统筹提升改革“推动力”。围绕企业、公民两个全生命周期“一件事”改革重点，实现90%以上的民生事项就近可办。深入推进政府数字化转型，健全四级政务服务体系，实现机关内部网办率、掌办率两个“100%”。深化土地、劳动力、资本、技术、数据等要素市场化配置改革，充分激发各类市场主体活力。深化全国乡村治理体系试点建设、“十里寿昌江”农村综合改革等改革试点，努力把试验变示范、特色变招牌，有效激活发展潜能。

3.持续优化服务“亲和力”。深入实施优化营商环境“10+N”行动，推进投资项目“最多跑一次”改革，深化一般企业投资项目审批提速改革试点工作，持续打造一流营商环境。高标准、高频次开展“走企不漏企、企企见干部”深化三服务活动，加速解决政策兑现、要素供给等企业最关心最关键的问题，巩固和拓展减税降费成效，确保为企减负10亿元以上。

（二）大力实施产业提能工程，争创区域竞争新优势

1.持续做强工业经济。抓好化工行业省级试点契机，推动行业向上游创新技术、下游生物医药、有机硅产业拓展延伸。加快行业技术改造、设备更新、“机器换人”步伐，全年实施数字化改造攻关项目10个以上、工厂物联网项目30个以上、“机器换人”项目38个以上。深化“标准地”改革，大力支持企业“零土地”技改，力争全年出让工业用地1000亩以上。加快企业梯队培育，深入实施“鲲鹏”“凤凰”“小升规”等培育行动，新增“小升规”企业43家以上、10亿元企业1家、5亿元企业2家、上市企业2家。

2.大力发展“美丽经济”。持续深化文旅融合发展，加快梅城严州文化体验区、寿昌古镇西湖水街等文创街区建设，打造省级红色旅游示范基地、乡村旅游产业集聚区、文化产业基地等文旅融合品牌。充分挖掘夜游、夜购、夜娱、夜食等消费新业态，持续提升“严滋味”“寿昌909”等新标识，积极打造“建德十大碗”。以国家级电子商务进农村示范市项目建设为契机，大力推进“村播计划”，着力提升生态高效农业质量效益，积极培育特色餐饮、农家小吃、手工艺制作等“乡愁”产业，开发乡村旅游产品，努力打造美丽经济发展新蓝海。

3.切实提升平台能级。航空小镇（开发区）围绕打造国家级通航产业示范区，加快幸福通航总部、碳化硅智能制造等重大产业项目招引落地，建成开业恒大温泉小镇，切实壮大产业规模。高铁新区（高新园）围绕产城融合发展，统筹做好扩容修编、基础配套、项目推进、产业升级文章，扎实推进南峰低压电器产业园、五马洲电动车产业园、杨村桥医护产业园等项目建设，确保界龙医药产业园、亿联新材料、远金高等项目早开工、早建成、早投产。加快置信乾潭智造谷、尚深小微园等5家在建小微企业园建设，做好已建成小微园的招商和长效管理工作，努力打造全省小微企业园建设提升示范样板。

（三）大力实施统筹提效工程，厚植加快发展新支撑

1.统筹深化“空间拓展”。聚焦集中处置、连片开发，深入推进空间拓展行动，努力在工业用地低效再开发、新增水田等方面取得更大成效，全年完成指标盘活任务200亩，建设用地复垦600亩，新增水田4000亩，低效再开发2000亩。深化“亩产论英雄”改革，加大亩产效益评价结果运用力度，以更坚决态度倒逼“低散乱”企业出清，完成亩均税收5万元以下低效企业改造提升100家以上。

2.统筹保障“开源增收”。科学谋划组织收入，确保财政收入平稳增长。深入推进开源增收，加强

税收管理，规范非税收入，认真做好土地出让金、土地指标款、矿业权收益等重点收入项目征管，统筹建立可持续的收入体系和增长模式。调整优化支出结构，完善“集中财力办大事”体系建设，建立重大项目资金统筹、专项资金动态整合、专项资金全生命周期绩效管理等机制，做到“资金效用最大化”。

3.统筹推动“项目双进”。完善“全市统一、全面统筹、全域共享”招商引资机制，紧盯生物医药、通用航空、新材料等重点领域，切实加大产业承接、项目对接、服务衔接力度，力争全年招引亿元以上项目30个、10亿元以上项目5个。强化项目“全生命周期”管理，全力推进241个年度实施类政府投资项目、98个重大产业项目建设，确保实现投资总额明显增长、投资结构明显优化。

（四）大力实施城乡提优工程，塑造美丽建德新风貌

1.高品质优化城市功能。完成桥东江滨景观公园图书馆、妇青幼活动中心、府前路旧城改造等项目，加快完善中心城区配套。启动长途车站区块综合改造工程，建成投用八佰伴商业综合体，进一步提升洋安新城集聚能力。加快更楼高铁南站和更楼—桥南片区城市设计研究，推进更楼、桥南、岭后片区控规编制。启动320国道改建工程，加快桐溪大桥、紫金大桥等工程建设，畅通市域交通出行。巩固提升全国文明城市创建长效管理运行机制，谋划推进“智慧城市”“未来社区”建设，扎实推进城市精细化管理、精品化塑造。

2.高标准提升城乡环境。按照“走在省市前列，引领第一方阵”目标，持续推进美丽城镇建设，力争乾潭、大洋创成省级样板，完成大同、三都等乡镇创建培育。持续巩固“无违建市”创建成果，深化推进“五水共治”，全面完成主城区、梅城、乾潭污水“零直排区”建设。坚持建管并重，推进美丽乡村提质扩面，加快“一廊十线”建设，着力打造大同“稻香农创线”、大慈岩“莲乡古村线”等精品线路，实现所有行政村达到全省“新时代美丽乡村”标准。

3. 高水平保持生态底色。持续抓好蓝天、碧水、净土、清废“四大”行动，确保环境空气质量优良率达到97%以上、出境断面水质保持在Ⅲ类以上。加快推进三江治理提升改造等幸福河湖工程建设，完成胥口至桐庐、桐溪大桥东至三江口渔村绿道项目，实现沿江绿道全线贯通，让“最美百里景观”绽放溢彩。持续深化“垃圾革命”，健全生活垃圾分类投放、收集、运输、处置体系，使垃圾分类成为生活新时尚。

（五）大力实施民生提质工程，谱写幸福和谐新篇章

1.实现公共服务更优化。完成培智学校、明镜小学扩建工程，加快新安江二小、洋溪小学及幼儿园等项目建设，持续推进教育资源扩容提质；积极对接杭州名校资源，推进美丽城镇（梅城）美好教育样板区建设。全面开展“健康建德2030”行动，大力推进杭州市第十人民医院建设，启动建德一院二期工程，确保建德二院新院区建成投用。强化疫情常态化防控，不断提升突发公共卫生事件监测与处置能力。

2.实现文化事业更繁荣。加强与中华女子学院合作，深化“千鹤妇女精神”理论研究，积极争创省级爱国主义教育基地。推进严州古城墙纳入“中国明清城墙”联合申遗项目。完善现代公共文化服务体系，提升乡镇综合文化站、农村文化礼堂整体功能、使用效能，加快推进杭州书屋、社区文化家园、数字图书馆等文化设施建设，不断提高全市人民文化获得感、幸福感。

3.实现民生保障更完善。深化养老服务综合改革，推进“医、养、护”深度融合，全面提升居家养老服务水平。稳步壮大村集体经济收入，加快低收入农户增收步伐，确保到2021年底全市所有村实现“5030”目标。加快完善社会救助、社会福利、社会慈善制度，关心关爱残疾人、农村留守儿童等特殊群体，精准帮扶城乡困难群体。

4.实现社会治理更高效。深入推进“最多跑一地”改革，持续提升矛调中心服务功能，实现群众合理合法诉求在“一地一次性”解决。围绕打造全省县域“智慧监督”样板，突出“应用网、数据网、智安网”三网融合，加快推进乡村钉和数字驾驶舱等“城市大脑”新功能建设。统筹抓好各领域安全生产工作，圆满完成建党100周年等重大活动期间维稳安保任务，奋力冲刺星级“平安金鼎”。

（六）大力实施党建提强工程，凝聚干事创业

新合力

1.永葆与时代同进的理想信念。坚持把学深悟透习近平新时代中国特色社会主义思想作为首要政治任务来抓,建立健全保障“两个维护”的制度机制,常态化开展领导干部政治素质考察。严格落实党委(党组)意识形态工作责任制,突出抓好网络阵地建设,打好意识形态主动仗。以建党100周年为契机,大力开展群众性主题宣传教育活动,广泛开展“德润乡村、十佳百窗”展示和“最美”系列评选等活动,努力形成明礼知耻、崇德向善的良好社会风尚。

2.夯实与发展同步的战斗堡垒。严格落实基层党建工作责任制,健全市镇村三级党建工作责任清单,大力开展固本强基行动,推进基层党组织建设全面进步、全面过硬。从严管理党员队伍,深化党员联系群众、党员志愿服务工作,持续擦亮“走村不漏户、户户见干部”等特色工作品牌。加快探索建立“一肩挑”后村社党组织运行、决策、监督机制,有序规范基层小微权力。深化村级绩效考核工作,畅通不合格干部退出渠道。

3.营造与正气同行的政治生态。久久为功深化作风建设,从严贯彻落实中央八项规定及其实施细则精神,坚决遏制“四风”问题反弹回潮。加强清廉建德建设,持续完善清廉建德基层公权力智慧监督体系,统筹推进清廉机关、清廉医院、清廉学校等“清廉单元”建设。坚持严管厚爱,综合运用监督执纪“四种形态”,常态化开展警示教育,继续做好澄清正名容错免责,激发党员干部干事创业内生动力。坚持“三不”一体推进,推动正风肃纪反腐从“有没有”向“好不好”转变,做到有案必查、有贪必肃、有腐必惩。

4.锻造与事业同频的整体合力。发挥市委总揽全局、协调各方的领导核心作用,坚持民主集中制,团结和调动一切积极因素,群策群力共同奋斗。加强常委会自身建设,不断提高市委班子把方向、谋大局、抓班子、带队伍的能力。坚持以上率下抓落实,全力支持市人大、市政府、市政协牢固树立一线意识,冲在一线、干在一线,争创一流业绩。支持“两院”依法独立公正行使审判权、检察权。巩固和发展最广泛的爱国统一战线,增进与各民主党派、工商联、无党派人士团结合作。坚持党管武装,加强国防后备力量建设,巩固和发展军政军民团结。着眼明年县、乡镇(街道)领导班子换届,坚持“干中换、换中干”,不断加强“好班长、好班子、好梯队”建设,配出结构优、功能强的好班子,选出忠诚、干净、担当的好干部,换出凝心聚力抓发展、一门心思干事业的好局面。

同志们,新的征程已经全面开启,新的使命呼唤责任担当。让我们紧密团结在以习近平同志为核心的党中央周围,在省委、杭州市委坚强领导下,锐意进取、加压前行、奋力拼搏,高标准打造“宜居建德”、高水平推动跨越赶超,为“十四五”高质量现代化发展、实现建德新崛起而努力奋斗!

政府工作报告

——在建德市第十六届人民代表大会第五次会议上

建德市人民政府代市长 富永伟

(2021 年 2 月 23 日)

各位代表:

现在,我代表市人民政府,向大会报告工作,请予审议,并请市政协委员和其他列席人员提出意见。

一、2020 年主要工作和“十三五”发展回顾

2020 年是极不平凡的一年。一年来,市政府坚持以习近平新时代中国特色社会主义思想为指导,全面贯彻落实新发展理念,在上级党委、政府和市委的坚强领导下,在市人大、市政协的监督和支持下,紧紧依靠全市人民,直面挑战、迎难而上,实现了经济平稳发展、民生持续改善、社会和谐稳定的良好局面。过去的一年,全市人民守望相助、共克时艰,坚决打赢疫情防控的人民战争、总体战、阻击战。过去的一年,全市人民风雨同舟、众志成城,成功经受住了新安江水库首次九孔泄洪的艰巨考验。过去的一年,全市上下顽强实干、奋发进取,全力打赢了争先创优的硬仗,多项经济指标位居全省、全杭州前列,形成工业经济逆势增长的“建德现象”。过去的一年,全市上下稳中求进、统筹协调,扎实做好“六稳”工作,全面落实“六保”任务,经济社会保持平稳有序发展。过去的一年,全市上下勠力同心、强力攻坚,勇夺全国文明城市荣誉称号,城市品质和竞争力显著提升。过去的一年,全市上下守土有责、守土尽责,通过八年创建创成省“无违建市”,绘就美丽城乡新画卷。过去的一年,全市上下统一思想、持续发力,打赢脱贫攻坚战,确保高水平全面建成小康社会圆满收官。全年地区生产总值增长 5.3%;实现规上工业增加值 135.1 亿元,增长 8.5%,完成工业投资 71.2 亿元,增长 17.1%;实现财政总收入 55.6 亿元,增长 2.8%,地方财政收入 34.2 亿元,增长 10.1%;城乡居民人均可支配收入分别增长 3.9%和 7.3%。

过去一年,我们主要做了以下工作:

(一)着力化危机迎挑战,大战大考高分交卷

疫情防控科学精准。面对突如其来的新冠肺炎疫情,在全省率先启动卡口 24 小时防控机制,守牢“入建”大门。为在鄂莓农寄送防疫物资,保障在鄂莓农安全。组织 2 家保供企业满负荷生产,16 名医护人员赴武汉圆满完成医疗救援任务,为全国抗“疫”大局做出突出贡献。随着疫情防控进入常态化阶段,高标准落实精密智控机制,聚焦数字赋能,创新上线“安心返”平台,慎终如始做好常态化防控工作。九孔泄洪经受考验。面对有史以来最长的梅汛,坚持“最坏打算”“最足准备”两手抓,累计转移群众万余人,排查隐患 1853 处,设置沿江警戒线逾 41 公里,经受住了新安江水库建成 61 年来首次九孔泄洪的强烈冲击和严峻考验,把受灾损失降到最低。灾情过后,实施灾后重建项目 53 个,计划总投资 29 亿元,其中 44 个实施类项目已完成 39 个。争先创优奋勇前行。围绕全省争先创优比拼和杭州市“15+7”考核,成立专班,精准施策、比学赶超,展现了危中寻机抓发展的过硬能力,彰显了奋力拼搏求突破的顽强作风。面对经济下行的压力,我们第一时间作出应对,成为全省率先实现复工复产的县市之一,MEI 月度排名两次进入全省“优+”行列,获得省政府传统制造业改造提升和全域土地综合整治两项督查激励。脱贫攻坚决战决胜。高质量完成东西部扶贫协作工作,助力贵州省黔东南州岑巩县脱贫摘帽,人民群众“两

不愁、三保障”全面实现,全县68个贫困村全部出列,6.4万名建档立卡贫困人口全部脱贫。深入开展“山海协作”工程,以开化所需,尽建德所能,坚持以产业帮扶为主导,围绕基础设施建设、项目扶持、干部挂职锻炼等重点,深入推进各项协作工作,实施了精品橘园、草莓种植繁育基地建设等一批扶持项目。

(二)着力抓转型促提升,新旧动能加快转换

产业升级全力加速。扎实推进传统制造业改造提升,整治“低散乱”企业93家,淘汰落后产能项目11个,工业技改投资增长29.9%,位居杭州第一。微化工反应器获评年度全省装备制造业重点领域省内首台(套)产品。“凤凰行动”实现突破,建业化工、深蓝科技、大洋生物、屹通新材4家企业成功上市。坚持稳出口,自营出口额增长22.3%,增速连续10个月排名杭州第一。网络零售额增长61.7%,增速居全省第三。入选国家电子商务进农村综合示范市,电器工具产业集群获省级产业集群跨境电商发展试点专项激励。新兴业态蓬勃发展。深入实施数字经济“一号工程”,“两化融合”指数连续三年位居全省前列,获评省级“两化融合”国家示范区称号,完成数字化改造攻关项目16个、工厂物联网项目53个、机器换人项目67个。培育壮大现代服务业,做活农创客直播经济、“寿昌909”夜间经济等新模式。在全省率先推出2000万元旅游消费券及1500万元汽车、家电、光盘行动系列消费券,以“小投入”撬动“大消费”。文旅产业蓄势发力。建德博物馆、“千鹤妇女精神”教育基地开馆,严州古城开城,大型山水实景演艺《江清月近人》开演,开元·方外、景澜·新安江宿等高端酒店开业。推出“爱的原乡、爱在17(一起)”文旅品牌,成功举办第十六届杭州·浙西旅游合作峰会、第十九届新安江旅游节、“夏日冬泳”百城挑战赛、“建德17℃新安江”马拉松等大型活动。寿昌创成AAAAA级景区镇、全省首批现代商贸特色镇,严州古城步行街、寿昌中山路步行街创成杭州市高品质步行街。全年接待游客1319.4万人次,实现旅游总收入137.7亿元。现代农业提质增效。实现全年农林牧渔业增加值37.9亿元,增长1.6%,增速杭州最高。粮食稳产保供成绩显著,生猪存栏增长219.3%,获评省“粮食五优联动示范县”。成功举办全国乡村治理数字化实践暨党建引领强村善治研讨会。“一镇一业”成效明显,“稻香小镇”成功承办中国农民丰收节浙江庆丰收主场活动,钦堂举办第五届“稻舞田间”稻香节暨杭州国际日系列活动,李家打造全国最大斐济果基地,杨村桥入选国家级产业强镇建设名单,大同、三都、大洋、莲花入围杭州市级整镇推进山区农业产业项目试点乡镇。

(三)着力抓项目扩投资,经济发展高质高效

项目推进蹄疾步稳。实施市本级重大产业项目81个,政府投资重点实施类项目96个,开工率均为100%。恒大温泉小镇等16个杭州市重点项目全部开工,完成投资36.9亿元。中策橡胶、新安集团有机硅产业园两个项目被列入省重大产业项目名单。“152”项目全年落地率80%。招大引强成效显著。紧扣通用航空、生命健康、新材料、先进制造等产业,深入开展产业链招商,创新“云推介+云洽谈+云签约”招商方式,举办智能制造、生物医药、文化旅游等产业大型招商推介会。全年签约项目81个,其中亿元以上项目58个,10亿元以上项目7个。航空航天复合材料研发制造项目被评为杭州市招商引资“年度明星”项目。健全外资服务体系,实际利用外资1.46亿美元。重点平台提档扩能。开发区(航空小镇)航空产学研基地投入运营,野马飞机项目顺利签约,新开建德—镇江、建德—金山两条通勤运输航线,航空小镇入选省级特色小镇“亩均效益”领跑者名单。高铁新区(高新园)实施重大产业项目21个,万洋众创城、亿联新材料等项目落地开工,新华三期安置房等项目加快推进。杨村桥医疗防护用品、南峰低压电器产业园等项目开工建设。要素保障支撑有力。在杭州率先试行“先租后让”供地模式,推出全省首宗“先行用地”,工业用地“标准地”改革纵深推进。积极向上争取各类用地指标2793亩、资金32.5亿元。盘活批而未供土地转用指标406亩,完成建设用地复垦621亩、垦造水田5049亩、低效用地再开发1653亩,为项目建设提供了有力保障。全力破解融资难题,各项贷款余额达564.6亿元,增长22.8%,增速居杭州首位。

(四)着力抓改革强创新,发展活力有效激发

改革动能充分释放。全面深化“最多跑一次”改革,全省首创公民身份信息变更“一件事”联办,实现机关内部“最多跑一次”改革非涉密事项“网办率”100%,88%的民生事项实现“就近办”。开展商事登记领域“去窗口”自助服务改革,新设企业网办率100%,全流程网办率96.1%,为杭州第一。推进公共资源交易改革,实现工程项目全流程电子招标投标和远程异地评标。创新能力加快提升。入选中国创新百强县(市)。全年研究与试验发展经费支出7.1亿元,增长22.8%,新增国家高新技术企业37家、省科技型中小企业101家。聚力平台引才、项目引才、赛会引才,首个在杭科技飞地孵化园“建德智立方”开园,杭师大新安硅谷研究院、通航省级重点实验室先后揭牌运营,浙江大学、浙江科技学院建德技术转移中心落户,“创响全球,遇建未来”高层次人才创业大赛等高端人才活动成功举办。新增院士专家、博士后工作站6家,引进培育顶尖人才14名,杭州市级以上领军人才79名,荣获国务院特殊津贴、全国劳动模范等国家级荣誉人才5名。环保科创中心外籍专家获杭州市“钱江友谊使者”称号,华奕无人机团队获评我市首个省领军型创新创业团队。“数智”治理纵深推进。加快政府数字化转型,莲花成立全省首家镇级小微权力监管中心,政务服务事项网上办结率83.9%,即办事项比例达97.4%,钉钉、OA移动端等掌上办公应用全覆盖。成立“清廉建德”大数据监督实验室,建设市、镇、村三级智慧监督平台体系,以数字赋能推动基层公权力监督改革获评全省改革创新优秀实践案例。市应急指挥联动“一张网”,归集共享数据380万条,在应对疫情防控、九孔泄洪等工作中发挥关键作用。加快建设“城市大脑”建德平台,应用场景覆盖面持续扩大,17家酒店实现30秒入住,“健康码”就医使用率排名杭州第一,上线全省首个县域健康数据治理平台。梅城与阿里云共建杭州“城市大脑”唯一乡镇级平台,实现“古城智治”。

(五)着力抓建设提品质,城乡发展不断融合

城市建管做精做细。全市规划布局日趋完善,图书馆新馆、妇青幼活动中心建设即将完工,新安江大城区慢行系统二期、府前路区块旧城改造工程有序推进,洋安新城商业综合体项目加快实施。大交通网络体系加快构建,建金高速建成通车,衢建铁路、金建铁路项目稳步推进,320国道建德段改扩建工程完成工可评审,桐溪大桥主体工程开工建设。基础设施进一步完善,西部网架优化工程竣工投运,110千伏输变电工程进展顺利,新建5G基站305个。生活垃圾分类扎实推进,分类覆盖率达100%,环境能源项目点火运行,易腐垃圾处置中心进入试运行。镇村发展领跑领先。美丽城镇建设全面启动,获评全省优秀县(市),市域美丽城镇方案获省级优秀,梅城、寿昌创成新时代美丽城镇建设省级样板。5个全域土地综合整治项目被纳入省级试点,其中国家级试点1个,创成省级国土资源节约集约模范县(市)。美丽乡村“一廊十线”全域提升,打造市级风景线11条,建设镇级风景带16条,实现“点上盆景”向“面上风景”的转变。乡村振兴成果进一步巩固,全市行政村和涉农社区实现“3020”全覆盖,其中80%以上达到“5030”,实现村级集体经济总收入2.6亿元,增长12.2%。“十里寿昌江”省级农村综合改革集成建设试点工作高标准推进。村(社区)换届工作圆满完成。生态环境向好向优。创成国家首批、全省首个有机食品生产基地建设示范县。持续打好蓝天、碧水、净土、清废保卫战,全力配合做好第二轮中央生态环境督察工作。全年空气优良天数359天,优良率98.1%,$PM_{2.5}$平均浓度下降18.5%,生态环境质量公众满意度调查结果获全省第六、杭州第一。启动智慧水利建设,实现城乡供水同质、同标、同服务。创建省级“美丽河湖”2条,完成梅城古镇水系综合治理、5个工业功能区(园区)和6个乡镇(街道)污水“零直排区”建设,出境断面水质保持在Ⅱ类以上。全面完成土壤污染状况详查和安全利用工作。新增造林面积8001亩。

(六)着力抓民生保平安,人民福祉持续增强

民生实事高标完成。围绕群众最关注的问题做好文章,优先安排民生实事专项资金3.7亿元,高质量完成十项民生实事。围绕重点人群关心关爱,完成适老化改造190户,为1203名困难老人提供上门助餐服务,建成“智慧健康屋”5座、母婴

室6个,改造教室灯光850处,完成严州中学新安江校区整体改造二期等维修项目7个;围绕生活品质改善,提前完成农村饮用水提标三年行动计划,新增受益人口4.2万人,改造老旧小区5个,既有住宅加装电梯54台,提升农村生活污水处理设施312处,新建、提升绿道121.1公里,改造足球场2个,建成村级微型消防站20个;围绕交通出行便利,改造“四好农村路”55公里,优化公交线路2条,新增停车位3401个,28个停车场开通“先离场后付费”功能。基本保障兜牢底线。就业形势总体平稳,城镇新增就业2.2万人,城镇登记失业率控制在2.42%。基本养老保险、基本医疗保险参保率分别达98.9%和99.4%。创新医保监管体制,成立全省首家县级医疗保障反欺诈中心。强化困难群众兜底保障和临时救助,城乡低保等各类补助标准不断提高,发放各类保障金1.3亿元,惠及1.7万人。全省首创“亲情直通车”视讯系统,“智慧养老”水平不断提高。全市13家残疾人之家达到三星级标准以上,完成困难残疾人家庭无障碍改造115户。退役军人服务保障体系不断健全,11家服务站入选全省首批全国示范型退役军人服务中心(站)。社会事业协调发展。坚持教育优质均衡发展,推进名校集团化办学,“公民同招”有序开展。培智学校迁建、新安江第二小学新建、明镜小学改扩建等项目开工建设。深化医共体建设,基层医疗机构就诊率、县域内就诊率分别达66%和83%。深入挖掘建德历史文化,入选全省首批“文化基因解码工程”试点县(市)、全省首批戏曲之乡,现代婺剧《千鹤女人》获杭州市文艺精品工程扶持项目。生态殡葬模式有序推广,移风易俗取得成效。基层治理不断深化。完成市级矛盾纠纷调处化解中心建设,实现综治警网中心乡镇(街道)全覆盖。推行平安创建“1558工作法”,充分发挥“信访超市”作用,纵深推进扫黑除恶专项斗争。探索乡村微自治新模式,形成大慈岩“新时代·邻里睦”、三都“美好账本”、大洋“网组+”等实践经验。推广应用“乡村钉”,乡村治理数字化水平不断提高。深化“15日工作法”,消除工矿商贸、道路交通、建筑施工、消防等领域安全隐患802处,各类安全生产事故死亡人数下降44.5%。全面完成地质灾害除险安居工程三年任务,完成综合治理项目142个,创成全国综合减灾示范区1家,新增规范化避灾安置场所20家。第七次全国人口普查登记顺利完成。自觉接受市人大、市政协监督,办理代表建议136件、委员提案174件,广泛听取社会各界意见建议。国防动员和后备力量建设、民宗、人防、气象工作进一步加强,工会、妇女、青少年、红十字、关心下一代和老龄事业取得新进步,档案、史志、外事、侨务等工作实现新提升。

各位代表,2020年我们克难攻坚、奋力争先,为“十三五”胜利收官画上了圆满句号。回眸“十三五”,是建德适应新常态、抢抓新机遇,加快实现新崛起、新跨越的五年:

五年来,我们始终以党的领导为引领,坚定不移守初心、担使命,干成了一批大事实事。坚持以习近平新时代中国特色社会主义思想为指导,以“八八战略”为总纲,坚决贯彻上级党委、政府和市委的决策部署,着力固根基、扬优势、补短板、强弱项,解决了许多制约发展的难题,让人民群众看见了更多变化、得到了更多实惠。建德正式迈入“高铁时代”,全国文明城市首创即成,省“无违建市”结出硕果,“五水共治”捧回杭州首座“大禹银鼎”。入围中国小康城市(县级市)100强。城乡居民人均可支配收入分别从41531元、21896元增加到54962元、30762元。三大攻坚战取得决定性成果。

五年来,我们始终以经济建设为中心,坚定不移抓改革、促发展,综合实力持续攀升。地区生产总值从324.2亿元增加到392亿元,年均增长7%。财政总收入突破50亿元,工业投资连续十年保持两位数增长,规上工业总产值实现491亿元,5家企业成功上市。航空小镇创成省级特色小镇,高新园入围创建省级功能性新材料高新技术产业园。农夫山泉四期、五期,中策橡胶二期,南方绿色建材产业园等一批重大产业项目相继落地。以“最多跑一次”撬动各领域改革,打造一流营商环境,企业开办效率全国领先,创成全省首批信用县(市)。

五年来,我们始终以美丽建德为目标,坚定不移优环境、提内涵,城乡面貌焕然一新。荣膺全国首个气候宜居城市,创成省级生态文明建设示范市、省级全域旅游示范市，小城镇环境综合整治和美丽城镇建设走在全省前列。305省道、杭新景大二期建成通车，十里埠综合作业区开港运营，4条空中通勤航线开通。洋安新城初具活力，桥东城市客厅打造形成，新安江综保工程基本完工，严州古城重现千年古府芳华，草莓小镇、稻香小镇声名远扬，“17℃建德新安江”旅游品牌知名度进一步打响。

五年来，我们始终以改善民生为根本，坚定不移办实事、解难事，人民生活品质显著提高。公共财政用于民生累计支出192亿元。梅城初中、洋安中心学校、白沙幼儿园等一批学校建成投用，创成省教育基本现代化市、省示范学习型城市、省体育强市。“健康建德”建设成效显著，国家卫生城市复评顺利通过，省级卫生乡镇实现全覆盖，市妇幼保健院、中西医结合医院建成投用。“德文化”建设深入人心，农村文化礼堂实现全覆盖，农村居民饮用水有效保障，连续五年获评省平安县(市)，捧回“平安金鼎”，人民群众在安居乐业中更具幸福感。

五年来，我们始终以务实高效为追求，坚定不移优服务、增效能，政府自身建设不断加强。深入开展“两学一做”学习教育、“不忘初心、牢记使命”主题教育，认真做好“三服务”等系列活动，“走村不漏户、户户见干部”做法入选全国乡村治理典型案例。顺利完成新一轮政府职能转变和机构改革。坚持重大问题向市委汇报，主动接受市人大和市政协监督，累计办理代表建议749件、委员提案865件。认真落实中央八项规定及其实施细则精神，着力打造廉洁政府，加快建成法治政府和人民满意的服务型政府，干部作风进一步优化，“四风”问题得到有效遏制，“三公”经费支出较五年前下降42.7%。

各位代表，五年的探索实践弥足珍贵，五年的发展成果来之不易，五年的奋进历程令人难忘。这五年成绩的取得，离不开上级党委、政府和市委的正确领导，离不开市人大、市政协的监督支持，离不开历届领导班子打下的坚实基础，更包含着全市广大干部群众的奉献付出。在此，我代表市人民政府，向全市人民和所有关心支持建德发展的社会各界朋友，致以崇高的敬意和衷心的感谢！

“十三五”时期的努力结出累累硕果，为“十四五”发展奠定了坚实基础。同时，我们也清醒地看到，当前经济社会发展还存在不少问题和挑战：城市能级不高，改革动力不足，创新能力亟待增强；城市规划管理不够精细，农村发展步子偏慢，城乡发展不均衡的问题还待解决；人文挖掘不够，文化对“两山”通道的打通支撑不足；公共服务供给特别是教育、医疗等方面还需加强，重大突发公共卫生事件应对能力存有短板；干部队伍在全局性、创造性上还有提升空间。征途漫漫，惟有奋斗。我们将进一步增强忧患意识和担当意识，始终以民之所望为施政所向，下更大决心、花更多力气，全力以赴做好政府工作，决不辜负人民重托。

二、“十四五”发展主要目标任务

“十四五”时期是开启全面建设社会主义现代化国家新征程、向第二个百年奋斗目标进军的第一个五年，是建德乘势而上、实现跨越赶超的关键时期。根据中共建德市委“十四五”规划《建议》，市政府编制了《建德市国民经济和社会发展第十四个五年规划和二○三五年远景目标纲要(草案)》，提请大会审议。经本次大会批准后，市政府将认真组织实施。

“十四五”发展指导思想是：高举习近平新时代中国特色社会主义思想伟大旗帜，深入贯彻习近平总书记对浙江、杭州工作的重要指示精神，全面落实党的十九大和十九届二中、三中、四中、五中全会精神，统筹推进“五位一体”总体布局，协调推进“四个全面”战略布局，准确把握新发展阶段，深入贯彻新发展理念，服务构建新发展格局，以推动高质量发展为主题，以深化供给侧结构性改革为主线，以改革创新为根本动力，以满足人民日益增长的美好生活需要为根本目的，统筹发展和安全，紧紧围绕打造“宜居建德”的总目标，深入实施“生态立市、创新兴市、工业强市、文旅活市”四大战略，在忠实践行“八八战略”、奋力打造“重要窗口”新征程中贡献建德力量，实现跨越赶超新崛起。

“十四五”时期建德经济社会发展的主要目标是：到2025年，地区生产总值达到550亿元，人均生产总值达到中等发达经济体水平，其中，固定资产投资年均增长10%以上，规上工业总产值达到800亿元、力争1000亿元；研究与试验发展经费支出占生产总值比重达到2.5%以上，高新技术产业增加值占规模以上工业增加值达到40%以上；地方财政收入年均增长8%；居民收入增长和经济增长基本同步，城乡居民收入差距持续缩小。

今后五年，我们将围绕打造“宜居建德”，聚力建设“活力建德、数智建德、美丽建德、文化建德、幸福建德、平安建德”，着力抓好十个方面。

完善区域创新体系，建设浙西科创新高地。把创新平台体系构建作为推动产业转型升级的战略支撑，主动对接“三大科创高地”。充分利用杭州城西科创大走廊的溢出效应，推进产业创新服务综合体建设，力争高新技术企业研发机构全覆盖。大力实施“建德英才”计划，拓展沪杭“飞地”布局，培育“建德工匠”，全方位集聚青年人才，稳固人才“金字塔”，加快形成“产学研用金、才政介美云”十联动的创新生态系统。

深化供给侧结构性改革，打造全省先进制造业基地。推进传统制造业改造提升2.0版，培育壮大通用航空、新材料、装备制造、生命健康等战略性新兴产业，提升产业基础高级化和产业链供应链现代化水平。深入实施“鲲鹏行动”和“凤凰行动”升级版，加大企业上市和并购重组力度。加强企业“小升规”扶持，着力培育制造业龙头、“单项冠军”、“隐形冠军”等企业。加快建设现代化产业平台体系，全面开展工业平台“亩均效益”综合评价，为高质量发展提供有力支撑，努力打造全省“工业大县”。

推进数字化变革，探索全省城乡数字化融合标杆地。加快形成具有建德特色的数字经济核心产业体系，实现数字经济五年倍增，全市规上工业企业数字化改造全覆盖。深入推进政府数字化转型，推动有效市场和有为政府相结合，打造全国“营商环境最优县”。建强用好“城市大脑”建德平台，优化乡村数字治理体系，深化基层公权力监督改革，加快构建整体智治的县域治理现代化体系。

增添发展新动能，打造山区县新经济培育先行区。提升传统消费，培育发展新消费和服务消费，主动承接长三角中心城市溢出和辐射效应，挖掘释放内需潜力。加大数字新基建投入力度，推动基础设施、重大项目、重点产业协同发力，持续扩大有效投资。加快浙西跨境电商产业园改造提升步伐，推动跨境电商提质增效，提高企业国际市场竞争力。

重塑市域发展格局，构建高品质郊区新城。加快构建外联内畅高效的综合交通网络，完善市、镇、村三级物流服务体系，打造航空港、铁路港、公路港、内河港、物流港“五港合一”的浙西综合交通枢纽。构筑“小县大城”城市发展格局，推进新型城镇化，加快梅城、寿昌与主城区一体化发展，形成“一主两翼两组团多点”功能空间布局，努力打造“产城融合、职住平衡、生态宜居、交通便利”的高品质郊区新城。

加快农业农村现代化，创建省部共建乡村振兴示范区。牢牢守住耕地红线，稳定和发展粮食、生猪等重要农产品生产，增强粮食和重要农副产品供给保障能力。深入实施乡村振兴战略，突出优势产业，加快形成“一镇一业”整镇发展的现代农业平台体系。全要素推进乡村有机更新，深化“一廊十线”美丽乡村升级版，促进农业高质高效、乡村宜居宜业、农民富裕富足。

推动生态文明先行示范，建成国家生态文明建设示范市。开展“幸福河湖”建设，全力推动“五水共治”“五气共治”走在前列，强化农业、工业、交通、矿山等领域污染防治，发展绿色低碳循环经济，建立健全碳排放总量和强度“双控”制度。拓宽“两山”转化通道，探索市场化、多元化生态补偿新路径，打造更多具有建德标志性、辨识度的“美丽窗口”。

发展文化事业和文旅产业，争创文旅融合试验区。全面对接钱塘江诗路文化带，挖掘提炼以“建功立德”为核心要义的“严州文化”及其衍生文化，利用好“三自”水电文化、“千鹤妇女精神”等文化资源，创造更多文旅融合创新作品，持续打响“17℃建德新安江”“爱的原乡、爱在17(一起)”旅游品牌，构建现代文化产业体系。巩固提升全国文明城市创建成果，发挥文化阵地作用，丰富百姓文化生活。

提升群众获得感幸福感安全感，打造“最具幸福感城市”县域范例。做优公共服务、做强民生保障、做好富民增收，加快构筑共建共治共享的美好家园。以“美好教育”示范区为引领，推进教育现代化，打造“学在建德”新优势。推进卫生健康现代化，健全多层次社会保障体系，发展高质量老龄事业，加快“信用建德”建设，更高水平满足人民全生命周期需求。

实现更高水平的安全，续写“平安建德”新篇章。强化“大平安”理念，增强全民安全意识，加强风险隐患闭环管控，健全安全生产监管和灾害应急管理体系，筑牢食品药品安全防线，完善社会稳定风险评估机制，防范化解影响现代化进程的各种风险，确保社会大局和谐稳定。

各位代表，高水平推进社会主义现代化建设的路线图、任务书已经明确。立足新发展阶段，我们要齐心协力、开拓进取，让建德实力更强、产业更兴、环境更美、治理更优、生活更好。我们坚信，在市委的坚强领导下，在全市人民的共同努力下，“十四五”的宏伟蓝图一定能够实现！

三、2021年政府工作安排

2021年是“十四五”开局之年，也是建党100周年，更是建德向新阶段、新征程迈出坚定步伐的第一年。做好今年工作，必须坚定不移贯彻新发展理念，围绕打造美丽中国建德样板，推动经济社会全方面争先进位，加快实现从“气候宜居”到“宜居建德”的全方位宜居、全领域展示这一总体目标，担当有为、砥砺奋进，奋力开创新时代建德高质量发展新局面，为全省、杭州的建设发展贡献建德力量。

综合各方面因素，建议2021年全市经济社会发展的主要预期目标为：地区生产总值增长7.5%，固定资产投资增长10%，其中工业投资增长10%，地方财政收入增长12%，城乡居民收入与经济增长同步，约束性指标全面完成上级下达任务。重点抓好以下七个方面工作：

（一）更加注重常态防控，致力筑防线、保长效

细化落实精密智控机制。运用好“一图一码一指数”等有效方法和“源头查控+硬核隔离+精密智控+暖心服务”机制，持续加大对重点人群、重点场所、重点机构、重点环节的管控力度。完善“安心返”功能，形成信息收集、分类处置、预警监测的管理服务闭环。加强宣传引导，严防聚集性疫情。升级隔离点管控措施，严格落实封闭管理和疫情监控“全域覆盖、全程可控”，确保疫情风险点不发生失管漏管。坚持“人物同防”，确保冷链物防闭环管理。

全面提升基层防控能力。充分发挥基层“哨点”作用，加快定点医院发热门诊和急救站规范化、标准化建设，提高乡镇卫生院、村（社区）卫生室能力水平，负压救护车配备占救护车总数20%以上，实现及时发现、快速处置、精准管控、有效救治。加强医院防护管理，推动分时段预约和远程诊疗，确保不发生院内感染，力争不发生本土新增病例。健全市、镇、村三级重大疫情医疗救治体系，完善应急预案。全面落实医疗防护、生活用品等各项应急物资储备及隔离场所安排，着力提升现有4个PCR实验室检测能力，储备核酸检测能力2700人份/日、隔离点19个、救治床位121个。

深入开展爱国卫生运动。坚持预防为主、群防群控，统筹推进新冠肺炎和其他流行病防治工作。健全重大疾病医疗保险和救助制度。加快完成重点人群新冠疫苗紧急接种工作，科学推进全民接种，做好“应接尽接”。抓好环境卫生管理和健康宣传教育，引导市民养成良好生活习惯和健康文明生活方式，提高社会公众防护意识和个人防护能力。

（二）更加注重创新驱动，致力打基础、生动力

坚持“筑巢引凤”。坚持把创新作为引领高质量发展的第一动力，加快新安江科技城打造，全力推进万洋众创城建设。加强与高校院所对接合作，引进高能级公共创新平台，新增杭州市级以上企业研发中心5家。强化企业创新主体地位，新增省科技型中小企业55家、杭州市级以上高新技术企业20家。加大企业研发投入力度，鼓励企业建设院士专家、博士后工作站等创新平台，研究与试验发展经费支出增长8%。加强农业创新主体培育和农业科技平台建设，新增杭州市级产业创新服务综合体1家。发挥“建德智立方”作用，推进上海飞地孵化器建设，集聚人才项目10个以上。深入实

施“建德英才”计划，启动青年人才“星空计划”，引进培育杭州市D类以上人才70名、高技能人才1000名、青年农创人才1000名。加强产教融合和校企合作，推进市工业技校创建技师学院工作。

夯实制造业产业基础。加快落后产能淘汰，大力推进“低散乱”企业整治，提升低效企业100家以上。抓好碳酸钙行业杭州市级试点，巩固行业整治提升成果。推进延链补链强链，突出化工行业省级试点，拓展生物医药、有机硅、碳酸钙等产业向下游延伸，力争实现微化工首台(套)技术装置应用“零的突破”。南方绿色建材产业园一期建成投产，做长产业链，形成建材产业集群。以大同丝绸产业园投入使用为契机，带动家纺产业转型升级。继续开展“小升规”培育行动，净增规上工业企业20家以上。全力培育“单项冠军”、“隐形冠军”、专新特精“小巨人”企业，力争实现杭州市政府质量奖“零的突破”。实施“凤凰行动”升级版，力争新增上市企业2家以上。

千方百计扩大有效投资。发挥投资关键作用，加大新型基础设施、新型城镇化及交通、水利等“两新一重”投资，进一步优化投资结构，确保交通投资、民间投资、高新技术产业投资保持较快增长，固定资产投资亿元以上产业项目落地15个，“152”项目落地率60%以上。加快推进农夫山泉五期、中策橡胶春秋厂区改扩建、东方雨虹生产研发基地等重大产业项目建设，航空航天复合材料研发制造、海螺光储一体化等项目实现竣工投产，全力争取乌龙山抽水蓄能电站项目落地。

(三)更加注重数字赋能，致力抓改革、育新业

加快建设数字产业集群。推动数字产业化与产业数字化高质量融合发展。实施传统制造业改造提升2.0版，加快传统行业龙头企业数字化、智能化、绿色化。注重数字化应用，全年培育创建杭州市级“智能工厂”1家以上、“数字化车间”4家以上，实施“机器换人”项目38个以上，力争行业数字化改造标杆企业实现全覆盖。实施数字经济“一号工程”2.0版，培育数字经济核心产业，打造制造业和数字经济“双引擎”。

努力打造一流营商环境。以数字化手段推动“一件事”集成改革，聚焦企业全生命周期管理，优化政府各项审批服务改革，全面推行个人办事、企业开办、不动产登记“分钟制”和项目审批“小时制”，实现不动产登记45分钟办结、商事登记25分钟完成。常态化开展“帮企不漏企、企企见干部”活动，发挥“小管家”“亲企宝”等平台作用，打造建德特色“三服务”2.0版。优化惠企政策供给，进一步降低企业税费负担、用工成本、融资成本，全年减轻企业各项负担20亿元以上。深化“信用建德”建设，完善“双随机、一公开”监管、信用监管和“互联网+监管”模式，实现双随机监管事项100%覆盖，掌上执法应用率99.5%以上。

探索构建“双循环”新发展格局。深化供给侧结构性改革，坚持扩大内需战略，构建“新消费”经济循环，实现社会消费品零售总额增长8%、网络零售额增长10%。精心培育直播电商等新型消费模式，做活“寿昌909”“严滋味”等具有建德特色的夜间经济。推动步行街、地标商圈等品质化改造，加快培育省级商业特色街区。改善消费软环境，打造放心消费单位1000家、无理由退货承诺单位500家、放心消费街区1个。发展更高层次的开放型经济，加快推进浙西跨境电商产业园提升改造，完成航空小镇保税仓建设，实现跨境电商出口额3.3亿美元。推进区域之间优势互补、协同发力，高质量实施与开化县“山海协作”项目。

(四)更加注重能级提升，致力扩空间、强支撑

加快平台扩容提质。以开发区(航空小镇)和高铁新区(高新园)两大平台为重点，加快平台整合，提升项目承载力、投资吸引力、辐射带动力。开发区(航空小镇)抢抓“万亩千亿”平台建设契机，加快横钢等区块的企业转型，加深与中航文化在文旅产业的合作，促成幸福通航总部等重大项目落地投产，恒大温泉小镇开业运营。高铁新区(高新园)加快编制扩容规划，推进杨村桥医护用品、南峰低压电器、五星电动车等产业园建设，力争亿联新材料等项目竣工投产。推进小微企业园建设，置信乾潭智造谷等5家小微企业园建成投运。

积极招引培育“大好高”项目。紧盯高端装备、生物医药、新材料、航空航天等战略性新兴产业，赴北京、上海、杭州等地驻点，专心、专业、专人招商，切实招引一批“大好高”优质项目，为经济提升

提供后劲支撑。力争全年招引亿元以上项目30个，其中10亿元以上项目5个。深化“亩均论英雄”、工业用地“标准地”改革，完成建设用地复垦600亩、垦造水田4000亩、低效用地再开发2000亩，盘活计划指标200亩。创新土地、资本等要素市场化配置方式，完善“云上供地”等要素保障措施，为项目用地提供有力保障。

完善综合交通网络体系。着力打造“承南启北、通江达海”的交通网络。加快实施衢建铁路、金建铁路等重大交通项目。千岛湖通用机场二期正式投运，发挥好航空小镇全省低空飞服中心的作用。扎实推进市域交通互联互通，加快推进320国道改扩建等工程，高水平建设“四好农村路”100公里，加快推进城乡公交一体化。紧扣拥江发展重要节点，完成桐溪大桥主体工程建设，开工建设紫金大桥重建工程，加大白沙大桥保护力度。不断提升交通综合治理能力，加快形成外联内畅的大交通格局。

（五）更加注重城乡融合，致力提品质、促均衡

加速完善城市功能。聚焦打造高品质郊区新城的定位，进一步优化城市空间布局，完成市、镇两级国土空间规划编制。加快城南区块规划提升，完成高铁南站区域重要节点城市设计，启动岭后区域规划编制。着力提升主城区形象品位，完成府前路区块旧城改造，新安江大城区慢行系统二期、三期等工程。加强地下空间开发利用，新增地下空间8万平方米。推动新型智慧城市建设，做深做透“城市大脑”建德平台，丰富民政、城管等领域应用场景，形成全域数字治理能力。完成数字梅城建设，提升“古城智治”水平。积极争取省、杭州市未来社区建设试点。

加快提升城乡品质。围绕“一主两翼两组团多点”的城市空间格局，推动城镇基础设施、公共服务向农村延伸覆盖。完善城乡基础设施配套，杭州建德500千伏输变电工程开工建设，110千伏杨村桥输变电工程建成投运，新增绿道46.6公里。加快推进新安江至梅城主供水管网工程供水项目，启动西线供水工程，不断改善城乡饮用水条件。深入推行生活垃圾分类，力争实现生活垃圾“零增长、零填埋”。发挥梅城、寿昌美丽城镇建设示范引领作用，创成省级美丽城镇样板镇2个。全面实施“千万工程”，高标准建设草莓小镇、稻香小镇、柑橘小镇、荷美小镇，高水平打造“一廊十线”美丽乡村升级版，实现所有行政村达到“新时代美丽乡村”标准。

全面推进乡村振兴。着力推进粮食增产提质、生猪稳产保供。落实藏粮于技、藏粮于地，建设高标准农田1.5万亩。深化现代农业体系，创建省级现代农业园区1个、省级特色农业强镇1个。深入谋划全市农业区域公用品牌，持续提升建德草莓、建德苞茶等品牌影响。加快推进“一镇一业”“一村一品”建设，着力推动乡村产业从“卖产品”向“卖风景、卖文化、卖体验”转型。加快推进下涯等全域土地综合整治试点工作，完成下涯之江“未来乡村”建设。加速农村承包土地经营权和农村集体产权流转交易，确保农房发证“应发尽发”。深化消薄增收“1234”建德模式，拓展增收渠道，力争实现“5030”全覆盖。建设村级工程“一件事”智慧监管系统，以公开公示规范化管理，促进清廉乡村健康发展。

（六）更加注重美丽建设，致力塑颜值、活内涵

不断深化环境整治和生态文明建设。深化“无违建市”创建和“五水共治”工作，开展亚运城市行动计划，常态化开展环境整治。全力做好中央生态环境督察问题整改“回头看”，保持环境执法高压态势。推进国家级生态文明示范市创建和中国气候宜居城市复评，实施千岛湖及新安江流域水资源与生态环境保护项目。深入实施蓝天、碧水、净土、清废四大行动。确保全年空气质量优良率在95%以上，$PM_{2.5}$浓度保持在30微克/立方米以下。全面开展全域“幸福河湖”建设，创建省级“美丽河湖”1条，完成梅城古镇水系综合治理，主城区及梅城、乾潭创成污水“零直排区”，出境断面水质保持在Ⅱ类以上。加快推进国家森林城市创建工作，人工更新和造林1万亩，启动寿昌楠木林森林公园改造提升项目。加强土壤污染防治，力争创成全省首批“无废城市”。

努力打造文化之城。以严州文化、水浒文化为重点，加强古城、古镇、古村等历史文化资源的挖掘、保护和利用，加快融入钱塘江诗路文化带。实

施“千年古城复兴”计划，推进严州千年古城复兴试点和古城墙的“中国明清城墙”联合申遗工作。不断丰富“德文化”内涵，擦亮“千鹤妇女”等红色品牌，做好精神文明传承的提炼和归纳。建成图书馆新馆、妇青幼活动中心、水文化公园，争创全国武术之乡。借势全省“百县千碗”工程，深入挖掘地方餐饮文化，打造“建德十大碗”，重点打造推广“建德豆腐包”等美食品牌。

统筹推进旅游产业高质量发展。全面打响“17℃建德新安江”旅游品牌，全年实现旅游人次和旅游收入均增长10%以上。以“一只手”抓总、“一盘棋”谋划的理念，加大市级统筹力度，加强顶层设计，切实改变“单打独斗”“一枝独秀”的局面。重点围绕“爱的原乡、爱在17(一起)”文旅品牌策划营销宣传、设计旅游产品、推出系列活动。突出精品景区打造，严州古城加快未来景区改革，争创国家AAAA级旅游景区，寿昌争创省旅游风情小镇。整合全市旅游资源，加快各景点串联成线，推出全域精品旅游线路2条。探索构建“X+旅游”泛旅游产业集群，突出农业、体育、教育、航空等产业对旅游的支撑作用，做深融合发展文章。把握亚运窗口期，启动江滨体育公园建设，继续办好“夏日冬泳”、马拉松、全国围甲联赛(建德专场)等赛事活动。

(七)更加注重品质升级，致力安民心、增福祉

坚决兜牢社会保障底线。健全覆盖全面、统筹城乡、公平统一的社会保障体系，促进商业补充医疗保险发展。大力支持高校毕业生、农民工、退役军人、残疾人等重点群体就业，城镇新增就业5000人，城镇登记失业率控制在3.5%以内。深入开展“春风行动”，深化“三留守”帮扶机制，精准帮扶困难群体，着力推进低收入人群增收。深化养老综合改革，新建市级康养联合体1家、居家养老服务中心3家。坚持改善残疾人出行环境，推进困难残疾人无障碍设施进家庭改造。移风易俗常抓不懈，新建乡镇级综合殡葬设施(骨灰堂)6座。提速安置房建设、分配和办证工作，缩减拆迁户在外租房过渡时间，减少“人等房”现象。

坚持扩大公共服务供给。优先发展教育，优化教育设施布局，完成明镜小学扩建、培智学校迁建项目，加快新安江二小新建工程，启动洋溪小学及幼儿园扩建等一批重大项目，新增学位供给800个。更加主动对接杭州名校，促进优质资源下沉，加快美丽城镇(梅城)美好教育样板区建设。深化教育改革，强化新时代教师队伍建设。办好严州中学120周年校庆。全面推进“健康建德”建设，进一步提升数据治理平台应用和水平。深化“三医联动”“六医统筹”改革，合理布局医疗资源，建成杭州市第七人民医院浙西院区，推进杭州市第十人民医院建设，加快市一医院二期、市二医院迁建等项目。健全婴幼儿托育服务体系，新增婴幼儿托位100个。深入开展全民健身运动，办好市第十七届运动会。实施房地产“一县一策”，促进房地产行业健康稳定发展，有效扩大保障性住房供给。

全力打造“平安建德”。坚持和发展新时代“枫桥经验”，升级“最多跑一地”改革，发挥市、镇、村三级矛盾纠纷调处化解中心作用，实现平安村(社区)智慧化管理。加快构建“大安全、大应急、大减灾”体系，完善重大风险防范化解、突发公共事件应急救援、防灾减灾救灾等应急管理体制，完成市级规范化避灾安置中心建设，开展道路交通安全整治行动。科学规划“八五”普法，开展全国自然综合风险普查。全面落实耕地保护责任制，推进“智慧粮库”建设，切实保障粮食安全。不断提高乡村治理数字化水平，加大“乡村钉”推广应用力度，打造全国乡村治理体系建设示范市。同时，认真做好档案、气象、史志、红十字、关心下一代和老龄事业等工作，积极支持工会、共青团、妇联、科协、文联、工商联、社科联等群团组织开展工作，加强国防动员、国防教育、民兵预备役、双拥和人防工作，切实做好民宗、外事、侨务等工作。

各位代表，今年我们将继续按照“人民至上、普惠共享”的理念，认真办好十件民生实事。根据民生实事项目人大代表票决制工作要求，形成12件候选项目建议方案，现提交大会审议。

1.缓解停车难问题。新增主城区公共停车位1100个，进一步扩大“先离场后付费”使用范围和使用率，在6家大型停车场增设ETC设备。完成高铁新区马目区块五位一体物流(危险品运输)基地项目建设。

2.老年人关爱工程。完成特殊群体困难老年

人家庭适老化改造500户，面向全市老年人开展“一对一”交通安全宣传服务。

3.无障碍环境建设。完成主城区无障碍设施提升改造900处以上，提升残疾人之家星级6家，完成无障碍设施家庭改造100户。

4.农村家宴放心厨房及学校“阳光厨房”建设。创建农村家宴放心厨房6家，完成68所学校智能“阳光厨房”建设。

5.农村公路改造提升工程。完成农村公路提升改造30公里，实施“断头路”改造2条4公里。

6.“幸福河湖”建设。启动三江治理改造提升工程，实施中小河流治理39公里，完成4座水库、15座山塘除险加固工作，开展水土流失综合治理17平方公里。

7.老旧小区综合改造。改造提升老旧小区5个，既有住宅加装电梯45台。

8.婴幼儿照护服务。新增3岁以下婴幼儿照护服务机构3家、托位100个，新建婴幼儿照护服务“成长驿站”5个。举办婴幼儿照护服务培训10场，出台鼓励扶持普惠型婴幼儿照护服务机构发展政策。

9.健康为民工程。为1万名40周岁以上常住居民免费开展肺功能筛查，为1.5万名70周岁以上自愿对象免费接种流感疫苗。在新安江主城区内建设固定献血屋。建成退役军人健康驿站4个，服务退役军人4000人次以上。

10.文化惠民工程。组织文化惠民活动进农村文化礼堂260场以上，在4个中心镇分别设立青少年活动中心分中心。

11.“美好家园”创建。创建“美好家园”4个，建设智慧安防小区2个。

12.中小学幼儿园“智安校园”建设工程。在全市公办中小学、幼儿园建设“智安校园”60个。

对市人大代表票选确定的10件民生实事项目，市政府将加强组织领导、强化统筹协同、认真分解落实、严格督查考评，并接受市人大代表监督检查。其余2件项目也将纳入政府年度工作任务抓好落实。

四、加强政府自身建设

各位代表，当前世界百年未有之大变局进入加速演变期，新一轮科技革命和产业变革深入发展，但我国进入新发展阶段趋势没有变，处于重要战略机遇期没有变，经济长期向好的基本局面没有变。我们必须系统、深刻认识新发展阶段的新特征、新要求，坚定不移增强“四个意识”、坚定“四个自信”、做到“两个维护”，坚持政治方向，坚持政治定力，不断提高政治判断力、政治领悟力、政治执行力，以更大格局、更高视野展现宏大作为，以更高标准、更高质量完成光荣使命。

（一）诚心为民、高效施政，打造服务政府。始终坚持党建引领，以“为人民谋幸福，为民族谋复兴”的初心使命为出发点，以提升人民群众的获得感幸福感安全感为目标，想群众所想，急群众所急，抓住人民最关心最直接最现实的利益问题，大力保障和改善民生。巩固“亲”“清”政商关系，推进“三服务”机制化长效化，深化联企助企、惠民亲民工作，打造人民满意的服务型政府。

（二）严以用权、依法履职，打造法治政府。贯彻落实习近平法治思想，全面强化法治政府建设，推进政府事权规范化、法律化，强化对行政权力的制约和监督，在依法决策的基础上实现科学决策、民主决策。进一步完善落实重大事项公众参与、合法性审查等制度。稳步推进政府信息公开平台建设，深化政务公开。广泛听取和采纳各民主党派、工商联、无党派人士和人民群众的意见。主动接受人大、政协、审计、群众监督，让权力运行在阳光下。

（三）勇于创新、敢为先锋，打造“数智”政府。围绕治理体系和治理能力现代化，按照“整体智治”的理念，全方位深化政府数字化转型。以数字化手段推动“一件事”集成改革，推进信息技术与政府治理、民生服务和城市管理等领域的全面融合，实现“浙里办”App全覆盖、在线政务服务“24小时不打烊”。

（四）干字当头、实字为先，打造实干政府。把政府执行力作为“永不竣工”的生命力工程，紧扣全市中心工作，保持干事创业的热情、奋发有为的激情，发扬舍我其谁的拼搏精神，营造争先创优、唯实惟先的团队文化，善于在发展中抢占先机，合力推进政策快落实、项目快推进、矛盾快处理，不断创造经得起实践检验的新成果、新作为。

（五）干净自律、节俭从政，打造廉洁政府。深入贯彻全面从严治党方针，充分发挥全面从严治党引领保障作用，做到态度不能变、决心不能减、尺度不能松，从严推进政府系统党风廉政建设，严格落实中央八项规定及其实施细则精神。坚持政府过紧日子，控制和压减一般性支出，日常公用经费支出压减不低于5%，“三公”经费保持总额零增长，积极消化政府隐性债务。集中财力办大事，切实提高财政资金使用绩效。加大政府投资项目、公共资金、国有资产的监管和审计监督，依法依规推进政府采购、招标投标等工作，严查各类违法违纪行为，深化清廉政府建设。

各位代表！重任千钧，惟有担当，要在自砺。新的征程已经开启，让我们更加紧密地团结在以习近平同志为核心的党中央周围，高举习近平新时代中国特色社会主义思想伟大旗帜，在上级党委、政府和市委的坚强领导下，紧紧依靠全市人民，以更加昂扬的斗志、更加饱满的热情，真抓实干、开拓创新、奋勇争先，高标准打造“宜居建德”、高水平推动跨越赶超，为“十四五”高质量现代化发展、实现建德新崛起而努力奋斗！

名词解释

“安心返”：指由市疫情防控指挥部联合市数据资源服务中心开发的返建登记小程序。通过返建提前登记，实现人员少接触、摸排高效率、防控精细化。

“15+7”考核：指杭州市出台的综合考评体系，“15”指15项主要经济指标，“7”指7项转型升级攻坚经济指标。

MEI：指全省争先创优行动考核指标，为经济运行月度评价指数(Month Economic Index)的英文缩写。

“凤凰行动”“鲲鹏行动”：“凤凰行动”指以企业上市和并购重组为核心的行动计划。“鲲鹏行动”指培育年营业收入超过50亿元的数字经济和制造业领域大企业大集团的行动计划。

“先行用地”：指省自然资源厅根据保供需要，在疫情防控Ⅰ级响应期间，允许医疗卫生设施建设和药品、医疗器械生产等企业先行使用土地建设，后续补办审批手续的做法。

“建德智立方”：指我市在杭州滨江打造的飞地创新创业孵化器，是有效吸引科技人才、创新资源、科研成果，增强创新趋动能力的一项重要举措。

“一廊十线”：“一廊”指山水农园廊，即以320国道为主干，东北起自建德桐庐交界，西南终至建德龙游交界，横穿8个镇(街道)，集中展示美丽城镇建设成果的美丽乡村风景线。“十线”指贯穿市域的康养莲花线、三江诗路线、莲乡古村线、通儒葛塘线、乡创胥溪线、桔香休闲线、水润江南线、稻香农创线、灵栖洞天线、浙人寻根线等10条凸显不同特色的美丽乡村风景线。

“3020”“5030”：“3020”指村集体经济总收入达到30万元，经营性收入达到20万元。“5030”指村集体经济总收入达到50万元，经营性收入达到30万元。

“文化基因解码工程”：指我省文化事业、旅游产业发展的一项工程，通过全面挖掘文化内涵，解码各地文化形态，促进文旅融合，助推社会经济发展。

“1558工作法”：指平安创建工作的一种工作方法。“15”指以15天为一个周期，落实“15天检查曝光、15天整改回访、15天通报问责”工作要求；“5”指日常检查、交办整改、回访销号、研判通报、考核问责五项机制；“8”指全面压实反恐怖防范、治安安全、生产安全、交通安全、消防安全、食品药品安全、突发公共事件防范及基层基础等八个领域的监管责任。

“乡村钉”：指以“钉钉”为端口的数字乡村治理操作系统。

“三大科创高地”：指“互联网+”、生命健康、新材料三大产业，为省委十四届八次全体(扩大)会议上形成的十三项战略抓手之一。

“产学研用金、才政介美云”：指把产业、学术界、科研、成果转化、金融、人才、政策、中介、环境、服务十方面因素融合提升，打造一个创新创业的生态系统。

“单项冠军”企业、“隐形冠军”企业、专新特精“小巨人”企业：“单项冠军”企业指长期专注于制造业某些特定细分产品市场，生产技术或工艺国际领先，单项产品市场占有率位居全球前列的企业。“隐形冠军”企业指长期专注并深耕于产业链中某个环节或某个产品，能为大企业、大项目提供关键零部件、元器件和配套产品，以及专业生产成套产品的企业。专新特精“小巨人”企业指专注于细分市场、创新能力强、市场占有率高、掌握关键核心技术、质量效益优的排头兵企业。

“城市大脑”：指由中枢、系统与平台、数字驾驶舱和应用场景等要素组成，以数据、算力、算法等为基础和支撑，运用大数据、云计算、区块链等新技术，推动全面、全程、全域实现城市治理体系和治理能力现代化的数字系统和现代城市基础设施。

“一主两翼两组团多点”：“一主”指新安江、洋溪、更楼、下涯，“两翼”指梅城、寿昌两个副城，“两组团”为乾潭、大同两个中心镇，“多点”指除“一主两副两组团”之外、建成区面积达到20平方公里以上的乡镇。

“一图一码一指数”：“一图”指红、橙、黄、蓝、绿五色“疫情图”，代表疫情风险等级。“一码”指“健康码”，为个人健康凭证。“一指数”指精密智控指数，为评价各地疫情防控工作的指标。

PCR 实验室：指通过基因扩增方式检测特定DNA或RNA的检验实验室。PCR为聚合酶链式反应的英文缩写，是一种分子生物学技术，是当前新冠病毒核酸检测使用最广泛和较准确的筛选确认方法。

“万亩千亿”：指面向重量级未来产业、万亩空间左右、千亿元以上产出的产业平台，是我省“顶配版”产业发展平台。

“百县千碗”“建德十大碗”：“百县千碗”指由省政府打造，旨在挖掘全省美食资源、传承各地美食文化的重要品牌工程。“建德十大碗”指具有建德地域特色、文化内涵的代表性菜肴。

“三医联动”“六医统筹”：指医疗、医保、医药改革联动，医保、医疗、医院、医药、医生和中医的统筹。

2020年建德市国民经济和社会发展统计公报

（建德市统计局于2021年3月30日公布）

2020年是极不平凡的一年。面对极其复杂严峻的国内外形势特别是新冠肺炎疫情的严重冲击和新安江水库首次九孔泄洪的严峻考验，全市上下认真贯彻落实中央和省市各项决策部署，统筹推进疫情防控和经济社会发展，坚持稳中求进工作总基调，以高质量发展为主题，扎实做好“六稳”工作，全面落实“六保”任务，立足“防大汛、抢大险”，逆势奋进实现“两手硬、两战赢”，经济持续稳步复苏，民生福祉保障有力，社会事业繁荣发展，生态环境明显改善，实现“十三五”规划圆满收官。

一、综合

经济总量

根据国家统一初步核算，2020年全市生产总值（GDP）为391.87亿元，按可比价格计算，比上年增长5.3%，分别快于全国、全省和杭州市3.0、1.7和1.4个百分点。分产业看，第一产业增加值37.15亿元，增长1.5%；第二产业增加值181.96亿元，增长5.1%；第三产业增加值172.76亿元，增长6.4%。三次产业增加值结构为9.5: 46.4:44.1。按照中国地区生产总值统一核算和数据发布制度规定，地区生产总值核算包括初步核算和最终核实两个步骤。经最终核实，2019年，全市生产总值现价总量为377.87亿元，按可比价格计算，同比增长6.7%，三次产业增加值结构为9.4:48.2: 42.4。

数字经济核心产业增加值8.60亿元，增长9.0%，高于GDP增速3.7个百分点，占GDP的比重为2.2%。

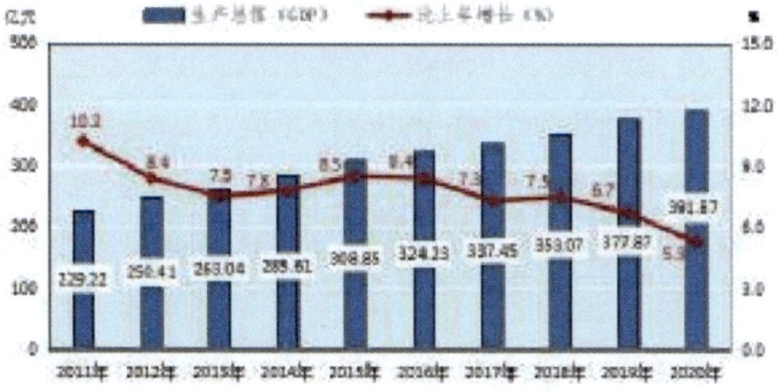

图1 2011—2020年全市生产总值及增长速度示意图

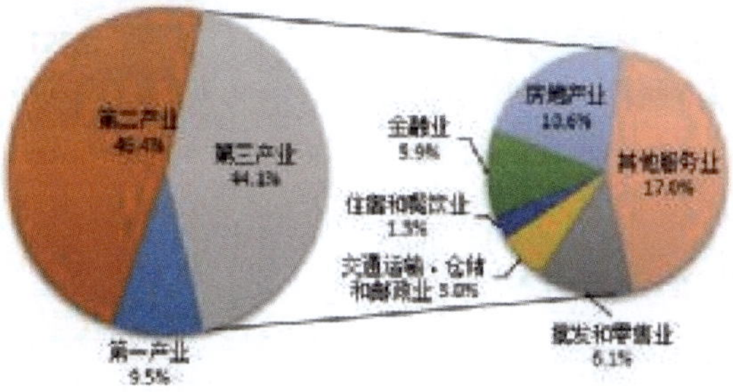

图2 2020年各产业增加值占GDP比重示意图

财政收支

全年全市财政总收入55.64亿元，增长2.8%；地方财政收入34.23亿元，增长10.1%，其中，税收收入30.25亿元，增长7.0%，占地方财政收入的88.4%。一般公共预算支出59.32亿元，增长9.6%，其中用于民生支出45.19亿元，增长8.8%，占一般公共预算支出的比例为76.2%。灾害防治及应急管理支出、住房保障支出、卫生健康支出分别增长73.3%、44.2%和37.1%。

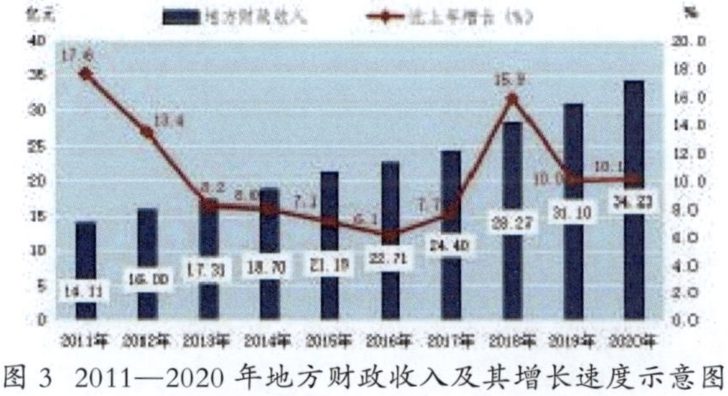

图3 2011—2020年地方财政收入及其增长速度示意图

就业

全年城镇新增就业人员 21814 人，同比多增 14051 人。帮扶城镇失业人员再就业人数 3211 人，其中帮扶就业困难人员再就业人数 2460 人，分别同比增加 1648 人和 1892 人。年末城镇登记失业人数 2313 人，城镇登记失业率 2.42%。

市场主体

全年新设市场主体 10285 户，其中，新设企业 4214 户，同比减少 20.6%；新设个体工商户 6064 户，增长 14.2%。年末在册市场主体 51840 户，其中企业 18954 户，个体工商户 32343 户。

人口

2020 年末，全市户籍人口 509901 人，同比末减少 796 人，下降 0.2%。其中，男性人口 258048 人，女性人口 251853 人，分别占总人口的 50.6% 和49.4%。全年出生人口 4182 人，出生率为 8.20‰；死亡人口 3360 人，死亡率为 6.58‰；人口自然增长率为 1.61‰。

表 1 **2020 年年末户籍人口数及其构成统计表**

指 标	年末数（人）	比重（%）
总人口	509901	100.0
其中：街道人口（3 个街道）	122315	24.0
建制镇人口（12 个镇）	378907	74.3
其中：男性	258048	50.6
女性	251853	49.4
其中：0~17 岁	72599	14.2
18~59 岁（含不满 60 周岁）	306815	60.2
60 周岁及以上	130487	25.6

二、农业和农村

农业生产

全年实现农林牧渔业增加值 37.94 亿元，增长 1.6%；农林牧渔业总产值 59.17 亿元，增长 5.0%。其中，种植业产值 36.97 亿元，下降 2.1%；林业、渔业、牧业产值分别为 3.41 亿元、2.11 亿元和 14.63 亿元，增长 0.8%、4.1%和 31.0%。

全年粮食总产量 6.85 万吨，增长 1.6%；蔬菜产量 26.44 万吨，增长 2.0%；水果产量 23.24 万吨，增长 1.7%；水产品产量 9755 吨，增长 3.0%。木材产量 8.87 万立方米，增长 3.0%。肉类产量 1.90 万吨，增长 54.8%。其中禽肉产量 0.65 万吨，增长 2.2%，猪肉产量 1.22 万吨，增长 118.3%；禽蛋产量 5.28 万吨，下降 12.3%。年末生猪存栏 15.39 万头，增长 219.3%；禽类存栏 508.24 万羽，增长 9.6%。市级“菜篮子”基地 18 个。农业龙头企业 107 家，各类农民专业合作社 549 家。

新农村建设

全面践行乡村振兴战略。全年新创建美丽乡村精品村 6 个，新增美丽乡村精品示范线 1 条、历史文化村落 1 个、风情小镇 1 个、省级高标准农村生活垃圾分类示范村 2 个。农家乐（民宿）217 家，接待游客 651 万人次，下降 19.9%；实现经营收入 7.98 亿元，增长 5.9%。

三、工业和建筑业

（一）工业

全年工业增加值 149.04 亿元，同比增长 6.8%，其中规模以上工业增加值 135.06 亿元，增长 8.5%。规模以上工业中高新技术产业、战略性新兴产业、装备制造业增加值分别增长 14.4%、12.0%和 7.3%，占规模以上工业的 39.3%、21.0%和 8.8%。规模以上工业总产值 491.25 亿元，增长 8.6%。新产品产值 225.06 亿元，增长 5.6%，新产品产值率 45.8%。出口交货值 70.93 亿元，增长 11.3%。规模以上工业企业实现利税总额 68.45 亿元，增长 19.0%；其中利润 53.45 亿元，增长 28.4%，医药制造业、纺织业利润分别增长 111.0% 和 517.7%。营业收入利润率 10.81%，同比提高 1.72 个百分点。

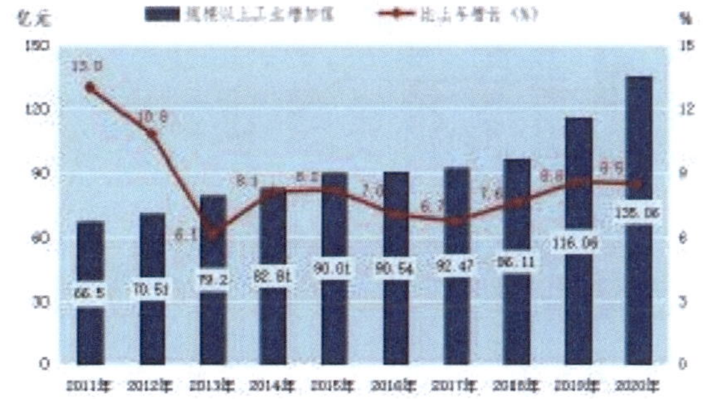

图 4 2011—2020 年规模以上工业增加值及其增长速度示意图

规模以上工业中，前十大行业总产值占规模以上工业的比重为88.1%，其中化学原料和化学制品制造业、非金属矿物制品业、橡胶和塑料制品业占比达到两位数，医药制造业产值增速高达66.8%。

表2 2020年规模上工业总产值前十大行业增长情况表

名　称	工业总产值		
	绝对值（亿元）	占比（%）	增速（%）
规模以上工业合计	491.25	100.0	8.6
化学原料和化学制品制造业	127.51	26.0	8.4
非金属矿物制品业	96.38	19.6	11.5
橡胶和塑料制品业	59.04	12.0	7.4
酒、饮料和精制茶制造业	36.24	7.4	–5.1
纺织业	27.49	5.6	17.1
电力、热力生产和供应业	21.81	4.4	–0.5
通用设备制造业	20.92	4.3	12.3
金属制品业	16.19	3.3	5.8
电气机械和器材制造业	13.76	2.8	22.9
医药制造业	13.42	2.7	66.8

全年建筑业增加值32.93亿元，同比下降5.3%，占GDP的比重为8.4%。

四、固定资产投资和房地产业

全年固定资产投资同比下降9.9%。其中，工业投资增长17.1%，交通投资下降44.3%，生态环保、城市更新和水利设施投资下降32.7%，高新技术产业投资下降44.8%，民间项目投资增长

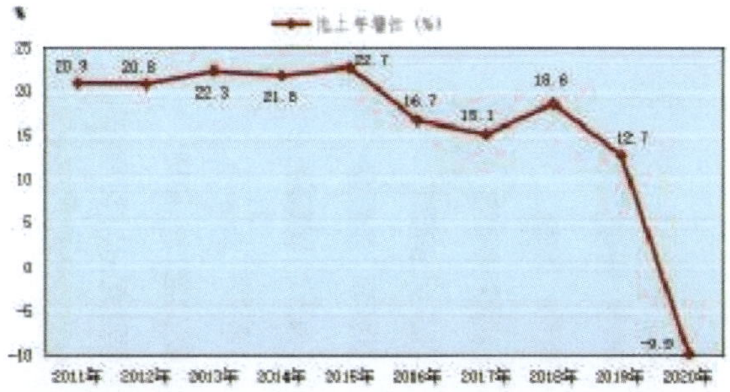

图5 2011—2020年规模以上工业增加值及其增长速度示意图

9.9%。省市县长“152”项目5个，落地率为80%。

全年房地产开发投资同比下降18.1%，其中，住宅投资下降27.8%。房屋施工面积325.95万平方米，增长3.1%；新开工面积44.02万平方米，下降8.6%；竣工面积97.32万平方米，增长179.7%。商品房销售面积54.09万平方米，增长39.2%，其中住宅销售49.89万平方米，增长45.4%；商品房销售额66.57亿元，增长54.1%。

五、国内贸易

全年批发和零售业增加值23.89亿元，增长5.5%；住宿和餐饮业增加值5.06亿元，下降7.5%。全市社会消费品零售总额114.07亿元，下降0.7%。网络零售额295.06亿元，增长61.7%。

在限额以上批发零售贸易业零售额中，粮油、食品类零售额同比增长18.5%，烟酒类下降62.8%，化妆品类增长45.7%。消费升级步伐加快，可穿戴智能设备、智能家用电器和音像器材、汽车类分别增长369.3%、32.1%和40.0%。

六、对外经济

全年货物进出口总额83.36亿元，增长23.7%。其中，进口额6.96亿元，增长41.5%；出口额76.40亿元，增长22.3%，出口份额占全国的0.043%，出口总量和份额创近年新高。服务贸易出口额1.37亿美元，增长28.9%。跨境电商进出口总额3.41亿美元，其中出口额3.11亿美元，分别增长15.8%和17.6%。

全年新批外商投资项目9个。实际利用外资1.15亿美元，增长26.0%。

七、交通运输、邮电和旅游

（一）交通运输

全年交通运输、仓储和邮政业增加值11.89亿元，同比下降3.5%。年末全市等级公路里程2032.72公里，同比增加37.57公里，其中高速公路里程135.39公里，同比增加28.27公里。建金高速建成通车，衢建铁路、金建铁路项目稳步推进，320国道建德段改扩建工程完成工可评审，桐溪大桥主体工程开工建设。全年完成货物运输总量

2137.71 万吨，同比下降 1.0%。货物运输周转量 28.05 亿吨公里，下降 0.7%。全年公路旅客运输总量 1176.1 万人次，下降 15.1%。公路旅客运输周转量 4.55 亿人公里，下降 6.5%。

年末全市民用汽车保有量 69402 辆，同比末增长 9.0%，其中私人汽车保有量 59402 辆，增长 9.3%。民用轿车保有量（小型、微型载客汽车）57907 辆，其中私家车（个人小型、微型载客汽车）53863 辆。

（二）邮政电信

全年邮政业务总量 1.07 亿元，同比增长 2.5%；电信业务总量 5.57 亿元，增长 6.0%。年末移动电话用户数 57.11 万户，同比末增加 2.73 万户。固定电话用户数 6.32 万户，增长 4.3%。互联网用户 67.80 万户，增长 2.1%，其中移动互联网用户数 48.67 万户，增长 1.8%。全市邮政特快专递业务 2.94 万件，下降 36.4%。

（三）旅游业

全年旅游总收入 137.70 亿元，同比增长 2.3%。接待国内外游客 1319.40 万人次，增长 1.0%，其中，国内游客 1319.30 万人次，增长 1.0%，境外游客 0.1 万人次。年末各类旅行社 22 家，星级饭店 2 家。A 级及以上景区 5 个，其中 AAAA 级景区 4 个。寿昌创成 AAAAA 级景区镇，严州古城步行街、寿昌中山路步行街创成杭州市高品质步行街。乡村旅游人数 589.71 万人次，同比下降12.1%，实现乡村旅游收入 6.73 亿元，增长 21.1%。

八、金融

全年金融产业增加值 23.21 亿元，增长 14.9%。年末金融机构本外币各项存款余额 645.30 亿元，同比末增长 19.9%。住户本外币存款余额 345.54 亿元，增长 13.1%。金融机构本外币各项贷款余额 564.55 亿元，增长 22.8%。中长期本外币贷款 395.96 亿元，增长 29.8%。

年末境内上市公司总数达 5 家，其中当年新增上市 3 家（建业化工、深蓝科技、大洋生物）。

全年保险业保费收入 7.00 亿元，同比下降 15.8%。其中，车险保费收入 6.18 亿元，下降 18.6%。

表 3 2020 年金融机构本外币存贷款余额及增速情况表

指 标	年末数（亿元）	增速（%）
各项存款余额	645.30	19.9
其中：单位存款	299.76	28.7
住户存款	345.54	13.1
各项贷款余额	564.55	22.8
其中：短期贷款	162.91	16.5
中长期贷款	395.96	29.8

九、人民生活和社会保障

（一）人民生活

全年全市居民人均可支配收入 42063 元，同比增长 6.0%。其中城镇居民人均可支配收入 54962 元，增长 3.9%；农村居民人均可支配收入 30762 元，增长 7.3%。城乡居民收入比为 1.79，同比缩小 0.06。低收入农户人均可支配收入 14917 元，增长 12.3%。

全市居民人均生活消费支出 26316 元，同比下降 3.5%。其中，城镇居民人均生活消费支出 36116 元，下降 5.8%；农村居民人均生活消费支出 17730 元，下降 1.6%。

（二）社会保障

年末全市参加基本养老保险人数 33.35 万人，其中参加企业职工基本养老保险人数 20.86 万人，参加城乡居民基本养老保险人数 10.79 万人。参加基本医疗保险人数 43.97 万人，其中参加城乡居民基本医疗保险人数 26.89 万人。参加生育、工伤、失业保险人数分别达 9.34 万人、14.46 万人、9.10 万人。基本医疗保险参保率为 99.4%。

年末全市养老机构 19 所，其中敬老院 8 所；养老机构床位 3596 张，其中敬老院 1775 张；供养老人 1205 人，其中敬老院在院老人 652 人。年末全市五保对象 395 人，其中集中供养 276 人。

年末享受最低生活保障人数 10810 人，其中，城镇 606 人，农村 10204 人。城乡居民最低生活保障标准为平均每人每月 882 元，同比提高 49 元。

全年市慈善总会共募集捐款 2171 万元，增长

82.7%,发放各类救助金 2146 万元,增长 123.9%。

十、教育和科学技术

(一)教育

年末全市共有幼儿园 40 所, 在园幼儿 13308 人, 同比增长 3.1%。共有小学 31 所, 在校学生 22621 人,增长 2.4%,学龄儿童毛入学率 100%。共有初中 17 所, 在校学生 10249 人, 初中入学率 100%。普通高中(含民办)6 所,在校学生 7082 人,初中升高中段比例 99.7%;中等职业教育学校 1 所,在校学生 1473 人。全市专任教师 4320 人,其中,幼儿园专任教师 1043 人, 小学专任教师 1359 人,初中专任教师 1052 人,高中专任教师 741 人,职高专任教师 112 人,特殊教育学校专任教师 13 人。

(二)科学技术

全年实施各类科技计划 625 项, 其中省级科技计划 91 项。新认定高新技术企业 37 家,累计高新技术企业 104 家。新增省科技型中小企业 101 家,累计 423 家。截至年末,杭州市级以上高新技术企业研发中心 107 个,其中省级以上 45 个。科技企业孵化器 9 家, 其中省级 1 家; 众创空间 3 家。首个在杭科技飞地孵化园“建德智立方”开园。全年专利申请量 2585 件, 其中发明专利申请量 1040 件,分别同比增长 55.4%和 340.7%;专利授权量 1113 件,其中,发明专利授权量 72 件,分别增长 78.9%和 60.0%。

十一、卫生和文化体育

(一)卫生

年末全市共有各级各类医疗卫生机构 389 家,其中市级医院 10 家。建制乡镇(街道)卫生院(社区卫生服务中心)15 家, 社区卫生服务站 18 家,一体化管理村卫生室 194 家;民营医院、门诊部和个体诊所等机构 152 家。全市实有病床 2770 张,每千人口实有床位 6.52 张,每千人口执业(助理)医师 2.99 人,每千人口注册护士 3.62 人。卫生专业技术人员 3763 人,平均每千人拥有卫生技术人员 8.44 人。婴儿死亡率 3.55‰。全年无偿献血人次 4699 人次,其中流动献血 1323 人次,献血量 166 万毫升。

(二)文化

全市总藏书 83.8 万册(件),书刊外借 41.0 万册。全年剧团国内演出 302 场次。县级及以上文物保护单位 91 处(群),其中国家级文物保护单位 4 处(群),省级文物保护单位 5 处(群)。

年末全市共有图书馆 1 个,农家书屋 235 个,文化站 16 个,博物馆 1 个。建德博物馆、“千鹤妇女精神”教育基地开馆,大型山水实景演艺《江清月近人》开演。有线电视用户 15.77 万户,有线电视信号 100%数字化。今日建德出版 244 期,日发行 1.8 万份,建德新闻网日均点击量 1.2 万人次。

(三)体育

全年举办各类群众性体育比赛 126 场, 参赛运动员 2.8 万人次。“夏日冬泳”百城挑战赛、“建德 17℃新安江”马拉松成功举办。全市健身苑点 570 个,其中当年新建 22 个。农村健身设施覆盖率达 100%。省小康体育村 199 个。全市体育场馆 3 个,新建篮球场 8 个,新建乒乓球室 14 个。全年获得杭州市级以上各类奖牌总数 293 枚, 其中金牌 160 枚、银牌 81 枚、铜牌 52 枚。

十二、资源、环境和安全生产

(一)资源利用

市区建成区面积年末达 10.60 平方公里,城区道路长度 138.22 公里。城区供水总量 1833 万立方米,其中生活用水 949 万立方米。建成区绿化覆盖率 44.91%,同比提高 2.74 个百分点。市区园林绿地面积 476 公顷,同比增长 5.5%;公共绿地面积 241 公顷,同比增加 25 公顷。年末市区管道煤气用户 4.70 万户, 同比末增加 0.45 万户。

年末市区营运公交车辆 144 辆, 同比增加 9 辆,公交客运总量达到 1153.6 万人次。年末主城区公共交通运营线路 15 条, 其中优化线路 2 条。出租车 100 辆。

全年完成造林更新面积 2.05 万亩, 其中,人工造林 0.80 万亩,更新造林 1.0 万亩,无林地封育 0.25 万亩。全市森林覆盖率为 76.34%。

全年全社会用电量 38.54 亿千瓦时, 增长 4.0%。其中,第一产业用电 0.26 亿千瓦时,第二产业用电 29.96 亿千瓦时，第三产业用电 4.06 亿千瓦时，城乡居民生活用电 4.26 亿千瓦时。工业用电量 29.56 亿千瓦时，增长 4.0%。

全年规模以上工业企业能源消费同比增长 7.9%，单位工业增加值能耗下降 0.5%。

全年除险加固病险水库 5 座、水塘 12 座。农村饮用水工程各级投入资金 7651 万元，完成 44 个村庄饮用水工程，解决饮用水人数 4.2 万人。

(二)环境保护

全年空气优良天数达 359 天，同比增加 9 天，空气优良率 98.1%，同比提高 2.2 个百分点。PM2.5 年平均浓度 24.2 微克/立方米，下降 18.5%。主要水系监测断面Ⅲ类及以上占比 100%。

(三)安全生产

全市共发生各类安全生产事故（包括工矿商贸企业、道路运输、水上交通、渔业船舶事故）17 起，同比减少 1 起，下降 5.6%；死亡 10 人，同比减少 8 人，下降 44.4%。

注释：

1. 本公报所列各项数据为年度初步统计数据。部分数据因四舍五入原因，存在分项与合计不等的情况。

2.地区生产总值和各产业增加值绝对数按现行价格计算，增长速度按不变价格计算；三次产业划分执行国家统计局 2018 年修订的《三次产业划分规定》。

资料来源：

本公报中人口数据来自市公安局；财政数据来自市财政局；城镇新增就业、帮扶就业、登记失业率、养老保险等数据来自市人力社保局；水产品产量、美丽乡村精品村、农民专业合作社等数据来自市农业农村局；市场主体、专利等数据来自市市场监管局；货物进出口、外商投资等数据来自市商务局；公路里程、货物运输总量、货物周转量、旅客周转量等数据来自市交通运输局；汽车拥有量数据来自市交警大队；邮政业务总量、邮政特快专递业务等数据来自市邮政局；电信业务总量、电话用户、互联网用户等数据来自市联通公司、移动公司、电信公司、华数公司；公共图书馆、文化馆、博物馆、旅游、体育等数据来自市文广旅体局；货币金融数据来自人民银行建德市支行；上市公司数据来自市发改局；教育数据来自市教育局；科技计划、高新技术企业、高新技术企业研发中心等数据来自市科技局；卫生机构、床位、卫生技术人员等数据来自市卫生健康局；今日建德、建德新闻网数据来自市融媒体中心；低保、募集捐款、救助金等数据来自市民政局；基本医疗保险、生育保险数据来自市医疗保障局；木材产量、造林面积、森林覆盖率数据来自市林业局；空气优良、PM2.5 监测数据来自杭州市生态环境局建德分局；建成区面积、市区道路、建成区绿化覆盖率、绿地面积、管道煤气用户等数据来自市住建局；各类事故发生起数、死亡人数数据来自市应急管理局；有线电视数据来自市华数公司；用电数据来自市供电公司；其他数据来自于市统计局。

编辑：黄建生

建德市第七次人口普查主要数据公报[1]

(建德市统计局于 2021 年 5 月 17 日发布)

根据《全国人口普查条例》和国务院的决定，我国以 2020 年 11 月 1 日零时为标准时点进行了第七次全国人口普查。在国务院第七次全国人口普查领导小组的统一领导和省、市、县(市、区)各级人民政府的精心组织下，在全体普查对象的支持配合下，经过广大普查工作人员的艰苦努力，人口普查主要阶段任务已圆满完成。现将建德市快速汇总的主要数据公布如下：

一、总人口

全市常住人口[2]为 442709 人，与 2010 年第六次人口普查的 430750 人相比，十年共增加 11959 人，增长2.78%，年平均增长率为 0.27%。

二、户别构成

全市共有家庭户[3]171969 户，集体户 5744 户，家庭户人口为 420196 人，集体户人口为 22513 人。平均每个家庭户的人口为 2.44 人，比 2010 年第六次人口普查 2.64 人减少 0.20 人。

三、人口性别构成

全市人口中，男性人口为 224353 人，占 50.68%；女性人口为 218356 人，占 49.32%。总性别比（以女性为 100，男性对女性的比例）为 102.75，与 2010 年第六次人口普查相比，上升 0.90。

四、年龄构成

全市常住人口中，0—14 岁人口为 57455 人，占 12.98%；15—59 岁人口为 260606 人，占 58.87%；60 岁及以上人口为 124648 人，占 28.15%，其中 65 岁及以上人口为 90317 人，占 20.4%。与 2010 年第六次人口普查相比，0—14 岁人口的比重下降 0.19 个百分点，15—59 岁人口的比重下降 8.48 个百分点，60 岁及以上人口的比重上升 8.67 个百分点，65 岁及以上人口的比重上升 7.02 个百分点。

表 4 2020 年全市人口年龄构成统计表

年　龄	人口数	比重
总　计	442709	100
0—14 岁	57455	12.98
15—59 岁	260606	58.87
60 岁及以上	124648	28.15
其中：65 岁及以上	90317	20.40

五、教育程度

全市常住人口中，拥有大学(指大专及以上)文化程度的人口为 54107 人；拥有高中(含中专)文化程度的人口为 77160 人；拥有初中文化程度的人口为 135871 人；拥有小学文化程度的人口为 134107 人(以上各种受教育程度的人包括各类学校的毕业生、肄业生和在校生)。与 2010 年第六次人口普查相比，每 10 万人中拥有大学文化程度的由 6634 人上升为 12222 人；拥有高中文化程度的由 14851 人上升为 17429 人；拥有初中文化程度的由 34035 人下降为 30691 人；拥有小学文化程度的由 32687 人下降为 30292 人。

全市常住人口中，文盲人口(15 岁及以上不识字的人)为 8461 人，与 2010 年第六次人口普查相比，文盲人口减少 15607 人，文盲率[4]由 5.59% 下降为 1.91%，下降 3.68 个百分点。

六、城乡构成[5]

全市常住人口中，居住在城镇的人口为233658人，占52.78%；居住在乡村的人口为209051人，占47.22%。与2010年第六次人口普查相比，城镇人口增加50140人，乡村人口减少38181人，城镇人口比重上升10.18个百分点。

注释：

[1]本公报中数据均为初步汇总数。

[2]常住人口包括：居住在本乡镇街道且户口在本乡镇街道或户口待定的人；居住在本乡镇街道且离开户口登记地所在的乡镇街道半年以上的人；户口在本乡镇街道且外出不满半年或在境外工作学习的人。

[3]家庭户是指以家庭成员关系为主、居住一处共同生活的人组成的户。

[4] 文盲率是指常住人口中15岁及以上不识字人口所占比例。

[5]城镇、乡村按国家统计局《统计上划分城乡的规定》划分。

编辑：黄建生

专 记

Special Notes

抗击突如其来的新冠肺炎疫情

1月21日，建德市第一时间传达学习上级精神，成立市疫情防控工作领导小组，市委、市政府主要领导担任双组长，下设疫情防控指挥部和6个工作组，启动重大公共突发卫生事件一级响应。乡镇(街道)各部门各负其责、强化值守，组建指挥部严格落实各项防控措施。23日在全省率先启动高铁站、客运中心及高速出入口24小时防控机制。24日，全面启动村社卡口管理，设置村社卡口681个，全面压实基层防控责任。25日，市委、市政府下发《关于进一步加强新型冠状病毒感染的肺炎疫情防控工作的紧急通知》，全市机关部门和乡镇(街道)取消休假，全员投入防疫值守工作。27日，启动全市面上"三返"人员调查摸底工作；同时，在市委党校设置市级集中隔离点并正式启用。29日，发现首例确诊病例(属于管控内的武汉返乡人员)后，立即收治在本市定点医院(建德市第二人民医院)，随后送至杭州市定点医院进行隔离治疗。同日，上线建德市新疫情防控大数据监测系统。

2月4日，出台《关于进一步加强"三返"人员管理工作的意见》，出台村(社区)管理"五个一"，实施全市村(社区)、小区全面严格封闭管理；实行乡镇(街道)干部全面驻镇制。9日，出台疫情防控期间便民服务6条举措。13日，在建德市域内启用"杭州健康码"，实施科学、精准、严密、智慧的点穴式管控，确保疫情防控有力有序。之后，根据疫情形势变化，充分运用大数据等信息技术，健全完善"一图一码一指数"精密智控机制，有序调整管控标准和管控节奏，减少疫情防控对群众生产生活的影响。

3月2日，根据省委常委会会议决定，疫情防控应急响应等级从原来的一级调整为二级。建立建德涉境外来建人员信息交互机制，成立专班，专题部署境外来建人员排查管理工作。8日，对第一位境外返建人员按照预案执行隔离和观察。20日起，启动疫情防控期间公职人员直系亲属国境外返浙返建情况报告制度。

4月16日，最后一名观察对象解除隔离，市委党校集中医学观察点首次清零。20日，全市小学4—5年级正式开课。至此，建德市抗击新冠肺炎疫情取得阶段性胜利。之后，随着全市疫情防控进入常态化阶段，全市生活、生产秩序逐渐恢复正常，继续高标准落实精密智控机制，聚焦数字赋能，创新上线"安心返"平台，慎终如始做好常态化防控工作。9月底，开展全市秋冬季新冠肺炎疫情联防联控应急演练，提升实战应对能力。10—11月，开展重点人群疫苗应急接种，完成市级临时防疫物资仓库选点和各乡镇(街道)秋冬季备用集中隔离点设置工作。青岛定点医院及广州集中隔离点疫情感染事件发生后，立即开展全市医疗机构及隔离点专项检查。至12月31日，全市新冠肺炎确诊病例均已治愈出院。全市连续近300天无新增确诊病例。

在此期间，全市交通卡口累计检查车辆9.1万辆、37.2万人次；地毯式滚动摸排共排查42.86万人次。按照"日交日清"要求，对上级提供的大数据进行逐条核查，累计排摸比对100多批次人员。在全省率先开发"疫情管控数字驾驶舱"，采集录入管控人员数据8892人。境外疫情暴发增长后，在全市范围内开展侨情摸排工作，累计摸排总人数4003人（留学生533人），其中重点国家人数2786人，其他国家1217人。全市共设置集中隔离点17个，累计集中管控581人，医学隔离观察565人，居家隔离观察7026人，杭州口岸入境来建隔离对象1134人（至12月31日尚在隔离130人）；累计留置检测2765人。累计开展核酸检测66316例，其中对集中隔离点、医疗机构、农贸市场、冷链食品等重点场所工作人员做到应检尽检，对其他人群实施愿检尽检。

在做好疫情防控的同时，全力抓好企业复工复产。整个抗疫期间，召开市委常委会、市政府常务会议等疫情防控主题会议57次，其中与复工复产有关的32次；市领导开展疫情防控主题专题调研、实地检查督促38次，其中与复工复产有关的22次；正式出台《建德市做好企业复工和疫情防控工作实施方案》《关于应对新冠肺炎疫情支持企业共渡难关的政策》等有关文件、政策、通知8个，其中与复工复产有关的3个。特事特办、急办，加大对本市抗疫物资口罩生产企业——建德市朝美日化有限公司政策扶持力度，顺利落实该企业0.66公顷（9.83亩）生产基地扩建“先行用地”，成为全省新冠肺炎疫情防控期间的首宗“先行用地”。2月，选派56名机关优秀领导干部作为企业复工服务联络专员，对亿元以上企业开展“一对一”服务；全面落实省疫情防控1号、2号责任令，推行“最多停一次”，实行一证通行。召开“帮企不漏企、企企见干部”深化“三服务”活动动员部署会，派遣驻企服务员641名入企开展帮扶活动。出台《关于建德市积极应对疫情支持乡村产业发展的十条意见》，贯彻落实《省疫情防控领导小组关于印发大力实施减税减费减租减息减支共克时艰行动方案的通知》（省疫情防控〔2020〕15号），推进企业复工复产。为了推动餐饮业复工，鼓励安全的餐饮消费，推行“公筷公勺”用餐，3月31日，正式对外发布《建德公筷公勺样本》。至5月，建德市成为全省率先实现复工复产的县市之一。

在做好本市疫情防控的同时，开展对外支援。1月27日、2月9日、2月13日，建德市先后分3批共16名援鄂医护人员奔赴遭受疫情突袭的武汉支援疫情救治工作。组织2家保供企业满负荷生产。2月24日，建德市派出2架飞机从建德千岛湖通用机场起飞，运载由建德市政府和大蜂控股有限公司捐赠的7000套防护服、5000双医用手套等一批应急防疫物资，前往武汉，供武汉各医院抗击疫情一线的医护人员使用；3月1日，再次派出飞机2架从航空小镇起飞，空运杜邦面料的ICU防护服、护面罩、ICU鞋套、KF94口罩和医用伤口消毒液等紧缺物资，定向支援武汉雷神山医院、北大人民医院、上海复旦大学中山医院、浙江省人民医院、浙大附属第二医院等全国在武汉支援的医疗队伍。为全国抗“疫”大局做出突出贡献。

（黄建生）

成功创建全国文明城市

2018年2月14日，建德市获得全国文明城市提名城市资格，正式开启争创全国文明城市新征程。全市上下聚焦打造“最清洁、最有序、最平安、最暖心”全国文明城市目标，不断探索城乡联动、部门互动、示范带动的精神文明建设新方法、新路径，坚持问题导向，补短找差、克难攻坚，高标准提升城市软硬件水平，以不达目的誓不罢休的坚毅决心，全力以赴打好打赢全国文明城市创建决胜战。最终，2020年顺利通过四轮省级考核和中央文明办国测大考，从全国166个县级参评城市中脱颖而出，成功摘取城市综合类评比中的最高荣誉——“全国文明城市”称号。

建德市以位列全国79个县市前列的优异成绩成功创建全国文明城市，是与创建工作开展3年来全市上下的关心关注、广泛参与、帮助支持分不开的。首先得益于创建靠民惠民为民的理念认真贯彻。“最美”系列选树力度不断加大，让“最美”现象来自群众、服务群众、影响群众。通过3年持续深入推进创建工作，文明城市红利不断普惠，群众“知晓率、支持率、参与率、满意度”持续提升，分别达到100%、99%、98%和95%。其次得益于全体干部的倾情奉献。各级领导干部身体力行、率先垂范，发挥了很好的带头作用，各部门、街道、社区等基层单位的广大干部职工，切实发挥主体责任，做了大量扎实细致的工作。尤其是测评迎检期间，全市上下坚持16小时工作制，做到“问题不整改人不撤岗”，为成功创建打下坚持基础。再者得益于在细节上的精益求精。用脚步丈量文明，对34类、168个必查点位以及全市域随机测评点位开展10轮全覆盖检查。250条台账申报指标，1万余张图片资料，10万字说明报告，近40个部门单位集中办公，连续奋战120天，完成全覆盖审核。

三年来，建德市委、市政府始终将创建全国文明城市工作作为争当展示“重要窗口”的“头雁风采”排头兵的一项重要工作来抓。一是找准目标定位。把创建全国文明城市作为增强城市能级、提升城市美誉度、解决发展中的热点难点问题的关键举措，作为增强人民群众幸福感获得感的总抓手。创建思路清晰，2018年年初即提出“一年奋战攻坚，两年全面提升，三年列入全国文明城市行列”行动路径，明确阶段性任务，项目化推进创建工作，在稳扎稳打中争先进位。二是强化组织领导。健全完善市委、市政府主要领导亲自挂帅、市四套班子领导领衔推进的创建工作领导小组体系。成立“一办十组”并由分管市领导担任组长，牵头负责本领域本系统创建工作。市级机关各部门、各乡镇（街道）组建创建专班，明确专人负责，形成了“一把手亲自抓”的工作机制。三是凝聚各方合力。将城区划分为18条道路网格和13个社区网格，由31位市领导分别担任“网格长”。将全市百余家党政机关、企事业单位5000余名干部职工投入创建主战场，按照“定点定人定岗”职责，分区域分路段落实好网格任务，2020年7月起实施“周六固定志愿服务日”制度，常态化开展交通文明劝导、“三弯腰四必管”等活动。

三年来，创建工作坚持对标对表、建管并重，努力让市民在城市生活得更方便、更舒心、更美好。一是在提升城市颜值上不断加码。把文明城市创建作为改进城市建设的重要抓手，在全市域范围内打造一批“可视化、特色化、智慧化”示范项目，以点带面、串点成线打造文明示范线。打造A类示范点23个、B类示范点31个、乡镇示范线13条。全面推进老旧小区改造提升工程，对近江花园、望江路等5个老旧小区开展绿化环境、基础设施等全方位提档升级。二是在提升人居环境上不断发力。深入开展“十二大常态长效行动”等专项行动，有效缓解建筑垃圾乱堆放、垃圾分类不到位等突出问题，着力提升居民小区、主次干道、背街小巷、城乡接合部、重点区域城乡人居环境品质。在全市窗口单位中开展具有行业特色、职业特色的创建活动，广泛参与文明城市创建。加强公共交通“流动窗口”文明培育，推动“礼让斑马线”“排队守秩序”常态化落实。三是在提升管理水平上不断用劲。针对“乱停车、乱摆摊、乱拉线、乱堆放、乱张贴、乱种菜、乱养犬”等城市乱象，坚持问题清单化，推动2万余项问题整改。在全国率先发放“光盘消费券”200万元，倡导科学消费理性点餐文明用餐。取缔严东关路“算命一条街”，彻底革除陈年顽疾，对乱张贴小广告的“牛皮癣”实行严厉处罚。累计投入300万元，完成5个农贸市场改造提升。

三年来，广泛开展宣传。坚持立德树人、以文化人，把践行社会主义核心价值观贯穿文明城市创建全过程。一是浓厚氛围熏陶人。加快新时代文明实践中心建设工作，创新拓展新时代文明实践点建设，梅城镇、府西社区、下梓村等新时代文明实践所、站、点建设有声有色。打造梅城镇德文化实践所、新安江街道府西社区“学习强国加油站”、大慈岩镇“新时代·邻里睦”、三都镇“美好账本”等活动品牌。设计推出文明建德LOGO，创新内容设计，刊播、张贴一大批体现文明建德特色的公益广告，遍布大街小巷。二是示范典型引导人。常态化推进“最美建德人”选树，1人入选“中国好人”、8人入选“浙江好人”、9人入选“杭州好人”，“一元村医”吴光潮获评“全国诚信之星”“最美浙江人·浙江骄傲”“战疫浙江好人”“最美诚信浙江人”“最美杭州人”等荣誉称号，林焰峰获评2020年度“诚信杭州人”，汪国云获评“全国关心下一代工作先进个人”，汪国云家庭入选“杭州市文明家庭”。大力选树宣传战疫先进典型，评出三批战“疫”中的建德好人24组、最美志愿者（团队）12组。建成一批道德模范、身边好人宣传展示长廊和公园。三是活动载体带动人。打响“25+”（爱我家）创建特色品牌，将每月25日设为全市“爱家日”，重点开展了“烟头不落地 建德更美丽”“为你的爱车找个家”

“小小交警员”等主题活动，吸引线上线下近 5 万名群众踊跃参与。创新推出“文明一平米”行动，在全市 56 所中小学开展“最美一米距”“公益一平米”等文明好习惯养成行动，开展“文明一平米”代言人评选活动，选树身边各行各业文明代言人 96 人，打造“文明一平米”示范项目 37 个，播出“文明一平米”街访栏目 23 期。

三年来，坚持守正创新、细化责任，综合运用制度手段、督查手段、多元监督手段推进创建工作常态长效。一是明确考核导向。自 2018 年创建工作启动以来，连续将创建工作纳入市委、市政府综合目标考核。考核分数占比逐年提升，2020 年创建考核在全市综合考评百分制考核中占 3~5 分，是所有专项考核中占比最高的单项。二是强化督查协调。实行市领导重点工作领衔制度、交(督)办整改销号制度、重点工作排名通报制度、台账月度审核制度，形成了“市主要领导一月一督查，分管市领导半月一督查，关键时间节点每周督查”的机制。综合运用党政监督、政协民主监督、新闻媒体监督、群众监督、职能部门督查、创建办综合督查等方式，打造“六位一体”督查体系，实现督查工作全覆盖无死角。每月组织第三方实地测评单位，对乡镇、道路(社区)网格以及 31 类实地考察点位开展考核，通报排名，作为单位年度考评依据记录考核。三是严肃工作纪律。成立文明城市创建专项督查组，立足“督查再督查、检查再检查”的职能定位，采取“四不二直”、明察暗访、双随机抽查等形式，对创建工作落实不力、党员干部示范作用不强的开展常态化监督问责，累计约谈责任人员 247 人，问责处理 8 人。

三年来，不断优化基础设施，投入 4.3 亿元，完成主城区有机更新和美丽城区综合建设项目。其中，立面整治 30.6 万平方米，人行道改造 9.4 万平方米，小区楼道粉刷白化 2700 个；投入 845 万元，完成公厕硬件改造提升 47 座。不断优化保洁机制，实施“一把扫帚扫到底”模式，推行主次干道三级保洁制度，“牛皮癣”顽疾基本实现清面除源。烟头不落地渐成习惯，广泛开展“烟头不落地·建德更美丽”行动，累计安装烟蒂收集器 400 余个；有效推行“门前新三包”，打造门前文明新形象。出台杭州地区首个《公筷公勺使用管理规范》，全面推广公筷公勺。

三年来，着力推进尊礼守序。空中各类缆线“上改下”工程取得明显成效，三和路、国信路、彩虹桥头、新安江第一小学门口等群众反映强烈的“飞线”问题得到有效解决。结合疫情防控，全市窗口单位规范设置“一米线”，排队守序渐成风尚。“停车难”得到有效缓解，3 年累计新增机动车停车泊位万余个，盘活灯盏凹、碧江花苑小区等闲置、占用停车库(位)，叶家原金属回收仓库等闲置地块改建临时停车场。街面秩序得到实质改观，实行非机动车违停拖车处罚和机动车限时处罚制度，引导车辆同向停放，有效取缔老一院非法营运集聚点。

三年来，以强化平安建设。推进文明城市建设。牢牢守护舌尖安全，小餐饮分片包干责任落实有力，消毒制度落实到位。有效遏制安全隐患，定期开展公共场所消防安全检查，严厉杜绝占用消防通道、电瓶车私拉电线等安全隐患，确保生命通道畅通无阻；新增更换楼道灭火器 1 万余只，安装小区电瓶车充电桩 228 处，楼道安全隐患有效降低。不断优化出行秩序，设置非机动车智能遮阳棚 20 个，施划重点路口行人等候区 8 处，新增人非隔离护栏 31 万千米；对公职人员车辆违章实行媒体实名制通报，礼让斑马线已然成为文明风景线。

三年来，坚持以打造“温暖善城”为创建最终目标，不断提升群众家门口生活品质，深度挖掘当地资源，创新打造“最美楼道”536 个，“达标楼道”实现全覆盖，实施一批暖心惠民举措。坚持疏堵结合，在大塘坞农贸市场等 4 处规范设置果农集中疏导点，方便果农自产自销。“红马甲”遍布街头巷尾，截至 2020 年底共组建志愿服务组织 1076 个，开展志愿服务活动 1.5 万余场，6.7 万余名志愿者累计志愿服务时长超 300 万小时。群众文明创建主人翁意识进一步提升，发动 2700 多名党员群众组成“楼栋红管家”，着力提升小区自治能力。

(贾丹枫)

新安江水库九孔泄洪始末

一、泄洪情况

受连续强降雨及上游来水叠加影响，新安江水库水位持续上涨，7 月 7 日 10 时新安江水库坝前水位上涨至 107.28 米，超汛限水位 0.78 米，新安江水电站开 3 闸开始泄洪，出库流量 2930 立方米/秒；12 时增至 5 闸泄洪，出库流量 4277 立方米/秒；16 时增至 7 闸泄洪，出库流量 5764 立方米/秒。8 日 9 时增至 9 闸泄洪，出库流量 7600 立方米/秒，这是建坝以来首度正式开启全部 9 闸泄洪。

7 月 8 日 9 时，新安江水库坝前最高水位达 108.39 米，为建库以来最高水位，相应库容 180.353 亿立方米。新安江水库最大出库流量 7700 立方米/秒，新安江城区江段超过 7870 立方米/秒，富春江水库最大出库流量 14920 立方米每秒；白沙大桥最高水位达 31.04 米，比泄洪前高出 7.02 米。

7 月 10 日 1 时，新安江水库坝前水位回落到 108 米。12 日 5 时，新安江水库坝前水位回落到 107 米。13 日 16 时，坝前水位继续回落到汛限水位 106.5 米。14 日 15 时，新安江水库关闸，相应水位 106.34 米。

从开始泄洪至泄洪结束，历时 173 小时，总出库水量 30.98 亿立方米，9 孔泄洪时最大下泄流量 7700 立方米每秒，总出库水量、最大下泄流量均为建坝以来最高纪录。

二、“九孔泄洪”大事记

4 日 11 时 30 分，市防指决定直接启动防汛 III 级应急响应。由市防指副指挥、副市长袁思明召开“全市防汛工作紧急会议”，拉开全市泄洪防御准备工作序幕。各防指成员单位、沿线乡镇街道参加会议。市防指将审定后的《新安江水库泄洪工作预案（2020 年）》印发给所有防指成员单位和沿线乡镇街道。市防指组织应急局、水利局、文广旅体局、旅投公司等单位开展联合沿江排查。针对沿线隐患下发工作交办单。

5 日，市委常委会召开扩大会议，传达学习贯彻习近平总书记关于防汛救灾工作重要指示精神，结合本市雨情汛情形势，部署做好防汛救灾各项工作。市防指发出《关于细化和报送各部门乡镇街道泄洪防御方案的通知》，要求细化方案到点到人。市委书记童定干、市长朱欢带领相关部门赶赴新安江水电站，与省水利厅派驻新安江水电站调度专家组进行对接，对雨情、水情、汛情进行综合分析研判。市防指各有关部门进驻联合办公。18 时，朱欢专题召开防汛防灾视频专题工作，对防汛工作进行再部署、再落实。21 时 30 分，新安江水库达 106.25 米，市防指提升响应等级至 II 级。

6 日，11 时 30 分，新安江水库水位达 106.5 米汛限水位，市防指提升响应等级至 I 级。12 时，发布防汛 I 级应急响应公告。要求全面动员党员干部，以防汛工作为中心，坚决做好泄洪一切准备工作。此为近年来建德市第一次启动最高级别应急响应。童定干主持召开防汛防灾工作专题部署会，成立新安江水电站泄洪应急工作领导小组，由市委书记和市长任双组长。童定干、朱欢、俞伟、郑志华、袁思明等带领相关部门赴新安江街道等地检查防汛防灾工作。市防指发出市领导及市防指成员单位联合值班通知。

晚上，市委常委会召开扩大会议，就全市泄洪各项准备工作进行再部署落实。会后童定干、朱欢带领相关部门赶赴新安江水电站，与省防指派驻建德工作组、省水利厅派驻新安江水电站调度专家组、杭州市防指派驻建德工作组及新安江水电站共同会商新安江水库泄洪事宜，对雨情、水情、汛情进行综合分析研判。22 时，发布新安江水电站 2020 年泄洪公告；22 时 30 分，市防指发出《关于泄洪前准备工作执行报告制度的通知》，沿线乡镇、有关部门必须在泄洪前完成所有准备工作，并书面报告。23 时，发布关于新安江水库泄洪期间临时交通管制的通告。

同日，杭州市委常委、常务副市长戴建平和杭州市副市长王宏到建调研部署防汛及新安江水库泄洪准备工作，童定干代表建德市作汇报。省防指举行浙江省汛情通报会，宣布 7 月 7 日 10 时开启 3 孔泄洪闸泄洪。省应急管理厅副厅长李会光到建德指导防汛工作。

7 日，8 时，市防指发出《关于进一步做好泄洪工作的紧急通知》,要求沿线各乡镇(街道)、各相关部门立即按照7孔下泄流量进行设防准备。童定干赴新安江街道督导沿江一带泄洪准备工作;朱欢召开防汛防灾工作视频紧急会议,研究部署应对新安江水库开闸泄洪及沿线乡镇(街道)防汛防灾工作。10时,新安江水库时隔9年开启史上第7次开闸泄洪。

11时,省防指召开视频连线会议,部署12时开启5孔泄洪闸泄洪、16时开启7孔泄洪闸泄洪准备工作,童定干、朱欢参加会议。市防指发出《关于全力做好泄洪工作的再次紧急通知》,要求沿线乡镇(街道)、各相关部门在12时前再进行一轮巡查摸排工作。随后,童定干主持召开视频连线会议,传达省防指相关要求,针对泄洪闸开孔数迅速增加、下泄流量迅速加大、沿江水位迅速上涨带来的风险,对各项准备工作进行再安排再部署再强调。

12时,新安江水库开启5孔泄洪闸泄洪。12时30分,副省长彭家学视频连线,朱欢代表建德市作工作汇报。市防指发出《关于立即做好泄洪隐患整改的督办通知》,督办风险点位整改工作。

14时,发布新安江水库加大至5孔泄洪的公告;14时13分,市防指发出《关于立即按照9孔泄洪准备的紧急通知》,确定于16时增大到7孔,并有继续增大可能,要求沿线各乡镇(街道)、各相关部门立即按照9孔下泄流量进行设防准备,并立即转移风险区域所有人员。15时,发布新安江水库加大至7孔泄洪的公告;16时,新安江水库开启7孔泄洪闸泄洪。市防指发布关于调整新安江水库泄洪期间交通组织措施的通告;17时,发布泄洪期间城市公交调整方案。

17时,省长袁家军主持召开新安江水库汛情专题研判交流会,专题研判调度新安江流域防汛工作,明确启动浙江省钱塘江流域防汛一级应急响应,童定干代表建德市作汇报,朱欢参加视频会议。随后召开杭州市续会,就贯彻省会议精神,抓好杭州市防汛防灾工作作具体部署,明确启动杭州市防汛一级应急响应。会后,朱欢陪同王宏赴洋溪街道、下涯镇、杨村桥镇、梅城镇实地检查防汛防灾工作。童定干组织相关部门及专家,对紫金大桥、新安江大桥、白沙桥三座桥梁进行风险评估,研究制定桥梁监测方案和应急处置方案,并赴双江特色街码头检查指导趸船转移工作。

22时30分,副省长彭佳学视频连线,部署新安江水电站9孔泄洪设防准备及人员转移工作,童定干代表建德市汇报设防准备及人员转移情况。23时,发布关于做好新安江水库9孔泄洪准备的公告。

8日,零时30分,杭州市防指视频连线,听取童定干关于建德市设防准备及人员转移情况的汇报。随后,童定干视频连线沿线乡镇(街道),听取沿线各乡镇(街道)设防准备、人员转移、风险点排查整改等情况汇报。1时,发布部分景区紧急关停的公告、关于320国道部分路段实行交通管制的通告。

1时30分和3时,省防指和杭州市防指先后视频连线,听取童定干关于建德市按照9孔泄洪要求准备情况的汇报。4时30分,省防指再次视频连线,传达省长袁家军指示精神,赋予省防指派驻建德工作组"便宜调度"之权,建德市委、市政府主要领导参加会议。

7时,省水利厅发布4号调度令,决定从8日9时起,新安江水库开启9孔泄洪闸泄洪。

7时27分,市防指发布《关于做好9孔泄洪应急抢险等相关工作的紧急通知》,要求在9孔泄洪前完成所有工作,并立即准备迎接抢险。

8时,杭州市市长刘忻视频连线,听取童定干关于建德市设防准备、人员转移、风险点排查整改等情况的汇报。随后,童定干、朱欢等领导分别带队赴主城区检查督促。市防指发布关于新安江水库加大至9孔泄洪的公告;14时,发布320国道新中段双向封道公告、发布可能停电区域公告、发布关于泄洪期间保障全市供水的公告。

9时,新安江水库开启9孔泄洪闸泄洪,这也是新安江水库建成以来首次正式9孔全开泄洪。

9时30分,省委书记车俊视频连线建德市,童定干向车俊汇报了新安江水库泄洪以来对汛情产生的影响,同时汇报了建德市委、市政府应对这次泄洪特别是9孔泄洪所做的各项工作,车俊对建德精准预判、群众转移、交通管控等工作措施的落实方面给予充分肯定，同时向建德市委、市政府，向奋战一线的党员干部表达问候和充分肯定，并给予鼓励。

10 时，新安江水库达到峰值 108.39 米，下泄流量 7700 立方米每秒。

12 时 40 分，市防指发出《关于做好民生保供运输车辆正常通行保障的通知》。14 时，市委常委会召开（扩大）会议，传达学习车俊视频连线建德时的重要讲话精神及省长袁家军、杭州市委主要领导检查指挥防汛防洪工作时的重要指示精神，视频连线了解泄洪沿线乡镇（街道）当前受灾、转移安置和应急救援有关情况，研究部署下步工作。会后，朱欢陪同省水利厅厅长马林云和杭州市副市长王宏赴新安江、洋溪、下涯等地检查防汛防灾工作。童定干赴拱新路口、紫金大桥、农夫山泉紫金滩厂区、下涯镇埠头村等风险点和受灾点，检查指导防汛防洪工作。

17 时、19 时，常务副省长冯飞等省领导先后视频连线，听取童定干关于新安江水库泄洪以来建德市受灾救灾和风险点排查整治情况的汇报。市防指发布关于调整白沙大桥交通管制措施的通告。21 时，建德市委、市政府与省防指派驻建德工作组、省水利厅派驻新安江水电站调度专家组、杭州市防指派驻建德工作组及新安江水电站共同会商，再次对雨情、水情、汛情进行综合分析研判，特别是即将迎来兰江洪峰，初步达成关闭 2 孔泄洪闸共识。24 时，发布关于调整白沙大桥和彩虹桥交通管制措施的通告。

同日，国家防总工作组及袁家军到建德检查指挥防汛防洪工作。

9 日，9 时 30 分，彭佳学视频连线听取朱欢代表建德市作工作汇报。

11 时，童定干赴新安江水电站，与省防指派驻建德工作组、省水利厅派驻新安江水电站调度专家组、杭州市防指派驻建德工作组及新安江水电站共同会商关闭 2 孔泄洪闸事宜。14 时，发布关于新安江水库目前泄洪情况的通告。

14 时 30 分，省防指视频连线听取童定干关于兰江洪峰对沿岸梅城、大洋、三都等乡镇带来的风险，以及关闭 2 孔泄洪闸的应对举措和准备工作的汇报。

15 时，百合园小区边坡挡墙出现险情，童定干、朱欢带领相关部门赶往现场进行处置。

15 时 30 分，刘忻到建德检查指导防汛防洪工作，并看望慰问奋战在一线的部队官兵和干部群众。市政府专题研究沿江隐患点及处置工作。

17 时，发布关于 320 国道新安江中学路段恢复部分车辆通行的通告；17 时 20 分，凌志峰连线听取朱欢代表建德作工作汇报。17 时 30 分，市防指发出《关于做好 9 孔减至 7 孔泄洪工作的紧急通知》，要求继续按照最高工作标准洪抓好落实，坚守岗位。19 时，新安江水电站关闭两孔泄洪闸，实行 7 孔泄洪。市防指发出《关于报送灾后重建方案的紧急通知》，提前谋划灾后重建。18 时，发布关于新安江水库调整至 7 孔泄洪的公告。

22 时 30 分，市防指发出《关于持续做好泄洪防洪工作的紧急通知》，要求做好长期准备，严防思想松懈、麻痹。

同日，童定干带队慰问支援建德市的省、杭州市武警、消防官兵。

10 日，9 时，杭州市委主要领导视频连线听取童定干关于建德市受灾情况及人员转移安置、风险点处置等情况汇报。9 时，发出告市民书；10 时，发布关于恢复汪家桥部分车辆通行的通告；15 时，发布关于 320 国道新中段恢复部分车辆双向通行的通告。

同日，市委、市政府发出周末正常上班的通知；市防指发出《关于做好汪家大桥解封工作的通知》，指导灾后生产生活恢复。童定干、朱欢等领导分赴各受灾乡镇街道进行检查。童定干主持召开防汛救灾工作视频会议，与 7 个沿江乡镇（街道）视频连线，对当前防汛救灾工作进行再部署再落实，朱欢参加视频会议。

是日，省委书记车俊在建德市报送的专报信息上作出肯定性重要批示：“建德市委、市政府在新安江流域防汛中顾全大局，工作是到位的。”

11 日，童定干、朱欢等市领导分别带队乡镇街道和企业，检查受灾及自救情况。建德市四套班子主要领导参加支援建德市防汛抗灾武警部队欢送仪式。朱欢主持召开会议，专题部署灾后重建有关事宜。16 时，发布关于恢复彩虹桥部分车辆通行的通告、关于做好泄洪后卫生防疫工作的通告。

12 日，市防指下发《关于报送泄洪防御每日工作情况的通知》。

14 日，15 时，新安江水电站关闭所有泄洪闸。

17 日 中国气象局副局长于新文率国家防总工作组到建德市检查指导防汛救灾工作。省防指办副主任王春来和杭州市防指相关负责人，建德市领导吴铁民、俞伟陪同检查。

22 日，朱欢主持召开新安江水库九孔泄洪灾后重建工作专题会议，听取相关部门情况汇报，对灾后重建工作再部署、再落实。

三、教 训

自 7 月 7 日上午 10 时开孔至 7 月 14 日下午 3 时闭孔，新安江水电站持续泄洪 173 小时。作为本次泄洪最前线的建德市经受住了新安江水库建成 61 年来首次 9 孔泄洪的强烈冲击，承受住了最严峻的防汛考验，取得了新安江水库泄洪工作的阶段性胜利。但是受灾情况严峻，灾后重建工作迫在眉睫。据初步统计，全市受泄洪影响群众 30 万人，受灾人口 26638 人，紧急转移安置人口 10027 人，因灾伤病人口 2 人，需过渡性救助人口 188 人。农作物受灾面积 1074.4 公顷，其中，成灾面积 306.03 公顷、绝收面积 64.3 公顷。倒塌房屋 59 户 86 间，严重损坏 45 户 88 间，一般损坏 61 户88 间。直接经济损失 11.8 亿元，其中农业损失 3184 万元、工矿企业损失 6697 万元(含企业、宾馆等损失)、基础设施损失 73549 万元(含交通、水利、地质、林业、旅游设施等)、公益设施损失 32545 万元(含公园、城区等设施)、家庭财产损失 2800 万元、其他损失 174 万余元。

此次洪灾主要教训有：

1.城市基础设施滞后，排水系统不畅。主城区内老旧小区多，排水管网老旧，出水管口直径小，缺少启闭器等设施，城区道路升级改造时，相关部门没有充分考虑沿江老旧小区的排水需求，排水设施没有同步升级改造，加之缺乏大型排水设备，导致部分区域发生严重内涝，8 个社区 11 处点位进水，拱新公寓小区、浙西巷等小区被淹，城区 778 户居民断电(损失 3160 余万元)。

2.市民防汛意识薄弱，危险意识不足。由于多年未发生较大范围的洪水以及大流量泄洪，使相当一部分群众的水患意识淡化，存有麻痹思想和侥幸心理。此次泄洪过程中，大量市民近距离围观，部分市民下水捞鱼，受淹群众不愿转移，更有甚者个别转移群众私自返回受淹房屋。这种行为不仅是给防汛工作带来极大困难，更给市民自身带来安全隐患。

(黄建生根据水利局材料整合)

编辑：黄建生

大事记

Chronicle of Major Events

1月

1日 市委宣传部、市文广旅体局在市文化中心联合举办“与艺术相伴 享宜居生活”2020年建德市新年音乐会。

同日 钱江海关建德办事处根据海关总署文件,实施进口货物“两步申报”改革,在辖区开始受理企业货物进口报关业务。

2日 市委书记童定干、市政协主席吴铁民、市委副书记吕平等带队赴乡镇开展深化“三服务”、助推“开门红”活动。

2—3日 浙江省人大常委会党组副书记、常委会副主任李卫宁到建德市听取在建德的省、杭州市人大代表有关《浙江省民营企业发展促进条例(草案)》的意见。

3日 杭州市委常委、常务副市长戴建平到寿昌镇山峰村、浙江省机场集团建德航空产学研基地调研,并就杭州市2020年《政府工作报告》征求建德市意见。

同日 杭州市“污水零直排区”建设现场会在建德召开。

同日 中央电视台中文国际频道《中国新闻》和《今日环球》栏目,对建德航空小镇开通华东地区首条跨浙、皖两省的短途运输航线进行滚动报道。

8日 市委常委会召开会议,传达学习中央农村工作会议、全国乡村治理体系建设试点示范工作部署会议精神,研究部署全市贯彻落实工作。

10日 全市召开“不忘初心、牢记使命”主题教育总结大会,传达贯彻中央和省委、杭州市委主题教育总结大会精神,全面总结全市主题教育工作,研究部署全市贯彻落实具体举措。表彰省、杭州市和建德市先进集体和个人。会议以视频形式召开,市里设主会场,各乡镇(街道)设分会场。

13日 市移民创新创业小微企业园在高铁新区马目区块举行开园仪式。

同日 建德市移民资产管理股份有限公司股东大会召开,审议通过《公司章程修正案》,选举产生公司董事长、董事、监事,审议通过《股东大会案》。

15日 全市召开农村环境整治及垃圾分类工作推进会,通报有关情况,三都镇、大慈岩镇、乾潭镇前陵村、莲花镇齐平村、三都镇春江源村、大同镇永平村分别作交流发言。

同日 杭州九仙生物科技有限公司总经理许建茹,在北京第十届三农创业英雄颁奖大会上,获“乡村振兴领军人物”荣誉称号,此次活动由农业农村部办公厅指导、中国农业电影电视中心主办,全国共评选出10位“乡村振兴创业英雄”和4位“乡村振兴领军人物”。

16—19日 中国人民政治协商会议建德市第十四届委员会第四次会议在市文化中心举行。

18—20日 建德市第十六届人民代表大会第四次会议在市文化中心举行。大会票决产生2020年市政府10件民生实事项目。

21日 面对受新型冠状病毒肺炎疫情影响而激增的口罩市场需求,朝美日化公司紧急召集已经放假的120余名生产线员工,加班加点,开足马力生产保障供应。

23日 市委书记童定干等市领导参加浙江新型冠状病毒感染的肺炎疫情防控工作视频连线会议;带队赴梅城镇等地实地督查指导,紧急部署疫情防控工作。(注:本年鉴另设“新冠肺炎疫情防控”专记,所有涉及全市疫情防控内容,包括会议、检查、督查、发文等,“大事记”不予详述)

27日 建德市首位援鄂医护人员李萍随浙江省抗击新冠肺炎紧急医疗队奔赴武汉支援疫情救

治工作。此后，2 月 9 日、13 日，建德市又派出 2 批（12 人、3 人）共 15 人赴遭受疫情突袭的武汉支援疫情救治工作。至 3 月 31 日，上述 16 人全部安全返回建德。

29 日 建德发现首例确诊病例（属于管控内的武汉返乡人员）；之后，至 2 月 5 日，共发现确诊病例 N 例，均予以及时隔离和送医院治疗。2 月 21 日，最后一名病例治愈出院。此后，建德境内再无发现确诊病例。

是月 经浙江省文化和旅游厅公示通过，新安江街道入选浙江省首批 AAAA 级景区城。

2 月

22 日 建德航空小镇首次启用直飞武汉的航线，将 7000 件防护服和 5000 双医用手套送到武汉天河机场。

25 日 市政府发布实施 2020 年度禁渔期制度的通告，通告自 2020 年 3 月 1 日起施行。

26 日 杭州市副市长王宏带队到建德市，调研指导春季农业生产工作。

同日 市委书记童定干主持召开会议，专题研究部署疫情防控形势下复工复产及招才引智工作。

27 日 市委书记童定干，市委副书记、市长朱欢，市委常委、组织部部长何亦星，副市长郑志华等带领市卫健局、市红十字会等部门人员，分组看望慰问全市援鄂医务人员家属。

28 日 省应急管理厅副厅长李会光到建德市督查指导企业疫情防控及安全生产工作，引导企业复工复产。

同日 市委书记童定干连线万洋集团总裁吴建明及其他高管，以视频会议的形式，洽谈科创片区合作开发事宜。市委副书记、市长朱欢，市委常委、常务副市长俞伟，市委常委夏喜生，副市长钱晓华等市领导参加线上招商会。

同日 朱欢主持召开市政府党组会议，传达学习 2 月 26 日中共中央政治局常务委员会会议精神。

3 月

1 日 第二批紧急支援武汉的抗疫物资，运抵武汉天河机场。此批物资由杭州市公羊会公益基金会捐赠。

同日 浙江建业化工股份有限公司在上海证券交易所，以视频网络上市形式，正式挂牌上市。

3 日 省政协副主席、民革省委会主委吴晶到建德市开展“三服务”活动。杭州市政协副主席、民革省委会副主委、民革杭州市委会主委叶鉴铭，民革省委会专职副主委刘净非，以及建德市领导吴铁民、吕平等参加活动。

同日 建德市召开战疫情促发展暨“五大比拼”工作部署视频会议，全面贯彻落实中央、省委和杭州市委决策部署，总结前阶段工作，分析当前形势，部署今后一个时期疫情防控与经济社会发展工作。表彰 2019 年度优秀企业。6 家单位作交流发言。

同日 童定干主持召开会议，专题研究疫情防控形势下的梅城美丽城镇建设相关工作。

5 日 建德市第三批驰援武汉的抗“疫”医用应急物资（消毒凝胶和消毒巾）运抵武汉天河国际机场。

同日 晚上 6 时正式上线第一期 1000 万元旅游消费券。共派送 2 万套旅游消费券，单套面值 500 元，其中酒店住宿券 200 元、旅游景点券 100 元、特色餐饮券 100 元、旅游特产券 100 元。发放对象为杭州、金华两个城区游客。

6 日 杭州市安全生产和消防工作会议暨创建安全发展示范城市推进视频会议召开，市委副书记、市长朱欢，市委常委、常务副市长俞伟，市委常委夏喜生，副市长钱晓华、郑志华等市领导在建德分会场或杭州主会场参加会议。

7 日 童定干主持召开会议，专题研究部署疫情防控形势下企业复工复产及政商“亲清在线”系统使用相关工作。

9 日 杭州市召开政商“亲清在线”数字平台建设视频会议，市委书记童定干、市委常委、常务副市长俞伟等市领导在建德分会场参加会议。

10 日 市委、市政府召开 2020 年第一次党政联席会议，总结前一阶段疫情防控和复工复产工作，分析当前形势，研究部署下一阶段重点工作。

同日 召开落实金融惠企政策“政银企”工作座

谈会,全面贯彻落实中央、省和杭州市统筹推进新冠肺炎疫情防控和经济社会发展工作会议精神。

同日 杭州市政协副主席、民进杭州市委会主委谢双成，杭州市委统战部副部长俞永明到建德市开展“三服务”活动。

11 日 市委书记童定干,市委副书记、市长朱欢，市人大常委会主任叶万生，市政协主席吴铁民，市委副书记吕平等市四套班子领导及法检两长，带领相关部门单位干部赴梅城乌龙山参加义务植树活动。

12 日 浙江深蓝新材料科技有限公司在香港联合交易所上市，成为建德市首家境外上市的公司，同时也是 2020 年杭州市首家境外上市的公司。深蓝科技控股(01950)发行 2.5 亿股,每股定价为 0.52 港元。

同日 建德市召开会议，布置新一轮乡村治理工作任务,拉开全市“乡村善治”大比拼活动的序幕。

13 日 全市公安工作视频会议召开，全面贯彻上级有关会议精神，回顾总结 2019 年公安工作，研究部署当前防疫形势下和今后一个时期全市公安工作。

14 日 市长朱欢主持召开会议,专题听取全市“三服务”工作情况汇报,部署深化、细化“三服务”活动。

16 日 市委常委会召开会议，传达学习省委政法工作会议、全省信访局局长会议、省委和杭州市委农村工作会议等会议精神，研究部署全市贯彻落实工作。

同日 市委全面依法治市委员会召开第二次会议,贯彻落实中央和省委、杭州市委有关会议精神，总结 2019 年法治建德工作，研究部署全市 2020 年依法治市相关工作任务。

17 日 市委书记童定干带队赴高铁新区,对平台建设发展、重点项目推进、征收服务保障等工作情况进行专题调研。

同日 市长朱欢主持召开市十六届政府第四十九次常务会议。

18 日 副省长彭佳学带队到建德市调研春季农业生产工作，实地踏勘草莓小镇、黄饶半岛区块、大同稻香小镇、航头镇的杭州航大生态农业有限公司等乡镇、企业。

同日 省人大常委会副主任姒健敏到建德市调研生活垃圾分类工作。省人大常委会委员、教科文卫委员会副主任委员梅新林，省建设厅副厅长姚昭晖参加调研。杭州市人大常委会副主任罗卫红等陪同调研。

19 日 市委召开农村工作会议暨全国乡村治理体系建设试点示范工作部署视频会议，贯彻落实中央、省委、杭州市委农村工作相关会议精神，总结 2019 年建德市“三农”工作,部署下一步相关工作。

同日 市政府召开全体(扩大)会议,分解《政府工作报告》目标任务,研究部署 2020 年政府各项工作。

同日 建金高速兰江特大桥 20 号块节段梁(重 50 吨)成功合龙,成为建金高速复工后首个贯通的特大桥。

20 日 市委常委会召开会议，传达学习全省制造业高质量发展大会精神，专题研究分析全市一季度主要经济指标运行情况，部署下一步相关工作。

同日 杭州市人大常委会副主任、总工会主席郑荣胜到建德市走访调研,看望慰问劳动模范。

23 日 市纪委十四届五次全体(扩大)会议召开,全面落实中央、省和杭州市纪委相关会议精神。

同日 建德市召开人大代表、政协委员提议案交办会,部署新一年提议案办理工作。市委副书记、市长朱欢,市委常委、常务副市长俞伟,市人大常委会副主任吕建月，市政协副主席徐亚娟等出席会议。

24 日 省财政厅党组成员、副厅长林仁方到建德市开展县级“保工资、保运转、保基本民生”情况调研,并召开座谈会听取建德市相关汇报介绍。

同日 省人大常委会召开视频会议，部署推进《浙江省民营企业发展促进条例》(以下简称《条例》)宣传贯彻工作。市人大常委会主任叶万生,市委常委夏喜生,市人大常委会副主任童文扬、赵志荣、吕建月、吴岳炎、徐拥军、杨福泉等在建德分会场参加会议。

25 日 浙江日报报业集团党委书记、社长唐中祥到建德市调研。

26日 全市党建工作暨巡察工作动员部署会召开。

同日 杭州市聚焦“战疫情、促发展”主题，以视频会议形式举行年度首场比学赶超活动，童定干代表建德市在主会场作交流发言，朱欢、叶万生、吴铁民、吕平、俞伟、夏喜生、陈文岳、柯汉根、郑志华、何瑞洪等在建德分会场参加会议。

同日 省政府以视频形式召开深化“最多跑一次”改革推进政府数字化转型第十次专题会议，朱欢在建德分会场参加会议。

同日 建德市与浙江触奇生物科技有限公司签约启动纳米抗体平台和新药研发项目。

27日 市委网络安全和信息化委员会召开第二次全体会议，深入学习贯彻习近平总书记关于网络强国的战略思想。

30日 市委书记童定干带领相关部门负责人，赴李家镇专题调研碳酸钙产业转型升级相关工作。

同日 李家镇举行2020年招商引资推介会暨项目集中签约仪式，海螺新能源光储一体化、钜元建设劳务、滑翔伞休闲运动培训基地等项目现场签约，项目总投资达11.3亿元。

31日 省经济和信息化厅党组书记、厅长徐旭到朝美日化等企业开展“三服务”活动。

是月 由杭州正和纳米科技有限公司为主起草的《橡塑专用碳酸钙》标准，经浙江省品牌建设联合会批准成为“浙江制造”标准，编号为T/ZZB 1533-2020，自2020年3月1日起实施。这是浙江省发布的首个碳酸钙“浙江制造”团体标准。

4月

1日 省人大常委会副主任史济锡率调研组到建德市调研乡村振兴工作。杭州市人大常委会副主任郑荣胜等陪同调研。

同日 朱欢带领相关部门负责人前往新安江、航头、寿昌等地，实地检查清明期间防疫防火、安全生产及生态殡葬改革等工作。

同日 建德—黄山、建德—舟山两条短途运输航线正式复航。

3日 市委常委会召开扩大会议，传达学习中央政治局会议精神和习近平总书记在浙江、杭州考察时的重要讲话精神，以及省委、杭州市委常委会扩大会议精神，研究全市贯彻落实意见。

2—3日 省统计局党组书记、局长王杰带队到建德市，调研一季度经济形势和统计工作情况。

3日 召开《浙江省民营企业发展促进条例》宣传贯彻会议，市人大常委会主任叶万生，市委常委夏喜生，市人大常委会副主任童文扬、赵志荣、吕建月、吴岳炎、徐拥军等建德市领导出席会议。

7日上午 市委、市政府召开专题会议，研究部署区域经济转型升级指标任务落实和疫情防控工作。

8日 岑巩县党政代表团在建德市委副书记、东西部扶贫协作挂职岑巩县委副书记周友红，岑巩县副县长杨琼的带领下到建德市，就深化建德市—岑巩县东西部扶贫协作等事宜开展协商。

8—9日，省委宣传部副部长、省文明办主任卢春中带队到建德市，专题调研全国文明城市创建、新时代文明实践中心建设和志愿服务工作。

10日 市委理论学习中心组举行会议，专题学习习近平总书记在浙江、杭州考察时的重要讲话精神。

同日 市委副书记、市长朱欢，市委常委、常务副市长俞伟，副市长陈文岳，副市长柯汉根在建德分会场参加会议全国安全生产电视电话会议召开，深入学习贯彻习近平总书记关于安全生产的重要指示精神和李克强总理的批示要求，部署统筹做好复工复产安全防范工作，推动全国安全生产专项整治三年行动扎实开展。

14日 浙江省召开建设平安浙江工作视频会议。省委书记车俊作重要讲话。建德市再次获得“平安市”称号，并首次夺得“平安金鼎”。市长朱欢在省主会场代表建德市接受“平安市(县)”表彰。

14—15日 杭州市委主要领导到建德市考察调研“战疫情、促发展”工作，传递习近平总书记在浙江、杭州考察时对广大干部群众的亲切关怀和殷切期望。

15日 杭州市传承弘扬“千鹤妇女精神”座谈会在梅城镇召开。杭州市委副书记张仲灿，省妇联党组书记、主席王文娟，杭州市副市长陈国妹，杭州市妇联党组书记阮英，以及建德市领导分别参加有关活动。

同日 建德市出台杭州地区首个《公筷公勺使用管范规范》地方标准。

同日 省委宣传部副部长赵磊、杭州市委宣传部副部长魏虹到建德市调研。

16日 杨村桥镇在杭州市乡镇(街道)党(工)委书记工作交流会上作交流发言。

17日 市委书记童定干、市长朱欢、市人大常委会副主任赵志荣、市政协副主席叶强等建德市领导在建德分会场参加省委、省政府召开的全面推进高水平交通强省建设动员大会。

同日 市召开“无违建市”创建工作迎检动员会，动员全市上下加大工作力度，在迎检验收前将各项工作落实到位，确保顺利通过省“无违建市”创建验收。

同日 市政协主席吴铁民，副主席程旭、严凌云、徐亚娟、王百金、叶强，党组副书记叶志高等建德市政协领导，在建德分会场参加全省政协“请你来协商”平台建设工作经验交流视频会议。

18日 市政府召开第十六届五十二次常务会议。

19—21日 岑巩县委书记杨伟带队该县党政代表团到建德市，考察对接结对帮扶工作，共商东西部扶贫协作事宜。

21日 在高铁新区亿联高新材料产业园项目现场举行建德市2020年第一批重大项目集中签约集中开工仪式，共有26个重大项目集中签约，总投资98.76亿元，涉及先进制造、通航、生物医药、大健康、旅游休闲、现代农业等多个领域，其中亿元以上项目21个，10亿元以上项目3个；集中开工的23个重大项目，总投资41.8亿元，年度计划投资14.9亿元。

同日 市政协主席吴铁民带领相关部门负责人赴大慈岩、寿昌督查“乡村善治”工作。

22日 省长袁家军到建德市调研“诗画浙江”大花园建设和“六保”相关工作。杭州市代市长刘忻等领导和市委书记童定干、市长朱欢、副市长何瑞洪等建德市领导陪同调研。

23日 杭州市推进疫情防控补短板堵漏洞强弱项暨深化作风建设和综合考评大会召开。市委书记童定干在主会场代表建德市作交流发言，市长朱欢、市人大常委会主任叶万生、市政协主席吴铁民，市纪检委书记、市监察委主任周萍英，副市长郑志华等在建德分会场参加会议。

同日 传化集团董事长徐冠巨到建德市考察，并与建德市签订传化—新安研修院项目战略合作协议。市委书记童定干、市长朱欢、市委常委夏喜生、副市长钱晓华、市政协副主席叶强等出席签约仪式。

同日 童定干在市融媒体中心“中央厨房”，接受中新社、《杭州日报》联合各区县市推出的“牢记新嘱托、扛起新担当——学习贯彻习近平总书记在浙考察重要讲话精神一把手访谈”专访，就全市如何贯彻落实好总书记重要讲话和指示精神作了阐述。

24日 市长朱欢主持召开市政府党组会议，传达学习省长袁家军到建德市考察调研时的重要讲话精神以及市委《关于全面建设风清气正政治生态的“十项规定”》。

27日 全市残疾人工作会议召开，总结2019年残疾人工作，部署2020年主要任务。

28日 2020年全市垃圾分类工作部署会(视频会议)召开，全面贯彻落实中央、省委和杭州市委关于垃圾分类工作的各项部署要求，对全市下一阶段垃圾分类工作进行再动员、再部署、再推进。

同日 “建德工匠”技能比武暨“美丽建德”讲解员大赛在梅城镇澄清门古城楼开幕。

29日 建德市召开庆“五一”劳模工匠座谈暨“最美抗疫职工”表彰大会，市委书记童定干出席会议并讲话。

同日 建德市举行“美丽江城、宜居建德”2020年建德土地招商线上发布会。网络直播共吸引100余名开发商代表出席，数万名网民同步在线观看。市长朱欢在发布会上致辞。

同日 市人大常委会召开主任会议，听取信访工作和数字经济等情况汇报。

同日 市委书记童定干、市长朱欢、市人大常委会主任叶万生、市政协主席吴铁民、市委副书记吕平等市四套班子领导以及市法检“两长”，在建德分会场参加杭州市深化城市大脑建设暨平安杭州工作推进大会。

29日 建金高速兰江特大桥全线贯通。

5月

1日 兰溪两市联合举行“游钱塘诗路，寻富春山居”——建德兰溪水上游通航仪式。

3日 建德市召开专题会议，研究全市经济社会发展“十四五”规划基本思路，提出以“打造美丽中国建德样板、加快建德新崛起”为核心的规划编制思路和方向。

4日 市长朱欢带队对主城区垃圾分类及疫情防控工作进行检查，并调研市总工会工作，看望慰问省劳模。

7日 浙江日报报业集团县级融媒体中心共享联盟在杭州的首个工作站——建德工作站在建德市融媒体中心挂牌成立。

同日 省消防救援总队总队长蔡卫国和省文物局局长柳河带队到建德市，开展全省民居类文物建筑消防安全联合大检查。

同日 市委书记、市委国家安全委员会主任童定干主持召开市委国家安全委员会第二次全体会议，传达学习中央、省委和杭州市委国家安全委员会有关会议精神，研究部署今后一个时期建德市国家安全工作。

12日 值第109个国际护士节之际，市委书记童定干、市长朱欢、市人大常委会主任叶万生、市政协主席吴铁民等市领导带队赴全市各医院和基层医疗卫生机构开展慰问活动。

14日 建德市召开深化“平安建德”建设暨市域社会治理现代化推进会，深入贯彻落实习近平总书记在浙江考察时的重要讲话精神以及全省建设平安浙江工作会议、杭州市深化城市大脑建设暨平安杭州工作推进会精神，研究部署全市平安创建工作。

17日 第二届全国智能体育大赛城市赛暨2020建德17℃新安江马拉松线上赛在建德市正式启动。国家体育总局社会体育指导中心主任、党委书记范广升为赛事发来祝贺视频。

18—19日 省总工会党组书记、副主席张才方到建德调研工会构建和谐劳动关系和工作品牌建设工作。杭州市总工会党组书记、常务副主席王越剑等陪同调研。

19日 建德市以视频形式召开文明委全体(扩大)会议暨创建全国文明城市“决战决胜”誓师大会，动员全市上下合力推进全国文明城市创建各项工作。

同日 省政协副主席周国辉率队到建德市，就“围绕高水平全面建成小康社会补短板”开展三级政协联动专项集体民主监督等内容开展实地调研。杭州市政协副主席陈永良等陪同调研。

20日 市长朱欢主持召开会议，专题听取“六保”工作和争先创优农业专班工作汇报，分析全市农业生产各项指标运行情况。

22日 举行2020年防汛防台应急演练，首次运用杭州城市大脑建德平台可视化应急指挥平台，模拟处置主汛期全市可能出现的洪涝及地质灾害等多种情况。

同日 市十六届人大常委会召开第三十二次会议。

25日 市委常委会召开会议，传达学习《关于贯彻落实〈中央生态环境保护督察工作规定〉的通知》，审议建德市贯彻落实省生态环保督察反馈意见整改方案。

26日 省委常委、组织部部长、省群团改革专项小组组长黄建发到建德市调研群团工作。考察大同镇青年农创客中心、新安化工集团、梅城古镇“千鹤嫂”创业街和“千鹤妇女精神”教育基地。杭州市领导张仲灿、陈国妹等陪同调研。

同日 更楼街道党工委负责人代表建德市，在杭州市“助万企、帮万户”活动座谈会上，作主题为《聚力“帮企不漏企、企企见干部”确保“两手硬、两战赢”》的汇报交流。

28日 浙江大学、浙江科技学院建德技术转移中心签约仪式暨四校科技成果建德发布会举行。

29日 全市平安创建工作暨电动自行车专项治理行动推进会召开，部署电动自行车交通安全专项治理行动等平安创建重点工作。

30日 市委副书记吕平、市人大常委会副主任杨福泉、副市长柯汉根、副市长钱晓华、政协副主席程旭等，在建德分会场出席杭州市“我文明、我守规、我安全”交通安全文明出行活动启动仪式暨《浙江省电动自行车管理条例》宣传贯彻活动。

6月

1日 市委书记童定干、市长朱欢、市人大常委会主任叶万生、市政协主席吴铁民、市委副书记吕平等分赴全市部分小学和幼儿园，开展庆祝“六一”国际儿童节慰问活动。

同日 市委理论学习中心组举行学习(扩大)会暨“直播电商的机遇与挑战”专题学习会(视频会议)，邀请浙江传媒学院新闻与传播学院副教授、“今日头条”浙江公司原总经理、“浙江在线”新闻网站原董事、副总经理应中迪授课。全市20家电商企业代表在主会场参会。

同日 市人大常委会主任叶万生，副主任童文扬、赵志荣、吕建月、吴岳炎等领导，在建德分会场参加杭州市人大召开的十三届全国人大三次会议精神传达学习视频会议，传达学习习近平总书记在全国两会期间发表的重要讲话及十三届全国人大三次会议精神。

同日 市政协主席吴铁民，副主席程旭、严凌云、徐亚娟、叶强，党组副书记叶志高等市政协领导，在建德分会场参加杭州市政协召开的传达学习全国两会精神报告会，深入学习贯彻习近平总书记在全国两会期间发表的重要讲话精神，传达十三届全国人大三次会议、全国政协十三届三次会议以及省委、杭州市委领导干部 会议精神。

2日 全市重点(大)项目推进暨征迁清零行动会议召开，全面贯彻落实“战疫情、促发展”“两手硬、两战赢”决策部署，动员开展征地拆迁“奋战六十天、打好攻坚战”清零专项行动。

同日 杭州市委常委、宣传部部长戚哮虎率杭报集团、杭州文广集团、华数集团等杭州市帮扶集团成员单位相关负责人，到建德市大同镇调研并开展“联乡结村”帮扶工作。

同日 建德市清廉乡村建设暨“智慧管家”工作推进会召开。

3日 杭州市委常委、秘书长许明到建德市开展“联乡结村”“三服务”活动，并就“助万企、帮万户”活动召开座谈会。

同日 十六届市政府第五十三次常务会议召开。

同日 市气象台发布暴雨橙色预警，市防指于3时启动防汛Ⅳ级应急响应。

5日 世界环境日，常委书记童定干、市长朱欢、市人大常委会主任叶万生、市政协主席吴铁民等在建德分会场参加杭州市召开的新时代美丽杭州建设推进会。会上，建德市被授予杭州市2019年度生态文明(“美丽杭州”)建设考核优秀区、县(市)和“五水共治”(河长制)工作考核先进区、县(市)等荣誉称号。

9日 国家体育总局经济司司长刘扶民到建德市开展智能体育相关工作调研。

同日 建德市举行“稻香小镇”农创大党委启动暨乡村善治“十支队伍”授旗仪式。

10日 交通运输部党组成员、总规划师、综合规划司司长王志清到建德市，调研航空小镇建设。副省长刘小涛，省交通运输厅党组副书记、副厅长任忠，省交通运输厅副厅长胡嘉临，杭州市交通运输局局长郑翰献等陪同调研。

同日 省人大常委会副主任姒健敏到建德市开展动物防疫、野生动物保护 “两法两条例两决定”执法检查。杭州市人大常委会副主任郑荣胜、杭州市副市长缪承潮参加执法检查。

同日 省委宣传部副部长盛世豪到建德市调研。

10日 杭州市人大常委会副主任徐小林带领杭州市人大第九代表监督小组，到建德开展“代表监督周”(8—14日) 活动，对建德市民生实事项目——“实施1450户困难残疾人家庭无障碍设施改造，提升60家星级‘残疾人之家’”开展监督。

同日 杭州市人大常委会副主任徐小林到建德市调研人大财经、民宗侨工作。

11日 市长朱欢、市人大常委会副主任赵志荣、市政协副主席叶强等建德市领导在建德分会场，参加全省生活垃圾治理攻坚大会。

12日 杭州市委常委、组织部部长毛溪浩带队到建德市三都镇、梅城镇等地调研基层党建及村社组织换届准备工作，并召开村社组织换届工作座谈会。

同日 市政协主席吴铁民带队赴新安江街道、梅城镇开展“生活垃圾分类处理”专题视察活动。

15 日 建德市召开安全生产工作紧急会议，贯彻落实省、杭州市工作部署，认真吸取“6·13”温岭槽罐车爆炸事故教训，分析研判全市安全生产工作形势，部署安全生产工作。

16 日 建德市召开全市统计工作会议暨第七次全国人口普查动员会，部署第七次全国人口普查工作。

18 日 市委常委会召开第 132 次会议。

同日 上海市奉贤区人大常委会主任袁晓林到建德市调研交流人大财经工作，并就建德市美丽城镇建设、人大代表联络站等情况进行实地考察。

19 日 建德市举行 2020 年建德旅游奖励大会，对来自全国各地的 65 家旅游营销商兑现专项奖励 862.69 万元，同时发布一批旅游新产品。

同日 第八届杭州西湖荷花展建德分会场——第十二届建德荷花节在大慈岩镇新叶村开幕。

22 日 市委书记童定干带队相关部门负责人，专题调研市供销合作总社“三位一体”农合联改革相关工作。

22—23 日，2020 年杭州市农村家宴转型提升现场会在建德市召开，各区县（市）市场监管局相关负责人与会。

23 日 省委常委、统战部部长熊建平到建德市调研企业复工复产及美丽城镇建设等工作。杭州市委常委、统战部部长陈新华等陪同调研。

同日 建德市召开“无违建”创建、耕地保护和改田造地工作推进会，部署推进“无违建”创建、耕地保护和改田造地工作。

24 日 理论学习中心组举行“传承弘扬千鹤妇女精神”专题学习会，学习弘扬“不等不靠、敢想敢干、团结协作、艰苦创业”为核心的“千鹤妇女精神”。

25 日 上午，境域出现大雨到暴雨、局部大暴雨天气，市气象台发布暴雨橙色预警信号。

28 日 中央电视台《焦点访谈》栏目播出《藏粮于技，种地还要靠科技》节目，报道建德市大同水稻育秧中心的智能化育秧技术。

29 日 市委常委会召开第 133 次会议。

同日 建德市开展 2020 年杭新景高速窑山顶隧道内危化品车事故处置联合演习。

同日 省首家县级医保反欺诈中心——建德市医疗保障反欺诈中心正式挂牌成立。

30 日 市长朱欢主持召开市十六届政府第五十四次常务会议。

7 月

1 日 杭州市推进“双引擎”发展第三次工作例会在建德市召开。

同日 常委书记童定干、市长朱欢、市人大常委会主任叶万生、市政协主席吴铁民等分赴梅城镇、新安江街道、乾潭镇、大同镇等地，走访慰问部分老党员和困难党员。

同日 杭州市副市长胡伟到建德市新安江街道代表联络站，听取基层人大代表和人民群众的意见和建议。

2 日 召开“弘扬千鹤妇女精神扛起巾帼使命担当”全市妇联特色品牌项目大比武动员会。

2—3 日 浙江省河湖管理工作座谈会在建德市召开。省水利厅党组成员、副厅长杨炯出席会议并讲话。

5 日 建德市“金融帮帮团”服务月启动仪式在新安江举行。

6 日 14 时，新安江水库坝钱水位上涨至 106.54 米。17 时 30 分，省防指召开汛情通报会，宣布 7 月 7 日 10 时新安江水库开启 3 孔泄洪闸泄洪。8 日上午 9 时，新安江水库实施建库以来首次 9 孔全开泄洪。至 7 月 14 日 15 时，关闭所有泄洪闸，停止泄洪（注：本卷年鉴另设“新安江水库九孔泄洪始末”专记，所有涉及防汛内容，集中记载，此处不再详述）。

6—8 日 市委常委常务副市长俞伟带队建德市党政代表团，赴贵州省黔东南苗族侗族自治州岑巩县，对接东西部扶贫协作相关工作。

12 日 市委、市政府发出“开展万人大清扫”的倡议，全市近万名党员干部、社区群众、志愿者参与清理新安江边的淤泥和垃圾。

15 日 市长 朱欢主持召开市十六届政府第五十五次常务会议。

同日 省民政厅副厅长余强到建德市调研殡

葬改革工作。

16 日 全市村社组织换届准备工作专题述职会召开，全面贯彻落实全省村(社区)组织换届试点工作动员部署会精神。

同日 建德市政府和国网杭州供电公司签署《加快建设“城市能源互联网”、助力建德县域治理现代化建设战略合作协议》。

17 日 省审计组在建德市召开进点会。市委书记童定干、市长朱欢分别就任期内履行经济责任、自然资源资产管理和生态环境保护责任等情况进行述职，并接受民主测评。

18 日 浙江省文史馆专职副馆长章斐龙到建德市调研“千年古城保护和复兴课题”。

22 日 以“红涌新安、机关示范”为主题的新安义警出征暨“文明来敲门、千名干部访万户”活动在新安江广场启动。

同日 杭州市委常委、宣传部部长戚哮虎到建德市调研村(社区)组织换届工作。常委书记童定干，市委常委组织部部长何亦星，市委常委宣传部部长朱春根，市人大副主任吕建月，副市长何瑞洪等建德市领导参加调研。

23 日 杭州市天然气利用工程建德段（安仁—乾潭)项目正式开工。

同日 市长朱欢，市纪检委书记、市监察委主任周萍英，副市长柯汉根、钱晓华、郑志华、何瑞洪、袁思明等，在建德分会场参加国务院召开的第三次党风廉政工作会议。

24 日 市十六届人大常委会召开第三十三次会议。

26 日 省文化和旅游厅党组成员、副厅长刁玉泉到建德市调研旅游演艺产业发展工作。

28 日 杭州市政协副主席谢双成到建德市开展“请你来协商”活动。吴铁民、叶强参加活动。

29 日 国家远程医疗中心浙西分中心落户建德。

同日 市委常委、副市长俞伟在建德分会场参加国务院召开的第七次全国人口普查电视电话会议。

同日 建德市举办纪念建军 93 周年暨第二届“最美退役军人”发布会。

30 日 建德市农村饮用水达标提标行动三年任务全面完成发布会暨李家镇小源里水厂通水仪式在李家镇小源里水厂举行。

同日 市委书记童定干带队走访慰问杭州警备区。

31 日 省发改委副主任翁建荣带队到梅城镇调研“千年古城”复兴等课题。

8 月

3 日 全市半年度经济形势分析会暨市领导“六个领衔”工作推进会召开。

同日 新安硅谷研究院正式揭牌成立，杭州师范大学党委书记陈春雷、副校长胡华，建德市市长朱欢，市委常委组织部部长何亦星，市委常委夏喜生，市人大常委会副主任赵志荣，市政协副主席程旭等建德市领导，以及浙江新安化工集团总裁吴严明等出席揭牌仪式。

3—5 日 市委书记童定干带领市党政代表团，赴贵州省黔东南苗族侗族自治州岑巩县，对接东西部扶贫协作相关工作。

6 日 市委召开市人民检察院新安江生态环境资源保护检察官办公室成立暨员额检察官联系镇街工作制度推进会。

7 日 第八届“建德 7017 新安江青岛啤酒节”在双江特色街开幕。本届啤酒节为期 9 天。

7—8 日 由省社科联一级巡视员邵清、省社科联科研管理处处长胡晓立带队的省社科联智库专家，到梅城镇开展严州古城复兴和严州文化研究调研活动。

10 日 市退役军人健康驿站揭牌暨红外医学健康调理设备捐赠仪式在新安江举行。全国政协委员、中国军事科学学会副秘书长、中国战略文化促进会常务副会长罗援少将、浙江省退役军人事务厅副厅长郭国松等参加仪式。

12 日 第十九届“中国 17℃”建德新安江旅游节新闻发布会暨“爱在 17”品牌发布会在杭州举行。

13 日 浙江华奕航空科技有限公司计划总投资 6 亿元的华奕无人直升机飞控平台研发及整机制造项目在建德经济开发区(航空小镇)落地。

14 日 市政协召开政情通报会，朱欢向全体政协委员通报全市上半年经济社会发展情况及下半年政府工作安排。

15 日　建德市在全省高水平建设新时代美丽浙江推进大会(安吉县余村)上,夺取 2019 年度全省“五水共治”(河长制)考核杭州 13 个县(市、区)总分第一名 ,第四次捧回“大禹鼎”。

17 日　市政协举办“请你来协商”活动,聚焦推动矛盾纠纷化解“最多跑一地”。

同日　2020 第十九届中国·17℃建德新安江旅游节开幕。开幕式上举行 2020 中国·建德 17℃新安江“夏日冬泳”百城挑战赛——900 米横渡挑战赛,来自全国 9 个省(直辖市、自治区)共 122 支代表队的 805 名游泳爱好者参赛。

20 日　市委常委会召开第 138 次会议。

同日　建德高中学子 “家燕启航·难忘乡情”主题论坛暨建德学子工作站成立仪式在市文化中心举行。

22—30 日　第 30 届中国电视金鹰奖评审会在新安江举办。中国电视艺术家协会分党组书记廖恳,浙江省文联党组书记、副主席、书记处常务书记陈瑶等领导与会。

24 日　市委书记童定干主持召开专题会议,研究部署全市固定资产投资、重大产业项目招引落地和高质量发展相关工作。

同日　在浙江省生态“坡地村镇”建设研讨会上,建德市乾潭镇胥江村“杭派民居”项目、浙江富春开元芳草地乡村度假酒店项目获浙江生态坡地村镇建设项目规划设计优秀成果奖,夺得全省 10 个获评项目中的 2 席。

26 日　2020 年杭州市科技活动周建德站暨全国科普日活动启动,本年度活动主题为 “科技战‘疫’、创新强国”。

27 日　省委宣传部常务副部长来颖杰到建德市钦堂、乾潭、梅城等地,调研基层社会治理、农村文化礼堂建设和文化旅游等工作。

28 日　建德市自然资源行政执法队和各基层自然资源所正式挂牌成立。新组建的自然资源行政执法队与市规划和自然资源局实行“局队合一”运行模式。

29 日　湖南省娄底市娄星区委副书记、区长李彦文率团到建德市交流考察“美丽河湖”建设工作。

8 月 30 日—9 月 1 日　贵州省岑巩县委书记谭海率领岑巩县党政代表团到建德市,考察对接结对帮扶工作,共商东西部扶贫协作事宜。

31 日　市委、市政府召开 2020 年全市创建全国文明城市“决战决胜”攻坚冲刺大会,进行全国文明城市创建决胜战再动员,确保实现 “首战决胜、高位创成”的最终目标。

同日　召开全市垃圾分类暨环境大整治工作推进会。

9 月

2 日　市委书记童定干、市长朱欢、市人大常委会主任叶万生、市政协主席吴铁民、市委副书记吕平等在建德分会场参加杭州市召开迎接第二轮中央生态环境保护督察工作动员部署会。

3 日　建德市第六次归侨侨眷代表大会在新安江召开。会议听取并审议建德市侨联第五届委员会所作的题为《凝侨心聚侨力汇侨智谋发展,在建设“重要窗口”展现“头雁风采”中彰显侨界担当》的工作报告,审议并通过《建德市归国华侨联合会工作细则》。选举产生市侨联第六届委员会委员,陈友明当选为新一届侨联主席。

同日　中华女子学院党委书记李明舜带队到建德市,专题调研“千鹤妇女精神”。

同日　建德农商银行助学金发放仪式举行,副市长、市慈善总会会长郑志华出席仪式并向 55 名高中新生和大学新生发放助学金。从 2011 年起至 2020 年,建德农商银行共向市慈善总会捐赠 1600 余万元,累计帮助建德贫困学子 2269 人,累计捐赠助学金 400 余万元。

5—7 日　上海万国旅行社到建德市实地考察相关景点线路和旅游资源。

6 日　2020 第九届浙江自行车联赛首站建德乾潭爬坡赛暨第三届“之江杯”国际皮划艇邀请赛在建德市乾潭镇开赛。

同日　由杭州 2022 年第 19 届亚运会组委会主办的 “绿水青山大联动”——迎杭州亚运会倒计时两周年主题活动建德站在乾潭镇旅游码头举行。

8日 全国抗击新冠肺炎疫情表彰大会在北京举行,大慈岩镇原党委书记黄炜获得“全国抗击新冠肺炎疫情先进个人”荣誉,接受大会表彰。

9日 市委、市政府召开庆祝第36个教师节慰问座谈会,并开展走访慰问活动。

10日 市委书记童定干主持召开市委常委(扩大)会议,认真学习贯彻习近平总书记在全国抗击新冠肺炎疫情表彰大会上的重要讲话精神。

同日 寿昌中学举行第十一届鸿鹄助学奖励基金颁奖仪式、庆祝教师节表彰大会暨2020学年第一学期开学典礼。

同日 全国妇联宣传部副部长綦淑娟到建德市调研“千鹤妇女精神”传承工作。

11日 市政协主席吴铁民带领相关部门负责人,专题调研“农村家宴中心放心厨房”建设运营情况。

同日 中华女子学院院长刘利群等到建德市考察“千鹤妇女精神”传承工作。

12日 生态环境部水生态环境司水污染源处处长蔡治国,全国人大代表、台盟中央委员刘江东等到建德调研工业园区“污水零直排”建设工作。

14日 杭州市工商联在建德启动“主席会长思享汇——走进建德”活动。

15日 市委书记童定干主持召开市委书记办公会议,专题研究建德市国民经济和社会发展第十四个五年规划编制相关工作。

同日 市政府、市政协联合召开市政协十四届四次会议181号提案办理协商会,就《关于尽快开建市一院感染楼的建议》提案办理情况进行协商。

17日 全国妇联党组书记、副主席、书记处第一书记黄晓薇带领全国妇联调研组到建德市调研考察。省委常委、组织部部长黄建发,省妇联党组书记、主席王文娟,杭州市委常委、组织部部长毛溪浩,杭州市委副秘书长涂冬山,杭州市妇联党组书记、主席阮英等陪同调研。

18日 浙江省杭州宋都公益基金会和浙江致中和实业有限公司在严州中学梅城校区举行“‘宋’爱千人助学计划”活动,为建德市100名贫困学子扶持助学金50万元。

19日 2020年建德市第二届武林大会在新安江体育馆举行,全市47支代表队1000余名武术爱好者参加大会。

21日 杭州市首家“双千”(千名主播带货直播,千名演员文旅直播)直播空间点在大同镇启动。

同日 “数字农创 遇建未来”2020第二届杭州市农创客大赛总决赛在建德市举行。

22日 由建德市委、市政府联合杭州市人力社保局、杭州市科技局主办的首届中国·建德高层次人才创业大赛启动,主题为“唱响全球,遇建未来”,征集到生物医药、新材料、通用航空、智能制造等未来产业领域的参赛项目100余个。11月15日举行总决赛,决出一等奖2名、二等奖3名、三等奖5名。

23日 以“浙里稻香,圆梦小康”为主题的2020年中国农民丰收节浙江庆丰收主场活动暨第二届杭州市农创客大赛颁奖仪式,在建德市大同镇举行。省政协副主席陈小平,杭州市委副书记佟桂莉,杭州市政协党组副书记张仲灿,省农业农村厅党组成员、副厅长唐冬寿等省、杭州市有关部门领导,及市委书记童定干、市长朱欢建德市领导参加现场活动。

24日 举办庆祝“9·26”工匠日—“建德工匠”技能比武暨“美丽建德”讲解员大赛决赛。

25日 市长朱欢、常务副市长俞伟在建德分会场参加全省安全生产工作电视电话会议,贯彻习近平总书记关于安全生产工作重要指示精神,对当前和下一个阶段安全生产重点任务进行再部署、再推动。

同日 市长朱欢、市委常委夏喜生、人大常委会副主任杨福泉、市政协副主席程旭等在建德分会场参加全省质量(视频)大会。

27日 第十六届中国国际动漫节建德分会场暨宜居建德·寿昌古镇国风动漫文化节在寿昌镇南门广场开幕。

27—28日 市长朱欢、市委常委夏喜生、副市长郑志华、副市长何瑞洪分别带队,赴有关乡镇(街道)、企业和酒店景区检查节前安全生产和疫情防控工作。

28日 由市经信局及电信、移动、联通、华数、铁塔公司等通信运营商组成的“数字赋能”企业服务队正式成立。

同日 省统计局副局长、省人普办主任张兴华到建德市调研人口普查工作开展情况。

28—29 日 全国乡村治理体系建设试点示范系列研讨——乡村治理数字化实践暨党建引领强村善治研讨会在建德市举行。本次研讨会聚焦“党建引领”和“数字化”两大主题，来自 16 个省份农业农村部门和部分试点县(市、区)及邀请单位相关负责人与会交流。

29 日 童定干、周萍英、何亦星、吴岳炎、郑志华、程旭在建德分会场参加省委召开的全省村(社区)组织换届工作会议。会后，召开市委常委(扩大)会议，传达贯彻省和杭州市村(社区)组织换届工作会议精神。

同日 举行建德市各界人士中秋茶话会。

30 日 在第七个全国烈士纪念日到来之际，建德市在革命烈士纪念碑前举行烈士纪念日公祭活动，深切缅怀为国家独立、民族解放和社会主义事业牺牲的革命先烈。童定干宣读祭文，朱欢主持公祭活动。

同日 建德市博物馆正式开馆。

同日 举行严州古城开城仪式。

是月 梅城镇东、西湖泵站开启引入新安江水，玉带河重新全线贯通。

10 月

1 日 上午在新安江广场举行国庆升旗暨成人宣誓仪式，庆祝中华人民共和国成立 71 周年。市委副书记吕平，市委常委宣传部部长朱春根等市领导以及 1000 余名市级机关、乡镇(街道)、企事业单位干部职工代表和市民代表、在校学生代表及各界群众等参加仪式。

同日 第二届“建德人”大会在新安江开幕，本届大会以“凝聚建德人力量、共创建德新未来”为主题，200 余名代表与会。

10 日 全国首个通航省级重点实验室——浙江省通用航空运行技术研究重点实验室在航空小镇正式揭牌。

同日 建德市召开全市第七次人口普查摸底工作动员会。

11 日 建德市正式开展第七次人口普查入户摸底工作。

同日 首届中国(建德)水稻产业发展论坛在建德市“稻香小镇”大同镇举办，本届论坛以“优质稻米，绿色发展”为主题。中国工程院院士、中国水稻研究所所长胡培松，中国水稻研究所研究员朱德峰、浙江大学教授吴良欢、浙江省农技推广中心推广研究员纪国成、杭州市农业技术推广中心推广研究员管耀祖等专家学者出席论坛做学术交流。

12 日 全市村（社区）组织换届工作会议召开，正式全面启动村(社区)组织换届工作。

13 日 由省委宣传部(省政府新闻办)指导，浙江广电集团与建德市联合主办，钱江台和钱江视频承办的“‘重要窗口’看小康、美丽浙江行”启动仪式在建德市举行。省委常委、宣传部部长朱国贤宣布活动启动，建德市委书记童定干围绕“重要窗口”建设、全面建成小康社会的“建德答卷”主题作了现场推介。建德市融媒体中心(集团)成为全省 12 家县(市、区)级首批“美丽浙江”创作中心之一。

同日 2020 年浙江省老年人迷你气排球交流活动在建德市老年健身活动中心开幕。

13—14 日 河南省副省长武国定率领河南省党政代表团到建德市考察美丽乡村相关工作。浙江省农业农村厅副厅长唐冬寿等陪同考察。

15—16 日 杭州市美丽城镇建设三季度现场会在建德市举行。杭州市美丽城镇建设成员单位、各县(市、区)美镇办负责人、29 个样板创建乡镇负责人参加会议。

19 日 建德市与中华女子学院（全国妇联干部培训学院)在北京举行合作共建签约仪式。中华女子学院党委书记李明舜和建德市委书记童定干分别代表双方签署合作共建框架协议。

21 日 建德市、兰溪市两地治水办在更楼街道举行“流域共治”专题研讨会，并签订《芝堰水库饮用水源保护合作协议》《兰江流域共治合作框架协议》。

22 日 梅城“千鹤妇女精神”教育基地被全国妇联授予“全国妇女爱国主义教育基地”称号，成为浙江省首个全国妇女爱国主义教育基地。全国妇联副主席、书记处书记吴海鹰出席授牌仪式并为基地授牌。

同日 全省妇联基层组织建设推进会在建德市召开。

同日 全省和谐劳动关系工作现场交流会在建德市召开。

同日 在市老年大学举行纪念抗美援朝70周年暨“党群连心 情满重阳”文艺演出。

23日 建德在杭科技飞地孵化园——“建德智立方”正式开园。该园位于杭州滨江德信AI产业园内，毗邻滨江高教园区、海外高层次人才创业创新基地，总面积2207平方米，是建德市首个在杭同时也是全市首个科技飞地孵化园，集“孵化、创业、投融资”为一体。

同日 新时代传承弘扬“千鹤妇女精神”理论研讨会在建德市举行。来自全省高校、党校的专家、学者和省妇女研究会会员代表及妇联工作者等90余人与会。

26日 浙江大洋生物科技集团股份有限公司在深圳证券交易所上市，正式登陆A股中小板，成为全市首家在深圳证券交易所上市的企业。“大洋生物”证券代码为“003017”，首次公开发行1500万股，占总股本的25%，发行后总股本将达6000万股，发行价格为28.85元/股。

同日 南京市人大常委会副主任林克勤率领调研组到建德市考察交流“中国明清城墙联合申报世界文化遗产项目”工作。市人大常委会副主任杨福泉、副市长何瑞洪等建德市领导陪同调研。

同日 省卫生健康委二级巡视员徐龙仁带队省村社换届督导组到建德市调研督导村(社区)组织换届工作。

27日 由建德市政府主办，李家镇政府、市农业农村局、杭州斐悦农业发展有限公司共同承办的“斐香浙李，决胜小康”建德李家斐济果小镇首届开摘品尝节在沙墩头村开幕。

28—30日 建德市举行第四十七届中小学生田径运动会。

29日 市红十字会第七次会员代表大会在新安江召开，选举产生市红十字会第七届理事、监事会监事，聘请市委副书记吕平为第七届理事会名誉会长；选举副市长郑志华为第七届理事会会长。

30日 在三都镇中心小学举行2020年“爱心助学·圆梦行动”公益助学项目捐赠仪式，60名品学兼优的三都镇贫困学生得到项目资助。

同日 “江清月近人”实景演艺迎来首个来自福建的千人旅游团。

31日 “全民健身·共享亚运”杭州毅行大会暨2020中国最美绿道第三届建德新安江万人徒步大会开幕。

是月 经省总工会审定和公示，建德航空小镇成为全省119家入选首批浙江省职工疗休养基地之一。

同月 建德市向浙江布石新材料有限公司发放全市第一本电子取水许可证。

同月 建德市经济开发区(航空小镇)产教融合示范基地被省发改委公示为全省首批产教融合示范基地。

11月

1日 继建德千岛湖通用机场直飞浙江舟山、安徽黄山、江苏镇江3条短途通勤旅游航线后，第4条(千岛湖—上海金山水上机场)航线开通。这条长三角地区首条跨省水陆通勤旅游航线正式通航，标志着建德市在浙江省率先实现长三角区域短途通勤旅游航线全覆盖。

3日 建德农商银行为航大生态农业有限公司发放全市首笔“生物活体资产抵押贷款”，标志着建德市生物资产金融化正式启动。

5日 杭州市委组织部副部长、“两新”两新工委书记虞文娟到建德市调研村(社区)组织换届工作。

同日 省教育厅副厅长于永明到建德市专题调研职业教育工作。

6日 建金高速建德段正式通电。自此，浙江省交通集团建金高速公路全线实现通电。

同日 建德市举行纪念老年体协成立三十周年庆暨“百跃杯”大型文体展演活动。

10日 中央文明办公布第六届全国文明城市入选城市名单和复查确认保留荣誉称号的前五届全国文明城市名单，建德市成功入选第六届全国文明城市名单。11月20日，在北京举行的全国精神文明建设表彰大会上，建德市被授予“全国文明城市”称号。市委书记童定干参加大会,代表 51 万名建德人民捧回“全国文明城市”奖牌。自此,建德市正式跨入“全国文明城市”行列。

同日 建德市主持起草的“德文化”标准体系省级标准化试点项目,通过省验收组现场考核验收。

11 日 杭州市委常委、宣传部部长戚哮虎到建德市调研,宣讲中共十九届五中全会精神,专题听取建德市村(社区)组织换届工作情况。

同日 杭州市人大常委会副主任罗卫红带队杭州市人大常委会第四督查调研组到建德市调研民生实事项目代表票决制工作推进情况。

11—12 日 中国民用航空局党组成员、副局长吕尔学到建德市调研通用航空发展情况。

12 日 建德市举行首场公务员集体荣退仪式。

16—17 日 民建中央社会服务部副部长汪阳带领民建中央企业委员会旅游组一行,到建德市开展“建德旅游新崛起恳谈系列活动”。

18—19 日 省发改委和省交通运输厅在建德市联合组织召开《320 国道建德杨村桥至航头段改建工程可行性研究报告》评审会,原则通过 320 国道建德段改建工程工可评审。

19 日 因在 7 月新安江水库九孔泄洪中发生桥体永久性位移,横跨新安江、服役 30 年的紫金大桥正式启动拆除重建施工作业。

20 日 在北京举行的全国精神文明建设表彰大会上,建德市少数民族(畲族)村——大慈岩镇双泉村被授予“全国文明村”荣誉称号。

24 日 在北京人民大会堂举行的 2020 年全国劳动模范和先进工作者表彰大会上,建德本土人才——浙江大洋生物科技集团股份有限公司研发中心主任王国平被授予“2020 年全国劳动模范”荣誉称号,并受到习近平总书记的接见。王国平是浙江大洋生物科技集团股份有限公司第一位高级工程师,先后获得杭州市突出贡献科技工作者、杭州市“131”第一层次培养人选、杭州市劳动模范和浙江省劳动模范等荣誉,主持并承担国家重大新药创制、“863”计划和“国家火炬计划”等国家和省部级科技攻关项目,开发出半缩醛等 10 多个新产品。27 日,市委、市政府为其举行隆重的欢迎仪式。

26 日 AG60 野马飞机股权转让暨项目合作签约仪式在广东珠海举行,AG60 野马飞机生产制造总部项目正式落户建德航空小镇。

27 日 建德市科学技术协会召开第十一次代表大会。会议听取并审议建德市科学技术协会第十届委员会工作报告,选举产生建德市科学技术协会第十一届委员会,洪树华当选为主席。

29 日 在新安江举办“Wynca 新安·2020 建德 17℃新安江马拉松”赛事。

是月 建德海螺水泥有限责任公司实施的浙江省水泥行业首家新能源光储一体化项目,通过国家电网验收,实现并网发电。

12 月

1 日 2020 中国(杭州)文旅产业创新发展论坛暨第十六届杭州·浙西旅游合作峰会在建德市举行。杭州四区三县市政府和文旅部门负责人,黄山、湖州、衢州等杭州都市圈城市文旅部门负责人、国内外知名专家学者、长三角地区 120 家旅行商、300 多家文旅企业和数十家媒体等 450 余名代表出席活动。

同日 举行中国·17℃建德新安江旅游节闭幕式,并成立由 12 名国内外知名专家学者组成的建德文旅智库;同时启动建德“爱的原乡·爱在 17”网络文学创作大赛。

2 日 第八届 AOPA(建德)国际飞行训练展会在建德航空小镇举行。北京翔宇通用航空集团、杭州中策科技有限公司分别与建德航空小镇签订航空实训基地项目合作协议和航空用纳米传导新材料生产制造项目合作协议。

3 日 “立德在路上、榜样在身边”第七届建德市道德模范颁奖典礼在市文化中心举行,李萍、王江平等 10 人获本届“建德市道德模范”称号,严爱春、何群等 10 人荣获“建德市道德模范提名奖”。

4 日 在 2020 年浙江省智慧交通展建德航空小镇展区举行 5G 应用联合实验室揭牌暨《无人驾驶航空器管理技术发展》白皮书发布仪式。

7 日 建德市通过“省级两化深度融合国家示范区”验收。

同日 “两江一湖”网球团体邀请赛在新安江举行,来自建德市及淳安、德清、遂昌、兰溪、黄山、衢州、富阳、桐庐、上虞、平阳等地 12 支队伍参赛。

8 日 第二届“玉琮杯”清廉微电影微视频大赛颁奖活动在杭州大剧院歌剧院举行，建德市选送的清廉微电影《72 小时》蝉联微电影类金奖，并获得最佳编剧单项奖。

12—13 日 浙江省 CIO 共享中心首届数字化产业峰会在建德市召开。会议为杭州 CIO 共享中心落户建德 1024 互联网产业园揭牌。

16 日 中央农村工作领导小组办公室秘书局、农业农村部办公厅印发通知，推介第二批全国乡村治理典型案例，建德市“走村不漏户、户户见干部”入选第二批全国乡村治理典型案例。通知指出：浙江省建德市“走村不漏户、户户见干部”创新基层治理方式，在畅通民情、代理民事等方面，让农民群众成为乡村治理的主力军和受益者，值得各地学习、复制、推广。

同日 省检察院党组书记、检察长贾宇到建德市调研。

同日 建德市新生代企业家联谊会举行二届一次会员大会，选举产生新一届理事会班子。该联谊会于 2015 年 10 月成立。

21 日 “澄清门下道澄清——浙里再出发”公开澄清正名容错免责发布会在梅城镇澄清门前举行。省、杭州市两级纪委监委有关领导及建德市委书记童定干，市长朱欢，市人大常委会主任叶万生，市政协主席吴铁民，市纪委书记、监委主任周萍英，市委常委、统战部部长张早林，市委常委、组织部部长何亦星，市委常委宣传部部长朱春根等领导出席活动。

22 日 临金高速公路建(德)金(华)高速正式通车。该段公路北起建德市杨村桥镇，接入已建成的杭新景高速公路，南至金东区二仙桥东枢纽，接入已建成的杭金衢高速公路，并衔接金丽温高速公路，全长 58.09 千米，双向四车道，设计时速 100 千米。该段高速公路开通补齐长深高速缺失部分，连接杭新景、杭金衢、金丽温三大省内干线，为浙江中西部提供一条快速南北向通道。

22—24 日 为了进一步推进建德市乡村治理工作和草莓产业“走出去”发展战略，市政协主席吴铁民、市人大常委会副主任童文扬、副市长袁思明带领相关部门和企业负责人赴安徽、江苏等地，考察学习乡村治理经验和做法并慰问莓农。

26 日 在第十五届中国全面小康论坛上，建德市获“2020 年度中国全面小康百佳示范县市”；同时，凭借“乡村钉”平台荣获“2020 年度中国十大社会治理创新典范”，成为县域全面小康发展的典型样本。

同日 首届长三角劳动法治建设论坛在建德市举行，来自浙江、安徽、江苏、上海等三省一市的劳动法治专家，就《中华人民共和国劳动法》等有关法律的研究进行交流。

28 日 市委举行十四届九次全体（扩大)会议，审议通过《中共建德市委关于制定国民经济和社会发展第十四个五年规划和二〇三五年远景目标的建议》。

29 日 “2020 好设计”颁奖大会暨中国创新设计大会在新安江召开。中国工程院院士、中国创新设计产业战略联盟理事长、中国工程院原常务副院长潘云鹤，中国工程院院士、中国机械工程学会理事长李培根，中国工程院院士徐志磊、谭建荣、顾国彪、邓宗全，中国科学院院士闻邦椿、薛群基、毛明，加拿大工程院院士顾佩华，瑞典皇家工程科学院院士娄永琪等相关产业领域的院士专家团队、领导及企业高层和科技代表共 200 余人出席大会。

30 日 建德市互联网行业党委挂牌成立。

编辑：黄建生

市情概览

An Overview of the Cities

基本地情

【地理位置】建德市地处浙江省西部，钱塘江上游，杭州—黄山黄金旅游线的中段，位于北纬 29°12′20″~29° 46′27″、东经 118°53′46″ ~119° 45′51″。东与浦江县接壤，南与兰溪市和龙游县毗邻，西南与衢州市衢江区相交，西北与淳安县为邻，东北与桐庐县交界。东起乾潭镇梓洲村双门灶，西至李家镇石鼓村卢桐源，长 84.38 千米；南起航头镇珏塘村，北至乾潭镇罗村村石豹头扶梯岭，宽 63.04 千米。总面积 2314.19 平方千米，占全省面积的 2.28%。距杭州(高速公路里程)108 千米，市政府驻地新安江街道新安路 1 号。

【建置沿革】建德市境在 1958 年 11 月 21 日前为建德、寿昌两县地。

建德古为越地。秦王嬴政二十五年(前 222)于原吴、越地置会稽郡(郡治在今江苏吴县)，今建德地属会稽郡富春县。西汉因之。东汉时属吴郡富春县。

三国吴黄武四年 (225)，析富春县地置建德县，县城在今建德市梅城镇，建德作为县级行政区划之名自此始；同年，又析富春县地置新昌县，县城在今建德市西南的大同镇劳村村。两县均属吴郡。晋太康元年(280)，新昌县更名寿昌县，寿昌作为县级行政区划之名自此始。自西晋至南朝的宋、齐两代，建德、寿昌仍属吴郡。

南朝时，两县县名均未有变动，但隶属关系则频繁变更。梁普通二年(521)，寿昌县改属新安郡。普通五年(524)，建德县划归东阳郡（大致相当于今金华市)。

隋开皇九年(589)改郡为州。撤销寿昌县并入新安县(是年由始新县改设而来，属今淳安县)，撤销建德县并入长山县(后改吴宁县，开皇十八年改为金华县)，新安县、长山县属由原新安郡、东阳郡废止后合并新设的婺州。仁寿三年(603)，设睦州，但此时并无建德县和寿昌县建置。终隋一代，今建德市境域无县建置。

唐建立后第四年即唐武德四年(621)，分拆金华县，恢复设置建德县，并在桐庐设严州，建德县属严州。同年，此前(607)已经改为遂安郡的睦州也恢复设立。武德七年(624)严州废止，又将建德县分拆并入桐庐、雉山 (607 年由新安县改名)2 县，属歙州。武德八年(625)，桐庐、雉山划属睦州。至永淳二年(683)恢复设置建德县，属睦州。六年后即永昌元年(689)恢复设置寿昌县，县治在郭邑里(根据旧志记载，结合地理方位，大致在今寿昌与更楼之间一带)，同属睦州；但于次年又裁撤并入新安县(684 年由雉山改名)。唐万岁通天二年(697)，睦州州治由新安县移建德县，建德为州治始于此。神龙元年(705)，再置寿昌县，县治在白艾里(今寿昌桂花村)，仍属睦州。唐天宝元年(742)至乾元元年(758)，改睦州为新定郡，建德、寿昌两县均属新定郡，故在中国历史上，“新定郡”也为后世严州的别称。乾元元年(758)恢复设置睦州，两县隶属长期稳定；是年，寿昌县治迁至万松山南麓，即今寿昌集镇一带。

北宋宣和三年 (1121) 即方腊起义失败后次年，改睦州为严州，严州辖建德、寿昌、淳化、遂安、桐庐、分水 6 县。南宋咸淳元年(1265)，升严州为建德府，建德、寿昌两县属之，建德为府治。

元至元十四年(1277)改建德府为建德路，路治在今建德梅城，仍辖管建德、寿昌等6县。至正十八年(1358)，朱元璋部将邓愈、李文忠攻取建德路，改为建安府。明建立后，洪武八年(1375)又改为严州府，建德、寿昌等6县属之，府治建德。明代相沿不变，严州自此有"六睦"之称。清代仍沿明制。建德、寿昌两县一直属严州府管辖。

清宣统三年(1911)十月，废旧府制，设立严州军政分府，建德、寿昌两县属之，建德为军政分府府治。

民国元年(1912)10月，严州军政分府废。1914年，建德、寿昌两县属金华道。1927年，废道制，两县直属浙江省。1931年，设立第六行政督察区，两县属之。1933年10月6日，专员办事处设在建德县。1935年9月，在兰溪设立第四行政督察区，建德县属之；在衢县设立第五行政督察区，寿昌县属之。1943年9月，增设第十一行政督察区，两县属之。专员公署始设淳安，后移建德。1947年5月，撤销第十一行政督察区，两县直属浙江省。1948年4月，两县又属第四行政督察区。

1949年5月5日，建德、寿昌两县解放。同月设立第四专区，稍后改建德专区，两县属之，专署设于梅城，辖建德、寿昌、淳安、遂安、桐庐、分水(原严州府六县)。1950年3月22日，建德专区撤销，建德、寿昌、淳安、遂安4县改属金华专区，桐庐、分水两县改属临安专区。1955年3月31日，恢复设立建德专区，专署仍在梅城，辖县除原严州府6县外，增加富阳、新登、於潜、昌化、开化5县(原属衢州专区，该专区及专署于同年3月撤销，开化划属建德专区，其余辖县划属金华专区管辖)，共11县。1957年，临安、余杭两县亦划属建德专区。同年1月8日，为适应新安江水电站建设工程需要，经建德地委批准，设立"相当县一级"的新安江区(范围大致相当于今新安江街道)，直属于建德专署管辖。至1958年3月31日撤销并改置为属建德县管辖的新安江镇。1958年11月，浙江省开展县级行政区划撤并，寿昌县并入建德县(11月21日)，遂安县并入淳安，新登、分水两县并入桐庐县，於潜县并入昌化，余杭县并入临安县，富阳县改属杭州市。建德专区辖建德、淳安、桐庐、临安、昌化、开化6个县。1959年4月，建德专区撤销，建德、开化、淳安、桐庐改属金华专区，昌化、临安两县改属嘉兴专区。1963年5月16日，建德、淳安、桐庐划属杭州市至今。

1992年4月1日，建德撤县设市，市治新安江镇(今新安江街道)。

2020年年末，建德市辖3个街道、12个镇、1个乡；229个建制村、27个社区。

【市名由来】建德之名因封建德侯而来。《三国志·吴书·宗室传》载："孙韶，字公礼……权为吴王，迁扬威将军，封建德侯。"据《三国志·魏书·文帝纪》载，孙权被封为吴王是在魏文帝曹丕黄初二年(221)，由此知孙韶封建德侯在221年或其后不久。黄武四年(225)，孙权从其故乡富春县划出属地建置多个新的县，其中之一作为孙韶的"食邑"(封地)，并以孙韶的侯名为县名，称"建德县"。同年分设新昌县(晋太康元年即280年改名寿昌县)。故此，建德之名因封建德侯而来，取"建功立德"之义。与孙权定都建业(今南京)取"建立一统国家大业"之义相呼应。

【自然环境】市境地处浙西丘陵山地和金衢盆地毗连处，地表以分割破碎的低山丘陵为特色，大部分地区地质构造属钱塘江凹槽带，山岭属天目山、千

◎ 古城寿昌焕发新貌(黄兆钧/摄)

里岗和龙门山系。千米以上主峰有12座,主要分布在境域西北和东南;境西南李家镇与淳安县、衢江区交界处的千里岗山脉三井尖主峰1280.5米(三界共有),李家镇境内卢桐源尖1226.6米(注:全市长期使用山羊坞尖1157.8米,现依最新数据)为全市最高峰。山脉大致呈北东向西南走向。整个地势为西北和东南两边高、中间低,自西南向东北倾斜。水系由周边向中间汇集,主要河流由西南流向东北,与山脉走向基本一致。

境域水系属钱塘江流域,有新安江及其支流寿昌江和兰江、富春江4条较大河流及38条中小溪流。新安江在市境西部的芹坑埠入境,由西向东流经新安江城区、洋溪、下涯、杨村桥,在梅城与兰江汇合后流入富春江;境内全长41.4千米,流域面积1291.44平方千米(2015年地理国情普查数据:从新安江水库大坝起,至梅城新安江、兰江、富春江汇合处,总长41.85千米)。兰江在大洋镇三河入境,自南而北流经大洋镇三河、麻车、大洋、梅城镇洋尾,于梅城东关汇入富春江;境内长26.16千米(2015年地理国情普查数据;之前长期使用23.5千米),流域面积419.38平方千米。富春江由西南流向东北,经乌石滩、七里泷,于冷水滩流入桐庐县;境内长19.3千米,流域面积615.75平方千米。寿昌江是新安江的一级支流,发源于李家镇长林大坑源,主流长65.8千米,流域面积692.3平方千米;河道曲折,集流时间短,河床宽浅,总落差428米,比降大,流速快,暴涨暴落,易造成洪涝灾害。

境域山地和丘陵占全市总面积的88.6%。北部和西部山岭由古生代到新生代的砂岩、石灰岩和页岩等组成,侵蚀明显,切割较深,山势陡峻,相对高差达400米~600米,坡度常为30°~40°。南部为200米以下的丘陵,地势平缓,坡形浑圆,坡度一般在15°以下,谷地也较开阔,近年成为浙江省坡地综合开发利用试点地。海拔50米以下的平原215平方千米,占全市总面积的9.4%。河谷平原主要分布在新安江、寿昌江及兰江两岸,土地肥沃,排灌条件良好,是建德市的主要农耕地带,也是商品畜禽的重要产区。

【资源状况】根据《建德市第一次地理国情普查公报》确认,至2015年6月30日普查标准时间点时,境域地理情况如下:

耕地,总面积27123公顷,占境域总面积的11.72%,其中在耕耕地面积16335公顷,非在耕耕地面积10788公顷。在耕耕地中,水田面积10192公顷,旱地6143公顷。非在耕耕地中,园地面积5354公顷,草地(主要指抛荒地)1392公顷,林地面积3259公顷,养殖水面面积252公顷,其他地类面积530公顷。

园地,总面积13996公顷,占境域面积的6.01%。主要种植茶、桑、果等经济作物。其中果园面积8475公顷,茶园面积2479公顷,桑园面积256公顷,苗圃面积1799公顷,其他园地面积987公顷。

林地,总面积17.63万公顷,占境域面积的76.17%。其中乔木林地12.07万公顷(其中针叶阔叶林11.24万公顷),灌木林面积2.79万公顷,乔灌混合林面积1.40万公顷,竹林面积1.32万公顷,其他林地面积0.07万公顷。全市国土绿化面积18.91万公顷,绿化率81.73%。全市森林覆盖率为76.34%。

水域,常水位水面总面积7958公顷,占境域总面积的3.44%。

境内生物资源丰富,2019年,据查明,有森林树种700余种、药用植物700多种、动物140多种,其中有44种动植物资源属国家重点保护对象。初步探明的金属、非金属矿有27种,矿点63个,主要矿藏有石灰岩、白云石、大理石、花岗岩、石煤、铜、铁、铀等,其中石灰石储量最大,出露面积约85平方千米,估计储量143亿吨。

建德气候温暖湿润,适宜农作物生长,是联合国粮农组织协助建立的全国10个林业技术推广中心县之一。2019年立木蓄积量1017.17万立方米。2019年成为全国首批、全省首个国家有机食品生产基地建设示范试点县(市)和全省首批农业绿色发展先行县(市)。主要经济作物有茶叶、蚕桑、柑橘、蜜梨、里叶白莲、新安江牌草莓、板栗、西红花等。其中茶叶自20世纪80年代开始即为全国重点生产县之一,所产名茶有“新安江”牌千岛银珍茶(针式绿茶)、建德苞茶("建德苞茶"获评全国首个茶叶类国家气候标志——气候品质农产品称号,是国家地理标志保护产品,获中国历史文化名茶、中国国际茶叶博览会品鉴用茶、中华茶艺技能大赛比赛用茶、中国国际茶叶博览会金奖、浙江省、杭州市一类名茶等荣誉);杨村桥草莓品质优良,是"中国草莓之乡";柑橘、板栗、蚕桑是浙江省重点产区; 里叶白莲洁白如玉,质地优良,为浙江省名土特产;原产严州白梨晶莹如雪,肉质细嫩,南宋时即为皇家贡品,今经过嫁接改造为蜜梨后,产量更高,口感更好,曾多次获得省级优质水果评比金奖, 成为建德市大宗水果。三都镇松口一带生产的柑橘,品质优异,近年以有机水果作为品牌,亦多次获得浙江省优质水果评比大奖。三都镇所产西红花,质量上乘,是全国重要西红花产地之一。

境内水系发达,河网密布,水资源、水力资源较丰富,水资源总量 18.58 亿立方米,水能蕴藏量 6.81 万千瓦。水质极佳的淡水资源,又为大水面网箱养鱼奠定了基础, 一度成为中国南方少数几个名贵冷水鱼养殖基地。近年来,为了保护新安江水源,开展网箱养鱼清退工作,新安江城区上游水域实现网箱养鱼"零养殖"。

建德山川毓秀,境贯"两江一湖"(富春江、新安江、千岛湖),旅游资源丰富,是国家首批公布的重点风景名胜区之一。新安江水电站的建成,使新安江城形成了冬暖夏凉的独特小气候, 为江南难得的旅游休养胜地,2018 年获评中国首个 "气候宜居城市",也是全国首批获得"国家气候标志"的城市之一。

【气候】建德市属中亚热带北缘季风气候区,气候温暖湿润,四季分明。以气温划分,春秋短,夏冬长, 春夏秋冬四季平均天数分别为春秋短, 夏冬长。年平均气温 16.7℃,年总积温平均 6115℃;有利于农作物栽培。年平均降水量 1600 毫米,年平均雨日 164 天;降水主要分布在 3—9 月,因汛期集中降水及台风影响,易造成洪涝灾害。年总日照时数 1757 小时,为杭州地区第二少区域,为浙江省偏少地区之一。年平均有霜期 104 天, 无霜期 261 天;12 月至次年 1 月,一般会出现降雪。常年多东北风。

历史人文

【浙江人类源头——建德人】建德有多处古人类活动遗址。20 世纪 30 年代以后,在市境大同、乾潭等地陆续发现新石器时期遗址多处, 经考古鉴定判断,均为新石器时期古人聚居点,从事渔猎、农业、畜牧、蚕桑等生产活动。

现建德市李家镇新桥村村后的山坡上, 有一天然岩洞,深 7 米多、高 2 米多、宽 4 米多,当地人称之为"乌龟洞"。1974 年冬,当地农民在开展"夺煤大会战"探查石煤的时候,在该洞中发掘出一批不知名的动物化石。中国科学院古脊椎动物与古人类研究所和浙江省博物馆, 派出专家到该洞进行发掘考古,发现了大熊猫、东方剑齿象、中国犀牛等一批哺乳动物化石, 其中有 1 颗人类牙齿的化石, 这是浙江省内第一次发现的远古人类犬齿化石。经科研院所以碳系法鉴测定,这枚人牙化石属于人类的右上犬齿, 主人年龄约在 30 多岁,鉴定距今为 5 万多年历史。科学家们将其命名为"建德人"。1986 年,北京大学考古系年代测定实验室利用铀系法再次对该人牙进行测定, 确定该人牙距今已有 10 万年左右,大体相当于更新世晚期的后一阶段,将其历史再往前推了 5 万年左右。

"建德人"的发现揭开了浙江省境内发现古人类化石的序幕, 增加了智人化石在中国分布的新知识,为浙江的史前文化提供了有力的证据,为良渚文化、河姆渡文化、跨湖桥文化乃至反山文化找到了历史的先导, 从而使建德成为迄今为止可考的浙江省人类活动的最早源头。2006 年 1 月,时任浙江省委书记习近平,在总结阐述"与时俱进的浙江精神"时,曾指出:远在数万年前,浙江大地就已经出现了"建德人"的足迹。2018 年在岩洞下方建设"建德人遗址展馆",对遗址实行封闭管理。

有学者认为,"建德人" 就是浙江的原始民族——越族的祖先。1989 年,乌龟洞被列为浙江省省级文物保护单位, 为研究浙江的远古文化提供了一个场地。

【与伍子胥有关的乡土文化】伍子胥是春秋时期楚国人，因父兄被楚平王冤杀，避难出逃，辗转数国，最后投奔吴国。传说伍子胥在逃难经过“楚头吴尾”的建德境地时，在桐庐与建德交界的分水岭上拔剑起舞，仰天长歌，庆幸自己终于逃脱樊笼。并在一位长者的指引下，进入一个大山洞苦读天书三月；然后下山到位于一处大田畈的村中察访民情，随农夫耕作，最后离开这里投奔吴国。

虽经史学家考证，伍子胥逃难经过建德的可能性值得商榷（学者倾向于伍子胥投奔吴国后，曾从钱塘江下游上溯至今乾潭境内屯兵短时），但如今，却在建德北部的乾潭一带，留下了大量与伍子胥相关的地方文化因子：伍子胥经过的地方的地名都带有一个“胥”字，他进入建德的高岭称“胥岭”，拔剑歌舞之处为“歌舞岭”，读天书的石洞为“胥岭洞”，胥岭洞旁建有英烈庙和胥乐亭，老农在尚未到午时吃饭时间就请他吃午饭，这个地方就称作“早午岭”；他学习农田工作的大田畈名“胥村”（又称“大畈村”）；从胥岭流下汇入七里泷的溪流叫“胥溪”，汇合处村落叫“胥口”，等等。旧时从胥岭到胥口，沿途有子胥庙（祠）12座，香火鼎盛，历代不息。

伍子胥于吴国有大功，却被逼冤死。人们痛恨害人的奸贼伯嚭，就将“伯嚭”作为坏人代名词。建德方言中，把为人不厚道、言过其实之人称为“白屁”（伯嚭），贬义十分明显，此为建德特有的语言现象，透出建德人鲜明好恶与正直民风。胥口和对岸的江南村被冠以“胥溪野渡”景名，开发成旅游景点，并在胥口山坡上重建英烈庙一座。

【入选部编小学教材的《宿建德江》】唐代大诗人孟浩然代表作之一《宿建德江》：移舟泊烟渚，日暮客愁新。野旷天低树，江清月近人。此诗刻画秋江暮色、抒写羁旅之思，向来脍炙人口，为唐人五绝中的写景名篇。所描述者正是建德境内新安江—富春江衔接处（经有关专家考证推测，大致位于旧时建德县城梅城外东面、今三都镇春江源村下二都一带，已淹没于富春江水库中）两岸风景。此诗被编入人民教育出版社小学语文教材，“建德”之名，因而被广泛流传。

【唐末诗人李频】李频，字德新，寿昌县李家乡长汀源人（今李家镇上桐桥），约生于唐元和十三年（818），卒于唐乾符三年（876）。他是唐末知名诗人之一，《全唐诗》载李诗208首。宋严羽《沧浪诗话》评李诗“清新警拔，清逸精深”。

李频是唯一在唐代正史《新唐书》中立传的建德人。李频有吏才，执法严，被荐举担任侍御史和都官员外郎，行监察官员之职。但面对混乱的朝政，李频觉得在朝中难有作为，即主动要求外放，以便能在地方上干些实事。唐乾符二年（875）出任建州（即后世之建州府、建宁府，其州治在今福建建瓯市）刺史。到任后，他立即颁布法律条文，整顿吏治，稳定社会秩序，减轻人员负担，深受人民爱戴，次年病逝任上。建州百姓感激其恩情，在城东梨山建庙祭祀，以表崇敬和纪念。家乡为其修建之庙亦称梨岳庙，所建之亭名梨岳亭，皆由此而来。

【范仲淹与《严先生祠堂记》】以“先天下之忧而忧，后天下之乐而乐”治世理念名扬千古的宋代文学家、政治家、军事家范仲淹，宋景祐元年（1034）在右司谏任上，因反对仁宗废郭皇后，被贬为睦州知州。范仲淹到睦州后，兴办学校，除了官学以外，还对原有各类民间书院进行整顿、整合，对睦州官办书院——龙山书院进行完善，为后世官办书院创造了典范；兴建纪念汉代先贤严光的祠堂，并写下《严先生祠堂记》一文。该文和《岳阳楼记》被收进《古文观止》中，流传极广，文末的“云山苍苍，江水泱泱；先生之风，山高水长”成为千百年来脍炙人口的名句。

范仲淹守睦州不过半年（朝廷任命权限100天，实际滞留约半年），却留下了深远的影响，他的执政理念、崇高品行，都为后人树立了典范。他的事迹被后人一再提起，为了纪念他，人们陆续建造过思范亭、思范堂、后乐堂、潇洒亭、潇洒楼、范公祠、思范坊等建筑。今有龙山书院等建筑恢复重建。

【陆游与严州刻书业】严州是宋代图书刊刻重要基

地，严州刻本以“墨黑如漆，字大如钱，校雠精良”闻名于世，国家图书馆至今存留的28种严州刻本，均为国家级宝物。宋代伟大的爱国主义诗人陆游，一生留下9000多首诗，是中国古代传诗最多的诗人。宋淳熙十三年(1186)，陆游出任严州知州。由于严州有良好的刻书条件，陆游在勤勉公务之余，对其作品进行严格筛选审定后，其中694首刊刻成书，名《新刊剑南诗稿》；40年后，其幼子陆子遹来任严州知州，将所余部分377首加上新收集的1453首，合辑刊刻成书，名《剑南诗稿续编》。两书统称《剑南诗稿》(共2524首)。

【章燮与《唐诗三百首》】《唐诗三百首》于乾隆二十八年(1763)开始编纂，次年成书，编纂者孙洙。体例完备，繁简得当，是一个较好的选本。由于缺乏必要的文字介绍，读者尤其是初学者颇感不便，影响了流传。道光十四年(1834)，经今建德大洋镇建南村人章燮对之详加注释、编撰后，首次刊印了《唐诗三百首注疏》，并在日后多次被翻印，深受读者欢迎，使《唐诗三百首》进一步得到流传，成为家喻户晓的普及读本，以致有“熟读唐诗三百首，不会吟诗也会吟”的民谚出现。

【蒲松龄《聊斋志异》首个刻本】清康熙十九年(1680)蒲松龄《聊斋志异》创作完成后，由于文笔美、构思妙，深受时人欢迎，文坛领袖王士禛也为其写诗赞誉，但因蒲松龄经济穷困无力将其付梓，直至康熙五十四年(1715)去世，都未能将手稿刊刻成书发行于世，因此民间流行的都是手抄本。乾隆五十年(1765)，蒲松龄老乡、严州知府赵起杲，在广泛收集、核校各类手抄本的基础上，捐出俸禄并发动亲友筹资，刊刻《聊斋志异》，前12卷刻成时，赵起杲突然病故；其亲友继承其遗志，通力协作，将其余4卷刻成，形成16卷的完整刻本。此为《聊斋志异》第一个刻本，此后该书广为流传。因严州府衙后官员休憩的小院中有一亭子，名“青柯亭”，故该版本称为“青柯亭本”，日本学术界称《聊斋志异》学术研究为“青学”，与研究《红楼梦》的“红学”比肩。

【浙江名酒严东关五加皮酒】严州名山乌龙山多泉水，甘甜清冽，适宜酿酒。故严州自唐宋以来一直是著名酒乡。清同治年间(1862—1874)徽商朱仰懋在严州城外严东关，开设以五加皮等十余种药材及优质大米为原料的严州传统酒作坊。经博采众家之长，对酿酒工艺进行提升改造，所产五加皮酒酒色橙红亮透，酒味甘醇，落杯有“酒脂”粘碗(也称“挂杯”)，有活血、祛风湿、强筋壮骨功效。“致中和”招牌源自《中庸》“致中和，天地位焉，万物育焉”而来，文化内涵丰富。此酒一经推出，即大受欢迎，并迅速远销至广东和东南亚各国。光绪二年(1876)在新加坡南洋商品赛会获金质奖章，1915年在旧金山巴拿马太平洋万国博览会获银质奖章。从此，严东关“致中和五加皮酒”从严州走向世界，成为与绍兴老酒(黄酒)齐名的两大浙江名酒之一。

(黄建生)

人口

【总人口】年末，全市总户数176200户，同比增加1213户；总人口509901人，减少796人，下降0.2%；平均每户3人。全年出生人口4182人，减少833人，出生率8.20‰，下降1.62个千分点。全市死亡人口3360人，减少106人，死亡率6.58‰，下降0.2个千分点。自然增长822人，自然增长率1.61‰，下降1.43个千分点。

【人口性别结构】总人口中，男性258048人，占总人口的50.61%；女性251853人，占49.39%。性别比为(女=100)102.46，同比下降0.13。

【人口年龄分布】全市15岁以下(含未满16周岁)65879人，同比末减少79人，下降0.1%；16岁—59岁(含未满60周岁)313535人，减少5417人，下降1.7%；60周岁及以上130487人，增加4700人，增长3.7%；65周岁及以上93218人，增加4485人，增长5.1%。

【人口区域分布】新安江、洋溪、更楼3个街道总人

表 5

2020 年建德市建制村、社区一览表

乡镇（街道）名	建制村	社区
新安江街道	新蓬、黄泥墩、梅坪、丰产	罗桐、沧滩、府西、新安、府东、健安、明珠、叶家、白沙、溪头、岭后
更楼街道	洪宅、邓家、桥岭、石岭、于合、许乐、岩源、后塘、湖岑畈、骆村、新市、黄岙、甘溪、张家	更楼、更化
洋溪街道	友谊、团结	洋溪、洋安、青龙头、朱池
梅城镇	龙泉、千鹤、龙溪、滨江、利群、洋程、望山、姜山、南峰、伊村、西湖、葛家、顾家	东湖、宝华洲、总府、严陵、梅花
寿昌镇	十八桥、卜家蓬、红路、余洪、周村、西华、童家、绿荷塘、桂花、山峰、陈家、金桥、大塘边、永嘉桥、南浦、西门、乌石、东门、城北、城中、河南里、石泉、三岩	横山、西湖、东昌、望江
大同镇	高桥、胡村源、淞溪、富塘、清潭、城山、儒博、小溪源、禹甸、葛岭、寻芳、潘村、黄垄、黄山头、黄家、田畈、管村桥、永平、永盛、徐韩、大同、溪口、盘山、镇源、朝阳、万兴、上马、郎家、三村、劳村、枫树岭、丰畈、江头、竹源	—
乾潭镇	姚村、沛市、安仁、下梓、前陵、王岩、梓洲、牌楼、下包、邵家、罗村、胥江、骑龙、方家、后山、施家、仇村、新程、万龙、大畈、乾潭、乾一、陵上、幸福	马鞍岭
三都镇	寿峰、洋峨、绿源、前源、圣江、樟村畈、新和、和村、镇头、梓里、乌祥、凤凰、大唐、东方、马宅、三江口、松口、春江源、三都	—
杨村桥镇	梓源、杨村桥、龙溪桥、上山、岭源、长宁、龙源、绪塘、官路、十里埠、徐坑、路边、黄盛	—
下涯镇	大洲、金洲、春秋、下涯、乌驹市、之江、江湾、联和、马目、丰和、施家埠	—
大慈岩镇	新叶、李村、汪山、三元、檀村、大慈岩、上吴方、双泉、狮山、陈店、里叶、吴山	—
航头镇	东村、航景、黄木岗、溪沿、航川、航头、乌龙、千源、田畈村、彭家、罗源、曹源、南屏、灵栖、石屏、珏塘、石木岭、大店口	—
大洋镇	河源、三河、倪家、江东、建南、麻车、柳村、青源、上源、新源、大洋、高垣、里黄、徐店、胡店、庆丰、鲁塘、贺宅、杨桥	—
莲花镇	莲花、戴家、昴畈、林茶、齐平、徐家	—
李家镇	李家、龙桥、沙墩头、新桥、诸家、三溪、白马、石鼓、长林、新联	—
钦堂乡	大溪边、蒲田、钦堂、谢田、庄丰、庙前、葛塘	—
合计（个）	229	27

口 122315 人，占总人口的 23.99%，同比提高 0.43 个百分点。西部地区（指寿昌镇及以西乡镇，包括寿昌镇、大慈岩镇、航头镇、大同镇、李家镇）总人口 176273 人，占总人口的 34.57%，同比下降 0.19 个百分点。东部地区（指莲花镇、下涯镇、杨村桥镇、梅城镇、大洋镇、三都镇、乾潭镇、钦堂乡）总人口 211313 人，占总人口的 41.44%，同比下降 0.24 个百分点。

【人口迁移】2020 年，全市迁移人口 5486 人。其中，迁入人口 1573 人（其中省外迁入 1009 人），同比减少 169 人，下降 9.7%；迁出人口 3194 人（其中迁往省外 514 人），减少 550 人，下降 14.7%。

（陈丽云）

国民经济和社会发展

【概况】2020 年，建德市国民经济和社会发展取得新突破，在重要经济指标（15+7）考核中，成绩优异，排名位居杭州市第一位，在年度考核中，成功晋级为优秀等次。

【地区生产总值】2020 年，全市实现生产总值（GDP）391.87 亿元，同比增长 5.3%。其中：第一产业增加值 37.15 亿元，增长 1.5%；第二产业增加值 181.96 亿元，增长 5.1%；第三产业增加值 172.76 亿元，增长 6.4%。三次产业结构为 9.5:46.4:44.1。按两年平均户籍人口计算的人均生产总值为 76793 元。

【财政收入】全市财政总收入 55.64 亿元，同比增长 2.8%；其中地方财政一般预算收入 34.23 亿元，增长 10.1%。在税收收入中，企业所得税 6.19 亿元，增长 4.5%；耕地占用税 1.37 亿元，增长 1245.9%；契税 5.27 亿元，增长 139.2%。全年地方财政支出 59.32 亿元，增长 9.6%。

【规模以上工业增加值】全市规模以上工业企业 366 家，实现工业总产值 491.25 亿元，同比增长 8.6%；规模以上工业销售产值 482.40 亿元，同比增长 8.0%；规模以上工业增加值 135.06 亿元，增长 8.5%。规模以上工业实现新产品产值 225.06 亿元，同比增长 5.6%，新产品产值率 45.8%。规模以上高新技术产业增加值 53.06 亿元，同比增长 14.4%；战略性新兴产业增加值 28.34 亿元，同比增长 12.0%；装备制造业增加值 11.82 亿元，同比增长 7.3%。

【农林牧渔业增加值】全市农林牧渔业增加值 37.94 亿元，同比增长 1.6%。农林牧渔业总产值 59.17 亿元，同比增长 5.0%。其中，农业产值 36.97 亿元，同比下降 2.1%；林业产值 3.41 亿元，同比增长 0.8%；牧业产值 14.63 亿元，同比增长 31.0%；渔业产值 2.11 亿元，同比增长 4.1%。

【对外贸易】全市货物进出口总额 83.36 亿元，同比增长 23.7%。其中，进口额 6.96 亿元，增长 41.5%；出口额 76.40 亿元，增长 22.3%。主要行业：化工、五金工具、家纺、低压电器分别实现自营出口额 39.52 亿元、5.11 亿元、11.2 亿元、9.0 亿元，合计占出口额的比重达 84.87%。其中，防疫物资出口 7 亿元，占出口额的比重为 9.16%。

【教育事业】全市幼儿园 40 所、小学 30 所、中学 25 所，在园幼儿 13308 人、在校小学生 22621 人、中学生 18804 人（其中初中 10249 人、高中 7082 人、高职 1473 人）。全市专任教师 4320 人(其中幼儿园 1043 人、小学 1359 人、初中 1052 人、高中 741 人、高职 112 人、特殊教育学校 13 人）。

【科技事业】全年 R&D（科学研究和试验发展）经费 7.48 亿元，同比增长 5.1%，占地区生产总值（GDP）比重为 1.91%，与上年持平。实施各类科技计划 625 项，其中省级 91 项。至年末，全市被认定的高新技术企业 102 家，其中本年新认定 36 家；新增省科技型中小企业 96 家，累计 422 家。杭州市级以上高新技术企业研发中心 107 个，其中省级以上 45 个。全年专利申请量 2585 件，其中发明专利申请 1040 件，分别同比增长 55.4% 和

340.7%；专利授权量 1113 件，其中发明专利授权 72 件，分别增长 78.9%和 60.0%。

【文化、体育事业】年末，市图书馆总藏书 83.8 万册(件)，书刊外借 41.0 万册次。有县级以上文物保护单位 91 处(群)，其中国家级 4 处(群)。有线电视用户 15.77 万户，有线电视信号 100%数字化。今日建德出版 244 期，日发行 1.8 万份。全市健身苑点 570 个，当年新建 22 个。省小康体育村 199 个。全市体育场馆 3 个。举办各类群众性体育比赛 126 场，参赛运动员 2.8 万人次。全年获得杭州市级以上各类奖牌总数 293 枚，其中金牌 160 枚。

【社会保障】年末，全市参加养老保险人数 34.50 万人，参加基本医疗保险人数 43.97 万人。城镇登记失业人数 2313 人，城镇登记失业率 2.42%。在运营养老机构 19 所，年末供养人数 1250 人。全市最低生活保障 1.08 万人，其中城镇 606 人、农村 10204 人，城乡居民最低生活保障线标准为 882 元/人·月。公积金缴存职工 4.32 万人，公积金归集额 81.29 亿元。

（陈丽云）

表 6

2020 年建德市国民经济主要指标情况表

指标		单位	2020 年	
			总量	增长±%
人口	年末户籍人口数	万人	50.99	−0.2
	年均户籍人口数	万人	51.03	−0.1
综合	地区生产总值（GDP）	亿元	391.87	5.3
	其中：第一产业	亿元	37.15	1.5
	第二产业	亿元	181.96	5.1
	第三产业	亿元	172.76	6.4
	人均生产总值（GDP/年均户籍人口）	元	76793	5.4
“1+6”产业	数字经济核心产业增加值	亿元	8.60	9.0
	文化产业增加值	亿元	6.15	1.6
	金融产业增加值	亿元	23.21	14.9
	旅游休闲产业增加值	亿元	38.75	2.8
	健康产业增加值	亿元	15.23	16.7
	时尚（制造业）产业增加值	亿元	14.86	25.1
	高端装备（制造业）产业增加值	亿元	6.28	10.4
农业	农业总产值	万元	591688	5.0
	农业增加值	万元	379372	1.6
工业	规模以上工业总产值	万元	4912466	8.6
	其中：新产品产值	万元	2250590	5.6
	规模以上工业销售产值	万元	4823995	8.0
	规模以上工业企业家数	家	366	64（增加数）
	规模以上工业增加值	万元	1350567	8.5
	其中：战略性新兴产业增加值	万元	283387	12.0

续表 6

指标		单位	2020 年 总量	2020 年 增长±%
工业	高新技术产业增加值	万元	530626	14.4
	装备制造业增加值	万元	118196	7.3
	规模以上工业利税	万元	684450	19.0
	其中：利润总额	万元	534462	28.4
财政	财政总收入	万元	556360	2.8
	其中：地方财政收入	万元	342266	10.1
	一般公共预算支出	万元	593242	9.6
金融	金融机构存款余额	亿元	645.30	19.9
	其中：个人存款	亿元	345.54	13.1
	金融机构贷款余额	亿元	564.55	22.8
固定资产投资、房地产	固定资产投资	万元	—	-9.9
	其中：工业投资	万元	—	17.1
	交通运输业投资	万元	—	-44.3
	生态环保、城市更新和水利设施投资	万元	—	-32.7
	高新技术产业投资	万元	—	-44.8
	民间项目投资	万元	—	9.9
	其中：第一产业	万元	—	175.0
	第二产业	万元	—	17.2
	第三产业	万元	—	-23.7
	房地产投资	万元	—	-18.1
	房地产开发住宅施工面积	万平方米	205.73	0.7
	房地产开发住宅竣工面积	万平方米	67.17	213.4
	商品房销售面积	万平方米	54.09	39.2
	商品房销售额	万元	665681	54.1
贸易	社会消费品零售总额	亿元	114.07	-0.7
	网络零售额	亿元	295.06	61.7
	货物进出口总额	亿元	83.36	23.7
	货物出口总额	亿元	76.40	22.3
	服务贸易出口额	亿美元	1.37	28.9
居民收入	城镇居民人均可支配收入	元	54962	3.9
	农村居民人均可支配收入	元	30762	7.3
	低收入农户人均纯收入	元	14917	12.3
社会用电	全社会用电量	亿千瓦时	38.54	4.0
	其中：第一产业	亿千瓦时	0.26	28.9
	第二产业	亿千瓦时	29.96	3.3
	其中：工业	亿千瓦时	29.56	4.0
	第三产业	亿千瓦时	4.06	3.5

气象

【概况】2020年，市境灾害性天气时有发生，7月上旬梅汛期暴雨天气，降水集中，对全市造成严重不利影响，新安江水库首次正式开启九孔泄洪。全年平均气温17.8℃，年降水量1905.1毫米，年雨日164天，年日照时数1317.7小时，属气温偏高、降水偏多、雨日偏多、日照偏少年份。主要表现有：春季强对流天气多发、梅汛期降水量明显偏多、夏季连续晴热高温、秋季晴好天气时间长、冬季低温雨雪冰冻天气多发。

【气温】2020年平均气温17.8℃，比常年偏高0.9℃，与上年持平（下文除明确表示者之外，各“偏高”“偏低”“偏多”“偏少”数值，均为与常年或同期比较）。冬季（1—2月）平均气温8.5℃，偏高2.6℃（常年5.9℃）。春季（3—5月）平均气温17.2℃，偏高1.1℃（常年16.1℃）；夏季（6—8月）平均气温27.3℃，偏高0.4℃（常年26.9℃）；秋季（9—11月）平均气温18.7℃，偏高0.3℃（常年18.4℃）。初冬（12月）平均气温7.5℃，偏高0.5℃（常年7.0℃）。

全年日最低气温≤0℃的冰冻天数为10天，比常年少13.9天（常年23.9天）；全年日最高气温≥35℃的高温天数为38天，比常年偏多0.5天（常年37.5天）。年极端最高气温38.4℃，出现在8月25日；极端最低气温-4.9℃，出现在12月31日。

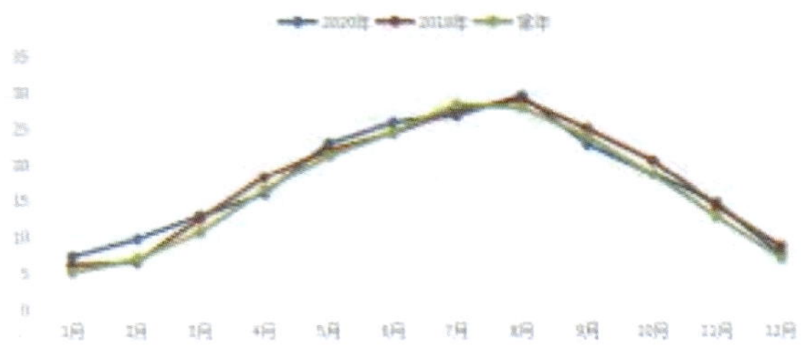

图6 2020年建德市各月平均气温与上年和常年的比较图（单位：℃）

【降水量和雨日】2020年降水量为1905.1毫米，比常年偏多324.7毫米，偏多20.5%，同比偏多37.0毫米，偏多2.0%。从各月降水分布情况来看，除2月、4月、8月、10月、11月、12月偏少外，其余月份均偏多。

2020年年降水日数164天，比常年偏多4.4天，同比偏多6天。暴雨（日降雨量≥50毫米）日数6天，最大日降雨量124.4毫米，出现在7月7日。

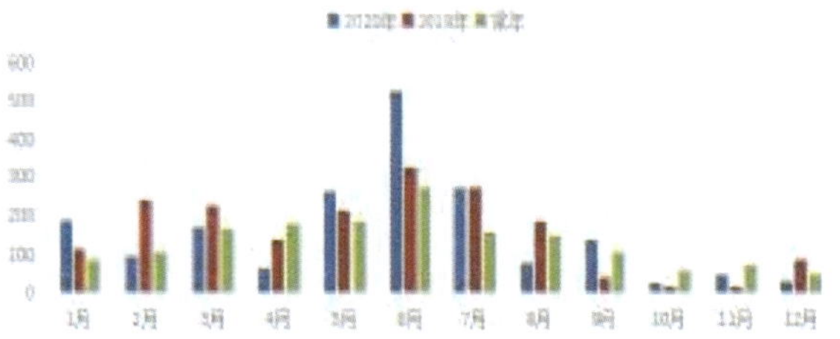

图7 2020年建德市各月雨量与上年和常年的比较图（单位：毫米）

【日照】2020年日照时数1317.7小时，比常年偏少453.2小时，偏少25.6%，同比偏少268.1小时。

日照时数除2月、4月、8月、11月外，其余各月份日照时数均比常年偏少。

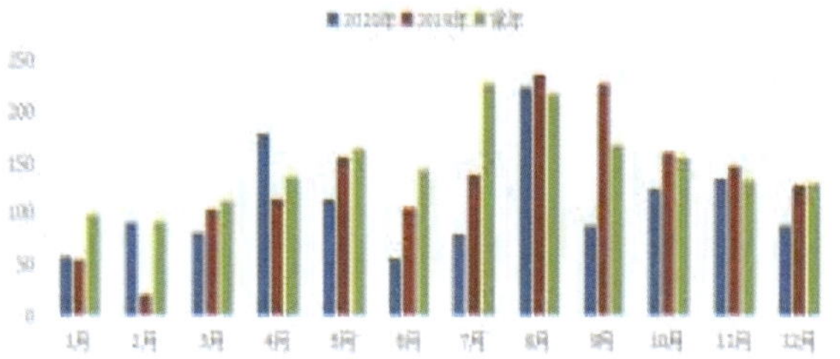

图8 2020年建德市各月日照与常年及上年的比较图（单位：小时）

【寒潮】2月15日，受北方强冷空气影响，气温剧烈下降，48小时降温幅度10.4℃，达到寒潮标准，17—18日早晨最低气温大部分地区-2℃~-5℃（新安江-1.5℃），出现冰冻和严重冰冻，对市民生活和农业生产造成不利影响。

3月27日起受寒潮影响，48小时降温幅度达14.8℃，29日早晨气温较低，全市最低气温2℃~4℃，个别高山站仅1℃左右。

【强对流天气】3月8日夜间和26日下午，受冷暖气流交汇影响，出现强雷电、7~9级大风和短时强降雨等强对流天气。

4 月 27 日下午到夜间，受冷暖气流交汇影响，市境大部分地区出现强对流天气。雷雨主要出现在北部乡镇和南部乡镇，降水量集中在 1~5 毫米之间。市境大部分地区出现 5~7 级偏北大风，有 5 个测站出现 8 级及以上大风，最大梅城镇洋程村为 10 级，新安江最大 7 级。三都等地出现局地小冰雹。

5 月，市境共出现 4 次强对流天气过程，分别为 5 日、8—9 日、15 日、25 日。其中，5 日白天市境普降大到暴雨，全市平均面雨量 46.7 毫米，共有 33 个测站（占比 46.5%）雨量超过 50 毫米，最大为乾潭镇骑龙村 68.0 毫米，梅城镇洋程村、三都镇寿峰村西塘自然村出现 7 级阵风。8 日傍晚到 9 日上午市境大部分地区出现大到暴雨，个别地区大暴雨，全市平均面雨量 48.8 毫米，共有 37 个测站（占比 52.1%）超过 50 毫米，最大为杨村桥镇王谢村 116.4 毫米，最大小时雨强为梅城镇洋程村 50.2 毫米，新安江街道岭后社区出现 7 级阵风。15 日傍晚大部分乡镇出现对流性天气，全市面雨量 15.2 毫米，共有 3 个测站出现 8 级及以上大风，最大为大洋镇杨桥村 25.2 米/秒（10 级）。25 日傍晚到夜里，受低涡系统影响，市境出现中到大雨，平均面雨量 30.4 毫米，雨量分布比较均匀，最大为大同镇江头村 41.8 毫米。

【梅汛期暴雨】5 月 29 日，市境进入梅汛期，入梅时间较常年明显偏早（常年 6 月 11 日）。入梅后，29 日下午至 30 日下午全市普降大到暴雨，全市平均面雨量 41.6 毫米，雨量分布比较均匀，共有 10 个测站（占比 14.1%）雨量超过 50 毫米，最大为大同镇江头村 67.3 毫米。

6 月 2—4 日、18—21 日出现两次连续性强降雨过程。其中，2 日 19 时至 4 日 20 时全市平均面雨量 141.0 毫米，雨量分布南多北少，共有 31 个站点（占比 43.7%）雨量超过 150 毫米，最大为大洋镇大洋村 198.5 毫米，新安江城区 153.7 毫米。18 日 18 时至 21 日 20 时全市平均面雨量 189 毫米，雨量分布北多南少，共有 34 个站点（占比 47.9%）雨量超过 200 毫米，最大为下涯镇春秋村

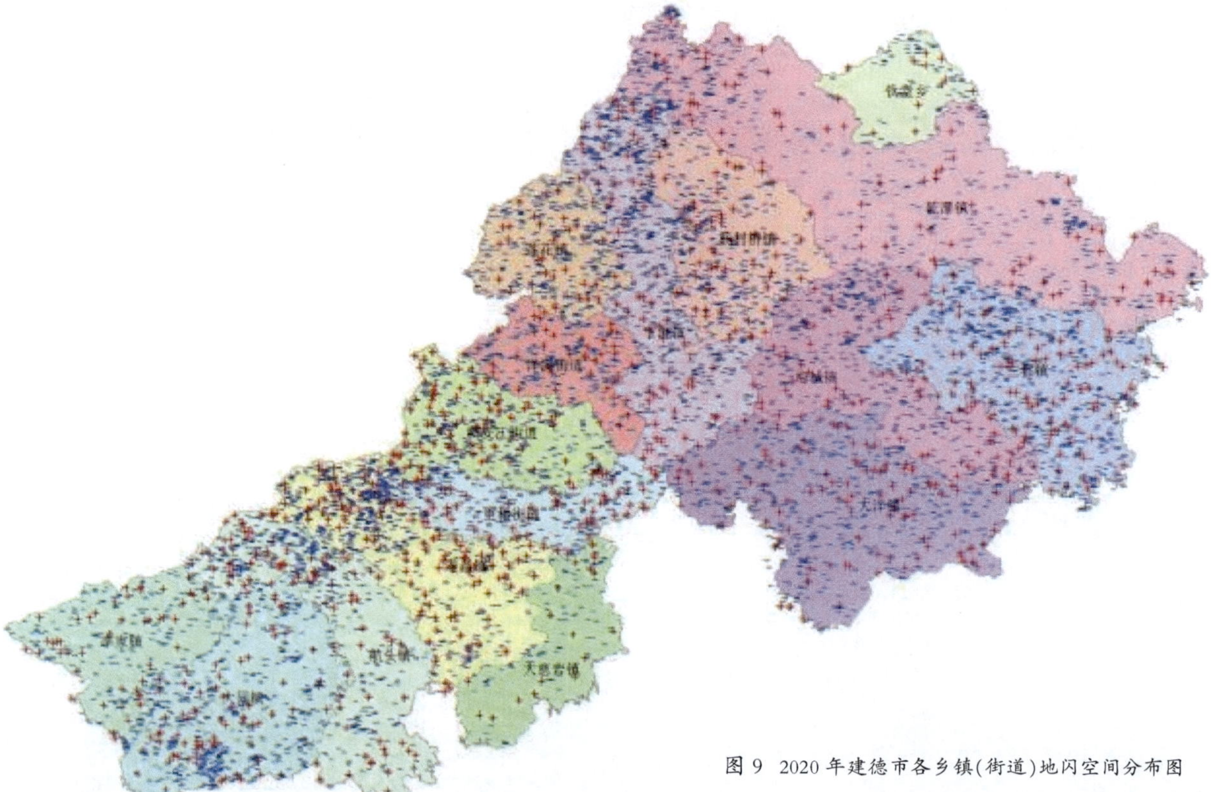

图 9　2020 年建德市各乡镇(街道)地闪空间分布图

323.6毫米，新安江城区208.6毫米。6月累计雨量为529.1毫米，列历史同期第三位，仅次于2011年(589.6毫米)、1994年(574.7毫米)，比常年同期偏多258.5毫米(偏多95.5%)。连续性降雨引起的洪涝灾害，对全市交通运输、农业生产、人民生活造成严重不利影响。

7月5日夜间至10日，新安江及上游黄山、淳安出现强降雨，新安江水库安徽段面雨量312.9毫米，淳安县面雨量269.2毫米，建德市154.8毫米。其中市境强降雨主要出现在7月7日，为区域性大暴雨天气。6日20时至7日20时全市平均面雨量102.0毫米，70个站点中有42个站点在100毫米以上，最大下涯镇春秋村站144.9毫米，其次乾潭镇下包村站129.7毫米，新安江城区124.4毫米。受上游来水和本地强降雨共同影响，新安江水库于7月7日10时至14日15时持续泄洪173小时，总泄洪量30.98亿立方米，其中开启9孔泄洪34小时，创多项历史之最。

【晴热高温】受副热带高压控制，8月，市境出现晴热高温天气，最高气温≥35℃天数共22天，其中日最高气温≥38℃共4天。8月12—25日市境连续14天未出现降水。

【秋季连阴雨】9月中旬和下旬前期以阴雨天气为主，10—24日期间降水比常年同期偏多1.4倍，日照不足常年的1成，18—30日出现平均气温连续低于22℃的秋季低温，持续低温阴雨寡照对市境晚稻抽穗扬花灌浆造成不利影响，出现单季稻倒伏、霉变、出芽，连作晚稻包茎、扬花困难，病虫害多发等现象。

【低温雨雪冰冻天气】12月13—15日受冷空气影响，出现5℃~7℃降温、6~8级偏北大风，13日夜间山区有雨夹雪或雪，无明显积雪。

12月29—31日，受寒潮影响，出现降温、降水、7~9级偏北大风天气，最低气温新安江-4.9℃，山区-9℃~-12℃，低海拔地区以降雨为主，高海拔地区雨夹雪或雪，无明显积雪。 (赵建光)

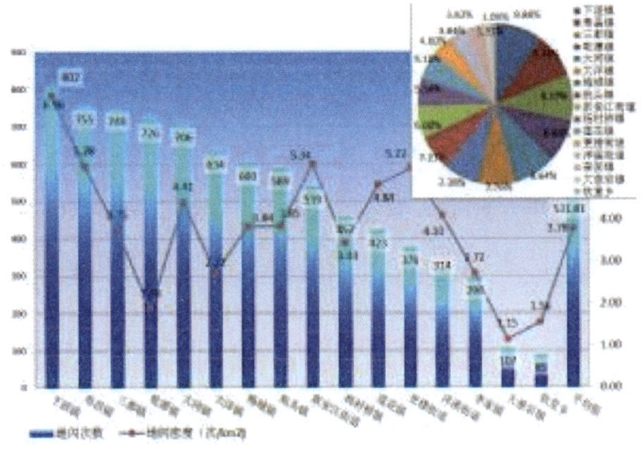

图10 2020年建德市各乡镇(街道)地闪统计图

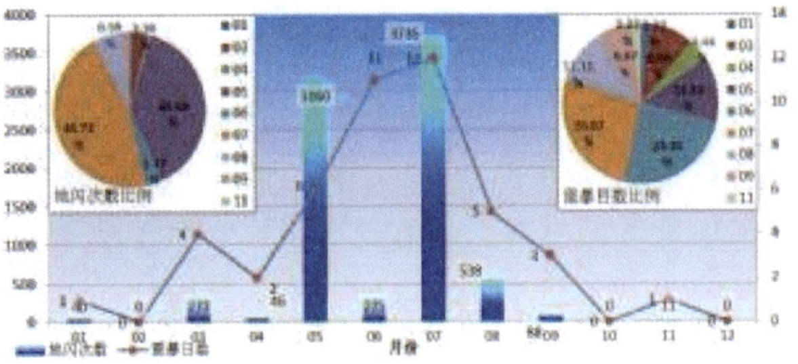

图11 2020年建德市地闪、雷暴日数月分布图

编辑：黄建生

中共建德市委员会

Jiande City Committee of the Communist party of China

综　述

【概况】2020年，面对突如其来的新冠肺炎疫情、新安江首次“九孔泄洪”、经济持续下行等困难，中共建德市委（以下简称市委）团结带领全市各级党组织和广大党员干部群众，顽强拼搏，自信实干，化危为机，坚定高质量发展方向不动摇，紧抓“六稳”“六保”工作不放松，着力打赢疫情防控、防汛抢险、争先创优、村社换届、文明创建、无违建创建六场硬仗，推动全市各项工作取得新进展。

全市社会稳定，经济发展健康，人民安居乐业。全年地区生产总值同比增长5.3%，地方财政收入增长10.1%，工业投资增长17.1%，城镇和农村居民人均可支配收入分别增长3.9%和7.3%。

【产业转型与做强】稳步推进工业转型升级，实施数字化攻关项目16个、物联网项目53个、机器换人项目67个，工业技改投资增长36.4%，自营出口增长21.6%，均居杭州第一。“凤凰行动”取得重大突破，建业化工、深蓝科技、大洋生物先后上市，屹通新材IPO注册获批。平台建设深入推进，航空小镇（开发区）纳入杭州市“万亩千亿”新产业平台，省机场集团航空产学研培训基地正式运营，野马飞机生产制造总部项目成功落地；高铁新区（高新园）11个亿元以上重大项目建成投产，万洋众创城、兰博士纳米铜、亿联新材料等10亿元以上新签约项目全部开工建设。

文旅产业蓄势发力，全年全市接待游客1300余万人次，实现旅游总收入130.4亿元。建德市入围全国县域旅游综合实力百强县（全国76位），寿昌镇获评浙江省AAAAA级景区镇，景澜·新安江宿、开元方外等高等级酒店建成开业，“千鹤妇女精神”教育基地建成开放并被授予全省首个全国妇女爱国主义教育基地，梅城古城步行街、寿昌中山路步行街入选杭州市高品质步行街，《江清月近人》实景演艺火爆市场、广受青睐。

农业稳步发展，建德市成功创建国家首批有机食品生产基地建设示范县，杨村桥镇创成国家级特色农业强镇。启动建德数字农业中心建设，建德市入选国家电子商务进农村综合示范市。

【重点项目投资】全年签约招商项目75个，其中亿元以上项目53个。5个“152”项目全年落地率80%，96个市本级重点项目100%开工。全年向上争取各类指标186.2公顷、资金30.4亿元，承担省级以上试点54个，13个项目列入省级重点项目库。在全省首推战疫“先行用地”，在杭州率先试行“先租后让”供地模式。完成指标盘活27.07公顷、建设用地复垦41.4公顷、垦造水田336.53公顷、低效用地再开发83.27公顷。全力破解融资难题，各项贷款余额达543亿元，同比增长31.4%，增速居杭州首位。

强化创新工作，上榜2020中国创新百强县（列58位），浙江大学、浙江科技学院建德技术转移中心落地，航空小镇通航省级重点实验室、5G应用联合实验室揭牌运行，高铁新区杭师大新安硅谷研究院正式启用。首届高层次人才创业大赛成功举办，在杭飞地“建德智立方”顺利开园。引进培育顶尖人才13名、杭州市级以上领军人才77名，新增国家高新技术企业37家。

【城乡面貌改善】生态治理取得新成效，“五水共治”工作夺得“大禹银鼎”，顺利接受和通过第二轮中央环保督查；环境能源项目、易腐垃圾处置工程进入试运行，“污水零直排区”做法入选生态环境部典型案例。城乡品质跃上新台阶，新安江城区慢行系统二期、府前路区块旧城改造项目顺利推进，博物馆建成开馆。美丽城镇建设全面推进，梅城、寿昌成功创成省级样板，美丽乡村“一廊十线”全域提升。

交通建设取得新进展，临金高速建德至金华段正式通车，桐溪大桥建设进展顺利，千岛湖通用机场实现长三角短途航线全覆盖。高质量推进“四好农村路”建设，新建和改造农村公路150千米、美丽经济交通走廊80千米，新增绿道95.7千米。

【群众福祉增加】切实保障基本民生，全年民生支出32.5亿元，占全部一般公共预算支出的74.1%。完成十大民生实事，新增城镇就业21429人。全面深化公共服务，“最多跑一次”改革向民生领域延伸，21项“一件事”实现落地联办。全市教育医疗资源布局均衡，新安江二小扩建工程、建德二院迁建工程项目进展顺利。建德市入选全省首批“文化基因解码工程”试点县市。

社会治理创新推进，成功承办全国首期乡村治理体系建设试点示范研讨会，“走村不漏户，户户见干部”做法入选第二批全国乡村治理典型案例，《数字赋能乡村振兴的基层探索》得到省委书记袁家军批示肯定。建立完善“大安全、大应急、大减灾”体系，安全生产事故和死亡人数分别下降22.2%、44.4%。完成第七次全国人口普查登记。深化东西扶贫协作、对口支援，岑巩县如期实现脱贫摘帽。

【全面从严治党】持续深化思想建设，深入学习领会习近平新时代中国特色社会主义思想，巩固提升“不忘初心、牢记使命”主题教育成效，全方位开展中共十九届五中全会精神学习宣讲。认真贯彻落实《中国共产党宣传工作条例》，修订意识形态工作考核细则，严格落实“八纳入四报告两研究”要求，全面夯实意识形态阵地。

全面完成“标杆50·进位百佳”创建，组建群众“十支队”199支，有效破解“干部干、群众看”问题。巩固发展“消薄”增收成果，实现村级集体经济“3020”全覆盖。修订中层干部选任办法，强化年轻干部培养，新提任“85后”市管副职29名、“90后”中层正职68名，激励151名“退二线”干部一线履职。

出台政治生态建设“十项规定”，推进“四责联述”“四级联听”“四责协同”，压紧压实管党治党政治责任，推进清廉建设。在全省率先建立基层公权力智慧监督体系，“澄清门下道澄清”旗帜鲜明激励担当作为，“巡乡带村”实现全覆盖。认真落实省委“基层减负40条”，弛而不息，正风肃纪，始终保持惩治腐败高压态势，查处违反中央八项规定精神问题17起19人，立案查处违纪违法案件232件，党纪政务处分229人。

市委重要会议

【市委十四届八次全体（扩大）会议】7月23日召开。会议的主要任务是高举习近平新时代中国特色社会主义思想伟大旗帜，深入学习贯彻习近平总书记考察浙江、杭州时的重要讲话精神，认真落实省委十四届七次全会、杭州市委十二届九次全会决策部署，进一步动员全市广大党员干部群众聚焦争先创优、聚力跨越赶超，在建设“重要窗口”展现“头雁风采”的新征程中扛起使命担当、加快建德新崛起。市委书记童定干代表市委常委会向全会作报告并就贯彻全会精神提出要求。全会认为，全市要提高站位、对标对表，在建设“重要窗口”展现“头雁风采”中彰显建德之势；锚定目标、扬长补短，在建设“重要窗口”展现“头雁风采”中力行建德之干；擂响战鼓、奋勇争先，在建设“重要窗口”展现“头雁风采”中扛起建德之责。

【市委十四届九次全体（扩大）会议】12月28日召开。会议的主要任务是高举习近平新时代中国特色社会主义思想伟大旗帜，以中共十九大和十九届二中、三中、四中、五中全会精神为指导，深入学习贯彻习近平总书记考察浙江、杭州重要讲话精神，认真落实省委十四届八次全会、杭州市委十二届十一次全会决策部署，回顾总结2020年工作，研究谋划“十四五”发展，全面部署2021年任务。童定干代表市委常委会向全会作报告并就贯彻全会精神提出要求。会议认为，要准确把握新发展阶段的趋势和建德面临的形势，深刻理解“十四五”发展的新目标、新要求，以打造“宜居建德”为总目标，深入实施“生态立市、创新兴市、工业强市、文旅活市”四大战略，努力在服务构建国内大循环、国内国际双循环新发展格局中展现建德作为，在忠实践行“八八战略”、奋力打造“重要窗口”新征程中贡献建德力量，实现跨越赶超新崛起。会议审议通过《中共建德市委关于制定国民经济和社会发展第十四个五年规划和二〇三五年远景目标的建议》。

【市委常委会议】2020年召开第十四届市委常委会议共计34次。

1月8日，十四届市委常委会召开第116次会议（注：为避免行文累赘，下文直接以“第N次会议”表述），传达学习中央农村工作会议、省纪委深入落实中央八项规定精神持续发力纠治“四风”工作视频会议、全国乡村治理体系建设试点工作部署会议精神；听取2020年政府工作报告（送审稿）及民生实事候选项目相关事宜、2020年度建德市政府及国有企业投资项目建设计划的汇报；传达学习贯彻习近平总书记重要指示精神全面落实中央重要文件精神及国家统计督察相关情况；听取关于市十六届人大四次会议日程和各项人员名单的汇报。

1月21日，第117次会议。传达学习省两会、中央政法工作会议、全省扫黑除恶斗争领导小组第八次会议、十九届中央纪委四次全会、省纪委十四届五次全会精神，以及省、杭州市征兵工作会议精神；听取并研究2020年“奋力争先大比武”活动方案以及市政府分工、干部人事、相关案件等事宜；听取全市经济工作等相关会议方案以及四级调研员及以上职级晋升操作口径与流程、全市“担当有为好干部评选”等相关事宜的汇报；听取市人大、市政府、市政协、市法院、市检察院五大党组履行全面从严治党主体责任，以及市委常委、市政府副市长2019年度履行“一岗双责”情况汇报；传达部署新型冠状病毒感染的肺炎防控相关工作。

1月31日，第118次会议。专题部署全市新型冠状病毒感染的肺炎疫情防控相关工作。

2月13日，第119次会议。听取2020年全国劳动模范推荐相关事宜及疫情防控期间建德好人、最美志愿者（队）选树工作的汇报，专题研究部署企业复工相关工作。

2月19日，第120次会议。专题研究干部人事相关事宜。

2月26日，第121次会议。听取并研究调整全市突发公共卫生事件应急响应等级及部署调整后疫情防控工作相关事宜，审议省委巡视反馈意见整改报告。

2月28日，第122次会议。听取开展“五大比拼”活动、全市战疫情促发展工作推进会方案等相关事宜的汇报，研究干部人事相关事宜。

3月16日，第123次会议。听取市政府领导分工调整方案、创建全国文明城市、2020年度全市招才引智“四大行动”重点工作任务分解，以及全市疫情防控期间第二批建德好人、最美志愿者（团队）选树情况等相关工作的汇报，传达学习省委、杭州市委农村工作会议精神并听取全国乡村治理体系建设试点示范工作，以及全省信访局长视频会议、全省政法工作会议和杭州市防范化解疫情风险会议、杭州市宣传思想工作会议精神等相关汇报，研究干部人事相关事宜。

3月20日，第124次会议。审议市纪委十四届五次全会方案及全会报告，听取全市党建工作暨巡察工作动员部署会议方案的汇报，传达学习全省制造业高质量发展大会会议精神，专题研究分析全市一季度经济指标。

4月2日，第125次会议。传达学习《许罗德同志在全省“开展扶贫开发和扶贫协作专项监督”和“强化清廉村居建设有力推动基层治理”工作推进会上的讲话》精神，听取关于《建德市中层干部选拔任用工作操作办法》、关于进一步加强全市退出现职领导岗位市管干部作用发挥和日常管理工作相关事宜的汇报，传达学习全省组织部部长会议和杭州市组织工作会议精神，研究干部人事相关事宜。

4 月 10 日，第 126 次会议。专题听取并研究全市开学复课工作。

4 月 24 日，第 127 次会议。传达学习省政府有关领导到建德考察时的重要讲话精神。听取关于全市应急管理和安全生产工作情况、2020 年市领导“六个领衔”工作安排情况以及加快市级平台整合发展实施意见，以及关于核定市人大常委会社会建设工作委员会、市委组织部（市直属机关工委）领导职数的汇报。传达学习全省企业职工基本养老保险专项自查工作会议精神。审议《关于全面建设风清气正政治生态的“十项规定”》，主要内容为：严禁阳奉阴违，必须旗帜鲜明讲政治；严禁各行其是，必须凝心聚力重团结；严禁各自为政，必须执行重大问题请示报告制度；严禁推诿卸责，必须率先垂范强执行；严禁因循守旧，必须争先创优争一流；严禁敷衍塞责，必须知行合一敢担当；严禁跑官要官，必须树立正确选人用人导向；严禁脱离群众，必须牢记为民服务宗旨；严禁我行我素，必须严明政治纪律和规矩；严禁贪图享乐，必须在永葆清廉本色上作表率。

4 月 29 日，第 128 次会议。传达学习杭州市两会精神，专题研究分析全市一季度经济形势，听取关于“五一”期间疫情防控、安全生产等工作的汇报，研究干部人事相关事宜。

5 月 9 日，第 129 次会议。传达学习省长袁家军、杭州市委主要领导批示精神并听取全市贯彻落实意见，传达学习杭州市委关于深入贯彻习近平总书记重要讲话精神切实抓好公共资源中会所整治“回头看”工作意见，传达学习杭州市统战部部长会议精神；听取建德市生态红线和自然保护地整合优化调整方案、建德市行政事业单位财务内部控制现状及规范建议、全市深化作风建设暨综合考评和争先创优大会方案、2019 年度综合考评和单项考核结果与奖励方案等汇报。

5 月 25 日，第 130 次会议。通报部分市领导职务任免情况；传达学习《关于贯彻落实〈中央生态环境保护督察工作规定〉的通知》及省、杭州市关于县级社会矛盾纠纷调处化解中心工作会议精神；审议建德市贯彻落实省生态保护督察反馈意见整改方案；听取关于涉农信访举报问题责任清单落实工作建议、科创综合体（万洋众创城）项目建设、建德市 2020 年义务教育学校招生入学政策调整、建德市职工疗休养政策调整、开展公职人员承租直管公房清理规范工作以及建德市 2020 年中层干部跨单位竞岗交流方案等汇报；研究干部人事相关事宜。

6 月 1 日，第 131 次会议。传达学习全国两会精神、赵乐际和杨晓渡在全国巡视工作会议暨十九届中央第五轮巡视动员部署会上的讲话精神、杭州市委主要领导在《杭州信息（专报）》批示精神、杭州市交通强国示范城市建设动员会议精神，并传达关于成立片区大党委引领助推组团发展的意见。

6 月 18 日，第 132 次会议。传达学习习近平总书记在决战决胜脱贫攻坚座谈会上的重要讲话精神、省委十四届七次全体（扩大）会议精神、全省新时代文明实践中心暨农村文化礼堂建设工作推进会主要精神；传达学习《中共杭州市委关于贯彻〈2019—2023 年全国党政领导班子建设规划纲要〉的实施意见》精神，听取并研究相关案件，研究干部人事相关事宜；听取关于进一步加强全市对口和山海协作工作、关于全市村（社区）换届准备工作、关于市领导公开接待群众来访工作实施意见情况，以及疫情防控期间第三批“建德好人”、最美志愿者（团队）选树情况和全市疫情防控一线优秀共产党员推荐人员情况的汇报。

6 月 29 日，第 133 次会议。传达学习《中共中央国务院关于加快推进社会治理现代化开创平安中国建设新局面的意见》、杭州市委十二届九次全体（扩大）会议精神；听取关于传承弘扬“千鹤妇女精神”激励巾帼建功创业的实施意见、2020 年省政府督查激励工作情况、举办第十九届中国·17℃建德新安江旅游节、建德市未成年人思想道德建设工作情况、《2020 年党风廉政建设和反腐败工作组织领导与责任分工》等相关事宜的汇报；审议全市 2020 年“大党建”考核办法、2020 年度综合考评实施方案。

7 月 6 日，第 134 次会议。专题听取并研究新安江水库泄洪各项工作准备情况。

7月11日，第135次会议。传达学习省委书记车俊有关批示精神，听取关于市委十四届八次全体（扩大）会议方案及报告起草情况汇报。

7月13日，第136次会议。专题听取泄洪受灾情况并研究部署全市灾后重建相关工作。

7月21日，第137次会议。传达学习杭州市委和市政府经济形势分析会议精神、杭州市金融工作会议暨打造融资畅通工程推进大会精神以及统计工作有关精神；传达学习中央、省委、杭州市委关于持续解决形式主义突出问题为基层减负文件精神并听取全市实施方案的汇报；审议《纪委监察组织健全完善容错免责机制鼓励改革创新支持履职担当的实施细则（试行）》《建德市2020—2021年加快推进信用“531X”工程构建以信用为基础的新型监管机制的行动计划》；听取关于“2019年度意识形态工作责任制落实情况重点检查反馈意见”整改提高工作、2020年度全市督查检查考核计划，以及建德市红十字会第七次会员代表大会、建德市科协第十一次代表大会相关事宜的汇报；研究干部人事相关事宜。

8月20日，第138次会议。通报市委常委分工调整；审议《建德市第二轮安全生产综合治理三年行动计划》（送审稿）；传达学习习近平总书记关于制止餐饮浪费行为重要指示精神并听取全市行动工作方案的汇报；传达学习全面建成小康社会补短板暨农村人居环境整治工作推进会议精神、全省低收入农户高水平全面小康攻坚推进会暨扶贫结对帮扶团组长会议精神及建德市贯彻落实意见；传达学习全省巡视巡察工作会议暨十四届省委第十轮巡视动员部署会议精神，听取并研究相关案件；传达学习全省青年理论宣讲工作现场会和杭州市新时代理论工作会议精神；听取关于建德市“三线一单”生态环境分区管控方案、全市“扫黄打非”工作、关于加快城市大脑建设应用行动方案、关于新时代建德产业工人队伍建设改革实施方案等汇报；研究干部人事相关事宜。

9月7日，第139次会议。专题研究秋冬季疫情防控相关工作；听取关于《建德市政治生态评估预警方案》、关于进一步严格财政支出管理相关事宜的汇报；听取并研究全市开展排查整顿农村发展党员违规违纪问题有关事宜。

9月21日，第140次会议。传达学习省委书记袁家军在省委党校秋季开学典礼上的讲话精神、副省长高兴夫在全省经信系统读书班暨“我为重要窗口加油干”互学互比活动上的讲话精神，以及杭州市消费工作推进会、全国妇联有关领导到建调研精神；听取关于加强法治建设工作若干意见、2020年度重点单项工作考核办法、“光盘消费券”发放方案、2020年市管干部个人有关事项报告抽查核实情况等汇报；审议《关于落实省委办公厅〈进一步加强检察机关法律监督工作的若干意见〉的实施方案》；研究干部人事相关事宜。

10月9日，第141次会议。传达学习杭州市“改革攻坚”比学赶超推进会精神；听取关于2020年省政府激励事项相关工作、建德市开展农村乱占耕地建房问题清查整治工作专项行动实施方案、建德市村（社区）组织换届实施意见及相关组织换届选举方案、第七届建德市道德模范评选情况等汇报；研究干部人事相关事宜。

10月21日，第142次会议。专题审议中华女子学院（全国妇联干部培训学院）与建德市合作共建框架协议。

10月29日，第143次会议。传达学习习近平总书记在深圳经济特区建立40周年庆祝大会上的重要讲话精神、习近平总书记在中央党校中青年干部培训开班仪式上的重要讲话精神、十二届杭州市委常委会126次会议（杭州市前三季度经济形势分析）精神和全省县（市、区）委书记工作交流会议精神，传达学习十九届中央第六轮巡视工作动员部署会议精神、中央第四巡视组巡视浙江省工作动员会议和巡视指导督导工作专题培训会议精神，传达学习新时代传承弘扬“千鹤妇女精神”理论研讨会议精神；听取关于建德市创建浙江省“幸福河”建设示范县行动计划（2020—2025年）的汇报。

11月11日，第144次会议。通报杭州市委、市政府相关事项；传达学习省纪委省监委关于德清县6名干部接受可能影响公正执行公务的宴请和娱乐服务安排的通报精神，传达学习中央政治局第二十一次集体学习会及省委组织部、省直机关工委重要会议精神；审议《建德市市管领导干部年度考核办法》；研究干部人事相关事宜。

11 月 23 日，第 145 次会议。传达学习全国精神文明建设表彰大会、省委十四届八次全体（扩大）会议精神，传达学习中共中央组织部部长赵乐际在浙江考察时重要讲话精神，传达学习《浙江省党委（党组）意识形态工作责任制问责实施办法（试行）》《中共浙江省委宣传部关于意识形态工作责任制约谈工作暂行细则》主要精神；听取关于建德市深化文明城市常态化管理方案、全国文明城市工作先进表彰方案及表彰会议方案的汇报；研究干部人事相关事宜。

11 月 27 日，第 146 次会议。传达学习全国劳动模范和先进工作者表彰大会、杭州市民生实事比学赶超推进会及全省深化“千万工程”建设新时代美丽乡村现场会精神，专题研究部署冬春季疫情防控工作。

12 月 16 日，第 147 次会议。传达学习杭州市委十二届十一次全体（扩大）会议精神；听取关于当前浙江省和杭州市意识形态领域情况的通报精神及建德市贯彻落实意见的汇报，听取关于建德市创建全国文明城市先进集体及个人奖励相关事项、2021 年度拟开展评比达标表彰通报表扬项目申报情况及各乡镇（街道）、市级机关各单位上下班时间调整方案的汇报。

12 月 18 日，第 148 次会议。专题审议相关工作方案。

12 月 26 日，第 149 次会议。传达学习中央经济工作会议、省委经济工作会议、杭州市深化“千万工程”建设新时代美丽乡村现场会精神；专题学习《中华人民共和国民法典》及习近平法治思想精神并听取全市贯彻宣传工作方案的汇报；听取关于《中共浙江省委贯彻〈中国共产党宣传工作条例〉实施办法》主要精神和全市贯彻落实意见的汇报；听取关于《中共建德市委关于制定建德市国民经济和社会发展第十四个五年规划和二〇三五年远景目标的建议》起草情况、建德市环境空气质量功能区划调整方案、2020 年度食品药品安全工作情况、市委巡察机构领导职数调整以及市委十四届九次全体（扩大）会议方案及报告起草情况等汇报。

【战疫情促发展暨“五大比拼”工作部署会】3 月 3 日召开。会议的主要任务是全面贯彻落实中央、省委和杭州市委决策部署，总结前阶段工作，分析当前形势，部署今后一个时期疫情防控与经济社会发展工作。会议强调，要努力化危为机、逆势而上，坚持“两手硬”、实现“两战赢”，确保交出大战大考的高分答卷。市委书记童定干作大会讲话，市委副书记、市长朱欢主持会议。会议对 2019 年度“经济发展十大突出贡献制造业企业”“十大亩均绩效制造业企业”、新上市企业、“杭州市‘大好高’项目”“浙江省上云标杆企业”等进行表彰；现场发布《“新制造业计划”建德行动方案推进高质量发展的政策意见》《进一步加大招商引资力度的意见》等政策文件。

【市委农村工作会议暨全国乡村治理体系建设试点示范工作部署会】3 月 19 日召开。会议的主要任务是深入贯彻落实中央、省委、杭州市委农村工作相关会议精神，总结 2019 年全市“三农”工作，

◎ 3 月 3 日，市委召开全市战疫情促发展“五大比拼”工作部署会（朱永标/摄）

做出了“三农等领域呈现出产业稳步发展、收入稳步增长、农村持续建美、生态环境持续变美、公共服务不断提升、治理水平有效提升、基层党建水平加快提升等特点，各项工作成效明显”的总体评价，并分析当前形势，研究部署全市‘三农’工作任务。动员全市扎实做好疫情防控，坚持实干至上、锐意创新、勇于拼搏，聚力新使命，展现新担当，高标准打造部省共建乡村振兴示范区、争创全国乡村治理示范市。市委书记童定干作大会讲话，市委副书记、市长朱欢主持会议，市委副书记吕平宣读表彰通报。

【市纪委十四届五次全体（扩大）会议】3月23日召开。会议的主要任务是全面落实中央、省和杭州市纪委相关会议精神，回顾总结2019年党风廉政建设和反腐败工作，研究部署2020年工作任务。市委书记童定干作大会讲话，市委副书记、市长朱欢主持会议，市委常委、市纪委书记、市监委主任周萍英代表市纪委常委会作工作报告。会议指出，要深入学习贯彻习近平总书记关于全面从严治党的重要论述，一以贯之全面从严治党，坚定不移建设清廉建德，为夺取疫情防控和经济社会发展“两战全胜”、推进市域治理现代化提供坚强保障。

【全市党建工作暨巡察工作动员部署会】3月26日召开。会议深入贯彻落实中共十九大和十九届四中全会精神，深刻领会习近平总书记关于党要管党、从严治党的系列重要论述以及中央、省委和杭州市委有关会议精神，回顾总结2019年党建和巡察工作，研究部署2020年工作任务，动员全市上下不忘初心使命、强化行动担当，以高质量党建为夺取疫情防控和经济社会发展“两战全胜”提供坚强的政治保障。市委书记童定干作大会讲话，市委副书记吕平主持会议并通报2019年度全市党建工作考核情况，市委常委、纪委书记、监委主任周萍英通报2019年市委巡察工作开展情况、发现的主要问题和2020年巡察工作安排部署，市委常委、统战部部长张早林，市委常委、组织部部长何亦星，市委常委、宣传部部长朱春根，分别就统一战线、组织人事、宣传思想工作进行具体部署。

【文明委全体（扩大）会议暨创建全国文明城市“决战决胜”誓师大会】5月19日召开。对全国文明城市创建工作再动员，动员全市以主人翁的姿态、创一流的精神，一往无前、再接再厉，全面投身全国文明城市创建工作，以必胜的决心、必胜的态度、必胜的行动，确保实现“首战决胜、高位创成”的最终目标，坚决打赢全国文明城市创建决胜战。市委书记童定干作大会讲话，市委副书记、市长朱欢主持会议，市委常委、宣传部部长朱春根宣读2019年度创建全国文明城市先进单位和先进个人、浙江省“最佳志愿服务组织”、杭州市星级社区文化家园、建德市文明村和文明单位、战“疫”中的建德好人和最美志愿者（团队）表彰文件。（叶志宇）

全面深化改革工作

【概况】2020年，市委改革办围绕“调查研究谋思路、改革创新促发展”准则，在改革的系统性、整体性和协同性方面加强力度，持续推进各领域改革。形成改革特色亮点21项，打造改革创新大比拼平台1个，搭建四级政务服务阵地1个。1个改革案例入选浙江省《领跑者》，4个典型做法入选浙江省《竞跑者》，4个典型做法入选《杭州改革》；各类经验做法获省委、省政府主要领导批示3篇，杭州市委、市政府主要领导批示3篇。以各类示范点建设为契机，在全市高标准开展数字化园区、美丽园区、美丽城镇等样板打造，形成可借鉴、可复制、可推广的示范样板，高位创成全国文明城市。

【“最多跑一次”改革】在全省首推“先行用地”，项目开工仅用3天，刷新全省新速度；创新6项涉税企业变更联办，实现企业开办“一件事”办理“30分钟制”，营商环境得以优化。在全省首创公民身份信息变更“一件事”联办，市民跑一次即可完成最多19类身份信息变更及证件制换，该做法获常务副省长冯飞的批示肯定。16个乡镇（街道）全部设立便民服务中心，250项民生事项就近可办。推进政务服务2.0大厅改造，实体窗口从137个压减至74个，压减率达到46%；配备2个智能导服区、1 个掌上办事区和 24 小时自助服务区，提升群众办事便捷度；进一步深化“兜底办”窗口服务，全年受理“疑难杂症”办件 315 件，成功解决 85 件，200 余人受益，政务服务体系得以完善。2457 项政务服务事项中，网办实现率达 99.1%，即办事项比例达 97.4%，跑零次实现率达 95.2%，政府数字化转型升级加快。推行建筑工程档案改革，企业工程档案归档精率 54%，精简度全省最高；推动商品房“预转现”不动产登记“去中介化”，实现群众办理“预转现”登记“零收费、跑一次”。

◎ 公民身份信息“一件事”改革(供图/市委改革办)

【“改革创新大比拼”活动】开展“改革创新大比拼”活动，通过亮榜比拼、季度活动等方式，深入推进各领域改革。全年共亮榜 7 次，发布红榜 272 个、黄榜 75 个、黑榜 20 个。在有效缓解要素制约方面，共争取上级资金 32.6 亿元，完成年度任务 148%，增长 35.9%；推进招才引智“四大行动”，柔性引进顶尖人才 14 人，新增 D 类以上高层次人才和新引进大学生实现两位数增长。在激发市场活力方面，新流转连片田地 280.8 公顷、林地 95.5 公顷、农房 39 幢，用以经营西红花、精品葡萄等特色产业项目，有效激活农村各类要素潜力。在全力推广经验做法方面，基层公权力智慧监督体系改革案例入选省《领跑者》，公民个人身份信息变更“一件事”、以“竞晒+督考”为驱动倒逼改革见效、全力保障应急物资供应、“三江两古镇”加快文旅产业复苏等典型做法入选省《竞跑者》；“走村不漏户，户户见干部”做法入选农业农村部的全国案例；入选省级改革创新优秀实践案例 1 个、入选杭州市级改革创新优秀实践案例 1 个；创办《新安改革》并以其为载体，推出“一件事”改革、“去窗口化”改革等 14 期内容。

【改革试点(示范)】全市共承担省级以上改革试点 50 个(省部级试点 16 个、省级部门试点 34 个)，其中纳入杭州市重大改革试点 6 个。新增全国森林经营试点、农业产业强镇建设试点、“十里寿昌江”农村综合改革集成建设等省级以上试点(示范)28 个，其中国家部委、省政府批复试点 5 个，省级部门批复试点 23 个。

建立健全乡村治理机制，制定乡村善治县级标准，探索基层“三治融合”，形成“邻里睦”“美好账本”等基层“微治理”经验；打造各类乡村数字应用场景，获省委书记袁家军的批示肯定；在全省 57 个小城市培育试点镇考核中，乾潭镇居第 22 位，为历史最好成绩。

全面实施传统制造业改造提升 2.0 版，加快块状经济向数字经济转型；新增上市企业 3 家、过会企业 1 家；建立健全建德、兰溪两市饮用水源保护生态补偿机制，在全省山区县中率先完成“轮疏疏浚”长效机制建设；持续开拓西非加纳周边国家跨境业务，提前超额完成预期目标任务。(叶　璘)

调查研究与政策制定

【概况】2020 年，市委政研室围绕重大调研课题，组织、联络、协调和指导全市调研工作开展，聚焦事关建德发展全局性的重大课题，聚焦解决本地本单位存在的突出问题和群众、企业反映强烈的热点难点问题，完成市领导领衔调研课题 30 篇，完成“十四五”发展重点调研课题 12 篇。为市委、市政府决策提供有关意见。

【重点调研及成果转化】围绕“十四五”建德经济社会发展重大领域开展研究，形成关于“打造美丽中国建德样本”“提升工业用地绩效”“提升建德市城市综合能级”等研究报告，协助形成关于“加快打造全省先进制造业基地”“打造“1+2+X”创新平台体系”等调研报告，为相关领域政策制定提供基础。与杭州市决咨委合作开展市县联合调研，围绕建德本地企业如何进一步做大做强，深入工业企业开展现场调研和问卷调查，组织规划、产业发展、政策研究、区域协调、金融等领域11名专家进行把脉问诊，形成研究报告和16条专家意见建议，并根据市委主要领导意见，交由相关部门组织落实。

【重要政策意见制定】2019年12月底至2020年4月，市委政策研究室同市发改、经信、财政、商务、统计等局，对航空小镇（开发区）、高铁新区（高新园）两大平台存在的与属地乡镇（街道）权责利关系不清晰、平台能级不高、要素集聚度不够、其他工业功能区发展内生动力不足等问题，进行“平台整合发展”多轮专题调研，反复听取意见，并经市委多次专题研究，形成《关于推进体制机制改革加快市级平台整合发展的实施意见》，为上述2个工业平台“瘦身强体”、高质量发展确定方向。

市委巡察工作

【概况】2020年，市委巡察办认真贯彻落实中央和省市委关于巡视巡察工作的新部署新要求，坚守政治巡察定位，紧扣“两个维护”根本政治任务，推动党中央关于统筹疫情防控和经济社会发展等重大决策部署的贯彻落实，组织开展3轮常规巡察、巡察党组织213个（其中机关单位5个、国有公司1个、临时机构2个、村社205个），开展疫情防控和碳酸钙产业整治提升等两轮“直插式”巡察，对12个乡镇（街道）开展上一轮常规巡察和扶贫领域专项巡察“回头看”；累计发现问题2254个，移交问题线索40个，推动查处一批违纪违法案件，党纪政务处分15人，移送司法机关4人，追缴挽回直接经济损失3700万余元，取得较好的政治效果和社会效果。

【实施多部门联动巡察机制】建立巡察监督与纪律监督、监察监督、派驻监督协作联动机制，推进“四个监督”协调健康发展；建立市委巡察办与市财政、审计、信访等单位协作联动机制，加强相互之间融会贯通。通过项目计划对接、信息资源整合、人力资源支持等方式，实现信息、资源、力量、手段和监督成果的共享共用，进一步提升巡察工作的精准性。各协作配合单位向巡察组通报情况、提供信息、加强交流，对巡察组提出的核查事项开展核查并及时反馈结果，实现渠道顺畅、信息共享、情况互通。根据被巡察单位和巡察组人员结构特征，有针对性地抽调专业技术人员参加巡察，为巡察工作提供人员力量和专业技术支持，为发现财务管理、资产管理、工程建设等专业领域的问题发挥作用。

【疫情防控巡察】新冠肺炎疫情防控期间，市委巡察办结合实际，在防疫第一线开展疫情防控巡察，累计检查医疗设施75家次、村社3596个次、卡点5016次、经营场所1870家次，对居家隔离观察人员进行全覆盖检查，发现并督改问题1402个。同时协助企业复工达产，推动解决企业困难。通过巡察推动立行立改问题67个，协调解决复工审批、绿色通道、员工住宿等问题79个。通过市委巡察监督，市纪委（监委）对疫情防控工作中存在的作风和履职问题，累计提醒谈话4人，问责处理11人，通报曝光典型案例5起9人，为5起不实举报进行澄清正名，对2起信访举报问题启动容错免责机制；市委组织部“新安先锋”公众号编发疫情防控一线党员干部先进典型11批次71人、先进集体3个。

【碳酸钙整治提升巡察】4月，市委巡察办组织开展碳酸钙产业整治提升工作“直插式”巡察。结合巡察开展调研，形成《关于进一步深化整治提升加快打造百亿级碳酸钙产业的调查与思考》专报，向市委、市政府和有关职能主管部门提出意见建议5条。市政府以“直插式”巡察为契机，结合行业改造提升，开展“回头看”行动，抓实问题整改，行业绩效明显提升。此做法得到中央纪检监察报、中央纪委国家监委网站及客户端肯定。

【市直管公房专项巡察】2020年，市委巡察办对市直公房管理开展专项巡察，对结果进行抄告，推动市政府制定《建德市直管公房管理办法》《建德市直管公房清理规范及分类处置实施方案》，进一步规范直管公房管理，同时依法依规有序实施清理规范及分类处置工作。至年底，市资投公司完成1816套直管公房(住宅)的入户调查，对承租人建立"一户一档"资料；完成直管公房分类处置1120户，实现处置收入2.28亿元。

【实现村级巡察全覆盖】在全市村(社区)换届前，全面完成16个乡镇(街道)229个村、27个社区党组织的巡察，实现"巡乡带村"全覆盖，"一村一报告"分析研判村级政治生态，列出不适宜担任"一肩挑"人选名录共计16人，并建议在换届过程中落实巡察意见，确保村、社区平稳换届。(唐治平)

纪检监察

【概况】2020年，中共建德市纪律检查委员会、建德市监察委员会深入贯彻落实中共十九大和十九届二中、三中、四中、五中全会精神，忠实履行党章和宪法赋予的职责使命，自觉把各项工作放到全市大局中思考、谋划，纵深推进全面从严治党，清廉建德建设取得新成效，形成一批具有建德纪检监察工作辨识度的工作成果。

对标"重要窗口"头雁风采新目标新定位，开展纪检监察干部"五战五炼强五心"队伍建设专项行动，锤炼绝对忠诚的政治品格。加强干部队伍专业化建设，以"小分队练兵、大兵团作战""走亲联心三服务"等活动为载体，学先锋、强本领、比担当。开展"纪检监察之星"评比，加大实绩激励导向，全市纪检监察干部比学赶超拼干劲，对标对表争一流，智慧监督、案件质量等工作在省市现场会上做典型经验交流。

进一步深化派驻机构和国有企业纪检监察体制改革，配优配齐国有公司纪委书记，推进派驻机构改革"六个一体化"建设，规范提升开发区(园区)纪检监察工作。健全"室组联动"工作机制，以"发现问题"为派驻机构履职根本，紧盯驻在部门职责业务、权力运行关键环节，开展"嵌入式"监督，从源头加强对驻在部门"三重一大"事项的监督；同时，探索"片区协作"，提升监督质效。至年末，纪检监察派驻机构11个，配给人员编制49人(实际在岗46人)。同时完善自身权力监督制约机制，聘请12名特约监察员，主动接受社会各界对纪检监察权"治权之权"的监督。

全市纪检监察组织全年涉纪信访总量265件，总量、重复访、越级访分别同比下降12.0%、26.5%、7.7%。全年共立案232件，党纪政务处分229人，移送司法机关7人，挽回经济损失4500余万元。

【"全面从严治党"推进与落实】开展全面从严治党"四责协同"直击问政点评，对上年度考核排名末位、发生违纪违法案件和廉政风险较高的单位，开展"点题点人点事"监督评议，"四责联述""四级联听"直面问题所在，对落实"两个责任"不力的党员领导干部18人予以严肃问责。建立部门单位全面从严治党"四责协同""四张清单"，责任、任务、问题和整改措施对单销账，清晰"四责"(明责、尽责、督责、问责)。实施廉政风险排查防控"除险加固"工程，紧盯关键少数和重点岗位，围绕权力运行环节，全市83家单位共动态排查更新廉政风险点3255个，按照"防什么""谁来防""怎么防"，细化防控措施3477条，建立健全相关制度285项，构建廉政风险排查防控"责任共同体"。

【清廉建设监督与深化】探索运用大数据手段，深化清廉建设，推进基层公权力监督体系改革。自上而下建立市镇村三级基层公权力智慧监督体系，建设市级清廉建德智慧监督平台"驾驶舱"，研发5套分析方法打造"数字监察芯片"。结合乡镇纪检监察规范化建设要求，完成全市16个乡镇(街道)数字监察办公室建设，开发"8+N"清廉乡村智慧管家系统，延伸覆盖256个村(社区)，推出各乡镇(街道)"派工戴农富""勤廉账本""指尖上的户主会"等个性化模块。形成市、镇(街道)平台分析研判预警，村(社区)平台公示监督的智慧监督网络，构建全流程监督闭合回路。通过2亿余条行权数据比对碰撞，在民生资金发放、在职人员涉商、招投标领域、专项监督等多个领域预警问题线索8996条，追回经济损失456万余元，督促相关单位完善制度机制34项，推动开展最低生活保障对象、社会救助领域补短板强弱项、护医保护社保等专项治理行动。建德做法作为改革案例登上省委改革办《领跑者》，《人民日报》、新华社、《浙江日报》等主流媒体先后予以报道，获得时任浙江省委常委、常务副省长冯飞及省纪委书记许罗德等领导的多次批示肯定。

【特殊时期政治监督】聚焦疫情防控、泄洪防汛，建立突发事件应急处置战时监督机制，紧盯责任落实、居家隔离人员管控、小区值班值守、D级危房整治等重点部门和关键环节，服务市委、市政府决策部署，督改各类问题214个，严肃追责问责11人，并点名通报曝光，督战结合筑牢防疫防汛纪律堤坝。围绕"六稳""六保"，出台《服务保障经济建设护航企业发展十项举措》，紧跟市委、市政府重大决策部署，推进五大领域专项督查，开设"争先创优直击问政"电视专栏，曝光"空间拓展"、危旧房治理、征迁"清零"、反对餐饮浪费、危化品运输安全等领域存在问题66个，问责履职不力干部73人。

【政治生态建设】协助市委制定《全面建设风清气正政治生态的"十项规定"》，四套班子率先垂范执行。开展政治监督"四清单""两档案""两报告"工作，构建全域政治生态评估大数据监督三色预警体系，督改问题648个，推动政治监督融入日常、抓在经常。严明村(社区)组织换届纪律，印发《警示案例汇编》，取消自荐人资格6人、采取留置措施1人。对新任村(社区)干部开展"廉政第一课"教育，制定履职十二条"负面清单"，筑牢"一肩挑"后纪律防线。

【干部"四风"纠治与群众身边不正之风和腐败问题整治】不断健全体系，实施"三不"(不敢腐、不能腐、不想腐)一体推进，实现惩治与威慑、制约与监督、教育与引导目的。编印下发《"可以做""不可以做"——落实中央八项规定精神政策图解手册》1万册，强调"纪律、规矩、要求"事先知晓。统筹"四项监督"，密切关注易发多发老问题和隐形变异新动向，全市共开展正风肃纪检查1184次，查处违反中央八项规定精神问题17起19人，予以党纪政务处分4人。持续深化形式主义、官僚主义整治，坚持以"三不三直"推进"五大比拼"专项督查。

围绕群众身边不正之风和腐败问题整治，开展人防系统腐败问题、私人会所整治"回头看"、农村乱占耕地建房、统计领域数字造假、单一来源采购等专项治理，纠正违规违纪问题42个，处理相关责任人4人，完善制度机制12项。深入开展信访举报"三清"专项治理和"两提升一整治"工作，全年涉纪信访总量、重复访、越级访分别同比下降12.0%、26.5%、7.7%。开展"强化清廉乡村建设 有力推动基层治理"专项行动，全年严肃查处侵害群众利益的腐败问题12起12人，涉农信访下降9.2%。

【澄清容错机制建设】制定出台《关于纪检监察组织健全完善容错免责机制鼓励改革创新支持履职担当的实施细则(试行)》，将干事创业作为容错免责的落脚点，明确纪检监察机关实施精准问责、容错免责"十种情形"，防止借容错纠错搞纪律"松绑"和作风减压。突出事前备案制，形成"六看"(看动机态度、看客观条件、看程序方法、看性质程度、

◎ 12月21日，第二届"澄清楼下道澄清"活动(供图/市纪检委监察委办公室)

看后果影响、看挽回损失）评价标准，既最大程度方便报备人，又防止事前备案的泛化简单化。召开“澄清门下道澄清·浙里再出发”公开发布会，“对改革者负责、为担当者担当”，为52名党员干部澄清正名、5名党员干部容错免责，有效提振干部精气神。2020年干部群众对全市作风建设社会评价满意度跃居杭州市前列。

【案件查处】始终保持惩治腐败高压态势，全市纪检监察组织共立案232件，党纪政务处分229人，移送司法机关7人，挽回经济损失4500余万元。查办市委统战部原部务会议成员戚秀娟、市人力社保局就业管理服务处原主任方敏、大慈岩镇大慈岩村原党总支书记方友湘等典型案件。综合运用“四种形态”处理595人次，其中第一、第二种形态占比88.7%，“扯袖子”“拉一把”效果进一步显现。深挖案件背后深层次问题，下发纪律检查、监察建议书17份，推动国有公租房、财务内控管理、政府工程招投标等领域建立完善制度机制。强化干部警示教育，全年共收到主动上交礼金79万余元，主动投案6人。坚持惩前毖后治病救人，建立“八个一”（制定一套回访教育方案，开展一次唤回初心教育，赠送一套党建学习书籍，致送一封组织关爱信函，实施“一对一”温情帮扶，开展一次“查漏洞、补短板、防风险”活动，召开一次组织帮扶座谈会，形成一套回访教育档案资料）回访教育机制，对180名受处分党员干部开展暖心回访，助其“改过来”“站起来”“跑起来”，重振干事创业信心。

◎ 清廉文化“墙体画”进小区（供图/市纪检委监察委办公室）

【清廉文化建设】市纪委监委以澄清容错为主题拍摄微电影《72小时》，蝉联第二届“玉琮杯”清廉微电影全国大赛金奖，清廉文化影响力不断扩大；深化清廉医院“一元廉医”品牌建设，“一元村医”吴光潮被评为2020年全国“诚信之星”；“千鹤妇女精神”教育基地成为首批长三角红色博物馆合作联盟成员单位，“澄清光庐”入选杭州市清廉文化示范点，航头镇中心小学获评杭州市第一批“清廉学校”示范点；探索乡镇项目管理中心和小微权力监管中心等清廉乡村智慧化建设，以规范内控管理建设为主线推进清廉机关建设，打造了一批“建德廉线”示范点，实现清廉地标串点成线、拓面升级，崇清尚廉融入风景、成风化俗。（徐娅倩）

保密工作

【宣传教育】组织保密干部参加省级、市级开展的保密工作培训，提高保密干部业务水平。组织机关单位相关人员80余人赴建德市委党校开展保密培训。印发保密宣传资料、宣传物品1000余份。

【保密监督检查】市保密委员会组织开展各单位自查自评及督查工作，全年共检查市直机关单位10家、乡镇（街道）2个，重点检查泄密高风险单位，共检查计算机60余台，对发现的问题现场进行指导并提出整改措施，责令整改到位；完成高考试卷各次考前保密室保密检查；落实好机关单位互联网门户网站保密检查和互联网政务邮箱保密自查等工作；配合有关单位做好涉密视频会议保密管理工作，利用现有保密三大监管平台，提升泄密信息的发现和处置能力。同时，积极配合杭州市对建德市的监督检查。

【其他工作】扎实做好重大会议活动保密工作，落实党政专用通信保障服务，积极做好涉密领域国产化替代工作，认真组织开展涉密文件资料集中销毁工作。（胡倩）

对台湾及港澳工作

【对台湾地区工作】2020年,建德市对台工作围绕市委、市政府中心工作,开展调查研究,收集台胞台属和群众的意见建议,特别是在突如其来的新冠肺炎疫情防控期间,及时为台胞、台商和陆生提供防疫信息,积极做好防疫期间相关咨询和服务工作,切实解决其生产生活实际中的问题。7月,新安江水库九孔泄洪期间,市委台办组织干部,协助台资企业开展防汛抗洪、抢险救灾工作,排查隐患,转移生产物资,尽最大可能减少损失。在春节、中秋等传统节日,通过建德台联会等各种渠道,开展走访慰问,加强与台胞台属的沟通与交流,不断扩大对台交往与合作。同时,结合实际,强化"反独"宣传教育。继续营造浓厚涉台宣传氛围。鼓励台胞台商通过微信等方法宣传两岸和平统一的主张。全市对台工作平稳有序。 (章 睿)

【对港、澳特区工作】新冠肺炎疫情防控期间,市委统战部走访全市重点港资企业,重点帮助企业解决在疫情防控和复工复产中遇到的问题,鼓励企业在困境中寻找机遇。联系新安集团和雨歌动漫,落实11名港澳大学生在线实习工作。疫情发生以来,向香港同乡会赠送口罩1万只,支持香港同乡会开展"普及社区免费核酸检测计划"宣传和动员工作。 (吴学鹏)

宣传思想工作

【概况】2020年,全市宣传思想文化战线以习近平新时代中国特色社会主义思想为指导,深入贯彻中共十九届五中全会精神和省、市委全会决策部署,以"举旗帜、聚民心、育新人、兴文化、展形象"为工作中心任务,创新实施"六大工程",加大文化旅游融合力度,克难攻坚、守正创新,担当作为、稳中求进,有效开创宣传思想文化工作新局面,为建德打造"重要窗口"、展现"头雁风采"、实现跨越赶超新崛起提供思想保证、精神支撑、文化引领。

【理论学习】深入实施"党的创新理论走心工程",推出理论学习中心组巡听旁听制度,持续用好"新安夜学"理论学习平台,召开市委理论中心组学习(扩大)会14次,习近平总书记考察浙江重要讲话精神等专题学习研讨4次,各乡镇(街道)、机关部门累计开展学习2000余次。编辑《理响建德》理论读本,发放1000余册。推出"学习强国"加油站,全市户籍人口覆盖率超过31%。全年对外宣传供稿累计被上级平台录用2322条,其中全国平台311条、省级平台484条。

【理论宣讲】市委宣传部围绕中共十九届五中全会精神等重大主题,开展"乡音宣讲达人秀""我最喜爱的习总书记的一句话——青春·堂前燕宣讲"等活动,甄选包括"93岁抗美援朝老兵"等基层宣讲员67名,创作理论宣讲作品87个,全市累计开展宣讲3000余场次。积极参加杭州市基层理论大擂台暨微型党课大赛,1人获评"杭州市十佳金牌讲师"。结合乡镇特色,培育"莓好播报""西乡讲堂"等"堂前燕"系列子品牌8个。

【疫情舆论引导和社会宣传】扎实开展"两手硬、两战赢"重大主题宣传,在市属媒体开设"战疫情促发展""抓六稳、促六保"等专栏,共刊播防疫相关报道3700篇,杭州市级以上主流媒体刊播建德防疫相关报道1600余篇,其中,"建德朝美日化公司三倍工资紧急召回员工全力生产口罩支援防疫一线",在中央电视台《新闻联播》头条《坚定信心 坚决打赢疫情防控阻击战》报道,与其相关的单条微信推送阅读量突破70万+人次,新浪微博话题阅读量突破4.6亿人次。"建德发布"开展"并肩战'疫'"等网络主题宣传,开设"捉谣记"专栏,协调处置涉疫舆情、谣言等信息200余条。"市委书记连线援鄂医疗队颁发荣誉证书""市长为好山好水'代言'邀您开启'清肺之旅'"等被"学习强国"全国平台录用。动员全市372支志愿者服务队、3万余名志愿者积极"参战",涌现出抗"疫"援"朝"机关志愿服务队、下涯潘樟友志愿服务队等优秀战"疫"队伍。开展战"疫"版"建德好人"、最美志愿者(团队)评选,评选表彰3批次36人次,1人入选战"疫"浙江好人、3户入选杭州市战"疫"最美家庭。开展"以你之名致敬战'疫'女神"、公益众筹草莓、全城亮灯"致敬最美逆行者"等活动，大力宣传建德市抗击新冠肺炎疫情先进典型，共投放各类防疫公益广告牌6000余块。组织文化文艺工作者创作动漫短片"建德侯发出十个一律号令"、MV婺剧《誓把病毒一扫光》等抗疫主题文艺作品500余件。以"乡音加土话，铜锣小喇叭"等生动活泼的形式，强化农村防疫宣传，收到良好效果。春节期间，寿昌镇西门村等自发组织举办"网络村晚"，获新华社、中新社等主流媒体点赞。

【主题宣传】开展"十九届五中全会""高水平全面建成小康社会"等重大主题宣传，聚焦"新安江水库首次九孔泄洪"等重大事件，开设"五大比拼齐发力、克难攻坚勇争先""我为创建全国文明城市加分"等各类专栏40余个，召开建德市高水平全面建成小康社会新闻发布会，全面呈现建德经济社会化危为机、实现逆势上扬的奋进姿态。开展"重要窗口"主题宣传，承办全省"重要'窗口'看小康 美丽浙江行"启动仪式，推出"早安，浙里是建德""春江水暖，宜居建德""小康生活，向往建德"等特色专题报道，以及"百城千县万村调研行""坐着高铁看中国"等主题宣传。以提升"宜居建德"知名度、美誉度为主旨，全年在上级媒体刊发相关报道5000余篇。其中，央级媒体刊用700余篇，中央电视台《新闻联播》录用8篇(头条1篇)、《人民日报》刊用22篇，《浙江日报》头版刊用27篇。

【"文明建设"工程】深入推进社会主义核心价值观实践养成，按照助人为乐、敬业奉献、诚实守信、孝老爱亲、见义勇为等5类，评选并召开大会(12月3日)表彰李萍、王江平等10人为第七届建德市道德模范，授予严爱春、何群等10人"建德市道德模范提名奖"称号。继续开展"最美"评选宣传系列活动，杭州建德市乾潭镇陵上新村梅塘卫生室乡村医生吴光潮被中共浙江省委宣传部、浙江省精神文明建设委员会办公室等联合授予2020年"最美诚信浙江人"称号。持续开展每月"建德好人"评选工作，通过"发现身边好人、学习身边好人"，在

◎ 12月3日，第七届建德市道德模范表彰大会(朱永标/摄)

全社会不断营造争当身边好人的浓厚氛围，为助力"重要窗口"建设提供强大的精神动力和有力的道德支撑；抗击新冠肺炎疫情期间，李萍、林焰峰、章素英为"战'疫'中的建德好人"，建德市第二批赴武汉援助医疗团队、新安江环卫所环卫工人群体为抗"疫"援"朝"机关志愿服务队，下涯镇潘樟友服务队马目村分队为"战'疫'中的最美志愿者(团队)"。

出台建德市乡村德治工作指导意见，新评定德文化校园2家，编发《德润建德》书籍，"德文化"标准体系建设试点通过省级验收。"千鹤妇女精神"教育基地获评全国妇女爱国主义教育基地、杭州市爱国主义教育基地，"弘扬千鹤妇女精神"获2020年度杭州市宣传思想文化工作创新奖。大慈岩镇双泉村获评全国文明村，建德市第一人民医院获评全国文明单位；全市获评省级文明镇1个、省级文明村4个、省级文明单位2家、省级文明家庭2个、省级文明校园1个。

打造"文明工程"特色品牌，新建建德市新时代文明实践中心1处，全面推进新时代文明实践站(所)建设，大慈岩"新时代·邻里睦"、三都"美好账本"、更楼"德治+农村家宴中心"等基层特色品牌不断涌现。优化志愿服务体系，依托"文明帮帮码"，全年开展文明实践活动2000余次，入驻志愿队伍436支，志愿者3.8万人。（方杨勇）

【建德市融媒体中心】2020年以来，市融媒体中心紧紧围绕市委、市政府的中心工作和重点任务，积极策划和部署各项主题宣传报道，为各项重点工作舆论开道。传统媒体与新媒体统一发声、联合发力，构建起"电视、广播、客户端、微信公众号、抖音

短视频”为一体的全方位、多层次、多声部县级融媒体传播体系，牢牢掌握新闻舆论主导权主动权，为全市经济社会发展提供强有力的舆论支撑。全年共编播《建德新闻》360余期、《今日建德》报纸243期，推出民生、舆论监督、党建类电视栏目200余期，新媒体微信微博抖音短视频制作7125条。

6月19日，建德市融媒体集团有限公司挂牌。该公司由市融媒体中心以4900万元资产注资形式（占比49%）与国资办共同成立。公司成立后，推进“我的建德”App移动端上线试运行，打通“新闻+政务+服务”传播方式，实现电视、广播、报纸、公众号、微博、网络直播全媒体矩阵阅览，初步搭建起浙江政务服务、智慧旅游、医疗服务、停车泊位、志愿汇、违章查询、出行购票、便民缴费等28类政务服务平台。

开设“战疫情促发展”“帮企不漏企、企企见干部”“五大比拼齐发力、克难攻坚勇争先”“强作风、勇争先”“奋战六十天、清零勇攻坚”“驻企服务专员”“我为创建全国文明城市加分”“聚焦争先创优聚力跨越赶超”“抓六稳、促六保”“回眸十三五展望十四五”“村（社区）组织换届进行时”等各类专栏50余个，刊播报道6000余篇；拍摄制作专题片、宣传片、短视频210余个，全方位呈现全市经济社会化危为机、实现逆势上扬的奋进姿态，传播感动建德、昂扬向上的道德力量，用新闻力量让减税降费、金融服务、要素保障、司法支持、审批优化等具体举措，真正惠及企业和群众。

做好与中央、省、杭州市各级主流媒体对接，加强深层次合作，入驻和运营人民日报人民号、新华社所属各新媒体平台、浙江新闻App、天目新闻短视频、浙江卫视蓝媒号等诸多高层级新媒体平台；与浙江日报合作成立县级融媒体共享联盟，与浙江卫视合作成立蓝媒联盟“美丽浙江”建德创作中心等，初步实现“借船出海”目标。全年在杭州市级以上媒体刊播各类稿件2200余篇，其中中央级媒体400余篇，省级媒体1100余篇，创造建德有史以来首次登上央视《新闻联播》头条、单条微信推送阅读量突破70万+、新浪微博阅读量破4.5亿人次等新纪录。“学习强国”建德供稿中心累计用稿2078篇，其中全国平台265篇，浙江平台451篇，杭州平台1362篇。

新冠肺炎疫情防控期间，该中心全力做好疫情期间防控宣传和舆论引导工作。执行24小时不间断动态发布，推送各类信息4000余条，播出相关报道2100余篇，制作专题访谈29期、短视频63个，刊发专版41个，播出相关游动字幕上万次，发布本地权威公告通告、疫情动态、政策资讯等信息540余条，在央视新闻联播、人民日报、新华社、浙江日报、浙江卫视等国家级、省级媒体刊发稿件960余篇。同时，主动回应公众关切，满足社会信息需求，帮助做好行政审批中心线上业务办理、医院线上就诊、口罩预约销售等宣传服务；积极对接本地草莓、蔬菜、鸡蛋等种养殖大户，有效解决因受疫情影响农产品运输难、销售难问题；与华数公司合作，通过全市15万台机顶盒，滚动播放防疫信息，累计播出600万条次，打通疫情防控“最后一公里”。策划推出“云洽谈、云招聘、云签约、云上市”等主题报道，为企业提供各类复工方案，增强企业复产信心。其中，举办“求职不见面·送岗零距离”网络直播招聘会，6家重点企业与贵州省岑巩县求职者通过视频进行面对面交流解答，“云招聘”吸引4.17万市民观看，累计收到简历600余份；策划承办“建德人”大会、17度新安江青岛啤酒节、金秋购物节、首届母婴节、寿昌小吃街五一开街、莲花精酿啤酒节等大型活动15场；完成新安江水库泄洪、“学习强国”知识挑战赛、政协“请你来协商”、道德模范颁奖典礼、“澄清门下道澄清”等直播40余场；拍摄“市长带你游建德”“探访疫情中的餐饮业”“五一乡镇系列游”等短视频100余条，有效助力餐饮业和旅游业复苏。

新安江水库泄洪期间，做好网络直播实时播报汛息，跟进事态发展，满足群众信息需求，确保水库泄洪和全民抗洪抢险宣传无缝隙、全覆盖。累计接待包括新华社、中央电视台、浙江日报、浙江卫视等各级主流媒体32家，360余人次，保障直播40余场。其中，由杭州电视台和建德市融媒体中心联合全程直播的《新安江水库泄洪》，观看人数达87.63万人次，点赞量达30.18万人次。累计刊播各类防汛信息460余条、刊登专版10余个、发布各类公告13条，制作宣传短视频60余条，播放阅读量共计700余万人次。杭州市级以上媒体累计刊播相关报道1200余篇，其中人民日报、新华社、中央电视台等央媒报道230余篇。

深入开展创建全国文明城市宣传，刊登播出《我为创全国文明城市加分》《创建全国文明城市做文明有礼建德人》《垃圾分类 我们在行动》《杜绝舌尖上的浪费》《崇尚诚信美德、揭露失信败德》等40余个栏目，不断发掘、表彰、礼遇身边好人和道德模范等先进典型，积极倡导做文明人、说文明话、做文明事。积极宣传社会各界创建文明城市的好思路、好举措及取得的重大成效，展示全市“创文”示范项目成效，共刊登播出全国文明城市创建相关稿件近700余篇，刊发全国文明城市创建公益版面80余个（包括整版、半版、1/4版面），刊发相关倡议书近10篇。 （周碧辉 许 萍）

【网络综合治理】纵深推进网络综合治理，实施网络生态“新安瞭望哨”工程，稳妥处置“新安江水库九孔泄洪”等涉及建德的重大敏感舆情。开展网络安全专项整治，举办网络安全宣传周活动。开展“捐步助学 让梦起航”公益助学、“21天养成文明好习惯”网民接力等网络公益活动，举办“宜居建德 幸福小康”VLOG大赛，唱响网络“建德好声音”。“建德发布”入选浙江省政务新媒体发展指数县（市、区）级前20强。

【文化传承】围绕文化兴盛中心工作，实施“美丽城镇文化品质提升工程”，获评全省首批戏曲之乡，成为全省首批“文化基因解码工程”试点县。继续挖掘梳理严州文化，出版发行《严州文化全书》第二辑，全面开展严州古城复建工程中的府衙、县衙、总兵府等考古工作，完成辑睦坊、里仁坊等12座古牌坊建设（至年底，梅城古镇共有牌坊14座），复建龙山书院、范公祠并初步对外开放；常态化推出“严州十二时辰”文化活动。严东关五加皮酿酒技艺入选第五批国家级“非遗”名录，严漆生产技艺等3个项目入选首批杭州市传统工艺振兴项目。

【文化供给】推出农村文化礼堂“肌理化更新”新三年行动，开展“文化管家”社会化管理试点，三都镇获评全省农村文化礼堂建设示范乡镇、潘金水获评全省“最美文化礼堂人”。全市获评五星级文化礼堂4个、四星级文化礼堂10个、杭州市“十佳文化礼堂”“十佳文化礼堂人”各1个。新建“杭州书房”2家、社区文化家园5个。元旦，举办建德市首届新年音乐节，9月30日，建德市博物馆顺利开馆，成为市民游客打卡热地。完成“你点我送——文艺进万家”等文化惠民活动500余场，送戏下乡200余场，送书3万余册，送电影3000余场，组织开展“文化走亲”活动14场。更楼街道获评杭州市“扫黄打非”优秀基层单位。

【意识形态工作】全面贯彻落实《中国共产党宣传工作条例》及省委实施办法，严格按照“八纳入四报告两研究”要求，完善意识形态工作联席会议、研判通报、督查检查和责任追究等工作制度，规范意识形态工作流程，构筑工作闭环。将意识形态工作纳入常态化巡察，在十四届市委第14轮巡察中，对4家单位开展意识形态专项检查。落实意识形态管理工作“两张清单”，组织对4个乡镇（街道）、12个部门单位党委（党组）开展意识形态专项督查，下发督查交办单16份，整改问题46条。做好省委意识形态专项巡视反馈问题整改落实“回头看”，确保问题不反弹。 （方杨勇）

组织工作

【概况】组织全市干部群众，深入学习贯彻习近平新时代中国特色社会主义思想，紧扣省委忠实践行“八八战略”、奋力打造“重要窗口”的主题主线和杭州市委“展现头雁风采”的决策部署，聚焦主责主业，以新思想武装头脑、指导实践，推动广大党员干部增强“四个意识”，坚定“四个自信”，做到“两个维护”；围绕“争先创优、跨越赶超”，坚持重实干、重担当、重实绩的选人用人导向，选好配强“主力军”；以村（社区）换届为契机，深化强基固本，全面提升基层组织战斗力；不断创新和丰富人才引进、培养方式，营造涵养人才良好生态，加快集聚高质量发展人才储备。全年获省市领导批示

17次，12篇组织工作信息被中组部《组工信息》、省委组织部《组工情况》等刊物采用推广。

【干部培训与激励】以“中青班”“新安新竹”“上任第一课”等培训模式，完成中共十九届四中、五中全会精神全覆盖轮训，邀请杨禹等专家学者解读新发展理念。全年举办各类培训班31期，培训干部3300余人次，配合上级完成调训50余人次。动员各级党组织和广大党员干部在疫情防控、复工复产、防汛抗洪践行初心使命。抗击新冠肺炎疫情期间，各级组织8万余人次党员干部下沉防疫一线，同时选派91名“85后”干部到防疫指挥部、美丽城镇建设等重点平台锻炼；出台“关心关爱10条”，为35名援鄂、省、杭州市定点医院及31名市二院医务人员提供“一对一”帮扶；疫情后期，派出2250名干部下沉企业一线，开展“帮企不漏企、企企见干部”深化“三服务”工作。7月新安江水库九孔泄洪期间，1.1万名党员干部冲锋一线防汛抗洪，1万余名志愿者参与灾后重建，总服务时长达15万小时。对于在急难险重一线表现优异者，提拔干部4名，激励晋升职级16名，提前发展入党4名。优化“大党建”考核办法，改进调研检查机制，整合压减基层台账，控制“指尖上”的形式主义。大力开展党员干部先进事迹宣传，记录乾潭镇马岭4位老党员把“夺命坡”守护成“平安道”先进事迹的《停车，走吧》电视教育片，获评省委组织部电视观摩典型事迹类二等奖、最佳编导作品和杭州市“华数杯”电视观摩一等奖。

【干部使用管理】全年调配干部6批次，提拔使用干部81名，其中年轻干部15名，女干部30名，党外干部6名。推荐选树各类先进典型，1名干部获评全国抗击新冠肺炎疫情先进个人，5名干部获评省、杭州市担当作为好干部，9家单位、3个党组织和24名党员干部人才分别获评杭州市抗击新冠肺炎疫情先进集体、先进基层党组织和先进个人。开展选人用人突出问题专项检查，对发现的24个问题列出整改清单。对67名领导干部开展个人事项报告随机抽查。组织开展全市出国（境）管理违规问题专项整治，对742名未备案人员进行补登备案，收缴因私出国（境）证件298本，12人受到党纪政纪处分或组织处理。落实“凡提必核”，对78名提拔考察对象个人事项进行核查。建立完善领导干部经常性提醒教育机制，累计对50余人进行廉政鉴定，对25人进行函询。

开展干部人事档案数字化专项行动，完成694卷市管干部、32卷选调生干部档案数字化工作。落实职务职级并行规定，全年晋升四级调研员以上干部175名，晋升四级主任科员以上干部1700余名。制定公务员全周期“关心关爱10项”举措，举办公务员荣退仪式，实施乡镇作息时间调整，对夫妻双方为乡镇公职人员的家庭落实回县城政策，关心和激励基层公务员（公职人员）。

修订中层干部选任办法，制定“2211”年轻干部培养计划，累计提拔使用“85后”市管副职29名，新招录公务员104名、党政储备人才30名。

【基层党建工作】严格把关256个村（社区）换届班子人选，推动强雁、雏雁进班子、挑担子，“一肩挑”组织意图人选全部当选。承办首场全国党建引领强村善治研讨会，推出“强村善治十条”，组建功能型“十支队”199支，覆盖基层党员群众3.4万余人。完成排查整顿农村发展党员违规违纪问题省级试点工作，建立“千鹤妇女”、农创客、环航空小镇、之江片区4个片区大党委，推动区域抱团发展助力乡村振兴。

持续推进“标杆50·进位百佳”创建，累计创

◎ 基层党员积极参与抗击新冠疫情工作（供图/市委组织部办公室）

建标杆单位37家、进位单位75家。突出“6+X”功能定位，市级党群服务中心投入试运行，推进市、镇、村及小区四级党群服务中心(驿站)建设，累计改造党群服务中心245个。优化“小区党支部、楼栋微网格”组织架构，建立社区、小区、楼栋三级联络群，深化“一名党员一幢楼”做法，壮大“小区红管家、楼栋热心人”骨干队伍，搭建“有事好商量、小区一家亲”交流平台，加快形成全市“15分钟党建服务圈”。

【人才储备】通过打造“高能级”平台、招引“高精尖”项目、举办“高规格”赛会等方式，全年引进培育顶尖人才、国家级领军人才14名，新引进培育认定杭州市级以上高层次人才597名。制定“五项机制”，推行综合考评人才重点单位差异化考核；举办“家国筑梦·新安吾乡，2020建德高层次人才‘情满中秋’恳谈会”等活动5场，解决人才政策兑现、子女入学等“关键小事”150余件，兑现人才经费5000余万元，同比增长100%。加大对建德杰出人才的宣传，推出“遇建未来”系列报道，组织8名人才形象代言人讲述扎根建德的故事。新华社、中国组织人事报、中新社、浙江日报等省级以上主流媒体刊发建德人才工作报道200余篇，系列活动报道总阅读量突破1000万人次。

【“退二线”干部一线履职】4月13日，市委组织部召开退出现职领导岗位市管干部工作会议，下发《关于进一步加强全市退出现职领导岗位市管干部作用发挥和日常管理工作的通知》，制定个人意愿、单位需求、年度履职“三张清单”，深化乡村振兴特派员等“九大员”平台，按照“分管成块工作、领衔专项工作、抽调选派工作”三种类型，150余名退出现职领导干部赴一线履职。

【“新安夜话·部长有约” 访谈活动】5月19日，市委组织部举行“新安夜话·部长有约”访谈启动仪式，活动贯穿全年、覆盖所有机关部门和乡镇(街道)。市委常委、组织部部长带队，利用晚上时间组团深入16个乡镇(街道)谈话513人，了解考察干部，并解决“关键小事”549件。

【村(社区)组织换届】10月，开展村社组织换届工作，12月全部完成。市委组织部开展“千名干部进队组，组团服务心连心”活动，绘制选情“五色图”，1128名党员干部分成380个队组，深入到32个重点村社开展摸排，全市12万户入户访谈达3轮以上。创新镇考村聘、优秀政法干警“护航编队”等做法，256个村(社区)党组织和229个村委会选举均一次成功，党员参选率99.5%、选民参选率99.0%，“一肩挑”组织意图人选全部当选，党组织书记平均得票率达97.5%、村(居)委会主任平均得票率98.6%，74名农村青年储备人才进入“两委”班子。举办新任村社书记“上任第一课”，推动两委班子干好“开门一件事”，解决群众关切问题944件。

【举办全国党建引领强村善治研讨会】9月28—29日，首场全国乡村治理体系建设试点示范系列研讨——乡村治理数字化实践暨党建引领强村善治研讨会，在建德市举行。此次会议共有16个省(市、自治区)农业农村部门相关负责人和部分试点县市单位与会，“建德做法”得到农业农村部、杭州市领导和与会单位肯定。

【创设政企红盟】4月29日，成立领军企业“制造未来”政企红盟，先后开展“锋”起江畔“航”向未来和“锋范争创、两新双强”活动，吸收制造业龙头企业20家，打造非公有制企业党建标准的策源地、党建品牌的孵化地、党建标杆的示范地，助推4家企业成功上市。

【农村发展党员违规违纪问题排查整顿】7月，排查整顿农村发展党员违规违纪问题省级试点工作在建德市启动。全面排查中共十八大以来农村新发展党员2080名，累计除名12人、取消预备资格3人、不予承认党员身份1人，纪律处分2人，批评教育、限期整改、重新履行手续等101人，编印《发展党员一本通》，收录规范性文件42份。

【外来人才引进与培育】出台“建德英才”计划实施办法，引进顶尖人才、国家级领军人才14名，院士领衔项目3个，新引育认定杭州市级以上高层次人才597名,1名外籍专家获“钱江友谊使者”称号。举办中国创新设计大会、长三角远程医疗网络建设高峰论坛、首届中国(建德)水稻产业发展论坛、高层次人才创业大赛等高端人才活动20余场,吸引30名海内外知名院士及300余名各领域专家走进建德创新创业。推进“揭榜挂帅”工作,征集企业技术需求16项,其中2项技术需求在杭州市国际人才交流与项目合作大会上路演。面向全球引才，在美国波士顿设立第二家海外招才引智工作站。

【科研人才平台建设】引进杭师大新安硅谷研究院、全国首个通航省级重点实验室、5G应用联合实验室、国家远程医疗中心浙西分中心等12家科研院所,“建德智立方”入驻项目6个,集聚高层次人才20余名。新增院士专家工作站3家,博士后工作站3家。草莓小镇获评杭州市级产业创新服务综合体。

【本土人才培育】开展“云聘会”“云宣讲”“云面试”等各类不见面引才活动9场，引进高校毕业生2937人。实施“引凤还巢”工程,举办首届建德籍优秀学子家乡行、高中学子“家燕启航”主题论坛等活动5场,设立“建德学子工作站”6个,组建“家乡推广大使”团队10支,为国内外建德籍青年学子提供人才服务。探索“青创客+电商”体系,出台电商人才新政8条和直播人才培育工程三年计划,创设“乡土人才银行”,建设服务平台,全市建成农创客中心6家，新增农创客416人。6月14日、7月1日,分别举办首届中国·建德大学生“农创日”发布会和杭州市第二届农创客大赛,5个项目签约落地。开展“名师带徒·匠心传承”工程,举办技能竞赛、“9·26”工匠日系列活动，成立首支“技能大师服务志愿团”,新培育高技能人才1039名,获评全国劳模、全国林草乡土专家、杭州工匠、杭州市级“技术能手”荣誉称号38名。(邱利成)

统一战线工作

【概况】2020年,全市统一战线以习近平新时代中国特色社会主义思想为指导，深入学习贯彻中共十九届四中、五中全会和省市委全会精神,精准落实中共建德市委决策部署，全年共开展主题教育活动22场次,覆盖统战成员1000余人次,举办各类统战成员培训班7期。其中列入全市干部教育主体班5期,参加培训人数300余人次。落实四个民主党派市委会、市知联会、市新联会固定的办公、活动场所和配备专职事业人员,以“党派之家”建设带动民主党派基层组织标准化建设。在抗击新冠肺炎疫情、抗洪救灾等重大突发事件中,组织全市统一战线成员，全力以赴参与并作出积极贡献。全年邀请省、杭州统战领域专家、学者开展专题议政会3期；开展专项民主监督活动10余次。统一战线呈现出开拓创新、团结和谐的良好局面,为打造“重要窗口”、展现“头雁风采”、实现建德新崛起凝聚最广泛的力量。

全市各统战组织和成员获得国家级荣誉9项、省级荣誉12项,获得市委主要领导批示4次,杭州市委领导批示2次。民建建德市委会被评为民建全国先进集体，大同镇高桥村获评全省民族团结进步先进集体，市民族宗教局获评全省民族统计分析工作突出单位。《建德市民营企业探索参与东西部精准扶贫新路径显成效》入选2020年国务院扶贫办“携手奔小康”行动案例选编。洋溪街道“融创同心荟”被评为杭州市“新的社会阶层”统战工作实践创新基地。

【助力疫情防控及复工复产】新冠肺炎疫情突袭武汉并蔓延其他地区之后，建德市委统战部第一时间成立民族宗教工作组和海外人员摸排组，落实做细宗教领域各项防控举措和涉侨境外疫情防控“精密智控”工作;成立服务侨企专项行动服务专班,全面开展“助企抗疫情、联企复生产”专项行动，指导统战组织开展各自领域内的企业大走访活动,走访全市12家重点港资、侨资侨属企业。落实11名港澳大学生至新安化工和雨歌动漫2个企业在线实习工作。并设海外疫情防控工作专班24小时咨询电话。号召和动员各类同乡会开展捐款、抗疫物资等,为抗击疫情做出贡献。建德籍海外侨胞、港澳同胞、海外留学人员,归侨侨眷、留学人员家属、侨资侨属企业累计捐款捐物466.6万元。发动统战成员帮助解决滞销柑橘1.5吨;向科创中心、大洋生物等企业捐赠口罩4000余只、帮助协调口罩8000余只。2名统战成员支援武汉一线抗疫。在企业复工复产期间,组织开展“亲清直通车·政企恳谈会”“服务‘六稳’‘六保’护航民企发展”检察开放日、“建商大讲堂”等系列活动,组织新生代企业家参加“健峰CEO”论坛,举办新生代企业家素质提升班,推荐3名新生代企业家作为省委统战部“双走访”对象,搭建银企合作平台,联合泰隆商业银行建德支行为新生代企业家联谊会贷款授信1亿元。多名统战成员获中央、省、市各类抗疫先进荣誉。其中,建德市朝美日化有限公司获浙江省抗击新冠肺炎疫情先进集体。全市各统战组织、成员捐款捐物合计超1600万元。

【基层统战工作】高标准完成梅城镇杭州市基层统战工作典型范例建设,获得省委领导肯定,并促成杭州市基层统战工作现场会在建德市召开。贯彻落实全省宗教工作基层基础建设现场会、杭州市统战部部长会议暨宗教工作推进会、全市宗教工作领导小组会议等会议精神,做好省委巡视涉及宗教领域问题的整改和全市基督教私设聚会点排查整治“回头看”工作,持续深化平安宗教场所创建,全面落实“三人驻堂小组”、宗教场所“五进”工作。

连续3年出台指导文件,从组织建立、乡贤回归和作用发挥三个层面引导乡贤助推建德乡村善治。7月17日,召开全市基层统战工作现场会暨乡贤工作推进会。至年底实现镇、村两级乡贤联谊会全覆盖。全市有乡贤创办、引进企业73家,投资总额达23.7亿余元。抗击新冠肺炎疫情期间,全市共有463名乡贤以各种形式积极参与抗击疫情助力企业复工复产,累计捐资捐物达585万元。成功举办第二届“建德人”大会,现场签约项目共10个,项目涉及投资总额超70亿元。 (吴学鹏)

机构编制工作

【概况】2020年,中共建德市委机构编制委员会办公室根据“把握新时代机构编制资源”的战略定位和工作目标,围绕市委、市政府中心工作,扎实做好机构改革、行政体制改革和机构编制工作,完成168家事业单位改革及清理规范整合工作,优化和强化经济领域、民生领域编制资源配置,发挥机构编制导向作用,为全市经济社会发展提供体制机制保障。

2020年年末,全市共有行政单位77个,其中党委部门11个、人大部门8个(含工委7个)、市政府工作部门26个、杭州市级部门派出机构1个、市政府派出机构1个、政协1个(另有6个专委不计入机构数)、法院1个、检察院1个、民主党派4个、群众团体6个、街道3个、乡镇13个。事业单位257个(含参照公务员法管理的事业单位和群团组织38个),其中正科级18个(含4大领域综合行政执法队)、副科级15个、正股级224个。行政编制(含专项编制)2330名,实有2242人;事业编制7987名(含参公事业编制676名),实有7826人(含参公事业人员588人);另有事业员额编制932名,实有330人。

【综合行政执法领域机构改革】深入推进市场监管、生态环境保护、文化市场、交通运输、农业五大领域执法改革落地落实,除生态环境保护领域外,制定其余四领域综合行政执法改革实施方案、执法队伍机构组建方案以及机构编制规定,确定纳入执法队人员编制185名。在梅城镇开展综合行政执法改革试点,提出机构设置建议方案。完成森林公安管理体制调整工作,20名涉改人员转隶平稳平静。

【市级平台体制机制调整完善】将经济开发区(航空小镇)管委会调整为市政府派出机构,以理顺开发区与属地乡镇权责关系、提升其在区域内产业布局和经济集成发展能力。完成严州古城管委会正科级机构设立，为统筹三江口区域内各类资源和经济社会发展提供体制机制和人员编制保障。

【经济领域机构编制配置】将市数据资源服务中心升格为正科级,并调整为市政府直属机构;将市财政局所属市国有资产管理服务中心、市发改局所属市重点项目管理服务中心、市规划和自然资源局所属市自然资源服务中心等升格为副科级,并相应增加事业编制。

【民生领域机构编制配置】针对公共卫生短板,调剂增加市疾控中心事业编制 4 名、市中心血库事业编制 11 名,统筹增加乡镇(街道)卫生院(社区卫生服务中心)员额编制 168 名。将市社会保障服务中心升格为副科级；成立全省首家县级医疗保障反欺诈中心。突出“控总量、保重点、优结构”,将初中段 46 名教师编制统筹调至小学段使用。此外,对精神文明建设、劳动监察、森林防火、“拥江发展”、航空应急救援等领域,加强机构编制资源配置。

【机构编制资源配置方式创新】建立事业单位编制周转管理办法，为承担急难险重任务但无空编可用单位核定周转事业编制，解决短期内人手紧缺难题。为市农业局、市科技局、市住建局、市水利局、市文广旅体局、航空小镇管委会及市融媒体中心等单位提供周转编制 68 件次，助力乡村振兴、科技强国、“拥江发展”、文化兴盛工作推进。探索党政储备人才试用期管理新模式，设立党政储备人才服务中心,核定周转事业编制进行统一管理、派驻任职,期满再进行“双向选择”正式确定入职单位。配合市委组织部将符合条件的优秀社区书记纳入事业编制管理,激发社区书记工作热情。

【临时机构与编外用工管理】根据市委、市政府工作安排,进一步加强市级议事协调机构设立、运行机制以及撤销等规范管理，严控部门随意转移职能、变相设置机构以及随意抽调其他部门在编人员。全年累计审核通过近 20 家议事协调机构设立请示事项。严格规范全市编外用工指标使用工作，其中审核两次集中招聘指标 170 余名。同时,市编制办会同有关部门提出乡镇(街道)编外用工薪酬标准建议方案报市政府常务会审议。

【机构编制规划】全年提出公务员招考、事业人员公开招考(聘)用编计划共 447 名,其中公务员(含参公人员)114 名、教师 122 名、医务人员 153 名、其他事业单位 58 名。累计完成 1140 余名行政事业人员转任(转聘)用编审核及进(出)编服务等工作。全市未出现未经报批设立机构和中层干部任职超标现象。

【机构编制业务服务】发挥好机构编制实名制系统集成功能。持续为两办、纪检监察、组织人事、财政等部门,以及疫情防控、文明城市创建等重点工作提供各类统计数据或信息。做好事业单位登记管理服务。及时提醒各部门办理统一社会信用代码赋码、事业单位登记管理事项;集中统一管理行政事业单位网上名称与中文域名管理等工作,为部门“减负”。直接通过事业单位法人登记形式,为“千鹤妇女精神”教育基地等机构解决其事业单位法人主体资格。

(徐　鹏)

史志工作

【概况】2020 年,市委史志编研室坚持以习近平新时代中国特色社会主义思想为指导，认真学习贯彻执行中共十九大和十九届四中、五中全会精神，扎实做好《中国共产党建德历史(1978—2002)》(简称党史三卷)总纂、地方志(包括年鉴)编纂,编辑史志系列丛书,开展党史宣传教育,辅导部门、企业、村(社区)修志,挖掘利用红色资源及地方志资源,为服务地方经济建设、文化建设尤其是支持乡村振兴等方面,发挥积极作用。

【党史宣讲】2020 年,市委宣传部、市委史志编研室联合下文成立由 8 名精通地方历史（包括建德地方党史)的专家、学者和讲师组成的红色文化宣讲团,制作中国共产党的历史、新中国的历史,以及建德地方党史为主的相关课程 16 个。开展“红色文化送基层”活动 20 余场，听众 1900 余人。同时，在新安江街道府西社区、寿昌红色商铺、大同书院分别建立“史志书屋”，上架陈列包括中国共产党历史文化、重要文献及领袖著作、地方党建研究、基层组织建设以及《建德往事》《史志丛书》等红色读本。推动党史和国史进一步深入基层、深入人心，使广大党员和群众进一步坚定理想信念、更好地传承红色基因。

【红色场馆建设】2020 年，市委史志编研室全力配合市重点建设项目——“千鹤妇女精神”教育基地建设，派出专人着重开展对纪念馆展陈内容的文稿（包括千鹤村历史沿革、涉及历史事件、人物传记等）撰写与史实审查工作；并对 16 名讲解员开展有关历史、地情与党史知识培训和现场模拟讲解，提高讲解水平。6 月，“千鹤妇女精神教育基地”展陈馆列入第三批杭州红色博物馆联盟成员单位。11 月，又成为第三批杭州市党史教育基地。

撰写《关于在大洋镇新建建德市党史展陈馆的调查与思考》资政文章，得到市委书记童定干等领导的批示，推进了大洋镇打造“浙西革命发源地”工作；与兰溪市委党史研究室紧密合作，开展兰溪县委旧址——大慈岩镇湖塘自然村红色资源挖掘和保护，并配合市退役军人事务局做好该村大革命时期烈士的申报工作；在杭州市委办公厅的支持下，赴中央档案馆影印毛泽东主席“合作化模范邓家乡”批示手迹、童祖恺《浙西现状报告》等珍贵史料 10 余份。同时，加强对红色场馆的史料支持、业务指导。协助寿南暴动纪念馆申报成为杭州市第三批党史教育基地，“合作化模范邓家乡”纪念馆、江西县民主政府纪念馆建成开馆。

◎ 更楼街道邓家村毛主席批示纪念馆（宁文武/摄）

【《建德年鉴（2020）》出版发行】2020 年卷围绕“宜居建德”“生态建德”“全面发展的建德”主题，全面、系统地记载 2019 年建德市政治、经济、文化和生态建设的基本情况，规模达到文字 80 万字、图（照）片 200 余幅，为社会各界读者了解和研究建德提供基本信息资料。12 月，该年鉴由方志出版社公开出版发行。

【修志辅导工作】指导千鹤村启动《千鹤村志》编纂工作，组成编纂班子，开展采访、调查和资料收集。至年底收集 20 世纪 50 年代至 70 年代人物照片 85 幅，拍摄档案资料 881 幅；撰写资料长篇 1.2 万字，人物传文字稿 4.8 万字、村级历史沿革 0.2 万字。同时对《建德市公安志》《建德市文化志》《白沙社区志》《新安江村志》《庙前村志》《里叶村志》等志书的修编给予具体指导。辅助《钦堂乡志》完成出版发行工作。

【史志系列丛书编印】围绕“写建德的事、写老百姓的事、写身边的事，让老百姓写、让老百姓看、让历史走进老百姓心中”主题，编辑出版《图说建德 70 年》，以图文并茂、新老照片对比形式，展示建德中华人民共和国成立 70 年以来的重大变化及重要事件。加强史料挖掘，基本摸清新四军在建德活动情况、建德人参加新四军活动情况，编印出版《新四军与建德》书籍，填补新四军研究方面史料空白。编印《建德往事》2 期（第 12、13 辑），公开出版家谱研究成果《建德家谱八景诗选》等书籍，打造宣传建德、传承文化、联结乡情的平台。（胡政成）

党校教育工作

【概况】 2020 年，市委党校深入学习贯彻习近平总书记在浙江、杭州考察时的重要讲话精神，全面落实习近平总书记关于党校办学治校系列重要指示精神和《中国共产党党校(行政学院)工作条例》《社会主义学院工作条例》文件精神以及全国和全省党校校长会议精神,围绕建德市委、市政府中心工作要求,以“强阵地、亮特色、创品牌、优服务”为着力点,推进清廉校园建设,坚持人才是学校第一资源的理念,打造专业、廉洁、高效的教学队伍。至年末,全校共有在编干部 20 人(年内公开招录研究生 1 人),其中专职教师 12 人,副高以上职称 5 人。各项工作成效良好,顺利通过浙江省市县党校行政学院(校)办学质量创优评估。

在抗击新冠肺炎疫情中,市委党校作为杭州市首个基层党校集中隔离医学观察点,86 天累计接收xxx 名医学观察对象,实现全过程“零投诉、零新增”,确保隔离点平稳有序运行。集中隔离医学观察点工作团队荣获战“疫”中的建德最美团队(第二批)。获得“杭州市机关党员干部参与一线疫情防控工作先进个人”荣誉 1 人、“杭州市抗疫先进个人”1 人。

【教学培训】全年举办主体班次 33 期,参训学员 3207 人;社会办班 35 期,参训学员 2963 人。通过不断创新培训模式,形成集富有建德特色的“新安新竹”培训班、中青年干部培训班、市管领导干部执政能力建设专题培训班为一体的干部教育培养链,为“干好‘266’,加快新崛起”提供有力的人才储备和组织保障。市领导 31 人次走上党校讲台,为学员授课,授课数占党校主题班次总课时 27.9%,切实提升干部教育培训实效和层次。至年底,共建有现场教学基地 23 个,其中省级 2 个、杭州市级 5 个,主体班现场教学比例达 100%,现场教学成效良好。

【科研咨政】新增刊出党校《咨政参阅》,加强智库建设,更好发挥“智库”作用。全年完成各类调研咨政报告 15 篇,获市领导肯定性批示 10 篇(其中,主要领导批示 9 篇)。其中,《新冠疫情冲击下建德市碳酸钙行业的危与机——以李家镇为例》获 2020 年度浙江省委党校(行政学院)系统优秀决策咨询成果一等奖。围绕《新冠疫情背景下建德市李家镇碳酸钙产业二次整治的机遇与对策思考》咨政报告,市委就建德市碳酸钙产业整治提升工作开展“直插式”巡察。省级课题立项实现“零的突破”,成功立项并完成省委党校规划课题 2 项,首获杭州市社科联资助课题 1 项。参与省委党校理论研讨会并获三等奖 1 项。

【基层宣讲】全校有市委讲师团、德文化讲师团成员 5 名。坚持把党校建设成为学习宣传习近平新时代中国特色社会主义思想的重要阵地,打通宣传宣讲向基层延伸的“最后一公里”,通过党员春训冬训、“万名党员进党校”“固定主题党日”等活动,全年赴乡镇街道以及机关部门、学校和事业单位开展各类宣传宣讲 163 场、受众 1.7 万余人次。

(仇元玲)

老干部工作

【概况】2020 年年末,全市共有离休干部 96 人。其中,抗日战争时期 8 人、解放战争时期 88 人;原单位为党政机关的 29 人、事业单位的 25 人、企业单位的 42 人;19 名安置委托代管的离休干部中,易地安置在建德的 5 人、受托管理杭州市属在建德 7 家企业的 14 人。代管浙江省杭州市属在建德单位的 7 人。

全年老年大学、老干部活动中心因疫情防控需要未开学开放。全年组织离休干部集中学习 1 次,开展市级老领导“走基层、看变化、促发展”活动 10 次,230 余人次参加。春节期间,上门走访慰问 111 名离休干部(含配偶)和 32 名市级老领导(含配偶);7 月,开展“夏日送清凉送慰问”活动;老人节期间慰问市级老领导和离休干部。对居住在北京、山东、上海的离休干部一年一次上门慰问,对居住在杭州、衢州等地的离休干部一年上门慰问 4 次。上门为 13 名 90 岁的离休干部过生日。

【主要荣誉】建德市“心手相牵”志愿服务大队、老法官工作室和吴文增、陈庆祥等 10 名离退休干部被省委老干部局评选为“最美助力之星”;建德市老干部特爱工作室等 19 家离退休干部党支部被省委老干部局评定为标准化离退休干部党支部；建德市公安局离退休干部第一支部等8家离退休干部党支部被杭州市委老干部局选树为杭州市离退休干部“最美支部”。葛彰生被省委老干部局评为2020年度“银尚达人”，黎绵和、王江平获评第七届建德市道德模范，张灿俭、朱平章获第七届道德模范提名。

◎ 11月3日，离休干部袁家睿(左)被授予抗美援朝纪念奖章(供图/市税务局)

【“医养一体化”居家养老服务社会化养老探索】作为探索一条适合建德市老干部“医养一体化”居家养老服务社会化养老新路子的方式，10月13日，市委组织部、市委老干部局联合在汇泉·馨安家园举行全市首个“银尚之家”授牌仪式。汇泉·馨安家园是全市规模最大、设施最齐全的公建民营的养老公寓，集养老、医疗、康复、护理、娱乐休闲于一体。环境优美、交通便捷，软、硬件设施完善，服务贴心暖心，入住的老干部满意度高，被浙江省委老干部局授予“银尚之家”称号。

【老干部“银色家园”综合体建设战略合作协议签约】11月10日，市委老干部局与建德农商银行举行“金银德美·夕阳生辉”老干部“银色家园”综合体建设战略合作签约仪式。根据协议，该综合体建设目标为：围绕党建、志愿服务等领域开展深度融合，联合打造具有建德特色的老干部志愿服务新体系，创新金融养老服务模式，使之成为有“建德特色”的模范标杆品牌，成为建德老干部发挥余热、体验优质服务的示范基地。

【举办首次全市退休公务员集体荣退仪式】11月12日，市委老干部局会同市委组织部首次举办全市退休公务员集体荣退仪式。通过不忘初心、薪火相传、银亮建德三个环节的演绎，并颁发“光荣退休”纪念牌传递组织温暖，同时专门设置新老交替“传承礼”，激励退休公务员的荣誉感和归属感，激发其“退休不退岗”、积极发挥余热的热情。

【丰富个性化服务】市委老干部局为参加过抗战的离休干部量身定制《红色足迹5》精美画册，为年满90周岁的离休干部集体过生日，完成离休干部夏联珍户“适老化”项目改造试点，满足离休干部个性化需求。 (高卫华)

信访和“12345”市长公开电话

【概况】2020年，市信访局深入推进矛盾纠纷调处化解中心(下文简称矛调中心)规范化建设，持续深化“最多跑一地”改革，聚焦提升业务能力水平，扎实开展信访积案化解，打造建德市“信访总量降、初次化解升、北京去人少、县级接访多、重大活动安”的良好信访生态，全年实现“零进京”。成功创成全国“三无县”，连续2年创成“无信访积案县”。

全年共受理群众信访电7.91万件，同比上升17.6%。其中受理群众来信和网上信访3333件，下降21.9%；受理群众来访180批866人次，分别下降21.1%和37.9%，其中集体访51批620人次，分别下降5.6%和40.6%；受理群众来电75601件，上升20.4%。赴杭越级访57批60人次，人次下降3.2%；赴省越级访70批103人次，人次下降37.2%；进京越级上访为零人次。

【涉“经济体制改革”信访受理】市发改局积极参与市领导领衔信访积案消除工作；与职工上访代表见面，查阅相关档案资料，就上访代表提出的问题予以答复；接待处理浙江横山铁合金厂原职工信访工作、新桥宾馆遗留问题处理，查找梅城镇粮站宿舍、梅城五交化公司等企业改制材料；参加洋溪搬运站、供销大厦有限公司土地权属等信访协调会；会同市财政局处理国有企业公司制改革事宜。

【成功创建全国“三无县”】2020年，市信访联席会议领导小组将信访突出问题纳入六个专项组范畴，每月研判、专项攻坚，充分发挥各专项组的作用，形成组长单位统筹协调，成员单位合力攻坚的工作局面，定期分析领域内的风险隐患，找准问题症结，精准施策，注重发挥信访民情收集作用。全年就15个突出问题向市委、市政府提出工作意见建议，有效推动问题及时化解。对所有越级上访开展滚动式排查，梳理出化解类积案146件、稳控类积案49件，明确稳控专班和责任人，建立专业化督查队伍，通过实地督查、重点督办、随机抽查、每月通报等方式倒逼责任落实，通过努力，成功创建全国“三无县”（无重复上访、无集体上访、无信访积案）。

【深入推进社会矛盾纠纷调处化解中心（信访超市）规范化建设】2020年，市社会矛盾纠纷调处化解中心（信访超市）完成“九大中心即社会治理综合服务中心、社会治理综合指挥中心、人民来访接待中心、行政争议调解中心、“12345”市长公开电话5个成建制入驻平台，以及诉讼服务中心、公共法律服务中心、劳动监察（仲裁）中心、“12309”）检察服务中心热线电话4个功能性入驻平台整合和信访局整体入驻，健全完善联合接访等11项工作机制，细化衔接反馈标准，做优“一窗受理”，搭建矛盾纠纷综合调处平台，将“最多反映一次”信访代办制纳入中心化解体系，利用监管平台对市、镇、村三级代办情况实时监控监督。

【提升“12345”效能指数】“12345”投诉电话受理中心进行一体化和系统平台整合升级，6月，话务中心完成整体外包并实体化运行，完成“四个统一”（统一号码、统一系统、统一管理、统一标准）建设，实行7×24小时人工在线接听，来电占信访总量94.5%，主渠道作用凸显。建立每日抽查、每周点评、每月通报和定期开展业务培训等制度，快速提升服务质量，效能指数平均为93.23分，在杭州市7个分平台中跃升至排名第三，在杭州15个区县管委会中列第4名。尤其是在疫情、汛情期间，充分发挥市长电话“统一、便民、高效”的特点，精准捕捉、快速回应群众关切，高质量办理每一件群众来电，真正实现“民有所呼，我有所应”。（徐 康）

档案工作

【概况】市档案馆全年接收卫健局出生医学证明档案83卷，市委组织部“不忘初心牢记使命”主题教育档案571件，全年提供查档服务9832余人次，其中异地查档、网上办、电话查档2821件。汛期新安江水库泄洪前夕，积极配合市“防指”进行新安江城防图等相关档案资料查阅调用，为市委、市政府应对新安江水电站首次九孔泄洪提供重要技术档案支撑，确保防汛防洪任务圆满完成。

全市共有档案形成单位83家，档案中介机构6家，全年共开展双随机检查5次，跨部门双随机检查1次。完成档案事业“十四五”规划编制招标工作，由南京大学中标。顺利通过“市县级国家综合档案馆业务建设能力评价”的省级考核。

【数字档案馆建设】全年完成馆藏纸质档案数字化扫描122万页，全馆馆藏纸质档案数字化累计达1012万页，馆藏档案应数字化率达98.0%。完成数字档案馆建设项目，实现档案在线接收、管理、利

◎ 九孔泄洪前夕，配合市防指办查阅城市防洪工程图（王进/摄）

用的功能，提升档案的信息化、数字化水平，接收行政审批事项电子档案 18347 条，数据总容量 13.75G，完成行政审批事项电子归档率 100%。

【档案工作“最多跑一次”改革】完成市域档案资源共享服务平台建设，上传民生档案 25.08 万件，为各乡镇街道、机关部门提供在线共享档案。对标“七星级”政务服务要求，提升档案服务能力，改善大厅功能环境，让市民切实感受到“最多跑一次”改革带来的获得感，全面提高群众的查档体验和查档满意度。

【档案工作服务农村基层社会治理项目】建立建德市档案工作领导小组，形成“市级—乡镇、部门—村(社)”三级档案管理网络，完善“乡镇主导、部门联动，齐抓共管、共治共享”的工作机制，强化基层档案监管，提高基层档案治理能力。

【档案文化宣传】完成《跟着档案去旅游——千年古镇梅城》档案宣传片拍摄，该节目在各级媒体播出，有力宣传了建德档案文化和建德旅游资源；为三都镇凤凰供销社历史展陈馆提供相关的档案图片资料，向当代年轻人充分展示供销社事业的历史和供销社文化，也为老一辈的群众回忆那些属于老供销社的记忆，该展陈馆被命名为建德市 2020 年中小学生研学旅行教育基地。 （王　进）

编辑：黄建生

建德市人民代表大会

The pepole´s Congress of Jiande

综述

【概况】2020 年，市十六届人大及其常委会深入学习习近平新时代中国特色社会主义思想，深刻领会习近平总书记在浙江、杭州考察时的重要讲话精神，认真贯彻习近平总书记关于坚持和完善人民代表大会制度的重要思想；自觉坚持党的全面领导，落实重大事项向市委请示报告制度；以市委《高水平推进新时代人大工作和建设的意见》为统领，充分发挥代表主体作用，不断提升自身履职能力，不断提高人大工作和建设水平，在“助力高质量一体化发展”“助推市域治理效能提升” 发挥人大作用。在人大自身建设中，全员投身抗疫防汛、文明城市创建攻坚战、村（社区）组织换届选举工作，助推各项工作落细落实；特别是在抗击新冠肺炎疫情期间，15 名医疗卫生战线代表、582 名基层一线代表积极投身疫情防控工作，各级人大代表踊跃捐款捐物达 1600 余万元；市人大常委会组成人员和机关党员干部分组分片走访联系企业 256 家，“一对一”驻点服务企业 42 家，帮助协调解决物流运输、物资保障、人员返工、政策兑现等问题 48 个有力推动全市复工复产工作。

全年，市十六届人大常委会共召开常委会会议 7 次，听取和审议“一府两院”专项工作报告 14 个，作出决议、决定 15 项，发出各类监督意见书 8 件，依法任免国家机关工作人员 113 人次，组织视察检查 8 次，主任会议听取专项工作汇报 12 次，审查市政府报备的规范性文件 14 件。

【助力高质量一体化发展】市人大常委会专题听取和审议 28 个职能部门贯彻落实《浙江省民营企业发展促进条例》情况，同时对 2019 年促进民营经济高质量发展专项监督审议意见的落实情况进行“回头看”，形成“报告、审议、整改、反馈”全链条闭环模式，帮助解决部分民营企业融资难、融资贵等问题；听取和审议国民经济和社会发展计划半年执行情况的报告；听取数字经济发展情况、社保基金运行情况、养生养老产业发展情况、教育设施规划布局情况、公共卫生服务保障体系建设情况、无障碍环境建设情况等相关汇报；开展中介机构规范发展专题调研，并形成专题调研报告供市委、市政府决策参考；主任会议专题听取国有公司管理运行机制情况汇报，建立市场化结算机制、部分监管审批权限下放等意见建议得到采纳；严格落实政府重大投资项目票决制，全年共票决政府重大投资项目 4 次，通过新增项目 39 个，调整项目 8 个；对建金高速项目、环境能源项目、农民饮用水工程等政府重大投资项目实施情况，以及林业经济发展情况、农村家宴厨房、学校食堂、冷链食品购物店等重要场所的食品药品安全情况开展视察检查；对市公安局、民政局、农业农村局、林业局、文广旅体局 5 个部门开展乡村振兴工作评议；对 8 个乡镇 25 个“美丽城镇”建设项目现场进行督查服务。深化民生实事项目代表票决制，完善“季度回头看、年终专项审、人代会测评”全过程监督机制。

【助推市域治理效能提升】 上下联动开展动物防疫、野生动物保护“两法两条例两决定”执法检查，开展《杭州市居住区配套设施管理条例》执法检查；专题听取梅城古城保护情况报告，助推市政府出台古城保护相关规定；关注市法院执行难和市检察院行政公益诉讼工作；针对全市行政诉讼有关情况开展调研；听取信访工作情况汇报，关注社会矛盾纠纷调处化解机制改革，推动基层社会治理创新。

首次试行预算草案“三审”制，推动政府用有限资金更好保障“六稳”“六保”等重点领域；跟踪监督同级审问整改情况，对涉及金额较大的、情况较为复杂的问题开展“点对点”“面对面”实地督查；高度关注政府债务限额及收支情况，要求市政府加强地方政府性债务管控；专题听取“十四五”规划纲要编制情况汇报，重点跟踪15个专项规划编制；听取和审议“十四五”规划和2035年远景目标纲要草案编制情况报告；开展国土空间规划编制调研，就推进多规融合、拓展发展空间、保障重大项目落地等提出意见建议。

【充分发挥代表主体作用】推出掌上人大代表联络站，16个乡镇(街道)全面实现代表联系群众“全天候”、群众反映问题“零距离”；代表进联络站接待选民活动进一步深化，首次邀请政府部门负责人进联络站听取代表群众意见；开展代表联络站星级创建活动，创成五星级5家、四星级3家，联络站建设质效整体提升。组织42名市人大代表参加培训，实现届内市人大代表党校主体班培训全覆盖；拓宽代表知情知政渠道，组织代表参与常委会会议、视察检查、政府常务会议、规划论证等活动156人次；出台《建德市人大代表活动经费管理使用意见》，进一步支持和保障代表依法履职；完善代表述职评议机制，25名市人大代表向选民述职，12名在建德的杭州市人大代表向常委会述职；梳理市十六届人大四次会议上代表审议发言348条，形成清单交由市政府办理，意见建议办理情况均以信函方式一一回复；完善督办和评议工作机制，推动议案建议办理高质量；对往年议案建议办理情况开展“回头看”。开展“助力垃圾分类，人大代表在行动”活动，代表履职能力进一步提升。

重要会议

【建德市第十六届人民代表大会第四次会议】1月17—20日在新安江街道召开。大会应到代表225人，实到221人，列席人员214名。会议听取和审议市长朱欢所作的市政府工作报告、市发改局所作的建德市2019年国民经济和社会发展计划执行情况与2020年国民经济和社会发展计划草案的报告(书面)、市财政局所作的建德市2019年财政预算执行情况及2020年财政预算草案的报告(书面)、市人大常委会主任叶万生所作的市人大常委会工作报告、市人民法院院长毛志军所作的市人民法院工作报告、市人民检察院检察长高翔所作的市人民检察院工作报告，并通过相应决议。听取建德市2019年环境状况和环境保护目标完成情况和2019年政府民生实事项目完成情况的报告(书面)。

大会选举周萍英为市监察委员会主任；选举王坚、吴霞、陈观宝、周伟清、郑泽挥、官建强为市十六届人大常委会委员。大会对2019年市政府10件民生实事项目完成情况进行满意度测评，测评结果均为满意；票决产生2020年市政府10件民生实事项目。大会设立社会建设委员会，将法制内务司法委员会更名为监察和法制司法委员会，并通过社会建设委员会、监察和法制司法委员会组成人员名单。会议期间，共收到代表议案建议142件。

◎1月17日，建德市第十六届人民代表大会第四次会议开幕(朱永标/摄)

【"一府两院"工作报告会】8月20日,市人大常委会组织召开"一府两院"工作报告会,市长朱欢代表市政府报告全市上半年经济社会发展情况和下半年工作安排,市法院和市检察院书面报告上半年工作。

【全市人大宣传工作会议】5月14日,市人大常委会首次与市委宣传部联合召开人大宣传工作会议,总结工作经验,明确任务要求,联合下发《关于加强新时代人大宣传工作的若干意见》,进一步加强新时代人大宣传工作。

【市十六届人大常委会会议】2020年,市十六届人大常委会共召开7次常委会会议。

1月9日,市十六届人大常委会召开第三十次会议(注:为避免行文累赘,以下直接表述为"第N次会议"),听取市政府《关于2019年民生实事项目完成情况的报告》《关于2020年市政府民生实事候选项目形成情况的报告》以及《关于2019年市政府民生实事项目监督情况的报告》;初审《建德市2019年国民经济和社会发展计划执行情况与2020年国民经济和社会发展计划(草案)》《关于建德市2019年财政预算执行情况和2020年财政预算(草案)》的报告;审议并通过《关于提请审议2020年新增政府重大投资项目建设计划的议案》《建德市十六届人大常委会代表资格审查委员会关于补选代表的代表资格审查和代表变动情况的报告》《建德市人民代表大会财政经济委员会组成人员调整情况》,票决通过2020年政府重大投资项目;讨论提出市十六届人大四次会议议程、日程(草案)和市十六届人大四次会议各项建议名单(草案),讨论决定市十六届人大四次会议列席人员名单(草案),讨论并原则通过市人大常委会工作报告;表决通过有关人事任免事项。

3月17日,第三十一次会议。听取和审议市人大常委会新安江、更楼、洋溪三个街道工作委员会所作的《关于2019年工作情况和2020年工作计划的报告》,通过《关于市人大常委会各街道工作委员会报告的决议》;审议通过《建德市人大常委会2020年工作要点》。

5月22日,第三十二次会议。对开展"乡村振兴"工作评议进行动员部署;听取市文广旅体局关于梅城古城保护工作情况报告。

7月24日,第三十三次会议。听取和审议《关于2019年市财政决算草案和2020年上半年财政预算执行情况的报告》《关于2019年度市本级财政预算执行和其他财政收支情况的审计工作报告以及审计发现问题整改情况报告》,并通过《建德市人大常委会关于批准建德市2019年财政决算的决议》;听取和审议《市政府关于建德市2020年上半年国民经济和社会发展计划执行情况的报告》《关于提请审议2020年新增及调整政府重大投资项目的议案》,票决通过2020年新增及调整政府重大投资项目。

10月10日,第三十四次会议。听取和审议《关于提请审议2020年新增及调整政府重大投资项目建设计划的议案》《关于全市乡村振兴战略实施情况的报告》,票决通过2020年新增及调整政府重大投资项目;表决通过相关人事任免事项,决定接受柯汉根辞去建德市人民政府副市长职务,同意免去其市公安局局长职务,决定任命王伟为建德市人民政府副市长、公安局局长;对"乡村振兴"工作进行评议,听取市公安局、民政局、农业农村局、林业局、文广旅体局就乡村振兴推进工作的报告和各评议工作组的调查报告,测评结果均为满意。

11月30日,第三十五次会议。现场视察高新园重大工业项目、新安江大城区慢行系统二期工程、下涯"乡村振兴"项目以及建金高速梅城互通连接线工程等政府重大投资项目;听取和审议2019年促进民营经济高质量发展审议意见落实情况和2020年重大工业项目实施情况、2020年政府重大投资项目实施情况的报告;听取市财政局、市市场监管局和中国人民银行建德市支行关于《浙江省民营企业发展促进条例》贯彻落实情况作的报告;票决通过调整及新增部分2020年政府重大投资项目;审议通过《建德市2020年财政预算调整方案的决议(草案)》。

12月31日,第三十六次会议。听取和审议市政府关于2020年政府民生实事项目实施情况的报告以及10个市人大代表监督小组的汇报;听取和审议市政府关于建德市十六届人大四次会议代表建议和意见办理情况的报告、8件重点议案建议承办单位关于办理落实情况的报告，以及市人大常委会代表工委关于市政府议案建议办理情况的调查报告，会议对办理情况进行满意度测评，测评结果为满意；部分在建德的杭州市人大代表在会上进行述职；开展员额法官、检察官履职评议；开展中介机构规范发展专题询问；表决通过《关于召开建德市第十六届人民代表大会第五次会议的决定》；表决通过有关人事任免事项。

【主任会议听取专项工作汇报】4月29日，主任会议专题听取全市信访工作情况汇报，提出：要树立以人民为中心的理念，增强做好信访工作的自觉性，强化依法行政，畅通信访渠道，加强社会矛盾纠纷调处化解中心规范化建设；压实责任，重视基层基础工作，重视初访首办，加大对违法信访打击力度；创新方法，提高信访治理能力和水平，推动矛盾问题化解等建议。

4月29日，主任会议专题听取全市数字经济发展情况汇报，提出：要加快建设强大的支撑网络，力争早日建成高质量、广覆盖的5G商用网络；推动新基建与工业、服务业、农业等实体经济各领域的融合发展；加大数字产业招引力度，激活市场活力；进一步完善相应的支持政策，对相关重大项目采取“一事一议”；加强数字应用，在杭州打造“全国数字经济第一城”战略部署中有所作为等建议。

6月19日，主任会议专题听取全市国有资产管理、国有公司运营情况汇报，提出：要充分利用现有资源，创新运营思路，积极拓宽业务，进一步促进国有资产形成和壮大；准确把握国有公司运行风险，重点关注项目的监管和调度，抓好规范管理，加快推进项目建设；重视人才培育，积极出台政策吸引人才，提升骨干人才待遇留住人才，充分调动人才的积极性；适当简政放权，增加国有公司经营自主权，强化监督管理，切实做大做实做强国有公司等建议。

6月19日，主任会议专题听取市财政局关于政府债务管理情况汇报，提出：要严格执行预算法，加强政府债务管控；加强项目评估论证，提升资金使用效率；优化负债结构，提升债务管理绩效等建议。

7月21日，主任会议专题听取全市教育设施布局规划情况汇报，提出：要坚决贯彻落实教育优先发展战略，完善规划，合理确定学校布局；处理好城乡教育资源共享、幼儿园与小学联动布局、优质教育与普惠教育协同发展等工作，促进教育均衡发展；高度重视职业教育的战略地位和作用，大力发展现代职业教育等建议。

8月14日，主任会议专题听取全市“十四五”规划编制情况汇报，提出：规划编制要明确建德未来的发展方向，注重吸收关心和支持建德发展的社会各界人士的意见建议；加强衔接，与国家、省、市规划有效衔接，科学处理专项规划与总体规划纲要的关系，既体现专项规划的基础作用，也体现规划纲要的统领作用；结合建德特色，创新模式，挖掘发展潜力等建议。

8月31日，主任会议专题听取全市养生养老产业发展情况汇报，提出：要结合“十四五”规划编制和国土空间规划，科学规划养生养老产业发展事业；处理好养生、养老和民宿的关系，理清部门职责，分类制定政策；积极招引社会资本，促进项目落地落实等建议。

8月31日，主任会议专题听取全市公共卫生服务保障体系情况汇报，提出：要加大财政和政策的投入和保障，突出基层公共卫生机构特别是基层农村卫生室的建设；通过探索农村卫生室医务人员委培新模式、逐步提高基层医务人员待遇、加强培训交流以提升业务水平等方式加强人才队伍建设等建议。

9月28日，主任会议专题听取市十六届人大四次会议重点议案建议办理情况汇报，提出：要以较高的政治站位，认识办理好人大议案建议是政府的法定职责，切实加强议案建议办理的自觉性；强化办理实效，重视议案建议办理的进度和质量；加强沟通交流，积极听取代表意见，提高代表、群众的满意率；提升督导作用，进一步加强督查和测评工作，助推议案建议办理真正取得实效等建议。

10月12日，主任会议专题听取2020年市政府民生实事项目实施情况汇报，提出：要加快项目建设进度，确保项目保质保量完成；完善长效管理机制，提升项目绩效；提前谋划2021年民生实事项目；通过民生实事项目办理进一步促进民生事业发展等建议。

11月5日，主任会议专题听取全市无障碍环境建设情况汇报，提出：要坚持以人民为中心理念，充分认识无障碍环境建设的重要性和迫切性；按照年度工作目标对标对表，加快无障碍环境建设整改工作；加强执法，严格落实《无障碍环境建设条例》；做好相关政策、资金等保障工作；扩大工作宣传，培育"无障碍"文化；进一步发挥人大监督作用，继续加大监督力度，全面提升城市文明建设水平等建议。

11月5日，主任会议专题听取全市社保基金运行情况汇报，提出：要加大资金筹措力度，做好增收工作；加强基金管理，严格执行相关法律法规；发挥社保基金作用，落实好"六保""六稳"工作；推进"最多跑一次"改革，不断提升社会保障服务水平等建议。

重要活动

【中介机构规范发展专题调研】市人大常委会组建6个专题调研工作组，分层分类开展为期3个月的调研，实地走访中介机构35家，召开座谈会18个，收集意见建议122条，形成《关于建德市涉审中介机构规范发展的调研报告》，得到省人大常委会领导的批示肯定。年底，召开专题询问会，就如何强化中介机构评价结果应用、推广网上中介超市等提出询问，推动完善中介机构管理。

【"乡村振兴"工作评议】对市公安局、民政局、农业农村局、林业局、文广旅体局5个部门开展"乡村振兴"工作评议，市人大常委会组成5个评议组，召开座谈会26次，发放调查问卷245份，组织视察检查13次，市镇联动组织5个代表小组定向视察5个被评议部门，召开评议大会，推动被评议部门更好开展工作。

【首次试行预算草案"三审"制】组织代表对4个部门单位2021年预算草案和专项资金开展预审，财政经济委员会开展初审，提出政府要推进预算管理业务一体化建设、开源增收做实预算盘子、加大绩效评价公开力度等25条意见建议，推动政府用有限资金更好保障"六稳""六保"等重点领域。

【代表联络站规范化建设】首次邀请政府部门负责人进联络站开展活动，6名副市长、25名局长分赴全市各代表联络站，听取代表群众意见，积极回应社会关切。全市50个联络站共开展接待选民与群众活动226批次，收集意见建议1533条，县道杨长线道路改造等一批群众关注的问题得到有效解决，基层群众提出的意见建议做到件件有反馈、事事有回音。开展代表联络站星级创建活动，创成五星级5家、四星级3家，联络站建设质效整体提升，其中新安江街道、寿昌镇、大洋镇人大代表联络站被评选为杭州市最美人大代表联络站。

【"助力垃圾分类，人大代表在行动"主题实践活动】市人大常委会领导带队分成7组，围绕垃圾分类投放、分批运输、末端处置等重要节点，对全市垃圾分类工作开展检查调研，提出要进一步规范垃圾分类投放、注重保障农村垃圾分类资金投入、加快垃圾分类末端处置设施建设等建议。各级代表积极参与，上街入户宣传2500余人次，开展视察督查30余次，反映的5个方面16条重点建议交由市政府办理，其中增加无物业小区垃圾投放点位、合理设置特定场所垃圾清运时间等建议得到落实。

◎ 5月13日，市人大代表现场察看梅城西湖御园生活垃圾收集点(供图/市人大常委会办公室)

【首次专题听取和审议人大街道工委工作情况报告】认真贯彻落实《浙江省街道人大工作条例》，市十六届人大常委会第三十一次会议专题听取和审议市人大常委会新安江、更楼、洋溪三个街道工作委员会所作的《关于2019年工作情况和2020年工作计划的报告》，通过《关于市人大常委会各街道工作委员会报告的决议》，将街道人大工作纳入常委会工作安排。

【探索与长三角地区人大建立交流合作和协同发展机制】与上海市奉贤区人大常委会围绕政府重大投资项目监督、职工疗休养、艺术文化等方面交流合作；与南京市人大常委会共同推动严州古城墙"申遗"工作；与安徽省六安市人大常委会围绕生态环境建设、水利设施保护等开展交流探讨。

【执法检查】6月10日，省人大常委会副主任姒健敏、杭州市人大常委会副主任郑荣胜一行到建德市开展动物防疫、野生动物保护"两法两条例两决定"执法检查。检查组实地视察建德市三弟兄农业开发有限公司、航大生态农业有限公司有关情况，听取杭州市和建德市关于"两法两条例两决定"贯彻执行情况的汇报，提出要进一步认清动物防疫、野生动物保护对于维护生态平衡，改善生态环境，促进人与自然和谐发展，保护人类生活环境、促进经济协调发展的重要意义；要强化问题导向，加强对家畜养殖、调入畜禽及其产品防疫监管，加强病死畜禽无害化处理的能力，革除滥食野生动物的陋习，及时跟进全国人大及省人大的立法修复工作步伐，认真梳理法律法规相适应以及执行中的难点问题，提出加强修法立法建议，进一步抓好动物防疫、野生动物保护的各项工作，为全省畜牧业发展及人民生活食品安全保障作贡献。

【视察检查】4月28日，市人大常委会组织部分市人大代表专题视察全市林业经济工作。代表们实地视察钦堂乡钦堂村林药复合经营模式和乾潭镇梓洲村水碓湾农业开发有限公司的千亩香榧示范园，并听取市林业局关于全市林业产业发展情况的汇报，提出：要在发展壮大林业经济的同时兼顾

◎ 11月30日，市人大常委会视察新安江大城区慢行系统二期工程(供图/市人大常委会办公室)

好林业生态，做大做强香榧、薄壳山核桃、中药材等林业特色产业，强化后续加工，做长产业链，增加附加值；相关部门要加强配合，强化政府的服务和政策的引导，加强技术指导和项目扶持，促进林业经济上新台阶等建议。

6月16日，市人大常委会视察环境能源项目、交通重点工程和美丽城镇建设工作。实地查看寿昌镇的市环境能源项目，实地走访乾潭镇刘华铜文化艺术展馆、"风生水起"划骑跑运动基地以及大洋镇城镇客厅，实地踏看临金高速建设情况，并听取全市垃圾处理设施能力建设情况、2020年交通重点项目推进情况、美丽城镇建设工作开展情况汇报。针对垃圾处理设施项目，提出：要加强协调、加快垃圾处理设施项目推进，重视试运行、严格把好项目验收关，全力保障项目安全有序推

◎ 5月9日，市人大代表督查新安江社区老旧小区加装电梯工作(供图/市人大常委会办公室)

进等建议。针对交通重点工程建设工作，提出：要融合“大交通”理念，强化规划引领，补齐交通短板，建设交通强市；加强重点工程协调指挥，保障项目各环节无缝衔接、顺利推进；重点关注民生问题，确保交通项目有序推进的同时保障百姓利益等建议。针对美丽城镇建设工作，提出：要突出重点，围绕创建体系目标抓推进，明确任务分工，突出亮点特色，做足“美丽经济”大文章，并抓好长效管理，巩固已有创建成果，形成“美丽城镇”工作常态化管理等建议。

6月28日，市人大常委会组织部分市人大代表专题视察农村饮用水工程建设工作。实地视察下涯镇大洲村单村供水站建设和大洋镇供水工程，并听取相关工作情况汇报，提出：市政府和有关职能部门要突出重点，加快民生项目扫尾工作；注重长效管理，健全体制机制，保障工程运行维护工作落到实处，确保群众喝上安全水、放心水等建议。

7月22日，市人大常委会组织部分市人大代表视察全市乡村治理和居家养老服务工作。实地视察莲花镇戴家村规范小微权力助农增收项目、洋溪街道朱池社区和下涯镇乌驹市村居家养老服务中心，听取全市居家养老服务工作、乡村治理试点示范工作情况汇报，提出：要发挥群众主体作用，注重“三治”融合，形成工作合力，共同推动全市乡村治理水平的提升；提升政府主导力，推动相关设施的建设和完善，加强养老机构人员的培训；提升社会参与度，鼓励、吸引社会力量参与养老服务工作；提升群众满意度，各养老机构切实做到精心服务、规范运营等建议。

9月8日，市人大常委会组织部分代表督查无障碍环境建设情况。实地督查半岛凯豪酒店、青少年活动中心、新安江第一初级中学、白沙社区党群服务中心和德安药店等单位无障碍设施建设情况，听取全市无障碍环境建设情况汇报，提出：各相关部门单位要切实履行部门职责，找准问题症结，形成工作合力，营造良好氛围，按时保质保量抓好无障碍设施建设等建议。

11月25日，市人大常委会组织部分市人大代表专题视察全市镇域农业产业平台建设工作。实地视察三都镇西红花产业和柑橘产业提升情况以及杨村桥镇草莓产业标准地建设情况，听取全市“一镇一业”平台推进农业产业高质量发展情况汇报，在规划引领、政策配套、培育指导、主体作用发挥等方面提出建议。

11月26日，市人大常委会组织部分市人大代表专题视察全市安全生产工作。实地视察新安物流危货运输智慧监管平台及危化品应急救援能力展示情况、寿昌镇避灾安置中心、建德千岛湖通用机场航空护林和直升机应急救援工作，听取全市应急管理工作情况汇报，在应急管理基础、硬件设施、救援队伍建设以及日常监管、执法落实、协同作战等方面提出建议。

◎ 11月30日，叶万生等市人大常委会领导视察下涯黄饶建设项目(供图/市人大常委会办公室)

12月17日，市人大常委会组织部分市人大代表视察全市食品安全工作。实地视察更楼街道许乐村家宴中心、更楼小学智慧阳光厨房、大润发超市等地，听取本市食品安全工作汇报，在加强冷链食品监管、严格落实食品安全责任和运用新科技手段实现源头把控，严防严控食品安全风险等方面提出建议。
(赵亚光)

编辑：黄建生

建德市人民政府

Jiande City People's Government

综　述

【概况】2020 年，市政府坚持以习近平新时代中国特色社会主义思想为指导，全面贯彻落实新发展理念，在上级党委、政府和市委的坚强领导下，在市人大、市政协的监督和支持下，紧紧依靠全市人民，面对新冠肺炎疫情、新安江水库首次九孔泄洪等突发重大考验，直面挑战、迎难而上，赢得了疫情防控、复工复产和抗洪救灾最终胜利；在经济发展和社会建设方面，全力开展"争先创优"，扎实做好"六稳"工作，多项经济指标位居全省、全杭州前列，形成工业经济逆势增长的"建德现象"，经济社会保持平稳有序发展。同时，全市人民勠力同心、强力攻坚，夺得全国文明城市、浙江省"无违建市"等重大荣誉，城市品质和竞争力显著提升；打赢脱贫攻坚战，全面推进美丽乡村建设，确保高水平全面建成小康社会圆满收官。全年地区生产总值、规上工业增加值、工业投资、财政总收入、地方财政收入、城乡居民人均可支配收入全面逆势而上，取得新的增长。实现了经济平稳发展、民生持续改善、社会和谐稳定的良好局面。

【主体指标总体向好】2020 年全市地区生产总值同比增长 5.3%，农业增加值同比增长 1.6%，规上工业增加值同比增长 8.5%，第三产业增加值同比增长 6.4%；实现社会消费品零售总额 114.1 亿元，实际利用外资 1.46 亿美元；财政总收入 55.6 亿元，同比增长 2.8%，其中地方财政收入 34.2 亿元，增长 10.1%；城镇、农村居民人均可支配收入分别为 54962 元、30762 元，分别增长 3.9%、7.3%。

【科学精准防控新冠肺炎疫情】面对突如其来的新冠肺炎疫情，在全省率先启动卡口 24 小时防控机制，守牢"入建"大门。为在鄂莓农寄送防疫物资，保障在鄂莓农安全。组织 2 家防疫物资保供企业满负荷生产，16 名医护人员赴武汉圆满完成医疗救援任务，为全国抗"疫"大局作出突出贡献。随着疫情防控进入常态化阶段，高标准落实精密智控机制，聚焦数字赋能，创新上线"安心返"平台，慎终如始做好常态化防控工作。

◎ 7 月 23 日，市长朱欢（左）调研小微企业纾困工作（供图/市市场监管局）

【抵御新安江水库九孔泄洪灾损】面对罕见的长时间梅汛，坚持"最坏打算""最足准备"两手抓，累计转移群众 1 万余人，排查隐患 1853 处，设置沿江警戒线逾 41 千米，经受住了新安江水库建成 61 年来首次九孔泄洪的强烈冲击和严峻考验，使受灾损失降到最低程度。泄洪过后，全力开展救灾复产，实施灾后重建项目 53 个（计划总投资 29 亿元），其中 44 个实施类项目完成 39 个。

【传统制造业提升改造】扎实推进传统制造业改造提升，整治“低散乱”企业93家，淘汰落后产能项目11个，工业技改投资增长29.9%，位居杭州市第一。微化工反应器获评年度全省装备制造业重点领域省内首台（套）产品。“凤凰行动”实现突破，4家企业成功上市。获评省级“两化融合”国家示范区称号。

【文体旅融合加快】建德市博物馆、“千鹤妇女精神”教育基地开馆，严州古城开城，大型山水实景演艺项目《江清月近人》建成并对外开演，开元·方外、景澜·新安江宿等高端酒店开业。成功举办第十六届杭州·浙西旅游合作峰会、第十九届新安江旅游节、“夏日冬泳”百城挑战赛、“建德17℃新安江”马拉松等大型活动。文化、体育、旅游融合进一步深化。

【重大产业项目落地平稳】实施市本级重大产业项目81个，政府投资重点实施类项目96个，开工率均为100%。“152”项目全年落地率80%。深入开展产业链招商，创新“云推介+云洽谈+云签约”招商方式，全年签约项目81个，其中亿元以上项目58个，10亿元以上项目7个。在杭州率先试行“先租后让”供地模式，推出全省首宗“先行用地”。盘活批而未供土地转用指标27.07公顷，完成建设用地复垦41.1公顷、垦造水田336.6公顷、低效用地再开发110.2公顷。

【数字化建设】全省首创公民身份信息变更“一件事”联办，实现机关内部“最多跑一次”改革非涉密事项“网办率”100%。开展商事登记领域“去窗口”自助服务改革，新设企业网办率100%，全流程网办率96.1%，为杭州市第一。入选中国创新百强县（市）。新增国家高新技术企业37家、省科技型中小企业101家。首个在杭科技飞地孵化园“建德智立方”开园。新增院士专家、博士后工作站6家。加快政府数字化转型，钉钉、OA移动端等掌上办公应用全覆盖。“城市大脑”建德平台应用场景覆盖面持续扩大，上线应用全省首个县域健康数据治理平台。

【城乡发展融合深入】大交通网络体系加快构建，建金高速建成通车，衢建铁路、金建铁路项目稳步推进，320国道建德段改扩建工程完成工程可行性评审。生活垃圾分类扎实推进，分类覆盖率达100%，环境能源项目点火运行，易腐垃圾处置中心进入试运行。美丽城镇建设全面启动，建德市获评全省优秀县（市）。创成省级国土资源节约集约模范县（市）。乡村振兴成果进一步巩固，全市建制村和涉农社区实现“3020”全覆盖，其中80%以上达到“5030”。创成国家首批、全省首个有机食品生产基地建设示范县。全力配合做好第二轮中央生态环境督察工作。全年空气优良天数359天，优良率98.1%，PM2.5平均浓度下降18.5%，出境断面水质保持在Ⅱ类以上。

◎ 美丽乡村典型寿昌镇桂花村（余 杰/摄）

【人民福祉持续增强】市人十六届四次会议大票决确定的十件民生实事项目全面完成。就业形势总体平稳，城镇新增就业2.2万人，城镇登记失业率控制在2.42%以内。城乡低保等各类补助标准不断提高，发放各类保障金1.3亿元，惠及1.7万人。推进名校集团化办学，培智学校迁建、新安江第二小学新建、明镜小学改扩建等项目开工建设。深化医共体建设，基层医疗机构就诊率、县域内就诊率分别达66%和83%。入选全省首批“文化基因解码工程”试点县(市)、全省首批戏曲之乡。完成市级矛盾纠纷调处化解中心建设，实现综治警网中心乡镇(街道)全覆盖。消除工矿商贸、道路交通、建筑施工、消防等领域安全隐患802处,各类安全生产事故死亡人数下降44.5%。市民安全感提升。

【2020年度十件民生实事项目全面完成】老旧小区综合改造。年度任务:完成15台既有住宅楼电梯加装、完成5个区块老旧小区综合改造工程。至年底,完成既有住宅电梯加装54台;完成近江花园、望江路、沧中路、府西路、政法路5个区块老旧小区改造工程,主要针对小区环境、建筑立面、内部道路、智慧安防、污水管网等进行改造提升,涉及居民楼109幢,改造建筑面积18.15万平方米。

老年人关爱服务。年度任务:为至少1000名有助餐需求的失能失智和半失能失智困难老人提供助餐服务,完成120户适老化改造。至年底,完成190户困难老年人家庭适老化改造;为1203人提供上门助餐服务，累计开展困难老年人助餐服务5万人次。

推进“四好农村路”建设。年度任务:农村公路提升改造55千米。至年底完成16个“四好农村路”项目建设并投入使用,改造公路里程55千米。

优化交通出行。年度任务：优化现有公交路线,完善2条公交线路;实施城市大脑便捷停车二期，开通2500个公共停车泊位先离场后付费功能;新增2045个停车位,缓解城乡核心区、老旧小区以及集镇停车难问题。至年底,完成5路、8路公交线路优化,开通28个停车场、6757个停车泊位的“先离场后付费”功能,新增停车位3401个。

◎“四好农村路”杨长线道路拓宽工程竣工(供图/市交通局办公室)

加快绿道建设。年度任务：绿道新建3.2千米、改造25.4千米。至年底新建绿道17条95.71千米,改造提升绿道2条25.4千米。

农村饮用水工程。年度任务:完成城市管网延伸工程8处,新增受益人口8974人;完成乡镇管网延伸5处,受益人口6654人;完成单村供水站新建提升改造项目8个,受益人口6012人。至年底,完成8处城市管网延伸工程、5处乡镇管网延伸工程、10处单村供水站新建提升改造工程,提前完成农村饮用水提标三年行动计划，累计受益人口4.2万人。

农村生活污水处理设施提标改造。年度任务：全年新建农村生活污水处理设施8个，受益人口1900人;提标改造305个,受益人口15760人。至年底,完成农村生活污水处理设施8个,完成312处农村生活污水处理设施提标改造工程。

美好教育硬件提升工程。年度任务:完成60所中小学幼儿园850个普通教室灯光改造工程,优化中小学生、幼儿用眼环境;完成严州中学新安江校区整体改造二期工程等7个政府投资一般性学校维修项目;完成2个足球场改造。至年底,如数完成上述项目。

“一屋(智慧未来健康屋)一室(母婴室)”建设。年度任务:新建5座健康屋,为市民提供体重、血压、血糖、血脂、心电等检测服务;新建5家独立母婴室,配备基本母婴设备。至年底,完成5座健康屋、6家母婴室建设并投入使用。

消防设施增配及安全教育。年度任务：完成20个村微型消防站建设,实现全市建制村微型消防站全覆盖;开展消防安全培训3000人次,完成1个消防安全体验馆建设。至年底,20个村微型消防站、1个消防安全体验馆均完成建设;消防安全培训受训3500人次。

重要会议

【市政府全体(扩大)会议】3月1日召开,部署落实2020年政府主要目标任务和重点工作。市委常委、常务副市长俞伟主持会议，市委常委、市政府党组成员夏喜生，副市长陈文岳、柯汉根、钱晓华、郑志华、何瑞洪参加会议。市委副书记吕平、市人大常委会副主任童文扬、市政协副主席程旭应邀出席会议。

俞伟通报《政府工作报告》和2020年市政府重点工作任务分解情况；夏喜生和各副市长就各自分管领域2020年重点工作和任务推进作具体部署。市长朱欢要求全市上下要进一步坚定信心，振奋精神，担当实干，只争朝夕，不折不扣完成全年目标任务。

会议认为，要知行合一有勇气，直面疫情防控和经济下行压力带来的多重考验，以永不懈怠的精神状态和一往无前的奋斗姿态，盯住难题一个一个去解决，把工作抓细抓实抓落地，将疫情带来的损失和进度抢回来；进一步强化作风建设，主动担当作为，迎难而上，发扬攻坚克难的精神，在困难挑战中升华自我，为今后更好地服务发展、服务群众打下坚实的基础；要实干担当强锐气，争先进位，比学赶超，紧盯主要经济指标和重点企业、重点项目、重点平台，以“五大比拼”为抓手，抓复工，保生产，强服务，解难题，提信心，以“一天当作两天干”的劲头，紧密安排时间，切实安排工作，努力打好经济社会发展主动仗；坚持目标导向、责任导向、精品导向，明责任、强落实；强化担当意识、竞争意识、协作意识、奉献意识，求突破、创一流；补齐产业发展、科技创新、改革落地、城乡建管、民生工作五块短板，固基础、提质量；要自身建设树正气，务实高效，清正廉洁；严格依法行政，深化法治政府建设，把依法行政贯穿于政府治理、管理和服务全过程；持续提升行政效能，深化各项改革，做到“简单事立即办，复杂事限时办，特殊事紧急办”；始终紧握纪律戒尺，严格落实中央八项规定及其实施细则精神，严格执行各项廉政规定，自觉拒腐防变，廉洁自律，强化廉政风险源头防控，始终做到依法用权、秉公用权、廉洁用权，维护政府良好形象。

◎ 11月1日，市长朱欢(右)陪同杭州市市长刘忻(左)到寿昌镇考察(朱永标/摄)

【市政府常务会议】 全年共召开市政府常务会议22次(十六届第四十七次至第六十八次)。

1月9日，召开市政府十六届第四十七次常务会议(注：为避免行文累赘，下文直接表述为“第N次常务会议”)，常务副市长俞伟主持。会议研究人事任免事项，审议并原则通过《2020年政府工作报告(送审稿)》《关于2019年度建德市生态环境状况和环境保护目标责任制完成情况的报告》《关于建德市2019年国民经济和社会发展计划执行情况与2020年国民经济和社会发展计划草案的说明》。

1月20日，第四十八次常务会议，市长朱欢主持。会议审议并原则通过《工业经济各类奖项评比及相关指标分解》《关于实施“新制造业计划”建德行动方案推进高质量发展的政策意见》《招商引资、外贸、电商、商贸扶持政策》《建德市发展学前教育第三轮行动计划(2019—2023)》《建德市最低生活保障实施办法》；学习《中华人民共和国外商投资法实施条例》《中共浙江省委关于认真学习贯彻中共十九届四中全会精神高水平推进省域治理现代化的决定》。

2月5日，第四十九次常务会议，市长朱欢主持。会议专题研究疫情防控有关工作。

3月17日，第五十次常务会议，市长朱欢主持。会议研究人事任免事项，审议并原则通过《2020年建德市人民政府十件民生实事工作实施方案》《建德市2020年规划编制计划》《建德市10千伏延伸投资界面新增电气投资出资方案》《建德市畜禽养殖禁养区划分调整方案》《关于应对疫情影响加大对个体工商户扶持力度的若干意见》《新冠肺炎疫情防控期间全市建设工程复(开)工复产扶持政策》《关于抗疫情稳企业稳经济稳发展的若干意见》《关于工业功能区改造提升（低效工业用地处置)工作的推进方案》。

4 月 1 日，第五十一次常务会议，市长朱欢主持。会议审议并原则通过《关于应对新冠肺炎疫情支持服务业企业共渡难关的政策意见》《关于进一步加快服务业发展的若干意见》《2020 年政府投资信息化项目建设计划(第一批)》《建德市人民政府 中国农业银行股份有限公司杭州分行战略合作框架协议》。

4 月 18 日，第五十二次常务会议，市长朱欢主持。会议研究人事任免事项，审议并原则通过《关于公布建德市 2020 年度政府集中采购目录及标准的通知》《杭衢铁路(建德段)国有土地上工业征迁补偿方案》《全市深化“两治一整”百日攻坚行动方案》。

6 月 3 日，第五十三次常务会议，市长朱欢主持。会议审议并原则通过《建德市贯彻落实省生态环境保护督察反馈意见整改方案》《建德市促进建筑业企业健康发展的若干意见》；研究并通过落实失业保险稳岗返还政策，《开展既有住宅加装电梯工作的实施意见》修改及分解 2020 年工作任务；听取与浙二医院共建心脏中心等有关情况汇报；通报 2019 年省政府督查激励结果并部署 2020 年省政府督查激励事项争取工作。

6 月 30 日，第五十四次常务会议，市长朱欢主持。会议审议并原则通过《关于加强规划和自然资源督察工作的意见(试行)》《建德市“无废城市”建设实施方案》《建德市医疗服务价格改革方案》《建德市小客车县(市)指标配置管理办法实施细则》；听取近期疫情防控工作汇报；原则同意浙江龙橡实业有限公司按照规定直接配置小客车指标 1 个。

7 月 15 日，第五十五次常务会议，市长朱欢主持。会议审议并原则通过《2020 年建德市政府及国有企业投资项目建设调整计划》《建德市“两直”资金补助实施方案》《关于加快建德市直播电商经济发展的实施意见》《建德市促进商贸服务业发展补充实施细则》；研究并通过建德市杭州“飞地”孵化器企业入孵事宜；听取关于贫困精神残疾人服用基本抗精神病药物费用全额保障政策补充意见及社保经办系统停机切换的情况汇报。

7 月 22 日，第五十六次常务会议，市长朱欢主持。会议专题听取半年度经济运行情况报告。

8 月 4 日，第五十七次常务会议，市长朱欢主持。会议研究人事任免事项，审议并原则通过《建德市工业企业“亩均效益”综合评价办法》《建德市“三线一单”生态环境分区管控方案》《建德市第二轮安全生产综合治理三年行动计划(送审稿)》；听取疫情防控相关工作汇报及半年度应急管理和安全生产工作情况汇报；研究并通过关于“稻香小镇”农创大党委资金保障的说明及推进城乡公交国有化收购计划的报告。

8 月 28 日，第五十八次常务会议，市长朱欢主持。会议审议并原则通过《关于推进新时代民政工作高质量发展的意见》。

8 月 31 日，第五十九次常务会议，市长朱欢主持。会议审议并原则通过《关于加强法治建设工作的若干意见》《关于扶持影院复工复产的若干政策意见》；传达学习《法治政府建设与责任落实督查工作规定》《关于开展全省低收入农户高水平全面小康攻坚的通知》；听取推进大花园建设的相关情况汇报及落实延长阶段性减免企业社保费实施期限政策的情况汇报。

9 月 21 日，第六十次常务会议，市长朱欢主持。会议审议并原则通过《建德市全域幸福河建设规划》《建德市全域创建浙江省幸福河建设示范县行动计划》《关于调整最低生活保障和特困人员基本生活和困境儿童生活补贴标准的方案》《关于加强适度普惠型儿童福利制度建设意见的补充意见》；传达学习全省清廉交通建设推进工作电视电话会议精神；听取关于建德市三江治理提升改造工程的情况汇报、2020 年省政府督查激励事项争取工作情况汇报及市人力社保、医疗保障系统杭州市集中数据迁移项目采取单一来源方式采购的情况汇报。会议研究人事任免事项；原则同意高能结加改性材料科技有限公司按照规定直接配置小客车指标 1 个。

9 月 28 日，第六十一次常务会议，市长朱欢主持。会议传达学习教育相关法律法规，审议并原则通过《关于2019年规上工业企业“亩产效益”综合评价结果》《关于2020年政府投资信息化项目建设计划(第二批)》《关于城市大脑建德平台单一来源购买服务建设方案》；研究并通过疫情期间民办幼儿园补助政策落实情况的汇报，部署全市安全生产和疫情防控工作。

10月21日，第六十二次常务会议，市长朱欢主持。会议传达学习中央组织部干部二局关于领导干部参与网络直播带货的电话通知、杭州市文物安全工作会议精神以及办理黑恶势力犯罪案件的相关规定，审议并原则通过《建德市业运城市行动计划纲要》《关于妥善处置在养人工繁育野生动物实施方案》。会议研究人事任免事项，并原则同意杭州龙驹合成材料有限公司和浙江坤孚智创科技有限公司按照规定直接配置小客车指标各1个。

11月3日，第六十三次常务会议，市长朱欢主持。会议传达学习《杭州市居家养老服务条例》，审议并原则通过《全市“城市环境大整治、城市面貌大提升”长效管理方案(审议稿)》《建德市环境空气质量功能区划调整方案》《建德市节水行动方案》《建德市推进中央和省所属在建国有企业退休人员社会化管理工作的实施办法》；听取中央巡视组在建德检查发现有关问题的整改情况汇报、政府数字化转型工作汇报、企业开展以工代训补贴工作的情况汇报、关于建立城乡居民基本养老保险待遇确定和基础养老金正常调整机制的情况汇报、关于户籍制度改革就业创业政策配套调整的情况汇报、关于临金高速被征地农民缴费的情况汇报。会议研究并通过铁路集装箱运输扶持政策。

11月30日，第六十四次常务会议，市长朱欢主持。会议传达学习浙江省安全生产委员会办公室关于中天东方氟硅材料有限公司“11·9”事故的情况通报以及全省秋冬季森林防火和消防安全工作会议精神，审议并原则通过《建德市节地生态安葬补助资金管理办法》《关于贯彻落实食品安全领域改革重大政策措施的通知》《关于禁止销售、燃放烟花爆竹的通告》《建德市农村困难群众危房改造即时救助工作实施意见(审议稿)》；听取关于建德市综合行政执法事项划转的情况汇报，研究并通过高铁G40/G31次列车停靠建德站的经济补偿费用支付有关事宜。原则同意建德市金添高分子材料有限公司和杭州茂元环保科技有限公司按照规定直接配置小客车指标各1个。

12月10日，第六十五次常务会议，市长朱欢主持。会议传达学习《浙江省突发公共卫生事件应急办法》及中央有关领导同志重要讲话精神，审议并原则通过《建德市政府投资信息化项目管理办法（试行)》《关于被征地农民参加社会保障实行“人地对应”的实施意见》；研究并通过建德市山水林田湖草生态保护修复治理专项技术提升与绩效评价服务项目单一来源采购的情况汇报及给予相关人员开除公职的情况汇报。

12月18日，第六十六次常务会议，市长朱欢主持。会议研究人事任免事项，审议并原则通过有关事项。

12月21日，第六十七次常务会议，市长朱欢主持。会议传达学习国务院副总理韩正在长江经济带发展领导小组会议上的重要讲话精神及省委书记袁家军在省委常委会上关于全省域全方位参与长江经济带高质量发展的重要讲话精神，观看《2020年长江经济带生态环境警示片》，审议并原则通过《建德市心安文化小镇项目投资合作协议》《关于促进2020年度工业企业小升规的意见》。

12月30日，第六十八次常务会议，市长朱欢主持。会议研究教育工作，审议并原则通过《建德市规范乡镇(街道)“属地管理”的实施意见》《建德市房地产持续健康发展“一县一策”工作方案》《关于调整基本医疗保险部分政策的通知》《关于调整征收集体土地地上附着物和青苗补偿标准的通知》，听取全市食品药品安全工作汇报。

【市长办公会议】全年共召开市长办公会议14次。

1月9日，市政府召开市长办公会议，常务副市长俞伟主持会议(注：为避免行文累赘，下文直接表述为“×月×日，×× 主持”)。会议研究并原则通过《建德亿联高新材料产业园项目投资协议》《建德市统一政务咨询投诉举报平台热线座席（“12345”）服务外包方案》《建德市政府与中国光大银行杭州分行战略合作协议》。

1月20日，市长朱欢主持。会议研究并原则通过《关于在杭建设飞地孵化器的建议方案》《质子重离子医院投资协议和项目相关协调事宜》《短途运输航线合作协议》《中国医疗器械有限公司战略合作项目协议》；传达学习《执法机关和司法机关向纪检监察机关移送问题线索工作办法》。

3月17日，市长朱欢主持。会议研究并原则通过《杭州市招商引资政策绩效情况专项审计调查迎检方案》《市政府全体(扩大)会议方案》；听取2020年《政府工作报告》任务分解(征求意见稿)、综合供能站规划建设有关情况汇报及机关事业单位退休人员待遇有关情况汇报；研究建德市十六届政府领导分工调整有关事宜。

4月18日，市长朱欢主持。会议研究并原则通过《建德市—岑巩县进一步巩固扶贫协作成果合作协议》《建德市全域旅游发展扶持政策》《孵化器设立及委托运营协议》《第五代纳米铜抗磨损新材料项目投资协议书》《杭州(建德)万洋众创城项目投资协议》；听取第十九届中国·17℃建德新安江旅游节有关事宜；研究公开招聘建德市博物馆馆长事宜以及"美丽城镇"建设和绿道建设资金保障的建议。

5月8日，市长朱欢主持。会议研究并原则通过《行政事业单位财务内部控制现状及规范建议》《关于开展采用木本泥炭材料快速构建优质耕作层技术试点工作方案》《关于建德市智能体育产业发展战略合作框架协议》；听取2019年度建德市重点单项工作考核情况汇报及调整建德市工伤保险费率的有关问题的情况汇报；审议并下达2020年政府投资及国有企业投资预算。

6月3日，市长朱欢主持。会议研究并原则通过《建德市酒吧行业违法经营集中整治行动实施方案》《寿昌镇红狮公寓安置房建设工程项目实施方案》《杭州巨盘管理有限公司项目协议》《建德市商品混凝土企业整合升级实施方案》；听取关于市政府和大蜂保代、快到网重新签订协议的报告及关于烧结墙材企业布局情况的报告；部署防汛防灾工作。

6月30日，市长朱欢主持。会议研究并原则通过《主城区垃圾分类工作资金问题解决方案》《易腐(餐厨+厨余)垃圾处置项目建设方案》《"钜惠建德"汽车消费券、家电消费券活动方案》。

8月4日，市长朱欢主持。会议研究并原则通过建德市博物馆试开馆相关事宜，建德市十六届政府领导分工调整有关事宜。

8月31日，市长朱欢主持。会议研究并原则通过《生物医药和新材料研究院项目合作协议》《农夫山泉五期合作项目备忘录》《建德市莲花溪自然资源统一确权登记试点实施方案》《关于进一步严格财政支出管理办法》；听取月亮岛山水《江清月近人》演艺项目灾后重建投入资金情况汇报以及紫金大桥检测项目情况汇报。

9月21日，市长朱欢主持。会议研究并原则通过《杭州市新时代美丽乡村建设暨农村人居环境提升现场会方案》《第二届杭州市农创客大赛方案》《全国数字乡村治理专题座谈会会议方案》《2020首届中国·建德高层次人才创业大赛方案》《建德市迎接2020年土地例行督察工作方案》《建德市开展农村乱占耕地建房问题清查整治工作行动实施方案》《关于发放"光盘消费券"的活动方案》《野马飞机制造项目合作协议》，听取市旅投公司投资建设梅城新城酒店项目的情况汇报。

9月28日，市长朱欢主持。会议传达学习全省统计法治工作会议精神，研究并原则通过《建德市推进服务业企业做大做强实施细则》。

10月21日，市长朱欢主持。会议研究并原则通过《2020建德17℃新安江马拉松实施方案》《"全民健身·共享亚运"杭州毅行大会暨第三届建德新安江万人徒步大会实施方案》《建德市易腐垃圾处置战略合作协议》《关于印发建德市电子商务进农村综合示范工作实施方案(2020—2021年)》《浙江(建德)渔政基地共建共管框架协议》；听取部分退役士兵就业帮扶工作情况汇报及解决小水电清理整改工作配套政策的落实情况汇报。

11月10日，市长朱欢主持。会议传达上级有关工作精神。

12月10日，市长朱欢主持。会议研究并原则通过《建德市心安文化小镇项目投资合作协议》，听取关于城管队员绩效考核奖的情况汇报及城市基础设施配套费政策执行有关事宜的情况汇报。 (竖代军)

外事工作

【概况】受疫情影响，2020年，全市暂停办理因公出国报批；协助企业办理企业邀请外国人来华核实单申报7批次43人次。

【服务好涉外疫情防控】2月26日，媒体报道第一例输入型病例确诊后，市外办高度重视，协助市疫情防控指挥部积极筹备涉外疫情防控工作。提前摸清辖区内常驻外国人情况，引导涉外疫情防控舆论风向，累计摸排相关出入国人员1174人次；牵头完善涉外疫情防控体制机制，制定涉外疫情防控各项政策，协调指导防疫隔离点管理事宜；指导乡镇（街道）处理涉外疫情管控政策相关问题。针对可能发生的涉外排华风险，通过公众号、微信群、网站等平台，对尚滞留在境外的建德籍市民做好面上广泛宣传。

【服务好企业复工复产】做好涉外用工企业排查和问题梳理，组织走访辖区内企业涉外用工情况，及时了解企业外籍专家返建需求。用好疫情期间外国人来华"快捷通道"政策，累计协助农夫山泉有限公司等企业办理邀请外籍工程师来华等相关手续43人次，入境2人，助力企业复工复产。（吴　奇）

行政审批服务管理及"最多跑一次"改革

【概况】2020年，建德市政府坚持以"最多跑一次"改革为引领，依托浙江省政务服务2.0系统，深化"一件事"改革，强化数字赋能，全面打造"指尖上的行政服务中心"，全面推进减窗口、优服务、惠民生，切实提升满意率、实现率和主动评价率。全年市行政服务中心为企业和市民办理各类事项48.01万件，其中涉企类办件35.75万件。网上办、掌上办、自助办办件量为14.96万件，电话咨询办理11.39万件，大厅现场办理21.13万件。

【城市数字化亮点工程建设】2020年，杭州地区当年度首个乡镇级数字驾驶舱（大同镇数字驾驶舱）完成建设。在建新安江水电站九孔泄洪防汛指挥与决策工作中，发挥"应急指挥联动一张图"重要作用。"慧眼治水"通过杭州城市大脑·建德平台赋能，成为全省2个试点之一。探索乡村治理数字化社会治理网格从线下搬到线上应用，全市16个乡镇（街道）14.4万户、28万名农村人口信息导入"乡村钉"，实现乡村人口全天候精准管理。清廉建德智慧监督平台，打通25家市级单位和市镇村三级公权力运行数据库，在"一网覆盖"运作中发现疑似问题线索8000多条，该项做法作为改革案例被省委改革办《领跑者》刊发，被《人民日报》等媒体推介。11月8日，省委书记袁家军在《数字赋能乡村振兴的基层探索》信息稿上作出重要批示："数字赋能乡村振兴为农业农村现代化提供重要路径，建德、德清的探索值得总结、完善并推广。"

【公民身份信息变更"一件事"联办改革】创新开展姓名、性别、民族、出生日期4类公民身份信息变更"一件事"联办改革，实现办事对象申请变更信息在线流转、部门间全流程网办。杭州建德市民卡有限公司、市残联、市教育局、华数公司建德分公司、市卫生健康局、市民政局、公积金建德分中心、市人力社保局、市自来水厂、市供电公司、市医疗保障局、市交通局、市公安局、农商银行建德支行、市人民法院、市规划和自然资源局共17个部门，包含驾驶证、保安员证、交通从业资格证、残疾证、预防接种证、老年人优待证、身份证、公积金的个人身份信息、学籍信息、医保参保信息、社保参保信息、用水户信息、用电户信息、天然气用户信息、华数用户信息、农商银行卡、市民卡、证历本在内的19个相关公民身份信息事项纳入联办，申请材料从原先的24项减为3项，办事时间压缩90%以上。至年底，变更事项共计478项。

【"无窗口化"改革】将"面对面"窗口受理转变为"手把手教"网上申报办理，提高一次申报通过率。在省内首推企业开办"四零"服务（零见面、零跑腿、零支出、零纸质），并以"无窗口化"改革实现企业法人办事“四减”(减事项、减环节、减材料、减时间),“一条龙”办理新设企业涉及营业执照、刻制公章、申领发票、税控设备发行、银行开户等事项,每年为企业节省开办成本近300万元。至年底,市行政服务中心窗口由137个减至63个,压缩比例达54%,超额提前完成杭州市“年底前压减30%线下办事窗口”目标。

◎ 3月6日,建德市首件工程“零见面”招投标现场(供图/市交通局办公室)

【“1+4+12+N”四级政务服务体系构建】2020年,市行政审批服务中心在梅城镇、寿昌镇、乾潭镇、大同镇4个中心镇分别设立分中心。公安、市场监管、税务、城管等基层站所全部进驻分中心,实现涉及户籍、驾管、商事登记、办税等589项事项“一站式”办理。各分中心与周边2~3个乡镇便民服务中心形成政务服务组团,平均服务8.2万人口。至年底,全市16个乡镇(街道)办件量43.3万件,同比增长5.5倍;市级行政服务中心和分中心办件量从2019年的102万件降至65万件,下降36.0%。

【中介服务管理规范化】制定并出台《建德市投资项目行政审批中介服务事项清单》,清理出政府委托中介服务事项、业主委托中介服务事项、其他服务事项3张清单,并规范中介服务事项及流程,从源头上减少中介服务事项。线下取消市级文件设定的1家中介机构只能承接8个乡镇业务的执业限制,打破行政区域、行业垄断;线上依托省、杭州市“网上中介超市”推动中介市场公开透明。至年底,全市进驻“网上中介超市”中介机构287家,累计开展网上中介合同备案315件、中介事项评价379件、中介服务合同“云签订”1件。同时,对全市开展业务的328家中介机构进行考评,评定结果2020年度五星级(红榜)74家、四星级192家、三星级(黑榜)62家。 (郑炜峰)

机关事务工作

【概况】2020年,建德市机关事务服务中心牢牢秉持“用心、热心、细心、尽心、舒心”后勤服务理念,围绕打造服务机关大院“重要窗口”目标,勠力同心、创新实干,较好地完成年度各项工作任务。年底成功创建为国家级公共机构节能示范单位。

【防疫防汛保障】制定《机关事务服务中心新型冠状病毒感染的肺炎疫情防控工作方案》,研究制定应急物资设备采购、应急物资出入库管理、应急资金支付、社会捐赠物资及资金管理等一系列制度办法。落实1—7月洋溪街道皇爵精品酒店医学观察点、寿昌秋林阁酒店医学观察点物资采购,至12月底共登记防疫物资11.24万件,出库物资9.54万件,实际库存1.71万件。1—4月保障疫情期间用车5000余趟次、会议300余场。防洪防汛和九孔泄洪期间,落实防汛物资1100余件。

【数字化建设探索】投入经费约30万元,对机关大院门禁设施进行升级改造,采用集AI识别、扫码、测温于一体的智能识别系统,提升安保防守能力。对大院监控机房视频储存系统加装升级,依托大院内118只安防监控探头及监控平台数据,以“人防、物防、技防、联防”为手段,实行资格准入管理系统车辆1506辆。全年共开展安全巡查检查4500余次,消防安全检查30次,组织安保人员专业培训30余次,累计受训人数670人次,接待群众来人来访1800人次,协助信访公安等部门处置无理访、违法上访事件5起。

【后勤服务保障】开展大院维修巡查500次,全年保障会议 967 场，提供文印服务 7.88 万份。开展垃圾分类培训 150 余人次，垃圾分类检查 90 次，发放垃圾分类宣传册 400 张，张贴垃圾分类法提示图 22 张。在全市率先开展“反对浪费、厉行节俭”活动，在机关食堂推行小份菜、拼盘菜、小份面，实现餐厨垃圾减量 50%以上。举办“双 11”助农展销、“建德味道”美食节暨名特优新农产品进杭州市民中心专场展销活动，累计销售农产品近 10 万元，助力建德企业稳定发展。

【公务用车管理】全年安排各类公务用车 1.5 万趟次，安全行驶 120 万千米，未发生万元以上道路交通事故和人员受伤、车辆较大损失责任事故。指导、审核、把关“机要通信、应急保障、老干部服务”三类公务车辆报废更新控购工作，更新车辆 7 辆。推进公车管理信息化建设，用好全省“一张网”系统，实现各类用车调派无差错。圆满完成新冠肺炎疫情防控指挥部、市委巡察办等单位多项重要车辆调派任务。参与第二届“建德人”大会、新时代传承弘扬“千鹤妇女精神”理论研讨会暨全省妇联基层组织建设推进会等用车保障。开展公务用车专项自查，严格落实统一标识喷涂、车辆运行轨迹抽查，定期燃油消耗汇总，开展节假日定点停放专项联合检查，定点“停放、加油、保险、维修”、“一人一车一档”等制度。组织车辆维修等服务企业召开座谈会，进一步规范全市公务用车租赁服务。

【公务接待管理】全年接待来宾 285 批次，其中厅级以上 99 批次(含省部级 30 批次)，完成重大会议活动保障 35 场次。承担全国文明城市检查组、中央巡视组、广西壮族自治区考察团、新时代传承弘扬“千鹤妇女精神”理论研讨会暨全省妇联基层组织建设推进会、浙江省“美丽城镇”建设考核验收、第二届“建德人”大会等大型会议(活动)后勤保障工作。完成建德市主要接待点、酒店及医疗保障单位梳理汇总，建立接待资料库，制定并使用建德特色菜单，开展酒店、乡镇(街道)餐饮指导检查 240 余次。

【房产基建管理】完成市政协楼辅楼建设和政协楼会议室改造、市发改局会议室室内装修、第七次人口普查办公场所装修改造等工程，建设面积 1500 余平方米、采购开办物资 140 余件、收回腾空办公用房 40 余间，完成本单位名下 138 处房产排查。政协楼辅楼 5 月开工建设，10 月工程竣工，总投资 105 万元，建筑面积 293.2 平方米，新增办公用房 12 间约 300 平方米，新设男女卫生间各 2 间，机关大院办公用房紧张局面得到有效缓解。

全年累计维修金额 32.61 万元，完成市机关大院(风景旅游大楼北面)停车棚制作安装、市民主党派办公室、交流干部楼宿舍、机关食堂等零星基建维修 165 次。

(胡娟)

◎ 市政协楼辅楼投入使用(黄建生/摄)

编辑：黄建生

政协建德市委员会

Jiande City Committee of the Chinere People´s Politica Consulative Conference

综述

2020 年，政协建德市第十四届委员会（以下简称市政协）认真学习贯彻习近平新时代中国特色社会主义思想理论精神，创新和丰富有关平台，坚持建言资政和凝聚共识双向发力，共开展各类履职活动 82 次，组织专题协商、专项监督、视察议政 39 次，向市委、市政府报送调研报告 7 篇，报送《建议案》《民主监督建议书》《参政议政书》《协商纪要》等 26 篇。

其中，围绕“德治建设推进乡村善治”“国家级研学基地建设”“文旅融合助推乡村振兴” 等 6 个课题开展重点调研，以《建议案》形式报送意见建议 30 条，得到政府职能部门和有关乡镇（街道）的有效落实；按照省、杭州市政协“城乡生活垃圾分类”三级联动监督要求，成立 5 个联动监督组，实地查看村（社区）、居民小区、垃圾处置企业与处理终端，提出意见建议 127 条。政协各乡镇（街道）工委和委员活动小组全面参与联动监督活动，与垃圾分类处理示范村、居民小区建立联系监督制度，开展巡查监督活动 40 余次。

针对 2018 年政府实施其中 5 项民生实事的实施完成、资金绩效、社会效益以及后期维护等内容开展民主评议监督，通过《民主监督建议书》报送评议监督建议 37 条，《不断提升民主监督评议实效的建德实践》理论文章得到杭州市政协领导的批示肯定。

全年收到提案 205 件，经审查立案 199 件，其中集体提案 37 件、重点提案 13 件，召开协商督办会 20 余次，提案办复率达到 100%；收集社情民意 105 条，整理编发 35 期。

在新冠肺炎疫情防控期间，市政协机关干部全员投入防疫值守，全体委员主动参与防疫志愿服务；开展“凝心聚力抗疫情，服务经济促发展”主题活动，走访并帮助企业协调解决困难和问题。在新安江水库九孔泄洪期间，多次专题研究部署抗洪救灾工作，积极投身防涝救灾工作。在创建全国文明城市工作中，全体机关干部做好表率，积极参与街道秩序维持、文明宣传等工作。

积极开展委员之间的感情联络工作，召开政协之友社第三届第二次会员大会，加强与香港建德同乡会、各地建德商会、在外莓农协会的联络联系，连续 7 年率团赴外地走访慰问建德莓农，为建德籍在外人士回乡创业、增进感情提供帮助。

充分发挥政协文史特长优势，完成《建德政协志》初稿编写并进入志稿审订阶段，配合完成《钱塘江学·严州文化全书》（第二辑）组稿，编纂完成《战疫中的政协人》《九孔泄洪下的新安江》，完成史料汇编，保存了第一手资料。

高度重视对外宣传工作，在省级以上新闻媒体发表信息报道 19 篇，其中《人民政协报》3 篇。政协各委组结合界别特色和自身特点，开展形式多样、内容丰富的履职活动，充分展示出良好的履职风采，展现新时代人民政协“新样子”。

按照“每年开展一期、届内完成轮训”的目标，组织 50 名委员赴省委党校四明山分校开展第四期委员培训，提升委员队伍能力水平。围绕村级换届选举“五好两确保”工作目标，组建 5 个协商民主工作组，累计走访党员、农户 560 余户，有效发挥协商民主作用，有效助推村（社区）组织换届选举工作高质量完成。

重要会议

【市政协十四届委员会第四次会议】1月16—19日，政协建德市第十四届第四次全体会议在新安江召开。应到委员227名，实到210名；正、副主席，秘书长出席会议。主席吴铁民代表十四届常委会作工作报告，副主席徐亚娟受十四届常委会委托作提案工作情况报告。会议听取并讨论市长朱欢所作的《政府工作报告》及其他报告。会议审议通过吴铁民、徐亚娟分别所作的报告，以及市政协十四届四次会议决议。会议以无记名投票方式，选举叶强为政协建德市第十四届委员会副主席，蒋智鸿为政协建德市第十四届委员会秘书长，朱卫东、吴康福、吴瑞华、倪宪红为政协建德市第十四届委员会常务委员。

◎ 1月18日，市十六届人大四次会议开幕（朱永标/摄）

会议认为，2020年是决胜全面建成小康社会，实现第一个百年奋斗目标的大考之年，也是深入贯彻落实中央、省委、杭州市委和建德市委政协工作会议精神，立足于新起点推进政协工作高质量发展的关键之年。常委会要坚持以习近平新时代中国特色社会主义思想为指导，全面贯彻落实市委十四届七次全会的决策部署，把推进市域治理体系和治理能力现代化建设作为履职主线，把加强思想政治引领、广泛凝聚共识作为中心环节，充分发挥好人民政协专门协商机构作用，在建言资政、凝聚共识，凝心聚力、服务大局中展现新时代人民政协的“新样子”。

【市政协常委会会议】2020年，市政协共召开常委会会议7次。其中重要的4次会议为：

1月7日，市政协召开十四届二十一次常委会议（注：为避免行文累赘，下文直接表述为“第N次常委会议”）。市政协主席吴铁民主持会议，市委常委、统战部部长兼市政协党组副书记张早林，市政协副主席程旭、严凌云、叶志高、徐亚娟、王百金和秘书长林立出席会议。副市长钱晓华应邀参加会议。会议听取钱晓华通报2019年度市政府工作情况，以及市政府关于市政协十四届三次会议以来提案、建议案办理情况的通报，协商讨论《政府工作报告（征求意见稿）》。审议通过委员届中调整事宜、市政协十四届四次会议议程（草案）和日程、市政协十四届常委会工作报告和提案工作情况报告；审议通过授权主席会议审议未尽事宜的决定及有关人事任免。

5月8日，第二十四次常委（扩大）会议。副主席程旭主持会议，主席吴铁民讲话，副主席严凌云、徐亚娟、王百金、叶强，政协党组成员叶志高、秘书长蒋智鸿出席会议。副市长陈文岳应邀到会并讲话。会议部署“城乡生活垃圾分类处理”专项集体民主监督、2020年度市政协常委会民主评议监督和“凝心聚力抗疫情，服务经济促发展”主题活动工作。会议审议通过相关人事任免。

10月20日，第二十五次常委会议，交流市政协2020年重点调研课题成果等。中共建德市委书记童定干出席会议并讲话，市政协主席吴铁民主持会议，市委常委、宣传部部长朱春根和副市长何瑞洪应邀参加会议。市政协副主席程旭、严凌云、徐亚娟、王百金、叶强及秘书长蒋智鸿等出席会议。2020年，市政协组成6个课题调研组，在市政协正副主席的带领下，分别围绕乡村善治、研学产业发展、文旅融合发展、现代农业发展、高铁新区高质量发展、美丽城镇建设6个课题开展专题调研，形成6份调研报告。在本次会议上，6个课题调研组就课题调研成果分别作交流发言。童定干充分肯定市政协年度重点调研课题成果，并要求市政协在2020年紧紧围绕加快建德新崛起的总目标，带领全市政协组织和广大政协委员进一步振奋精神、坚定信心、迎难而上、拼搏实干，建真言、献良策,助推市委、市政府各项决策部署更加精准、更加有效地落实,为全市经济社会高质量发展做出新的更大贡献。会议审议通过市政协十四届二十五次常委会议建议案。

12 月 11 日,第二十七次常委会议。总结 2020 年工作,谋划 2021 年工作思路。主席吴铁民,副主席程旭、徐亚娟、王百金、叶强,市政协秘书长蒋智鸿以及其他常委参加会议。市政协“一办六委”总结汇报 2020 年工作完成情况,并交流 2021 年工作思路,市政协常委会组成人员也分别发言,审议讨论《2021 年市政协常委会工作要点》,并提出意见建议。会议充分肯定 2020 年市政协常委会各项工作成效。并要求在 2021 年,进一步强化政治建设、强化党建引领、强化使命担当,更高水平担负起人民政协的新使命;在民主协商上推进协商主线再凸显、协商载体再优化、协商质量再提升,更高水平呈现主责主业新作为;在建言资政上加大助力高质量发展、生态文明建设、民生事业发展的强度,更高水平发挥服务大局新效能;在团结奋进上进一步加强团结联谊、发挥阵地优势、拓宽履职渠道,更高水平谱写凝心聚力新旋律;在队伍建设上继续完善体制机制建设,继续提升委员整体素质,继续加强机关队伍建设,更高水平展示政协履职新形象。会议还就市政协十四届五次会议相关准备工作提出要求。

政协履职

【协商建言】围绕新时代新农村产业建设、全国文明城市创建、文旅融合助推乡村振兴等主题,全年市政协共开展重点协商活动 8 次, 通过《协商纪要》报送意见建议 129 条;围绕社会治理、实体经济发展、营商环境优化、民生事业改善等提出意见建议 94 条,得到市委、市政府积极采纳和研究落实。以主席会议形式针对智慧交通、公共卫生应急体系建设、重大工业项目、国家森林城市创建、招商引资等工作开展视察议政; 召开专题会议关注和推动数字经济、移风易俗、有机食品示范基地建设等工作落实。

4 月 15 日,市政协主席吴铁民主持召开十四届第六十二次主席会议,对市“十四五”规划编制整体思路进行协商。市委常委、常务副市长俞伟应邀参加会议。市政协副主席程旭、严凌云、徐亚娟、王百金、叶强,市政协党组成员叶志高及秘书长蒋智鸿出席会议。会议认为:建德市“十四五”规划是建德迈进新时代的第一个五年规划, 是贯彻习近平新时代中国特色社会主义思想和中共十九大精神的第一个五年规划, 是开启全面建设社会主义现代化国家新征程的第一个五年规划,做好“十四五”规划编制,具有重要的历史意义。编制规划要关注发展和保障两大内容,结合建德市情实际,着眼全局,准确把握编制核心要点,精准把握时代背景,全面把握发展定位,合理设置发展目标,积极实现“多规融合”。要理清思路,突出规划重点内容,合理谋划空间布局,明确产业发展重点,发挥项目支撑作用, 加强基础建设的谋划。要统筹协调, 全力推进规划编制的科学开展, 强化组织领导,明确责任,加强沟通对接、调研协商。

7 月 13 日,吴铁民主持召开第六十五次主席会议, 专题协商讨论市委十四届八次全会工作报告(征求意见稿)。市委副书记吕平到会听取意见。市政协副主席程旭、严凌云、徐亚娟、王百金、叶强, 市政协党组成员叶志高和秘书长蒋智鸿出席会议。会议认为,全会报告主题鲜明、客观全面、创新务实、催人奋进,进一步坚定了发展信心、振奋了工作精神、笃定了奋斗方向。同时提出政协意见:强重点、增动能,进一步笃定发展方向,持之以恒坚定工业强市发展战略,扶持主导产业发展,推进工业平台建设;抓稳定、保民生,进一步夯实发展基础,健全公共卫生应急体系,抓紧抓实农业、畜牧业生产,夯实城市市政基础设施,优化城区基础设施布局;强保障、增后劲,进一步优化发展环境,深化服务保障,着力提高服务效能,加快资源转化,推进基层治理,加快村级债务化解,合理配置资源,实现健康可持续发展。

12 月 25 日, 吴铁民主持召开第七十一次主席会议, 专题协商讨论市委十四届九次全会报告(征求意见稿)和 2021 年政府重点投资项目安排。市委常委夏喜生,市政协副主席程旭、徐亚娟、王百金、叶强参加会议。会议认为:要坚持工业强市发展战略不动摇、扶持主导产业发展不动摇、强化工业平台建设不动摇的理念，以更高要求扎实推动高质量发展。要认清形势,关注制约发展的薄弱环节以及民生短板，以更实举措不断夯实发展基础。要谋划长远,多措并举抓招商、全心全意抓服务、不遗余力抓长效,以更强抓手着力优化发展环境。要以高质量发展为方向,做优做强项目谋划,重点谋划好壮大产业基础的关键项目、提升综合效益的配套项目、夯实平台基础的建设项目、优化发展环境的基础项目;要以提质增效为导向,抓好项目推进、优化项目环境、严格项目管理,抓紧抓实项目建设;要以优化发展环境为目标,加强政策研判、抓实项目争取、加强资金争取,用好用活政策资源，科学谋划和安排重点项目、加快项目推进、扩大项目有效投资,推动全市经济社会高质量发展。

【民主评议】11 月 12 日，市政协主席吴铁民主持召开第二十六次常委会议，对市审管办、市民政局、市卫生健康局、市市场监管局、市交通运输局分别牵头实施的 2019 年政府民生实事项目进行集中民主评议。副市长郑志华应邀参加会议。市政协副主席程旭、严凌云、徐亚娟、王百金、叶强和秘书长蒋智鸿出席会议。会议认为:2019 年度便民办事、养老服务扩面、乡镇卫生院服务能力提升、放心农贸市场提升、城乡公交惠民等民生实事项目完成情况良好,项目绩效明显,综合效益突出,群众受益面广,工作成效值得充分肯定。会议在政府民生实事的资金保障、宣传工作、综合效益以及存在问题的整改落实等方面提出要求和建议。会议还传达学习中共十九届五中全会精神。

【专题议政】5 月 15 日,市政协召开第六十三次主席会议暨“智慧交通”建设专题视察活动。市政协主席吴铁民,副主席严凌云、徐亚娟、王百金、叶强，市政协党组成员叶志高及秘书长蒋智鸿参加活动。市委常委、常务副市长俞伟陪同视察。视察组实地视察智能公交站台、智能遮阳棚、停车场智慧停车系统、智慧交通管控中心和交通信息指挥

◎5 月 15 日,市政协主席吴铁民带队实地视察新安东路“智慧交通”建设(供图/市政协办公室)

中心,了解全市智慧交通建设和运行情况。召开智慧交通建设专题议政会,听取市交通运输局、市交警大队、市资投公司关于智慧交通建设工作情况的汇报。会议对全市智慧交通建设给予充分肯定,并在构建全市智慧化现代交通运输体系、体现智慧交通建设效用、强化智慧交通建设保障等方面提出要求。

6 月 11 日,吴铁民主持召开第六十四次主席会议，就全市公共卫生应急体系建设开展专题议政。副市长郑志华应邀出席会议,市政协副主席程旭、严凌云、徐亚娟,市政协秘书长蒋智鸿出席会议。与会人员实地视察市一医院、市疾控中心,听取市卫健局汇报全市突发公共卫生事件应急管理体系建设情况。会议就公共卫生应急体系、预测预警体系、应急医疗救治体系、公共卫生社会治理体

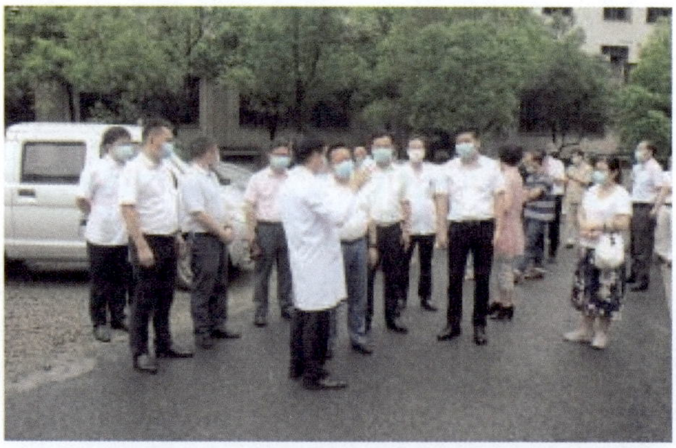

◎6 月 11 日，以“公共卫生”为主题,市政协委员实地视察建德一院(供图/市政协办公室)

系建设，医疗资源科学布局、防控救治水平提升、防疫保障能力强化、突发公共卫生事件应急管理体系的短板补齐，以及深入开展爱国卫生运动，全面提升人民群众的公共卫生科学素养、安全风险防范意识和科学应对危机能力等方面，提出要求。

8 月 18 日，吴铁民主持召开第六十六次主席会议，对全市 2020 年重大工业项目建设情况进行视察议政。市政协副主席程旭、徐亚娟、王百金、叶强以及秘书长蒋智鸿出席会议。与会人员走访视察南方水泥绿色建材产业园、东翼新材料高强高导铜合金、远金高新能源车空调部件总成 3 个重大工业项目，现场听取项目建设推进情况汇报。会议认为：推进重大工业项目建设，要进一步强化狠抓实体经济的意识，在推进主导产业提升上坚定决心，在着力优化产业结构上毫不松懈，在积极争取政策扶持上谋划长远，始终坚定工业强市的恒心。乘势而上、质效齐抓，明确重点、突出特色、科学谋划，提升工业平台的能级。不断完善项目推进机制，提高行政效能，不断提升服务质量、谋划优化项目，全力保障重大工业项目的建设，合力推进全市经济高质量发展。

9 月 14 日，吴铁民主持召开第六十七次主席会议，专题议政创建国家森林城市工作。副主席程旭、严凌云、徐亚娟、王百金、叶强，市政协党组成员叶志高，秘书长蒋智鸿参加会议。副市长袁思明应邀参加会议。与会人员视察寿昌镇江山坪森林公园，现场听取江山坪森林公园建设情况介绍，听取市林业局等部门关于全市创建全国森林城市工作推进情况的汇报，并进行现场交流、提出建议意见。会议对自 2017 年正式启动创建国家森林城市工作后，全市有序开展森林抚育、林相改造、城乡绿化等工作，全市生态环境得到明显改善的成果作了充分肯定。会议提出：要坚定信心持续做好创建国家森林城市工作，将“创森”工作与“重要窗口”建设、优化产业发展、乡村振兴战略实施、全国文明城市创建、“四边三化”等重点工作相结合，夯实“创森”基础；坚持保护优先、科学绿化造林、提升林质林相，补齐短板以凸显“创森”成效。加强“共建共享”宣传，营造氛围，形成全民参与汇聚“创森”强大合力。

10 月 22 日，吴铁民主持召开第六十九次主席会议，对全市招商引资工作开展视察议政。市政协副主席程旭、严凌云、徐亚娟、王百金和秘书长蒋智鸿出席会议。市委常委夏喜生、陈文岳应邀参加会议或陪同视察。与会人员实地视察开发区（航空小镇）华奕无人直升机项目、德翼高科航空航天复合材料研发制造项目、恒大温泉小镇项目、浙江航空产学研基地 4 个招商引资项目，了解项目建设进展情况；听取市商务局等相关部门关于招商引资工作情况汇报，并就招商重点、招商方式、项目落地配套体制机制建设、投资环境优化、招商队伍强化和一流营商环境打造等方面，提出意见和建议。

【“请你来协商”平台建设】2020 年市政协总结“请你来协商”平台建设阶段性成效，着力推动“请你来协商”向“请你抓落实”和“请你办好事”深化发展。

5 月 22 日，市政协以“应急救援体系建设”为中心内容，举办“请你来协商”活动。市政协主席吴铁民，市委常委、常务副市长俞伟出席并讲话，市政协副主席程旭主持会议，市政协副主席严凌云、徐亚娟、王百金、叶强，市政协党组成员叶志高、蒋智鸿出席会议，会议还邀请政协委员代表、社会救援队代表和部门负责人等参加。市应急管理局汇报全市应急管理和安全生产工作。政协委员、社会救援队代表与部门面对面，结合自身工作实际，围绕应急救援体系建设中的组织体系建设、协调指挥、救援保障等方面进行针对性提问，相关部门作相应解答，并提出下一步工作举措与思路。会议提出：加强应急救援体系建设工作，要抓平台、建机制，通过完善应急联动平台、监测预警系统，规范应急预案管理、建设应急救援队伍体系，不断推进安全生产应急救援体系建设；要抓基础、强素质，通过加强避灾场所建设、应急物资保障、应急宣传演练等，不断提高应急意识和救援水平；要抓预防、强统筹，通过统筹生态保护和开发、合理规划城镇建设、科学布局产业平台，不断提高防灾减灾的前瞻性和预见性。以推进应急救援体系建设工作，全面提高安全生产应急管理和救援工作水平，守住安全生产最后一道防线，促进经济社会持续健康发展。

6月3日，市政协以“打造一流营商环境”为力社保局、供电公司等部门负责人分别予以解答。

6月18日，市政协以“全国文明城市创建工作”为中心内容，举办“请你来协商”活动。会议邀请政协委员代表、市有关部门负责人等参加，并进行线上同步直播互动，面对面协商、共同推进全市全国文明城市创建工作。市政协主席吴铁民，市委常委、宣传部部长朱春根，市政协副主席程旭、严凌云、徐亚娟、叶强和市政协党组成员叶志高参加活动。与会人员观看全市全国文明城市创建工作视频，了解全市全国文明城市创建工作基本情况。市创建办汇报全市全国文明城市创建工作的主要做法、取得成效以及问题短板和下一步举措。政协委员和社区代表、在线网友围绕全国文明城市创建过程中存在的难点问题和群众关注度高的热点，分基础设施提升、治理能力提升、市民素质提升3个专题进行提问。市创建办、团市委、住建局、交通运输局等部门负责人分别予以答复。

◎ 6月18日，“请你来协商”聚焦“全国文明城市创建”工作(供图/市政协办公室)

6月28日，市政协以“新时代新农村产业建设”为中心内容，举办“请你来协商”活动。邀请政协委员代表、部门负责人及部分企业代表等参加，并进行线上同步直播，吸引2万余人在线观看，共同关注全市新时代新农村产业建设。市政协主席吴铁民，副主席程旭、严凌云、徐亚娟、王百金、叶强，市政协党组成员叶志高出席活动，副市长袁思明应邀参加活动。市农业农村局从产业发展、平台建设及要素保障3个方面汇报全市新时代新农村产业发展情况。与会人员观看全市新时代新农村产业建设工作视频，进一步了解全市新农村建设方面的特色做法、主要举措以及取得的成效。政协委员及企业代表围绕群众和企业关切的问题，就农业保供给、主导产业发展、特色产业挖潜、产业融合发展、发展要素保障5个专题内容进行提问，10位政协委员和3位企业代表围绕协商主题提出15个问题，在线网友也提出许多问题。市农业农村局、市商务局、市财政局、市林业局、市规划和自然资源局、市文广旅体局、市住建局、市供销总社、市农商行等部门和单位负责人予以解答。

8月17日，市政协以“推动矛盾纠纷化解最多跑一地”为中心内容，举办“请你来协商”活动。会议邀请市政协委员代表、相关部门负责人和群众代表及部分调解委员会代表等参加，并进行线上同步直播互动，创新开设“双向测评”，面对面协商、双向齐测评，共同推进矛盾纠纷化解“最多跑一地”。市委书记童定干出席并就下一步“请你抓落实”“请你办好事” 协商民主全过程闭环管理提出新要求。市政协主席吴铁民，市政协副主席程旭、严凌云、徐亚娟、王百金、叶强以及市政协党组成员叶志高参加活动。与会人员观看全市“最多跑一地”工作视频短片，了解全市在“最多跑一地”工作方面的主要做法、举措以及取得的成效；市委政法委以“三位一体、三化治理，深入实践‘最多跑一地’理念，推进建德市域社会治理现代化”为题作工作情况汇报。政协委员围绕群众和企业的关切，分建机制、提质效、优服务3个专题进行提问，问题涉及基层社会治理和百姓生活方方面面，在线观看直播的网友也提出许多问题，与会相关部门负责人分别予以解答。

9月29日，市政协以“食品安全工作”为中心内容，举办“请你来协商”活动。市政协主席吴铁民，副主席程旭、严凌云、徐亚娟、王百金、叶强和市政协党组成员叶志高出席活动，市委常委夏喜生应邀参加活动。会议邀请市政协委员代表、相关部门负责人和群众及部分调解委员会代表等参加，并进行线上同步直播互动，同时开设“双向测评”，面对面协商、双向齐测评。与会人员观看全市食品安全工作视频短片，听取市市场监管局就全市食品安全相关工作的介绍，了解全市在保障食品安全工作方面的主要做法以及取得的成效。政协委员围绕群众和企业关切的问题，分食品生产加工、食品流通消费、食品安全保障3个专题进行提问。在线网友也提出许多问题，与会相关部门负责人分别予以解答。

10月21日，市政协以“文旅融合发展”为中心内容，举行“请你来协商”活动。会议邀请政协委员代表，部门、乡镇(街道)负责人以及部分旅游界人士代表等参加，并进行线上同步直播互动。市政协主席吴铁民，副主席严凌云、徐亚娟、王百金、叶强出席活动，副市长何瑞洪应邀参加活动。全体与会人员观看全市文旅融合工作专题片，中心内容，举办“请你来协商”活动。会议邀请政协委员代表、部门负责人等参加，并进行线上同步直播互动。市长朱欢应邀出席活动并作讲话，市政协主席吴铁民，副主席程旭、严凌云、徐亚娟、叶强以及市政协党组成员叶志高参加活动。会上，与会人员观看全市营商环境建设工作视频，了解全市在打造一流营商环境工作方面的主要做法、举措以及取得的成效。市发改局汇报全市优化营商环境建设工作的基本情况和下一步工作具体部署。现场政协委员和网友围绕群众和企业关切的改革举措、优化政务服务、人才和土地等要素调配等问题，分综合改革、服务保障、政策扶持3个专题进行提问。市发改局、市经信局、市规划资源局、市人听取市文广旅体局相关负责人关于全市文旅发展工作基本情况的汇报，进一步了解全市在文旅融合发展的主要做法、举措以及取得的成效。政协委员围绕群众关切的问题，分深度融合、品牌建设、政协扶持3个专题向有关部门、乡镇(街道)进行提问，在线观网友也提出许多旅游文化发展相关问题。市文广旅体局、市旅投公司、市农业农村局、市财政局、市商务局，梅城镇、寿昌镇、乾潭镇、大慈岩镇等部门、乡镇(街道)负责人分别予以专业解答。

10月26日，市政协以“老旧小区综合改造”为中心内容，在新安江街道沧滩社区举办“请你来协商”走进社区大家谈活动。会议邀请政协委员代表、部门负责人、居民群众代表等参加，并进行线上同步直播互动。市政协主席吴铁民，副主席程旭、严凌云、徐亚娟、王百金、叶强出席活动。副市长钱晓华，杭州市政协建德联络组委员工作站委员应邀参加活动。老旧小区综合改造是贯彻以人民为中心发展思想、保障和改善民生的重要实践，也是完善服务体系、加强基层社会治理的重要载体。对照国家和省、杭州市相关要求以及项目年度计划安排，2020年全市启动老旧小区综合改造项目5个，涉及居民2257户，建筑面积18.15万平方米，计划总投资7165万元，要求12月底完成。本次协商会采用互动发言和线上线下协商模式。9名政协委员和5名社区、居民代表就老旧小区设施配套、物业管理、加装电梯和垃圾分类等方面内容进行提问。市住建局、城管局、新安江街道等部门单位分别作出回应。在线网友也提出多项问题和建议。会议指出，老旧小区综合改造是一项服务民生、惠及长远的工作。要科学谋划，系统安排，强化环境整治优先，注重施工质量，确保施工安全，落实长效管理。针对此次协商活动提出的问题建议，市政协将通过监督评议、办理落实“回头看”等形式，跟踪推动相关工作落地落实。

(徐燕飞)

编辑：黄建生

民主党派·工商联(总商会)

Democratic parties, Federation of Industry and Commerce (chamber of Commerce)

民革建德市委员会

【概况】中国国民党革命委员会建德市委员会(注:简称民革建德市委会;在本分目中直接简称"市委会"。后文民建、民盟、民进三个民主党派均同),2020年围绕中共建德市委、市政府中心工作,积极参政议政,加强自身建设,不断提升履职能力,各项工作稳步推进,全年共上报信息报道40篇,录用35篇次;报送社情民意30余篇,其中民革省委会录用2篇,杭州市委、市政府录用2篇,杭州市统战部录用2篇,建德市政协录用3篇,1篇得到杭州市主要领导批示。

全年发展民革党员4人。年末下辖支部7个,党员117人。市委会被省民革评为宣传思想工作先进集体和社会服务工作先进集体,胡文静获此项先进个人;获评2020年度杭州民革参政议政工作先进集体特等奖,吴霞等2人获此项先进个人;建德市民革党员之家获评省民革2020年度"示范五好"民革党员之家,梅城、新安江三支部和五支部民革党员之家获评2020年度全省"五有"民革党员之家。

1月,在建德市人大十六届四次会议上,民革建德市委副主委吴霞当选为市十六届人大常委会委员,10月被任命为人大常委会社会建设工作委员会主任。全年共选送民革党员21人次参加省、杭州市级各类培训班学习培训。

【参与抗"疫"服务社会】2020年新冠肺炎疫情发生后,市委会迅速响应、积极行动,及时传达民革杭州市委会的倡议,号召全市民革党员为打赢疫情防控阻击战积极贡献力量。6名在医护岗位的党员奋战在各医院抗击疫情第一线,张伟星驰援武汉"战疫"51天,圆满完成援鄂任务。陈晓飞响应政府部署,将管辖酒店改造成全市防疫集中隔离点,共接收医学观察隔离人员90余人。70余名党员参与卡口值守、防疫宣传、心理疏导等,助力企业复工复产,帮助果农销售,捐款捐物共5万余元。张伟星获民革中央"抗击新冠肺炎疫情先进个人"表彰,并获"2020年浙江民革骄傲人物"(特别致敬奖);李静等8人获评省民革防控抗疫先进个人。

同时,市委会继续以"同心·博爱"社会服务品牌为载体,为西安音乐学院大学生张迈艺提供学费1.5万元,持续结对2户特困精神疾病患者家庭。梅城支部赴贵州岑巩县龙田镇幼儿园帮扶送教,到梅城镇千鹤小学开展"温暖乡村儿童"公益活动。

【议政建言】2020年,民革建德市委会共组织党员参加中共建德市委、市政府及市委统战部等部门召开的情况通报会、征求意见会以及市政协专项督查、"请你来协商"等活动20余场,开展居家养老、乡村治理、农旅产业等重大课题调研与专题议政。围绕党风廉政建设、建德人才建设、"美丽城镇"建设、产业转型升级等内容提出建议意见。在杭州市和建德市两会期间,民革党员共提交28件提议案、1件大会发言,其中集体提案4件。市委会就"关于推进农村电商发展、助力'数字乡村'建设的建议"作口头发言。《关于我市传统产业转型升级发展的建议》《关于我市创建学习型城市的建议》《关于规划改造我市乡镇工业平台的建议》获评2019年度政协优秀提案,叶秀英《关于破解小学生课后托管难题的建议》、胡文静《关于改进公交车辆座椅的建议》、吕美娟《关于加强高新技术产业园道路交通安全管理的建议》被评为优秀社情民意，黄胜根获评“反映社情民意先进个人”。

【专题调研】2020年，民革建德市委会围绕建德市委、市政府关注的乡村治理、居家养老、农旅产业等内容，深入基层开展调查研究，形成《提质扩容，推进社区居家养老服务体系建设》《以社区赋权为突破口，打造新型科学社会治理模式》《加强基层人民调解员队伍建设，提升基层社会治理能力和水平》《关于强化绿道建议，促进城乡融合发展的建议》4篇调研报告。继续加强与市司法局、市财政局、市农业农村局等5个部门对口联系，开展合作调研并形成调研报告等。其中，汪菲《浙江省民营企业发展促进条例(草案)》的几点建议》被省民革录用，《关于当前企业复工复产存在的问题及建议》《基层反映暑期儿童安全措施要落在实处》《关于推动农村电商发展助力“数字乡村”建设的建议》等被中共杭州市委、市政府等部门录用，《关于推动农村电商发展助力“数字乡村”建设的建议》同时得到杭州市市长刘忻的批示。

【祖国统一联谊工作】2020年，民革建德市委会全面落实民革中央对祖统工作的安排部署，结合实际开展祖统联谊工作。组织召开民革有台属关系党员中秋茶话会，交流探讨两岸关系和平发展进程及现状。疫情期间，专职副主委胡文静通过微信、视频与定居台湾的民革党员陈菊英夫妇等互通信息保持联系。新安江水库九孔泄洪期间，陈菊英通过微信群与家乡的党员保持紧密联系并致以慰问。

(叶秀英)

中国民主同盟建德市委员会

【概况】中国民主同盟建德市委员会(以下简称民盟建德市委会)。2020年9月，全面完成10个支部换届工作，原民盟新安江文教支部分设为民盟新安江教育支部、民盟新安江文化艺术支部2个支部。选举产生委员共42名，其中男性19名、女性23名；有杭州市人大代表1名、建德市人大代表1名、建德市政协委员4名。全年共发展11名新盟员，盟员总数达到187名，2名盟员被提拔为市管正职干部。

全年共有124人次荣获各类先进。市委会连续5年获民盟杭州市宣传工作先进集体一等奖，被评为民盟杭州市委会优秀地方组织。寿昌支部、新安江科技支部分别获评民盟浙江省委会、杭州市委会“示范基层组织”，同时被评为民盟杭州市五星级支部；新安江文化艺术支部、新安江教育支部获评四星级支部，新一中支部获评三星级支部。盟员胡晓华获得民盟中央“民盟思想政治建设和宣传工作先进个人”称号。

全年共撰写各类活动信息113篇，其中民盟中央网站录用9篇，民盟浙江省委会网站录用19篇、民盟中央和杭州市委会微信公众号推送90余篇。微信单条最高浏览量突破4000人次。

【参与新冠肺炎疫情防控】面对突如其来的新冠肺炎疫情，民盟建德市委会发出《关于助力打赢新型冠状病毒肺炎疫情攻坚战的倡议书》，全体盟员响应市委会号召，投入抗击疫情阻击战，20余名盟员医生坚守各医院抗击疫情第一线，盟员左丹、肖建军赴新冠肺炎定点医院增援；50余名盟员参与疫情排查、巡查值守、民生保障、助企复工复产一线等工作。同时，盟员们为疫情防控建言献策，共提交涉及医疗物资保障、野生动物交易管理、心理危机干预等方面社情民意20余篇，10个支部165名盟员开展专项捐款4.63万元。市委会先后获评民盟省委会抗击新冠肺炎疫情先进集体、民盟杭州市新冠肺炎疫情防控工作先进组织，左丹、肖建军被评为民盟省委会抗击新冠肺炎疫情先进个人。

【“不忘合作初心，继续携手前进”主题教育活动】根据民盟杭州市委会开展“不忘合作初心，继续携手前进”主题教育活动的统一部署，民盟建德市委组织盟员开展“走基地、悟初心”活动，7个支部110余名盟员参与，引导广大盟员把“立盟为公、参政为民”的价值理念转化为“为党分忧、为国尽力、为民尽责”的实际行动。加强盟员的政治学习，组织盟员参加民盟省委会、杭州市委会及建德市级组织的各类培训50余人次，提升政治理论素养。

【参政议政活动】全年有27位盟员参加杭州和建德两会，共提交集体和个人提案、议案40余件。其中向人大提交议案6件；向政协建德市十四届四次会议提交集体提案4件，徐新平代表市委会作《关于打造梅城古镇动态博物馆的建议》大会口头发言，并与《关于创新社会治理，进一步加强我市住宅小区物业管理的建议》一起被确定为重点提案，由市委常委领衔办理；个人提案30余件，朱峰、唐建锋的提案均被市政协确定为重点提案。参与杭州民盟课题调研申报，中标课题6个，完成上交调研报告8篇。联合民盟杭州市委会主办“助推创建全国市域社会治理现代化标杆城市”研讨会暨2020年参政议政工作经验交流会。全年报送社情民意信息161条，其中民盟省委会采用10条，民盟杭州市委会采用65条，建德政协采用10条。胡晓华《关于加强新生代企业家教育引领的建议》、徐律《关于机制砂在交通建设工程中使用推广的几点意见》均被民盟中央采用，马聿浩反映《民营企业家个人提供担保成为常态，建议规范商业银行对民营企业贷前审查》被浙江省委统战部采用并上报全国两会。

【开展民主监督】围绕党委政府中心工作，依托各类平台，推进民主监督工作。徐新平、胡晓华、唐建锋参与政协民主评议监督活动，盟员人大代表、政协委员参加视察监督创建全国文明城市、垃圾分类等工作。8月，承担民盟杭州市委会到建德开展“提高社区公共服务水平，推动基层社会治理现代化”专项民主监督任务，徐亚娟任第八组组长，带领由建德骨干盟员组成的调研组，赴大同、李家镇开展实地调研，形成并提交调研报告。参加对口联系部门市文广旅体局、市教育局等组织的对口联系交流活动，围绕市博物馆功能完善、文旅事业发展、教育热点难点问题进行议政建言。

【政治协商工作】全年民盟建德市委会组织盟员参与中共建德市委、市政府及有关部门举行的交心谈心会、政情通报会、座谈会、征求意见会和专项视察活动70余人次，就市委、市政府及法检“两院”等部门工作进行协商建言。新安江科技支部、文教支部、医卫支部、新中支部、新一中支部及教育各支部等基层支部与所在地或所在单位党组织开展协商建言。

【社会服务工作】推进新安江中学“烛光行动”示范学校第二轮帮扶行动，为全盟“烛光行动”的开展提供可复制、可推广的“浙江样板”。由民盟浙江省委会统筹安排，民盟杭州市委会及衢州、绍兴、金华、丽水等市委会先后组织20余名名师到新中“送教”，惠及师生3000余人次。在安仁中心学校建立民盟建德市委会“同心·教育基地”，5月举行授牌仪式。在该校开展“智教助教”活动6次，参与盟员60余人次，受益师生1200余人次。借力“华夏书画苑”平台，在“盟员之家”开展书画创作和茶道培训，并面向盟员子女推出“盟娃”书画暑期公益培训班，打响“文化民盟”品牌。以新安江文化艺术支部的建立为契机，筹建建德民盟艺术团。

【“盟员之家”建设】2020年，完成盟市委“盟员之家”改造提升工作，更新盟史陈列厅部分内容，添置展陈柜、荣誉墙、茶吧等，强化宣传展示功能。制定《民盟建德市委会“盟员之家”固定活动日实施方案》，优化“盟员之家”学习制度，在延续“专题学习日”及“专题议政日”等学习制度的基础上，将每月“固定日”活动频率提升至每周一次，深化“盟员之家”一家一品创建，发挥“盟员之家”作为基层盟员学习交流、参政议政和收集社情民意等渠道作用。“盟员之家”全年接待10余批来自省内外民盟组织的考察交流。5月13日，梅城支部“盟员之家”完成新址建设，举行启用揭牌仪式。（廖小俏）

中国民主建国会建德市委员会

【概况】2020年，中国民主建国会建德市委员会（以下简称民建建德市委会）发展新会员7人（其中经济界6人、乡镇干部1人），年末共有会员

132 名。12 月,完成市委会 6 个支部换届,共选举产生委员 29 人,其中主委 6 人、副主委委员 12 人;男性 18 人、女性 11 人。有杭州市政协委员 1 人、建德市人大代表 9 人、建德市政协委员 16 人。

民建建德市委会以民建成立 75 周年和浙江民建成立 65 周年为契机,贯彻落实《中共中央关于加强中国特色社会主义参政党建设的意见》要求,继续深入开展“不忘合作初心,继续携手前进”主题教育活动,紧紧围绕市委、市政府中心工作,在自身建设和民主监督上凝聚共识、建言资政,扎实践行新型政党制度,各项工作取得了新成绩。被民建中央授予“民建全国先进集体”称号,并获得“浙江省民建抗疫先进集体”称号。

【参与抗疫防汛工作】2020 年,民建建德市委积极参与新冠肺炎疫情防控的值守卡点和新安江水库九孔泄洪期间的排水清淤保洁等一线工作。同时开展为抗疫情、战洪灾捐款活动,共捐款 54.5 万元,捐赠医疗器械、相关原料等各类物资折合约 315 万元。争取民建杭州市委会向建德市捐赠 1 辆负压型救护车。

【参政议政工作】全年组织会员参加民建杭州市委会等组织的各类培训 50 余人次,提升会员政治理论素养。会员全年共申报调研课题 4 个,各支部全年共报送社情民意、调研报告等信息 100 余条,其中陈晓波、巫海武合作《后疫情下“扩内需 稳增长”举措背后凸显三大问题需引起重视》被浙江省民建和中央民建录用,王素平撰写《新冠疫情防控时期的网络学习安全问题亟待引起重视》、徐莹撰写《关于共享经济面临“成长的烦恼”下的几点建议》被省民建录用,其他上级单位录用 18 条。

【两会平台建言献策】2020 年建德市两会期间,民建建德市委会共向政协建德市十四届三次会议提交 4 件集体提案,主委巫海武代表民建市委会作题为《抢抓省级试点契机 全力打造高质量现代小微园区》的口头发言,得到中共建德市委书记童定干的肯定并领衔办理。24 名人大代表和政协委员们提交个人提案议案和建议 19 件,内容涉及民生、文教、经济发展、社会保障、文明城市创建等方面,问题把脉准确,建议切合实际,受到社会各界关注。

【协商建言】 全年组织会员参与中共建德市委、市政府、市政协、市委统战部及有关部门举行的交心谈心会、政情通报会、双月座谈会、征求意见会和专项视察活动 50 余人次。市委会先后就市政府工作报告、市委十四届八次全会工作报告、市纪委、市法院、市检察院等部门工作进行协商建言;各基层支部积极参与所在地党委的协商建言,为全市经济社会发展建言献策。此外,还与杭州市委会、建德市委、市统战部联合承办第三届小微企业园区发展议政会;共同承办中央企业委员会旅游组在梅城镇开展的“建德旅游新崛起恳谈系列活动”,围绕挖掘严州文化、完善基础设施配备、旅游产业精准定位等主题建言献策。

【企业家联谊会工作】企业家联谊会在疫情期间聚焦复工复产,走访多家会员企业,了解疫情期间企业复工复产情况,为会员企业出谋划策;联合建德市团市委向岑巩县捐款 3 万元,用于改善办学条件,助力该县脱贫攻坚;向建德市癌症康复协会捐款 1 万元,用于癌症患者康复治疗、宣传教育、走访慰问等。各会员企业分别在基层开展送光明行动,帮扶偏远乡镇困难儿童的学习、生活。

【服务基层与社会】市委会联合杭州江畔书院赴三都镇春江源村开展“送书画下乡”社会服务活动;梅城支部连续第十一年走访建德市培智学校;寿昌支部在疫情期间向寿昌镇童家小学赠送消毒液、口罩等防疫用品;新安江一支部在三都镇初级中学对困难学生开展慰问,进行结对帮扶;新安江二支部会员企业“杭州阿弟”开展向建德市新安江派出所、建德市交警大队等执勤民警开展“送清凉”公益活动;新安江三支部联合新安江街道明珠社区党支部开展“悠悠粽香续文明,浓浓端午送真情”主题活动,向社区困难老人们赠送慰问品。此外,市委会动员全体会员,积极参与河北省丰宁满族自治县脱贫攻坚工作帮扶活动,副主委洪宇峰向“思源·彩虹人生公益基金”捐赠善款1万元；同时，向新安江中学弘毅教育基金会捐助100万元，用于发展学校各项事业。（徐　莹）

中国民主促进会建德市委员会

【概况】2020年，中国民主促进会建德市委会（以下简称民进建德市委会）新发展会员9名，至年末，有会员168名。

2020年继续深化轮值观摩制度，支部活动在规范化建设的基础上向履职实效推进。该制度的创新实践得到民进省委会、杭州市委会的充分肯定，其做法收入上级民进《基层组织规范化建设的实施方案》。全年上报各类信息100余篇，其中民进中央网录用25篇（含会员先进事迹7篇）、省民进网和《开明》录用30余篇、杭州民进网和《杭州民进》录用50余篇。出版《建德民进》会刊4期，编辑文字量13万字。市委会获杭州民进先进集体、参政议政工作先进集体。梅城支部、一院支部被评为民进杭州市先进支部。麻建平获民进全国履职能力建设先进个人、民进全国抗击新冠肺炎疫情先进个人、民进省委会“开明先锋”荣誉；吴璀福被国家林业和草原局聘为第二批林草乡土专家、被认定为省薄壳山核桃乡土专家；何国平被评为民进省委会优秀基层组织负责人。

【参与新冠肺炎疫情防控】2020年，在新冠肺炎疫情防控期间，民进建德市委会及时传达中共中央疫情防控精神，发布疫情防控信息，多次赴市定点救治医院看望慰问参与救治工作的会员，为会员调剂抗疫物资10批次。医卫界会员麻建平参加浙江省第三批抗击新冠肺炎紧急医疗队飞赴湖北武汉支援51天，圆满完成工作任务；何建中、何仁增、刘莉等40余名医卫界会员坚守在疫情防控一线。何国平、潘秋梅、汪志荣、周益兵、鲁宝君等会员捐款捐物合计175万余元，其他会员通过开展名师微课、网上课堂、心理咨询、法律援助、公益演讲、创作抗疫书画等活动以多种形式助力抗疫；编写报送抗疫信息35篇，在民进中央、省、杭州市、建德市等各新闻平台刊登，涉及会员135人次。

【“不忘合作初心，继续携手前进”主题教育】2020年，民进建德市委会围绕民进中央“履职能力建设”主题年建设主线，深入开展“不忘合作初心，继续携手前进”主题教育。全年选送骨干会员参加省、杭州市、建德市等各级组织的主题教育培训30余人次。8月，组织骨干会员32人赴梅城“统战之家”及“千鹤妇女精神”教育基地参观学习。9月，市委会委员、各支部班子成员共30人参加在杭州中华职业专修学校举办的履职能力提升培训班，听省市专家作加强基层组织规范化标准化建设专题辅导和参政议政工作讲座，参观马叙伦历史资料陈列馆等；各支部相继开展“学会章、交会费、做民进人”“走红色基地”等主题教育活动。

【参政议政】2020年，民进建德市委会会员充分利用两会等平台，积极参政议政，在省、杭州市、建德市各级两会上提交议案6件、提案16件。在建德市政协第十四届四次会议上提交《加快推动新安江、梅城、寿昌“三城”融合发展》《打造“巾帼治理示范区”助推市域治理现代化》《关于加快培育建德文创人才队伍的建议》《关于加大农业水价综合改革力度 夯实粮食安全的水利基础的建议》集体提案4篇，前者列入市政协重点提案，市领导亲自领衔督办。在杭州市政协十一届三次会议上，民进建德市委会集体提案《关于加快推进航空学院落地的建议》被评为建德市政协优秀提案。潘秋梅在省政协十二届三次会议作“关于进一步加强农业企业发展”的专题发言，叶强、王才洪在杭州市政协十一届三次会议上提交《关于要求支持320国道建德段改建工程的建议》《关于对建德航空小镇发展要素提供保障的建议》及《发挥农村“新乡贤”作用，为我市乡村振兴注入新的发展动力的建议》提案3篇，为建德经济、社会发展向上级建言献策。此外，市委会围绕农村学前教育发展、钱塘江诗路文化带建设、320国道外迁等开展专题调研。倪慧芬课题被列为杭州民进立项课题，刘义娟、李刚成的课题研究成果获民进浙江省委会二等奖。

继续发挥社情民意信息联络员队伍作用，王才洪、麻建平等撰写的一批社情民意报告获得上级批示或录用，其中王才洪《客运车辆驾驶员防护设施存在较大缺陷 建议完善规定加强防暴防恐》《建议教育系统错时筹备开学防疫物资，谨防消毒水储存使用造成安全隐患》《建议对全国各级各类图书馆图书遗失赔偿制度进行排查及适时修改》分别获民进中央参政议政成果二等奖、获省杭州市领导批示、被浙江省委宣传部录用；麻建平《建设线下医院处方与网上药房无缝衔接体系，推进线下线上医疗体系相融合》《建立网络医疗纠纷线上处理体系 促进网络医疗健康发展》分别被民进中央和省委会录用；叶强、陈萌合撰《建议进一步规范管理"网约护士"》获民进中央参政议政成果三等奖；陈希《"互联网问诊服务"亟需行业规范和政府监管》、邵笑燕《关于包装物减量工作亟待引起重视的建议》被民进浙江省委会录用。全年被杭州市各部门录用信息56篇；报送市委统战部舆情和观点摘编文章30余篇，4篇被杭州市《每日汇报》《观点摘编》采用。徐月芳被评为建德市政协反映社情民意先进个人。

【政治协商】全年市委会参加中共建德市委、市政府及各部门各类协商会议20余次，就协商内容发表意见，发出建德民进之声。市委会专门召开对口联系单位工作交流会，组织市委委员两会代表等骨干会员与市发改局、市规划和自然资源局、市水利局、市卫生健康局、市统计局、市建德经济开发区(航空小镇)管委会协商交流工作。

【民主监督】积极参与市政协常委会对教育、智慧交通建设、老旧小区改造提升、农贸市场提升等民生实事部门工作"回头看"民主评议，助推民生实事落到实处。徐月芳担任杭州市国土资源局行风监督员，陈建珍担任建德市纪委、监委特约监察员，认真履行民主监督职能。会员中的人大代表、政协委员积极参加基层治理、创建全国文明城市、无违建城市创建、重大项目建设等工作的视察监督。

【社会服务】7月28日，杭州市政协举办的"请你来协商——灾后恢复重建和应急管理能力提升"专题协商活动中，市委会工作得到杭州市政协副主席谢双成肯定。利用市外资源服务建德，常态开展送医送教助学。联系杭州民进、杭州市图书馆走进大同一小开展"悦读快车"进校园、为山区学校赠书等活动；杭州民进开明医卫专家委员会在市二院设立同心服务基地，开展义诊、技术支持帮扶活动；杭州民进开明法律咨询委员会在梅城总府社区举办普法讲座；举办"高考志愿填报"讲座，刘雪珍会员主讲，300余名考生和家长受益；举办《中华人民共和国民法典》解读专题讲座，邵爱秀会员主讲，会内外60余人参加学习；组织医卫会员赴大同镇田畈村、梅城镇洋程村、梅城镇宝华洲社区进行免费义诊活动，服务市民200余人次；组织会员为梅城镇利群村、严州中学新安江校区等单位创作书画；开展助学捐助活动，为26名家庭困难学生共捐助助学金13万余元。（徐月芳）

建德市工商业联合会(总商会)

【概况】建德市工商业联合会(总商会)[简称市工商联(总商会)]2020年紧扣促进"两个健康"工作主题，持续开展非公有制经济人士理想信念教育，不断提升其凝聚力和向心力，促进其健康成长，进一步发展和壮大其代表人士队伍，发挥工商联在政治、经济和社会生活中的作用，全面做好非公有制经济服务工作。

年末，全市共有乡镇(街道)商会16家、直属商会1家、行业协会2家、异地商会6家，会员1149名。乾潭镇商会获全国"四好"商会。

【参政议政】发挥企业家主体作用，强化企业家的责任意识，发挥工商联界别"两代表一委员"作用，鼓励企业家积极参政议政、建言献策。2020年两会期间，全市非公有制经济人士代表共提议案30余件，其中市工商联的《关于加强我市非公有制经济代表人士队伍建设的建议 》被市政协列为重点提案。

【"建商"宣传】充分发挥现有媒体资源，大力宣传建德市民营经济和民营企业家风采。通过“建德统一战线”微信公众号共发布建德市民营经济动态 12 条。借杭商大会契机做好建德总商会宣传、推荐先进，吴严明、潘余明 2 名建德民营企业家在杭州市 100 余名候选人中脱颖而出，获“优秀杭商”称号。

【会员教育培训体系建设】 新冠肺炎疫情期间，市工商联通过线上学习，指导开展各商会进行《中华人民共和国宪法》《浙江省民营企业发展促进条例》等普法学习；组织基层商会参加安徽泾县党校非公有制企业素质提升班、西安交通大学企业创新管理培训班，78 人参与培训；总商会出台政策引导基层商会组织会员“进名校”，引导更楼街道、新安江街道、大同镇、李家镇、航头镇等基层商会举办培训班 3 期（其中大同、李家、航头合办 1 期），培训会员 147 人次；与市企业家协会联合为洋溪街道商会、钦堂乡商会各举办 1 期培训班，受训 180 人次；督促落实《基层商会财务指导意见》，加强对基层商会财务工作的指导；组织各商会秘书长培训，提升秘书长的履职能力。

【企业社会责任履行】 2020 年，市工商联继续深入开展引导民营企业家积极参与东西部扶贫和“消薄”工作，为贵州省岑巩县办好“现代学徒制订单班”，招收新生 22 人；总商会通过建德市希望工程领导小组办公室对口帮扶岑巩县 5 万元。《建德市民营企业探索参与东西部精准扶贫新路径显成效》入选 2020 年国务院扶贫办“携手奔小康”行动案例选编。疫情期间，发布《致全市非公有制经济人士的倡议书》，动员各基层商会和民营企业充分发挥各自资源优势，在物资供给、志愿服务、紧急救援等方面多做贡献。全市民营企业家和异地商会会员合计捐款 1200 余万元，捐物折合人民币 180 余万元。

【服务经济建设】 2020 年新冠肺炎疫情防控期间，总商会开展“助企抗疫情、联企复生产”专项行动，助力民营企业科学有序恢复生产。联合市委统战部成立工作专班，派出 4 个工作小组，分片联系在建德的工商联执常委企业。落实驻企服务员制度，对龙头企业实行“一对一”精准服务，共联系、走访会员企业 400 余家次，发放问卷调查 100 余份，收集各类困难问题、意见建议 20 余条。组织企业完成全国第 22 次上规模民营企业调研，及全国民营企业疫情防控情况、企业复工复产情况、营商环境、政府扶持政策落实情况、民企复工复产稳产情况、民企应对海外疫情冲击和国际局势动荡影响、民营企业运行状况调查等 10 余次专题调研。举办“亲情直通车·政企恳谈会”3 期，邀请市委常委、统战部部长张早林，副市长何瑞洪出席，来自全市化工、低压电器、碳酸钙、数字经济、商贸等领域的 40 余名企业家代表与市“三服务”办公室、市发改局、市财政局、市经信局、市税务局、市生态环境建德分局等相关单位“面对面”交流，收集意见建议 84 条，通过“三服务”平台全部反馈至相关责任单位。通过走访、主动对接，密切跟踪问题解决进展直至办结归档，切实为企业纾困解难。与金融机构联合走访，搭建银企合作平台，全年实现对 16 家基层商会和新生代企业家联谊会累计授信资金 17 亿元，实际放贷 3.1 亿元，破解企业融资难题。同时，强化宣传引导，做好惠企政策宣贯。利用全体常执委会、主席办公会、“亲清直通车·政企恳谈会”“服务‘六稳’‘六保’护航民企发展”检察开放日活动等场合，宣传贯彻习近平总书记到浙江、杭州考察及在企业家座谈会上的讲话、对新时代民营经济统战工作重要指示精神，向非公有制经济领域宣传《浙江省民营企业发展促进条例》，发放关于人才、金融、税收等方面的惠企助企政策汇编折页。

【承办杭州市工商联“主席会长思享会”】 9 月 14 日，首次承办 2020 年度杭州市工商联“主席会长思享会”。杭州市工商联领导班子及 30 位杭州市工商联企业家副主席、副会长走进建德，与市领导朱欢、张早林、夏喜生及建德企业家 10 人，围绕建德产业、经济发展及美丽乡村建设进行经验交流与座谈。

（邓　甜）

编辑：黄建生

群众团体

Mass organizations

建德市总工会

【概况】2020年,市总工会坚决贯彻落实习近平总书记关于工人阶级和工会工作的重要讲话精神,围绕市委和上级工会的各项决策部署,用心用情、尽心尽责,在"战疫情、促发展"中发挥主力军作用,圆满完成各项工作任务。

制定出台《建德市总工会全面推进基层工会改革实施方案》和《改革标准举措清单》,推进基层工会改革。成立产改工作协调小组,制定《产改实施方案》,在104家企业中推进产改工作试点。全市新建工会82家,新发展会员3520人。选树市级以上先进职工之家36家。新建爱心驿家2家、妈咪暖心小屋5家。开展全国劳动模范、杭州工匠等先进模范推选表彰工作,举办"美丽建德讲解员""严州鱼头争霸赛"等技能竞赛。聚焦化工等重点领域和产业,开展化学检验分析、电子商务等竞赛20场。推动职工科技创新,获评杭州市职工"五小"创新项目9项。

全年创建工资集体协商示范单位118家,组队参加杭州市工资集体协商竞赛夺得第一名。助困、助医、助学等5项专项救助困难职工402户、发放慰问金83.7万元。职工医疗互助补助2463人次、补助金额318.5万元。为6家企业定制发放"法律服务包",为800名一线职工进行免费健康体检。开展"送清凉送温暖"活动,慰问97家企业2.27万名职工。举办暑期"小候鸟"班41期,举办7场"遇见你·'预'建爱"职工交友联谊活动,为广大未婚青年搭建婚恋交友平台。

【防疫抗疫工作】面对突如其来的新冠肺炎疫情,市委、市政府紧急启动一级应急响应,市总工会迅速做出反应。联合组建3批150人次"抗疫援朝"机关工会志愿者服务队,协助防疫用品生产企业"朝美日化"公司提高产能;出台援鄂医疗队员暖心关爱保障举措;设立市级防疫专项资金80万元,慰问一线防疫人员5600余名。创新开展云建会、云招聘、云培训、云协商等活动,推进和协助企业复工复产;市总工会"云端建会"工作经验在《工人日报》上得到推介;同时减免返还小微企业工会经费1533万元。以职工疗休养为抓手,争取杭州市职工疗休养推广交流会在建德市召开,并以此促成航空小镇列入省总工会首批疗休养基地,进而促进建德市成为杭州市职工疗休养重要目的地。全年共接待疗休养团队1700余批次、5.38万人次,有力促进全市旅游业复苏发展。

【"最美抗疫职工"评比表彰】4月,市总工会组织开展"最美抗疫职工"评选活动,以表彰全市各级工会、广大职工在疫情防控和复工复产中涌现出的先进典型和感人事迹,传递社会正能量。经各基

◎ 4月29日,市总会举行"最美抗疫职工"表彰大会(供图/陈晓庆)

层工会推荐、市总工会审核、公示等程序，共有19个单位30人被授予为建德市“最美抗疫职工”称号。具体名单为：市第一人民医院程莎、冯赟、胡霞、麻建平、舒胜男、汪燕萍、许筠、张伟星、赵继京，市妇幼保健院李湾萍、郑国娟，市中西医结合医院金鑫、陈利云、唐美丽，市委党校陈志宏、市融媒体中心谭木森、市志愿者指导中心金凌芝、市经济和信息化局汪申才、市交通警察大队新安江中队陈吉正、市看守所夏卫诚、市规划和自然资源局胡晓坤、市交通运输综合行政执法队邹宗成、市疾病预防控制中心周卫群、新安江街道办事处吴双凤、梅城镇总工会李承晔、寿昌镇横山社区杨天红、大同镇政府汪燕平、乾潭镇政府金璇、建德市朝美日化有限公司朱丽平、杭州朗索医用消毒剂有限公司孙建生。

【王国平获全国劳动模范称号并进京接受表彰】11月24日，2020年全国劳动模范和先进工作者表彰大会在北京举行，浙江大洋物科技集团股份有限公司研发中心主任王国平获2020年全国劳动模范称号并接受表彰。

王国平，男，汉族，1974年4月出生，中共党员，大学本科学历，高级工程师。主持并承担国家重大新药创制、“863”计划和“国家火炬计划”等国家和省部级科技攻关项目，开发出多个新产品。其主持的“半缩醛”项目获浙江省技术发明奖三等奖1项、杭州科技进步二等奖1项、杭州市自然科学优秀学术成果奖1次、建德市自然科学优秀学术成果奖多次。获得授权国家发明专利29项，在《Fungal Biology》《菌物学报》《微生物学报》等学术期刊上发表论文30余篇。是浙江省劳动模范。

【召开建德市总工会第十六届委员会两次全体会议】1月10日，召开建德市总工会第十六届委员会(简称市十六届总工会)第二次全体会议。本次会议应到委员43名，实到委员38名。以无记名投

表7　**2020年杭州市级以上劳模、工匠、五一劳动奖章(状)一览表**

荣誉称号	获奖人	单位及职务
全国劳动模范	王国平	浙江大洋生物科技集团股份有限公司研发中心主任
全国模范职工之家	—	建德市五星车业有限公司工会
杭州工匠	赵建明	建德市红姬草莓专业合作社社长
杭州工匠提名奖	方慧霞	浙江新安化工集团股份有限公司
杭州市五一劳动奖状	—	建德市朝美日化有限公司
	—	建德市第二人民医院
	—	建德市公安局交通警察大队
杭州市五一劳动奖章	方利洪	建德市疾病预防控制中心书记、主任
	方　明	杭州稳健钙业有限公司机修班长
	应登宇	浙江新化化工股份有限公司研发室主任
	王心来	杭州东方雨虹建筑材料有限公司设备主任
	叶　颖	建德市第一人民医院护士长
	蔡科军	建德市新安江街道明珠社区书记、主任

票方式，选举余小途为市十六届总工会常委、常务副主席。以举手表决方式，递补余小途、李伟锋等13人为市十六届总工会委员；免去傅定辉、王志洪、方睿等14人所任市十六届总工会相关职务。

4月17日，召开市十六届总工会第三次全体会议。本次会议应到委员45名，实到委员40名。以举手表决方式，递补许剑等5人为市十六届总工会委员，免去万云、许建2人所任市第十六届总工会相关职务；以无记名投票方式，选举许剑（兼职）、邵瑜（挂职）为市十六届总工会常委、副主席。

（陈晓庆）

共青团建德市委员会

【概况】2020年，共青团建德市委员会（以下简称团市委）在市委、市政府的正确领导下，深入学习贯彻落实中共十九大、十九届五中全会和建德市委十四届八次全会精神，团结带领广大团员青年围绕中心、服务大局，在建设“重要窗口”展现“头雁风采”和加快实现建德新崛起的征程中发挥生力军作用。同时，开展综合比选创新基层团干部选用机制统筹县乡两级团的工作力量，团中央《大抓基层工作典型》专报刊发《浙江建德创新基层团干部选用机制，统筹县乡两级团的工作力量》，在全国范围内大力推广建德团市委比选经验。

至年末，全市有直属团（工）委59个，其中，乡镇（街道）16个、市直机关部门23个、企业学校20个。共有团支部1179个，其中学校系统622个、机关事业单位112个、国有企业21个、村（社区）290个、“两新”（新经济组织、新社会组织）领域134个。共有团员18269名。

【浙江省中长期青年发展规划（2017—2025年）省级试点】2020年，团市委就青年发展问题积极与团省委、团杭州市委及建德相关部门进行工作对接，在杭州地区率先召开青年工作联席会议。后续通过向上争取、实地走访、座谈调研等方式，促使建德被纳入《浙江省中长期青年发展规划（2017—2025年）》省级试点地区名单。

【青少年思想工作】5月3日，组织全市青少年开展“学习寄语精神，展现青春担当”“不负时代重任，贡献青春力量”大讨论活动。依托全团新媒体矩阵建设，常态化传播共享学习内容，引导广大团员青年听党话、跟党走。青年大学习线上主题团课学习参与42万人次、参与率达60%以上，学习人数、参与率等全年位居杭州市前列。以节庆纪念日为契机，广泛动员青少年参与各类主题教育实践活动，4月27日和29日，分别组织开展“青春有你，最美战疫90后”“青春助力显担当，乡村振兴我先行”等主题团日活动。健全完善青少年舆情反映渠道，9月14—20日，借助“杭州网络安全宣传周·青少年日”活动平台，开设网络安全线上小课堂，对青少年加强网络素养、网络伦理和舆论引导教育，提升青少年互联网文明水平和基本素质。

【“农创客”工程】7月1日—9月21日，团市委承办“数字农创 遇见未来”2020第二届杭州市农创客大赛，在浙江省农科所、大同稻香小镇等地组织开展3个专场路演、复赛、总决赛，共征集项目160个，落地签约项目9个。利用返乡创业青年资源，在航头镇溪沿村打造青年创业网红直播基地。同时开展直播带货，激发市场活动，新冠肺炎疫情期间全市农创客共开展直播带货72场次，在30余家平台共同公益助农，销售总额约为485.35万元，帮助青年农创客打通农产品“云销路”。

【参与疫情防控和抗洪救灾】2020年新冠肺炎疫情突袭，7月8日新安江水库历史上首次九孔泄洪。面对疫情灾情，团市委迅速响应市委、市政府号召，组建青年先锋队，组织团员青年、青年志愿者开展入户排查、人员登记、健康码推广等工作。建立“一对一”关爱志愿服务机制，16名青年志愿者与全市三批次援鄂医护人员家属建立联系，通过“云日志”实时了解家属困难，帮助其解决后顾之忧。组建青年突击队，赴抗疫物资保供企业朝美日化公司支援口罩生产流水线。组建青年“帮帮团”25支，服务企业446家，发动参与团员青年662人次，协助解决复工复产突出问题。组织发动志愿者连续10天参与“万人清扫大行动”“江边环境整治”等活动。

【组织开展各类"学子活动"】8月20日,召开高中学生"家燕启航 难忘乡情"主题论坛,邀请建德籍在外优秀人才主讲和分享经验。为11家单位38个岗位招募2期暑期大学生实习生66人,其中胡玉洁被评为2020年全国大中专学生志愿者暑期"三下乡"社会实践活动优秀个人。以"走出去、引进来"方式,建立建德学子工作站并设北京等6个分站,做好搭台保障、协调对接、活动组织、宣传引导工作,为国内外知名高校以及在杭高校建德籍学子提供服务。组建"家乡推广大使",不断通过在外学生向外宣传建德、推荐建德。建立"村级优秀青年骨干人员库",按照"一季一主题""一季一活动"要求,举办"青春YOU我 相约向往的生活"、青年农创客经验分享等活动20余场,为优秀青年人才扎根建德提供保障。

【志愿者服务工作】通过"举办活动+常态化服务",开展"建德市美好商圈启动仪式""爱心义剪巡回"等活动,为全市文明城市"高位创成"服务。每季开展志愿者服务培训班1轮,每月开展雷锋角志愿服务活动1次,日常化开展高铁志愿服务、斑马线守护团志愿服务。至年底,全市注册志愿者6.76万名(占全市常住人口15%),月均贡献服务时长达到7.64万小时,同比增长12.9%。

同时,组建和完善市镇村三级联动志愿服务网络,加快志愿服务中心、美德驿站、学雷锋志愿服务站点建设,至年末全市共有"美德驿站"站点5处、学雷锋志愿服务站点57处。推动实行志愿者守信联合激励机制,推动公益活动与失信修复1连接,5月18日推出全国首个交通安全领域失信修复平台,把志愿公益活动纳入可减免交通违法范畴。鼓励社会力量参与建功立德公益伙伴圈,8月5日推出首个公益互动商圈——志愿美好公益商圈,首批入驻商户40余家。

◎ 7月12日,志愿者在新安江江滨公园清除淤泥杂物(朱永标/摄)

【服务青年群体】2020年,团市委围绕弱势青少年群体关爱工作,开展全市弱势青少年实地走访摸底行动,及时更新贫困学子动态数据库,积极争取对接省青基会等公益基金会和其他社会爱心资源。年末累计完成筹集助学、建校(园)等善款152.27万元,资助弱势青少年400余人次(其中,8月底赴贵州岑巩县开展对口帮扶工作,资助困难青少年54人,共计12.6万元)。发挥青年文明号、青年安全生产示范岗、青年突击队等先进青年集体的示范带动作用,开展技能比武、五小科技创新等评选争创活动。全年开展青工技能比武5场,创成杭州市级青年安全生产示范岗3个、各级青年文明号共28家;余神銮1人获评杭州市十佳青年科技创新能手。

（陈　骏）

建德市妇女联合会

【概况】2020年,建德市妇女联合会(以下简称市妇联)下辖乡镇(街道)妇联16个、机关单位妇委会29个、村(社区)妇联256个,"两新"(新经济组织、新社会组织)领域有妇联组织2827个、"妇女之家"537个。12月30日,全面完成村(社区)妇联组织换届工作,选举产生村社妇联主席256名、副主席465名、妇联执委1986名,村社(区)妇联主席进"两委"率100%。

2020年,市妇联各项系列活动蓬勃开展,"千鹤妇女精神"教育基地高标准建成,创成浙江首个全国妇女爱国主义教育基地,并挂牌中华女子学院(全国妇联干部培训学院)现场教学实践基地。

【承办"传承弘扬千鹤妇女精神"系列座谈会】4月15日,杭州市传承弘扬"千鹤妇女精神"座谈会在建德召开。杭州市委副书记张仲灿、省妇联主席王文娟、杭州市副市长陈国妹参加会议。与会人员参观梅城镇千鹤嫂创业一条街、“千鹤妇女精神”展陈中心。建德市委书记童定干、杭州市妇联作交流发言,张仲灿、王文娟分别作讲话。10 月 22 日,浙江省妇联基层组织建设推进会在梅城镇千鹤村召开,会上就传承弘扬“千鹤妇女精神”及进一步深化妇联基层组织建设改革工作进行探讨和部署。省妇联王文娟、童丽君、陆英等领导及设区市组织部部长、妇联主席和分管组织副主席、部分县(市、区)妇联主席参加会议。10 月 23 日,“新时代传承弘扬千鹤妇女精神理论研讨会” 在梅城镇千鹤村召开,浙江省部分高校及各级党校专家学者、省妇女研究会会员代表及妇联工作者共 90 余人参加研讨会。省妇联主席王文娟、建德市委书记童定干作主旨发言。全国妇联妇女研究所、省委党校、浙江音乐学院、杭州师范大学等 9 位专家、学者、妇联工作者对“千鹤妇女精神”的历史内涵和时代价值进行交流研讨。

【“千鹤妇女精神” 教育基地创建成全国妇女爱国主义教育基地】5 月 26 日,“千鹤妇女精神” 教育基地对外开放。同日,浙江省委常委、组织部部长黄建发赴梅城古镇“千鹤嫂”创业街和“千鹤妇女精神”教育基地调研,杭州市委副书记张仲灿、杭州市副市长陈国妹陪同调研。9 月,该基地创成全国妇女爱国主义教育基地,全国妇联副主席、书记处书记吴海鹰出席为基地授牌并讲话, 建德市委书记童定干接牌并作表态发言。9 月 17 日,全国妇联党组书记、副主席黄晓薇及国务院妇儿工委常务副主任王卫国等赴该基地及梅城古镇千鹤嫂创业街考察调研。浙江省委常委、组织部部长黄建发,浙江省妇联党组书记、主席王文娟,杭州市委常委、组织部部长毛溪浩,杭州市妇联党组书记、主席阮英等陪同。10 月 19 日,建德市委与中华女子学院(全国妇联干部培训学院)达成合作共建协议,“千鹤妇女精神” 教育基地挂牌中华女子学院(全国妇联干部培训学院)现场教学实践基地。中华女子学院党委书记李明舜,院长、党委副书记刘利群,副院长王练,建德市委书记童定干、市委副书记吕平以及市妇联、梅城镇负责人参加签约仪式。在此基础上,市妇联开设“千鹤讲坛”,组织开展 “开讲啦——千鹤妇女精神示范宣讲”“执委走基层”“巾帼风采·心汇千鹤”直播宣讲等活动,全年开展“千鹤妇女精神”大宣讲、大讨论、大实践活动 310 余场次,覆盖妇女 52 万余人次。

◎ 11 月 27 日,建德市妇联代表在第二届全球女性发展论坛作发言(供图/市妇联办公室)

【妇女权益保障和维护】2020 年,出台《关于新型冠状病毒疫情防控期间做好留守儿童防护工作的意见》《关于建立因案致困未成年人线索双向移送机制的意见》, 进一步健全妇女儿童权益保障制度。全年排查发现婚姻家庭纠纷(含邻里纠纷)713 件,化解 700 件;接待家事纠纷信访 35 件,处置 35 件。组织婚调员培训 4 期,300 余人次参加培训、200 余人获结业证;提升、改造 4 所社区家长学校,组织清洁家园、垃圾分类、平安巡逻、书法绘画比赛、家庭教育讲座等亲子公益活动 50 余场,服务 6000 余人次。

【留守儿童关爱工作】2020 年,市妇联动态调整“常驻型”“帮扶型”“假期型”“同龄型”四类“代理家长”队伍,开展精神关爱、生活帮扶、课业辅导等互动活动,实现代理家长与全市 2437 名留守儿童“百分百”结对。评选 2019 年度代理家长—留守儿童好对子 36 对。全市各级妇联组织开展庆“六一”、端午亲子游等系列活动 18 场,700 余名代理家长与留守儿童参加活动, 慰问困难留守儿童 200 余人次,赠送慰问金、慰问品(折合)2.1 万余元。

【妇女领衔“美丽庭院”创建工作】2020年，市妇联结合农村人居环境提升、“乡村善治”大比拼、美丽乡村建设等工作，动员全市各级妇联组织、广大妇女群众参与庭院环境整治，打造美丽庭院示范户4.3万户。对各乡镇街道往年创建的示范带开展复评，三都镇获一等奖，新安江街道、李家镇获二等奖，寿昌镇、航头镇、大洋镇获三等奖。在全市开展“美丽庭院”大比武活动，评选产生100户美丽庭院示范户，全年新增美丽庭院示范带15条。

【“最美家庭”及“文明家庭”评选表彰】5月15日，市妇联举办“传承家风家训 弘扬传统美德”最美故事分享会。全年累计开展“弘扬家庭美德 共谱文明家风”暨公筷公勺和垃圾分类宣传等宣讲活动共30场次，覆盖6900余户家庭。开展寻找“最美家庭”，深化“好家庭信用贷”，为39户“最美家庭”授信820万元。吴光潮家庭获全国“五好家庭”称号，许建茹等5户家庭获得杭州市“最美家庭”称号，汪国云家庭获得杭州市“文明家庭”称号，唐文斌家庭获得浙江省抗疫“最美家庭”称号，许建茹、汪国云2户家庭获浙江省“文明家庭”称号，共30户家庭获评建德市“最美家庭(文明家庭)”。

【女工“大比武”活动】7月起，市妇联开展“传承千鹤妇女精神·扛起巾帼使命担当”全市妇联系统特色品牌项目大比武活动。梅城镇千鹤村开通“伊码办”小程序，形成“问题收集—代办代跑—督办—评价”闭环管理模式和妇女、家庭诉求快速反应机制，建立起“家庭账”“妇情账”“执委责任账”。依托“三服务”活动，落实联系妇女群众“四必访”“五个一”工作，2051名妇联执委深入妇女群体，走访妇女群众3.5万名，协助解决问题437件。相关探索成果于10月在北京第二届全球女性发展论坛作交流发言。

【妇女干部综合素质提升】7月10日至11月18日，市妇联主办、德馨社会工作服务中心承办婚姻家庭纠纷调解员业务培训班4期，参加培训300余人次。10月26日至30日，市妇联在江苏省昆山市委党校举办为期4天的建德市妇女干部培训班，市妇联执委、乡镇(街道)妇联主席、机关妇委会主任共40余人参加培训。 (王若涵)

建德市科学技术协会

【概况】2020年，建德市科学技术协会(以下简称市科协)坚持以习近平新时代中国特色社会主义思想为指引，有效发挥“四服务”职能，并取得新的成效。

9月，完成建德市反邪教协会换届工作；11月27日召开市科协第十一次代表大会，完成换届选举，选举产生市科协第十一届委员会委员、常委(17名)和主席(洪树华)、副主席(5名)和秘书长(钟德智)。

【疫情防控科普宣传】面对突如其来的新冠肺炎疫情，市科协及时向全市科技工作者发出倡议书，要求积极响应党委、政府号召，扛起科技工作者担当，引导公众正确理解、积极配合、科学参与疫情防控；市科协牵头，与市疫情防控指挥部、市疾病预防控制中心联合编印疫情公共预防指南和家庭预防指南折页，发至各乡镇(街道)、企事业单位，共计7.36万份，科学宣传疫情防护知识，提高公众自我保护意识。

【服务科技工作者】开展“全国科技工作者日”活动。走访慰问科技工作者代表25名，向杭州推荐建德市医学会科技志愿服务队，该队被评为杭州市优秀志愿服务队，队员王维清被评为杭州市优秀志愿者。针对建德市人才引进短板，与人才办、航空小镇管委会共赴萧山学习“院士之家”建设，力促建德“院士之家”落地。积极参与人才办牵头举办的上海院士“建德行”暨长三角远程医疗网络建设高峰论坛活动。

【服务创新驱动】协同省科协“千名专家助万企”活动，邀请省环境保护科学院和省化工学会专家与建德8家企业进行面对面沟通交流，帮助企业解决技术困难，助力传统化工企业转型升级。积极参加杭州市科协“战疫情、促发展，千名专家进千企”

专项行动,对全市298家规上企业和约1000家规下企业进行初次需求摸排,筛选梳理有强烈需求企业26家与专家进行对接。加大院士专家工作站建设工作力度,成功创建杭州市院士工作站1家、杭州市专家工作站2家。以杭州市科协"双千"活动为契机,走访60余家企业,宣讲院士专家工作站建设相关政策。协助建德市环保科技创新创业中心,举办第十五届海外英才杭州项目对接会(分会场)暨第三届阿卜杜拉国王科技大学海外高层次人才项目对接活动,促成环保科创中心与西安理工大学西北旱区生态水利国家重点实验室、重庆工商大学国家废油资源化技术与装备教育部工程研究中心签署战略合作协议。

【服务科学决策】举办人工智能与乡村振兴发展论坛暨数字乡村振兴大讲堂走进建德活动,共邀请130余名农业龙头企业及农村工作者代表参加活动。本次论坛主要从推动数字城乡发展的体系出发,强调加快建设数字乡村,深化信息进村入户工程,不断完善农业信息服务体系,实施"互联网+"农产品出村进城工程,促进农业生产管理、农产品流通营销等数字化改造和应用。市老年科协调研编发《研究与建议》简报8期,4篇获市领导批示,其中《新安江水库出库水体持续浑浊原因监测分析》获市委书记童定干重要批示,为市委、市政府科学决策提供依据和保障。

【全民科学素质提升工作】市科协认真履行《全民科学素质纲要》办公室工作职责,注册科普志愿者队伍10支,每支20人。实施本级科普项目15个,补助金额40万元。邀请农函大讲师团到建德开展科普讲座34场,受众1300余人。组织科普志愿者与杭州市科协共同举办科普下乡宣传活动,发放科普宣传资料600余份,接受群众咨询200余人次,积极组织群众参与科普知识问答。委托专业评估机构对新安江成人文化技术学校和建德中医院开展社会科普责任评估。组织市民走进科普教育基地(气象局),开展"我爱大建德 保护母亲河"科普实践活动。与科技局联合举办2020年杭州市科技活动周建德站暨全国科普日活动启动仪式,全市200余名科技工作者代表和科普志愿者参加启动仪式。同时,各乡镇(街道)实现"全国科普日"活动全覆盖。协助杭州平坡谷农庄有限公司成功创建杭州市农村科普示范基地,协助航空小镇成功申报2020年度浙江省基层科普创新试点。争取到省科协资金24万元,用于新建杨村桥镇中心小学植物科普馆,该馆建成后展出植物标本2328种。

【青少年科普专项工作】2020年,新增1家建德市青少年科普教育基地——新联航空科普教育基地。市科协举办以"创新.梦想.成长"为主题的建德市中小学Sscratch创意编程比赛,全市24所初中、小学160余名选手参加比赛。组织全市15个家庭少年儿童参加"走进森林,拥抱绿色"植绿护绿小先锋暑期研学主题活动。与市教育局组织寿昌二小的20余名学生代表,到航空小镇开展"航空探秘 梦想启航"——走进航空科普教育基地实践活动。组织全市中小学生参加杭州市青少年创新大赛,选送参赛作品(优秀科技创新项目和优秀科技实践活动)15件。邀请省科协的科普大篷车到大慈岩镇中心小学作科普宣传讲座,400多名学生接受生动直观的科技教育。 (陈宵鸳)

◎ 5月,市科协开展"科普大篷车"进校园活动(供图/市科协办公室)

建德市文学艺术界联合会

【概况】2020年,建德市文学艺术界联合会(以下简称市文联)深入贯彻习近平新时代中国特色社会主义思想和中共十九大精神,坚持"二为"方向和"双百"方针，团结带领全市文艺工作者积极开展文艺创作，为全市三个文明建设贡献文艺工作者力量。年内，13个协会全部完成换届，并新成立建德市影视家协会，新一届文联下属协会增至14个。至年末，会员1200余人。其中，国家级会员50人(年度新增2人)、浙江省级会员142人(年度新增14人)。全年组织文艺工作者1350人次开展文艺志愿活动惠民服务272次，送春联1万余幅，拍照片1000余张，送戏下乡200场。

8月22—30日，在建德市启动中国最高级别电视大奖"金鹰奖"第30届评审活动，首轮评选结果公布登上热搜榜，阅读量达3.6亿人次极大提升建德市的知名度、美誉度。

【联合承办之江新安影像论坛】6月23—25日，建德市与中国摄影网、杭州摄影家协会共同承办"2020之江部省共建大党委成立暨之江新安影像论坛"活动。来自青岛、南京、福建、上海、合肥、苏州等地摄影家100余人参加活动。此次活动，以展示浙西唐诗之路文化底蕴为主题，旨在推动之江省部级乡村振兴示范区建设、新安江全域旅游和拥江发展。

【抗疫情专题文艺创作】新冠肺炎疫情防控期间，市文联所属各协会成员创作作品共500余件。其中，散文30篇、诗歌60首、小说6篇、古体诗词散文25篇、美术作品51件、书法作品20件、摄影作品200张、原创歌曲2首，以及故事、现代诗词歌谣、面塑、根雕、玉雕、剪纸、农民画等共130件，《新安江》杂志予以专刊形式发表，其中原创音乐作品《报春的梅花》、散文《故乡的街道》被"学习强国"平台和省市文联录用。

【举(承)办多种艺术展览】7月，为打造"四条诗路"、传承浙西唐诗文脉，建德市在市文化艺术馆承办"浙西唐诗之路——全国中青年书法邀请展"，主要以钱塘江为主线，以唐朝诗人及其题咏钱塘江流域的唐诗为主题，以行、草、篆、隶、楷等形式，共收入来自全国各地42名65周岁以下书法家作品，建德市有3名书法家作品入选。8月，举办建德市首届工艺作品展，作为由杭州市、建德市、中国民协故事会主办的"以艺抗疫，全面小康看杭州"2020年中国故事节抗疫故事会故事音画、杭州优秀工艺作品展内容之一。现场共展出铜雕、根雕、石雕、书画、剪纸、农民画、刺绣等民间文艺作品118件，展示全国上下众志成城齐心抗疫画面和杭州民间艺术成就。9月，市文联主办、市美协承办"画说严州"全国知名画家走进建德活动，围绕梅城古镇山水、建筑开展文艺创作，共收集作品65件；12月，该批作品在市博物馆展出。

【开展"我的美丽乡愁"红色主题创作】重点围绕中国共产党成立100周年等重要事件、节点，组织作家协会、摄影家协会等9个协会，赴莲花、大洋、三都、李家等地，开展"我的美丽乡愁"采风活动20余次，撰写童祖恺、童润蕉、蒋治、余大斌等建德党史历史人物革命事迹材料，创作红色主题文艺作品281件。

【文艺人才扶持】2020年，建德市对新加入国家、省、杭州市级官方协会会员，分别给予一次性奖励1万元、5000元、1000元。对国家、省、杭州市级工艺美术大师、"非遗"传承人等在建德境内注册文化企业并开办工作室者，给予一次性装修补贴(不超过10万元)，并在对其工作室考核验收后给予每年最高5万元至10万元奖励；经评议认定、在行业内有较大影响力和知名度的艺术家参照上述政策享受，以激发文艺家创作热情。全年共兑现扶持奖励金额9.2万元。

◎ 8月21—27日，举办杭州优秀工艺作品展暨建德市首届工艺品展(供图/市文联办公室)

【文艺创作成果】2020 年，出版《龙源人家》《梅花城传说》《杏坛霏雨》《山高水长严州府》《严州金石》《严州书画》《严州人物》《野草集(临屏诗)》《孽龙九子》《喧嚣荧光》等本土著作共 17 部，在全国和省市级发表(入展)、获奖 78 件。其中，市影视协会方弘视频《影像建德》获第十三届中国旅游电视周好宣传片奖；市摄影协会范胜利作品入选浙江省第十八届摄影艺术展，王建青作品作为铜质收藏；市美术协会刘巧云农民画作品《神鸡扫瘟疫》入选抗击疫情全国书画作品网络展、《腾龙舞狮》入选“决胜全面小康”第二届全国农民画作品展，陈峰作品入选 2020 年“万年浦江”全国中国画(手卷)作品展，许朝洪作品《山乡秋韵》获浙江省首届文化礼堂书画大赛三等奖；市书法协会王生良作品入选“深入生活、扎根人民”——第四届“文质兼美”优秀基层书法家创作活动作品成果展，并入选书法“浙军”20 强，另 5 位会员作品入选“浙里小康——浙江书法篆刻征评系列大展”；新安诗社余文韬作品获荣昶杯第三届新国风诗词大赛三等奖。市音协原创歌曲《报春的梅花》《最平凡的坚守》，市戏协创作建德首支抗击疫情 MV 婺剧《誓把病毒一扫光》；此外 30 余篇散文、诗歌在《散文选刊》《浙江诗人》《联谊报》《作家报》《中国诗》《浙江工人日报》等媒体发表。

此外，“学习强国” 杭州平台录用市摄协报送“情系百岁老人，摄影服务送上门”“美丽杭州”随手拍“超级月亮” 2 件作品；杭州平台录用市作协报送“我和我的家乡”征文稿件 6 篇。(房顺利 张 婷)

建德市残疾人联合会

【概况】2020 年，全市在册第三代中华人民共和国残疾人证持证残疾人 16665 人。其中：视力残疾 1801 人、听力残疾 2080 人、言语残疾 122 人、肢体残疾 8341 人、智力残疾 1680 人、精神残疾 1899 人、多重残疾 742 人。全年新增残疾人就业人数 151 人。

4 月 27 日，建德市残疾人联合会(以下简称市残联)召开第六届主席团第三次全体会议，选举增补市残联第六届主席团部分委员、副主席，推举增补市残联理事长、副理事长。官建强当选为市残联第六届主席团副主席，并被推举为市残联执行理事会理事长，李呈祥、杨川为市残联执行理事会副理事长(挂职)。

市残联联合杭州市气象局下属科技公司继续开通气象手语节目，在建德广播电视台每日的《建德气象》节目中播出；联合市心连心扶残助残志愿者服务队、市创世纪情缘婚介服务部，成功举办第三届残疾人交友联谊大会，吸引市内外 50 余名残疾人青年参加。

【残疾人关怀政策落实】2020 年，市残联推进落实困难残疾人生活补贴和重度护理补贴政策。至年末，享受困难残疾人生活补贴 6085 人，享受重度残疾人护理补贴 8305 人，全年发放“两项补贴”资金 4237.14 万元。接轨市民政局开展的老年人意外伤害保险，为全市 1.6 万余名 60 周岁以下持证残疾人全部办理意外伤害保险。发放残疾大学生减免学费和住宿费补助款 10.44 万元，实施残疾人住房救助改造 50 户，发放残疾儿童康复训练和生活补助 35 名。开通“亲清在线”按比例就业岗位补贴和超比例安置补贴线上兑付业务，上线“民生直达” 办理事项 4 项，200 家企业在 11 月底前全部完成兑付，共 146.13 万元。

◎ 6 月 10 日，杭州市人大常委会副主任徐小林(右四)督查建德市“残疾人之家”建设(翁朝晖/摄)

全年，开展春节慰问和夏季送清凉活动，共慰问困难残疾人 570 户，发放慰问资金和实物(折合)

共计 30.1 万元。免费为建德市残疾人配发助听器 81 只、安装假肢 17 例、配发轮椅 174 辆、配发其他辅具服务 396 个。精神病人免费服药政策施行对象 1401 人，落实残疾人髋关节置换手术补贴 21 例。继续推进残疾人城乡统筹工作，杭州江干区、萧山区、杭州钱塘新区残联对口帮扶建德市残联，签订残疾人帮扶项目协议书 3 项，到位帮扶资金 110 万元。规范残疾人机动轮椅车管理工作，发放符合条件的残疾人机动轮椅车燃油补贴 108 人。

【无障碍环境建设】6 月，市政府成立市无障碍环境建设工作专班，实施 2020 年杭州市人大跟踪监督整改的建德市无障碍环境建设项目 10 个。市人大常委会、市政府、市政协领导 6 次督查，实地查看无障碍建设中存在问题，跟踪监督责任主体单位及时整改问题。11 月 5 日，市人大常委会召开主任会议专题听取无障碍环境建设工作汇报，推进该工作整改进度。市残联组织残疾人成立市无障碍环境促进会，协助做好宣传督促、现场体验、新建项目的设计方案论证等工作。该促进会全年参与各项活动 30 余次，为迎接 2022 年亚(残)运在杭州举办奉献力量。全年实施“困难残疾人无障碍进家庭”项目，115 名残疾人受益。开展省级无障碍社区创建，新安江街道健安社区成功创建第三批省级无障碍社区。

【“残疾人之家”提升星级项目】2020 年，建德市“残疾人之家”提升星级项目(杭州市下达提升 6 家三星级任务)被列为省、杭州市民生实事项目。建德市成立专门领导小组、拟发星级提升文件，逐户走访告知，同时邀请杭州市残联上门指导，明确改造提升计划。至 10 月，完成四星级 5 家、三星级 8 家，提前并超额完成杭州市任务。同时将位于新安江街道的浙江盈翔包装残疾人之家列为建德市综合性、示范性“残疾人之家”机构创建。

【换发第三代残疾人证免费乘公交】2020 年，市残联根据省、杭州市残联统一部署，做好第三代智能残疾人证换发工作，至 6 月底，全市 16665 张智能残疾人证发到到位。直接使用于免费乘坐城市公交车、农村客运班车，并可以免费乘坐杭州市内普通地铁、市内普通公共汽(电)车和公交水上巴士，切实落实残疾人享受政府优惠政策。 (翁朝晖)

建德市红十字会

【概况】2020 年，建德市红十字会继续实施“红十字强基工程”，个人会员数量和村(社区)建会增长实现预期目标任务。制定出台群团改革方案，依法依章于 10 月 29 日召开建德市红十字会第七次会员代表大会，选举产生新一届理事会(41 人)和监事会(5 人)，选举建德市副市长郑志华兼任会长，徐军潮任常务副会长，另有 3 位副会长 2 人兼职、1 人专职。

持续推进“三救三献”事业发展。开展持证救护员培训，全年培训 1066 人，达到全市人口的 0.21%，普及培训 1.09 万人，达到全市人口的 2.13%。募集救助款 60 万元，救助困难群众 2000 余人次。新增造血干细胞采样入库 68 人，捐献造血干细胞 1 人，填写遗体(器官)捐献志愿书 354 人，捐献眼角膜(遗体)4 人，捐献器官 3 人。

◎ 建德市首位女性骨髓捐献者刘英英（供图/市红十字会办公室）

【积极参与疫情防控和抗洪救灾】新冠肺炎疫情期间，市红十字会系统组织开展抗“疫”募捐，累计接收捐款 206.09 万元，捐物价值 115.58 万元。同时争取上级资金 32 万元慰问援鄂医务人员及其家属。组织动员红十字会机关干部、基层组织、会员、志愿者为“空巢”老人送爱心餐、支援朝美日化赶制口罩、爱心物资接力、为爱逆行献血等。该会赈济救护部副部长蒋樟茂被评为杭州市机关党员干部参与基层一线疫情防控工作先进个人。7 月，在新安江水库泄洪期间，第一时间调动红十字救援队参与各类救灾救援；做好与杭州市红十字会对接联动，利用其下拨慰问款 2 万元购买救灾物资充实储备，1.5 万元用于定向帮扶 17 度颐养院灾后重建。

【救护培训工作】为高标准建设“健康建德”，市红十字会积极参与“健康素养进农村文化礼堂”行动，推动救护培训向重点部门、重点岗位、重点人群延伸覆盖，全年完成救护员培训 1066 人、普及培训 1.09 万人次，分别达到全市人口的 2.1‰和 21.3‰。对应急救护培训师首次注册、年度注册工作以及现场应急救护培训工作进行规范整治，联合市总工会、市人社局等部门开展应急救护技能大赛，优胜选手颁发“技术能手”称号。联合市红十字水上救援队在全市中小学开展“珍爱生命，预防溺水”安全教育进校园活动，全市 66 所中小学 3.6 万名学生接受培训。联合市应急管理局开展“救护培训进社区”活动，一月一社区，助推文明城市创建。联合市教育局对在职教师进行全员化培训，全面提升全市师生应对突发事故和灾害的能力；在杭州市红十字应急救护培训师教学技能大赛中，市卫生进修学校教师杨艳香荣获单项二等奖。

【“博爱帮困”工程】围绕“5·8”世界红十字日、世界急救日等重要时间节点，宣传红十字文化和精神。全年累计募集救助款 60 万元。常态化开展“博爱送万家”、突发灾害救助、关爱癌症困难家庭、一线环卫工人、失独家庭等项目，累计筹资纳 14.59 万元，慰问困难家庭 549 户。加大对“母婴平安”项目的关注和支持，对外来务工人员困难家庭高危孕(产)妇开展人道救助，2020 年将新生儿费用入救助范围，扩大救助受益面，定期做好项目回访，累计发放救助金 40.93 万元，受益 121 人。组织红十字志愿者走进市培智学校，开展“情暖建德，欢庆六一”活动，向 43 名学生赠送价值 5000 元慰问品。做好东西部志愿和扶贫协作工作，向贵州省岑巩县捐献价值 5 万元救护培训教材教具。

【“博爱家园”建设】市红十字会联合各社区红十字服务队开展“银丝爱心餐”项目，免费为部分生活不便的“空巢”老人提供全年不间断上门送餐服务，全年累计受益 7665 人次。清明节期间，发起“铭记大爱，致敬生命”网络缅怀活动，完成省红十字会人体器官捐献者困难家庭孩子助学项目，帮助困难学生完成助学结对。

同时，推进造血干细胞采样入库和遗体器官捐献志愿登记工作。全年填写遗体(器官)捐献志愿书 354 人，实现眼角膜(遗体)捐献 4 人、器官捐献 3 人。规范管理造血干细胞入库、初筛、再动员、高分辨、体检、捐献流程，严格落实《中华骨髓库质量管理体系》质量控制目标，全心全意提高服务质量，提升志愿者和捐献者满意度，全年完成造血干细胞捐献志愿者名单入库 68 人、实现捐献 1 人。全市第一例女性干细胞捐献者刘英英被评为浙江省第十二届“红十字公益之星”。（许　倩）

编辑：唐国强

法 治

Rule by law

综述

【概况】2020年,建德市委政法系按照中央、省、杭州市政法工作要求和市委、市政府部署要求,深入实践新时代"枫桥经验",推进"最多跑一地"改革,依托"平安六和塔"工作体系,以社会平安稳定为底线,将四中全会关于治理体系和治理能力建设的理念转化为治理实践成果,不断夯实基层基础,在健全体制机制、落实风险管控、提升治理水平、促进司法公平正义等方面努力作为;不断浓厚共建共治共享的治理氛围,强化法治政府建设,提高政府公信力;在疫情防控、防汛抗洪、村级换届选举中,主动作为,全力推动"平安建德"建设再上新台阶,以"建德之治"为"重要窗口"建设增光添彩。2020年,建德市平安建设综合考核排名全省第六名、杭州市第三名,连续7年成功创建省级"平安市",市民安全感达到98.05%,创历史新高。

【"平安建德"建设】围绕市委、市政府提出的平安考核进入全省前15名、杭州地区"保6争4"目标,持续推行平安创建"1558"工作法,不断健全平安创建"三抓四化"机制,通过一级抓一级、层层抓落实,点面结合、条块互动,全程督导、抓实责任,确保平安创建全市上下"一盘棋"运作。全市共开展专项性综合暗访检查30余次,检查单位1278家,下发交办单148份,交办整改隐患3394项。

【社会稳定维护】紧盯政治安全、意识形态、经济金融、安全生产、社会安全等5大领域突出矛盾问题,持续推进防范化解重大风险"建德战役",开展涉稳风险隐患的全覆盖、滚动式排查,共监管涉稳风险79件。通过分级分类监管、清单式交办、领导包案领衔,制定路线图、倒排时间表,实行销号制等方式,实现15件杭州市项目化监管涉稳问题全部化解。完成各级两会、党代会、中央环保督查、中央巡视组巡视、省经济责任审查等重大活动维稳安保工作30余场(次);有效保障环境能源项目、临金高速、杭衢铁路建设和千岛湖配水工程扫尾事项等重大工程项目平稳顺利推进。实现全市全年"零进京"信访登记,社会面总体平稳有序。

【基层善治基础建设】以"一中心、四平台、一网格"为整体架构,扎实推进"市、镇、村"三级社会矛盾纠纷调处化解中心建设,进一步健全完善治理体系,整合九大中心并引导各类群团组织、社会组织和群众组织入驻,实现多部门"一体化"运作,提供"一站式"服务。市级中心启用以来共接待受理6486批次9951人,办结率100%,群众满意率99.96%;三大指标降幅明显:民商事案件下降27.5%、信访总量下降11.9%、生产安全事故死亡人数下降46.7%;万人成讼率(注:值越低越好)持续保持杭州前列,群众安全感和满意率明显提高,实现"五降两升"目标。

【"数字赋能"建设】开展市综合信息管理平台迭代升级工作,建立市、镇、村(社区)、网格4级治理网络,并实现上下贯通、左右联通。建立以统一地址库和社会治理数据归集为基础的市域社会治理专题数据库,共确认划分乡镇(街道)级社会治理单元16个、村(社区)256个、基础网格705个、院落址3209个,完成赋码地址39.09万余条,统一地址服务调用34万余次;基于统一地址,开展人、房、企、事、物等社会治理要素数据治理，全市常住人口与统一地址关联数据40.4万余条。在道路交通安全方面，创新实施大货车“4G鹰眼”智能系统、“非机动车智能遮阳棚”等做法，先后得到时任省委书记车俊、时任杭州市委副书记张仲灿等领导充分肯定。11月10日，建德市数字赋能乡村振兴系列做法得到省委书记袁家军批示肯定。

【市域社会治理】在贯彻落实杭州市域治理现代化体系上，通过构建“六和”治理主架构、打造基层治理一镇一品、乡村善治品牌等平台载体，形成乾潭镇“善美积分”、大洋镇“网组+”治理、大慈岩镇“新时代·邻里睦”、三都镇“美好账本”、李家镇“浙李”乡村治理品牌等一批特色基层治理做法。深化全科网格建设，以平安网格联盟壮大网格服务团队，做强“新安义警”“锋平义警”“新安婆婆”“千鹤女子民兵连”等品牌，建德治理影响力得以有效提升。

【诉源治理】全力推进诉源治理工作，充分发挥全市基层乡村法律顾问、人民调解员、网格员优势，通过“送法下乡”、走村入户、网格巡查等形式，及时发现隐患苗头，及时预警化解。运用矛盾纠纷多元化解平台功能开展视频调解、在线调解，让“线下的问题用线上方式解决”，全面部署开展“一码解纠纷”工作，从基层调解组织着手，结合市级矛调中心，全面提升自主申请率。全市各级人民调解组织共调处矛盾纠纷8672起，调解成功8666起(其中疑难纠纷171起)，调处成功率99.93%，涉及赔偿及补偿金额5.18亿元。市人民法院新收案件1.27万件，同比下降18.9%；一审民商事案件3706件，下降31.1%；诉前纠纷化解率71.9%，上升33.0%，位列全省第六、杭州市第一。

◎ 5月14日，建德市召开金融系统诉源治理专题会议(供图/童小芳)

【开展执法司法规范化水平提升年活动】根据省委政法委部署，扎实推进执法司法规范化水平提升年活动，市政法委牵头建立专班工作、考核通报、建档备查机制，组织案件评查、推进问题排查、开展“回头看”工作，开展“六个一”系列警示教育活动，部署市政法系统开展虚假诉讼协同治理专项行动，提高执法司法规范化水平。全年召开座谈会10次，走访征求意见人124人次，开展专题教育22场2246人次；政法各单位开展共性问题专项治理15次，完善各项制度43项，累计办理群众法律咨询5018件，法律援助事件202件。

【“扫黑除恶”专项斗争】2020年，建德市连续第三年开展“扫黑除恶”专项斗争，组建工作专班，完善协同机制，强化线索问题清查核查。至年底，“扫黑除恶”专项斗争工作顺利结束，3年(2018年至2020年)累计审结涉黑案件5件26人、恶势力犯罪集团案件7件56人、恶势力团伙案件2件11人，判处财产刑1997.1万元。 (程熙玉)

法治政府建设

【概况】2020年，建德市人民政府以习近平法治思想为指导，切实贯彻落实《法治浙江建设规划(2020—2025年)》和《浙江省人民政府办公厅关于印发2020年浙江省法治政府建设工作要点的通知》(浙政办发〔2020〕30号)要求，履职尽责、狠抓落实，推进行政机关负责人出庭应诉责任落实，并通过开展行政诉讼案件旁听活动，提升行政机关负责人应诉能力，全年全市行政机关负责人出庭应诉81件，出庭应诉率94.2%，“政府与公民平等”观念深入人心，政府公信力得以不断提高。建德市人民政府获评2020年度法治浙江(法治政府)建设先进单位。

【法治政府建设主体责任落实】8月，建德市政府印发《建德市2020年法治政府建设工作要点》，明确深化“最多跑一次”改革、推进综合行政执法改革、深化诉源治理工作等20项重点工作任务，将每项具体任务分解落实到各相关单位，构建全市法治政府建设“一盘棋”格局。持续落实法治政府第一责任人责任，要求党政主要负责人要对法治政府建设工作认真部署，对重大问题及时过问、协调解决。10月，建德市出台《行政执法监督约谈制度(试行)》，由市政府主要领导或分管领导对未正确履行法治政府建设职责或履行不到位的各单位负责人进行提醒、质询、告诫性约见谈话，通过约谈落实依法行政领导责任，加快法治政府建设。

【行政规范性文件管理】2020年，在规定时限内报送杭州市政府和建德市人大常委会备案审查的市政府及其办公室制定的规范性文件共14件。建德市先后下发《关于开展行政规范性文件专项清理工作的通知》《关于开展民法典涉及行政规范性文件清理工作的通知》等文件，重点对市政府及相关部门制定的与《中华人民共和国民法典》《优化营商环境条例》《浙江省民营企业发展促进条例》不符合、不衔接、不适应的行政规范性文件进行清理。至年底，共清理市政府行政规范性文件9件，清理结果均在市政府门户网站公布。

【政府法律顾问制度】建德市将法律顾问制度建设及实施情况作为依法行政的重要内容纳入综合考评，确保法律顾问配备到位、履职到位。各乡镇(街道)、各部门均按要求聘请执业律师担任法律顾问，实现法律顾问全覆盖，其中市委、市政府各配备法律顾问5名，业务涉及规范性文件审查、合同审查、复议和诉讼案件办理、重大涉法案件协调等方面，全方位参与市政府法律事务，充分发挥其参与政府依法决策、防范行政法律风险的作用。全年，市政府法律顾问参与审查提请市政府审议的合同6件，代理市政府行政诉讼案件22起。

【行政执法“三项制度”落实情况专项执法监督】7月，建德市下发《关于开展行政执法“三项制度”落实情况专项执法监督的通知》，开展行政执法“三项制度”落实情况专项执法监督，督促各行政执法部门全面推行行政执法公示制度、行政执法全过程记录制度和重大执法决定法制审核制度，加快推进行政执法信息化建设。

【行政执法案卷评查】9月，建德市下发《关于开展2020年度行政执法案卷评查工作的通知》，在全市范围内开展行政执法案卷评查工作，对26家主要行政执法部门自2019年7月1日至2020年6月30日期间已办结的行政许可、行政处罚、行政强制案卷进行抽查。共抽查行政执法案卷23卷，发现2大类、6个问题，未发现不合格案卷、违法或明显不当案件。

【行政复议职责履行】市司法局(行政复议局)积极受理符合法定条件的行政复议申请，并强化“行政复议化解行政争议”的主渠道作用，最大限度保障市民合法的行政救济申请权。全年新收复议案件57件(含杭州市行政复议局12件)，其中立案54件、不予立案3件；结案56件，其中维持17件、撤销1件、终止审理22件、依法驳回复议申请7件、确认违法6件、不予受理2件、其他1件。

【行政争议调解中心实质化运行】4月，市行政争议调解中心全面整合人民调解、行政调解、司法调解等资源，形成调解优先、复议分流、诉讼断后的工作闭环，推进实质化运行。全年，通过协调促成38件行政复议案件申请人撤回复议申请，其中案前调解21件、案中调解17件，调解率结案率达57.6%；促成行政诉讼撤诉20件，调撤率达17.5%。

【依法履行重大行政决策程序护航房屋征收】建德市在推进国有土地征收工作过程中，依法履行公众参与、风险评估、合法性审查和集体讨论决定等重大行政决策程序，切实提高行政决策的科学化、民主化、法治化水平。2015年6月组建新安江主城区旧城改造指挥部以来，先后启动府前路麻园巷、影剧院等主城区国有土地上房屋征收项目8个，共涉及被征收户1057户，建筑总面积11.73万平方米，顺利实现100%签约，未发生群体上访和重复上访事件。2020年12月30日，该项工作获得副省长刘小涛的批示肯定。 （马聿浩）

公安

【概况】2020年，建德市公安局紧密围绕市委、市政府中心工作，按照杭州市局“六大工程”“八大行动”以及该局“261”工程总体部署，狠抓推进落地。严格依法开展打击犯罪活动，维护社会秩序、经济秩序稳定各项工作，深入开展并圆满完成为期3年的“扫黑除恶”专项斗争活动，创新和推广乡村善治优秀平台，以“数字赋能”推进“平安建设”，取得显著成效，市民安全感得到极大提升。

全年共接报警9.85万起，其中有效警情3.92万起，报警数同比下降9.0%，有效警情下降9.2%。共立各类刑事案件1332起，破案631起；刑事拘留各类犯罪嫌疑人709人、移诉755人、行政处罚2044人。积极开展为民服务涉公安事项改革与改善工作，“公民身份信息变更一件事”经验做法在省改革办《竞跑者》专栏及省厅简报刊发；25项特色亮点工作在公安部、省厅、杭州市局简报或专栏刊发。连续11年蝉联省优秀执法单位，连续8年蝉联建德市优胜（满意）单位，连续12年命案和五类案件破案率100%。共有5个集体荣立三等功、1名个人荣立二等功、27名个人荣立三等功，6名集体和61名个人受到嘉奖表彰。

◎ 2020年中国最美绿道毅行活动安保（供图/市公安局办公室）

【特殊时期治安保障】新冠肺炎疫情期间，在杭州地区率先启动通道查控，查处全省首起妨碍疫情防控案件，做好涉疫人员排查以及隔离点管控，查处各类涉疫案件130余起。其中，2月至3月期间，市公安局成功破获涉嫌口罩诈骗案件，案值300万元，在云南、浙江两地抓获犯罪嫌疑人20人（涉嫌口罩诈骗嫌疑人3名，涉嫌销售假冒伪劣口罩嫌疑人4名，涉嫌开设赌场嫌疑人13名，）现场收缴赌资10余万元，冻结资金100余万元，收缴假冒伪劣医用口罩2000余只。新安江水库九孔泄洪期间，全力做好转移疏散、隐患排查、应急处置、交通疏导等工作，累计投入6000余名安保力量，转移市民1373人次、物资297批次，帮（救）助市民1235人次，确保全市未发生人员伤亡事故，有效保障群众安全和正常社会秩序。创建全国文明城市国测迎检期间，抽调警力，落实重点部位巡查值守；高规格启动“三我”（我文明、我守规、我安全）交通安全文明出行活动，抽调增援警力170名，动员社会力量178人次，做好主城区交通秩序维护工作，为建德市成功创建全国文明城市提供有力保障。全市村（社区）换届选举期间，市公安局成立“两队一专班”，抽调120名干警，护航换届选举工作，确保该项工作顺利完成。

【风险管控】积极推进“铸墙”“净土”“攻心”三大工程，严密落实涉恐重点人员动态管控，深化路地警务融合，加强“四联三防”和“1.3.5”快速反应圈建设，持续推进“护校安园”专项行动，整治校园及周边治安隐患。依托“大数据+网格化”，进一步做优精密智控手段，严密落实常态化疫情防控措施，协助做好境外返回人员隔离转运12批次、1400余人。严格落实特殊利益群体和涉稳重点人员稳控责任，积极稳妥化解网贷受损人员上访申诉等突出风险，妥善做好乾潭失地农民保险专案处置工作。

【道路交通安全综合治理】建设交通治理站82个，夯实农村交通基础；在智慧赋能上，依托3个平台、2个中心、7个综合勤务室，实施三级指挥架构，形成“情指行”作战体系，有效减少道路交通安全事故。全年共发生道路交通死亡事故38起，死亡 39 人，事故起数、死亡人数同比下降 28.3%、26.4%。为此，省公安厅、省交通运输厅等单位联合在建德市举行“浙江省国道省道交通安全示范路创建活动现场推进会”，以示肯定。

【打击社会治安领域违法犯罪活动】市公安局务实践行“大案必破、小案快破”理念，快速侦破现发命案 2 起，实现连续 11 年保持命案全破；破获 1998 年“1·20”命案积案、1996 年“11·25”命案积案，抓获该局历年逃犯 5 人，抓获外单位上网的建德籍历年逃犯 2 人。

“扫黑除恶”专项斗争。积极开展“六清行动”，累计侦办黑社会性质组织 1 个，恶势力集团 7 个。

打击治理电信网络突出违法犯罪。以“百日攻坚”“断卡”等专项行动为抓手，抓获电信网络诈骗犯罪嫌疑人 122 人，返还市民损失 304 万余元。12 月，市公安局组织力量，在建德、金华、台州、嘉兴等地抓获犯罪嫌疑人 11 名(其中团伙骨干成员 7 人，团伙辅助成员、下游犯罪成员 4 人；对刑拘的 10 人移送起诉)，现场收缴涉案银行卡 82 张、POS 机 4 台及 U 盾、手机等一批作案工具。同时，创新推出“警民 e 家”云宣讲，采取横幅入村、一封信入户、短信到人、临柜劝阻、宣传片轮播等举措，有效遏制电诈警情高发态势。

清除“黄赌毒”。积极开展“禁种铲毒”，着力壮大禁毒社工队伍，市禁毒办选送的叶凌琳、卢志英 2 位选手，在全省禁毒社工比武活动中，分别荣获三等奖和优秀奖(杭州地区共 5 人获奖)。从严查处黄赌毒案件，5 月，市公安局抽调 230 余名警力，组成 7 个专项小组，对新安江、寿昌、大同多个黄赌犯罪集团开展统一缉捕，现场抓获违法犯罪嫌疑人 75 人，起到较好震慑效果。开展打击治理跨境赌博专项行动，累计破获跨境赌博犯罪团伙 13 个，采取刑事强制措施 73 人，涉案资金 9.73 亿元。6 月、7 月，市公安局先后组织两次集中收网行动，抓获本地组织赴境外赌博团伙犯罪嫌疑人 23 人；该团伙自 2010 年以来长期组织本省绍兴、桐庐、建德等地赌客出境赌博，涉案赌资流水达数十亿元；该案共移送起诉 11 人，查扣冻结涉案资金、房产、车辆等价值折合人民币 6112 万元。该案被省“122”机制办列为督办案件，是建德市公安局首次侦办跨境赌博案件，为日后侦办类似案件积累了经验。

打击民生领域违法犯罪。建立环食药联络员制度，开展涉生态、环境食品药品领域“昆仑”行动，成功破获新德环保污染环境案等省厅督办案件 3 起。

【打击经济领域违法犯罪活动】连续 4 年坚持深化服务保障“八大举措”，推行重点企业联络警官工作机制，首批覆盖 25 家规上企业。严厉打击涉企违法犯罪，着力打造优质营商环境，全面推进“猎狐”“歼击 20”“百城会战”“蓝剑”等专项行动，成功抓获“猎狐”逃犯 1 名；加大对“浙商”品牌企业的保护力度，破获新化化工被侵犯商业秘密等案件 3 起，抓获犯罪嫌疑人 17 人；侦结虚开增值税专用发票案件 7 起，移诉犯罪嫌疑人 12 人；强化非法集资案件追赃挽损力度，为 4 起案件追赃挽损估值 8325.8 万元。

【社会基层治理平台建设】 出台《建德市平安村(社区)考核办法》，压实村(社区)主体责任。以精密网格为载体、以应急救援志愿者为骨干、以既有特色品牌为依托，广泛动员社会力量，全力打造“新安义警”品牌，招募志愿者 3.3 万余人，初步形成“邻里自理、街坊共治”的社会基层治理新模式，有效赋能平安创建。该做法被中央电视台、《人民公安报》等中央级媒体宣传报道。推进基础管控中心建设，深入开展枫桥式派出所创建，制定派出所赋能增效十项举措，以“四晒”活动为载体，对全局基础工作开展整体评估。完善综治警网中心建设，结合矛调中心建设契机，加快综治警网中心增点扩面、提档升级，累计建成综治警网中心 16 个，实现全市各乡镇(街道)全覆盖，“推动综治警网中心建设提升公安信访工作水平”经验做法在公安部信访信息网专栏刊发。优化提升“一村一辅警”工作机制，市委政法委、市公安局联合制定方案，落实优化办公场地、提高工资待遇等保障措施，村警队伍由 183 人扩充至 227 人，覆盖率由 86.7%提升至 100%，实现全市所有村镇全覆盖。(吴月凯)

检 察

【概况】2020年，建德市人民检察院在刑事案件侦查、公诉审查与批捕、对民事及经济审判和行政诉讼活动的法律监督、对刑罚执行机关的监督等领域，严格依法履行职责全力维护司法公正。全年受理侦查机关提请批准逮捕案件184件283人，依法审查后批准逮捕147件216人；受理移送审查起诉案件587件842人，依法向法院提起公诉431件628人。受理职务犯罪案件11件12人，提起公诉6件6人。根据杭州市人民检察院交办，积极稳妥查处司法工作人员职务犯罪案件。

认真落实市人大及其常委会决议和决定，定期向市人大及常委会报告检察工作。自觉接受市政协和社会各界监督，重视代表委员联络工作，通过上门走访、座谈交流等形式，认真听取意见建议。邀请"两代表一委员"、人民监督员、群众代表参加检察开放日、观摩庭审等活动，编印《建德检察》宣传册，让社会各界走进检察、支持检察。

严格执行防止过问干预案件"三个规定"和重大事项报告制度，确保队伍"零违纪"。开展重大案件公开听证、精品案件评比等活动。累计获杭州市级以上荣誉10人次，获评杭州市级以上精品、优秀案件11件，1名员额检察官入选全省检察机关专业人才库。

◎ 6月8日，建德市司法救助案件检察听证会被最高检全程视频直播（宋承祥/摄）

【参与各项涉疫工作】市检察院第一时间响应市委号召，全员全力参与一线联防联控。成立涉疫案件指导专班，提前介入涉疫案件，引导公安机关规范侦查取证，从严从快办理涉疫案件15件19人，其中对社会关注度较高的曾××销售伪劣口罩案，快捕快诉，最终曾××被判处有期徒刑三年。72小时办结杭州地区首例疫情期间非法狩猎案，结合该案件，与市公安局、林业局、市场监管局出台实施意见，进一步加强野生动物资源保护。创新模式加强疫情期间监管场所、社区矫正对象、涉罪未成年人的"云监督""云帮教"。紧扣"六稳""六保"要求，派出检察官驻企服务专员，深入企业开展"问诊式"走访，联合相关部门，解决疫情期间企业复工复产等实际困难。

【营造法治化营商环境】进一步深化服务民营经济十二条举措，依法起诉破坏市场经济秩序犯罪案19件32人，依法审慎办理涉企案件，慎用逮捕、查封、扣押、冻结措施，对犯罪情节轻微，涉嫌虚开增值税专用发票案等9家企业及12名涉案责任人依法作出相对不起诉，同时做好查漏补缺、风险预防、建章立制等后续工作。落实"三服务"活动要求，健全领导班子定期联系企业制度，累计走访企业170余次，提供服务意见90余条。

【服务打好"三大攻坚战"】起诉非法吸收公众存款、利用电信网络诈骗犯罪案23件28人，依法办理"抖音点赞兼职"诈骗案24件30人，涉案金额达近亿元。立足职能精准扶贫，向6名刑事案件被害人发放司法救助金，帮助因案致贫的当事人渡过难关。围绕污染防治攻坚战，整合梅城检察室职能，成立新安江生态环境资源保护检察官办公室，办理生态环境资源类刑事案件20件23人，发出检察建议5件，保护新安江流域生态环境安全。

【参与社会综合治理】全面落实"少捕慎诉慎押"司法理念，对主观恶性较小、犯罪情节轻微的依法不批准逮捕25人、不起诉211人、通过羁押必要性审查变更强制措施8人。适用认罪认罚从宽案件560件，占全部刑事案件受理数的95.0%，促成

773 名犯罪嫌疑人认罪悔罪、积极退赃退赔，追赃挽损 600 余万元，最大限度修复受损社会关系。综合运用释法说理、检调对接、律师参与等方式，进一步完善涉检信访矛盾多元化解机制，促成刑事和解 35 件。

【法律监督职能履行】依托派驻公安机关检察官办公室，提前介入重大疑难复杂案件、引导公安机关侦查 25 次，立案监督 12 人，追诉漏犯 10 人，纠正侦查活动违法 7 件。坚持检察长列席审判委员会制度，强化沟通研判，刑事案件量刑建议被采纳率达 98.0%。对监管场所和监管设施开展常态化巡查，发出检察建议 2 件。

办理生效裁判监督、审判程序监督、执行监督等案件 73 件。就办理黑恶势力案件中发现的“套路贷”虚假诉讼，发出再审检察建议 5 件，均被采纳。联合市人民法院出台《开展民事案件审限监督专项活动实施方案》，全面开展支持起诉工作，支持市城市公共资源管理服务公司以诉讼等形式追缴拖欠的停车费，帮助追回国有资产 60 余万元。

对未依照法院裁定强制执行的行政机关，发出检察建议 20 余件，均得到整改回复。开展行政争议实质性化解专项行动，参与化解行政争议案件 19 件。办理行政、民事公益诉讼 26 件，发出诉前检察建议 23 件，提起民事公益诉讼 1 件，启动诉前赔偿程序案件 2 件，实现“四大领域”及“等外领域”全覆盖。积极探索民生保障领域公益诉讼案件，启动叶×× 冒领社保基金一案公益诉讼程序，协助市人社局追回社保基金 33 万余元；联合多部门开展护医保、护社保专项行动，通过“清廉建德”数据监督平台全面清查违规领取人员，启动追缴程序，并进一步促进协调管理机制建设。

【保障改善民生民利】市检察院加大行政执法和刑事司法衔接力度，与市市场监管局出台实施办法，强化药品行业从业禁止管理。关注食品贩卖新业态，就网络餐饮、自动售货机食品安全问题发出检察建议 6 件，推动行政机关及时完善整改。对 29 件农民工讨薪案件，依法支持起诉，帮助追讨工资 10 万余元。开展无障碍环境建设、“限高杆”检察公益诉讼专项监督活动，摸排全市无障碍建设违法点 6 处、确认需整改的镇街限高设施 5 处，发出检察建议 7 件，均得以整改。

【未成年人保护】受理移送审查起诉涉未成年人案件 16 件 24 人，对涉嫌轻微犯罪并有悔罪表现者，作出相对不起诉 10 人、附条件不诉 4 人，并加强案后帮教。与市公安局联合出台《加强涉未刑事案件法律监督工作的实施意见》，确保涉未成年人案件专业化办理；联合市公安局、市教育局出台《教职员工入职查询办法》，强化校园安全、预防性侵犯罪。不断深化“卫蓝”品牌建设，突出对留守儿童保护社会治理，发出检察建议 7 件。持续开展“法治进校园”宣讲活动，制作法治网课 5 件，举办线上、线下法治讲座 10 余场，受众 5000 余人。

【推动检察改革创新】专题向市委常委会汇报贯彻省委《进一步加强检察机关法律监督工作的若干意见》(以下简称《意见》)落实情况，市委出台实施方案，将重点工作细化分解为 24 项任务清单，进一步压实检察监督主体责任，推进省委《意见》在全市全面落地落实。

强化数字赋能，推动政法机关“一体化办案系统”上线运行，网上协同逮捕、起诉、审判案件 884 件，协同比例达 100%。充分利用数据中心、电子数据实验室，在电子证据的取证、公益诉讼快速检测等方面加快实践应用，办理技术协助案件 251 件，技术性证据审查案件 83 件。深化信息公开，对外发布案件办理信息 995 条，法律文书 586 份，权威发布重大案件信息 86 条。

贯彻“应听尽听”原则，在办理司法救助、民事、行政诉讼监督、公益诉讼等案件中引入公开听证制度。累计开展公开听证 15 次，通过听证当事人同意检察机关处理意见 15 件，常态化邀请市人大代表、市政协委员及人民监督员、律师等第三方参与听证 70 余人次。

重点加强对“捕诉一体”改革后员额检察官的权力监督，建立业务数据月度通报分析制度，落实最高检关于“案—件比”质效评价标准，“案—件比”考核指标位居杭州地区前列，评查案件 261

件,有力促进办案质效提升。运用"非羁码"监管非羁押人员 104 人。建立员额检察官联系镇街工作制度,16 名员额检察官对接联系 16 个乡镇(街道),提升检察职能参与基层治理效能。(丁 凡)

法院

【概况】2020 年,建德市人民法院受理各类案件 10160 件,办结 10674 件,一线法官人均结案 229 件,同期结案率 105.0%,一审服判息诉率 92.0%,省高院考核的 12 项主要质效指标均位居杭州地区及全省法院前列。

出台《关于应对疫情为企业健康发展提供司法保障的意见》,印发疫情防控、复工复产法律问答,持续开展"三服务"活动,走访收集和帮助解决涉企问题 332 个,助力企业复工复产。坚持疫情防控与执法办案并举,积极引导当事人通过"12368"司法服务热线、移动微法院等平台参与诉讼,网上立案 5130 件,在线开庭 113 次,电子送达 7.8 万次,实现诉讼服务"不打烊"、执法办案"不停歇",破解疫情期间"打官司难"问题。加强公共卫生法治保障,依法严厉打击涉疫情违法犯罪,审结涉防疫物资诈骗、非法狩猎等犯罪案件 9 件,判处被告人 9 人。

"扫黑除恶"顺利收官,三年累计审结黑恶案件 14 件,判处被告人 87 人,其中黑社会性质组织犯罪案件 5 件 26 人,恶势力集团犯罪案件 7 件 50 人,恶势力团伙犯罪案件 2 件 11 人,判处 5 年以上有期徒刑 20 人,判处罚金 730 万元,提前实现黑恶案件"清零"工作目标。坚持深挖彻查,全面排查梳理黑恶犯罪线索,向公安机关移送涉黑涉恶线索 92 条。依法运用查封、扣押、追缴、没收、责令退赔、判处财产刑等措施,摧毁黑恶组织经济基础。对涉案财物实行"一元起拍,一次拍定",最大限度追赃挽损,累计处置涉黑恶财产 4340 万元,财产刑执行到位率 95.2%,追缴、没收违法所得执行到位率 100%。

强化"法治是最好的营商环境"理念,出台营商环境"执行合同"指标质效优化方案,落实 22 项工作举措,为企业解决纠纷减时、降费、提效,审结买卖合同纠纷案件 1386 件,平均审理天数 53 天,同比缩短 6.4 天。平等保护市场主体合法权益,加强财产保全、加快办案进度、加大执行力度,通过诉讼、执行程序帮助企业实现债权 1.2 亿元。强化产权司法保护,审结物权、股权等财产权案件 32 件,增强财产和财富安全感。发挥破产审判促进市场主体优胜劣汰、化解涉企债务纠纷、维护社会和谐稳定的重要作用,审结破产案件 31 件,2 家企业通过破产重整获得重生,29 家企业通过破产清算有序退出市场,盘活存量资产价值 6.4 亿元,释放土地资源 24.55 公顷、房屋 11.8 万平方米。建德市恒信粉体科技有限公司从受理破产申请到重整成功,历时 62 天,该案入选浙江法院优化营商环境十大典型案例。探索"个人破产"制度,发布《关于开展个人债务集中清理工作的公告》,受理案件 5 件。办结杭州地区首例个人债务集中清理案件,为"诚信而不幸"的债务人"解困松绑",营造"鼓励创新、宽容失败"氛围。

◎ 10 月 28 日,市人民法院"鲲鹏行动"启动仪式(供图/市法院办公室)

【惩治刑事犯罪】全年审结刑事案件 413 件,判处罪犯 586 人。其中,审结故意杀人、故意伤害等侵犯人身权利犯罪案件 15 件,判处被告人 15 人;审结寻衅滋事、聚众斗殴、赌博等扰乱公共秩序犯罪案件 105 件,判处被告人 171 人;审结非法处置危险废物、盗伐滥伐林木等涉环境资源犯罪案件 13 件,判处被告人 29 人。审结贪污、受贿等职务犯罪案件7件，判处被告人7人。坚持“依法从宽、准确适用”认罪认罚制度，审结认罪认罚案件368件，对332名被告人判处缓刑、管制、拘役，对犯罪情节轻微的4名被告人单处罚金。加强未成年人权益保护，审结未成年人犯罪案件3件，依法封存犯罪记录。

【处理民商事纠纷】全年审结民商事纠纷4034件，其中以调解或撤诉方式结案2312件。深化家事审判方式改革，审结婚姻、抚养等家事纠纷案件481件。准确认定侵权责任，审结交通事故、人身损害等侵权纠纷案件569件。弘扬契约精神，审结合同案件2984件，维护公平竞争的市场秩序。推进民间借贷协同治理，向公安机关移送“套路贷”犯罪线索32条，公布“职业放贷人名录”4次52人，有效打击违法违规借贷行为。民间借贷纠纷案件收案928件，连续3年大幅下降。

【促进依法行政】全年审结行政诉讼案件76件，审查行政非诉案件73件，准予执行率100%。依法监督、支持行政机关严格执法，判决行政机关赔偿或履行法定职责1件，撤销行政行为或确认行政行为违法3件，驳回行政相对人起诉和诉讼请求55件。加大行政争议实质性化解，诉前或诉中调解、撤诉39件。行政机关败诉率4.9%，同比下降16个百分点。规范和促进行政机关应诉，行政机关负责人出庭应诉率100%。发布行政审判白皮书，邀请行政执法人员旁听庭审，加强司法与行政良性互动，促进依法行政。

【切实解决“执行难”】全年执结案件3983件，执行到位金额2.8亿元。市委全面依法治市委员会出台《关于加强综合治理从源头切实解决执行难问题的意见》，进一步加强执行联动，凝聚工作合力。加大执行力度，坚决打击逃避、抗拒执行行为。开展集中执行活动7次，罚款1258人次，司法拘留22人，以涉嫌“拒执”犯罪移送公安机关侦查10件12人。加强失信惩戒，纳入失信被执行人名单2704人次、限制消费3445人次、限制出境1918人次。充分贯彻“善意执行”理念，推广执行立案前督促履行机制，通过短信、移动微法院等方式联系当事人，详细告知拒不履行法律后果，积极引导主动履行。执前督促成功409件，当事人主动履行4702万元，占执行收案数10.8%。稳妥执结某房地产公司238件商品房预售合同纠纷案件，被评为杭州法院“善意文明执行、助力‘六稳’‘六保’”典型案例。

【一站式多元解纷机制建设】诉讼服务中心整体入驻矛调中心，与职能部门紧密衔接、协调配合，深化诉源治理，实现诉讼案件收案下降、办案质量提升、群众获得感增强。通过指导调解、诉前调解、委托调解等形式，化解矛盾纠纷2761起。进入诉讼程序民商事纠纷下降31.2%，降幅居杭州地区首位。深度参与基层治理，在全市各村（社区）等设立“微法庭”257家，法治触角延伸至社会管理的“末梢”。强化人民法庭巡回审判、指导调解、就地化解矛盾纠纷的功能，引领、推动和保障乡村治理。4个人民法庭共审结案件3867件，巡回审判176次，开展“送法进村”“送法入企”活动30余场。

◎ 航头镇微法庭业务培训（供图/航头镇政府办公室）

【民生司法保障】全年审结教育、医疗、社会保障等与民生密切相关案件314件。畅通欠薪纠纷快速处理机制，审结劳动争议、劳务合同案件110件，执结拖欠职工工资案件117件，帮助劳动者实现工资债权206万元。加大司法救助力度，对9名因遭受犯罪侵害或民事侵权而导致生活困难当事人，给予司法救助。强化运用网上立案、跨域立案等新型立案方式以及电子送达、“移动微法院”等智能平台，构建立案、调解、开庭等诉讼事项远程办理机制，确保市民诉讼行为便利。

【诉讼制度改革】市人民法院推广金融纠纷“支付令”办案模式，打通该类案件速裁“高速路”。审结申请支付令案件244件，平均审理天数21天。开展民事诉讼程序繁简分流试点，深化简案快办、难案精办工作机制，小额诉讼程序、简易程序适用率92.0%，同比上升3.6个百分点。推进全流程、全要素无纸化办案，实现全业务网上办理、全流程依法公开。适应刑事办案新模式，积极推进政法一体化单轨协同办案，入矫率、换押协同率、涉案财物协同率均为100%。制定《“四类案件”监督管理办法》，压实院长庭长审判监督管理职责，制定审限管理、案件评查等规定，健全常态化案件监督管理机制。常态化开展清理积案工作，严防超长审限案件，12个月以上未结案2件，下降67.0%，18个月以上未结案连续15个月保持为零。 （王媛媛）

司法行政

【概况】2020年，全市各类人民调解组织开展矛盾纠纷排查705次，预防纠纷82件，受理纠纷8672件，调解成功8666件，调解成功率达99.9%，涉案金额5.18亿元。

市法律援助中心共接待群众来电来访2930人次，其中来电458件、来访2472件；受理审核指派法律援助案件239件，其中刑事160件、民事79件，避免和挽回经济损失约547万元。刑事辩护全覆盖工作全面铺开，办理认罪认罚法律帮助案件1263件。

市公证处共办理各类公证案件1504件，其中国内公证1273件（含涉港澳台公证9件）、涉外公证231件。

开展线上线下《中华人民共和国社区矫正法》主题宣传活动115场次，其中专题讲座16场次，累计发放宣传折页8000余份。组织全体社区矫正工作人员开展专题培训6场次。全年接收社区矫正对象305名、期满解矫204名、收监执行1人、警告处罚7人次、训诫处罚21人次，实现全年无脱管、无漏管。完成审前调查335件，接收刑满释放人员377人（含“必接必送”人员19人），均落实安置帮教措施。

8月，建德市顺利通过杭州市“七五”普法总结验收考核，工作成绩位居杭州市13个区（县、市）前六。市司法局获浙江省“七五”普法成果展优秀组织奖。陈卫荣获全省司法行政系统特赦实施工作个人嘉奖；伊成璐获全省司法行政系统法治化营商环境优化专项行动个人嘉奖；孙瑶祺在全省司法行政系统岗位技能比武活动中入围全省前30强，获二等奖。

【视频会见帮教中心投入使用】1月17日，市司法局视频会见帮教中心正式投入使用，成功对接连线20所省内监狱，为群众提供远程视频会见帮教服务。全年安排远程视频会见帮教135次，其中公安提审9次、法院开庭1次。9月10日，市司法局在杨村桥司法所增设视频会见帮教点1处，进一步提升视频会见中心承载能力，优化视频会见服务。

【“执法司法规范化水平提升年”活动】3月，市司法局制定下发《关于在全市开展司法行政执法司法规范化提升年活动的实施方案》和《全市司法行政系统执法司法规范化水平提升年活动工作清单》，明确5个方面14个具体任务。坚持目标导向、问题导向、效果导向，全面深化排查，建立销号制度，逐一整改落实，排查出个人问题193项，形成单位问题清单32条，全部整改到位。

【“法雨春风”服务月活动】4月，市司法局在市矛调中心设立涉疫涉企法律服务专窗，开通绿色通道，实行“一窗受理、流转办理”，全年化解涉疫涉企纠纷1479件。组建公益律师服务团，向两大园区和企业送法律、送服务、送政策，帮助解决法律风险隐患，疏通企业复工复产堵点、难点。全年开展各类主题法治活动307场次，发放相关法治宣传资料4.5万余份；为536家民营企业开展“法治体检”，解决实际问题298个。

【调解和事队】4月，市司法局制定下发《关于发挥调解和事队在乡村治理体系中积极作用的实施意见》，在原有村级调解组织基础上，融入本土特色，组建志愿调解队伍——“调解和事队”177支，队员以综治干部为骨干，吸收网格员、乡贤、老党员和村民骨干等，共948人。全年开展排查360次，化解纠纷2700余件，其中下涯镇之江村调解和事队聚焦征地拆迁纠纷、梅城镇千鹤村调解和事队重点关注婚姻家庭纠纷成为调解工作先进典型。

【基层民主法治建设】2020年，建德市继续开展基层民主法治建设“一村一品”活动，全年培育杭州市级民主法治村（社区）14个、省级民主法治村（社区）9个、国家级民主法治示范社区1个。至年末，三年（2018—2020年）累计培育杭州市级民主法治村（社区）56个、省级民主法治村（社区）16个、国家级民主法治示范社区1个，顺利完成《建德市民主法治村（社区）建设三年行动计划（2018—2020）》。杨村桥镇岭源村“户主会变革”、寿昌镇十八桥村“十八姓”法治宣传人物形象等，成为基层民主法治建设品牌亮点。

【“法治带头人”“法律明白人”培育工作】7月，市司法局开展“法治带头人”“法律明白人”培育工作，全年登记“法律明白人”832人（含“法治带头人”256人），实现全市村（社区）“两人”全覆盖。积极引导“法治带头人”“法律明白人”收集村情民意、宣传法律政策、调解矛盾纠纷、引导法律服务、参与基层治理。全市“法治带头人”“法律明白人”全年参与法治宣传213场次，引导法律服务352人次，排查矛盾隐患425起，化解各类纠纷1689件。

【市场主体法律顾问服务网格化全覆盖】9月，市司法局主动对接市场监管部门，实地走访工业园区、特色小镇、商贸城和各类商业综合体，全面掌握市场主体分布和发展情况。组织9家律师事务所68名律师建立法律顾问服务团队，将未聘用法律顾问的市场主体列为服务对象，优化服务资源配置，实现全市主要的8458家市场主体法律顾问服务网格化全覆盖。

【《编外人员管理实施办法》】9月，市司法局出台《建德市司法局编外人员管理实施办法》，对社区矫正社会工作者、驻庭调解员、专职调解员、调解中心工作人员等编外工作人员，从招聘录用、日常管理、工资待遇、纪律要求、考核奖惩五个方面进行全面规范。通过规范聘用程序、聘用待遇和考核奖惩，落实对编外人员的合同化、绩效化和综合化管理，努力提升编外人员工作效能。

【《中华人民共和国民法典》宣传】市普法办将《中华人民共和国民法典》（以下简称《民法典》）列入各级党委（组）理论中心组学法重要内容，纳入党校教育培训内容，举办全市领导干部《民法典》专题报告会，推动领导干部带头先学，做好示范引领。运用微博、微信、LED电子屏、公交车移动电视等媒介，定期推送和滚动播放《民法典》内容。组织普法志愿者通过走村入户、“法律赶集”、摆摊设点等方式，推动《民法典》宣传走进千家万户。全年举办各类《民法典》宣传活动286场，线上推送信息162条，发放相关宣传资料3.77万余册。（章　琦）

编辑：黄建生

军 事

Military

人民武装

【概况】2020年，面对新冠肺炎疫情防控和新安江水库九孔泄洪的双重考验，建德市人武部在杭州警备区党委、建德市委、市政府的坚强领导和有力指导下，围绕新形势新使命新任务，坚持思想建设为主位，多样化军事任务准备为核心，树牢“稳中求进”总体思路，确立“吃透上情、摸清下情、核准本情”工作指导思想，立足辖区实际，积极开展备战训练、参与抗击疫情、抗洪抢险救灾、清明节森林防火专项工作等。落实杭州警备区等上级巡视巡察意见，圆满完成2020年度建德市兵役登记工作，单位全面建设持续向上向好。12月，在全省“大比武”中，建德市民兵代表获得单项比武科目全省第二名。

【召开“千鹤女子民兵连”组建方案研讨暨任务部署会】3月31日，建德市人武部召开“千鹤女子民兵连”组建方案研讨暨任务部署会，全市相关单位到会参加。会议听取建德市千鹤专班工作组组长蒋华关于“千鹤妇女精神”教育基地建设情况、市人武部副部长关于“千鹤女子民兵连”组建方案的介绍说明。会议一致认为，建德市“千鹤女子民兵连”组建，是对传承红色基因、担当强军重任的现实表达，是贯彻落实省委、杭州市委和警备区党委扩大会议精神的有关要求，大力弘扬“千鹤妇女精神”，培养出有灵魂、有本事、有血性、有品德的新时代“千鹤”传人，发挥“千鹤”女子民兵的辐射示范效应，开创新时代连队建设新气象，为国防后备力量建设添砖加瓦，为“美丽建德”建设贡献积极力量。

【民兵骨干、民兵教练员和学生军训教员集训】4月7—17日，建德市人武部组织一期民兵骨干、民兵教练员和学生军训教员集中训练，其中7日至10日为自学，13日至17日为集中强化训练，为期9天。本次集训紧贴骨干队伍和教练员队伍的任务重点，着眼提升“领训”和“组训”两个能力，精心设置以军事理论、基本技能、组训规范为主的3个专题8个内容的学习训练，夯实建德民兵训练基础，并为下一步应急连、千鹤女子民兵连集训及学生军训打好基础。

【建德市赴温州考察洞头先锋女子民兵连建设】4月9—10日，建德市组织千鹤女子民兵连建设筹备小组赴温州洞头区考察学习洞头先锋女子民兵连建设经验。通过现场观摩、实地考察、座谈咨询等方式，学习借鉴包括人员选拔、队伍建设、军事训练、后勤保障、日常规定、硬件建设、使用规定、培养制度等方面建设的经验做法。

【民兵跨区联训】5月下旬，建德市人武部组织物资保障专业民兵、担架勤务专业民兵，分赴湖州和临安参加民兵专业集训，进一步巩固了专业技能，提升了民兵专业保障能力。

6月8日至12日，建德市人武部担负杭州地区保交护路、公路护路专业民兵集训工作，全市民兵参加集训。集训围绕理论授课、现地参观、业务教学以及考核验收等方面展开，进一步提升民兵专业能力。

【完成2020年度征兵工作】8月，建德市人武部组织2020年度征兵体检复检工作，全市适龄应征青年参加复检。9月10日，在市人武部举行建德市首批新兵起运仪式。12日，全部新兵起运结束。

（方美君　周盛泽）

武警建德中队

【概况】2020年，武警建德中队始终以争创“四铁”先进中队为目标，坚持以习近平强军思想为引领，认真贯彻总队、支队两级党委全会精神，全面贯彻落实依法治军、从严治党要求，坚持“抓思想铸军魂、抓战备保中心、抓经常固根基、抓训练强素质、抓正规保安全”工作思路，着力在战斗力生成、铸魂育人、人员思想上下功夫，务实苦干，顽强拼搏，较好地完成上级赋予的各项工作任务，中队全面建设水平有新的进步。中队被武警浙江省总队评为“正规化执勤优秀中队”，被武警杭州支队表彰为“四铁先进单位”，中队党支部被武警杭州支队评为“先进党支部”，新闻报道工作获评武警杭州支队“新闻工作优胜单位”，中队连续22年（1999年至2020年）被武警浙江省总队评为“基层建设先进单位”。徐敏畑、张兵根分别荣立个人三等功1次；陆海荣、杨思亮、章圣杰、张文豪等7人因工作成绩突出被武警杭州支队表彰，徐敏畑、郑少谊、林靖程等13人被嘉奖。

【参与新冠肺炎疫情防控】新冠肺炎疫情防控期间，武警建德中队及时成立防疫工作小组，坚持主官主抓、上下联动，压实责任链条，做到守土有责、守土负责、守土尽责。共开展预防新冠肺炎疫情专题教育6次，学习武警部队疫情防控宣传提纲8篇，引导官兵科学认识疫情，消除恐慌心理，增强打赢疫情防控阻击战底气；同时，发动全体党员、共青团员自愿捐款，支持新冠肺炎疫情防控，另有多名战士通过支付宝、红十字会等渠道向防疫一线捐款。防疫期间武警建德中队确保“零感染”目标，保障了战斗力。

【参与抗洪抢险救灾】5月汛期，新安江水库持续超过水位警戒线，武警建德中队中队长徐敏畑第一时间与防汛指挥部对接相关事宜，将信息第一时间上传至上级，并做好上级有关指令下达工作，为后期圆满完成任务提供有力信息保障。7月上旬至中旬，新安江水库开9闸泄洪期间，中队全体官兵积极参与抗洪抢险救灾，先后完成罗桐救援、艾溪街道物资抢运、320国道抢修等任务；在后期工作中，武警建德中队中队长积极协调驻地救援力量，做好后续部队撤离工作，协调建德市退役军人事务局到部队临时驻地开展拥军活动。中队全体官兵表现突出，受到建德市政府与上级首长的高度肯定。7月17日，武警部队副参谋长到中队检查指导工作，对中队保障工作给予高度肯定。

（林靖程）

◎ 7月9日，武警某部支援建德市抢修320国道新安江中学门前被淹没路段（供图/武警建德中队）

人民防空

【概况】2020年，建德市在人民防空工作中，开展队伍整合组织以提升素质，并对治安、消防、医疗救护、新安山地4支人防专业队明确职责，组织“9·18”纪念日建德市中小学防空防灾暨消防救援应急疏散综合演练，以演促练。对城市防空设施和防空警报进行完善，确保使用迅速和顺利；审批人防结建工程和竣工验收备案工程；项目建设合理配建防空地下室。

【防空警报建设与管理】全面完成年度警报巡查检查，确保警报设施正常运行，3次警报试鸣鸣响率均达到 100%。新装 1 台电声警报，并在一些地下停车场安装警报喇叭系统。7 月，针对新安江大坝随时泄洪的情况，对全市固定警报进行信号检测，为泄洪突发情况鸣响警报做好准备。开展全市防空地下室使用和维护情况大检查，下发整改通知书 14 份。

【人防宣传教育】结合“3·1”国际民防日、“5·12”防灾减灾宣传周、“9·18”警报试鸣和疏散演练、国际减灾日、防空地下室大检查等开展宣传活动，利用人防审批窗口、局微信公众号、互联网、电视台、《今日建德》报纸等平台，积极开展人防宣传进社区、进企业、进机关、进学校、进网络活动。同时，编辑完成 1950—2020 年建德市人民防空事业发展大事记资料，约 5 万字，图文兼备，集中展现了建德人民防空事业发展历程。 (陈卫东)

退役军人事务

【概况】2020 年，建德市退役军人事务局制定《关于加强我市退役军人思想政治工作的实施意见》，强化退役军人思想政治素质，进一步强化退役军人在基层组织中的带头人作用以各种激励方式，提升宣传退役军人社会形象，开展第二届建德市“最美退役军人”选树活动，召开命名表彰和专题座谈会，宣扬先进典型事迹。方彧华、方和平获评“杭州市最美退役军人”，方彧华与“兵支书”方和平、夏明亮事迹被“学习强国”全国平台录用。在抗击新冠肺炎疫情和汛期抗洪抢险救灾工作中，成立退役军人志愿队、突击队、党员先锋队，先后参加抗疫、防汛、文明城市创建等志愿活动，爱心捐款捐物数万元。不断强化退役军人保障体系建设，形成党委统一领导、领导小组牵头抓总、退役军人事务部门具体落实、地方和军队相关部门、社会各界共同参与的工作格局。

【保障体系建设】2020 年，市委退役军人事务工作领导小组在市退役军人事务局增挂双拥工作科、双拥服务中心牌子。在市退役军人事务局和市退役军人服务中心组建完成基础上，建成 16 个乡镇(街道)、256 个村(社区)退役军人服务站并实现运转，配备专(兼)职人员，打通服务退役军人“最后一公里”，实现“三级五有”退役军人服务保障体系全覆盖。围绕“矛盾不上交、平安不出事、服务不缺位、尊崇有氛围”目标，着力推进市本级服务中心、16 个乡镇(街道)、77 个村(社区)“枫桥式退役军人服务站”建设，打造好退役军人“暖心之家”。4 次召开现场会、推进会，分三轮开展督查，扎实推进创建工作。市退役军人服务中心，大同镇、三都镇、寿昌镇望江社区退役军人服务站被评为杭州市示范型退役军人服务站，市退役军人服务中心、大同镇服务军人服务站被评为省第一批枫桥式退役军人服务中心(站)，市退役军人服务中心和 10 个乡镇街道退役军人服务站被评为“全国示范型服务站”。

【就业安置工作】市退役军人事务局积极开展就业信息调查，及时发布线上专题招聘信息，一批退役军人达成就业意向。组织多支退役军人创业队伍参加杭州市首届“退役军人创新创业大赛”，李振宏、吴剑锋代表队夺得三等奖。同时做好对 2020 年秋季退役士兵的职业技能教育培训工作，参训率达 74.6%。至年底，对政府安排工作退役军人安置为行政编制或事业编制和国有企业岗位。按照国家规定，对符合自主就业经济补助金发放条件退役士兵，核发一次性经济补助金，8 月底全部发放到位。

【拥军优抚工作】持续推进退役军人信息采集和光荣牌悬挂等常规工作。平稳落实普加优待保障，各类重点优抚对象抚恤补助标准平均增长 9.0%。会同市一卫健、医保、财政等部门沟通协商，健全完善住院医疗补助“一站式”结算机制，便捷高效报销医药费。8 月，特邀中国人民解放军总医院著名专家、北京现代数字红外成像技术研究院院长袁云娥教授团队到建德开展退役军人中医技能培训、红外体检、青少年视力矫正等系列活动，社会反响热烈。8 月，建立并启用市退役军人健康驿站，为老兵进行中医红外体检及健康咨询。加强荣誉激励,提高义务兵家庭优待金、立功受奖一次性奖励金、大学生一次性入伍奖励标准。“八一”、春节常态化开展拥军优属“五个一”活动,全年全市走访慰问退役军人。对抗美援朝老兵、立功受奖现役军人等全员走访慰问。对退役士兵进行摸排核查,研究并拟订社保接续缴费流程,落实“一门受理、协同办理”接续业务,办理完成率达 95.0%以上。推进“最多跑一次”改革,将退役军人回地方的 12 件事项整合为“一件事”、实现“一窗办”,变跑 8 次为跑 1 次。烈士评定、伤残等级评定、抚恤金发放等 73 项服务事项实现“网上办”“掌上办”和“一证通办”。9 项机关内部跑一次事项实现线上全程办理。 (吴敏静)

◎ 11 月 1 日,罗援将军到建德调研并参加有关活动(供图/市退役军人事务局)

编辑:黄建生

农业·农村

Agricultural & Countryside

【综述】2020年,建德市农业农村工作紧扣部省共建乡村振兴示范市和全国乡村治理体系建设试点示范市创建,扎实做好"六稳六保"工作,统筹推进疫情防控和农业农村经济社会发展。2020年全年实现农林牧渔业增加值37.94亿元,同比增长1.6%,增速排名杭州市第一;农林牧渔业总产值59.17亿元,增长5.0%。其中,种植业产值36.97亿元,下降2.1%;林业、渔业、牧业产值分别为3.41亿元、2.11亿元和14.63亿元,分别增长0.8%、4.1%和31.0%。

建德市获全国农村人居环境整治成效明显激励县、浙江省新时代美丽乡村示范县、2020年省级家庭农场整体提升市,以杭州市第二名的成绩被评为全省乡村振兴战略优秀县市、杭州市乡村振兴战略实绩考核优胜单位。成功承办全国首期乡村治理体系建设试点示范系列研讨——乡村治理数字化实践暨党建引领强村善治研讨会、2020中国农业丰收节浙江主会场庆丰收活动、2020第二届杭州市农创客大赛决赛及首届中国(建德)水稻产业发展论坛。建德市农业农村局被评为浙江省生猪增产保供成绩突出集体。

新农村建设

【概况】2020年,成立以市委、市政府主要领导为组长的美丽乡村建设领导小组,以党建引领为推力,构建美丽乡村发展四片区(千鹤·三江口妇创大党委、"稻香小镇"农创大党委、之江部省共建乡村振兴示范区建设大党委、环航空小镇产镇融合大党委)格局。高起点编制《建德市新时代美丽乡村战略规划(2019—2020年)》,成立建德乡村设计团与专家评审团,对美丽乡村的产业规划、村庄景观规划设计、村庄文化IP提升进行系统设计,指导全市美丽乡村建设工作有序开展。累计建成"美丽乡村"省级示范乡镇9个、历史文化村落重点村项目7个(省级5个、杭州市级2个),杭州市级生态修复村落233个、AAA级景区村11个、精品村67个、风情小镇7个、杭派民居5个,建德市级示范村7个、特色村32个、达标村88个,基本实现全域覆盖、全域提升。

【农村人居环境长效管理】以环境治理作为重点,分类指导、建管并重、注重长效,全域开展"清洁乡村"。研究制定《建德市农村人居环境卫生长效管理工作考核办法》,开展"洁化、序化、美化"攻坚行动、农村人居环境夏季战役、"一廊十线"全域提升行动、农村人居环境"四清四整四提升"等专项行动,建立政府主导、全民参与、监管保障、齐抓共管的长效管理体系,确保农村人居环境整治常态化。扎实推进"三大革命"。以垃圾、污水、厕所专项整治为重点,深入实施"五水共治""三改一拆""两路两侧"以及垃圾分类撤桶行动、农村公厕大提升行动,基本实现"路面无垃圾、河面无漂浮物、田间无废弃物、庭院无乱堆",农村生态环境显著改善。全市226个村建成生活污水治理设施880座,实现全市建制村生活污水治理全覆盖(6个村纳入污水厂);204个村开展生活垃圾撤桶上门收集,覆盖率达到89.0%,645座农村公厕完成提标改造(含新建95座),实现行政村农村公厕全覆盖;累计建成卫生户厕145601座,普及率100%。

【美丽乡村建设】充分挖掘利用乡村的自然环境、乡土文化、农耕特质、地域特点,在保持原有村居风貌的基础上，引入现代元素结合，实现从“生态美”迈向“发展美”。立足“一村一品”，实现特色化、差异化发展。注重“五个结合”（结合乡村产业、结合生态环境、结合乡村旅游、结合扶贫开发、结合乡土文化），实现“各美其美”，形成各具特色的美丽乡村类型：大洋镇鲁塘村、三都镇松口村、莲花镇戴家村等产业支撑型美丽乡村，莲花镇齐平村、乾潭镇前陵村等生态文明型美丽乡村，寿昌镇桂花村、航头镇航川村等治理有效型美丽乡村，乾潭镇幸福村、杨村桥镇十里埠村等休闲旅游型美丽乡村，三都镇镇头村、梅城镇千鹤村、大同镇富塘村等文化传承型美丽乡村。

以《建德市新时代美丽乡村战略规划（2019—2020 年）》为纲领，在主要交通干道两侧，将美丽乡村、农业园区、景区景点、美丽城镇等衔接连贯，打造 11 条美丽乡村“一廊十线”精品线。以“拥江发展”、湾区经济建设为契机，重点打造跨镇域美丽乡村景观带，实现景域之间景观带相接、景点相连成面。以梅城镇打造省级美丽城镇样板为契机，建设涵盖梅城古镇至下涯湿地、绪塘湾至黄饶半岛、乾潭绿道至三都渔村的“沿江特色廊”，使之形成完整的美丽乡村骨干网。

◎ 美丽乡村——寿昌镇南浦村（施正越/摄）

农村经营管理

【概况】2020 年，建德市农村经营管理工作以完善农村经营管理体系为统领，持续深化农村改革创新，协调推进乡村治理体系建设，稳慎推进农村宅基地改革与管理，培育壮大新型农业经营主体，为推动农村集体经济发展、维护农民合法权益、促进农村和谐稳定提供有力保障。全年农村居民建房审批户数 961 户，批准用地面积 9.83 万平方米；累计流转耕地面积 1.02 万公顷，流转率 66.9%，其中：2 公顷以上的规模流转面积为 0.84 万公顷，规模流转经营率 81.4%。建德市入选 2020 年（首批 8 家）省级家庭农场整体提升县（市、区）名单，为杭州地区唯一一家。

全市村级集体经济总收入达 2.64 亿元，增长 12.2%，其中：经营性收入 1.27 亿元，增长 19.6%。全市 239 个村（含涉农社区）实现“3020”全覆盖，其中 195 个达到“5030”、占比 81.6%。（注：“3020”指村集体经济总收入达到 30 万元，经营性收入达到 20 万元。“5030”指村集体经济总收入达到 50 万元，经营性收入达到 30 万元）

【承包数据档案管理】加强农村承包地确权登记颁证后数据库管护，开展作业纠错，完善承包地动态管理机制。完成新安江、洋溪、更楼、莲花、梅城、三都、大洋、航头、李家、大慈岩 10 个乡镇（街道）调查、测绘和数据库建设、质检等工作内容。农村承包地档案入库 10.2 万户，建成较为完整的农村土地承包经营权确权数据库，基本实现土地确权纸质档案资料的规范化整理和数字化处理。

【农村综合产权流转交易平台建设】建德市农村综合产权流转交易网正式上线运行，并与杭州市农村综合产权交易网联通，公开各类农村产权和土地流转信息，实现线上交易和资金结算。同时，积极开展农村承包土地经营权和农村集体产权转让、出租、入股、抵押等流转交易，促进农村生产要素加速流动和优化配置，盘活农村集体资产。全年网上交易成交 22 宗、交易额 3928.4 万元。其中：土地交易面积达 180.3 公顷，成交额 1253 万元；房屋租赁面积 16651 平方米，成交额 2675 万元。

【农村金融改革】制定出台《建德市农户小额普惠贷款试行办法》《建德市全面推进农户小额普惠贷款实施方案》，明确全市农户小额普惠贷款工作总体目标、基本流程、方法步骤、时间安排和具体要求，切实提高农村金融服务覆盖率、普惠性、满意度，解决普惠金融覆盖面与深度不足问题。全市16个乡镇(街道)、239个村(含涉农社区)累计采集农户基本信息10.12万户，实现村级推广覆盖率、农户基本信息采集率均达100%；完成授信农户数9.27万户、授信142.7亿元，符合条件农户授信覆盖率达100%；农户贷款额度告知书反馈到户率100%。

【“消薄”增收工作】全市分3批共选派330名乡村振兴特派员，组建16支乡村振兴工作队、10支科技人才服务队，深入开展“组团包干”“村企结对”“三服务”等活动，帮助各村理清思路、实施项目，助力村集体经济“消薄”增收。全年下拨村级组织运转经费288万元，各乡镇(街道)按照不低于30万元标准予以保障。严格按照省、杭州市规范村集体经济收入核算口径，委托第三方审计机构，对全市239个村(含涉农社区)当年经营性收入进行审计核实。

市政府统筹安排财政专项资金、移民扶持资金、区市协作资金2.3亿元，实施乡村振兴“科创中心孵化器”、移民“创新小微企业园”和“三农”公司“果蔬乐园”三大平台项目，实现177个村抱团发展和“薄弱村”扶持全覆盖。建立乡镇(街道)抱团发展村集体经济扶持计划项目29个，投资2.62亿元，实施大洋小微创业园、乾潭镇人才公寓楼、航头镇农业科创服务中心等抱团项目。整合60个移民村扶持资金8000万元，抱团在航空小镇实施发展村级集体经济项目，帮助“薄弱村”实现消薄增收。

【农村集体资产管理】根据省、杭州市的要求和市委、市政府的部署，开展并完成全市村(社区)组织换届工作。全市共确认经济合作社社员选民36.11万人，推选社员代表12544名，选出经济合作社社管会成员484名，其中：社长239名，得票率为98.7%，“一肩挑”比例达到99.2%；选出经合社社监会主任239名，得票率为97.8%。换届后对章程进行完善，将任期“三改五”、村股份经济合作社社长与其党组织书记“一肩挑”等新内容写入章程加以明确。

对农村集体资产管理系统升级改版，推进省市县乡村五级联网。开展村集体经济组织资源性资产、经营性资产和非经营性资产全面清查核实，并在全国农村集体资产清产核资管理系统中完成录入。制定出台《建德市清廉乡村“三小五亮”绩效评估办法》，把“三小五亮”绩效评估与美丽乡村建设、善治村创建有机结合。开展对全市2019年实施的村级工程项目专项抽查。开发村级工程监管系统，加快村级工程网上监管平台建设进度，实现数字化监管。完成2019年及以前的年度财务全面审计。同时，进一步落实农民负担监督员制度，强化对农民负担的审计监督。落实各项支农惠农政策，全市享受耕地地力保护补贴农户数9.8万户，补贴面积为1.5万公顷，补助资金1368万元。直补资金直接打入农户一卡通，杜绝截留、挪用、克扣等违规违纪现象。

【规范提升新型农业经营主体】继续开展农民专业合作社“空壳社”清理工作，全年工商注册专业合作社减少83家，累计清理549家。开展示范性农民专业合作社申报和监测工作，新增杭州市级示范性农民专业合作社1家、取消建德市级规范化农民专业合作社5家。全市规范化农民专业合作社达93家，其中杭州市级32家、省级6家。

全市工商登记注册新增家庭农场177家，累计1117家。修订完善《建德市示范性家庭农场认定管理办法》。强化与省、杭州市沟通对接，做好示范性家庭农场申报和监测工作，新增省级示范性家庭农场18家、杭州市级示范性家庭农场10家、建德市级示范性家庭农场25家。全市示范性家庭农场累计达113家，其中杭州市级47家、省级50家。

【乡村治理体系试点工作】深入开展乡村善治大比拼活动，尊重基层首创，不断探索、创新“德·治理”模式与品牌，形成三都镇“美好账本”、大慈岩镇“新时代·邻里睦”、李家镇“村村有超市，户户有管家”、大洋镇“网组+”等一批具有地方特色的实践做法。同时，积极开展善治(示范)村创建，全市认定善治村121个，其中杭州市示范村62个、省级善治示范村58个。《建德市“走村不漏户、户户见干部”》入选第二批全国乡村治理典型案例;《浙江省建德市实行信访代办制度提升“最多反映一次”治理方式》《浙江建德:全域推进乡村善治》等16篇文章在农业农村部简报、全国“三农”公众号、《农民日报》等刊物上刊发。建德创新乡村治理经验,在农业农村部党校举办的山西省乡村治理专题培训班上作专题交流。

9月28—29日,全国首期乡村治理体系建设试点示范系列研讨——乡村治理数字化实践暨党建引领强村善治研讨会在建德市召开,来自16个省份代表赴梅城、三都、莲花等镇实地考察,建德市所作《党建引领、系统推进,奋力打造新时代强村善治示范样板》交流发言,及发布的《乡村善治指南》地方标准,获得农业农村部高度肯定。人民网、《中国组织人事报》、《浙江日报》、中国蓝TV等对会议予以宣传报道。

【实施数字乡村治理新模式】将“乡村钉”应用到乡村治理体系建设试点示范工作中,以钉钉为基础,搭建“县、镇、村、组、户”多级管理架构,形成民情上报、村民议事、信息宣传、民生服务等四大版块,实现乡村治理和为民服务的在线化、精准化、实时化管理。全年“乡村钉”平台导入村民10.21万户、28.53万人,其中激活7.59万人、活跃2.04万人。《建德市积极打造乡村数字治理平台,全面推广数字化智慧化乡村治理应用场景》获省委书记袁家军重要批示。“乡村钉”平台建设,在阿里2020区县数字化峰会上作交流发言,入选2020年度中国十大社会治理创新奖、省大数据局观星台在建应用,杭州市改革创新项目。

农田建设管理

【概况】2020年省下达建德市高标准农田建设任务466.67公顷,正式批复高标准农田建设任务483.4公顷,高效节水灌溉面积20公顷,项目共涉及全市7个乡镇街道,经由市级统一测绘、设计、预算编制与审核,10月底,完成招投标并正式开工,至12月底总体工程完成达70%,个别项目提

◎ 大同镇万兴村新塘坞垦造耕地项目(胡敏/摄)

前完成所有建设内容。

11月5—6日,由农业农村部工程建设服务中心研究员阎存立带队的农业农村部高标准农田建设评估专家组,经听取汇报、核查台账和现场检查乾潭镇下梓村、新安江街道丰产村高标准农田建设情况,同意建德市2019年高标准农田建设工作通过评估。

【实施杭州市中低产田改造示范项目】2020年,实施大同镇黄山头村、寿昌镇周村村、乾潭镇梓洲村、莲花镇昴畈村、三都镇梓里村等5个杭州市中低产田改造示范项目,面积280.33公顷,投资预算资金372.61万元(其中市级资金300万元)。

【高标准农田评估】根据农业农村部《关于开展“十二五”以来高标准农田建设评估工作的通知》要求,2020年对“十二五”以来已建高标准农田进行评估。评估结果,2011—2018年全市立项高标准农田建设项目153个,上图入库数据13784.33公顷,经项目核查、图斑比对、现场核实,至2018年底全市完成建设高标准农田项目129个,剔除项目重叠以及项目区非耕占用,农业农村部最后核定建德市建成高标准农田面积10324.60公顷,比立项上图面积少3459.73公顷,其中项目区重叠涉及45个项目面积460.40公顷,项目区非耕占用284.07公顷,项目立项范围与建成范围数据误差82.40公顷。原国土部门立项而未建成验收项目24个,共计2632.87公顷。

涉农城乡区域统筹发展

【产业协作】2020年,建德市继续拓展与三区(萧山区、江干区、西湖名胜风景区)的协作共建。在四区市协作组每年落实资金1亿元,完成产业协同资金4亿元以上的基础上,深化区县协作机制,持续推进城乡区域统筹发展。统筹财政资金3070万元,实施航头镇农业科创服务中心、大洋镇小微创业园等21个协作项目。完成中策橡胶集团、致中和、新安化工集团等产业转移项目投资6.45亿元。

【项目协作】全年共实施协作项目31个,其中建德市级重点项目15个、乡镇(街道)重点项目16个。至年底,大慈岩"荷美小镇"建设一期工程、三都"橘子小镇"二期工程、大同儒博生态农业观光园等20个协作项目完成。

【交流互动】新冠肺炎疫情初期,三区一市共同启动"抗疫保供、共渡难关"行动,切实保障四地间优质农产品供给;积极开展"四地携手奔小康"活动,三区全年累计帮扶建德市低收入农户120余户。同时,建德市对三区市民免费开放七里扬帆、大慈岩、灵栖洞等"热点"旅游景区,推动四地居民更多交流往来。

粮油生产

【概况】2020年粮食作物播种面积1.26万公顷,总产量6.85万吨(同比增长1.6%),产值2.39亿元。全市水稻单产由2009年的455.9千克提高到560千克,产量提高22.8%;水稻高产攻关最高单产达到1007.4千克,打破杭州地区最高水稻单产纪录。建成粮食烘干中心32座、粮油加工中心4个、高标准育秧中心1个,购置粮食烘干机116台,培育农机社会化服务组织6家。

全市油料作物播种6233.3公顷,产量22107吨,产值1.08亿元。

至年末,全市有省、杭州市及建德市粮食生产功能区共计191个,面积5334.59公顷。其中,涉及7个粮食功能区283.5公顷的基础设施和烘干中心、育秧中心等社会化服务生产设施进行提标改造,投入财政资金424.4万元。

【规范落实国家粮食惠农政策】落实中央、省、杭州市及建德市四级规模种粮补贴、粮食生产贷款贴息、旱粮规模种植直补等种粮惠农补贴政策。全年全市规模种粮面积3528公顷(其中水稻面积2863.5公顷、大小麦面积530.6公顷、旱粮134.1公顷),同比增加815公顷,规模种粮补贴金额1605万元,惠及全市179户规模种粮主体。

【水稻绿色高质高效创建工作】2020年,全市创建绿色示范区6667公顷,其中千亩示范片6个、核心区480公顷,辐射带动全市开展粮食作物绿色生产。同时集成示范西红花—稻、稻—鸭、稻—渔综合种养等多种水稻绿色高质高效技术模式。

【稻米品牌建设】通过引入种植优质稻米,建设稻米冷藏、加工中心,提升稻米包装设计等方式,提升建德稻米品牌市场影响度。至年底,全市种粮主体拥有稻米品牌12个,其中"忠心义"牌大米获得2020年浙江好稻米优质奖,"稻舞田间""农芝根""郎家飨谷""洺门稻府"4个品牌大米获得2020年"杭州好味稻"金奖。

经济作物

【概况】2020年,蔬菜、水产品等其他重要农产品生产稳中有升。蔬菜产量26.44万吨,增长2.0%,产值6.78亿元。水果产量23.24万吨,增长1.7%,总产值13.05亿元。水产品产量9755吨,增长3.0%,产值2.11亿元。木材产量8.87万立方米,增长3.0%;林业总产值3.41亿元。

草莓产业。从业人员(含异地种植)7900余户、1.9万余人,草莓面积7233公顷(包括鲜果种植5464公顷、繁苗1766公顷),总产值40余亿元;鲜果种植面积占浙江省 54%、全国 3.3%,在全国县级中位居第三位,继续保持浙江省最大草莓生产县市地位。

茶叶产业。全市茶园面积 4333 公顷(同比增长 1.6%),总产量 3105 吨,与上年持平,产值 3.66 亿元(增长 1.1%)。有从业人员近 1 万人,商品茶叶生产企业 77 家、初制茶场 114 家,拥有茶叶出口企业 3 家,茶叶生产、加工、流通产值 100 万元以上企业 28 家。

中药材产业。药材类种植面积 1220 公顷,总产量 4029 吨,产值 3.77 亿元。其中名贵中药材西红花种植面积 210 公顷,产值 7650 万元,继续保持全国规模最大的优势。

全市桑园面积 203 公顷,蚕种饲养量 2870 张(其中春蚕 1560 张、秋蚕 1310 张),蚕茧总产量 139 吨,分别剧减 76.6%、64.0%、63.8%。

至年底,全市获得地理标志证明商标 4 个(建德苞茶、建德草莓、建德柑橘、建德西红花),另建德鸡蛋在申报中;有地理标志保护产品 3 个(建德苞茶、严东关五加皮酒、里叶白莲)。

◎ 三都镇西红花基地(宁文武/摄)

【建德草莓品牌建设】1 月 3 日,在建德市举办“草莓新品种全国观摩暨越秀、粉玉品种发布”活动,该活动由浙江省农业科学院、杭州市农业科学院、建德市农业农村局主办,建德市新安植保有限责任公司承办。来自全国各地的科研院所草莓技术人员,草莓专业合作社、家庭农场负责人和草莓种植大户共 120 余人参加此次活动。

12 月,“建德草莓”在浙江精品草莓评选中获得 3 个金奖、1 个银奖,在全国草莓精品擂台赛中获得 1 个特等奖、8 个金奖、4 个银奖。浙江建德市草莓入选浙江省特色农产品优势区名单。

【建德首次获得国家非主要农作物品种登记】8 月 14 日,农业农村部发布 317 号公告,建德市从当地鸠坑群体种自然白化变异单株中选育出的茶树新品种“中白 1 号”,获得农业农村部非主要农作物新品种登记,登记编号:GPD 茶树(2020)330019。至年底,全市有无性系良种茶苗繁育基地 13.33 公顷,年出圃优质茶苗 3000 万株以上,产值 1500 余万元,远销四川、湖北、贵州、江苏、山东等地,茶苗繁育成为全市茶产业新的经济增长点。

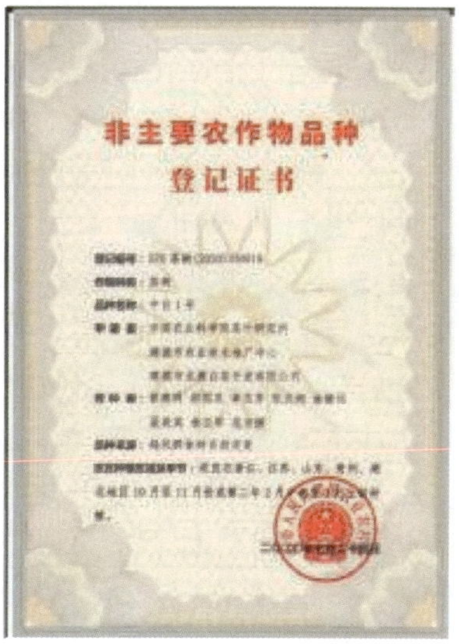

◎ 建德茶叶新品种“中白 1 号”登记证书(供图/市农业农村局)

【建德苞茶品牌建设】在全市推行“一站式”服务和“捆绑式”管理,为“建德苞茶”成员单位的统一评审、统一包装提供全程服务,完成包装精品茶 2160 千克、5400 余套,“建德苞茶” 统一包装物累计使用 11.5 万余套,累计开设“建德苞茶”品牌专卖店、茶楼 23 家,3585.7 平方米。市财政拨付 63.49 万元资金,对投产茶园 3.33 公顷(含)以上的,给予 1500 元/公顷的一次性补助。

4 月 10 日,建德市农业农村局联合浙江电视台举办“舟过新安江,鼻间皆茶香”——建德苞茶助农公益直播活动。副市长陈文岳为建德苞茶代言,累计在线观看数超 370 万人次。10 月下旬,建德苞茶走进博物馆,举办 4 期“建德苞茶”系列宣传品鉴公益活动,向市民游客展示宣传建德苞茶。

4 月 15 日,由浙江大学 CARD 中国农业品牌研究中心、中茶所中国茶叶杂志、浙江大学茶叶研究所、浙江永续农业品牌研究院联合开展的“2020中国茶叶区域公用品牌价值评估”课题结果表明，“建德苞茶”跻身全国茶叶类区域公共品牌最具发展力三强(列为第一名)，品牌价值达5.97亿元。9月22日，经农业农村部组织的2020年第一次国家农产品地理标志登记专家评审会评审，“建德苞茶”以其在茶叶品质特色、产地环境、生产方式、人文历史、产品知名度、产业发展前景等方面拥有的优势，获得国家农产品地理标志登记资格。

【中药材生产】2020年，全市除野生资源外，中药材种植面积2000余公顷，总产量300万千克，总产值3亿元。全市从事中药材生产、加工、流通的企业、合作社及个人2600余家(人)。有星级中药材精品园6家，其中铁皮石斛精品园3家、西红花精品园1家、药食两用玫瑰精品园1家，其他中药材(黄精玉竹)精品园1家。形成以三都、杨村桥、寿昌、航头、大同为主的建德西红花种植基地，以莲花、寿昌、大同、洋溪为主的铁皮石斛大棚种植基地，以李家、大同、寿昌、三都、钦堂为主的玉竹、黄精、元胡、浙贝种植基地，以梅城、三都、大洋为主的建德吴茱萸种植基地，以下涯、大慈岩、寿昌为主的三叶青避雨栽培和林下套种基地。其中，西红花生产栽培技术及花丝产量、花丝有效成分(西红花总苷含量)均为国内最高水平；2000年引进铁皮石斛组培苗，实现铁皮石斛人工仿野生栽培，建成千亩大棚种植基地，7家基地进行有机产品认证，种植技术水平在省内领先。

◎ 莲花镇齐平村铁皮石斛基地(宁文武/摄)

2020年，建德吴茱萸申报成功国家农产品地理标志保护登记的区域公共品牌。

【兰花产业发展迅速】建德市森林覆盖率达到76%，境内群山延绵，兰花资源十分丰富，兰花培植有800余年历史，所产兰花称“国兰”。据清代许鼐和所撰兰花专著《兰蕙同心录》记载，建德所产蕙兰“叠翠”“仙蟾”向为上品，受世人追捧。

20世纪90年代以后，建德兰花野生兰花资源得到深度开发利用，兰花驯养、培植逐渐成为花卉园艺产业的主打产业之一。在积极引进传统品种的同时，各从业者努力发掘本地新品，发掘和培育的春兰和蕙兰新品达百余种。形成以兰花界知名品种“九龙梅”为代表，包括玉林梅、祝蝶、国安荷、大洋梅、大慈梅、“新安春色”在内的春兰系列，以及以名品“严州彩云”为代表，包括翠丰、展云蝶、云山梅、亚成梅、献芳梅、三江梅、严州梅等的蕙兰系列。

1993年，建德市兰花协会成立，当年即举办了第一届兰花展。至2020年春，共举办26届兰花展，其中10届为专门的兰花节(2010年开始成为建德市九大农业节庆之一)。来自全国各地以及日本、韩国的兰花爱好者和从业者，对建德兰花给予了高度评价，扩大了建德兰花知名度，促进兰花走向市场，实现产业商品化，为兰农增收开辟了新途径。在2014年全国销售产值1000万元以上的10个兰花品种中，建德兰花就占了2个。

2013年10月，建德市出台《加快推进建德兰花产业扶持项目实施细则(试行)》，对全市兰园建设、品种引进、产品销售以及规范专业社、鼓励外出参展6方面，明确了资金等方面的扶持政策。2016年，择址洋溪街道青龙头，建设建德市兰花产业示范园。该园区规划面积33.3公顷，总投资2800万元，建有5000多平方米智能化玻璃温室，2000平方米兰花展览馆(交易厅)。至2020年，共有13家上规模、有档次的兰园(苑)入驻。有杭州市技能大师工作室1家，杭州市级D类人才1名、E类人才1名，科研能力得到极大提高。同时，在园区内组建建德市叠翠兰花专业合作社，集中优势发展和培育建德兰花精品，对全市兰园规模化发展起到龙头带动作用。2020 年,全市兰花产业总资产 28 亿元,年产值 4.2 亿元,实现销售产值 4800 万元。 (沈 宏)

畜牧生产

【概况】2020 年, 全市年末生猪存栏 15.58 万头、年内出栏 17.15 万头,同比分别增长 172%、31%;全年规模场出场生猪均价 35.06 元/千克, 提高 12.11 元/千克, 呈高位运行。家禽存栏 517.95 万羽,增长 14.51%;其中专业化蛋鸡存栏 445.81 万羽;全年规模场鸡蛋均价 6.78 元/千克,降低 1.78 元/千克;禽蛋产量 5.68 万吨。全年畜牧业生产总值 14.63 亿元。

【发展绿色生态畜牧业】 以“场区最优美、空气最优良、设施最先进、治污最彻底、管理最规范、产品最安全”的“七个最”标准,创建万头生态美丽牧场 5 家,设计出栏超 30 万头/年,其中杭州航大生态农业有限公司获评国家级标准化示范场; 万头场存栏占比提升近 50 个百分点,达 68.6%。

持续抓好畜禽粪污资源化利用。严格按照“干湿分离、雨污分流”标准,通过财政补助和养殖户自筹相结合的方式,2020 年新建成沼气池、三格式处理池、贮液池 4725 立方米、异位发酵 11100 平方米;保留规模养殖场治污设施全覆盖,粪污处理设施装备配套率 100%, 资源化利用率 98.6%。根据《关于开展畜禽养殖污染防治网格化监管工作的通知》的相关要求,全面开展市、镇、村三级网格化巡查工作,开展巡查 2519 人次。

水产业

【概况】2020 年,全市渔业总产出 4.97 亿元,同比增加 3542 万元, 增长 7.7%; 实现增加值 1.47 亿元,增长 5.2%。全市水产品总产量 9469 吨,增长 3.2%。其中,养殖产量 6457 吨,增长 2.9%;捕捞产量 3012 吨,减少 3.0%。渔业产值 1.99 亿元,增长 4.9%。渔农人均收入 25116 元,增长 15.1%。

放养面积 1687.2 公顷,减少 3.2%。其中,池塘 428.4 公顷、山塘 505.7 公顷、水库 525.3 公顷、围坝 227.8 公顷, 分别同比减少 3.4%、1.1%、6.1%、0.3%。全年仔口鱼种放养 1196 万尾,增长 10.0%,老口鱼种放养 640 吨,减少 1.2%。

养殖专业户 303 户、兼业户 665 户,分别同比减少 13.2%、28.6%; 渔业劳动力 2472 人, 减少 22.0%;承包养殖面积 1157.9 公顷,减少 7.2%,承包面积占总养殖面积比率为 68.8%。

全年省、市共投入增殖放流资金 77.5 万元,在建德市富春江库区,放流水生生物 2415.87 万尾。

【渔业转型】继续进行渔业产业结构调整,推广鲫鱼、青鱼、鳊鱼、石蛙、青虾、甲鱼、三角鲂、白花、鲈鱼、翘嘴鲌、石斑鱼、泥鳅等名优水产品,发展地方特色渔业。全市名优水产品产量 4597 吨, 产值 1.64 亿元, 分别占水产品总产量、 总产值的 47.13%、77.46%。推广池塘内循环流水高效养殖模式,全市建成运行循环水养殖基地 13 个,共计 97 公顷,建有“养鱼跑道”46 条,每条鱼槽平均产量 5000 千克,折算成亩均产量 13340 千克,比传统池塘养殖亩均增效 2.8 万元。

◎ 大洋镇河蟹养殖基地(供图/大洋镇政府办公室)

【水产健康养殖示范场建设】2020 年,杭州沁石实业有限公司、建德市大洋丰庆青虾生态养殖场、建德市新安江光华冷冻食品厂 3 家单位通过转变养殖方式、改善养殖环境、强化规范管理和提升水产养殖设施化、标准化、生态化、数字化水平,成功创建浙江省水产健康养殖示范场(第二批)。至年底,全市水产健康养殖示范场增至 8 家, 其中国家级

2家、省级6家。

【建德市水产技术推广站注销】11月,建德市水产技术推广站因事业单位机构改革依法注销。建德市水产技术推广站成立于2005年10月1日,隶属于建德市水利局(原建德市水利水产局)管理,是财政全额补助事业单位,编制员额5名,实有工作人员5名,历任登记法定代表人有朱雪林(2005—2017年)、周伟明(2018—2020年)。机构改革后,推广站资产、负债、人员整体划入建德市农业技术推广中心(隶属于建德市农业农村局)。

农业科技及农业机械

【新品种引进与推广】广泛开展农作物新品种试验、展示示范。品种试验、展示示范作物涵盖瓜果蔬菜、稻麦、油菜、玉米、薯类、豆类、各种小杂粮等。全年引进试验、展示品种357个,从中筛选出适宜建德当地种植或扩大示范的新优品种50个。主推甬优1540、甬优15、嘉丰优2号、中浙优8号等水稻品种,组织甬优6711、甬优7872、浙粳优1578、甬优7860、泰两优1332、嘉丰优3号等水稻新品种丰产示范;推广应用杭椒12、杭椒9号、衢椒3号等辣椒品种,杭茄2010、浙茄11号、浙茄8号等茄子品种,黄妃、红风铃、浙樱粉1号等樱桃、番茄、甜栗王、贵红、灰精灵等南瓜品种,金比特、拿比特小西瓜和浙蜜6号、提味等中大型西瓜,浙鲜9号、浙鲜12鲜食大豆品种,金银208、雪甜7401、圣甜白株等水果玉米和钱江糯3号、天贵糯932、杭糯玉21等彩甜糯玉米,兴佳2号、中薯3号、中薯5号等马铃薯品种;浙薯13甘薯、心香小香薯、薯绿1号菜用薯等品种,以及川糯粱1号、泸糯8号等高粱品种。承担浙江省水稻新品种区域试验单季籼杂2组共28个品种,连作晚稻区域试验1组14个品种。生产试验5组共27个品种。推广油菜—稻种植模式,组织油菜茬水稻适宜品种筛选,以甬优6711短生育期且优质的水稻品种为前茬搭配油菜种植,该模式能确保油菜在10月中旬开始种植,为安全种植油菜提供保障,深受广大种植户欢迎。选送米质口感优等的甬优7872、泰两优217、嘉丰优2号、甬优15参加“杭州市好味稻”品鉴活动,均获金奖。建德市瓜菜新品种展示示范基地入选浙江省瓜菜新品种展示示范分中心,为杭州市唯一。

【农业机械】2020年,全市农机总动力达到15.47万千瓦,同比减少12.0%。共有大中型轮式拖拉机87台,粮食烘干机械121台(增加5台),稻麦油菜收割机74台,高速插秧机176台,蛋鸡饲养自动生产线305条,茶叶加工机械3700台(增加485台)。蛋鸡专业设施化养殖率达90.0%,茶叶炒制机械化率达到85.0%以上。全市水稻机插面积2467公顷(减少22.1%);油菜机收面积667公顷;水稻综合机械化水平达85.6%。钦堂乡成功创建为省级“平安农机”示范乡镇。

全年审核农机补贴申请表数359份,受益户数239户,补贴机具449台,总补贴448.95万元,其中:中央补贴290.69万元、省补贴91.14万元、建德市补贴67.12万元。

2020年,建德市鑫欣生猪养殖有限公司、建德市千牧家庭农场有限公司2家公司被认定为省级农业“机器换人”示范基地。

农业行政执法

【概况】开展农资打假护农保春耕、“绿剑”春、夏、秋季执法行动及日常执法监管,出动执法人员1939人次,检查企业645个,检查市场20个,查处违法行为20起,质量抽检360个,受理举报164件,印发资料5500份。立案查处违法案件20起,其中农药4起、兽药3起、饲料和饲料添加剂2起、肥料3起、渔政7起、农产品质量安全1起,共计结案12起,查获涉案物品数量40.7千克,案值金额1.60万元,挽回经济损失4.92万元,罚没款7.55万元。

开展农业投入品抽样送检,共抽检投入品样品141批次,其中:农药60批次、肥料41批次、种子10批次、兽药15批次、饲料及饲料添加剂15

批次。

开展渔船安全生产培训，参训渔民217名。组织全市农资生产经营人员120余名，参加农药实名制购买培训班、农资生产经营人员法律法规培训班各1期。

【植物检疫和有害生物防除工作】全市共设2020年度有害生物监测点10个，监测面积493公顷。开展加拿大"一枝黄花"监控与防除工作，春、秋两季发生总面积33.73公顷，对检出面积防除率100%。

进行梨树疫病专项普查，共普查269.18公顷、18.36万株。普查发现梨树疫病0.7亩、14株病株，及时组织种植户对病株进行铲除和清理。事后，组织疫病防治知识培训会1次。

【畜产品安全监管】全年产地检疫出证3713次，检疫生猪8.74万头、家禽146.09万羽、牛和羊171只、犬3只；屠宰检疫出证2.81万次，检疫生猪7.71万头、家禽502.73万羽，检疫病害生猪及不合格产品463.27头、家禽0.91万羽，不合格猪产品37.41吨、"瘦肉精"抽检3497头。备案报验3514批次，其中生猪6.86万头、家禽514.13万羽、畜禽产品2165.38吨。检查相关对象560余家次，责令整改15起，查处违法案件1起，罚没人民币0.85万元。

保险联动，规范监管，现场核查并组织转运全市规模养殖场病死猪3.27万头。定量检测猪尿、禽蛋、禽肉、牛奶、饲料等样品225个批次、现场定性检测生猪尿样1250批次、猪肉水分抽样监测20批次、猪肉兽药残留监测18批次、生猪屠宰企业"瘦肉精"自检3520批次，检测合格率均为100%。开展屠宰巡查140余次，发放告知承诺书65份，处置各类问题25起。严格落实"非洲猪瘟"自检和官方兽医派驻等"两项制度"，指导生猪屠宰场点开展屠宰环节"非洲猪瘟"PCR自检工作。

全年调查处理"12345"等各类举报投诉23起。完成执法案卷自查自评、全省农业系统"最多跑一次"事项"八统一"梳理及云平台行政处罚案件录入。

【动物疫病防控】按照"外堵、内清、严防"要求，在生猪养殖、屠宰、生猪及产品调运等环节，严格落实养殖场户、屠宰企业、贩销经营户主体责任。市农业农村局3次组织非洲猪瘟专题培训，严格落实全进全出、清洗消毒、内控管理等措施。积极开展规模猪场生物安全条件提升行动，提升改造规模猪场5家。实施非洲猪瘟排查日报告和每日值班制度。加大非洲猪瘟实验室PCR检测力度，按"批批检、全覆盖"要求全面落实3家屠宰企业非洲猪瘟PCR自检，同时做好调运环节生猪产品非洲猪瘟抽检，有效监测预警，阻断输入性疫情风险。

成立建德市"无规定马属动物疫病区建设"领导小组和工作专班，召开专题部署会，完成2020年度调查监测、强制免疫、调运管控和阳性马属动物迁出等工作。

【农业机械执法检查】全年共开展农机安全生产执法检查45次，出动执法人员180人次，检查基地125家次，发现各类隐患25起。同时开展农业机械安全生产法律法规和操作规程宣传教育。对农业机械上牌率、年检率、持证操作率相对偏低等问题，执法人员深入田间地头实施现场检查，对主体拖拉机无证作业当事人，责令限期办理相关证件。

【钱塘江干流禁渔工作】禁渔期间，共出动执法人员285人次，执法车船艇156艘(辆)，组织执法检查137次，收缴网具146副。市农业农村局、市公安局水上派出所、建德海事处、市场监管局和水利局开展联合执法行动15次，对禁渔区水域内"三无"船只开展整治行动5次，清理"三无"船只50余艘，沿江巡查138.8千米，有效遏制和打击"三无"船只禁渔期违法捕捞行为。全年查处禁渔区内非法捕捞案件1起，并以非法捕捞水产品罪移交公安，当事人被建德市人民法院依法判处拘役2个月。(黄杰)

林业

【概况】2020年，建德市以创"青山常在、绿水流、空气常新"的国家森林城市为着力点，切实发挥好林业在乡村振兴中的作用，加大绿化造林力度，保障国家生态公益林面积和质量，全市森林覆盖率76.34%、活立木蓄积1057.34万立方米，继续实现“双增长”（来源于11月25日《杭州日报》专版“2019年杭州市森林资源与生态状况公告”）。全年实现林业总产值52亿元，同比增长4%。建德市获评“森林浙江”建设工作突出贡献集体、浙江省森林生态保护突出贡献集体、林业产业先进集体等荣誉。森林浙江考核连续3年获全省优秀。

走科技兴林道路，加大香榧、油茶等高效特种林业产业基地建设，促进林农增收。完善林业生态规划，加强对野生动物、自然湿地等林业资源的保护；强化对林业病虫害的监测、防治防控；强化森林消防工作，配套完成省级林区道路建设78千米，全年未发生人员伤亡森林消防事故，确保了林业生产安全。

继续深化行政审批制度改革，梳理规范办事事项清单，做到线上线下同源公布。根据省林业局“八统一”指导目录，25项事项进驻中心，实现审批事项、审批职能、审批人员“三集中”，和审批的公开、公正、公平，促进了审批质量、服务能力的提高。

2020年事业单位调整和森林公安转隶至市公安局后，市林业局有行政编制13名、事业编制36名，设有行政科室7个、直属机构1个、事业单位3个。全局及下属单位共有114人，其中行政事业在编人员53人（行政13人、事业40人），3家国有林场返聘及其他临聘人员61人。

【造林和义务植树】 2020年，建德市完成绿化造林总面积1153公顷，为省林业局下达计划186%；其中迹地更新造林666.67公顷。全省“新增百万亩国土绿化”工作完成速度居全省首位，开展造林546.67公顷，为省林业局下达计划146.5%。珍贵彩色健康森林274.67公顷，森林质量提升1066.67公顷，建成“一村万树”示范村8个、推进村51个，建设“山花烂漫”特色村4个。

全年开展“双拥义务植树林”“成才林”“五水共治林”“亲子林”“机关先锋林”等20多种形式的义务植树活动50余场次。新建义务植树点30多个，面积达33.33公顷，义务植树20.7万人次（含间接植树），植树67.5万株。

【全域绿化彩化】 全年投入各类绿化资金1亿余元，完成绿化面积354.94公顷。并结合营造珍贵彩色森林274.67公顷，其中城镇村庄周边131公顷、高速高铁国道沿线83.87公顷、河流水库周边24.47公顷、景区周边35.33公顷。

【森林扶育苗和公益林管理】 全年实施中央和省级森林抚育补贴项目1533.33公顷，项目资金690万元；开展全市森林抚育技术培训1期，受训100余人。

全市保有省级以上重点公益林总面积86467.6公顷，其中国家级66278公顷、省级20189.6公顷。全年调整国家级公益林39.7公顷，省级公益林14.3公顷，完成天然商品林管护协议签订，调整完成2018年重点公益林完善后管理协议签订及到户清册。

◎ 新安江街道森林抚育设计现场（供图/市林业局办公室）

【湿地保护与管理】 2月2日，建德市林业局组织开展以“湿地与水”为主题的宣传活动。委托杭州全品林业技术服务有限公司开展湿地年度监测工作，及时保质向杭州市林水局报送编制自然资源资产负债表所需的2017年、2018年湿地数据。报送数据表明：2019年年末，全市有湿地面积6083.38公顷，其中纳入实际保护的湿地面积3122.15公顷，湿地保护率51.32%。

【高效特种林业产业基地建设】 2020年，以“一亩山万元钱”为目标，持续推进林特产业发展。加大以香榧、油茶为主的林特产业扶持力度，激发林农对木本油料产业再发展投入的积极性。全市完成林下套种中药材基地50公顷（为省计划的150%），完成产业基地的春季生产管理2533.3公顷。全面完成国家农业综合开发香榧基地示范项目建设（香榧龙头企业大库湾公司），该基地规模达93.33公顷。全市香榧年总产量达170吨，同比增长41.6%。全市完成油茶造林33.33公顷，基地抚育666.67公顷。

【林业企业】2020年全市有涉林企业17家，其中有国家级林业重点龙头企业2家、省级林业重点龙头企业5家。主要涉及林业食品生产种植、销售、加工企业。

11月1日，10家林业企业参展第13届中国义乌国际森林产品博览会，获金奖产品4个："千岛源"牌山茶油（浙江久晟油茶科技股份有限公司）、"八亩良田"牌香榧（杭州依云生态农业开发有限公司）、"大库湾"牌香榧（杭州大库湾生态农业有限公司）、"千岛一珍"鱼干，获优质奖产品5个："八亩良田"牌山核桃、"里叶"牌里叶白莲（建德市里叶白莲开发有限公司）、"天添快乐"生态大米（建德市建坤农业开发有限公司）、"麒麟山"牌山茶油（建德市三溪食品有限公司）、"幽谷农夫"牌马蜂酒（建德市李家镇幽谷蜂王家庭农场）。

◎ 李家镇优质油茶基地（供图/市林业局办公室）

建德市新安江街道丰产村获"浙江省森林人家"称号。建德市三都镇天顶坪家庭农场、建德市大慈岩镇新世纪家庭农场评为浙江省示范性家庭林场。

【林政资源管理】2020年，建德市林业局联合国家林业局华东林业勘察设计院成立技术专班，对全市702处涉林违法违规图斑进行实地核查，对发现的13起违法违规使用林地情况立案查处。同时，完成森林资源年度动态监测及林地年度变更调查。

全年全市共审批发证蓄积12.94万立方米，其中纳入采伐限额管理11.69万立方米（占年限额总量的62.3%），不纳入采伐限额管理1.25万立方米（采伐非林地和征占用林地上的林木）。全市核发林木采伐许可证863份，发证合格率100%，全部实现网上办证，审批采伐公示率100%。同时，对2019年林木采伐许可、使用林地许可两个审批事项共计35件许可进行"双随机"检查。

全年共审核审批林地占用项目240宗、面积409.12公顷，收取植被恢复费6506.78万元。其中长期征占用林地项目124宗、面积291.84公顷，临时占用林地项目78宗、面积65.47公顷，林业生产占用林地项目38宗、面积51.81公顷。

【自然保护地管理】2020年，开展自然保护地整合优化工作，对建德市内原"两江一湖"风景名胜区、富春江国家森林公园和新安江省级森林公园进行整合优化，确定自然保护地范围，编制相应预案，为建德发展争取更大空间，至年底，完成自然保护地内森林公园整合优化方案上报。新安江中部景群详规通过国家林草局函审，等待后续审批。完成2020年风景名胜区检查工作，做好2020绿盾行动工作及中央环保督查工作，做好自然保护地内别墅排查检查等工作。全年共完成风景区内重大项目选址2件，其余项目选址及方案审核15件。

【森林消防工作】全年全市发生森林火灾1起，发生火情26起；组织护林员队伍（网格员）472人；新建森林消防水池30个，新购置高压隔膜水泵18台（其中3家林场70千克级隔膜泵各1台）；

开展8个乡镇（街道）124处、82.6公顷墓区生态化改造；结合公墓区“两禁”(禁止焚烧纸钱，禁止燃放烟花爆竹)工作要求，严格落实“2+2”(全面落实定点巡查、应急+预案的网络化管理模式)制度，实施严格的野外火源管控措施。

【野生动物保护与管理】4月，开展第39届野生动植物保护宣传月暨“爱鸟周”“爱鸟新时代，共建好生态”主题宣传活动。发放各类宣传册300余份，参与网络(微信)互动有5000余人次。

全年共处置110涉野生动物联动警情21起，市民来电20起，累计救护各类国家二级保护野生动物白鹇4只、猫头鹰5只、凤头鹰1只、娃娃鱼2条等。

联合森林公安开展打击野生动物违法活动，查处案件10起，收缴野生动物制品10件、非法猎捕工具铁夹等105件，行政处罚金额5760元。全面暂停一切野生动物交易活动，排查各类野生动物人工繁育、经营利用场所254次(家)，全面隔离人工繁育场所34家，停止野生动物经营利用商户25家、关停野生动物展演场所2家。

对全市35家在养野生动物人工繁育场所进行分类处置。其中关停禁食3家、移交市农业农村局管理30家，其余2家符合非食用性合法用途，要求其协助做好转型转产变更等管理工作，提前完成禁食野生动物的处置工作。

【林业病虫害检测与防治防控】全年累计监测防治松材线虫病4362公顷，防治4362公顷，防治率100%。对新安江城区、航头镇江南大冰洞、寿昌林场绿荷塘林区等重点区域，实施松林树干注药防治天牛，数量6.0万支。清理枯死松木1.30万公顷，共30.73万株4.61万吨；其中主干线两侧8690公顷，完成率100%，实现枯死松树除治全覆盖。

全年累计发生除松褐天牛外的其他林业有害生物面积2395公顷，防治面积2395公顷，防治率100%。开展山核桃、油茶、香榧、苗木等指导防治82起，为市民、企事业单位义务诊治防治各类病虫害180余起，古树名木救护和健康体检52株，免费为市民、林农、机关防治各类白蚁87家。检疫执法进一步加强，查处各类违法调运外来松木制品案件2起，罚款1.21万元。

【行政执法】开展全市性的“严厉打击非法占用林地”“雷霆2020”“打击野生动物违法犯罪”“森林火灾大会战”“2020禁种铲毒”系列专项行动。全年共处警100起，其中：立刑事案件8起(非法狩猎、滥伐林木、收购滥伐林木各1起，放火2起，盗伐3起)，全数得以侦破，采取刑事强制措施8人、移诉8人；立行政案件66起(其中涉林7起、涉猎10起、涉地18起、涉火31起)，均予查处。收缴野生动物及其制品20余只、非法猎捕工具铁夹100余件、电网2件。铲除罂粟3000余株，罚款68万余元；共答复市长公开电话(信访)件72起，答复率100%。

【林场】2020年底，全市4家林场，总收入7474.34万元。年末在岗职工115人。建德林场被命名为浙江省生态文化基地、浙江省森林氧吧，建德市寿昌林场评为浙江省森林氧吧。

建德市林业总场。4月30日，撤销在建德市林业总场增挂的“建德市国有生态公益林保护站”牌子。2020年实现收入合计3144.5万元。年底干部职工人数61人，其中在编7人。

2020年建德市林业总场被列为全国森林经营试点单位。在新安江林场、建德林场、寿昌林场组织实施杉木多功能培育工程、林木良种基地示范工程、天然次生林质量提升工程、森林水源涵养功能提升等工程。全年完成大径级优良材建设41.07公顷、杉木林近自然林营造改造18.87公顷、珍稀濒危植物规模化繁育和迁地保护基地建

◎ 铜官峡林区铁山坞乌桕林(杨荣良/摄)

设22.13公顷、良种培育工程建设22.67公顷、珍贵树种林苗一体化基地抚育提升53.53公顷、天然次生林质量提升32.67公顷、森林水源涵养功能提升工程建设121.13公顷。

千岛湖世行贷款项目建德市林业项目(2018—2024)进入全面实施阶段,总投资10127.8万元,项目主要为绿化造林和林相改造,涉及大同镇、航头镇、寿昌镇、新安江林场和寿昌林场的3个乡镇、2个国有林场211个小班1595.67公顷.其中绿化造林500.67公顷、林相改造1095公顷;全年配套建设新安江街道森林消防应急通道约13千米,路基宽4米、路面宽3米,混凝土路面。

建德林场。年末在岗职工23人,全年总收入1150万元。全年商品林采伐5.3公顷,生产商品材600余立方米;完成珍贵树种造林面积3.33公顷、薄壳山核桃种质资源库建设5.33公顷、红花油茶种质资源库建设6公顷、乌桕良种推广示范造林7公顷;完成细果秤锤树、浙江安息香的保护与培育和天目铁木、领春木、迎春木3个濒危物种迁地保护建设项目;补植油橄榄基地、甜槠、苦槠母树林面积4.5公顷;施肥抚育珍贵树种、薄壳山核桃面积75公顷,抚育中幼林(森林抚育)面积53.3公顷、幼林面积36公顷(1次);改造乌龙山绿道景观2公顷、边坡复绿1千米。枯死松木清理面积241公顷,并完成3407公顷林地的枯死松木及日本松干蚧疫情的调查。配套新建消防水池3个、管网3000米,维修防火线114千米、林区便道52.3千米。

完成富春江森林公园生态修复3.6万平方米、乌龙山森林古道修复300米,乌龙山上山绿道入口处的回龙塘水塘整治、12千米的雷公庵驿站300平方米建设及周边环境整治、乌龙山顶的一期景观提升。

新安江林场。年末在岗职工21人,穆海鸿被评为建德市道德模范。全年总收入1226万元。完成珍贵树种造林10.2公顷、良种基地青冈试验林4.67公顷、香榧采穗圃嫁接3.3公顷、青冈嫁接6622株、珍贵彩色森林抚育施肥35.27公顷、森林抚育33.33公顷、移栽本土中华水韭995颗。苗圃存苗量10.8万株。对发生枯死木林区74公顷(涉及蓄积1034.1立方米、材积620.4立方米)实施除治,除治率3.7%。松材线虫病防治人工喷药100公顷,采伐19.07公顷,收入178万元。

寿昌林场。年末在岗职工10人,徐永宏获省委、省政府"森林浙江"突出贡献个人荣誉。全年总收入1952.84万元。《建德市高标准国土绿化和森林质量提升工程》实施方案,经市政府批复后上报省林业局,山地造林5个标段造林完成招投标。新建长林林区管护房、塘坞林区管护房1200平方米。完成森林抚育32.53公顷、抚育施肥45.3公顷、塘坞林区"一种管三年"楠木造林抚育8公顷。滩下林区(国家级楠木、青冈良种基地核心区块)完成青冈种子园造林4公顷、檫树种质资源库造林2公顷、楠木种质资源库造林4.67公顷;长林林区杉木种质资源库造林8公顷、完成林木良种基地施肥抚育56.47公顷。

完成中央财政林技推广项目《基于木荷、青冈良种的松材线虫病除治迹地珍贵化改培技术推广》,并通过市林业局验收。完成极小濒危物种保护项目(堇叶紫金牛保护和繁育)的种群监测、保护措施、育苗移栽等内容,与浙江农林大学合作,完成种群特性及繁育技术研究验收,发表相关研究论文2篇。

(鲍跃群)

编辑:黄建生

水资源管理与水利建设

Water resources management and Water conservancy construction

水资源管理

【水资源概况】建德市境内有新安江、兰江、富春江以及新安江支流寿昌江4条较大河流,38条中小支流。多年平均降雨量1343.8毫米,多年平均年降雨量为38.64亿立方米,降雨量时空分布不均,降水年内年际变化较大。春夏占据全年70%以上的降雨,暴雨常带来洪涝灾害,秋冬二季气候干燥雨量偏少,常遇伏旱、秋寒。根据新安江电站年统计成果综合分析,新安江电站多年平均径流量约97.30亿立方米,95%保证率年来水量为45.51亿立方米。

2020年,全市用水总量3399万立方米。其中新安江饮用水源区有公共供水户取水口性质的取水口1个,无建设项目取水口、排污口,涉及年供水能力7300万立方米自来水厂1座,该取水口年总取水量4042万立方米,供水人口约30万人,占全市人口60%。

【实施"最严格水资源管理"制度】继续实施"最严格水资源管理"制度,全面落实水资源的节约和保护,完成县域节水型社会达标建设(省标)工作;开展全市水资源利用情况摸底,编制并印发《建德市节水行动实施方案》;完成对16个乡镇(街道)、2个工业园区取水工程(设施)的核查登记工作;开展对全市85本取水户一户一档台账全面梳理和问题督促整改工作,完成全市取水户一户一档清查工作;完成取水户日常管理,取水实时监控"三率"(平均上报率、完整率、及时率)均达到98.0%以上;落实省水利厅水资源费减免政策,确保水资源费足额征收。投资180万元,完成建德市节水宣传教育基地建设,该基地被评为省级节水宣传教育基地。

【节水型社会建设】2020年,建德市完成省级节水型社会创建。一方面通过加强管理体制与机制建设、落实规划、开展广泛宣传教育等措施做好制度建设工作;另一方面结合重点节水工程建设,把节水型社会建设融入现代高效农业建设、新农村建设、工业转型升级、生态文明建设等工作中。逐步健全水资源管理体制,建立并完善节水减排机制;通过采取法律、行政、经济、工程和技术等综合措施和手段,推进全社会的节约用水工作;初步建成包括农业、工业、生活和城镇公共节水在内的节水型社会,完成新安江第一小学省级节水型社会教育基地创建。

【编制建德市节约用水"十四五"规划】该规划编制原则为:根据"节水优先"的新时期治水方针,强化水资源消耗总量和强度双控,实施农业节水增效、工业节水减排、城镇节水降损、非常规水利用、节水标杆引领、节水科技支撑等重大节水工程,规划到2022年全市水资源节约循环利用达到杭州西部县市平均水平。主要目标为:节水管理机制和工作网络健全,节水型生产和生活方式初步建立,重点领域节水取得快速突破,非常规水利用占比进一步增大,用水效率和效益显著提高,全社会节水意识明显增强。到2025年,全市水资源节约循环利用达到杭州西部县市先进水平。节水政策、市场机制和信息化管理手段基本建立和完善,技术支撑能力不断增强,用水效率指标持续向好,全社会形成良好节水风尚。（周晓雷）

【公共机构节水降耗监察】根据杭州市能源监察中心印发的《关于下达2020年全市能源监察执法计划的通知》(杭能监〔2020〕66号)精神,建德市能源执法队联合多部门对全市行政事业单位和公共场所开展机构节能专项监察,提高公建单位节能意识。经重点推荐和自愿申报、市节约用水办公室初审、现场验收和专家评审后,12家单位达到建德市市级公共机构节水型单位建设标准,决定授予"公共机构节水型单位"称号。（马子琛）

水利建设

【概况】建德市境内4条较大河流及38条中小支流(其中流域面积在100平方千米以上的有7条)河道总长1479.2千米,其中省级河道3条84.2千米、县级河道11条256.5千米、乡镇河道475千米。全市堤防总长674.07千米,其中50年一遇标准防洪大堤(包括城防工程)11.8千米,20年一遇标准三江堤防27.53千米。除大型水库新安江水库外,中型水库1座(罗村水库),小型水库138座,其中小㈠型25座、小㈡型113座。

2020年,全市完成各类水利建设计划项目284处,投资7.15亿元,争取到中央、省、杭州市水利资金2亿元。完成水库除险加固5座、山塘综合整治11座;中小河流综合治理5处,治理长度78.19千米;农村河道整治12处,治理长度24.25千米;河湖库塘清淤27万立方米;水利工程标准化创建和维修养护219处,水土流失治理20.22平方千米。实施古井水源保护工程,提升4.2万人农村居民饮用水达标提标,在全省率先完成农村饮用水达标提标三年行动计划。全面建立"从源头到龙头"的市级统管制度,实现城乡清洁供水数字化管理,确保"建得成、管得好"。

【重点项目】"百项千亿"项目——新安江、兰江治理二期工程,批复总投资3.25亿元,工程任务以防洪为主,兼顾生态修复,主要建设内容为堤防加固,新建、加固护岸及防汛道路建设等。工程分2019年、2020两年完成,其中2019年完成投资1.5亿元,省级补助资金4500万元,2020年完成投资1.75亿元,省级补助资金2610万元。2020年12月,该工程完工。

梅城古镇水系综合治理工程,该工程为梅城美丽城镇建设提供支持,列入全国江河湖库水系连通项目。批复总投资4.4亿元,主要建设内容以"两湖一带"为核心,恢复玉带河连通东、西湖;提升东、西湖排涝泵站,解决古镇内涝问题;引新安江水入城,河道整治、湖泊清淤,改善水环境;提升"两湖一带"常年水位,恢复"船在水中行,人在画中游"的江南水乡风貌。工程分2019年、2020年完成,其中2019年实施一期工程投资2.7亿元,中央资金3240万元、杭州市补助资金5000万元,2020年实施二期工程投资1.7亿元,杭州市补助资金2500万元。2020年12月,该工程完工。

◎ 水系治理后的梅城玉带河(供图/市水利局)

【水利事业改革】一是水利工程"三化"改革。启动实施水利工程管理产权化、物业化、数字化"三化"改革。全面完成水利工程管理范围划定,推行水利工程物业化管理,物业化管理覆盖率达到25.0%。完成水利工程标准化创建和维修养护219处,投资1049万元。二是深化"最多跑一次"改革。使用投资项目在线审批监管平台3.0版。完善水利建设项目审查、质量安全监督手续办理、招投标监管、验收等环节"最多跑一次"改革。推进水利建设市场主体动态信用评价。全面实行取水许可电子证照改革,实现数字化转型。三是河湖标准化管理改革。按照2019年全省河湖标准化管理试点(共

20个县)要求,建立健全一项行动、一套机制、一套标准、一支队伍、一张底图、一个平台等“六个一”,加强河道长效管护,完成省级验收。四是深化农业水价综合改革。在全面完成改革面积1.61万公顷的基础上,推动改革进乡入村,进一步完善“四项机制”(农业水价形成机制、精准补贴和节水奖励机制、工程管护机制、用水管理机制),全面推广行政村“八个一”(一个“实体化”用水组织、一本“资产化”产权证书、一笔“常态化”管理经费、一套“标准化”规章制度、一册“电子化”管护台账、一条“指标化”节水杠子、一种“经济化”计量方法、一把“民主化”锄头放水)落地见效,下拨精准补贴和节水奖励资金500万元。

【美丽河湖建设】完成乾潭镇胥溪、三都镇后源溪、寿昌镇童家溪、寿昌江流域大同段等共计河段长度78.19千米。农村河道综合整治12处、共计河道长度24.25千米。完成三都镇、航头镇等水土流失综合治理20.22平方千米。完成河湖库塘清淤27万立方米。完成新安江流域水资源与生态环境保护项目——水利设施改造18.97千米。完成富春江(境内段)、大洲溪的省级美丽河湖创建。

◎ 寿昌江综合治理更楼段(供图/市水利局)

【智慧水利工程】完成省水利厅水管理平台建设试点县建设。完善农村饮用水数字化管理平台,水质24小时在线监测、远程自动加药、视频监控、信息预警等一系列功能。实现城乡供水同质、同标、同服务,得到省委书记袁家军的充分肯定,在全省推广城乡清洁供水平台“建德样板”。在智慧河道建设的基础上,完善指挥中心功能,统筹水旱灾害防御、河湖管理、水利工程标准化管理、水资源管理、水利工程建设监管、农业水价综合改革、小水电生态流量监测等应用,涵盖水利大数据、实时监测、视频会议、远程调度、绩效考核、部门共享等功能。

(周晓雷)

编辑:黄建生

工　业

Industry

综　述

【概况】2020 年，建德市坚持“工业强市”战略，凝心战疫情，聚力促发展。实现规上工业增加值增速 8.5%；完成工业投资 71.2 亿元（其中，49 个 5000 万元以上重大工业项目完成投资 24.57 亿元），同比增长 17.1%，连续 10 年保持两位数增长；数字经济核心产业增加值增速达到 9%。《工业逆势增长的“建德现象”》得到省委书记袁家军和杭州市委主要领导批示肯定，获得省政府传统制造业改造提升专项督查激励。

【“新制造计划”建德行动方案】2020 年，建德市继续推进杭州“新制造业计划”建德行动方案，新增浙江大洋生物科技集团股份有限公司等上市企业 3 家，屹通新材料获评国家级“专精特新”“小巨人”称号，新化化工工业用—异丙胺获评工信部制造业单项冠军产品，微化工反应器获评年度全省装备制造业重点领域省内首台（套）产品；建业化工年产 1.8 万吨超净高纯电子级化学品项目列入 2020 年浙江省制造业高质量发展产业链协同创新项目。开展碳酸钙产业整治提升“回头看”，完成落后产能淘汰项目 14 个，实施低效企业提升，整治“低散乱”企业 95 家。7 月，承办杭州市“双引擎”发展现场会。传统产业改造提升工作经验获副省长高兴夫、杭州市副市长柯吉欣批示肯定。

【复工复产工作】2 月初，建立“一员一档”，在确保疫情防控安全的基础上提前谋划，积极加快复工复产进程，复工复产电力指数连续多月处于杭州市第一，1—3 月工业投资增速达 42%，1—4 月 MEI 工业专班推进指数获得满分，位列省、杭州市“第一方阵”。半年度 MEI 指数跻身全省“优+”区县（市）。加强协调保障，朝美日化为全省 N95 口罩供应作出突出贡献，被央视《新闻联播》专题报道，获工信部、浙江省和杭州市充分肯定，1 人获工信部抗疫先进个人称号。

【“空间拓展大比拼”活动】加快工业功能区改造提升，全年共完成低效工业用地处置项目 144 个、面积 141.41 公顷。以省级小微园建设试点为契机，规划建设小微企业园 12 个，至年底建成并通过省经信厅认定 6 个、在建 3 个，累计入园企业 732 家。加快数字化园区建设，高铁新区移民创新创业

◎ 4 月 21 日，建德市 2020 年第一次集中签约、开工仪式（供图/市经信局办公室）

小微园和五马洲小微园园区数字化管理平台投入使用，前者被认定为省级数字化示范园。（叶 智）

工业行业

【概况】2020年，全市工业行业有规模以上企业366家。其中生物科技等9大行业206家及其他行业9家实现工业总产值491.25亿元，同比增长8.6%；销售产值482.4亿元，增长8%；自营出口交货值70.39亿元，增长11.3%。

【生物科技行业】有规模以上企业22家，工业总产值114.33亿元，增长14.2%；销售产值112.7亿元，增长13.2%；自营出口交货值37.66亿元，增长26.1%。

【纺织服务行业】有规模以上企业49家，工业总产值21.34亿元，下降11.6%；销售产值20.36亿元，下降14.3%；自营出口交货值12.55亿元，下降10.7%。

【电子电器行业】有规模以上企业30家，其中低压电器企业21家、其他企业9家。工业总产值19.39亿元，增长15.2%；销售产值18.38亿元，增长10.9%；自营出口交货值8.48亿元，增长8.8%。

【建材水泥行业】有规模以上企业39家，其中水泥企业7家、其他企业32家。工业总产值88.39亿元，增长12.7%；销售产值88.37亿元，增长13.1%。

【金属加工行业】有规模以上企业24家，其中五金工具企业10家、冶金加工企业8家、其他企业6家。工业总产值18.8亿元，下降5.3%；销售产值18.58亿元，下降5.2%；自营出口交货值3.85亿元，下降7.1%。

【日用轻工行业】有规模以上企业52家，其中车业企业3家、工艺品企业1家、竹木板材企业8家、其他企业40家。工业总产值85.13亿元，增长19.1%；销售产值82.93亿元，增长18.3%；自营出口交货值5.3亿元，增长15.9%。

【机械制造行业】有规模以上企业26家，其中输送设备企业6家、节能环保企业5家、其他企业15家。工业总产值25.61亿元，增长7.4%；销售产值24.92亿元，增长8.9%；自营出口交货值2.73亿元，增长3.1%。

【食品饮料行业】有规模以上企业16家，其中酒业企业2家、农产品（加工）企业8家、饮用水企业4家、制茶企业2家。工业总产值43.96亿元，下降3.5%；销售产值42.7亿元，下降3.6%；自营出口交货值300万元，猛增52倍，较上年有重大突破。

【新材料行业】有规模以上企业48家，其中有机硅企业6家、碳酸钙企业24家、碳酸钙制造品企业13家、粉末冶金企业3家、其他企业2家。工业总产值49.48亿元，增长4.2%；销售产值48.64亿元，增长3.2%；自营出口交货值3200万元，增长45.6%。

【其他行业】有规模以上企业9家，工业总产值24.83亿元，增长0.5%；实现销售产值24.81亿元，增长0.5%。（叶 智）

信息和智慧经济

【概况】2020年，建德市以创建“产业高质量发展先行区”为目标，扎实推进数字产业化、产业数字化、城市数字化“三化融合”各项工作并取得明显成效。“两化融合”指数连续3年位居全省前列，产业数字化指数排名全省第五。规模以上工业企业数字化改造提前一年实现全覆盖，省级“两化深度融合”国家示范区顺利通过验收。全年实施数字化攻关项目16个、物联网项目53个、机器换人项目67个。全年数字化基础设施改造投入1.6亿余元，新建5G基站369个,基本实现主城区5G网络全覆盖。

新安集团列入省级"未来工厂"培育名单,中策橡胶等3家企业列入省级工业互联网平台创建名单,东方雨虹等3家企业被评为省级制造业与互联网融合示范,福斯特药业获评省级数字化车间。

【制造业与互联网融合】2020年,继续实施化工、水泥、水产业等全行业与互联网融合整体推进工程,实现ERP、MES、PLM、SCM等全覆盖。其中,新安化工在深度数字化基础上,建设企业级互联网平台,其自建"硅基新材料全产业链工业互联网平台",被认定为省第一批工业互联网平台。与蒲惠制造合作,开展对全市五金工具、低压电器等企业数字化改造。与浙江中控合作,建设建德碳酸钙行业互联网平台,通过对全市33家碳酸钙企业工艺参数、资源利用、产值能耗等数据进行大数据分析,帮助企业优化生产过程,实现智能制造。出台《企业上云三年行动计划》,把3亩以上用地规模(含以下)企业纳入企业上云覆盖范围。与通信运营商、上云服务公司合作,开发定制各类上云业务。至年底,全市共有省级上云标杆企业2家、省级大数据应用示范企业1家,规模以上企业上云全覆盖,规模以下企业上云覆盖率达到30%以上。

【数字化服务能力提升】引进浙江中控与新安集团合资成立浙江中控智新科技有限公司,为全市企业数字化改造提供服务,并不断提升本地服务能力。建立数字化服务企业名录库,收录服务企业50多家;开展各种对接交流活动,畅通企业与数字化服务公司沟通渠道。建设小微园云上管理平台,对园区招商、资产、财务、物业、入驻企业等进行统一数字化管理,为入园企业提供高标准、一站式数字化服务。至年底,移民小微园、五马洲小微园等已建和在建数字化园区共10个,入驻企业39家。实施新增用地企业数字化改造与项目建设同步规划、同步建设、同步投入使用鼓励政策,勇华电器、五星车业等传统块状行业龙头企业,在异地搬迁过程中,提前谋划数字化改造方案,分别与杭州集控科技、浙江中控签订数字化整体改造协议。

【德信AI产业园飞地建成并投入运营】7月6日,位于滨江德信AI产业园内的首个建德飞地孵化园"建德智立方"开园,首期总建筑面积2207平方米,至年底入驻包括先进制造、人工智能、互联网+等高新技术产业的数字经济企业6家,项目孵化成熟后将在建德设立生产基地,实现"人才研发在杭,产业化在建德",开拓"人才+科技+项目"招才招商新模式。同时积极招引高层次人才落户,组织飞地人才申报杭州市"521"人才计划,推荐国外院士1名、国家高层次人才计划专家2名(其中陆仕荣与建德当地企业实现合作)、浙江省高层次人才计划专家3名,推荐申报B类人才2名、C类人才1名、D类人才1名。

【"1+2+X"数字经济平台构建】构建"一核引领、两翼驱动、多点协同"("1+2+X")数字经济创新平台体系,以洋溪创智片区为科创主核,以建德经济开发区和建德高新技术产业园2个省级平台为数字经济产业主平台,联动各类特色产业平台(特色小镇、小微园),打造高效联动、支撑强劲的协同创新体系。万洋众创城项目以"未来城市创新高地"为目标,集中数字经济产业和项目。航空小镇华奕无人直升机飞控平台及整机研发制造项目竣工投产,总投资21亿元的德翼航空航天复合材料研发制造项目列入建德市"152"项目。高新园1024互联网产业园被认定为杭州市级标准化科技企业孵化器,于12月联合举办以"数字经济助力双循环、高质量发展"为主题的浙江省CIO共享中心首届数字化产业峰会。 (叶 智)

企业培育和管理

【概况】2020年,建德市将50家重点工业企业和50家市级培育企业纳入重点培育名录,通过政策落实、人才培育、企业创新、服务优化等措施,推进"小升规"工作。至年末,全市有工业企业1500余家,其中规模以上366家(其中亿元企业82家;20

亿~50 亿元企业 2 家、10 亿~0 亿元企业 9 家、5 亿~10 亿元企业 7 家)。

【企业经营管理人才培训】2020 年, 全市举办以“企业经营管理”为主题的各类培训班 24 期(次),服务企业超 1450 家,2000 余人受训。其中,7 月,组织开展劳动关系协调师技能大赛, 近 140 家企业参加大赛, 为技能人才自我提升打开通道;11 月,市经信局、市委党校联合在浙江大学开设建德市民营企业家高质量发展专题研修班,近 50 家企业负责人及相关人员参加。

【深化“亩均论英雄”改革】2020 年,全市继续贯彻落实《深化“亩均论英雄”改革工作的实施意见》。开展全市工业用地现状清查工作,建立全市工业企业和工业用地数据库信息。制定发布分行业亩均绩效指导标准,加大评价结果运用力度。完善工业项目准入审查和复核监管办法,强化项目落地前准入审查和落地后复核监管。加强落后产能淘汰和“低散乱”整治,全年全市共有 138 处、186.7 公顷土地被列入低效用地盘活处置范围。其中,土地收储类 67 项、96.2 公顷,占比 68.0%;改造提升类 77 项、45.2 公顷,占比 32.0%。共告知企业 185 家,其中 112 家企业自行整改,77 家企业通过验收。实施淘汰落后项目 14 个,整治低散乱企业 95 家。

【企业服务优化】继续开展“帮企不漏企、企企见干部” 活动, 实现规模以上企业驻企服务专员全覆盖,共走访企业 5.5 万人次,收集问题 3.70 万个,至年底办结 36995 个, 办结率 99.9%。持续深化“最多跑一次”改革,实现企业开办“一件事”办理“30 分钟制”。深入实施优化营商环境 “10+N”行动,一般企业投资项目实现“最多 80 天”改革。全面落实各项减税降费政策, 全年兑现财政奖励扶持资金 1.36 亿元,新增融资规模 100 亿元,累计减轻企业负担超过 14 亿元。

【“创新主体”培育】2020 年,全市新认定国家高新技术企业 37 家,同比增长 60.9%。全市 R&D 经费支出 7.12 亿元, 增长 22.8%。获省科技进步二等奖、中国石油和化学工业联合会科技进步一等奖各 1 项。华奕无人机团队入选省级领军型创新创业团队,实现省级创业团队“零的突破”;环保科创中心萨维诺获“钱江友谊使者”称号。组织中国创新挑战赛、杭州科技创新协作员—浙江大学服务企业行动建德专场、四校科技成果建德发布会、浙江科技成果拍卖会、上海院士建德行、首届建德市高层次人才创业大赛等科技成果转化及高层次人才活动。首个建德在杭飞地孵化园“建德智立方”开园,实现创新平台建设新突破;新增杭州市级创新服务综合体 1 家、省级星创天地 1 家。引进浙江大学、浙江科技学院建德技术转移中心,国家远程医疗中心浙西分中心完成签约。 (叶 智)

工业品牌建设

【概况】2020 年,建德市克服新冠肺炎疫情以及持续经济下行压力, 加快提高工业质量品牌水平,新旧动能转换提速, 引领制造业实现高质量发展。在品牌建设上,取得新的成就。屹通新材料获评国家级“专精特新”“小巨人”称号,新化化工工业用一异丙胺获评工信部制造业单项冠军产品,微化工反应器获评年度全省装备制造业重点领域省内首台(套)产品,建业化工年产 1.8 万吨超净高纯电子级化学品项目列入 2020 年浙江省制造业高质量发展产业链协同创新项目。新安集团列入省级“未来工厂”培育名单,中策橡胶等 3 家企业列入省级工业互联网平台创建名单,东方雨虹等 3 家企业被评为省级制造业与互联网融合示范,福斯特药业获评省级数字化车间。沈氏科技微化工反应器获评全省装备制造业重点领域首台(套)产品。

2020 年, 全市企业积极参与行业标准制定,提高建德工业品牌影响力,抢占行业话语权。杭州正和纳米科技有限公司 T/ZZB 1533—2020 橡胶塑料用纳米碳酸钙、建德市五星车业有限公司 T/ZZB 1553—2020 电动自行车用调速转把、建德市万家电器电缆有限公司 T/ZZB 1854—2020 道路车辆应急起动电缆、浙江云峰纳米科技有限公司

T/ZZB 1862—2020 聚氯乙烯塑料用沉淀碳酸钙等4家"浙江制造"标准制定第一起草单位。

【经济发展特别贡献奖】依据"2019年企业对地方的经济发展贡献1亿元以上"评比标准，建德市授予农夫山泉（建德）新安江饮料有限公司、建德海螺水泥有限责任公司、建德红狮水泥有限公司、浙江新安化工集团股份有限公司、建德市朝美日化有限公司、建德南方水泥有限公司6家企业"2020年度经济发展特别贡献奖"。

【经济发展十大突出贡献制造业企业】依据企业对地方的经济发展贡献进行评定，农夫山泉（建德）新安江饮料有限公司等10家企业被评为2020年度建德市经济发展十大突出贡献制造业企业。分别为：农夫山泉（建德）新安江饮料有限公司、建德海螺水泥有限责任公司、建德红狮水泥有限公司、浙江新安化工集团股份有限公司、建德市朝美日化有限公司、建德南方水泥有限公司、中策橡胶（建德）有限公司、浙江新化化工股份有限公司、浙江建业化工股份有限公司、国际香料香精（杭州）有限公司。

【十大亩均绩效制造业企业】根据企业亩均工业增加值、亩均税收、亩均利润等指标进行评定，建德市朝美日化有限公司等10家企业被评为2020年度建德市十大亩均绩效制造业企业。分别为：建德市朝美日化有限公司、杭州朗索医用消毒剂有限公司、农夫山泉（建德）新安江饮料有限公司、建德红狮水泥有限公司、建德市五星车业有限公司、杭州崇耀科技发展有限公司、建德海螺水泥有限责任公司、国际香料香精（杭州）有限公司、杭州屹通新材料股份有限公司、杭州新安江工业泵有限公司。

【工信部第二批专精特新"小巨人"企业】根据2019年度企业营业收入在1亿元至4亿元之间、近两年主营业务收入或净利润的平均增长率达到10%以上、细分市场占有率在全国名列前茅或全省前3位等标准，国家工信部授予杭州屹通新材料股份有限公司专精特新"小巨人"的称号。

【"市级重点制造业企业"评选】根据企业2019年度主营业务收入、利润、入库税收、专利数等指标进行评定，确定浙江新安江化工集团股份有限公司等50家企业为2020年度建德市级重点制造业企业。分别为：浙江新安化工集团股份有限公司、国际香料香精（杭州）有限公司、杭州东方雨虹建筑材料有限公司、杭州结加改性材料科技有限公司、杭州龙驹合成材料有限公司、浙江深蓝新材料科技股份有限公司、浙江铁凝汽车用品有限公司、格林生物科技股份有限公司、杭州福斯特药业有限公司、浙江建业化工股份有限公司、建德市广鑫塑业有限公司、农夫山泉（建德）新安江饮料有限公司、建德市白沙化工有限公司、杭州建铜集团有限公司、浙江远力健药业有限责任公司、浙江新化化工股份有限公司、杭州玺匠文化创意股份有限公司、浙江宏都寝具有限公司、杭州新马电梯有限公司、青岛啤酒（杭州）有限公司、建德南方水泥有限公司、浙江振元门业有限公司、建德市五星车业有限公司、建德市勇华电器有限公司、杭州科龙电器工具股份有限公司、杭州澳赛诺生物科技有限公司、建德市万家电器电缆有限公司、建德红狮水泥有限公司、浙江久晟油茶科技股份有限公司、杭州卡洛实业有限公司、杭州正和纳米科技有限公司、浙江安伴汽车安全急救技术股份有限公司、浙江斐凌工具有限公司、杭州朝阳实业有限公司、建德市远丰工具有限公司、杭州新安江工业泵有限公司、中策橡胶（建德）有限公司、浙江天石纳米科技股份有限公司、浙江大洋生物科技集团股份有限公司、建德市耀欣针纺有限公司、杭州奥立达电梯有限公司、杭州屹通新材料股份有限公司、杭州凯特电器有限公司、建德海螺水泥有限责任公司、建德市宏兴钙业有限责任公司、杭州沈氏节能科技股份有限公司、浙江云峰纳米科技有限公司、浙江普林艾尔电器工业有限公司、浙江钦堂钙业股份有限公司、杭州艺佳纺织品有限公司。

【"市级培育制造业企业"评选】根据2019年度生产性投入、新产品产值率、专利数、利润率及产值增长等指标，确定建德市新安江气动元件有限公司等40家企业为2020年度市级培育制造业企业。分别为：建德市新安江气动元件有限公司、浙江盈翔包装有限公司、杭州三耐环保科技股份有限公司、浙江致中和实业有限公司、建德鑫鼎纤维有限公司、建德市美尔泰纺织有限公司、杭州萧宏康美盛铝业有限公司、建德市迪佳纺织品有限公司、樱花木门(建德)有限公司、建德市佳泓工具有限公司、建德市飞洋家纺有限公司、杭州圣玛特毛绒有限公司、杭州胜奇纺塑有限公司、杭州文通工艺家具制造有限公司、建德市旋具有限公司、建德市新裕塑胶材料有限公司、杭州嘉和材料科技有限公司、建德市飞龙电器有限公司、建德市恒力电器有限公司、建德市春雷五金电器有限公司、建德市朝美日化有限公司、杭州益群家纺有限公司、建德龙马家纺有限公司、浙江贝家生物科技有限公司、杭州思味王食品有限公司、建德市星明特种铸造有限责任公司、杭州派美宠物用品有限公司、杭州双马生物科技股份有限公司、杭州刚信科技有限公司、建德市金添高分子材料有限公司、浙江立度织造有限公司、浙江筑扬混凝土建筑构件有限公司、浙江通用木业有限公司、杭州稳健钙业有限公司、浙江省建德市正发药业有限公司、建德市华宇纳米科技有限公司、建德市双超钙业有限公司、浙江励德有机硅材料有限公司、杭州崇耀科技发展有限公司、德爱威(中国)有限公司。(叶　智)

节能降耗

【概况】2020年，建德市将节能降耗作为促进工业转型升级、优化产业结构的重要抓手。继续做好区域能评制度，加强重点用能单位节能监察执法，对新项目能源评估从严把关，逐步优化全市产业结构。市政府严格落实杭州市考核指标任务要求，下发《关于印发建德市2020年度节能降耗目标责任评价考核办法的通知》，与重点用能企业签订目标责任书，明确对乡镇(街道)及重点用能企业开展综合能耗和单位增加值能耗的考核，并将考核结果纳入年度综合考评。对未完成目标的乡镇(街道)领导个人考评实行否优，未完成目标的重点用能企业取消享受工业领域扶持政策。

【节能专项监察执法】根据工信部、杭州市能源监察中心文件精神，市能源执法队对杭州市能源综合行政执法队“双随机”抽取的9家单位进行现场监察执法并完成2020年节能监察报告编制工作。对发现仍存在使用已列入工信部《高耗能落后机电设备(产品)淘汰目录(第一、二、三批)》Y系列电机和能源管理负责人、管理人员尚未取得上岗证等问题的企业，责成其提出明确计划自主整改。全年建德市执法队通过掌上执法平台，对辖区内25家企业进行节能专项检查。

【淘汰35蒸吨/小时以下燃煤锅炉】2020年，根据上级部门和“蓝天保卫战”要求，市发改局牵头继续推进10蒸吨以上35蒸吨以下燃煤锅炉淘汰改造。全年完成淘汰改造任务6台，其中淘汰5台为：杭州朝阳实业有限公司1台、12蒸吨，浙江新化化工股份有限公司2台、20蒸吨，浙江天石纳米科技股份有限公司1台、12蒸吨，杭州骏浩新材料有限公司1台、22蒸吨；完成浙江布石新材料有限公司1台21蒸吨燃煤锅炉的生物质改造。

【高耗能项目管控】严格项目准入和节能审查，完善项目准入审查制度，从源头控制高耗能项目，除新建项目外，对2012年后投产的用能1000吨标煤以上项目补办节能审查手续。全年全市节能审查项目共计69个。加强对新建项目的准入审核，严控新增用能。对高能耗项目从严把关，限制高耗能行业进入，对单位工业增加值能耗在0.6吨标煤/万元以上及涉煤项目，要求提供能耗和煤耗等量或减量替代方案，推动全市工业结构调整和产业结构升级。同时充分利用市经信局亩均效益评价结果，对15家D类企业和3家水泥企业实行有序用电，腾出能源空间优先向能耗水平低、经济效益好、发展潜力大的企业提供，实现用能高效配置。

【节能宣传工作】6月29日—7月5日，开展第30个全国节能宣传周活动，市发改局结合全国文明城市创建等主题，向全市各部门单位发出《2020年节能宣传周倡议书》，倡议广大干部职工从我做起，争当节能领跑先锋；积极培育，树立绿色发展理念;低碳创新,践行绿色生活方式。7月2日,举办"低碳日"活动,市发改局联合市委宣传部等10个部门,在新安江文化广场进行集中宣传,开展以"低碳行动,保卫蓝天"为主题千人签名活动,发放节能宣传小扇子、节能小常识、环保袋等宣传资料1000余份,社会反响良好。（马子琛）

工业企业简介

【农夫山泉建德生产基地】该基地是农业产业化国家重点龙头企业、国家级工业化和信息化深度融合示范企业——农夫山泉股份有限公司的发祥地,辖农夫山泉股份有限公司建德分公司、农夫山泉(建德)新安江饮料有限公司和农夫山泉(建德)新安江饮用水有限公司3家全资子公司,总占地42.2公顷。该基地多次获政府质量奖和市级重点制造业企业、重点纳税大户、亩均绩效制造业企业、突出贡献制造业企业等称号。2020年年末,该基地企业有员工总数1316人,其中大专以上学历428人。全年实现产值32.8亿元,税收6.18亿元。

建德分公司拥有世界领先水平的40000BPH瓶装饮用天然水生产线2条和7200BPH4L瓶装饮用天然水生产线1条,产能为年产34.3万吨天然饮用水。新安江饮料公司引进国际先进水平的饮用天然水生产线和无菌灌装饮料生产线10条,拥有年产178万吨饮料和饮用天然水的生产能力及155万箱(约2.1万吨)农夫山泉系列产品的仓储能力。主要产品有饮用天然水、果汁碳酸茶饮料、碳酸咖啡、"东方树叶"原味茶饮料、"茶π"果味茶饮料和"水溶C100"果汁饮料等。新安江饮用水公司引进全球先进的饮用水生产线和无菌灌装

◎ 农夫山泉紫金滩生产基地(供图/农夫山泉公司)

生产线共20条,拥有495.29万吨饮用天然水和饮料的生产能力。主要产品有饮用天然水、酸奶、咖啡、苏打水、维生素水等。（饶明红）

【中策橡胶(建德)有限公司】该公司为隶属于中策橡胶集团有限公司的全资子公司(其前身是杭州橡胶厂洋溪轮胎分厂,于1970年杭州橡胶厂轮胎车间迁建到建德洋溪后成立)。注册资本3.4亿元,现主要包括建德市洋溪街道朝阳路1号及下涯镇春秋村两个生产区域,厂区总面积千余亩,现有员工4600余人,技术团队近百人。建德公司是中策橡胶(集团)有限公司重要的全钢、斜交轮胎生产基地,所产各种品牌规格轮胎均通过国家和国际认证,产品畅销国内市场,远销欧、美、亚、非、大洋洲等地70多个国家和地区。

中策橡胶(建德)有限公司正在实施迁扩建项目,项目占地40公顷。2013年底一车间建成试产,拥有年产200万套全钢子午线轮胎能力;2020年底二车间全面投产,三车间厂房建成。同时,启动春秋厂区改扩建及仓储配套项目,规划用地约46公顷,规划年产670万套全钢子午线轮胎。2020年总产量860万套,总产值41.15亿元,应缴税收1.0亿元。（许仁昌）

【建德海螺水泥有限责任公司】该公司2001年11月成立,注册资本2亿元,生产基地位于建德市李家镇洞山脚下,占地面积约35.3公顷。2020年底,公司总资产12亿元,员工总人数480人。拥有两条5000吨/日熟料生产线,配套9000千瓦余热发电,2台CK490水泥节能立磨系统,1套百万吨轻钙石生产系统,形成360万吨熟料、200万吨水泥、100万吨轻钙石产能规模。公司主导产品为"海螺牌"普通硅酸盐水泥和高标号商品熟料,符合海螺集团内控水泥熟料质量标准,商品熟料主要销往金华、衢州、丽水等地区,在用户中享有较高的声誉。

在企业发展过程中,建德海螺秉承"至高品质、至诚服务"的经营理念,坚持走资源节约型、环境友好型大型水泥企业路线,大力开展"综合治理、节能减排、降本增效"工作,注入高效的管理模

式，在拉动地方经济及相关服务业发展的同时，实现工艺、质量、设备、环保重大事故为零。近几年公司先后获得全国建材行业先进集体、浙江省节能减排先进企业、浙江省绿色企业、浙江省绿色矿山、全国绿色矿山试点单位等称号。2020 年，公司实现产值 16.7 亿元，同比增长 11.1%，上缴税收 3.58 亿元，增长 2.4%，连续十余年成为建德市纳税大户。（丁正平）

【浙江建业化工股份有限公司】该公司前身为 1958 年成立的建德有机化工厂，后经转制为股份有限公司并更名为现名。2020 年 3 月 2 日在上海证券交易所正式挂牌上市。为中国化工 500 强企业、中国精细化工 100 强企业、国家重点扶持高新技术企业、国家知识产权示范企业，建有浙江省低碳脂肪胺工程技术研究中心、省级有机胺高新技术研究开发中心、省企业技术中心、省建业化工研究院和省博士后工作站。与浙江大学等多所高等院校和中国科学院大连化学物理研究所等院所有深度合作，是全国化标委有机分委会低碳脂肪胺工作组组长单位，是低碳脂肪胺 6 项国家标准、7 项行业标准和 2 项浙江制造标准的主起草单位。

公司主要从事低碳脂肪胺、增塑剂、醋酸酯、电子化学品等系列精细化工产品的研发、制造和销售。产品市场遍及全国各地以及欧美、日本、韩国、东南亚各国。公司商标被国家工商总局商标局认定为中国驰名商标。2020 年工业总产值 16.51 亿元，增长 4.3%，上缴税收 5600 万元，减少 23.4%。（冯 烈）

【杭州东方雨虹建筑材料有限公司】该公司位于建德市高铁新区马目区块，总占地 23.9 公顷，规划总建筑面积 13.8 万平方米，2015 年 9 月成立，为北京东方雨虹防水技术股份有限公司独资子公司，注册资金 1.0 亿元。主要从事各类防水材料、防腐材料、保温材料、湖沥青材料、砂浆材料及其他相关建筑材料和建筑成套设备的技术开发、制造、销售、技术服务。设有专门技术质量中心，技术人员 23 人，占全部职工（190 人）的 12.1%。2019 年公司获批高新技术企业，2020 年公司通过省级制造业与互联网融合发展试点示范考核验收。

2020 年底，年产 4800 万平方米沥青卷材车间、2 万吨沥青涂料车间、4 万吨防水涂料车间、年产 15 万吨砂浆类产品的水性涂料及砂浆车间建成投产，年产 4500 万平方米高分子防水卷材车间、1200 万吨腻子粉车间建设进展顺利。东方雨虹系列防水产品在浙江省内市场占比约 15%。2020 年度实现产值 9.36 亿元、同比增长 35.1%，上缴税收2517 万元、增长 37.6%。（李景绒）

【杭州奥立达电梯有限公司】该公司于 1993 年成立，注册地为大洋镇，注册资金 4.08 亿元，总部设在杨村桥镇工业功能区，占地面积达 10.93 公顷，拥有标准厂房 5 万多平方米、客户服务中心等附属办公楼 1.6 万多平方米，拥有国内为数不多的提升高度 108 米、电梯运行速度达 8.0 米/秒的试验塔 1 座，年设计、生产各类电梯能力 3 万台，是国内电梯设计、研发实力较为雄厚的基地之一，集设计、研发、制造、营销、安装及售后服务于一体，是中国电梯协会会员单位、国家高新技术企业、省级企业研究院、省级高新技术企业研发中心、杭州市企业技术中心。产品包括乘客电梯、观光电梯、载货电梯、医用电梯、无机房电梯、汽车电梯、住宅电梯、杂物电梯等十余种，拥有 A1 级特种设备制造许可资质。拥有业内先进水平的“电梯防溜车保护装置”等 3 项发明专利，其他实用新型专利、软著等近百项。

2020 年，公司有大专以上学历员工 150 人，其中硕士及以上学历 3 人、本科 63 人。拥有高级职称人员 5 人，中级职称 21 人；杭州 E 类人才 5 人，建德市“282”人才培养计划入选 10 人。全年实现销售收入 7.57 亿元，同比增长 14.7%；上缴税收 1725 万元，减少 39.5%。（沈子恒）

【建德市朝美日化有限公司】该公司于 2004 年成立，位于杨村桥镇。是国内公认的职业防 PPE 与呼吸防护用品专业生产口罩龙头企业，也是国家高新技术企业、浙江制造“品”字标企业、国家应急重点储备单位。“朝美”商标为浙江省著名商标。主要产品有工业职业防护口罩系列、医用防护口罩

◎ 抗疫先进企业建德市朝美日化有限公司（供图/市经信局办公室）

系列、民用PM2.5防护口罩系列及日化洗涤用品等，口罩年产能达4亿多只。企业通过ISO 9001质量管理体系、ISO 14000环境管理体系、ISO 18000安全及卫生管理体系、欧洲CEEN 146:2001工业防尘和欧洲CEEN 14683:2005医用防护等标准及体系认证。配备10万级净化标准建造的环氧乙烷灭菌科研仪器检测中心、研发中心，水平达到国际国内一流。拥有研发成果100余项，获得5项发明专利和35项实用新型专利，知识产权管理体系完善。

2020年，公司有职工120余人，其中科技创新人才占公司20%以上。全年实现工业总产值6.87亿元，是上年的6.9倍；上缴税收1.05亿元，是上年的33.9倍。（林锦祥）

【浙江大洋生物科技集团股份有限公司】该公司前身为1976年成立的大洋化工厂，后经改制为股份制公司并更名为现名。位于大洋镇工业功能区，占地面积17.7公顷，是国内最大的碳酸钾生产企业。是国家高新技术企业、浙江省专利示范企业，拥有国家认定的博士后科研工作站、省级高新技术研究开发中心和省级企业技术中心。至2020年年末有本科学历以上技术人员68人，其中高级职称（技师）人员23人、杭州市“131”人才等各类人才40人。公司先后承担并完成包括国家重大新药创制项目、863" 计划和国家火炬计划等科技攻关项目在内的十余项国家、省部级科技项目。拥有发明专利29项、实用新型专利6项，主导起草国家/行业标准5项，参与起草国家标准1项。

公司拥有全资子公司4家，主要从事钾盐、兽药、氟化工三大产业的生产经营，产品以碳酸钾、碳酸氢钾、氯化铵为主导，以及食品添加剂级、工业级、农业级等多规格系列化发展的产品群的研发、制造和销售。产品广泛应用于食品、农药、医药等高端领域，畅销全球几十个国家和地区。2020年，实现工业总产值6.64亿元，同比增长14.3%；上缴税收2718万元。10月26日，浙江大洋生物科技股票在深交所中小板挂牌上市，股票代码：003017。（陈阳贵）

【杭州屹通新材料股份有限公司】该公司位于大慈岩镇，2000年成立，是一家以高品质铁基粉体为核心业务的高新技术企业，是中国钢结构协会粉末冶金分会常务理事单位、国家火炬计划项目承担单位、省级高新技术企业研究开发中心。公司配备国内先进检测设备，拥有行业一流的铁基粉体研发测试平台，并与合肥工业大学及中国有色金属工业粉末冶金产品质量监督检查中心等国内知名院所及机构建立长期的合作关系。2019年成立博士后工作站，拥有技术研发人员37名，其中2人具有博士学位、3人具有高级工程师职称。2020年被认定为省级企业研究院。

公司以各类废旧金属为原材料，通过熔炼、水雾化及还原等一系列复杂工艺流程，将废旧金属资源转化为具有高附加值的制造业基础原材料，产品质量、技术、生产工艺均处于行业领先水平，参与国家标准GB/T 19743—2018《粉末冶金用水雾化纯铁粉、合金钢粉》的制定，拥有专利18项，其中发明专利5项、实用新型专利13项。产品广泛应用于汽车、摩托车、家用电器、电动工具、工程机械、仪器仪表等领域，市场占有率在全国钢铁粉末生产企业中名列前三。2020年工业总产值3.48亿元，同比增长13.8%，税收1808万元。（汪志荣）

【杭州朗索医用消毒剂有限公司】该公司于1992年成立，生产基地位于建德市下涯工业园区内，占地2公顷，建成厂房面积1.2万平方米。是工信部保供企业、上海市以及浙江省医用定点储备单位，参与制订国家卫健委消毒标准8项、制订企业标准33项，并与众多国内知名感控专家开展合作研究，拥有51项国家专利，成为国内消毒感控行业具有领导地位的企业。公司拥有高级技术职称人员3人、中级技术职称人员15人。在杭州、上海设有新产品研发中心，2020年10月、12月分别被评为国家高新技术企业和浙江省"隐形冠军"培育企业。

公司主要从事医疗消毒用品和器械的研发、生产及销售，消毒剂产品多达50余种，涉及医院环境与物表消毒、医护人员手卫生、伤口及皮肤黏膜消毒、医疗器械清洗与灭菌等，预防控制院内感染的各个环节。消毒产品销售总量在全国医用消毒剂行业名列前五位、浙江省地区名列前三位，产品在全国80%二甲以上医疗机构使用。2020年，实现工业总产值3.09亿元，同比增长295%；上缴税收2200万元，猛增6.2倍。 （孙健生）

【新安江水力发电厂】新安江水力发电厂隶属国网新源水电有限公司。2020年底，新安江水库来水总量169.4亿立方米，年发电量24.83亿千瓦时。实现利润总额2.60亿元，再创历史新高。机组启动成功率99.95%，等效可用系数91.8%，比年度目标高出2.35个百分点。实现连续安全生产6753天，基本完成年度安全目标。

汛期，从7月7日开始，至7月14日闭闸从新安江水库泄洪173小时，总出库水量30.98亿立方米，9孔泄洪时最大下泄流量7700立方米每秒，总出库水量、最大下泄流量均为建坝以来最高纪录。泄洪期间，经库区纳洪和科学泄洪，削峰率65.2%，减少下游受淹面积123.8平方千米，减少受淹人口45万人，把洪峰过境的危害程度降到最低。 （吕志峰）

建德经济开发区(航空小镇)

【概况】2020年，建德经济开发区(航空小镇)成立环航空小镇产镇融合大党委，着力打造"通航产业浙江样板地、国家级通航产业综合示范地、国际知名航空休闲旅游目的地，努力成为展示建德高质

◎ 10月10日，浙江省通用航空运行技术研究重点实验揭牌仪式(供图/市经信局办公室)

量发展窗口"。全年完成规上工业总产值49.8亿元，实现规上工业增加值增速2%；完成固定资产投资23.8亿元，其中工业投资同比增长6.8%；实现数字经济核心产业产值增速4.6%，成功引进外资743万美元，在浙江省级经济开发区考核中居第14位。

【浙江省首个大型航空产学研基地投入运营】6月，浙江省首个航空产学研基地在该小镇正式投入使用。该基地是华东地区除空中交通管理局外唯一一家被民航局许可的管制员培训单位。通过引入开元曼居酒店、餐饮业及休闲娱乐设施，基地可以承接省机场集团内外的各类会议、团建、疗休养、研学旅行等项目。至年底，开展培训、接待疗休养团队150余批(次)，累计8000余人次，平均入住率达80%以上，为航空小镇、寿昌古镇带来大量人气及商务、文旅消费。

【德翼高科项目开工并列为浙江省"152"及杭州市大好高项目】6月，总投资21.3亿元的德翼高科航空航天复合材料研发制造项目被列入浙江省"152"重点先进制造业工程项目。德翼高科是一家集科研、生产、销售于一体的先进碳基复合新材料高新技术企业，拥有发明专利50多项。产品广泛应用于航空航天、高铁、轨道交通、汽车、光伏发电等领域，市场前景广阔。至年底，2幢厂房及1幢研发综合楼、职工宿舍已基本完成建设，首批主体设备正式进场，计划于2021年6月左右正式投产。

【野马飞机生产制造总部项目落户】11月，总投资8亿元的AG60野马飞机生产制造总部项目正式落户建德航空小镇。项目计划用地约4公顷，新建2条生产线以及生产厂房等基础设施，建成后每条生产线年可生产AG60野马飞机100架。

【成立5G应用联合实验室】12月，由建德经济技术开发区(航空小镇)管委会、上海海思技术有限公司、中国移动杭州分公司三方合力共建的5G应用联合实验室揭牌成立。5G应用联合实验室主攻消费级无人机(多旋翼系统)管理平台打造，通过搭建消费级无人机通用控制芯片组，无人机应用管理平台和认证机载飞控软件三位一体管理和应用体系，释放中国移动现有平台的管理和服务能力，激活消费级无人机市场，解决消费级无人机“飞不起来”的难题，做到让监管方“轻松管”、让生产厂家“放心造”、让消费者“自由飞”。 (童 燕)

建德市高铁新区

【概况】2020年，高铁新区实现规模以上工业总产值约234.4亿元，同比增长14.7%，约占全市规模以上工业总产值总量47.7%；规模以上工业增加值总量60.8亿元，增长14%；固定资产投资完成25.7亿元，其中工业投资23亿元，增长6.3%。根据规划，该新区通过3年至5年的建设，形成精细化工、新材料、生物医药、装备制造等行业多元发展的格局。

全年该新区实施重大产业项目21个，其中工业项目20个、服务业项目1个。其中，东翼新材料一期、旦洋科技、IFF二期项目、东方雨虹卷材二期、禾太生物、铁凝二期等7个项目已投产；亿联新材料一期、亿洲源、茂元等7个项目完成土建主体建设；赛肯有机硅、新安物流、百汇电气等4个项目开工建设。实施基础建设项目50项，总估算投资约98亿元，至年底完成年度17亿元，其中黄饶半岛之江村乡村振兴EPC、黄饶路、新华三期安置房等项目有序推进；南峰职工综合体、马目职工综合体一期、梓源安置房等项目543套等完成主体结构；景观大道、临金高速连接线等交付使用。全年该新区招商引资共完成固投亿元以上项目8个，其中10亿元以上制造业项目2个。累计新签约招商项目10个，总投资达72.86亿元，投资亿元以上项目8个，其中3个10亿元以上项目分别为杭州(建德)万洋众创城项目(35亿元)、兰博士第五代纳米铜抗磨损新材料项目(16亿元)、建德亿联高新材料项目(12亿元)。

12月12—13日，在该新区马目移民小微园召开浙江省CIO共享中心首届数字化产业峰会，并举行杭州CIO共享中心落户建德高铁新区1024互联网产业园揭牌仪式。

【四大产业平台建设】2020年，南峰传统产业转型示范区完成规划编制并通过规委会审议，启动第一批企业搬迁腾退；勇华低压电器产业园部分厂房基本完成二层建筑；五星电动车产业园7公顷场地平整基本完成；杨村桥医护用品产业园完成3层主体建筑。10月22日，洋溪区块的万洋众创城(一期)项目开工，该项目规划用地53.4公顷，计划投资35亿元，建筑面积135万平方米，建成后将引进企业约400家，提供就业岗位近2万个。

【建德市移民创新创业小微企业园开园】1月13日，位于高铁新区马目区块的高铁新区建德市移民创新创业小微企业园开园，总投资1.1亿元，其中80个经济薄弱移民村以移民资金入股共计占股90%。项目新建厂房11幢，配套办公楼、宿舍、食堂等综合楼，总建筑面积5.6万平方米。至年底，格宜医疗、互联网共享经济产业园等项目正式入驻。

【市第一批重大项目集中签约集中开工】4月21日，在高铁新区亿联高新材料产业园举行建德市2020年第一批重大项目集中签约集中开工仪式。共签约26个重大项目，总投资98.76亿元，涉及先进制造、通航、生物医药、大健康等领域，其中亿元以上项目21个、10亿元以上项目3个。同时，23个重大项目集中开工，总投资41.8亿元，年度计划投资14.9亿元。 (蒋卫涛)

编辑：唐国强

商 贸

Commerce and Trade

综述

【概况】2020 年，建德市克服全球性新冠肺炎疫情对商贸特别是外贸出口巨大冲击的不利影响，积极应对。特别是复工复产以来，持续出台一系列商贸消费扶持政策，及时帮扶企业度过难关，有效提振商贸经济复苏。在积极推进商贸网点重点项目建设的同时，做大做强商贸市场，逆境之下，商贸复苏迅速，成效明显，成为浙江省商贸系统“战疫”先进典型。

全市社会消费品零售总额实现 114.07 亿元，同比下降 0.7 个百分点，杭州市排名第五位。全市新增限上商贸企业 34 家，新增限上商贸行业个体工商户 33 家。全年实现网络零售额 295.1 亿元（浙江省电子商务大数据公共服务平台公布数据），增长 61.7%，在杭州市排名第一（除淳安外），全省排名第三。全年实现自营出口额 76.4 亿元，增长 22.3%，进口 6.96 亿元、增长 41.5%。出口增幅连续十个月位居杭州市第一，进出口市场活跃。

全市共签约项目 81 个，其中亿元以上项目 58 个、10 亿元以上项目 7 个。确保了全市 GDP 稳定增长。

【特色街区打造】依托美丽城镇创建工作，持续推进严州古城步行街、寿昌古镇中山路步行街申报杭州市高品质步行街工作。10 月，两条街区被授予“杭州市级高品质步行街”称号。两条特色街区接待旅游人数，仅国庆、中秋“双节”期间即超过 50 万人次，拉动消费逾 4500 万元，同比增长 300%。

【消费券发放】为缓解疫情影响，拉动全市消费，市级财政拨付 1300 万元用于发放汽车消费券、三轮汽车消费券活动，累计销售各类车辆 2959 台，拉动销售额 4.15 亿元，撬动比达 1:32。7 月，开展家电消费券专项活动，促进限上家电销售单位销售各类家电 2467 件，拉动销售额 1076.3 万元。

【商贸扶持政策】市商务局组织申报 2020 年度建德市商贸服务业扶持资金兑现工作。符合申报条件的企业、单位 29 家，市财政政策兑现 188.88 万元，其中：鼓励项目投资 86.4 万元、鼓励企业做大做强 76.59 万元、鼓励品牌建设 11 万元、鼓励行业环境优化 10.2 万元、鼓励扩大汽车行业消费 4.69 万元。制定出台《建德市促进商贸服务业发展实施意见（修订版）》《建德市促进商贸服务业发展补充实施细则》，在原有政策基础上，加大扶持力度。此外，下发《关于应对新冠肺炎疫情支持服务业企业共渡难关的若干意见》，对在疫情防控期间，对 8 家因防控工作要求暂停对外营业的限上商贸企业及限上个体工商户，进行一次性防疫补助，政策兑现总金额 48.53 万元。

【商贸安全生产管理】2020 年，调整细化商贸安全生产责任书内容，印发安全生产责任制台账目录，与 31 家经营单位签订安全生产综合考评责任书。全年组织各类巡查检查 270 余次，出动检查人员 870 余人次，特别重点针对商超等人员密集企业进行检查，指导企业安全生产（消防）、平安创建、疫情防控工作、全国文明城市创建等重点中心工作，查看日常市场供应情况、维护现场购物秩序，确保各项工作落实到位，其中包括与市消防大队、市公安局、市市场监管局、市文明办等相关部门联合检查7次。接“110”应急联动处警6次。共接收到市长电话投诉交办件投诉243件，其中涉及预付式消费投诉180件，办结243件，办结率100%。

【重点商贸项目】4月，引进三菱品牌，建成4S店——建德市顺锴汽车销售有限公司，并正式对外营业，至年底销售额约4000万元。总投资8.34亿元的建德市悦荟17°广场商业综合体项目，至年底完成主体工程的70%。梅城严州时代之星商业综合体项目在本年度开始建设后，同时启动业态规划和招商工作。

【再生资源回收项目】建德市再生资源（东部）分拣中心（梅城镇）一期，全面完成2万平方米再生资源分拣中心及85个标准化再生资源回收站点建设，投入运行；5月，该项目二期采用租赁十里埠港2200平方米标准厂房方式，投入试运营。建德市再生资源（西部）分拣中心（更楼街道）项目A、B两区块交付使用。

全年全市再生资源回收量8.82万吨，建成分布全市16个乡镇（街道）标准化回收站点93个，为日后有效发挥两个分拣中心的作用提供有力支撑，进一步提升“互联网+”的运营模式。（吴　琦）

【海关业务】2020年，在杭州海关建德办事处指导下，新安化工集团研发实验室通过CNAS认证、建德市精工容器有限公司获得出口危险货物包装容器生产资质；同时，为朝美日化有限公司和朗索医用消毒剂有限公司等企业成功开拓国际市场，签发原产地证书4933份，企业利用自贸协定原产地规则享受进口国家关税减免约477万美元，农夫山泉（建德）新安江饮用水有限公司等企业减免进口关税和增值税1769万元，免征加工贸易企业内销缓税利息。

新增留学生购车、加工贸易企业核查等海关业务。全年共受理报关业务6821批，同比增长20.7%；检验检疫进出口货物6702批、货值13.8亿元，分别增长22.9%、65.3%；加工贸易进出口15.2亿元，增长36.9%；征收关税等197.6万元，增长5.9倍。

落实全国通关一体化改革要求，开展“以企业为单元”加贸改革。出口“提前申报”比例达96%，“单一窗口”应用率达100%。推行企业境外注册“云评审”，辖区企业顺利通过香港食环署复查，企业产品出口香港业务得到恢复。落实海关总署简化手续、优化服务56项举措，取消出口食品生产企业行政许可，推动进出口食用农产品、种养殖基地“多查合一”工作，推行出口原产地证书“信用签证”等便利化措施；实施出口茶叶种植基地备案制，指导企业开展病虫害监测和分析，做好基地用药管理。对建德低压电器产业开展出口低压电器质量安全风险专项监测，共监测5大类96批次，发现不合格产品35批，结合实际，开展目录外产品出口退运调查，落实企业健全质量安全风险防控纠偏措施。全年共检验进出口危险化学品1964批、8008万美元，对3643批进出口危险货物包装进行使用鉴定。出口危化品的查验通关时间从原来3天缩短为1天，提高了通关效率。（陈焕斌）

电子商务

【概况】2020年，建德市借企业数字化改革之机，不断广聚电商人才力量，壮大电商企业队伍，持续深化电商平台和园区建设，优化电商发展环境，孵化培育直播电商企业新秀，同时树立一批标杆典型，合力推动建德市成功入选国家电子商务进农村综合示范市。

全市实现网络零售额295.1亿元（浙江省电子商务大数据公共服务平台公布数据），增长61.7%，在杭州市排名第一（除淳安外），在全省排名第三；建德市直播电商指数排名中国市场学会、阿里研究院联合淘宝直播ON MAP《直播电商区域发展指数研究报告》第89位；实现跨境电商出口额3.11亿美元，增长17.6%；实现跨境电商进口额3014万美元，与上年持平。

【公共服务】2020年，在重点监测第三方电子商务平台上，全市有活跃网络零售网店1.04万家、跨境电商企业306家、跨境电商店铺407家。全市共有村淘服务站和邮乐购420个，实现服务村级全覆盖，互联网+生活购物上行下销加快。其中大同镇劳村服务站、大洋镇麻车村服务站、乾潭镇罗村服务站、三都镇马宅村农村淘宝服务站及洋溪街道团结村便民服务站被评为2020年浙江省电子商务示范站点，浙江省电子商务示范站点累计12家。全年共举办国内电商及跨境电商等各类培训共84场，受训近2000人次。其中，建德市电商协会举办2期亚马逊零基础孵化实操培训和1期亚马逊提升培训，培训32家企业、孵化亚马逊店铺32个。市商务局组织企业参加第七届中国(杭州)国际电子商务博览会，组织开展2020年线上年货节活动，并通过网站、微信公众号等媒介开展电商宣传，建德市电子商务公共服务中心微信公众号全年发送信息145条。通过“网红+直播”及村播培训孵化等方式的培训和宣传，壮大电商队伍。

【园区集聚】2020年，建德浙西跨境电商产业园、逸龙电商产业园、浙西跨境电商产业园、航空小镇电子商务园区和乾潭电商产业园进入浙江省电子商务产业基地。建德浙西跨境电商产业园积极打造“新制造”引领型示范园区，在第十一届杭州生活点评颁奖典礼上被评为2019年度最佳创业平台，2020年入驻企业50家、园区跨境电商出口额逾2.27亿美元，并与浙江财经大学东方学院、浙江长征职业技术学院建立实训基地战略合作关系，开展专场招聘活动3场。

至年底，建德浙西跨境电商产业园杭州分园(建德跨境电商培训孵化基地杭州中心)扩建至1000平方米，为全市跨境电商企业招引人才提供场地和支持，分园入驻万俊电子商务有限公司等5家跨境电商企业，入驻办公人员45人。逸龙电商产业园以聚集、培育、帮扶初创型科技企业和初创型文化创意产业企业发展壮大为目标，入驻电商企业44家，实现年销售额近2亿元。航空小镇电子商务园区入驻企业31家，实现销售额1.2亿元，其中杭州心普生物科技有限公司、建德市名扬制衣有限公司、杭州齐谷信息技术有限公司等企业，在疫情期间向全国各地发送疫情物资，日均发件量达2万件；浙西农产品旅游电商产业园以“电商+农业+旅游+物流”为核心，推进全市创新产业、新型服务业、乡村旅游、电子商务、物流中心等的建设与升级，入驻电商企业近380家，电商年销售额近7.5亿元。

【农村电商】2020年，全市农产品网络销售额为9.1亿元，同比增长171.8%。电商村、镇培育实现新突破，4个镇成为省级电商镇、6个村成为省级电商专业村(累计达到9个)，其中杨村桥村和南峰村被评选为浙江省电子商务示范村。建德市入选国家电子商务进农村综合示范市，成为浙江省第二批13个示范县市之一，获得2000万元中央专项资金补助。全市传统知名品牌农特产品电商化生产转型加快，方顺和食品、严州府等纷纷布局电商产业，涌现出“鲜孚来”“麦子妈”等一批农村电商网红品牌产品；宏联易购“跑菜网”销售近1000万元，“邮乐·建德馆”实现销售收入800余万元。

◎ 航头镇镇长黄伟斌(右)在直播带货(供图/航头镇政府办公室)

【跨境电商】通过跨境电商实现本地传统外贸产业集群转型升级、扩大出口。建德电器工具产业集群获得省级产业集群跨境电商试点激励，跨境电商带动出口11.57亿元；全年新增有业绩企业38家，新增店铺80余个，有跨境电商出口业绩的企业207家，其中3家销售额超过3000万美元；建德产业集群52家企业注册67个境外商标，其中6家企业品牌成为类目排名前十、2家成为亚马逊品牌商。勇华电器公司自主品牌——运动款电动自行车成为亚马逊和易贝平台2020年热卖产品。

建德孵化模式被亚马逊作为外贸转型跨境电商亚马逊的标杆在全国进行推广。

【直播电商】市商务局出台《关于加快建德市直播电商经济发展的实施意见》，安排1000万元专项资金用以鼓励和支持直播电商产业发展。8月，建德市成为浙江首批阿里直播村播学院10个授牌落地县市之一，正式启动村播计划打造本地主播人才，开办村播培训，培育村播130余人，其中获得V2等级以上村播30余人。此外开展各类直播培训47次、受训人员1200余人。组织开展各类直播带货活动70余场，50余家本地企业参与，全市直播销售突破17亿元。 （王　楚）

招商引资

【概况】全市共引进重点项目61个(10亿元以上项目6个，其中制造业项目4个)，完成杭州重点项目共30个(制造业项目22个、服务业8个)。可沛尔第五代纳米抗磨损材料综合开发利用产业化工程建设项目、德翼高科航空航天复合材料研发制造项目等6个项目入围杭州市"大好高"代表项目，总投资达88.3亿元。航空航天复合材料研发制造项目被评为杭州市招商引资"年度明星"项目。完成杭州市外资实际到位资金1.46亿美元，完成133.0%。

【重点招商项目】全年，建德市牵头赴苏州开展以

表8　　2020年建德市重点招商项目情况表

单位：万元

项目名称	新注册公司名称	产业类别	投资方单位名称	总投资
农夫五期仓储物流基地项	农夫山泉（建德）新安江饮品有限公司	食品制造业	农夫山泉股份有限公司	30700
台泥技术服务项目	台泥（杭州）资源再生技术有限公司	现代服务业	台泥(贵港)水泥有限公司、TCC International（Guangxi）Limited	175000
年产100万吨机制砂制造项目	杭州祯祥建材有限公司	制造业	湖南刘国汉等	10500
年产6000吨熔喷布生产项目	移游（浙江）新材料科技有限公司	制造业	杭州移游生物医药科技有限公司、赣州长甲自动化设备有限公司	20000
高端铜木家具生产线项目	杭州铜木主义家具股份有限公司	制造业	新昌俞光等	16000
严州时代广场建设项目	建德宝瑞商业发展有限公司	旅游康养休闲	安徽周宇宏	38000
年产6000吨医用高分子材料项目	杭州深蓝生物材料有限公司	制造业	苏州关怀新材料技术研究有限公司、常州冀德环保科技有限公司	20000
河南里传统文化园项目	建德市众祥文化旅游管理有限公司	旅游休闲	厦门如悦旅游有限公司	10000
航空小镇研学营地项目	杭州新联航空文旅集团有限公司	通航旅游	上海沪业冶金矿山机械有限公司、祝昌国	10500
大同生态循环农业产业项目	建德农发牧业科技有限公司	旅游休闲	浙江兴农发牧业股份有限公司、建德耕源畜牧有限公司	30000
年产精细化石材整形和深加工50万吨项目	杭州杭昇新型建材有限公司	制造业	杭州马庆界	15000
年产3万吨碳酸钙新型材料、1万吨注塑材料、1万吨发泡板建设项目	杭州正创高分子新材料有限公司	制造业	上海张清华等	12000

续表 8

项目名称	新注册公司名称	产业类别	投资方单位名称	总投资
新建年产高低压开关柜 80 万套项目	杭州萌辰科技有限公司	高端装备制造	湖南吴光权等	12800
年产 200 万套床上用品生产项目	建德市佳桐纺织科创有限公司	床上用品制造	杭州钟永亦等	11400
千页工具新建年产 2.5 亿支螺丝批项目	杭州千页工具有限公司	制造业	富阳张裕丰等	12200
乾潭野马岭运动度假体验区项目	杭州马岭天观生态旅游发展有限公司	旅游业	桐庐何建荣等	20000
年产 1 亿只医用口罩、2000 万只 KN95 口罩项目	浙江汇森医疗器械有限公司	制造业	永康应鸿岗	12000
年产 10 亿瓶纳米气泡氢水项目	盟奇天泉科技（浙江）有限公司	制造业	贵州李大勇、上海盟奇优品家品牌管理有限公司	12000
装配式建筑材料建设项目	杭交投装备科技发展（建德）有限公司	建筑材料	杭州交投装备科技发展有限公司	20500
年产 1000 吨熔喷布生产线建设项目	浙江双顺新材料有限公司	新材料	广东何世元	10000
黄饶半岛朴宿文旅综合体项目	杭州朴宿黄饶半岛文旅开发有限公司	旅游休闲	青岛朴宿酒店管理有限公司	15000
年产 8 万吨 HDPE 管道项目	杭州慈峰工贸有限公司	制造业	兰溪金庆涛	11000
年产 2000 吨松紧带、2000 吨口罩带、5000 万只口罩、6000 万件卫生耗材项目	康全防护科技（浙江）有限公司	制造业	重庆刘长平	11000
年产 150 万吨建筑砂石料建设项目	杭州建友新材料有限公司	制造业	温州刘玉林	10500
建德海螺水泥光储一体化项目	建德海螺新能源有限公司	制造业	安徽海螺新能源有限公司	110000
杭州牧科年产 10 万套畜牧机械生产线建设项目	杭州牧科畜牧机械制造有限公司	制造业	江苏王益晔等	15000
智能家居制造项目	杭州关亨智能家居有限公司	制造业	湖州施娅琴	14570
美丽牧场生态园投资工程项目	杭州同壮农业发展有限公司	旅游休闲	浙江华统肉制品股份有限公司	31500
页岩砂石料项目	浙江实优石业有限公司	制造业	金华吴爱芹等	16200
高端康养中心项目	杭州新联健康养老服务有限公司	旅游休闲	上海沪业冶金矿山机械有限公司	12000
天圩生态休闲旅游项目	建德天圩生态旅游发展有限责任公司	旅游休闲	萧山黄灿烽等	10100
年产 30 万吨特种砂浆、防水涂料建设项目	杭州安钦新型建筑材料有限公司	建筑材料	绍兴范华锋	10500
容量 20MWP 新能源项目	建德钦能新能源开发有限公司	光伏产业	宁波胡军	10400
航空航天复合材料研发制造项目	德翼高科（杭州）科技有限公司	新材料	德翼高科（北京）科技有限公司、北京德翼幸福科技中心（有限合伙）、沈建美	213000
飞艇制造项目	洪彬科技（杭州）有限公司	通航制造	黑龙江李洪亮等	11000
航空用纳米传导新材料生产制造项目	杭州中策科技有限公司	通航制造	台州丁忠伟等	15000

续表 8

项 目 名 称	新注册公司名称	产业类别	投资方单位名称	总投资
航空小镇热气球运营项目	杭州新联航空文旅集团有限公司	通航旅游	上海沪业冶金矿山机械有限公司、祝昌国	10000
年产 3600 万平方米铜与铜合金表面处理项目	浙江东大特种材料有限公司	金属表面处理及热处理加工	浙江东翼控股有限公司	20721
第五代纳米抗磨损材料综合开发利用产业化工程建设项目	浙江可沛尔新材料有限公司	新材料	上海可沛尔纳米技术合伙企业（有限合伙）、姚睿	160000
建德亿联高新材料项目	浙江坤孚智创科技有限公司	产业用纺织制成品制造	温州卢世亮等	120000
杭州（建德）万洋众创城项目	杭州万洋众创城科技有限公司	现代服务业	万洋众创城投资集团有限公司	50000
建德南方水泥有限公司原石马头石灰岩矿扩大开采范围二期项目	建德南方水泥有限公司	采矿业	浙江南方水泥有限公司	10588
医疗器械项目	浙江聚鑫辰医疗器械有限公司	健康产业	江西洪江鑫等	10000
环保加气砖新型建材项目	杭州瑞德宝建筑科技有限公司	制造业	万丰众科 51%、宏兴钙业 39%、周毅 10%	10050
生物基材料、合成材料的制造、销售项目	浙江迪格新材料科技有限公司	新材料	江苏吴志昂	10600
大宗商品贸易供应链项目	杭州德通物产有限公司	煤炭及制品销售	瑞茂通供应链管理股份有限公司 49%	10000
新建年产 18 万盏微光节能路灯建设项目	浙江胥光科技有限公司	照明灯具制造	东阳韦晓东等	11000
道路运输服务项目	浙江善航货物运输服务有限公司	现代服务业	开化黄先友	11200
境之语高端民宿部落旅游开发项目	杭州境之语旅游开发有限公司	旅游休闲	嘉兴钮利明	108000
新建年产 4 万吨硅酮密封胶项目	杭州金迎新材料有限责任公司	其他橡胶制品制造业	广东廖迎等	11000
杭州芳草园度假酒店项目	杭州芳草园度假酒店有限公司	旅游康养休闲	缙云郑海涛	11400
年产 2 万台荷载箱建设项目	浙江欧感机械制造有限公司	制造业	欧感集团有限公司	11000
年产新型淋膜纸 1.8 万吨及新型纸制品 0.4 万吨建设项目	浙江亿洲源新材料科技有限公司	轻工业	台州叶素君等	10400
联众千鹤文旅产业项目	建德欢庭乡村旅游发展有限公司	旅游康养休闲	浙江联众乡村旅游发展股份有限公司	12000
年产 10 万台智能除霾节能新风机投资工程项目	建德市美扬实业有限公司	跨行业	富阳孙洪兴	11300
智能纸包装云工厂	杭州润通包装科技有限公司	纸制品制造	兰溪孙丙华等、兰溪翊凡贸易有限公司	14130
南峰工业区块提升工程项目	建德市南峰实业有限公司	电子	金投国际（香港）有限公司	87000
清江汇项目	建德市新江月娱乐有限公司	旅游休闲	绍兴市上虞和勤贸易有限公司	11600
建德市 C36 潜水酒店公园	建德市蓝度文旅发展有限公司	服务业	上海蓝度体育发展有限公司	15000

续表 8

项　目　名　称	新注册公司名称	产业类别	投资方单位名称	总投资
城投（杭州建德）能源销售项目	城投（杭州建德）石油有限公司	服务业	上海满满石油化工有限公司	10000
新建年产 10000 吨重钢结构生产线建设项目	浙江越达金属结构有限公司	制造业	浙江越达金属结构有限公司	11700

表 9　　2020 年建德市外资及港澳台资招商总投资 1000 万美元及以上项目统计表

项目（企业）名称	建德方投资者	外资及港澳台资方投资者	注册资金	实到资金
国际香料香精(杭州)有限公司	杭州新安江香料厂	香料资产有限公司、International Flavors&Fragrances I.F.F.(Nederland) B.V.	7595.2222	2297
台泥（杭州）资源再生技术有限公司	台泥（贵港）水泥有限公司	TCC International(Guangxi)Limited	175000 万元人民币	6842
杭州德益智商贸有限公司		銀成發展有限公司	2117.115	1153.8
建德市南峰实业有限公司	杭州建德高铁新区投资发展有限公司	金投（香港）有限公司	6000	2900

“智享未来 梦圆 17”为主题的投资推介会，举办小微产业园线上推介会，承办“江苏浙商走进建德活动”推介会，举办生物医药和医疗器械产业推介会等招商推介活动。举办一批重大项目集中签约集中开工仪式，共有 26 个重大项目参加本次集中签约仪式，总投资 98.76 亿元。

全年全市共签约项目 81 个，其中亿元以上项目 58 个、10 亿元以上项目 7 个；引进第五代纳米抗磨损材料综合开发利用产业化工程建设项目、海螺新能源光储一体化项目、航天航空复合材料生产制造项目、建德亿联高新材料等项目，涉及通用航空、生命健康、新材料、先进制造等多个产业领域。

【外资招商及港澳台资招商】2020 年，全市外资招商及港澳台资投资 1000 万美元以上项目 4 个，年末实到资金 13187.8 万美元。（吕　雁）

对外经贸

【概况】2020 年，建德市充分发挥制造业基础优势，通过推进复工复产、组建行业联盟、强化政策支撑等举措，克服新冠肺炎疫情严重冲击，实现外贸出口逆势上扬，出口规模和增速均创历史新高。全年实现自营出口额 76.4 亿元、同比增长 22.3%，进口 6.96 亿元、增长 41.5%。出口增幅连续 10 个月位居杭州市第一。

全市共有自营出口企业 1084 家，其中有自营进出口业绩的企业 289 家，新增备案登记企业 95 家。四大块状行业以美元计价的外贸出口额三升一降，除家纺行业下降 13.4% 以外，化工、五金工具、低压电器行业分别上升 27.2%、4.0%、7.2%。新增口罩、消毒剂、异丙醇等防疫物资出口约 7 亿元。

全年无新增境外投资项目，15 家境外投资企业开展精密智控工作，申领境外企业服务码，无境外人员感染新冠肺炎疾病。

全年服务贸易入库企业 16 家，实现服务贸易出口额 1.37 亿美元，同比增长 28.9%，提前完成全年 1.16 亿美元目标任务。

【出口市场与主要出口商品】2020年，全市外贸出口160个国家和地区，出口总额76.4亿元。其中：北美市场23.77亿元，占31.1%(197家对美贸易企业对美出口21.75亿元，增长7.13%)；欧洲市场19.49亿元，占25.5%；亚洲市场16.6亿元，占21.7%；拉丁美洲市场7.6亿元，占10.0%；非洲市场4.87亿元，占6.4%；大洋洲市场4.06亿元，占5.3%。出口额前三位的产品为：纺织品(含口罩)15.86亿元、化工除草剂8.4亿元、电线电缆4.25亿元。

【自主品牌建设】2020年，全市有有效期内的浙江省出口名牌8个、杭州市出口名牌14个。2家浙江省出口名牌企业通过复核。

【"订单+清单"系统工作】全面落实浙江省"订单+清单"系统建设相关工作，全年入库企业285家，上线填报企业203家。建立乡镇(街道)联络员工作制度，指导企业填报订单信息，"订单+清单"系统填报率始终保持在95%左右，排名杭州市前列，高于杭州市和全省平均水平。

【境外外经贸综合服务体系提升建设】推动实施新安加纳(西非)海外营运中心提升建设，新增投资603.28万元，用于泰奇曼、塔克拉底物流集散中心和公司自用水塔建设。2020年，该总中心交易额为1.85亿美元，同比增长23.0%，服务企业达51家，为浙江企业开拓非洲市场起到积极带动作用。

表10 2020年贸易摩擦(壁垒)涉案企业排查情况表

时间	案件主题	可能涉案企业	排查结果
4月6日	美国对华床垫产品反补贴调查	2家	未涉案
5月8日	巴西塑料真空采血管第一次反倾销日落复审调查	1家	未涉案
6月28日	美国扎口丝反倾销反补贴调查	18家	未涉案
7月10日	美国金属储物柜反倾销反补贴调查	2家	未涉案
7月31日	美国挂车及其零部件反倾销反补贴调查	1家	未涉案
11月5日	欧盟乙酰磺胺酸钾第一次反倾销日落复审调查	1家	未涉案

【公平贸易工作】预警点积极主动发挥行业指导作用，鼓励和指导企业积极开展贸易摩擦(壁垒)案件排查，协助企业规避贸易风险，保障合法权益，有效提升建德外贸行业和企业应对国际贸易摩擦的能力，获评浙江省良好外贸出口预警示范点。根据省、市商务主管部门要求，进行案件排查17起，其中可能涉及的案件6起，经排查相关案件均未涉及。

【出口信保工作】2020年，出口信用保险保障建德市企业家数216家，同比度增加29家，成为浙江省投保覆盖率最高的区县之一。全年保障出口6亿美元，受理报损案件11起，受理报案金额51.51万美元(完成赔付金额16.91万美元)，为企业挽回损失合计50.29万美元。资信调查472件，带动融资278.18万美元。联合中信保公司举办海外风险发布会建德专场，提升外贸企业防风险水平。

【"一带一路"市场开拓】通过合作展览公司、对接专业服务商、举办培训会等工作应对全球疫情新变化，推动外贸企业线上参展。企业参加网上广交会120家次，参加网上华交会13家次，参加各类浙江出口网上交易会140家次。组织133人完成第三届中国国际进口博览会在线报名，7家采购商企业参加展会，签订5亿元煤炭进口项目。举办防疫物资墨西哥展会建德专场、俄罗斯纺织展建德专场，着力服务企业开拓新兴市场。(欧阳媛婷)

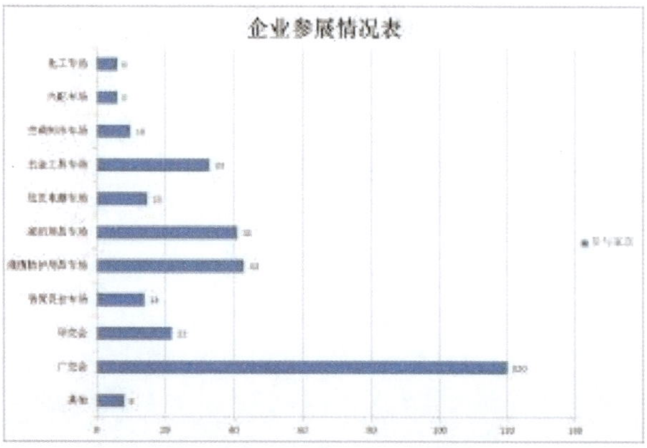

图12 2020年建德市企业参展情况图

国内贸易

【集市贸易】新安江农贸市场续创为浙江省放心农贸市场，乾潭综合市场新创为浙江省放心农贸市场,新创三星级农贸市场。2020 年全市共建成省放心农贸市场 11 家、四星级文明规范农贸市场 1 家、三星级文明规范农贸市场 4 家、二星级文明规范农贸市场 5 家。

新冠肺炎疫情防控期间，在全市所有农贸市场出入口部署人员，严格落实"口罩、健康码、体温"三合一要求。严厉打击活禽、野生动物非法交易行为，强化市场内各类水产、蔬菜、禽肉等食品安全检查，督促每日消杀。

放心农贸市场创建是省市民生实事重要项目，且列入建德市政府年度工作任务，2020 年明确乾潭综合市场为新创单位、新安江农贸市场为续创单位。两家市场经硬件设施改造提升、"规范称重篮子"推广应用、人员能力知识培训等举措，顺利通过现场考核验收，成功创建省放心农贸市场，放心农贸市场形成城区、中心镇全覆盖并延伸至各乡镇的局面。

大洋镇秀昌农贸市场、洋溪街道农贸市场通过二星级文明规范市场创建验收。大同商贸市场、乾潭综合市场通过三星级文明规范市场验收。下涯镇便民菜场、乾潭永兴农贸市场通过一星级文明规范市场验收。全市一星级以上农贸市场完成全覆盖。

溪头农贸市场扎实开展农贸市场"五化"(便利化、人性化、特色化、智慧化、规范化)提升行动，持续融入地域特色，完善设施设备，打造智慧平台，高分通过省市场监管局实地验收，成为杭州市首批创建市场。

【粮食购销及储备】2020 年，市国有粮食收储有限公司下属中心粮库"智慧粮库"项目完成项目进度 91.0%，投入资金 1350 万元。开展全社会粮油供需平衡调查，掌握建德市区域内粮食需求、产需缺口情况。 粮食部门设立监测点共计 15 个，定期报送粮食市场供应和价格监测信息，掌握粮食购销、储备、价格和市场供应情况。与全市 21 个应急供应点、3 个应急加工点、2 个应急运输企业签订应急保障协议。新增杭州市级"放心粮油"示范销售企业 1 家、示范加工企业 1 家、销售示范店 16 家。9 月，获评 2019 年度浙江省"粮食五优联动示范县"(优质粮食"优产、优购、优储、优加、优销")。

出台《2020 年建德市订单粮食政策及实施办法》，2020 年小麦、早籼稻、中晚籼稻的最低收购价每 50 千克分别为 112 元、124 元、130 元，优质粮食订单收购价格为每 50 千克 139 元。实行早籼稻谷订单全覆盖，每 50 千克奖励 30 元，小麦订单每 50 千克奖励 30 元，交售 50 千克中晚籼稻谷奖励 20 元，烘干费用按实际订单收购数量给予每 50 千克补贴 4 元。

完成对存储到期的储备原粮和菜籽油轮换出库；储备成品粮按季进行轮换。储备粮补库粮源，由全市收购的符合国家中等质量标准的"订单粮食"轮换补库，不足部分通过浙江粮油交易网公开招标采购。地方储备粮油管理账务相符、账表相符、账账相符，库存粮油全部安全、宜存，按要求完成省政府下达的地方储备粮规模任务，收购工作成绩突出，被评为"2017—2019 年度浙江省粮食收购工作成绩突出单位"。 (马　力)

【成品油市场】2020 年，全市成品油供求状况、价格变动总体稳定，共有成品油网点 66 个，其中加油站 33 个(中石化 24 个、中石油 3 个、民营 6 个)，加油点 33 个。全年上报新增综合功能站(加油部分)5 个，新增洋尾水上加油点 1 个。至年底，临金高速、建莲和乌石 3 家综合功能站(加油部分)完成多部门联合验收工作，并上报杭州市级部门。

全年成品油主要市场单位——中石化建德支公司共销售成品油 14.24 万吨，同比增长 10%。其中，销售油汽油销售 66007 吨，同比增长 5.0%；柴油销售 48722 吨，增长 21.0%，商客全年共计销售油品 27766 吨，汽柴比例基本持平。 (单卫明)

【烟草专卖】2020 年，建德市烟草专卖局共计销售卷烟 21079.47 箱，同比增长 4.4%；实现含税销售额 10.7 亿元，增长 5.8%；单箱销售额 5.08 万元，增长 1.3%。云烟（小云端）、玉溪（创客）、七匹狼“1575”系列均实现销量同比增长、价格保持稳定。累计建成香溢合作店 45 户、三星终端 70 户、二星终端 239 户、一星终端 269 户，实现现代终端占比 23.1%；同步推进“展示窗口”打造，共建设完成示范街/线 5 条。

全年共查办案件（本地）208 起，其中真烟案件 82 起、假私烟案件 126 起，查扣卷烟 1.56 万条，跨区案件查获卷烟 2.58 万条；全年共查获卷烟总量 4.1 万条。共查处 8 起专车打假案件，其中本地 5 起、跨辖区 3 起，专车案件卷烟数贡献率超过 55.0%。联合周边县（市）局查获案件 6 起，共计 862 条，案值超过 10 万元。全年实现无外流省外“双 5”（查获外出烟 50 件或货值 50 万元以上）案件发生，全年流出省外烟 74 条，下降 60.0%。

【供销合作】积极落实省、杭州及建德市惠企政策，对承租总社房产的 4 家个体工商户共减免房租 17.78 万元。聘请 4 名“一业一团队、一员一顾问”农业产业专家，为农合联会员提供全方位信息咨询和技术服务。落实 2019 年度基层农合联规范化建设项目扶持资金 117 万元。实现社有资产保值增值资金 125.22 万元。完成莲花镇区域性为农服务中心建设，完成中药材、香榧、吴茱萸 3 家产业农合联考核验收，推进 6 家村级综合服务社建设，打造三都镇凤凰供销服务综合体。完成涉农政策性融资担保 8000 万元，有效解决农合联会员企业融资难题，帮助农合联会员企业稳步有序复工复产。

9 月 22 日，农业农村部在北京召开 2020 年第一次农产品地理标志登记专家评审会，建德市申报的“建德吴茱萸”顺利通过专家评审。地域保护范围划定为全市 16 个乡镇（街道）217 个行政村。地理坐标为东经 118° 53′46″~119°45′51″，北纬 29°12′20″~29°46′27″ 之间。建德吴茱萸具有品种特色和品质优势，主要以建德本地小花吴茱萸为主栽品种，据《本草纲目》记载“茱萸小者入药为胜”。2020 年，建德吴茱萸生产规模达 533 公顷，年产量 480 吨，年产值超过 1 亿元。

◎ 建德吴茱萸（供图/来自网络）

积极用好农资淡季储备机制，完成 2019—2020 年淡季储备任务，储备各类化肥 2600 吨、农药 50 吨；全年农资应急储备各类化肥 1000 吨、农药 4 吨。（韩　凌）

编辑：黄健生

交通运输

Industrial Transportation

综述

【概况】2020年，建德市向上级争取各类交通补助资金28.03亿元。牵头重点实施项目7个、一般性实施项目28个、重点预备前期类项目4个，投资计划11.01亿元。至年末，完成各类交通投资9.10亿元，占年度计划82.6%，整体进展情况顺利。

全年市域水上交通、工程建设未发生有责亡人事故，道路运输企业发生道路运输亡人事故2起，同比下降33.3%。积极应对突如其来的新冠肺炎疫情、复工复产、泄洪防汛等风险挑战；全面推进综合行政执法改革与事业单位改革，坚持战疫情、促发展“两手抓、两战赢”。开展“十四五”综合交通运输发展规划编制工作，以320国道建德段改建工程、桐溪大桥项目等为重点，深入谋划重大交通项目建设。推进全市城乡公交国有化收购，最大限度满足群众出行需求。

同步推进建德市交通运输综合行政执法改革与事业单位改革，对原4家事业单位进行整合。6月，成立市交通运输综合行政执法队，注销2家事业单位（市道路运输管理处与市交通工程质量安全监督站），保留2家事业单位（市交通运输信息服务中心，市公路管理段更名为市公路与运输发展中心）。其中，执法队实行“局队合一”体制，核编85名，成立1个执法监督科和9个执法中队，其中3个专业性中队（治超、公共交通、质量安全监督）以及6个辖区性中队（6大乡镇）；市公路与运输发展中心为公益二类事业单位，机构规格为副科级，核编58名，内设7个科室；市交通运输信息服务中心为公益一类事业单位，机构规格为正股级，核编6名。

11月，市公路与运输发展中心下属两家国有公司（建德市畅达公路养护有限公司和建德市路通公路工程有限公司）启动改革工作，全体企业身份人员转隶至路通公司，原320国道事业人员转隶至畅达公司。

以执法人员职业化、行为规范化、队伍正规化、管理科学化为方向，切实加强法治工作，积极推进法治交通建设。全年办理行政处罚303件，收取罚款149.25万元，未发生行政处罚案件导致行政复议或诉讼。严抓交通环境整治，交通环境有较好改善，案件同比大幅度下降。

深化“我跑替他跑”新方式，“四减一增”新方法（减事项、减程序、减环节、减材料、增速度），试水容缺受理、联网查询无须提供材料的新做法，主动上门服务，破解瓶颈，打造一流营商环境。全年办理道路许可82件、超限许可59件，群众满意率100%。

【交通卡点疫情防控】1月下旬，建德市启动新冠肺炎疫情防控工作，市交通局在全市13个道路卡口、高铁站、场站等交通关键点部署疫情防控工作，科学制定防疫工作流程图，确保统一指挥、统一协调、统一调度。充分发挥数字赋能作用，实行“健康码+身份证”防控模式，至2月19日撤点，各卡口累计出动人员5000余人次，检查车辆9.1万辆、19.3万人次，场（站）核查人数32万余人，排查风险地区到建德（包括返回）人员3138人、密切接触者34人、境外入境人员220人。创新实现防疫、民生等保障物资运输车辆“最多停一次”卡口联查联动地区协作机制，提高检查效率和车辆通行速度。

【应对新安江水库九孔泄洪】7月上中旬，新安江水库泄洪期间，市交通局技术人员对紫金大桥桥梁外观安全实施24小时跟踪观测，及时上报有关数据。投入近60台机械设备、50余名施工人员，对320国道新中路段被淹点开展紧急抢修，连续施工19小时，采用“半副道路以渣土填高路基”施工方案，开辟应急便道，恢复车辆单侧通行。在公路抢通、抢险工作中共投入2000余人次、各类抢险设备340余台次，清理山体塌方94处约6900立方米、修复水毁挡墙37处约1650立方米，累计投入抢险资金600余万元。 （潘鑫红）

◎7月8日，九孔泄洪中的紫金大桥（供图/市交通运输局办公室）

交通基础设施建设

【概况】2020年，全市公路总里程达到2032.72千米（同比增加37.57千米），公路密度85.99千米/百平方千米。其中，国道250.72千米（含高速公路135.37千米，增加28.26千米）、省道45.93千米、县道443.26千米、乡道194.96千米、村道1097.85千米。按技术等级分，高速公路135.39千米、一级公路108.33千米、二级公路151.29千米、三级公路200.76千米、四级公路1057.50千米、准四级公路379.46千米。公路桥梁670座，总长48149.19延米（其中高速218座、30765.72延米）；公路隧道54座，35515.15延米（其中高速42座、30955延米）。至年末，临安至建德高速公路省高网建德段（全长4.2千米）、桐溪大桥工程（桥梁工程1.9千米+三将线连接线接坡长400米）两项重大工程进展顺利，前者完成征地拆迁等政策处理投资约1.70亿元、工程投资3.72亿元；后者完成桥梁下部结构和主桥梁板架设。

11月15日，对新安江水库九孔泄洪后被检测鉴定为危桥的紫金大桥实施拆除，由武汉二航路桥特种工程有限责任公司中标施工。该桥1990年建成，位于新安江大坝下游约1.5千米，城区上游约4.5千米处，为2×80米双跨上承式钢筋混凝土箱型拱桥。因原设计荷载标准较低、桥宽不足，2004年进行过一次全面加固。至12月底，桥梁拆除工程基本完成。拆除后，将在原址重建较高等级新桥，概算投资1.4亿元。

全年实施320国道16.9千米、330国道15.7千米、台小线2.29千米，共计34.89千米养护大中修工程，对病害路段进行养护修复；清理边沟4257千米，修补路面坑洞2.44万平方米；国省道补植灌木690平方米，补植绿植784株；桥梁护栏刷白119座。投入经费约30万元，完成寿昌公路服务站、养护站站房规范化建设提升工作。道路面貌与两侧景观得到较好改善和提升，有力推进了建德市“全国文明城市创建”工作。

◎ 320国道大中修工程（供图/市交通运输局办公室）

【320国道建德段改建工程完工】该工程包括320国道过境段改建工程和航头至会泽里段二级加宽改一级公路改建工程两个项目。其中，前者推荐线项目起于杨梅公路和现320国道交叉口，终于寿

昌镇寿童公路与现 320 国道交界，路段全长 35.11 千米；后者起于 305 省道交叉口附近，对原 G320 进行老路拓宽改造，在航头镇珏塘村附近下穿衢建铁路，终于建德与衢州会泽里段，提升路段长 16.66 千米。采用一级干线公路技术标准设计，设计时速 80 千米，双向四车道，路基宽 25.5 米，估算总投资 73.64 亿元。

【交通信息化建设】2020 年，建德市交通运输信息服务中心有效处理“110”联动警情 241 起、数字城管案件 106 件、通过省联网联控平台抽查危货车辆 1.97 万辆次、处理联网联控平台危货超速及疲劳驾驶报警共计 546 次、人工研判并下发两客两货报警工单 71 单。在全市范围内新增交通监控点位 79 个，并实现与交警现有监控点位“零重复”，有效避免资源浪费。同时信息中心为交通执法提供大数据支撑，根据信息中心提供的网约车数据，仅 12 月建德市交通行政执法大队共查处非法营运案件 11 起，处罚金 22 万元。借助省危货管理子系统、省客运检测系统以及杭州交通卫星定位监控系统平台，研判处理危货线索 387 条、客运线索 281 条。

【“四好农村路”三年行动计划收官】2020 年，全市完成高品质“四好农村路”通自然村公路、断头路建设 140 千米，低等级公路提升改造 177.4 千米，路面维修 54.4 千米，安防工程 37 千米，病危桥改造 17 座，新建普通公路服务站 10 个、港湾式停靠站 35 个，新建村级农村物流服务点 27 个，创建美丽经济交通走廊 80 千米。完成年度投资 4.33 亿元。2018—2020 年，高品质“四好农村路”建设共完成新、改建(提升改造)农村公路 740 千米，完成病危桥(隧)改造 37 座，完成农村公路附属设施(安防工程、公路服务点、港湾式停靠站、农村物流服务点等)提升改造 500 余个，完成美丽经济交通走廊创建 300 千米，“四好农村路” 三年行动计划完美收官。

【农村公路保险】2 月，建德市在杭州市率先正式实施“农村公路保险”政策，旨在保障农村公路发生水毁时得到及时定损和修复，提高农村公路抵御风险能力。该保险项目为期 3 年，保险费用总额 300 万元/年，总保险标的 26.07 亿元。至年底，对涉及 13 个乡镇 (街道)52 条农村公路报案 66 起、12 条县道报案 61 起，全部予以定损，并分别赔付总金额 150 万元、60 万元。

【杭州县市首个交通全流程电子标试点成功】为了营造公开、公平、公正的市场环境，实现阳光采购，6 月，建德市交通局在杭州市率先实施全流程电子招投标。6 月 24 日，更楼街道邓家至大坪公路改建工程作为杭州县市首个“不见面”的“全流程电子招投标试点项目”，在建德市公共资源交易中心顺利完成开评标。该举措全面实现全市交通工程领域事务“跑零次”，成为交通工程电子招投标领域的“杭州县市样板”。

【“一公里驿站”助力乡村振兴】6 月，建德市交通局与大同镇积极探索“交通+农业”发展模式，通过有效整合本地农村客运、物流企业和智慧共享交通出行平台，创新推出“一公里驿站”(即解决农产品上行最初 1 公里，畅通农村物流下行最后 1 公里)，致力补齐农业产业发展过程中物流运输不及时、物流运输信息不对称和物流费用偏高等短板，全力助推乡村振兴。通过华数公司电视广泛宣传普及农户知晓率；利用农村客运班车赴各村服务点收派件，统一送到驿站进行中转；推出“通通带”App 端下单组织私家车闲置后备厢参与到农产品物流环节，在市域范围内形成从收件到派发“2 小时经济圈”；由邮政公司对市域外货物进行接力承运，有效整合数字媒体、农村客运班线、物流企业和智慧共享交通出行平台资源，推进邮政业与现代农业、乡村旅游产业深度融合，助力脱贫攻坚，促进农民持续增收。该举措惠及建德 15 余万个家庭、40 余万人。 (潘鑫红)

【建德至金华高速公路开通】12 月 22 日，建金高速公路正式开通。该公路是国家“十三五”期间重点建设项目，是国家高速公路“7918”网中“纵三”线长春至深圳高速公路(G25)的重要组成部分，北起杨村桥镇,接入既有杭新景高速公路,南至金东区二仙桥东枢纽,接入既有杭金衢高速公路,并衔接金丽温高速公路。该工程于 2016 年开工建设,总投资为 93.76 亿元,全线长 58.09 千米,路基宽度 26 米,双向四车道高速公路标准,设计时速为 100 千米/小时,桥涵设计汽车荷载等级采用公路–I 级。通车后长深高速缺失部分得以补齐,串联起杭新景、杭金衢、金丽温三大省内干线,成为本省中西部地区的快速南北向通道。

◎ 临金高速建德市大洋互通高架桥(童雪龙/摄)

道路交通运输及行业管理

【概况】2020 年,全市有道路客运企业 9 家、城区公交公司 1 家、出租车企业 3 家,营运客车 420 余辆,从业人员 600 余名。其中两客车辆 170 辆、县内农村班车 250 余辆,共经营农村客运 70 条区域班线,班线总里程 1613 千米,所有建制村(229 个)均实现公交车通达;另有城区公交 139 辆,其中新能源车 126 辆,线路 14 条;出租车 100 辆,年内全部更新为清洁能源车(其中国有公司 1 家 50 辆)。城市公共交通体系日趋完善。

年末,全市 20 家危险化学品运输企业,共有危货营运车辆 292 辆(减少 16 辆),挂车 262 辆。危化品运输企业数、危货营运车辆数均占杭州地区第一位。普货运输业户 525 家(增加 27 家),货运代理备案业户 986 家(增加 368 家,增长 59.5%),普货车辆 3039 辆,其中挂车 2019 辆。

全市有各类维修企业 342 家(增加 74 家),其中一类机动车维修企业 10 家、二类机动车维修企业 65 家、快修企业 52 家、三类专修维修业户 189 家、摩托车维修业户 26 家。有车辆综合性能检测站 1 家,汽车租赁经营户备案 9 家。有机动车驾培机构 9 家,其中二级驾培机构 1 家、三级驾培机构 6 家、摩托车驾培机构 2 家(新增 1 家),有小型教练车 199 辆、大货教练车 2 辆、大客教练车 1 辆、模拟驾驶器 26 台、摩托车教练车 16 辆,教练员 219 人。训练场地面积 11.06 万平方米,增长 15.7%。全年机动车学驾报名人数 5479 人,同比减少 2.2%。

【城区公共交通建设】新增 2612 个停车位,实现 4400 个公共停车泊位先离场后付费功能,有力缓解城乡核心区、老旧小区以及集镇停车难问题。实现交通一卡通全域覆盖,城区所有公交线路支持支付宝、云闪付等移动支付功能;科学配置公交运力,保持 1 路公交高峰发车间隔在 5 分钟内,运营服务时间根据需求不断优化;优化 5 路、8 路两条公交线路;建设完成 174 个智能公交站牌,实现车辆到站信息准确发布,使群众出行更加安全便利。

【公路治超非现场执法检测称重系统建成】2020 年,建德市治超非现场执法检测称重系统三期共建成 8 个点位,分别为 320 国道乾潭东山、330 国道乌石和洋溪街道幽洪村、305 省道长林口、杨梅线十里埠大桥、下施线马目大桥、白章线洋溪大桥和大洋镇建南村。至 12 月底,该系统共完成 12 处点位 20 个车道建设,基本形成非现场治超不停车称重系统"外管交界、内注节点"全覆盖。

【"两治一整"百日攻坚行动】4 月下旬至 7 月 30 日,交警、农机监管部门联合在全市范围内开展"两治一整"百日攻坚专项行动及零点行动,设置卡点 7 处,重点查处车辆超限超载、路面污染、非法改装等违法行为。总计检查车辆 8550 辆,查获违法行为共 439 起,其中不按规定装载 165 起、超限超载 175 起、抛洒滴漏污染公路 65 起、无证营运 24 起、未携带营运证 4 起、营运未年审 1 起、年审逾期 6 起、客运违章 1 起。依法卸物 777.25 吨,查扣车辆 141 辆。走访检查源头运输企业 212 家次(含危化品运输企业 156 家次)。

【危险货物道路运输专项整治行动】浙江台州“6·13”特大危险货物运输事故发生后，建德市交通运输综合行政执法队紧急开展对危货运输企业大排查大整治，并根据“雷霆行动”要求检查危货运输企业82家次，发现问题212个，均责令完成整改。同时，加大路面危货车辆检查力度，累计检查车辆403辆、立案查处4起、教育批评4起；处罚危货案件12起，处罚金额15.64万元。

【实施杭州市首个特种交通机械设备智能监管】2020年，借鉴公务用车管理经验，建德市在杭州市率先开展对交通运输局下属单位特种交通机械设备配备智能监控定位系统，共在34台摊铺机、压路机等设备内部和侧面安装视频监控，实行设备作业状况、运行轨迹和定位追踪等信息实时监管和安全预警指示。既彻底解决了特种交通机械设备的停放问题，又对“漂”在路上的特种交通机械设备做到账实相符，促进资产高效使用。（姜瑞宇）

水路运输管理

【概况】2020年，建德航区共有在册营运普通货船83艘（同比减少3艘），计5.20万载重吨（增加0.69万吨）；在册营运客旅船舶85艘（增加40艘），计2324客位（增加505客位）。港口吞吐量868万吨，增长20.6%。完成集装箱运输9254TEU（20英尺标准集装箱，即长20英尺×宽8英尺×高8英尺6英寸，内容积为5.69米×2.13米×2.18米，配货毛重一般为17.5吨，体积为24~26立方米），增长10.1倍。完成客运量20.9万人次，减少32.1%；旅客周转量362.3万人千米，下降7.9%。辖区全年过闸船舶达2.63万艘次，同比增长5.8%。全年未发生亡人事故，水上交通小事故4起，一般事故1起，直接经济损失21.83万元。辖区安全形势基本平稳。

【涉水项目与水上船舶安全监管】2020年，港航建德执法大队强化重大涉水工程项目监管，定期组织对建金高速新安江特大桥、建金高速兰江特大桥、洋溪水域地下管道勘探工程、新安江月亮岛栈桥搭建工程等涉水项目开展安全检查，及时发现并督促相关业主解决兰江大桥临时通航孔航标问题等安全隐患，确保辖区水上水下施工作业安全。加强辖区安全排查隐患治理工作，排查整改各类安全隐患99处。妥善解决6艘废旧砂机后续拆解处置问题，处置各类无证小船和水上设施46艘（件），组织辖区2家水上客旅企业、3处渡口建立网格管理责任清单和“双网格长”责任机制，强化责任体系建设。应对新安江水库9孔泄洪，提前转移船舶82艘，紧急抢险4次，应急救助2次，确保泄洪期间安全形势平稳有序。以“安全生产月”活动为契机，组织开展应急演练2次、渔船和农林自用船舶专题安全宣讲3次。全年共实施各类行政处罚220起，同比增长15.8%，其中一般程序130起、简易程序90起、实施行政强制1起。

◎ 7月7日，港航建德大队转移七里泷景区游客（蓝京/摄）

【船舶及港口污染防治】港航建德执法大队开展船舶生活污水污染整治“百日行动”，完成货运船舶生活污水柜改造及安装86艘、生活污水处理或储存设备铅封36艘，完成三都锚泊区公共船舶生活污水收集点改造，并交由建德市水务公司正式运营。督促港口码头完善并规范运行船舶生活污水接收设施，落实港口码头防污染主体责任。加大防污染日常监管力度，开展对“燃油质量抽检”“码头扬尘”“饮用水源保护区零排放” 等7项专项工作自查自纠，全年抽检燃油质量56艘次，发现并整改船舶防污染相关问题55处，联合相关部门组织防污染联合检查2次，实施防污染相关处罚5起，共对回收船舶生活垃圾1.15万艘次、24.08吨，回收船舶油污水99艘次、10.12吨，回收船舶生活污水1620艘次、449.8吨。

【船舶拖泥数据测量】3月11日、13日，港航建德执法大队在建德辖区为三都部分从事拖泥运输的船舶，开展拖泥数据测量工作，共计完成测量船舶172艘，节省油耗2.8万升、油费16.5万元，避免航次经济效益损失481.6万元，同时还减少碳排放量73.7吨。 （刘　静）

铁路运输

【金千铁路建德段】金（华）千（岛湖南）铁路支线建德境内K45+800（与兰溪市分界）—K78+500（与淳安县分界）全长32.7千米，分别设有排塘、寿昌、新安江南、新安江、朱家埠、千岛湖南6个车站，2018年8月1日千岛湖站更名为千岛湖南站，6个车站均隶属金华车务段管理。按技术性质均属于中间站，按业务性质新安江南、朱家埠、千岛湖南站为货运站，排塘、寿昌、新安江站为非营业站。新安江、新安江南站核定为三等站，其他车站均为四等站。2013年5月30日根据根据上级货运体制改革方案，成立新安江经营部，隶属金华货运中心管理，承担各货运站的货物运输业务。

2020年千岛湖南、朱家埠、新安江南站合计装车3.91万车，货物发送187.29万吨，运输收入1.99亿元。 （叶　芳）

【杭黄高铁建德站】完成320国道至杭黄铁路建德东站连接线工程和杭黄铁路建德东站站前广场综合工程2个项目，建设总用地19.0万平方米，工程概算3.82亿元（连接线工程总投1.57亿元，站前广场综合工程总投2.25亿元）。连接线项目主要包括主干道路800米、路面3.94万平方米、人行道0.48万平方米、路灯57套、园林绿化1.46万平方米；站前广场项目主要包括中心广场0.98万平方米、道路1.95万平方米、高架桥0.46万平方米、停车场3.96万平方（停车位816个）、公共卫生间1座、园林绿化3.45万平方米及管理用房、游客服务中心、风雨连廊、配电房等设施。同时，实施并完成公交车、出租车候客区风雨棚改造项目，建成出租车候车亭1个、公交车候车亭3个，总投资300余万元。

2020年，杭黄高铁建德站旅客发送量59.84万人，日均发客量1369人，分别同比减少31.7%、43.1%；旅客到站量58.31万人。 （项益华）

【杭衢高铁建德段建设】2020年，杭衢铁路全面施工，建德市严格按照省、杭州市要求，大力协调推进杭衢铁路大临用地、红线交地以及施工中存在的各类问题，召开专题协调会共80余次，加快项目用地交付以及征迁进度。至年末，主线红线交地率达98.0%、房屋拆除率达99.0%、坟墓搬迁率95.0%、大临用地交地率90.0%；并解决了建德南站三电迁改、恒大林溪郡售楼部拆除、恒大混凝土搬迁、江村埠安置房拆除、弃土（渣）场选址等难点堵点，确保杭衢铁路建设进度。同时，协调、推进杭衢铁路建德南站配套设计工作。

【金建铁路建德段建设】根据规划批复确定，金建铁路南起金华，经过兰溪，达到建德，线路总长64.81千米，沿线设金华站、兰溪境内新建的兰溪东站、建德境的大洋站、建德站（既有的杭黄高铁杨村桥站），最后接入杭黄铁路。设计时速250千米，与杭黄铁路一致。投资预算总额123.7亿元。

◎ 衢建铁路特大桥施工（供图/市交通运输局办公室）

金建铁路是国家"十二五"快速铁路网中"黄山至金华"铁路通道组成部分,是以中长途客流为主兼顾城际旅游客流的客运专线,同时也是集名山、名水、名胜为一体的黄金旅游线路重要组成部分。

2020 年,建德境内段建设尚未开工,建德市主要配合开展金建铁路开工前相关准备工作。9 月,全面启动金建铁路征迁工作。至年末,该铁路涉及的房屋拆迁工作、土地签约工作全部完成,坟墓及企业搬迁工作有序推进,大洋站配套设计方案基本定稿。 (刘 寅)

航空交通运输

【机场改(扩)建工程】2020 年,完成 6000 平方米华东地区枢纽型通用机场航站楼主体工程,进入室内装修施工及设备安装;完成站前广场铺装、2.0 万平方米停机坪以及从 320 国道直达新机场航站楼的 1.45 千米机场大道建设;完成机场跑道延伸工程并通过验收,跑道从 800 米延长至 1200 米,30 米宽,机场起降能力从 2 个机型 3 架运输机,增至 5 至 6 种机型、10 余架运输机。

【建德千岛湖通用机场被列为省航空应急救援主运行基地】2 月、3 月疫情期间,建德千岛湖通用机场在全省范围内首次采用机场与目的地"点对点"运输方式,出动 3 批次 5 架次飞机,紧急向武汉运送 ICU 防护服、护面罩、KF94 口罩等紧缺物资 2.7 吨,定向支援武汉雷神山医院、北大人民医院、浙江省人民医院等在鄂医疗队伍。5 月,该机场被浙江省应急管理厅列为省航空应急救援主运行基地,成为杭州市及周边地区唯一一个常态化备勤点。金汇通航 1 架直升机和机组入驻基地,并实行与浙江省低空飞行服务中心衔接联动,常态化开展应急救援业务。

◎ 3 月 4 日,建德千岛湖通用机场紧急运送防疫物资飞赴武汉支援(供图/市航空小镇管委会)

【建德千岛湖通用机场获得三字码"JDE"】5 月,国际航空运输航协官网公布建德千岛湖通用机场三字码——JDE,并发布至全球航空公司,正式打开通往国内外低空飞行航线的大门。

【实现长三角通勤旅游航线互联互通】继已有直飞浙江舟山、安徽黄山 2 条通勤旅游航线之后,8 月、11 月,建德航空小镇开通建德至江苏镇江、上海金山 2 条通勤旅游航线。建德市在浙江省率先实现长三角区域通勤旅游航线全覆盖。(童 燕)

编辑:吴树根

城市建设与管理

Urban construction and management

综述

2020年，建德市围绕“生态宜居”“绿色美丽”城市定位，贯彻“两山理念”，妥善处理好环境保护与经济、社会各项事业发展和谐推进关系，科学制定并不断完善城市建设规划，为未来乡村向城市融合、实现城乡同步发展预留空间。在主城区和主要中心集镇，不断完善市政设施和水电气供应网络，生活垃圾分类全市全面推进，分类覆盖率达100%，环境能源项目点火运行，易腐垃圾处置中心进入试运行。全面启动15个乡镇（街道）的“美丽城镇”“美丽乡村”建设，建德市获评全省优秀县（市），市域美丽城镇方案获省级优秀，梅城、寿昌创成新时代美丽城镇建设省级样板。深入开展“违建”综合整治，建德市被命名为全省第四批“无违建市”。以“创建全国文明城市”决战年活动为契机，加大城市管理力度和居民素质提升，确保该工作取得圆满成功，建德市被命名为“全国文明城市”。深化住房制度改革，完善住房保障，强化“住房公积金”归集和申贷提取各项制度建设，全年归集10.04亿元，同比增长12.9%；全年提取9.05亿元，增长19.6%。居民生活质量和幸福感进一步提高。

克服新冠肺炎疫情带来的极大不利因素，努力保障建筑业复工开工率，稳定房地产投资市场，确保新开工和竣工销售房产尤其是商品住宅和谐稳定发展。实现建筑业产值54.3亿元，同比增长15%；完成税收2.9亿元，增长26%；全年房产投资额36.96亿元，新建商品住宅成交51.23万平方米，增长45.5%。

城乡建设

【涉城乡住房建设国土空间规划】2020年，建德市在编制国土空间规划工作中，对涉及城镇和乡村住房建筑为主的规划内容，通过“一村一梳理”、村庄单元划分等前期基础工作，完成城镇开发边界控制线划定。全年共受理办结建筑设计方案及选址论证报告77个、农民建房审批18个。开展寿昌镇西华村（单元）村庄规划编制试点工作。

在建房用地使用审批与监管中，积极探索规划和用地“多验合一”新模式，对住宅类建筑建设工程竣工规划核实和用地复核验收进行合并办理，实现“一图多用”，整合建设工程竣工规划核实和用地复核验收办理流程，实施一窗受理和容缺受理，并通过内部流转方式，统一发放建设工程竣工规划核实确认书和建设用地复核验收合格意见书，大幅减少项目业主申请材料和办理时间。

【“美丽城镇”建设】全面启动15个乡镇（街道）“美丽城镇”建设工作，在全省率先完成“美丽城镇”一镇一方案编制和首批4个样板创建乡镇《“美丽城镇”建设专项扶持政策》。市域行动方案获评全省优秀方案，梅城镇、大同镇、下涯镇方案获评省级优秀方案。梅城镇（10月）、乾潭镇、寿昌镇、大洋镇（11月）通过省“美丽城镇”样板创建考核验收；12月，梅城镇、寿昌镇入选“美丽城镇”省级样板镇名单。2021年1月11日，建德市获评2020年度新时代“美丽城镇”建设优秀县（市、区）。

【“无违建”市创建】全年拆除违法建筑24.58万平

方米，完成杭州市下达任务的123.8%；旧厂区改造14.65万平方米，完成年度任务的146.5%；旧住宅区改造2万平方米，完成年度任务100%。5月，接受省“无违建”考核验收；9月，接受省复核；12月31日，省政府办公厅公布建德市为全省第四批“无违建市”。

【市政设施维修管理】全市新建、提升绿道121.11千米，城区、集镇新增停车位2659个。完成地下空间增量8.6万平方米、“海绵城市”建设重点项目5个、主次干道建设5.5千米、电动汽车充电桩建设30个。全年完成公共绿地时令草花更换约180万株，更换苗木2.8万平方米，维修及更换公园绿地公益广告300余块；完成沥青路面维修2.6万平方米、人行道提升改造1300余平方米。开展燃气安全生产检查616站次，排除安全隐患117处，下达整改通知书40份；实行二维码标识钢瓶24.08万只，实名登记率达到100%，钢瓶二维码信息化比例达到100%。城市供水水质综合合格率100%，城市路灯亮灯率达到99%。

【“拥江发展”项目】涉及的美丽城镇样板创建、精品村建设、无障碍设施建设、绿道建设、落实沿江规划管控、水环境治理等6大项工作，全年完成无障碍设施点位整改1130个，完成“拥江发展”项目范围内绿道建设76.7千米。（陈卫东）

供电

【概况】2020年，国网浙江建德市供电有限公司本部设有职能部室9个、业务支撑和实施机构3个，下辖更楼、洋溪、梅城、乾潭、寿昌、大同6家供电所和三都、大洋2家供电服务站，年末有全口径用工1330余人，供电客户数约26万户。全年完成固定资产投资2.23亿元，资产总额1.42亿元。

全年全社会用电量38.52亿千瓦时，同比增长3.9%。其中：第一产业用电量0.26亿千瓦时，增长28.8%；第二产业用电量29.95亿千瓦时，增长3.3%；第三产业用电量4.05亿千瓦时，增长3.4%；城乡居民生活用电量4.26亿千瓦时，增长3.4%。建德电网最高负荷62.75万千瓦，增长7.26%，创历史新高。全年投产10千伏及以上线路15回路、计长377.93千米。

【电力生产安全稳定】开展安全生产专项整治三年行动，建立问题隐患和制度措施清单。全年完成变电站集中检修9座，改造老旧开关柜49面、保护装置127套，更换主变5台，“三跨”改造220千伏线路3回、改造220千伏线路迁改4回及35千伏航李线老旧杆塔，设备超周期问题全面消除。强化智能配网建设，电缆和架空线路自动化有效覆盖率均较年初提升50%以上。全年开展带电作业1285次，同比105.6%；停电时户数压降61.0%，供电可靠性排名全省第六。新安江水库九孔泄洪期间，提前完成17回路10千伏线路负荷转供、“两馆一中心”重要用电设备拆除、自来水厂主供电源抬升，避免水位上涨造成二次灾害，实现“水库闸门关、客户电全通”。

【电网发展提档升级】完成《建德“十四五”配电网规划》编制，规划总投资13.8亿元。优化源网荷储协同，完成《建德中心城区“十四五”高弹性配电网示范规划》。500千伏建德输变电工程选址和跨越“两江一湖”国家级风景名胜区及穿越生态红线通过审批，率先在省内同批次项目中完成各项前期工作，具备核准条件。完成110千伏大洋输变电工程可研及规划选址论证。配合投运220千伏浪川输变电工程，投运110千伏万慈输电线路工程，大慈岩区域电源受限问题彻底消除。积极推进110千伏杨村桥输变电工程建设。城农网改造投资1.92亿元，城乡网架结构、设备运行可靠性得到优化。

【用电环境优化】推出优化电力营商环境实施方案和10千伏电气延伸投资实施细则，全面放开低压接入容量至160千伏安，小微企业实现外线工程免审、接电“零投资”，大型企业实现承诺备案、限时联审、投资共分摊。应用“阳光业扩”平台，实现高低压办电环节分别压减为3个、2个，2000千伏安以下用户和小微企业办电时长分别不超过

27天、8天。电力投诉工单持续压降，全年仅受理8起，投诉总量及每万户投诉工单数在杭州地区最少。深入推进电能替代和综合能源服务，投运建德首座微综合体充电站，完成海螺水泥光储一体化项目并网发电，率先在杭州范围内与三大运营商签订5G"新基建"、电力需求响应及综合能源服务合作协议。

【落实用电"惠企"政策】实行市政重点工程电力专员服务制，提前完成35千伏寿昌垃圾发电、建金高速等12个重点项目送电。落实国家电网公司关于工商业电价95折政策，全年优惠电费4000余万元。利用"转供电费码"将电价优惠传导至转供电用户终端，为全市2.74万家企业共节省电费成本1887万元。直接交易与市场化售电方面，全年直接交易用户1275户，交易电量1.18亿千瓦时，为企业降低电费支出1854万元。签订市场化售电合同45份，签约电量2.98亿千瓦时，减少企业用电成本600余万元。（龚益滨）

供气

【概况】2020年，全市有瓶装燃气在册使用液化气钢瓶共20.08万只，年销液化燃气量7000吨。建设管道燃气中低压管网433.57千米，用气总户数4.70万户，年销量4000万立方米。检查燃气企业、供应点达700站次，查扣不符安全要求的钢瓶72只，检查小微餐饮、饭店89家，开具整改单35份。开展全市16个乡镇（街道）的燃气安全知识宣传，启动新一轮《建德市燃气专线规划（2020—2035）》修编，完成管道燃气特许经营评估工作。（毛成刚）

【杭州市天然气利用工程建德段建设】7月24日，杭州市天然气利用工程建德段（安仁—乾潭）正式开工。此为2018年8月S18-1建德段（下垄口—安仁阀室）天然气高压管道工程建成通气、实现天然气长输管道挺进建德后，管线工程继续南下深入建德，线路水平长度约12.6千米，管径DN400，设计压力1.6兆帕，年输气能力6.6亿立方米。工期1年，受益对象为乾潭镇万余户居民用户和各类企业。（徐　佳）

供水和排水

【概况】2020年，建德自来水有限公司有水厂2座，供水规模为14万吨/日，主供水管网最大输送能力为12.5万吨/日（本年夏季最高日供水量已达15.3万吨）。

全年，该公司水厂取水量（地表淡水）4263万立方米，供水量4143万立方米，最高日供水量达到15.3万吨。年售水总量3573万吨，实现售水工业总产值5996万元，销售产值5171万元。

全市范围内企业用水户自2020年2月1日至年12月31日（用水时间）自来水到户价格下调10%，全年共为企业减免水费214万元。

【用水服务】按照最新"102"服务标准受理企业用水报装业务，通过浙江政务服务网、"浙里办"App报装申请渠道的数据共享模块，实现"一证通办""一网通办"。推进"最多跑一次"服务，建德自来水公司对外服务共有14项业务，均以网上办理或线下营业网点办理方式，达到"最多跑一次"要求，覆盖率达100%。联合市行政审批中心开通"低保用户水量自动减免"功能，为全市500余户低保用户提供水量减免服务（减免量6吨/月，每吨水2.17元），共为低保户减免水费约10万元。此外，应用技术创新，将水厂的基础电费计价方式，由"装机容量"计价调整为"实际使用量"计价，减少误差与纠纷。

【水表普查与维护】2020年，建德自来水公司对新安江供水区域内的水表、供水管网及消防栓进行全面普查，并保证消防栓安全使用。共普查7000余户，对发现的100余项各类问题，建立清单，进行追踪处理。寒潮期间，共受理和抢修水表冻裂307件、水管冻裂136件、立管冻裂44件、路管冻裂18件，抢修及时率100%，水质合格率100%。

表 11

2020 年建德市城市供水到户价格一览表

单位：元/立方米

用水类别			供水价格	污水处理费				到户价格			
				新安江	寿昌	梅城	乾潭	新安江	寿昌	梅城	乾潭
居民生活用水	户年用水量（立方米）	0~300（含）	1.22	0.95	0.40	0.40	0.40	2.17	1.62	1.62	1.62
		300~420（含）	1.83	0.95	0.40	0.40	0.40	2.78	2.23	2.23	2.23
		420 以上	3.66	0.95	0.40	0.40	0.40	4.61	4.06	4.06	4.06
	非“一户一表”抄表到户的居民用户、居民合表用户和执行居民生活用水价格的非居民用户		1.25	0.40/0.95	0.40	0.40	0.40	1.65/2.20	1.65	1.65	1.65
非居民生活用水①	原非经营性用水		2.00	1.5	—	0.40	1.50	3.50	2.00	2.40	3.50
	原经营性用水		2.00	1.60	—	0.50	1.60	3.60	2.00	2.50	3.60
特种行业用水			3.50	2.00	—	0.50	2.00	5.50	3.50	4.00	5.50

说明：非居民生活用水自来水水价执行建价综〔2017〕17 号文，污水处理费执行建价综〔2011〕21 号文。

【农饮水达标提标工程】建德自来水公司积极参与农村饮用水运营工作，完成农饮水达标提标智慧管理平台，完成 123 处单村供水提标达标工作，实现 26.9 万农村居民从“有水喝”到“喝好水”的目标，获省、杭州市考核第一；实现单村供水无人值守，自动制水和数字化管控，实现偏远山区居民喝上安全优质的“放心水”。

【排水】2020 年，杭州建德污水处理有限公司污水总处理量 1597 万吨，日均处理量达到 4.38 万吨，运行负荷率为 89.4%，出水水质 100%达标排放。

（施莉莉）

建筑业与房地产管理服务

【概况】2020 年年末，全市共有建筑业企业 147 家，其中：一级总承包 2 家、二级总承包 17 家、三级总承包 89 家，其他专业施工承包和监理单位等 39 家。实现建筑业产值 54.3 亿元，同比增长 15.0%；完成税收 2.9 亿元，增长 26.0%；新开工合同额 64.8 亿元，增长 21.1%。引导外地建筑企业在建德设立分公司 33 家，引税 2384 万元。

全年房地产开发投资同比下降 18.1%，其中，住宅投资下降 27.8%。房屋施工面积 325.95 万平方米（其中住宅 205.73 万平方米），增长 3.1%；新开工面积 44.02 万平方米，下降 8.6%；竣工面积 97.32 万平方米（其中住宅 67.17 万平方米），增长 179.7%。商品房销售面积 54.09 万平方米，增长 39.2%，其中住宅销售 49.89 万平方米，增长 45.4%；商品房销售额 66.57 亿元，增长 54.1%。年末存量房住宅网签面积 48.74 万平方米，增长 101.0%；住宅去化周期约 6.9 个月。

【不动产登记】全年共办理不动产登记事项 90250 做出应尽的努力。12 月，该中心被中共杭州市委、件，其中不动产登记业务 7.6 万件、不动产登记信息查询 1.43 万件；开展"网上办""掌上办"2.8 万件。落实"国八条"要求（登记、交易、税收"一窗受理、并行办理"，提交材料不超过 4 件、环节 1 个），除不动产登记初始登记 3 个工作日外，其余登记单套 1 个工作日内办结，其中大部分业务 1 小时内办结。

与中国人民银行建德支行全面合作，延伸服务再升级，推出抵押登记"全程网办"，全年"总对总"完成业务 272 件，通过浙江政务网"点对点"网上抵押登记平台完成办件 2699 件，"网上办"实际办结率达到 90%以上。进一步提升财产登记便利度，按照"一人一窗、一个平台、并行集成、统一管理"要求，全年共办理业务 104 件，其中转移登记 50 件、变更登记 15 件、首次登记 39 件。遵循"尊重历史、面对现实、强化协作、有利解决、容缺办理、事后纠错"总体原则，全年完成 932 套安置房首次登记。开展农房发证"百日攻坚"专项行动，通过强化督查考核和每周通报推进工作，全年新增发证 2.3 万本。（胡晓坤）

【村镇住房及历史建筑管理】2020 年，完成 333 户农村低保、残保等四类人员的危房排查和治理工作。完成住房改造 500 户，拨付住房改造宅基地复垦奖补资金 3134.8 万元，涉及农户 526 户。完成 3 个省级美丽宜居示范村和 4 个杭州市美丽宜居示范村的创建工作。带图审批农房 957 户，其中开工建设 700 户，全部按图施工。完成 10 个农房 VR 全景制作设计方案、70 个通用平面图集方案和 214 个个人图集方案的杭州市平台录入，实现智慧农房系统村域全覆盖。完成 31 个传统村落（其中国家级 17 个、省级 14 个）挂牌工作。完成对全市 180 处历史建筑进行摸排检查及挂牌工作。

【设计（消防）管理】全年受理消防设计审查验收项目 217 件，其中设计审核 22 件、验收备案 155 件、验收 28 件、工业企业消防验收绿色通道补办产权证项目 12 件。新开工装配式建筑面积 34.99 万平方米。完成严州中学新安江校区能效提升节能改造示范项目。完成既有住宅加装电梯 54 台，其中新安江主城区 35 台。

【建筑行业管理】修订完善《建德市促进建筑业企业健康发展的若干意见》，制定《建德市投标人信用综合评价内容和计分标准管理》。完成建设工程招投标项目 348 个，建筑面积 54.01 万平方米；全市在建受监项目 189 个，竣工验收出具监督报告项目 103 个，创杭州市标准化样板工地 10 个，获杭州市优质结构奖 9 个、"西湖杯"3 个。完成省级工程档案"最多跑一次"改革试点。（陈卫东）

城市管理

【概况】2020 年，建德市按照"城市管理应该像绣花一样精细"要求，弘扬"工匠"精神，经受新冠肺炎疫情、新安江水库泄洪、全国文明城市创建复检等考验，各项工作的力度、速度和强度均相应增强，城市管理工作实现提档升级、提质增效，较好地完成了年度各项工作任务。全年办理各类案件 2979 件，其中一般程序案件 1388 起，违停车辆抄告 14031 辆；受理各类举报投诉 1611 件，办结和反馈率 100%；办理各类行政审批事项 1137 件，办结率 100%；办理"两代表一委员"提案建议 29 件。

9 月 30 日，建德市市容环卫保障中心举行挂牌仪式，正式运行。该中心由建德市环境卫生管理处、新安江环境卫生管理所整合组建，为建德市城市管理局所属公益一类事业单位，机构规格为正股级，所需经费由市财政全额补助。市容环卫保障中心事业编制人员 31 名。

【参与新冠肺炎疫情防控】新冠肺炎疫情防控期间，市容环卫保障中心，科学、合理安排各线工作，认真做好道路清扫、垃圾清运、公厕保洁、公共设施消杀等工作，日清扫保洁面积约 365 万平方米，日清运生活垃圾约 85 吨。成立消杀专班，对新安江主城区 2000 多只垃圾桶、3 座垃圾中转站、120 余座公交站台、41 座公共厕所实行全面无死角消杀；在 41 个物业小区、社区及各防控卡点增设废弃口罩专用回收点 56 处，由专人专车直收直运，统一进行无害化处理，为建德市全面打赢抗疫保卫战做出应尽的努力。12月，该中心被中共杭州市委、杭州市政府授予“杭州市抗击新冠肺炎疫情先进集体”称号。

【垃圾分类处置】紧扣省委、省政府“一年见成效、三年大变样、五年全面决胜”和2020年实现生活垃圾“零增长、零填埋”目标要求，统筹推进垃圾攻坚治理。高密度、高频次开展垃圾分类专项执法行动，出动执法队员366人次，发现问题441起，立案查处312起，简易处罚43起，罚款11.68万余元。全市设置1070处分类投放点位，再生资源网点布局184个，特殊垃圾堆放点137个，设置标准分类指示牌458处；生活垃圾同比减量4.8%，再生资源回收7.5万吨；垃圾分类“杭州模式”成效初显，建德市成为杭州市区（县市）首个全面实行定时定点分类投放的县市，59个村创建杭州市级垃圾分类示范村，2个村被评为省级高标准垃圾分类示范村。建德市获评全省提升农村人居环境（农村生活垃圾分类处理）工作考核优秀市、全省生活垃圾分类工作良好单位。市城管局组队参加垃圾“分类达人”挑战赛获杭州赛区一等奖、全省总决赛二等奖。

◎ 垃圾分类管理（供图/市城管局办公室）

【环境整治长效治理】开展渣土运输“三严管控”整治，推进工程渣土资源化综合利用和减量化规范处置，完善建筑垃圾资源化利用点及装饰装修垃圾分拣点的建设管理，225辆全密闭新型环保工程渣土车辆投入使用，为财政开源增收1570余万元。开展“道乱占”专项整治行动，依法查处占道经营409件，机动车违停依法抄告1.4万辆。开展文明养犬专项治理行动，在40个小区设置40块文明养犬宣传牌和400块文明养犬宣传地插，立案查处犬类案件84件。开展餐饮业油烟专项整治行动，强化油烟净化源头监管，检测餐饮店409家，立案查处12件。全面推行“马路办公”模式，以路为岗，现场巡查、现场督办、现场协调、现场处置，形成环境大整治问题快速解决机制。处置整改环境整治问题1.07万处，专班督办问题2157处，均已完成整改，整改率100%。

【门前“三包三色”分类管理】以新安东路、新安路等示范街为重点，加强沿街商铺管理，推行门前“三包三色”分类管理制度，完善街区环境卫生保洁制度，引进洗地新设备，对文化广场、人行道、公园等大面积污渍区块进行重点清洗。同步落实公园、菜场、公厕等人员密集区域专人负责，营造规范有序的集市环境。对标“三化”标准，重点清除卫生死角、白色垃圾、小广告等有碍观瞻的不良因素，积极营造环境优美、卫生整洁、人居和谐的居住环境。

【建德市环境能源项目成功点火运行】12月15日，建德市环境能源项目实现点火并投入试运行，依托该项目协同处置的建德市易腐垃圾集中处置中心也同步建成运营。建德市环境能源项目（生活垃圾焚烧发电项目）位于寿昌镇垃圾填埋场，概算投资4.6亿元，应用于垃圾资源（包括新产生的垃圾和填埋场原有陈腐垃圾）利用后发电；投运后，按500吨/日的垃圾焚烧量计算，每天可发电15万千瓦时，实现日收益9万元，每天减少财政投入12.5万元，同时可盘活土地面积6.7公顷。作为建德市重点民生项目，该项目有效破解了“垃圾围城”普遍现象，为实现全省“2020年生活垃圾‘零增长、零填埋’”提供“建德模式”。

【垃圾投放点位提升改造】9月，新安江主城区垃圾分类收集点位提升改造工程开工建设，总投资

1356万元,涉及改造点位220处。改造提升内容包括:对所有垃圾桶进行规格统一和规范摆放,设置专管员休息室,安装纳凉挂壁风扇、小型简易洗手台,配备垃圾分类投放指示栏,使之便民美观、干净整洁。除了对常规设备升级外,还对收集点附近市政管网、照明监控设施进行改造,确保垃圾分类点位上雨污分流、清洗污水“零”直排,也为监管垃圾乱投放提供执法依据。

【“违建”治理】紧盯“无违建市”创建目标,严防严控压增量,严查严管减存量,确保“新违建零发生、老违建逐年减”。2020年,共拆除违法建筑316处、面积1.10万平方米,其中新安江主城区拆除266处、面积0.36万平方米。建德市顺利通过浙江省“无违建市”考核验收。

【召开第二十四个环卫工人节表彰大会】10月23日,在新安江汇金大酒店召开建德市庆祝浙江省第二十四个环卫工人节表彰大会。副市长何瑞洪、市政协副主席徐亚娟出席表彰大会。大会对李志梅、方燕等10名建德市“十佳城市美容师”,郑爱君、邵金如、李开明、朱红萍等30名建德市“优秀美容师”和郑月华、朱素琴等10名建德市“十佳村庄美容师”进行表彰、颁发荣誉证书。 (方银海)

住房制度改革和住房保障

【房产和住房保障管理】完成新安江街道近江花园、望江路、沧中路、府西、政法路等5个区块的环境提升、智慧安防建设以及管网、建筑、道路等改造提升工作,涉及居民楼109幢(2557套),改造建筑面积18.15万平方米。完成对2019年主城区24家物业服务企业实施信用等级评定,其中A级及以上13家、B级及以下企业11家;府前路西侧麻岭巷地块二期改造项目完成“清零”,完成非住宅联审45次。完成4个安置房项目建设,解决安置1177户。完成维修金收缴项目12个,收缴金额2701.16万元;完成保修金项目9个,动用保修金额1803.5万元。

【住房制度改革】利用“亲清在线”平台,落实针对外来务工者、新就业大学生(2020年2月24日以后全日制本科毕业大学生)等人群的公租房货币补贴专项保障,累计保障1100余户2473人,发放补贴资金180余万元。做好房改房维修基金使用审批工作,审批使用维修基金申请共426户,维修面积2.09万平方米,支付维修基金利息52.16万余元。做好住房补贴审批,共核批住房补贴79户,补贴面积4686.67平方米,补贴金额85.78万元。做好廉租住房保障,核准住房补贴83户,廉租住房新增租金补贴16户,租金核减5户。完成57户公有住房出售审批工作。市住房改革办公室配合梅城棚改指挥部做好征收户房改工作,受理共有住房出售审批审核152户。受理房改档案查询,出具查询证明133份。 (陈卫东)

住房公积金管理

【概况】2020年底,杭州住房公积金管理中心建德分中心(以下简称建德分中心)资产总额26.87亿元,负债总额25.47亿元,净资产总额1.4亿元。

全年新增缴存公积金建制单位3960家,新增建制职工8792人;实缴职工人数44115人,同比增加947人,实际缴存住房公积金职工人数增长2.2%。全年归集10.04亿元,同比增长12.9%,首次突破10元并实现27年持续稳定增长。全年提取9.05亿元,同比增长19.4%。历年累计提取住房公积金60.56亿元。

全年发放贷款1038户,增长5.1%;发放贷款额5.18亿元,同比增长10.6%;历年累计发放贷款59.85亿元。存贷比为121.3%,比年初减少10.5个点。分中心通过银行、上级中心、存量公转商等方式,共融资6.59亿元,确保贷款发放无轮候。全年收回住房公积金贷款4.26亿元,增长29.8%。年末贷款余额31亿元,存量公转商后贷款余额25.14亿元,增长3.1%。其中住房公积金逾期贷款1.14万元,逾期率为0.0045‰,远低于省公积金监管办和杭州住房公积金管理中心要求的逾期率控制指标。

全年实现住房公积金增值收益 2948.23 万住房建设补充资金 3711 万元，累计上缴财政廉租住房补充资金 1.66 亿元。

【落实疫情期间支持政策】妥善做好新冠肺炎疫情防控期间公积金阶段性支持政策，保障职工切身利益，助力企业复工复产。实施阶段性住房公积金降比缓缴政策助力企业减负，缓解企业经济成本压力。全年 4 家企业申请缓缴公积金，缓缴金额 217.6 万元；6 家企业申请公积金降比，降比金额 25.8 万元。对受疫情影响导致公积金贷款逾期的职工，不作逾期处理，疫情期间共减免 81 人次逾期罚息利息。同时上浮无房租赁提取限额标准 50%，缓解职工住房压力。

【数字赋能“零跑腿”】优化“7x24 小时”全天候服务，全程网办事项持续增加，2020 年新增网办事项 4 项，同时延长市民购房、租房、退休、偿还住房贷款按月转账、外地户口终止劳动关系和享受城镇最低生活保障等 11 项公积金提取业务网上受理开放时间。简化公积金贷款申请材料，推进完善公积金贷款在线办、移动办、实时办，完善提升网站、手机 App、微信、自助终端等平台公积金贷款应用服务。12 月，该分中心落地全市首个“跨省通办”业务专窗，率先实现包括个人住房公积金缴存贷款等信息查询、正常退休提取住房公积金和出具贷款职工住房公积金缴存使用证明等第一批政务服务“跨省通办”事项，同时该专窗也支持“异地代收代办”“多地联办”等多种办理模式，有效解决缴存职工异地办事“多地跑”“折返跑”难题。异地贷款办事效率得以大幅提高，实现群众办事“零跑腿”。全年办理公积金一般提取业务 1.74 万笔，其中网办业务 1.16 万笔，网办业务占比 66.6%，同比提高 12.0%。（潘　迎）

编辑：吴树根

生态环境保护建设和自然资源规划管理

Ecological environment protection and construction and natural resources planning and management

环境保护

【概况】2020年，全市紧紧围绕高质量发展要求，切实履行生态环境保护工作职责，以打好污染防治攻坚战为抓手，突出抓好环保督察反馈问题整改，主打绿色牌，做实生态底，环境质量稳步提升，生态优势持续呈现，全市空气质量持续位居杭州前列，生态环境质量公众评价获杭州第一、全省第六；杭州市生态环境局建德市分局获“第二次全国污染源普查表现突出集体”称号。

4月，开展杭州市生态环境局建德分局所属事业单位机构改革，保留建德市环境监测站，机构级别为正股级；撤销建德市环境监察大队，原人员编制进行锁定，纳入建德市生态环境保护综合行政执法队，待执法队“三定”下达后另行制定；撤销建德市环保科研所，人员分流至建德市生态环境监测站。之后，建德市环境监测站更名为杭州市建德生态环境监测站，为杭州市生态环境局建德分局所属公益一类事业单位。

【环境质量】水环境：全年新安江饮用水水源地水质达标率为100%，18个200吨以上农村饮用水水源地水质达标率为99.98%。全市设7个地表水水质监测断面，按监测指标年均浓度进行评价，各断面功能区目标要求达标率100%，其中Ⅰ类水质断面占比14.3%，Ⅱ类水质断面占比71.4%，Ⅲ类水质断面占比14.3%；跨行政区域交界断面水质考核优秀。

大气环境：全年空气质量指数（AQI）范围为18~124，指数年均值为51.2，空气质量优良天数合计为359天，优良率98.1%。细颗粒物（$PM_{2.5}$）、可吸入颗粒物（PM_{10}）、二氧化硫、二氧化氮、一氧化碳、臭氧年均值均达到《环境空气质量标准》（GB 3095—2012）二级标准限值。根据酸雨污染程度分级标准评价，2020年全市仍属于重酸雨区，pH值平均5.16，酸雨率为100%。

声环境：全市各类功能区噪声均符合低于功能区标准要求，城市区域环境噪声昼间等效声级55.0dB(A)，城市道路交通噪声平均值64.2dB(A)，主要影响声源仍为交通噪声和生活噪声。

【固体废物排放】2020年，全市一般工业固体废物产生量为41.22万吨，较上年减少2.01万吨。全年固废综合利用量41.18万吨，贮存量1414吨，处置量5吨。城镇生活垃圾收集量11.93万吨，同比减少5100吨，处置量11.93万吨，无害化处理100%。工业企业危险废物产生量3.56万吨，利用处置量3.62万吨(其中利用处置往年贮存量1618吨)，贮存量1516吨。

【环境法治建设】全年共查处立案环境违法案件64件，下达行政处罚决定64件，罚款384万元；其中移交公安部门查处2件，行政拘留1人，刑事拘留3人；办理政府信息依申请公开件6件；12家环境重点管理单位完成环境责任保险签订。

【建设项目环境管理】继续推进环评“放管服”改革，强化“三线一单”生态环境分区管控方案运用，结合“区域环评+环境标准”改革，完成大同镇工业功能区规划环评及建德市电镀产业生态园跟踪环评，实现项目审批与规划环评联动在省级以下工业园区的应用。全年共办件583件，其中建设项目环评审批 124 件、登记表网络备案 323 件、污染事故应急预案备案 43 件、建筑工地夜间施工许可 65 件、辐射许可证发证 15 家、环境影响后评价备案 3 件、零土地技改项目 2 件、承诺备案项目 8 个。

【环境监督管理】2020 年,持续深化“清水治污、环境整治零点行动”多部门联合执法行动,落实部门、乡镇“双联动”机制,形成联动执法常态化,不分昼夜、不分节假日实施突击执法,重拳出击、重点惩违,共开展联合执法行动 48 次,“零点行动”检查企业 112 家次;“双随机”抽查企业 668 家,完成率 100%;围绕打好“碧水、蓝天、净土”保卫战,分重点、分行业开展环境安全专项行动,现场检查企业 4218 家次;开展“注册—申报—核发”送证“三服务”大比拼活动,全市共核发国家级排污许可证 142 本,服务指导 1549 家小微企业完成国家排污许可登记,实现全市企事业单位固定污染源国家排污许可覆盖率 100%。

◎ 8 月 6 日,新安江生态环境资源保护检察官办公室成立(供图/市检察院办公室)

【信访和提议案】建立信访快速查处机制,及时回应群众关注。深化实施环境信访“最多反映一次”阳光信访平台工作机制,全年受理信访 307 件,信访量较上年下降 30.4%,办结率 100%,回复率 100%,满意率 98%以上。全年办理各类提案议案共 9 件,满意率 100%。

【环境保障和监测】强化监测能力建设,完善生态环境监测网络,全面开展全市环境空气、地表水、饮用水源地、环境噪声、跨界水质联合监测、钱塘江流域藻类巡查监测、农村生活污水监督监测、遥感数据动态地物核查、重点排污单位监督监测等常规监测工作,以及环境监察执法监测等专项监测工作。全年获取有效监测数据 10 万余个,发布空气质量日报预报 366 期、饮用水源地水质状况信息公开 4 期、重点污染源监督监测季报 4 期、全市环境质量通报 12 期。完成沪昆物流通道环境空气监测站建设。

【环境管理体系国际标准认证】推进企业清洁生产,提升环境管理能力。全年完成浙江安联矿业有限公司等 11 家企业清洁生产审核;完成浙江新安化工集团股份有限公司等 69 家企业 ISO 14001 环境体系认证;完成浙江鑫盛舞台设备有限公司等 2 家企业环保产品认证。

生态建设

【概况】2020 年,全市坚定“绿水青山就是金山银山”理念,紧紧围绕改善环境质量核心和打好污染防治攻坚战目标,深入落实中央、省环保督察问题整改要求,持续推进水、大气和土壤环境综合整治,努力深化生态环境管理体制机制改革,全力推进“美丽建德”和生态文明建设。8 月,获得杭州市首座“大禹银鼎”(此为 2019 年度荣誉)。

【生态文明示范市创建】坚持以“生态立市”发展战略为引领,统筹推进生态文明目标责任制落实,完善领导干部定期研究生态环保制度,全年专题研究市生态保护工作 43 次;建立完善乡镇人民政府向同级人大报告生态环境状况制度,监督党委政府负责人履行本行政区域生态环境保护第一责任人的责任。细化省、杭州市目标,全面完成各项考核任务,荣获 2020 年度美丽浙江建设(生态文明示范创建行动计划)工作考核优秀县(市、区)称号;国家级生态文明建设示范市创建全面启动,紧扣创建指标,开展规划修编,推进创建各项指标任务;有机食品生产基地创建工作率先完成,获全国首批浙江首家全国有机生产基地示范市命名,新增 3 家国家级有机食品生产基地;全力做好长江经济带大保护和“绿盾2020”自然保护地监督工作,完成生态环境损害赔偿制度改革试点案例磋商。

◎ 绿荷塘生态森林公园(张霞萍/摄)

【生态文明宣传】全市生态文明理念宣传纵深推进。围绕“6·5”世界环境日主题,结合生态文明示范市创建、“蓝天保卫战”等各项工作,在全市范围内开展广场联动咨询宣传、环保公众设施开放、环保业务专家讲座、社区宣传等活动,为全市生态环境保护工作营造良好舆论氛围。完成新华社、杭州电视台《新闻60分》“美丽杭州”专栏、《今日建德》《中国环境报》等平台的报道,完成各类信息报送300余篇。开展环保文艺下乡活动,创新宣传形式,提升公众认知度、参与度、满意度。入企普法宣传多样化,进行针对性普法对点宣传,全面提高企业知法守法意识。全年共开展生态环境知识下乡、进社区等宣传活动20余场,组织企业培训31期。积极开展环保多绿创建,本年度创建省级绿色学校2家(更楼小学、大慈岩初中),杭州市级绿色环境教育基地1个。

【“三废”治理】“碧水保卫战”。深化饮用水水源地规范化建设。开展集中式饮用水水源地环境保护隐患排查,全面完成8个“千吨万人”及其他乡镇级饮用水水源地保护区划定和上报。推进工业园区“污水零直排区”创建。全年完成5个乡镇级工业园区“污水零直排区”创建,高新技术产业区“污水零直排”标杆园区创建得到部、省、杭州市一致肯定。强化入河排污口规范化管理。开展全市入河排污口排查,完成全市17处入河排污口规范化建设。实施城乡污水处理提标。完成城镇污水处理厂提标改造3个,新建农村生活污水处理设施8个,提标改造340处,221座30吨以上农村生活污水处理设施实现标准化运维全覆盖。推出农村生活污水运维“健康码”,探索智慧农污管理新模式。

“蓝天保卫战”。完成燃气锅炉低氮改造38台、生物质锅炉淘汰改造50台。完成16家企业源头替代和深度治理,整治涉气“散乱污”企业10家。全面完成高新技术产业园区废气年度治理任务。强化移动污染源管理。完成国Ⅲ柴油货车淘汰1013辆,完成2070台非道路移动机械申报登记工作。严格工地扬尘和秸秆禁烧管控。开展全市在建工地扬尘污染大排查、大整治和秸秆禁烧专项行动,发现交办扬尘和露天焚烧问题522处。推进治气数字化转型。加密监测网格,完成24个高空瞭望系统、8个城区微型空气站建设。整合污染源和环境空气质量等数据资源,建设“蔚蓝新安”数字治气综合管理平台,问题发现和监管水平不断提升,部门实现线上线下一键协同。

“清废净土攻坚战”。完成建德红狮水泥有限公司15万吨/年一般工业固废水泥窑协同处置项目并投产运行。推动完善建德市小微产废企业危险废物收运体系,建成一个小微企业危险废物收集点。提升危险废物监管水平。落实危险废物全过程管理,确保危险废物从产生到利用处置百分之百安全。严格落实危险废物重点企业分类管理和危险废物转移联单制度、《危险废物贮存污染控制标准》等规范化管理要求,全年全市审核年度管理计划556份、转移联单5585份。加大涉危涉废执法力度。以化工、金属表面处理、机械加工、汽修等行业为重点,全面开展固体废物大排查,打击废酸、废矿物油、污泥等非法收集、处置、倾倒等环境违法行为。强化土壤污染防治。完成农用地土壤污染状况详查及详查面积验证工作,顺利完成超标点位“对账销号”任务。完成全市49家在产及关闭重点企业地块基础信息调查和7家中高风险地块土壤采样及检测工作。 (叶黎青)

国土规划和自然资源管理

【概况】2020年，建德市全域土地综合整治工作，获评省政府督察激励事项，奖励新增建设用地指标6.7公顷；成功创建全省国土资源节约集约模范县(市)，奖励新增建设用地指标20公顷。耕地保护、土地要素保障责任目标考核，获评杭州市“优秀”，并位居各区(县、市)首位。建德市规划和自然资源局获评“浙江省地质灾害隐患综合治理‘除险安居’三年行动成绩突出集体”荣誉，林金辉被授予浙江省先进个人。

全市土地出让、指标调剂、矿业权出让三项基金实际入库52亿元，完成年度任务的136.8%，创历年新高。全年共向上争取土地指标186.2公顷(不含单独选址项目)，同比增长68.0%。

深入开展工业用地出让综合改革，试行全国首次土地出让合同“云签订”、获批全省首宗“先行用地”、开展全杭州市首个“先租后让”，工业用地出让占比，居杭州市各县(市、区)首位。5个全域土地综合整治项目纳入省级试点，其中下涯镇获批国家级试点。2个坡地村镇试点项目——胥江杭派民居项目、开元芳草地项目获全省规划设计优秀成果奖(全省共10个项目获评)，为全市经济社会发展提供了强有力的规划和自然资源保障。

【国土空间规划】通过“一村一梳理”、重点区块思路研究、生态保护红线“三上三下”对接协调、高质量“永农平衡”方案编制、村庄单元划分等前期基础工作，完成国土空间规划“三线”(生态保护红线、永久基本农田、城镇开发边界三条控制线)划定，初步方案向建德市级汇报后，报省自然资源厅和杭州市规划和自然资源局审核。开展桥南—更楼片区、南峰片区、东站—花坞片区等重要节点开发思路研究。执行省自然资源厅发布的过渡期规划实施管理政策，按照“项目跟着规划走、要素跟着项目走”“要素集中集聚”原则，过渡期项目严格按照国土空间规划划订方案管理保障。

以规划为引领，结合全市重点关注内容，按照城市发展“东扩、南拓、西延、北进、中优”二产引导平台、小微园集聚，三产配套农业、旅游产业等选址原则，开展土地前期预审，形成具备操作性的储备库。全年共召开规委会专题会议12次，审议规划、方案等重大议题88个；同时根据分级管理机制，报审签一般类议题26个。

【规划管理】全年共受理办结审批服务事项220个，其中规划设计条件26个、建筑设计方案及选址论证报告77个、农民建房审批18个、临时改变功能项目2个、建设工程规划核实97个，办结率100%。

全年出具洋溪新城高速出口区块S-7-1、S-6-2、大同A-27综合功能站等地块规划设计条件，为重点经营性土地出让工作打好基础。积极探索规划和用地“多验合一”新模式，对建筑类建设工程竣工规划核实和用地复核验收进行合并办理，实现“一图多用”，整合建设工程竣工规划核实和用地复核验收办理流程，实施一窗受理和容缺受理，并通过内部流转方式，统一发放建设工程竣工规划核实确认书和建设用地复核验收合格意见书，大幅减少项目业主申请材料和办理时间。围绕“走在省市前列，引领第一方阵”目标任务，积极开展美丽城镇建设工作，包括“双师”(驻村规划师、设计师)制度建立、行动方案审查、全域土地综合整治等。

完成国土空间规划市域交通模型、重点地区新技术应用试点、市域水利模型的采购工作。开展寿昌镇西华村(单元)村庄规划编制试点工作。完成《建德南峰村初步发展思路》《浙江省建德经济开发区发展思路》《建德梅城—三江口组团初步发展思路》、《建德桥南—更楼区域发展思路》等研究工作。完成工业用地编码、合法控规数据入库等工作任务。

【农转用报批】全年共完成农转用16个计划批次及杭衢铁路和临建高速公路农转用审批，除计划第15、16批次外，均已获浙江省政府和杭州市政府批复，报批进度名列全省前茅，得到省自然资源厅领导批示肯定；重点保障高铁新区、经济开发区的医用防护用品产业园、朝美日化公司先行用地、东翼项目、高铁门户区景观大道工程、建德亿联高新材料产业园、航空产业园机库建设、机场大道西侧通航产业平台等项目。

【土地出让】以“走出去、请进来”方式，通过线上招商发布会、主动上门招商，实现重点地块有效招商。全年共出让土地65宗、面积117公顷，出让金成交总额25.1亿元。其中，经营性用地12宗、面积26.33公顷，出让金成交总额22.2亿元；工业用地53宗、面积90.67公顷，占出让土地总面积的76%。根据杭州市下达的工业用地出让年度任务（工业用地出让面积54.67公顷，占总出让土地比例不少于30%），深化工业用地出让改革：通过试行全国首次土地出让合同“云签订”、全省首宗“先行用地”（朝美日化）、全杭州市首个“先租后让”（浙江建德经济开发区德翼碳陶项目）等改革创新举措，确保工业用地出让的数量、效率“双提升”。至年底，全市完成工业用地成交86.33公顷，完成年度任务的154%，工业用地占总出让土地比例为76%，居杭州市各县（市、区）首位。

【指标收益】继续健全完善“两山公司”项目管理模式，强化项目立项、现场管理和进度推进，土地整治工作实现良性滚动开发。全年共实地验收水田项目117个，新增水田面积338.67公顷，其中直接垦造水田面积243.2公顷、旱改水面积95.47公顷，水田占补指标款收益完成12亿余元。

【土地资源空间拓展】在全市开展土地资源“空间拓展”大比拼活动，全年指标盘活完成25.73公顷，建设用地复垦完成43.6公顷，水田垦造完成336.6公顷，分别以超额28%、9%、1%幅度，完成年初下达的目标任务。

【地质灾害防治】全面完成省政府“除险安居”三年行动，全市核销地质灾害隐患点146处，共计减少威胁户数736户、人数2979人。全年应急调查、处置110联动险情141处，发生地质灾害灾险情109起，其中21处为灾害点，未发生人员伤亡事件。出具地灾应急调查报告21份，地质应急调查意见20份。完成避让搬迁和治理8处，共计减少威胁户数42户、人数161人，总计经费607.36万元。完成风险防范区区划工作，划定风险防范区174处，其中重点风险防范区11处、一般风险防范区163处（拟调增8处，核减23处），并在此基础上配合应急局完成安全码“赋码”工作。继续实施地灾防治能力三年提升行动。以地灾“整体智治”为纲领，开展重点乡镇1:2000地质灾害风险调查评价工作、建德市全域1:50000地质灾害风险普查工作，启动建德市地质灾害防治“十四五”规划编制，新建9个地灾专业监测点并入网运行，进一步完善地质灾害风险“一张图”。

【矿政管理】有序推进《建德市矿产资源规划（2016—2020年）》实施，严格落实“关小开大”，清理到期采矿权3个，至年末全市保留有效采矿权数16家。完成省、杭州市下达的废弃矿山生态修复三年专项行动和废弃矿山治理“清零”任务。启动建德市矿产资源“十四五”规划编制。对全市18家生产矿山储量进行每月一测动态监测，全年测量认定无证非法开采点12处。配合交通、环保等部门开展全市“两治一整”百日攻坚行动，严格落实厂矿企业、水泥熟料、矿山、工地、砂场等属地管理责任。

全市新增全国绿色矿山名录库1家，7家矿山通过第三方核查评估纳入全国绿色矿山名录库，数量位列杭州市第一。协助2家基建期矿山完成绿色矿山建设计划编制工作。开展露天矿山综合整治工作，涉及在采矿山8家、废弃矿山7家、违法违规开采点1个。全年共办理建德红狮水泥有限公司童家石灰石矿、建德海螺水泥有限责任公司洞山石灰石矿等采矿权许可（延续）5件，办理浙江省建德市石马头矿区燕山矿段石灰岩矿采矿权许可转让1件，办理建德市大同镇叶村老虎窝石矿采矿权许可注销1件，办理建德市大岩山矿业有限公司大理岩矿、建德市航头镇航头村、溪沿村紫坞岭矿区普通建筑石料用凝灰岩矿矿业权抵押备案2件。

【生态修复】围绕耕地保护，进一步规范标准农田占补平衡报批、永久基本农田调整论证、耕地保护补偿资金发放程序。印发《关于完善耕地保护责任目标考核与补偿机制的通知》,压实乡镇(街道)、村(社区)两级的耕地保护主体责任。全年发放耕地保护补偿资金2648万元。首次向省厅争取灾毁耕地复垦补助资金421万元(杭州市最多),切实保障梅城镇175公顷耕地恢复种植条件。完成标准农田占补平衡报批3批次面积19.33公顷,保障兰博士、市三医院等产业、民生项目落地。完成临金省高网、杭衢铁路、金建铁路永农布局调优等重大线性工程用地报批34.4公顷。

全域土地综合整治工作获评省政府激励事项,争取新增建设用地指标6.67公顷。新申报更楼街道、乾潭镇、下涯镇、大洋镇、大慈岩镇等5个工程全部入选省级工程,下涯镇入选国家级试点,完成三都镇、钦堂乡葛塘村省级工程杭州试点验收。制定《建德市生态"坡地村镇"建设用地项目申报和实施办法(试行)》,持续抓好10个项目建设进度,并完成大慈岩镇飞凤农场、三都江南秘境一期2个项目省级验收工作。

【自然资源信息数字化工作】完成全国第三次国土调查统一时点更新,完成国家下发更新图斑3329个、国家督查图斑367个、省下发更新图斑661个、自提更新图斑2274个,统一时点更新总面积4897.5公顷。同时率先开展全市重点区域自然资源清单编制工作,其中国家级森林公园自然保护地1.27万公顷、省级森林公园自然保护地1.15万公顷、省级河流82.6千米、县级河流254.6千米、中大型水库662.07公顷。

开展基础测绘成果数据库建设,市规划和自然资源局、市住建局、市城建测绘大队协同杭勘院等单位部门,获取全市历年1:500、1:2000数字线划地形图、GNSS C级点、D级点和一二等水准点、遥感影像、航空影像、地下管线及地理国情普查、监测等基础测绘成果数据,进行坐标转换和格式整改,搭建建德市基础测绘成果数据库。下发《关于进一步明确使用2000国家大地坐标体系的通知》《建德市测绘从业单位管理暂行办法(试行)》和《建德市测绘地理信息市场信用评价标准》,规范坐标系使用、测绘资质和项目备案、测绘成果汇交等工作。组织开展省市县三级统筹的测绘地理信息"双随机"检查,检查测绘从业单位7家、地图市场单位4家。

开展并完成基础测绘与地理信息数据生产工作。下发《建德市深化推进工程建设项目"多测合一"改革的实施方案》《建德市工程建设项目"多测合一"合同示范文本》,明确"多测合一"改革所涉及的委托、资质、收费、质量、共享等标准要求,优化"多测合一"工作流程设置,建立"多测合一"中介服务机构名录库(第一批)。

同时,以莲花溪为试点单位,开展自然资源统一确权试点工作,至年底完成确权登记面积42.07公顷,河流长度16.72千米。

【征地拆迁】全年开展年度"双清"任务项目82个,计划征地面积330.47公顷,拆迁913户(含26家企业),安置491户。全年完成"清零"项目86个、征地面积339.27公顷;完成拆迁1045户、万层安置546户。11月中旬,4个杭州市重点征迁"清零"项目涉及的住宅拆迁403户、建筑面积13.50万平方米,非住宅拆迁12户、面积12.99万平方米,全部完成。开展"双月清零"专项行动,涉及重点项目、民生事业等项目62个,完成征地222.73公顷,拆迁631户,迁移坟墓xxx穴,迁移杆线156根,一批重点区块多年历史遗留问题得以解决。

【自然资源督察】开展农村乱占耕地建房摸排工作,全年共摸排纳入省综合监管平台地块1383宗、占用耕地17.58公顷。继续做好违建别墅整治系统填报、后续处置、台账制作以及接受各级督察验收工作。继续做好扫黑除恶专项工作相关线索收集、上报、处置工作并对三年工作台账进行全面梳理。通过内外业核查形成闭环、核查与处置同步进行等方式,确保全市2019年度违法耕占比为1.51%。全年共受理办结信访件700余件,办结率100%。规范行政执法程序和标准,提高行政执法水平和执法效能,其中《乾潭天蓝碎布加工厂非法占地案》被自然资源部评为优秀案卷。(胡晓坤)

编辑:唐国强

安全生产与应急管理

Safety production and emergency management

综 述

2020 年，建德市安全生产形势较往年呈现严峻态势，除了新冠肺炎疫情防控贯穿全年之外，7 月汛情及新安江水库建成以来首正式次开九闸泄洪、企业复工复产经济指标任务导致更多的安全管理压力。全市安全生产工作坚持“守牢生命底线”“拉紧防汛防线”“压实安全红线”，全力保证“提本质、遏重大、降较大、减总量、保安全”，不断完善“大安全、大应急、大减灾”体系，加快实现应急管理工作从“磨合”向“融合”转变，全市安全生产形势总体稳定。

全市应急管理工作充分发挥安全生产委员会办公室、防汛抗旱指挥部、森林防灭火指挥部等议事协调机构作用，突出各部门协作，落实重点领域安全监管和重点时段灾害防治工作。各类安全生产事故和死亡人数同比分别下降 5.6%和 44.4%，实现“双下降”目标。全年共发生安全生产经营性责任事故 17 起、死亡 10 人，未发生较大及较大以上事故。其中，道路交通运输事故 15 起、死亡 8 人，工矿商贸事故 2 起、死亡 2 人，水上交通和消防领域未发生亡人事故。全市发生有损失的自然灾害 1 次(新安江大坝首次九孔泄洪)，造成 2.66 万人次受灾，直接经济损失 11.9 亿元，其中农业损失 3200 万元、基础设施损失 8.1 亿元、公益设施损失 2.59 亿元，无人因洪灾死亡。发生森林火情 27 起(其中火灾 1 起)，过火面积 11.38 公顷，受害面积 0.63 公顷(9.5 亩)。全年涉民火灾形势总体稳定向好，全市未发生较大(含)以上或有较大社会影响的火灾事故，较 2019 年同期相比，火灾数下降 41.5%，财产损失下降 27%，实现火灾形势和队伍管理“两个稳定”。建德市在杭州市各区县安全生产和消防安全考核中获得优秀等次。

积极探索消防救援体制改革，开展消防救援队伍建设和人员训练，参与各类社会救援工作，7 支社会救援队伍全年共开展救援行动 370 余次，参与执行任务 1700 余人次。惠民森林消防救援队获“浙江省杭州市扑救森林火灾实战演练与竞赛”第一名，新安山地救援队在“杭州市首届社会应急力量技能竞赛”中获单项技能第三名。

安全生产

【安全生产行政执法检查】2020 年，建德市应急管理局依托“互联网+监管”平台，强化“双随机、一公开”监管。制定并实施《关于开展 2020 年建德市应急管理局安全生产“双随机”执法活动的通知》，全年共开展执法 46 次，抽查企业 325 家，参与检查人员 352 人次(双人执法)，依法查处安全生产违法行为，共立案 116 起，其中非事故类案件 114 起、事故 2 起，罚款金额 321.32 万元。同时“15 日工作法”新增避灾安置、安全度汛、森林防火等暗访曝光内容，全年共下发交办文件 27 批、隐患挂牌督办文件 5 批、整改隐患 802 处。完成省级道路隐患治理点位 2 处、杭州市道路隐患治理点位 2 处、以及杭州“60 日工作法”挂牌交办隐患 10 处。

【企业风险管控体系建设】2020 年，在建成《企业风险管控四色图》对新安江主城区和 5 家试点企业开展风险辨识、管控工作的基础上，建德市应急管理局根据《浙江省应急管理厅关于印发浙江省企业安全风险管控体系建设实施指南(试行)的通知》要求,选择高危行业企业、工贸行业危险化学品使用企业和加工制造类小微企业及“三场所三企业”等领域内风险辨识不全、风险分级不规范和风险管控措施不到位的企业30家(其中杭州市级2家、建德市级10家、乡镇级18家),开展企业安全风险管控体系建设试点,至9月底推广至450家。全年共组织培训5次,提高企业主管人员风险管控素养。投入7.5万元对平台进行软件升级,新增省应急管理厅下发指南中风险评估模板的下载和数据导入功能,修改系统中对风险四色图大小、尺寸、格式的限制,增加阿里云文件服务器1台(容量1T),开发监管系统的数据接口,为企业信息录入和风险管控提供便利。至年末450家企业基本完成试点建设项目进入运行阶段,初步实现对风险管控、隐患排查治理信息的在线报送、统计分析、在线预警等功能。

【第二轮安全生产专项整治三年行动】2020年为“第二轮安全生产综合治理三年行动”首年。根据国务院、省、杭州市三级安委会相关要求,建德市安委办结合本地实际制定安全生产综合治理三年行动计划总方案和《安全生产风险防控和应急救援数字化建设专题》《落实企业安全生产主体责任专题》等3个专题、10个专项实施方案(危化矿山、加工制造类小微企业、消防安全、道路交通运输、建设工程施工、建德市工业功能区、危险废物、特种设备、城市运行安全、旅游安全),开展该项工作。至年末,10个专项累计开展督导检查307次,排查一般隐患7939处并全部完成整改,行政处罚251件。

【社会化服务】2020年,建德市应急管理局投入社会化服务专项资金90余万元,委托浙江泰鸽安全科技有限公司、浙江泰达安全技术有限公司和杭州安全生产科学技术有限公司,对24家危化生产使用企业、18家矿山企业(第一轮社会化服务为17家矿山企业+1座尾矿库,后因采矿权证到期未续延关停3家,第二轮社会化服务为14家矿山企业+1座尾矿库)和130家一般工贸企业开展两轮社会化服务,共发现并整改危化安全生产隐患575项、矿山安全生产隐患129项、一般工贸企业安全生产隐患486项。同时,积极推进“保险+服务”工作,所有危化生产、医药化工企业全部完成投保。完成第一轮24家危化企业的服务诊断工作,发现并整改隐患152条。各乡镇(街道)购买安全生产社会化服务共计872万元,其中企业购买服务577.74万元、政府购买服务294.25万元。

【行政许可“最多跑一次”改革】以“最多跑一次”改革为契机,简化行政许可审批流程,从减时间、减材料、减环节入手,全年压缩实际办理条件审查、设施设计审查时间56%以上,减少材料30%左右;提升服务质量,修改完善办事指南,对接落实“好差评”系统,完成政务服务2.0平台事项认领、试运行工作,调整权力事项清单至28项。全年达成政府数字化转型工作6个100%(“跑零次”实现率、即办事项比例、承诺期限压缩比例、网上办实现率、掌上办实现率、材料电子化率),共办理各类事项299件。

【员工安全培训】根据《浙江省应急管理厅关于印发浙江省企业百万员工安全大培训实施方案的通知》要求,建德市应急管理局对企业进行划片分区并摸排了解,根据市工业技校、先锋职业技校和杭州华熠安全技术有限公司3家培训机构师资力量和所处位置,分解2020年度杭州市下达9700人次培训任务。8月启动培训,采用线上+线下相结合,历时4个月。至12月底,线上自主培训1.2万余人、线下组织培训1.1万余人,线上线下均完成培训者共计9935人,超过原定任务数235人。

(胡蔓菁)

应急管理

【概况】2020年,建德市应急管理工作重点围绕夯实防灾减灾救灾基础,提升应急救援能力,持续在协同作战中整合优化应急处置体系。全年响应“110”社会应急联动工作57次,汇总各类重点敏感应急信息157条,及时向市委、市政府办公室上报，为快速有效决策提供支撑。完成梅汛期暴雨、兰江洪水、新安江水库九孔泄洪、第 4 号台风、抗雪防冻等应急防御工作，全年启动应急响应 8 次，发出内部明电 48 个，发布预警短信 50 余万条次。

因机构改革，原市政府森林消防指挥部调整为建德市森林防灭火指挥部，形成由常务副市长为指挥，农业分管副市长为常务副指挥，市府办、应急局、林业局、人武部、公安局相关领导为副指挥，各相关部门为成员单位的指挥体系。

【防灾减灾工作】防汛工作。落实乡镇防汛防台责任人和灾害信息员队伍，更新基层各类防汛责任人 3000 余人；收集 735 处山洪灾害危险区、地质灾害风险区、城市低洼内涝区等重点区域场所信息，更新 256 个防汛防台形势图；全面排查全市山塘水库、地质灾害风险区，以及避灾安置点、乡镇防汛物资仓库和市级救灾物资仓库。

森林防火工作。做好森林防灭火宣传，签发 4200 余份禁火令；严格管控火源，严厉打击野外违法用火，全年累计安排 3200 余人专人值守全市 1320 余个墓区和有坟墓山头等重点地段和路口；2 次开展野外火源专项治理行动和打击违法用火专项行动，排查并整改森林火灾隐患 25 处，对违法用火行为处罚 5 例。

减灾工作。开展城市避难场所统计梳理工作，全年完成避灾安置场所规范化建设 16 处，完成可视化建设 104 处，完成寿昌镇山峰村“全国综合减灾示范社区”创建工作；制定镇村防汛物资储备定额，完成防汛应急物资增储；完成涉及 9512 人的“浙江安全码”排查、赋码、操作工作。

◎ 7 月 8 日，新安江水库九孔泄洪期间开展救援保卫工作(供图/市应急管理局)

【应急准备及演练】2020 年，建德市建立健全应急联动机制，实行应急联动单位例会制度，明确全市 58 家应急联动成员单位，每季度召开应急联动单位联络员会议。重视社会应急救援队伍培育，出台全市应急救援队伍建设标准相关实施意见；会同相关部门(单位)规范队伍管理，建立 24 小时应急值班备勤制度，全年开展例会交流 4 次、应急救援知识培训 5 次，举办高危行业应急救援专业能力提升交流活动 7 场。加强预案管理工作，根据工作安排与相关单位对接，收集、备案、上传应急预案 23 个，同时对 7 个专项预案和 1 个总体预案开展修编工作。

积极组织应急演练，全市各乡镇(街道)、部门单位以及主要生产企业开展应急演练 140 余次，包括“城市大脑”可视化应急指挥演练暨防汛防台应急演练、杭新景高速窑山顶隧道内危化品车事故处置联合演习、建德市小学返校复学防疫全过程演练、省级扑救森林火灾实战演练和竞赛等大型应急演练 8 次。

【市应急综合指挥中心建设】2020 年，建德市应急综合指挥中心新配备 4G 应急单兵 4 台、布控球 2 台、无人机 1 架，以及局域网对讲机、卫星电话等专用应急通信网络设备，并安排专人学习操作，3 人取得无人机驾驶资格证，可视化系统实现省、市、县(市、区)三级应急处置人员之间音、视频和数据信号互连互通。构建市应急综合指挥中心与上级部门沟通专用网络，建成 VPN3 应急专用通信网络、移动应急专网，确保数据安全。

【“两办”值班室与应急值班双向融合】9 月，市委、市政府值班室改设于市应急管理局。“两办”值班室出台值班工作制度及健全突发事件信息报告制度文件 5 份。实行日常每日一小结、每周一例会、一月一总结、重要节点“四个一”(每日一碰头、一小结、一研判、一汇报)工作机制，定期抽查各单位值班值守情况；根据信息紧急与重要程度，按照不同星级进行分级标注、分批流转；问题处置实行分类包干，各职能单位对职能范围内的问题进行迅速认领，以一键式部署、地毯式摸排等方式落实重点关注、迅速行动、全面整改到位。至年底，值班室汇总重大敏感信息54条，顺利通过2020年中秋、国庆“双节”等大战大考。

【省航空应急救援主运行基地和杭州市常态化备勤点建设】7月1日，省航空应急救援主运行基地和杭州市常态化备勤点在建德千岛湖通用机场正式运行，共设正式编制5个、编外人员1个。配备7人航空应急救援医疗小组和上海金汇通航AW139机型1架(配有医疗急救设备、绞车、担架等专用救援装备)。至年底，杭州市常态化备勤点共执行任务飞行56架次，飞行总时长94小时25分。（胡蔓菁）

消防救援

【概况】2020年，建德市消防救援大队严格按照习近平总书记提出的“两严两准”(严肃的纪律、严密的组织、准军事化、准现役)要求，持之以恒纠正“四风”问题，打造“五个秩序”(规范的执勤秩序、科学高效的训练秩序、严谨细致的工作秩序、和谐智能的生活秩序、公平有度的执法秩序)。联合建德市纪委、安委会、平安办、文明创建办等平台，落实市消安委办常态化运行机制，“每月督促通报、定期会商、部门联动”，全年下发61份工作督办函，实现重大消防安全隐患交办闭环管理。

队伍内部高度安全稳定，实现零责任事故、零犯罪案件、零重大违纪、零负面舆情。全年火灾形势总体稳定向好，未发生较大(含)以上或有较大社会影响的火灾事故，较上年同期相比，火灾数下降41.5%，财产损失下降27.0%，实现火灾形势和队伍管理“两个稳定”。2名指挥员分别在抗疫和抗洪中荣立个人三等功，1名干部获得省级“优秀共产党员”称号，1名消防员获得省级“优秀团员”称号。

【险情处置】2020年，建德市消防大队共接警出动482次，出动车辆765辆，出动警力4646人，成功处置“1·5”乾潭镇乌龙山汽车灾害抢险救援、“5·5”乾潭镇陵上新村厂房火灾、“7·5”乾潭镇广元腊业厂房火灾等救援任务。在7月新安江水库九孔泄洪救援中，全体队员在一线奋战五天五夜。7月中旬，4名队员驰援安徽抗洪救援任务，历时29天，全面参与营救被困群众、保护转运群众，帮助灾区清除淤泥、运送物资、清除障碍、检查安置点等援皖防汛救灾任务，受到当地党委和政府高度肯定和表彰。

【队伍建设】开展岗位练兵，建立月比武、周测试制度，确保战斗员体能基础。严格落实每周三“熟悉演练日”制度，演练单位200余家，修订预案168份，制作重点单位三维数字化预案5份，多次组织多部门开展应急救援联合演练，增强队伍实战能力。坚持落实每战必评制度，针对高层建筑、化工厂房、交通隧道等火灾事故扑救难题，召开战评会、研讨会、微课堂，通过战例研讨提升专业理论水平；成功组建水域、化工救援班组，先后选派14人次参加各类专业救援培训，队伍专业化水平不断提高。对6支专职消防队、39支志愿消防队、354个村社级和重点单位微型消防站，加强管控管理和调度调动，每周至少对30家微型消防站进行电话视频拉动和实地拉动指导，每季考核通报专职消防队工作开展情况，每半年组织专职消防队队员赴大队集中跟班轮训，提升多种形式消防救援队伍战斗力。

【消防安全综合治理】建德消防围绕专项整治三年行动和“消防安全三年翻身仗”，推进高层建筑、生命通道、老旧小区、小微企业等专项治理。共检查单位1084家次，发现火灾隐患475处，督改隐患443处，下发责令改正通知书328份。办理行政处罚案件71起，下发责令整改通知书328份，临时查封11处，责令“三停”26家。联合市住建局、市城管局开展打通“生命通道”专项整治活动，对单位和住宅消防车通道被占用、消防登高场地违法停放开展集中整治，完成96个居住小区消防安全综合治理试点建设，施划消防车通道标线标志数小区和单位193个。对6个老旧小区开展消防管网、消防车道等基础设施增配改造。新建成电动车智能充电桩203处，远程监控系统54个，独立式感烟探测报警器 2623 个，全市技防物防水平得以提高。

制定《关于进一步推进小微企业消防安全综合治理的指导意见》，发动各乡镇街道基础力量，对全市 1151 家小微企业开展全面排查；联合梅城镇探索建立小微企业消防安全联合监管机制，研发运行小微企业消防综合监管平台，全年开展消防安全培训 90 余场，消防站开放 30 余次，16 个乡镇街道均建成并投入使用消防宣传体验馆，全市 256 个村、社区完成消防宣传体验点全覆盖。

（胡倩炜）

编辑：唐国强

金融·保险

Financial insurance

综述

2020年,全市有金融保险行业监管机构2个(浙江银保监局建德监管组、中国人民银行建德市支行)。有银行业金融机构19家,其中政策性银行1家(中国农业发展银行建德市支行),商业银行16家,新型农村金融机构2家(浙江建德湖商村镇银行、建德市大同镇桑盈农村资金互助社)。有保险业机构34家、证券机构2家,非银行金融机构小额贷款公司3家。

全年金融产业增加值23.21亿元,增长14.9%。年末金融机构本外币各项存款余额645.30亿元,同比末增长19.9%。住户本外币存款余额345.54亿元,增长13.1%。金融机构本外币各项贷款余额564.55亿元,增长22.8%。中长期本外币贷款395.96亿元,增长29.8%。全年保险业保费收入7.00亿元,同比减少15.8%。其中,车险保费收入6.18亿元,减少18.6%。

人民银行建德市支行

【概况】2020年,人行建德市支行积极推动央行低息资金落地,央行3000亿元再贷款落地3.57亿元,重点名单企业覆盖面100%,为杭州地区最高。"1万元再贷款"落地20.6亿元,居杭州第三。再贷款合计落地建德26.73亿元,支持3600家企业、个体工商户、农户。辖内法人银行累计向796户普惠小微企业实施阶段性延期还本付息政策,延期本金金额5.82亿元,延期率80.2%;向2518户普惠小微企业发放符合央行资金支持条件的信用贷款5.70亿元,发放信用贷款占比达18.9%。

【特殊时期贷款政策落实】新冠肺炎疫情防控期间,人行建德市支行落实人民银行疫情防控专项再贷款政策,向17家重点企业发放利率1.3%的专项再贷款3.4亿元,发布《关于加强疫情防控和企业复工复产金融服务意见》,出台加强小微企业信用保障、提高困难企业信贷支持、加强困难企业帮扶、帮助上市公司运行、做好企业续贷、降低企业融资成本等13条政策,加强企业复工复产金融支持。落实降低企业融资成本和"三减"联动政策,累计为25家银行、5家减租贡献企业补助奖励193万元。

7月,新安江水库泄洪期间,该行指导辖内银行机构推出贷款优惠政策和产品,稳企纾困,确保全市18家银行业金融机构120个网点正常运转。为辖内法人机构增加支农支小再贷款额度1.0亿元,用于支持汛情救灾。建德农商银行推出专项救灾信贷产品,单列5.0亿元信贷资金。建德农行及时落实"十条举措"支援汛期灾后救助。

◎ 7月5日,建德市启动"金融帮帮团"服务月活动(供图/人民银行建德支行办公室)

【债务融资工具发行】2020 年，该行积极推动债务融资工具发行，指导辖内金融机构加大债务融资工具发行，并取得历史性突破。全市债务融资工具发行金额 41.3 亿元。推动建德农商银行申报发行二级资本债，争取 2020 年发行 2 亿元。加大应收账款融资服务平台推广应用力度，促进应收账款融资服务平台线上融资 14 亿元。加大央行内部（企业）评级工作，辖内 2 家法人机构新开展央行内部（企业）评级 3.32 亿元，运用信贷资产质押再贷款、信用贷款支持工具 7 笔，总金额 3.91 亿元。

【信用体系建设】2020 年，该行持续开展省级“信用村、信用镇”创建，新申报 2 个省级信用村和1个省级信用镇，复评申报 3 个省级信用村。累计创建 10 个省级信用村（社），4 个省级信用乡（镇、街道）。不断深化总行级小微企业信用体系试点区建设。加强两大信用信息服务平台建设，建立9980户小微企业信用档案，建档率达 83.2%，建立信用档案小微企业获得信贷情况户数 8987 户，同比增速 64.6%。

【金融风险监测】继续开展全方位风险监测，确保辖区金融稳定，全市不良贷款余额和不良率保持“双降”，五级分类不良贷款率 0.5%，下降 0.14 个百分点，不良贷款余额较上年末减少 0.11 亿元。对辖内“明天系”做好风险监测与防控。成功推动 2 家企业实施破产重整，化解债务近 1.25 亿元。修订印发《建德市银行业金融机构综合评价办法》，做好金融机构综合评价和重大事项报告工作。

【外汇服务与管理】加强疫情期间货物贸易绿色通道政策宣传引导，采用网上办、邮寄办业务共 26 笔，实现企业跑“0 次”。对跨境企业的贸易情况及难处进行深入调研，探索出口贸易新业态政策的实施效果及政策反馈。围绕“关于优化外汇管理支持涉外业务发展”的八项便利化措施做好外汇业务管理工作，进一步优化营商环境。跨境人民币业务取得新突破，跨境人民币收入增长 155.0%。

【金融服务】开展“助农服务示范点”创建活动，强化辖内助农服务点标准化、合规化管理。开展辖内关于“2020 年移动支付便民工程建设劳动和技能竞赛”活动。筑牢国库资金安全、国库业务系统运行安全和国库信息数据安全“三条底线”。组织、指导各金融机构开展反假币活动。深入开展国库监督管理，柜面监督审核共发现差错 105 笔，金额 269.75 万元。开展“拒收现金”专项整治活动，消除“数字鸿沟”，保障消费者尤其是弱势群体消费者的合法权益。全年现金共投放 53.15 亿元，同比减少 4.9%；回笼 22.85 亿元，减少 45.5%；净投放 30.3 亿元，增长 116.4%。（朱永鹏）

银行保险业监管

【概况】2020 年，浙江银保监局建德监管组根据省局要求，引领辖内银行保险机构高质量服务“六保”“六稳”，扎实开展对其法人常规监管。按时保质审核法人机构非现场监管报表；强化分析研判，提升非现场监管报告质效；指导做好信息披露与外部审计；开好审慎监管会谈及三方会谈，充分利用约见谈话、列席内部会议之机，传导监管政策，督促监管意见落实。加强对建德市大同镇桑盈农村资金互助社辅导式监管，指导其依法合规完成章程修改、增扩社员、社员代表大会换届选举等工作。建立季度非现场监管报表体系，及时掌握经营动态。对接某财险建德支公司接管事项，确保其稳定运行。

妥善处置群众来访投诉，根据部署认真开展信访核查，查清事实、厘清责任，全年共处置信访投诉 20 余件。与建德市人民法院共同协作，在杭州市辖域内率先聘请金融特邀调解员，探索金融矛盾多元化解新路径和诉源化解新模式。开展“防范非法集资宣传月”活动，组织消费者权益保护集中宣讲与金融知识普及，增进公众金融知识和风险自担意识。

新冠肺炎疫情防控期间，建德监管组及时传达上级精神，指导督促银行保险机构合理匹配金融服务。亲企惠企，督促银行保险机构出台并切实落实支持复工复产的金融支持举措；梳理惠企政策 84 条并向社会公告。组织开展金融支持复工复产督查，推动银行保险机构落实监管要求，实施好惠企政策，仅上半年辖内银行实现减息降费 4727 万元。汛期，新安江水库首次正式九孔泄洪，该监管组指导银行保险机构做好防汛救灾和金融服务保障。第一时间部署各保险机构快速启动防灾减灾应急处置工作机制，加强对客户防汛防灾指导，应赔尽赔快赔，积极发挥保险保障功能，开通“理赔绿色通道”，及时受理与汛情有关案件，加快估损理赔，发挥保险保障功能。

落实“六稳”“六保”精神，发挥金融稳企纾困作用，实地走访 16 家企业，及时协调解决企业诉求，涉及贷款金额 9 亿元。大力推进“百行进万企”，督促银行机构建立工作联系平台，建立好“两张清单”和问题解决台账。推广浙江省金融综合服务平台，协调推进“总对总”(总行对总行)线上抵押登记办理，按月通报平台使用情况。满足新增贷款需求，大力发展首贷户。鼓励发放中长期流动资金贷款，推动授信年审制、循环授信制度落地；鼓励发放信用贷款，拓展抵押品范围。推动银行向企业减费让利，落实临时性延期还本付息政策。

【小额贷款公司监管】2020 年，建德市新安小额贷款股份有限公司、建德市白沙小额贷款有限公司在全省小额贷款公司监管评级中获评 A+ 级，建德市建业小额贷款股份有限公司获评 A 级，其中杭州市 5 家 A+级中建德占到 2 家。三家小贷公司全年累计发放贷款 22.98 亿元，同比下降 2.7%。其中涉农及小微贷款合计占比 78.9%。年末贷款余额 6.9 亿元，下降 2.0%。

【上市企业监管】年末全市上市公司总数达 5 家，其中当年新增上市 3 家，分别是：浙江建业化工股份有限公司在上海证券交易所主板上市，股票代码 603948，募集资金 4.97 亿元；浙江深蓝新材料科技有限公司在香港交易所主板上市，股票代码 HK1950，募集资金 1.3 亿元港币，为全市首家香港交易所上市企业；浙江大洋生物科技集团股份有限公司在深圳证券交易所中小板上市，股票代码 003017，募集资金 5.26 亿元，为全市首家深圳交易所上市企业。同年，杭州屹通新材料股份有限公司首发上市申请获通过、格林生物科技股份有限公司首发上市申请获受理。 （童小芳）

银行

【中国工商银行股份有限公司建德支行】该行内设 3 个市场部门和综合管理部、风险管理部，外设 6 个营业网点（新安江城区 4 个、寿昌、梅城各 1 个）。2020 年年末本外币各项存款余额 67.96 亿元，较年初新增 12.16 亿元；本外币各项贷款时点余额 41.06 亿元。

该行多举措促进各项业务稳步发展。加强网点阵地和重点客户营销，强化代发市场拓展，实现代发业务 19.55 亿元；关注土地招拍信息，争揽矿产收益权资金，加强客户拓面，新开机构客户 110 户；积极营销重点项目，实现投放信贷项目 5 个，投放信贷 10.95 亿元；推进优质法人客户流贷投放，新增法人信贷客户 4 户，投放流动资金贷款 0.88 亿元；大力拓展普惠信贷业务，实现网点信贷经营资质全覆盖。稳步推进个人按揭贷款业务发展，投放个人贷款 16.12 亿元，较年初新增 1.26 亿元。全力销售重点产品，其中全年实现 E 分期 7569 万元，较上年增长 39.3%。 （孙文强）

【中国农业银行股份有限公司建德市支行】2020 年该行内设 4 部(综合管理部、风险管理部、个人金融部、公司业务部)，外设 8 个营业网点(新安江主城区 4 个、乡镇 4 个)。至年末，在册员工 149 人；本外币各项存款余额 81.74 亿元,比年初上升 17.6 亿元，其中个人存款余额 36.79 亿元、对公存款余额 44.95 亿元；各项贷款余额 66.99 亿元，比年初增加 13.29 亿元。年末不良贷款余额 506.4 万元，不良率 0.08%。全年实现安全经营，未发生案件、重大差错事故、声誉风险。

全年新增投放土地综合整治项目 3.8 亿元、洋溪老街安置房项目 4000 万元。推出惠农 e 贷、小微网贷、纳税 e 贷、抵押 e 贷等线上贷款，确保小微企业贷款“最多跑一次”或“一次都不用跑”。年末农户及农村生产经营性贷款余额6.65亿元，惠及1196户农户；小微企业贷款2.79亿元，惠及企业239户，平均利率低于市场水平。新冠肺炎疫情期间，该行累计走访企业400余家，宣传金融惠企政策，全力支持企业、小微企业复工复产。对223家政府“三服务”重点企业进行对接，完成走访86家，对其中16家新增授信3.93亿元。（徐 晨）

【中国银行建德支行】2020年年末，该行本外币各项存款余额71.04亿元，较年初增长13.85亿元，其中公司存款余额51.94亿元、个人存款余额19.1亿元。本外币各项贷款余额61.03亿元，较年初增长7.49亿元。年末贷款不良率0.14%。全年为扩大有效投资与重大项目建设合计授信18.88亿元，主动为建德经济建设提供金融保障。新冠肺炎疫情防控期间，利用复工贷、快抵贷、中银企E贷等普惠产品，客户享受年利率低至3.85%，额度可至1000万元，全年普惠金融贷款余额4.71亿元。全年实现个贷余额20.2亿元，其中二手房房贷款投放近4亿元，有效支持居民购房需求。

该行发挥外汇业务优势，为招商引资等企业提供授信支持，全年服务进出口外贸企业180户，累计实现国际结算业务量4.62亿美元，同比增长55.78%。跨境人民币结算业务共计6.1亿元，增长1114%，国际结算、跨境人民币在建德市同业市场份额双双位列第一。在人行对银行业金融机构综合评价及外汇业务合规与审慎经营评估中均获“A”等级。（刘玮琦）

【建设银行建德支行】2020年年末，该行在册人数134人，设有综合管理部(安全保卫部)、业务管理部、公司客户部、个人金融部、资金结算部、普惠金融事业部，下辖营业部、新安江、新广场、寿昌、梅城、乾潭、大同7个网点型支行。一般性存款时点余额51.96亿元，其中，对公时点存款余额26.65亿元、个人时点存款余额25.31亿元。中间业务净收入4345万元，位居四行第一。人行口径结算账户净新增355户，存量账户4680户，四行占比第一。全年通过诉讼执行回收不良贷款862万元，不良贷款余额为1003.59万元，比年初下降326.42万元，不良贷款率为0.19%，比年初下降0.15个百分点，实现“双降”。

新冠肺炎疫情防控期间，该行“守护E贷”累计导入客户8496户，授信9.18亿元，支用5亿元。以农村客户和小微企业为关注重点，积极推动普惠贷款业务，年末“普惠2+1”贷款余额5.62亿元，较年初新增2.34亿元；“普惠8+1”贷款余额7.55亿元，较年初新增3.95亿元。“惠懂你”新增192户，累计350户，率先完成256家优质“裕农通”服务点的“惠懂你”App出海工作，成为全省首个实现“惠懂你”出海“裕农通”超200家的一级支行。共计完成个人客户注册1066户，企业绑定263户，授信12户，金额950.8万元。在金融科技方面，实现党群平台对公有效用户100.5户，对私有效用户1492.5户。宗教财务平台上线104户，上线率100%，ERP完成1086户，完成率为603%，位于分行第一。积极对接房产中介，新增房源线上支付333笔，金额23.28万元。全年对公小微贷款客户597户，本年新增183户，普惠口径贷款余额7.56亿元，比年初新增3.67亿元。

围绕“搭平台、建生态、拓用户”开展数字化经营，在恒太城购物中心、好孩子婴儿用品店、鲜丰水果等商户，改善用卡环境；积极拓展优质“裕农通”商户，建设“裕农通+龙支付”优惠商圈，打造农村龙支付场景和平台。疫情防控期间，积极走访对接，助力企业复产复工，为企业发放疫情专项贷款5100万元，其中朝美日化4000万元、新安化工1000万元流贷、新化化工100万元。（余 潇）

【交通银行杭州建德支行】2020年，该行设有业务发展部、个人金融部、综合部、普惠金融事业部，下辖1个二级支行（新安支行）。年末在册员工42人。年末各项存款余额27.26亿元，较年初增长3.62亿元；各项贷款余额18.74亿元，较年初增长3.74亿元。落地建业有机化工有限公司、深蓝科技有限公司、浙江新化化工股份有限公司3家资金专户存储三方监管协议，IPO募集资金监管账户共2.55亿元。

新冠肺炎疫情防控期间，该行积极走访相关企业，了解企业资金需求，发放部分一般贷款(利率

3.15)，投放专项再贷款1.081亿元，帮助受困企业解决燃眉之急。全年"监管两增"口径贷款余额3.27亿元，较上年增加1.01亿元；"监管两增"口径贷款户数206户，增加76户。全年收回不良贷款2148万元。不良贷款25.7万元，不良贷款率0.01%。

（周崇华）

【建德农商银行】2020年年末，该行在册员工482人，内设营业网点41家，其中1个营业部、17家支行、23家分理处。各项存款余额189.79亿元，比年初新增31.12亿元，增长19.6%；各项贷款余额152.27亿元，比年初新增32.90亿元，增长27.6%；存贷款新增额双双突破历史高位，存贷规模继续保持全市首位。全年纳税1.2亿元，连续3年突破亿元，纳税额位居全市前列。荣获省级"普惠金融标兵单位""民企最满意单位"，市级"满意单位""货币信贷综合评价一等奖"等荣誉。

新冠肺炎疫情期间，设立10亿元抗击疫情专项信贷资金，为企业复工复产提供资金保障，其中对朝美日化公司开通绿色通道，新增授信3000万元。积极利用支小再贷款优惠利率、"还款当日转"产品、延期还本付息等方式，降低小微企业融资成本，全年发放复工复产类贷款23.44亿元，办理"还款当日转"213笔、金额7.02亿元，政府融资拆借周转179笔、金额10.20亿元，共节约转贷成本3250万元。对小微企业实施清单式走访，对接走访企业4200余家；支持农产品稳产保供企业粮食生产，新增授信2.96亿元；保障农业重点生产环节，发放贷款1.38亿元。汛期发放专项救灾信贷产品"抗洪贷"2450万元，支持灾后重建工作。年末小额普惠贷款推广覆盖全市237个村（涉农社区），累计发放贷款2.7亿元，农户通过参与自治获得金融让利630万元。

搭建"智慧医疗""智慧校园""智慧菜场""可视化大屏+扫码溯源+智能支付"智能系统等民生金融服务平台项目。推出纯线上信贷产品"德美市民贷"，实现贷款全流程线上办理，全年放款1881户、金额1.47亿元，有效解决疫情期间市民资金短缺问题；修订"养老贷"管理办法，提高养老保险缴纳金贷款比例，解决失地农户缴费难题，全年发放养老贷1303户，帮助缴纳1.3亿元。（黄建芬）

【浙商银行杭州建德支行】2017年12月成立。2020年年末，各项存款余额10.20亿元，该行各项贷款余额10.13亿元。

全年向各类小微企业发放贷款1.94亿元，对当地实体经济给予有力支持。新冠肺炎疫情期间，开展金融纾困帮扶，为个体工商户及中小微企业减免利息共49户、金额38.31万元；对客户因贷款到期难以办理周转业务及困难的，实施"自动延期，不纳入逾期征信，不计逾期罚息"政策。继续推行惠民金融，通过上门开卡、办理手机银行、网上银行等便民业务，提升服务质量。全年运行总体平稳，资产状况良好，无重大安全事故，实现安全稳健经营。

（方　晟）

【建德湖商村镇银行】2009年11月成立。2020年年末，该行在册员工139人，市域营业网点11家。年末各项存款余额12.23亿元，比年初增加1.65亿元；各项贷款余额12.82亿元，比年初增加2.11亿元。贷款投放以"三农"为核心，至年末，涉农贷款余额12.78亿元，占各项贷款总额99.7%；户均贷款余额19.67万元。年末普惠型小微企业贷款余额11.54亿元，同比增长19.7%。

新冠肺炎疫情期间，该行优化信贷审批流程，建立金融服务"绿色通道"，利用线上工具如视频等方式进行贷前调查，启动非现场贷审会方式，采取微信、系统审议贷款，加快复工复产企业获贷款。落实疫情期间征信免责制度，延长还款期限、减免逾期利息、无还本续贷等多种方式保障企业正常经营。全年对普惠小微企业客户实行贷款利率优惠政策共计280户、金额1.20亿元，优惠利息200.45万元。同时加强普惠小微企业客户中长期信贷支持，至12月末中长期贷款余额1.83亿元，比年初新增1.44亿元。

该行在2020年度推行30万元以下小额信用贷款授用信无纸化审批流程，移动Pad营销上门办贷，最快30分钟办结。简化流程，推行"惠农卡"农户小额信用贷款业务，至2020年年末，累计（2018年开始）惠农卡授信户数8757户、授信总

金额14.26亿元；惠农卡用信户数4654户、用信金额6.76亿元。（张丽丽）

【杭州银行建德支行】2006年8月成立，是建德市除国有银行之外第一家入驻的商业银行。2020年年末，该行有分支机构2家，年末在册员工46名。年末存款余额25.85亿元，贷款余额33.75亿元，缴纳增值税及其他税收1085.12万元。

新冠肺炎疫情防控期间，该行积极对接辖内省政府、省经信防疫生产企业名单内小微企业，结合“百行进万企”活动，走访企业60余户，新增防疫企业授信客户4户，授信金额6600万元，全年发放贷款余额5091万元；新增上报制造业企业3户，授信1.8亿元。对部分融资企业进行利息减收、减费降利，共计减免企业客户25户、个人68户，减免金额47万元，有效支持了建德市相关企业复工复产与实体经济的发展。（邵　璐）

【中国农业发展银行建德市支行】为全市唯一的政策性银行。2020年年末，该行各项存款余额3.45亿元，比年初增加1.73亿元；贷款余额6.85亿元，与年初基本持平。

做好县级储备粮油轮换，全年共发放储备粮油贷款5745.12万元，粮油收购贷款858.27万元；加强库存监管，做到账实相符。投放项目贷款2.8亿元，有效支持当地水利建设。响应国家小微企业扶持政策，新投放小微企业贷款470万元。连续2年中标财政定期存款1000万元。推进不良贷款清收处置，实现支行不良贷款8年来首次“清零”。（单　洁）

【上海浦东发展银行杭州建德支行】2015年4月成立。该行共有支行本级、建德新安社区支行2个网点，2020年年末，在册员工25名。各项存款余额16.59亿元，比年初增加2.09亿元；日均存款14.06亿元，同比新增4.96亿元，其中对公存款日均11.14亿元、储蓄存款日均2.92亿元。各项贷款余额35.38亿元，同比增加15.26亿元；其中对公贷款余额19.13亿元，比年初新增2.08亿元，个人贷款余额16.03亿元，比年初新增2.37亿元。全年新增手机有效户3860户、快捷支付3027户、云闪付客户663户、收单商户73户；新开对公账户366户；新增代发工资2025户，金额1.83亿元。

推出“科技快速贷”等信用贷款品种，额度最高可达500万元，并给予一定利率补贴，有效降低了企业融资成本，全年获贷款授信中小型企业3家、金额计1000万元。简化续授信流程与手续，对存量“房抵快贷”客户给予授信年审制，推进普惠金融业务拓展与深化。疫情防控期间，该行积极投入“三服务”活动，减费让利，对三都镇工业园区某企业发放贷款535万元。（王丽霞）

【中信银行杭州建德支行】2016年6月成立。2020年年末，内设公司银行部、零售业务部、营业部及综合管理部共计4个部门，在册职员23人。各项存款余额15.19亿元，较年初新增2.89亿元；各项贷款余额21.47亿元，较年初新增11.79亿元。

全年贷款保持“零不良”，未发生案件和各类责任事故，被当地监管机构评为年度建德市金融机构综合评价“A类”行，综合排名第五。（胡　俊）

【宁波银行杭州建德支行】2019年11月成立。2020年年末，该行内设行长室、办公室、业务管理部、公司业务部、零售业务部、个人业务部、运营部7个部门。在册员工35人。该行以小企业和个人客户为主要服务对象，着力打造小企业金融服务品牌，聚焦普惠金融发展。年末存款10.71亿元，表内贷款13.04亿元，全面完成开业首年各项经营指标。（方之俊）

【台州银行股份有限公司杭州建德支行】2017年2月成立，该行市场定位为“中小企业伙伴银行”。2020年年末，该行设有1个营业网点，内设业务拓展部和前台业务部，在册员工21人。年末各项存款余额1.82亿元，较年初增长0.75亿元，增幅70.1%；各项贷款余额1.79亿元，较年初增长0.3亿元，增幅20.1%；全年实现净利润1072.2万元；不良贷款率0.6%。

疫情防控期间，该行积极开展客户大走访，为困难客户复工复产提供金融支持，推出“转贷”“利息优惠”“融资支持”等信贷支持政策。对于资金周转困难客户提早联系，可以延期3个月转贷，不算逾期，无罚息；客户经理可以根据实际情况为客户提供贷款利息抵用券、贷款利率优惠（符合条件的防疫人员利率下降20%）、减免罚息、变更还款计划等利好措施；客户办理贷款提额精减程序，多方面满足客户复工复产需求。（程　晨）

【中国民生银行杭州建德支行】2014年1月成立。2020年年末该行在册员工15人。年末各项存款余额6.84亿元，各项贷款余额5.03亿元。全年信贷资产质量保持良好，对公授信保持“零逾期、零不良”。

该行坚持“一对一、面对面”服务方式，通过上门开卡、办理手机银行等便民业务，提升惠民金融服务。新冠肺炎疫情防控期间，流贷（人民币、美元）、NRA香港账户、法透等产品全面介入客户产品服务。为支持企业复工复产，出台“暖客行动”，推行3年无还本续贷小微贷款；积极推出小微红包产品兑换优惠利率，减轻客户付息压力，共计发放小微贷款33户。年末余额8500万元。（徐娇娇）

【浙江民泰商业银行杭州建德支行】2011年12月成立，其市场定位为“服务小微企业、服务城乡居民、服务地方经济”。2020年年末，内设行长室、综合部、营业部和3个业务部，有市本级和乾潭小微专营支行2个营业网点；在册职员39人。年末各项存款余额5.46亿元、贷款余额3.46亿元、贷款资产转让及核销1.12亿元。全年安全无事故。

新冠肺炎疫情防控期间，推出“抗疫支小贷”信贷产品，开通信贷绿色审批通道和利率优惠政策，提供信贷，支持助力防护用品企业复工；对部分小微企业复工复产共发放抗疫度难专项贷款203笔、金额1.15亿元。（朱玉琪）

【泰隆银行股份有限公司杭州建德支行】2014年1月成立。2020年年末，该行在册职员60人，内设营业部、小企业部及3个普惠团队，下有建德市本级、大同、梅城等分支网点3家。年末各项存款余额5.43亿元，各项贷款10.98亿元。全年向各类小微企业发放贷款1230户，共计6.84亿元（工信部标准）。全年无经济案件和重大责任事故发生。

推进社区化经营与农村市场开拓，推进普惠金融，对68项中间业务实行免收费，如电汇、网银、手机银行转账手续费、承兑汇票手续费、短信费等，基本实现裸费经营，让利给客户。继续对建德各乡镇进行“整村授信”，采用“信用村+信用家庭+授信证书”方式，集中对村民进行批量授信，让客户在授信期内实现“跑一次”即获得贷款需求。在辖内银行业金融机构综合评价中被评为A类机构。（蒋洁心）

【中国邮政储蓄银行股份有限公司建德市支行】该行内设综合管理部、综合业务部、风险合规部3个部门；建德市域内有市本级营业部、新安江支行和梅城镇支行3家自营网点及17家邮政代理网点。2020年年末在职员工53人（不含代理网点）。

年末各项存款余额48.31亿元，较年初新增6.72亿元；各项贷款余额18.22亿元，较年初新增5.87亿元。其中小额贷款全年净增2亿元、极速贷净增1.51亿元、按揭类消费贷款全年净增3.17亿元、其他消费贷款全年净增0.13亿元、小企业贷款全年净增0.57亿元。全年新增小额贷款客户数194户，白领贷客户708户，公司客户139户。支行不良贷款金额158.20万元，不良率0.09%。

新冠肺炎疫情防控期间，该行为小微企业与个体工商户复工复产提供“极速贷”“无还本续贷”“延期付息”等金融支持。（姜建军）

保险

【中国平安财产保险股份有限公司建德支公司】2020年设车商业务部、车代服务部、客服理赔部、个代业务部、综合管理部5个部门，年底在册员工20人。2020年度虽受新冠肺炎疫情影响，但公司业务保持稳定健康发展，全年保费收入1.35亿元，总赔付支出7706万元。

该公司坚决落实集团总部“金融+科技”的战略要求，继续强化“数据科技”和“换道超车”两个意识，积极响应政府“最多跑一次的”便民精神，聚焦车主需求，依托“平安好车主”App，首创“键理赔”服务。7月上中旬，新安江水库九孔泄洪期间，该公司于事前、事中、事后做好应急处理，积极参与安全生产责任险、食品安全责任险、诉讼保全责任险等，为车主、企业客户的生命财产安全保驾护航，配合政府做好社会治理。（谢 倩）

【中国太平洋财产保险股份有限公司建德支公司】 该公司隶属中国太平洋财产保险股份有限公司杭州中心支公司。在建德市域除公司本级外，设乾潭镇营销服务网点。公司内设综合管理部、业务管理部、车商部、渠道部、电网销部、交叉互动部、企业法人综合部7个部门。企业法人综合部主要负责公司业务、政保业务、银保业务和农险业务，渠道部主要负责专业代理业务，新组建新电网销部负责电商网上营销业务。

2020年年末，在册员工35人。受新冠肺炎疫情防控、业务回流及车险综改影响，全年度保费缩水幅度较大，全年累计完成保费1.25亿元，同比减少47.5%。（苏 彬）

【中国人寿保险股份有限公司建德市支公司】 简称中国人寿建德市支公司。2020年，经年初清理虚人力，至年末实际业务员从2000人减至为1100人。实施险种结构调整，大力发展保障型业务和短期险业务。全年实现总保费4.72亿元，其中新单保费1.46亿元、首年期交保费0.96亿元、保障型产品保费0.41亿元、短险保费0.50亿元，给（赔）付0.77亿元。

全年受理理赔调查案件720余件，查处假骗赔案及不在保险责任范围内的赔案64件，涉案金额130余万元，挽回经济损失80余万元。建立风控及反洗钱联络员制度，在综合部配置风控专员及反洗钱岗专职联络员1名，并指定各部门业务骨干8人为联络人，负责落实各项风控及反洗钱具体工作，扎实开展风控及反洗钱宣传和培训。

大力发展“缴费低、保障高”的普惠保险产品，在全市农村开展老年人意外伤害保险、农村小额保险、计划生育家庭意外伤害保险、男（女）性安康保险。全年老年人意外伤害保险共收取保费384.78万元，发生赔案3853件，给付赔款376.51万元；农村小额保险共收取保费377.62万元，发生赔案909件，给付赔款336.92万元。10月，开通“理赔直通车”项目和“五免理赔”服务，实现出险人“零跑理赔”。（陈荣统）

【中华联合财产保险股份有限公司建德支公司】 2020年，受新冠肺炎疫情防控及车险综合改革致保费下降等不利影响，保费收入减少幅度较大，全年完成保费收入3045万元，同比减少25.16%，但在建德保费市场占比率仍位列前五。疫情期间，组织理赔定损人员积极清理历史未决赔款，全年共支付赔款2600万元。

强化车险销售专业队伍建设，做强做优车险，实现车商统管专营，组建专业车商销售队伍，实行专属化管理。同时整合送修资源，车商渠道保费收入同比有较大提高。在中支公司支持下，开展多项针对私家车主的创新增值服务，加强“车驾管”服务、“滴滴”代驾服务、非道路事故救援服务、代办年检服务等为广大车主的服务能力。（雷建祥）

证券

【中国银河证券股份有限公司建德新安路证券营业部】 简称银河证券建德新安路营业部。主要代理开立沪、深股东账户卡；电话委托、网上交易提供集合竞价隔夜委托以及24小时账户查询；依托银河基金超市，代销所有的开放式基金产品；取得代办股份转让主办券商资格，提供三板股份确权、交易和过户。

2020年年末，该营业部有正式员工8人，客户经理6人，劳务派遣（含保安、保洁）用工5人，共19人。全年营业收入2416.06万元，同比增长40.8%；累计税前利润1273.41万元，增长11.8%；累计股票交易量为620.18亿元，增长61.38%；客户总资产为32.08亿元，新开户数为1743户，年末有效客户数1.4万户。

2020年，该营业部开展传统通道服务转型工作，稳步推广现金理财产品，增加客户闲置资金使

用率和收益率，做精做细融资融券业务，开展“了解你的客户”等活动，有针对性底向客户开展金融产品推荐。 （吴文涛）

【财通证券建德严州大道证券营业部】简称财通建德营业部。经营业务范围包括证券经纪、证券投资咨询、证券承销与保荐、融资融券、证券投资基金代销、代销金融产品等。2020年年末，在册员工14人，客户编号存量总户数10180户；实现营业收入750万元，利润445万元，市占率0.0063%，营业部代理买卖证券金额（股票+基金）278亿元。实现全年无合规负面清单。

2020年，为新化股份、天石纳米、新安化工等公司的大小非客户办理原始股解禁业务，落地政府城投债投行项目1单。全年共计落地私募基金4户，其中代销私募基金3600万元，经纪户规模2200万元。营业部全年新开户数1078户，同比增长100%；累计引进资产6228.88万元，增长129.3%；金融产品标准销售量1.17亿元，增长219.0%；新增创收68.65万元，增长340.8%；存量创收45.93万元，增长194.9%。 （郑 倩）

小额贷款企业

【建德市新安小额贷款股份有限公司】简称新安小额贷款公司，系杭州市小额贷款协会会长单位。由上市公司“新安股份”（浙江新安化工集团股份有限公司）为主发起人，联合建德市5家民营企业和8名自然人共同投资组建，2009年1月经省政府批准成立，注册资本2.0亿元。2020年11月9日迁址洋安社区金塘小区新办公场所营业。

公司自成立以来至2020年，累计发放贷款近150亿元，服务客户数6万户。连续11年被建德市地税、建德市人民政府评为“重点纳税大户”“纳税大户”，连续11年监管评级为A（含）级以上。其间，2014年被浙江省银行业协会建德代表处等单位授予“最具创新性小贷公司”称号，2016年、2018年两次获得全国优秀小额贷款公司荣誉。

2020年年末，公司贷款余额3.35亿元，日均贷款余额3.26亿元，拥有存量客户1138户。全年累计发放贷款7345笔，金额12.50亿元；其中疫情防控期间发放贷款330余笔、3100万元。全年实现利润总额3416.53万元，净利润2562.40万元。年末融资余额1.0亿元。公司逾期贷款余额924万元，逾期率为2.8%。拨备覆盖率为209.8%。

推出“过桥贷”等产品，以利率优惠吸引客户，进而提升转化率。同时加大“二抵贷”产品营销力度，以效率和服务吸引客户，逐步恢复贷款体量。全年发放“过桥贷”72笔、金额1.20亿元，免息额度8.51万元，收息额度8.99万元，转化客户贷款500万元，转化率4.2%。发放“二抵贷”36笔、金额1404万元。

全年捷盈宝、的士贷、新浙车贷、融信车贷、杭州房抵贷、车位贷、自营车贷等产品线上业务放贷款661笔、金额1.01亿元，贷款余额0.62亿元。同时，响应高院规定，对原执行利率超过年化15.4%的贷款产品，利率最高按照月12.8‰计算。

（林 鹏）

【建德市白沙小额贷款有限公司】简称白沙小额贷款公司。2013年7月30日经浙江省人民政府批准成立，注册资本1.0亿元。经营地址：建德市新安江街道水韵天城108幢202室。2020年年末有员工8人。该公司市场定位为：服务三农、支持中小企业发展。公司连续7年被浙江省地方金融监管局考核评为A+级的省级优秀小贷公司，其间2018年被评为全国优秀小贷公司。

自成立至2020年12月31日，该公司累计发放贷款金额33.71亿元，累计放贷客户数862户，笔数3871笔；实现营业收入累计1.58亿元，累计缴纳各项税款4166.71万元。

2020年度总资产1.92亿元、净资产1.22亿元、年末贷款余额1.83亿元；全年贷款业务收入3102.97万元；年纳税总额622.60万元、净利润1500.50万元、净资产收益率12.5%；不良贷款余额357.50万元、不良贷款率1.96%。拨备覆盖率151.13%。全年累计发放贷款笔数670笔、发放贷款金额5.76亿元。其中，发放“三农”贷款191笔8737.7万元（自开业以来累计546笔3.23亿元），对草莓、铁皮石斛、莲子、茶叶及农产品加工等农业企业实行倾斜扶持。发放中小微企业贷款 223 笔 2.9 亿(自开业以来累计 1705 笔 21.0 亿元),为中小微企业实施产业升级或转型环保提供保障。

该公司积极拓展民品质押、车辆抵质押、机器设备抵押、房产抵押等多种形式的担保方式,并为大学生、下岗工人、退伍军人及弱势群体创业开绿灯,以银行贷款利率标准给予利率优惠,全年发放下岗工人、失地农民、残疾人等弱势群体及退伍军人提供创业贷款业务 26 户 31 笔、金额 452.50 万元,累计 1872.13 万元。 (朱懿娟)

【建德市建业小额贷款股份有限公司】简称建业小额贷款公司。2012 年 7 月 10 日,经浙江省金融办批准设立,注册资金 1.3 亿元。注册地址:建德市梅城镇梅花南路 18 号。主营向农户、微型企业和个体工商户提供信贷服务,是省级小贷公司 A 级企业。2020 年年末有员工 8 人。

2020 年度总资产 1.88 亿元、注册资本 1.30 亿元、净资产 1.62 亿元。年末融入资金余额 1300 万元。年末贷款余额 1.80 亿元,比年初增长 5.9%。全年贷款业务收入 2500.7 万元,年纳税总额 519.05 万元,实现净利润 1618.62 万元、净资产收益率 10.09%;年末各项贷款客户数 202 户(其中有效客户数 190 户,均为贷款业务客户)、户均贷款金额 89.03 万元;不良贷款率 3.79%、贷款损失率 0。拨备覆盖率 101.77%。全年发放贷款笔数 453 笔、金额 4.72 亿元,其中发放支农贷款 290 万元、工业企业贷款 3.45 亿元、服务业贷款 1.24 亿元。公司自开业以来累计发放贷款 4545 笔、金额 36.72 亿元;累计实现营业收入 2.06 亿元;累计缴纳各项税收 6004 万元。 (胡 芳)

编辑:唐国强

财政·税务

Finance & Taxation

财 政

【概况】2020 年，建德市财政总收入 55.64 亿元，同比增长 2.8%，其中一般公共预算收入 34.23 亿元，增长 10.1%，占 GDP 的 8.7%、占财政总收入的 61.5%；税收收入 30.25 亿元，占一般公共预算收入的 88.4%。全市一般公共预算支出 59.32 亿元，增长 9.6%。全年财政收支平衡。

加强土地出让金、土地指标款等非税收入征管，推进财政电子票据和非税收缴一体化改革。全年征收非税收入 37.08 亿元，其中纳入一般公共预算收入管理的非税收入 3.97 亿元。

新冠肺炎疫情防控期间，在财政政策方面实施“五减”专项行动，落实减税降费和规模性纾困政策，全年减免税费 20.27 亿元。支持企业复工复产，出台农业、工业、商贸、交通、物流等行业复工复产扶持政策。落实“新制造业计划”，实施“凤凰行动”，整合财政扶持政策，助力新增上市企业 4 家，全年兑现各项扶持政策 6.19 亿元。

◎ 疫情期间减税降费政策宣传（供图/市税务局办公室）

加大政银合作，组建“金融帮帮团”，开展金融帮帮团服务月活动。发挥中小企业转贷专项资金作用，为企业办理转贷 7.60 亿元，其中疫情期间办理转贷 4.22 亿元，全额减免资金使用费。发挥产业基金引导作用，累计出资 1.39 亿元，在投企业项目 7 个。

【民生支出保障】全市民生支出 45.19 亿元，占一般公共预算支出 76.2%，同比增长 9.1%。其中，老旧小区综合改造、“四好”农村公路建设、美好教育硬件提升等“十大民生实事”安排财政资金 3.72 亿元，增长 87.9%。疫情防控期间下达疫情防控资金 5521 万元，开通政府采购、资金支付“绿色通道”，加强医疗救治、卫生防疫、医疗物资等防疫资金保障。教育支出 10.54 亿元，增长 9.5%，保障学前教育、义务教育、素质教育均衡发展。社会保障和就业支出 6.89 亿元，增长 7.2%，完善扶残助残政策，推进“残疾人之家”星级创建，健全为老服务体系，开展适老化改造工程，支持困难老人助餐服务，提高优抚对象保障水平。卫生健康支出 5.95 亿元，增长 37.1%，推进医共体建设，实施医药服务价格改革，建立医保控费激励考核评价办法。文化旅游体育与传媒支出 1.12 亿元，支持开展新安江旅游节、“夏日冬泳”百城挑战赛、“建德 17℃新安江”马拉松等重要节会活动。全年城乡社区支出 4.08 亿元，支持改造老旧小区 5 个，既有住宅加装电梯 54 台，新建、提升绿道 121.1 千米。农林水基础建设支出 7.57 亿元，推进粮食增产提质、生猪稳产保供，助力村社“消薄”增收，助推乡村振兴。

【财政事项改革】坚持政府过紧日子，支持出台《建德市人民政府关于进一步严格财政支出管理的通知》,压减一般性支出和非刚性、非重点、非急需项目资金1.82亿元。推进"两直"资金落地,制定直达资金分配方案,加强资金使用情况的跟踪监控,全年拨付"两直"资金6.77亿元,支付进度100%。构建以绩效为核心的集中财力办大事财政政策体系,完善预算编制约束机制、预算执行通报扣分机制。开展财政专户深度清理,完善财政资金存放管理办法,推进公款竞争性存放。加强乡镇财政管理,推进乡镇公共财政服务平台项目上线。深化政府采购改革,推进"互联网+"政府采购建设,精简采购审批事项,建立政府采购预付款制度,创新"政采贷"服务,全年完成政府采购总额2.83亿元,同比增长35.4%。

【财政监管】加强绩效管理,以教育局、农业农村局、卫生健康局3家单位为试点开展部门整体绩效预算改革,推进全面实施预算绩效管理,开展多层次绩效评价,完成单位自评项目78个,重点绩效评价项目9个。强化财政监督,健全巡财联动、财审联动工作机制,开展新冠肺炎疫情防控财税政策和资金落实情况专项检查、基层财政资金管理专项检查等。加强行政事业单位内控建设,开展行政事业单位内控评价。加强国有资产管理,推进国有单位资产权证办理,完成补办300处;推进直管公房清理整顿,出售257套公私共有产权房中的公房部分,实现处置收入6325万元。加强政府投资项目管理,出台政府投资预算管理办法,试行委托实施模式,强化政府投资项目监管。

【防范化解风险】严控"三保"支出风险,成立"三保"工作专班,坚持"三保"支出在财政支出中的优先顺序,加强重点领域支出需求保障,增强"三保"保障能力,兜牢"三保"底线。化解社保基金运行风险,完善社保风险预警机制,通过加大土地出让金计提比例、加强其他政府性基金补助等渠道加大财政对社保投入,全年市本级预算资金对社保基金补助13.78亿元,向上争取省市补助资金和社保调剂金13.38亿元。防范化解债务风险,严格执行各项债务管理制度,落实五年化债计划,化解隐性债务10.13亿元,在合理管控政府债务的基础上争取政府专项债券9.30亿元。

【入围全省农村综合改革集成建设项目县】6月8日,通过全省竞争性评审,建德市凭借"十里寿昌江"农村综合改革集成建设项目成功入围全省农村综合改革集成建设项目县,获得省财政补助资金6000万元。该项目将推进构建以寿昌千年古镇为核心,以寿昌江生态农文旅经济带为纽带,以河南里"金都礼佛"康养产业区、大塘边"嫩绿白艾里"果蔬产业区、桂花村"温泉桂客"民宿产业区、山峰村"江畔自在"乡村旅游产业区为主要区块的"一核一带四区"区域发展新格局,打造全省农村综合改革集成示范先行区。

【入围2020—2022年省级绿色转化财政专项激励政策名单】12月10日,在全省绿色转化财政专项激励资金竞争性分配评审中,建德市成功入围2020—2022年绿色转化财政专项激励政策名单,三年可获得3亿元省财政专项激励,此为建德市继2017年获得省财政3亿元"两山"(二类)建设财政专项激励资金后,再次获得省财政绿色转化财政专项激励政策支持。该资金将主要用于支持高铁新区科创片区基础设施建设、稻香小镇、寿昌污水处理厂扩建、下涯之江乡村振兴工程、省级四号线绿道建设等11个重点项目。 (李 蕾)

国有资产经营

【建德市城市建设发展投资有限公司】简称建德城投公司。2020年,该公司完成土地出让7宗,实现土地出让收入16.63亿元。完成固定资产投资13.69亿元,实现营业收入21.78亿元,利润1.68亿元。其中,完成4家混合制企业组建并实现营业收入12.6亿元:对杭州杭新固体废物处置有限公司进行增资扩股,引进新安化工集团,实现营收4436万元;与瑞茂通供应链管理有限公司合作,6月10日注册成立杭州德通物产有限公司,开展大宗贸易业务,实现营收10.16亿元;与上海满满石油化工有限公司合作，10月22日注册成立城投(杭州建德)石油有限公司，开展石油贸易业务，实现营收1.73亿元；利用企业破产收回国有的杨村桥国茂饲料厂资产，与建德耕源畜牧有限公司、建德农发牧业科技有限公司合作，11月19日注册成立大有饲料有限公司，完善生产工艺后进行饲料加工生产。完成住宅销售104套、车库销售126间，实现销售收入1.734亿元。

2月15日，府前路旧城改造项目在全市范围内率先复工；2月18日，市城投公司所有已开工项目全面复工。建德市博物馆建成并对外开放，府前路区块旧城改造初现雏形，新安江慢行系统二期全线贯通，农饮水提标达标获省级验收，各项民生工程与公共设施建设高效推进，城市形象和城市美誉度得到有效提升。新冠肺炎疫情期间，落实免房租减水费政策，为全市1.2万家企业减免水费214万元、100户国有房产租户减免租金266.5万元。

继续实施并提前完成农村饮用水达标工程目标任务：人口覆盖率达到97%、供水保证率达到95%、水质达标率达到90%，规模化供水工程覆盖人口比例达到88%以上，实现26.9万名农村居民从"有水喝"到"喝好水"的目标。7月30日，建德市农饮水达标提标通过杭州市级验收复合，成为杭州市第一个开展整县销号验收的县(市)，被评为全省农村饮用水达标提标行动成绩突出县。

8月28日，该公司成功发行"非公开发行绿色公司债券"，发行规模15亿元，发行期限3年，发行利率4.8%，为建德市国有企业债券发行利率最低、单次发行金额最高的一次。

为更好地服务企业及提高危废处置运营效率，降低危废转移处置风险，杭新公司推行"危废管家式服务+三级配伍"管理模式，确保危废处置工作安全、平稳运行。全年完成危废处置13559.42吨。 （辛晓霜）

【建德市交通发展投资有限公司】简称建德交投公司。2020年，市委、市政府下达该公司项目任务20个，其中续建项目4个、预备类项目8个、前期类项目8个，全年完成投资5.64亿元，为年度计划4.78亿元的118.1%。

8月，该公司完成AA评级。全年共完成融资授信16.55亿元、融资放款13.15亿元，完成固定资产投资5.69亿元，完成招企引税214万元，完成开源增收5816.57万元，完成1个招商引资项目(5000万元以上)。

公司下辖子公司建德市三江河道清淤采砂有限公司实现采砂收入5816.57万元，营业收入5647.16万元，实现营业利润4743.7万元。受疫情影响，建德市大众客运有限公司年度营业收入429.35万元，营业利润同比减少66.48万元；建德市通达机动车综合检测有限公司年度完成营业收入1285万元，实现营业利润338.58万元，两家公司利润合计272.1万元。

9月，启动金建铁路建德段征迁工作。该项目正线全长64.51千米（建德境内约31.58千米，途径大洋镇、梅城镇、杨村桥镇3个镇)，选址大洋镇上源村泥埂塘自然村新建大洋站，建筑面积3000平方米，项目估算总投资129.68亿元，资本金占投资估算50%，计64.84亿元，建德市资金本为11.57亿元（最终以初步设计批复为准)。计划2021年开工建设，2024年建成通车。

12月22日，临金高速建德段工程(浙江建德至金华段)建成通车。该项目2017年3月启动征迁，6月开工建设，为国家高速公路网长春至深圳高速公路(G25)重要组成部分。路线全长约58千米，其中建德段路线长约28千米，估算投资为44.77亿元。建德段全线主要构造物有主线桥11座、隧道5座、互通式立体交叉3处、互通连接线2处、服务区1处、停车区1处、管理分中心1处、养护工区1处、隧道管理站1处、收费站2处。涉及建德境内梅城、杨村桥、下涯、大洋4个镇14个村。共涉及土地征收183.2公顷(集体土地174.93公顷、国有土地8.27公顷)，涉及房屋征收212栋(共计建筑面积7.05万平方米)、征迁户213户。 （翁姗）

【建德市资产经营投资有限公司】简称建德资投公司。2020年，该公司积极实施政府项目投资建设，系统完成营收5.8亿元，年度建设任务14个，完成大宅门公寓加装电梯等7个民生实事工程，完成固定资产投资2.1亿元，项目建设投资2.1亿元及财务支付数1.8亿元。完成下涯镇江湾村友邦香料香精有限公司旧址6.8公顷造地任务。完成建德市C36潜水主题公园项目引进，招企引税232万元。完成融资授信10.75亿元，融资放款7.75亿元。

继续开展国有资产挖潜盘活、规范管理，实现国有资产保值增值。推进新安江片区公私共有产权房和寿昌佳和公寓低效资产处置工作，资产处置合计创收1.3亿元。推进直管公房清理规范及分类处置工作，稳妥切实解决历史遗留问题。对全市1318户直管公房承租户，实行公职人员带头先行制度，建立一户一档，通过专班集中审核，完成承租条件部门联审公示1304户，审核率99%。其中，符合承租条件的639户、不符合承租条件的665户。至年底，完成直管公房分类处置1201户(租赁501户、购买470户、腾退230户)，处置率达92%，实现处置收入2.2亿元。推进资产办证工作，共完成办证849本、建筑面积44271平方米。

拓展业务，增强子公司活力。保安公司服务资质由三级提升至二级，新增建筑装修装饰工程、电子与智能化工程专业承包的相关资质；开展物业服务、培训服务等新业务，物业项目入驻建德市博物馆及佳和公寓等多个小区。民爆公司与一批重点企业和重点项目工程等签订服务协议，全年营收稳中有升。（宁慧婷）

【建德市新安旅游投资有限公司】简称建德旅投公司。2020年，该公司受新冠肺炎疫情、汛期泄洪等影响巨大，涉旅市场大幅萎缩，各项营业收入较往年明显放缓。全年该公司合并营业收入8877.41万元，同比增长2.85%。

为保存建德非物质文化遗产婺剧传承，该公司专门成立建德市宿江演艺有限公司，收购原建德市婺剧团，并扩招演员（至年底共有演职人员116人）。同时，投资277万元打造全新红色剧目《千鹤女人》，该剧目先后获评杭州市文化精品工程扶持项目、新剧(节)目会演优秀剧目奖和各级补助资金。该演艺公司全年送戏下乡150余场、综艺下乡82场，其中“戏曲周”活动送婺剧下乡70场次，覆盖全市14个村。

继续加大景区建设投资力度，新建、完善一批旅游配套设施，推进乡村旅游事业发展，促进乡村振兴工程深入开展。其中，大慈岩景区投资3960万元新建上下山缆车，灵栖洞景区投资1200万元重建1600米滑道，好运岛景区投资1221万元改建“云梦渡”码头，新叶古村景区投资250万元建设长约180米超长彩虹滑道及上下站配套房。三都渔村提升工程一期工程投入1900万元，建设水滑道等水上娱乐区块及进行周边环境整修。大慈岩景区获2020年杭州文旅优质景区称号。此外，重新启动双江地下空间项目招商工作，将其定位为娱乐、休闲一条街，该地下空间总面积1.60万平方米，至年底出租1.20万平方米。

5月27日，浙江省首个全国妇女爱国主义教育基地——“千鹤妇女精神”教育基地建成对外试运营。该基地项目总投资约1.3亿元，总用地约2.67公顷。其中一期项目用地面积1.99公顷，总建筑面积4474.72平方米。

9月27日，景澜·新安江宿度假酒店正式对外营业，该酒店总投资近2亿元，酒店总面积1.6万平方米。

10月，由新安旅投公司出品大型山水沉浸式实景演艺项目《江清月近人》建成正式对外开放。该项目总投资约1.035亿元。

12月25日，新安绿道胥口—桐庐北岸段项目，路基全线贯通。该绿道长约9.5千米，路面宽约3米。（谢文卿）

【杭州建德高铁新区投资发展有限公司】2020年，该公司建设项目计划财务投资额12.33亿元，实际完成11.37亿元，完成率92.2%；固定资产计划投资10.6亿元，实际完成8.81亿元，完成率83.1%，同比增长134.5%。公司资产总额达47.14亿元，负债总额30.14亿元，所有者权益17亿元，资产负债率63.9%，公司资产规模增长56.0%。实现营业收入8151万元，完成年度任务的116.4%，增长149.0%。营业利润225万元，实现扭亏为盈。

全年共有建设项目52项，总估算投资104亿元（其中新增重点项目12项，计划固投10.6亿元），一般实施类项目37项全部完成，重点实施类项目开工13项，完成固定资产投资8.81亿元。建金高速梅城互通连接线项目交工。之江村乡村振兴工程、新安江综保工程、“独流入海”二期工程等重点项目超前完成考核任务；其中综保工程新安绿道一期被评为杭州市首届“最美绿道”。马目职工中心一期工程、五马洲安置房、黄东坞安置房、山边村安置房等重点民生项目，均完成上级下达的各项考核指标。全年完成农转用报批36.49公顷，增长66.0%；完成林地报批19.85公顷，增长387%；大洋新化化工安全距离搬迁安置房工程，采取“全过程代建开发”模式，资金绩效使用效益得到提升，建设工期得以缩短。

子公司三江生态公司全年完成营业收入1270.63万元，增长25.5%；高景公司实现营业收入2629.54万元，实现利润205.11万元。（陈　超）

【杭州“两山”建设开发有限公司】简称“两山”公司。2020年，该公司有效推进土地整治工作，超额完成各项任务指标，获杭州市土地综合整治先进集体称号。全年完成开源征收指标款11亿元；完成固定资产投资3.4亿元；融资授信24亿元，融资放款7.3亿元，专项债使用2.42亿元；全年实现营业收入5.05亿元，同比增长102.0%，实现营业利润5050万元，增长29.3%。

该公司主要承担全市垦造耕地、“旱改水”及建设用地复垦等土地整治项目实施工作。全年水田项目验收通过121个，新增水田336.67公顷，同比增长55.7%；完成建设用地复垦项目32个，新增耕地41.4公顷，增长62.1%。同时，做好低效用地收储资金准备，全年完成低效工业用地收储准备金融资授信14亿元，完成放款3.5亿元。投入1969.6万元完成乾潭镇瑞得蚕丝地块收储工作，有效盘活低效土地资源。

该公司采用全链条、全环节的土地整治管理模式，研究、起草并经市政府出台《建德市土地整治项目变更暂行管理办法》，组织编制并征求相关部门建议后下发《建德市土地整治项目变更暂行管理办法补充细则》《杭州“两山”建设开发有限公司项目工程价款预、结算审核操作暂行细则》，为加强土地整治项目的管理、保障项目的进度和质量提供政策和制度依据。大同镇万兴村新塘坞、寿昌镇南浦村畚家岭、乾潭镇王岩村陆高坞、大慈岩镇檀村村新坟头等一批土地整理市重点项目通过验收；根据“生态保护、占补平衡、发展空间”规划，有序推进寿昌镇石泉村、陈家村2处千亩土地整治项目，大同镇马坞、乾潭镇仇村白洋坞、航头镇珏塘村下坞垄等杭州市第一批垦造耕地EPC项目。

年底，该公司分别以4亿元、1亿元注册资本成立杭州青丰矿业有限公司(以下简称青丰矿业)、建德市青润现代农业发展有限公司(以下简称青润农业)2家子公司。青丰矿业主营优质矿业资源开拓，挖掘矿产资源及衍生产品价值，打造浙西绿色建材基地；青润农业旨在整合全市垦造水田，发展精品现代农业，做深标准化农产品品牌，打造浙西万亩有机农业基地。通过对农业矿业的探索，发挥土地整治业主优势，做深做透资源文章，做优做强国有资本，谋求多元化的国企发展之路。（郑佳敏）

税务

【概况】2020年，国家税务总局建德市税务局克服新冠肺炎疫情带来经济持续下行影响，做好“六稳”“六保”，完成各项减税降费和税费改革任务。全年累计组织各项税费收入76.39亿元，其中：税收收入52.40亿元、非税收入1.61亿元、社保费收入22.38亿元。实现地方财政收入31.73亿元，为年初预算分解任务31.26亿元的101.5%，占全市地方财政收入的92.7%。

该局在杭州市税务系统绩效考核中首次被评为第一等次单位。2名干部代表杭州市税务局参加全省税务系统财行资环类和信息技术类（信息安全岗）比武，分别获个人全省第二、团体第一名和团体第二名；新安江分局支部被评为省级文明单位；第一税务所被评为省级青年文明号。梅城税务分局陈水土获浙江省首届“最美税务人”荣誉称号，张启君被评为建德市“三八”红旗手。

◎ 推行无窗口纳税“自助服务”(供图/市税务局办公室)

【全面完成开源增收项目预期目标】重点关联交易及上市企业税收管理项目14家合计贡献税收18.2亿元，占全市税收收入1/3，为预期目标的102.7%；外来建筑税收管理完成0.93亿元，为预期目标的103.3%；各乡镇街道部门单位合计完成招企引税3.78亿元，为预期目标的139.0%。

【减税降费政策全面落实】全年累计兑现减税降费成效18.9亿元，其中2020年新出台的疫情防控及复工复产“五减”政策6.9亿元，延续落实2019年出台的降本减负政策8.7亿元。采取“缓、抵、退”等纾困措施，全年为企业办理税费款缓缴25.8亿元，加速办理各项退税10.6亿元，其中出口退税5.2亿元、增量留抵退税2.4亿元、其他退税3亿元。减税降费作为逆周期调节政策，为应对疫情冲击、稳定宏观预期、减轻企业负担、缓解资金压力起到重要作用。

【个人所得税年度汇算清缴工作】2020年，全面落实新《中华人民共和国个人所得税法》生效后的个人所得税年度汇算清缴政策，全市应汇算企事业单位户数1568户，应汇算人数3.07万人。税务部门强化政策宣传，对重点企事业单位逐户走访辅导，重点讲解专项附加扣除优惠政策，及时做好退税审核。

【市场主体清查试点工作】2020年，建德市被列为全国市场主体清查专项工作试点单位，取得金融机构6026户收款码活跃信息(二维码名称、收款次数、身份证号码信息)、乡镇代征点6767户个人私房出租信息、环卫所156条收费信息，以及经济普查数据、经发统计数据和农保数据，并完成与市场监管部门推送单位名称和身份证号码比对。累计核实1.41万户，确认经营和准备经营1.02万户，拟注销3457户，地址虚假或地址非市监登记人525户，正常户率71.84%。

【服务企业“创先争优”专项工作】2020年，建德市税务局开展“三服务”专项活动，走访服务企业20456户次，收集和解决纳税人问题163个，帮助企业解决疫情防控和复工复产实际困难。用好税收大数据，利用征纳沟通平台，精准挖掘纳税人动态需求和潜在需要，指导全面梳理产业链，相关服务案例被中央电视台《新闻联播》报道。提升纳税信用增值应用，完成2019年度4.08万户纳税人纳税信用评价工作，为149户纳税人做好信用修复；持续推进“银税互动”，累计为632户小微企业发放贷款6.6亿元。组建“两直补助”专班，对接市小微纾困专班，做好“两直补助”工作落实，共补助小微企业和个体工商户2747户。

【优化税收营商环境】成立优化税收营商环境工作专班，主要领导参加市政协“请你来协商”现场回答提问。加强税法宣传，推出“4+1+N”式即时咨询服务(即4个办税服务厅公开热线、1个征纳沟通平台、N个税企交流微信群)，实时推送相关税收政策及网上办税操作方法，通过征纳沟通平台等持续发布各类防疫惠企政策等信息338.5万条次，组织钉钉线上视频培训5场次，在线回答纳税人缴费人的疑难问题4055次。大力推广非接触式办税，持续推广运用电子税务局，征纳沟通平台激活全覆盖，引导纳税人通过浙江省电子税务局、手机App、自助办税终端等渠道进行网上办、掌上办、自助办，网上综合办税率96.3%。

【增值税电子发票试点工作】提前完成杭州市两个阶段纳税人发票推广，累计推广增值税普通发票1.31万户，户数比例100%，份数比例99.9%；增值税专用发票试点17户,开票成功率100%,开具电子专票51份。

【依法治税工作】编制“权责清单”,共涉及事项139项,其中行政征收63项、行政强制5项、行政检查9项、行政处罚34项、行政许可4项、行政确认9项、其他15项。做好全省税务系统网格化内控机制网上巡检工作试点,搭建“总网格长+网格长+网格管理员+网格联络员”四级网格化网上巡检体系,建立《内控网上巡检责任清单》。2020年度已扫描指标127个,下发疑点数据8727条,核查发现问题3001条,补缴税费14.36万元,退还税费11.41万元。平稳有序推进税收执法“三项制度”落实,完善执法信息公示制度,推行音像记录,配备执法记录仪10台、建成标准约谈室6个,制定执法全过程记录清单。成立重大执法决定法制审核委员会,举行集体审议1次。统一“税收执法”标准执行规范,全面落实长三角一体化发展16条举措,规范行政处罚工作,统一全局税务违法行为行政处罚执行口径。完成职业放贷人案件信息传递26件,放贷金额276万元,征收税费0.4万元。

【完善“司法协作”机制建设】与建德市人民法院联合制定《司法拍卖案件涉税事项协作流程》,全年通过司法协作申报税收债权5516万元,其中参加人民法院企业破产程序完成申报债权46户,申报债权5196万元,获得清偿债权456万元;参与民事执行分配协作5户,申报债权320万元,获得清偿债权114万元,其中获得上海市长宁区人民法院清偿债权26万元;协助建德市人民法院、桐庐县人民法院、西湖区人民法院等5家法院网络司法拍卖、变卖案件23件,协助其办理不动产权过户及变更手续,完成税费征收入库472万元。

【税(费)种管理】做好企业所得税汇算清缴,落实后续审核,调整应纳税额238万元,减少本年度亏损1700万元,弥补之前年度亏损475万元,补缴企业所得税449万元,补充享受税收优惠6户、税额307.6万元;推进土地增值税预征和清算,完成清算项目20个,补缴税款4359万元;规范耕地占用税征收,入库税款1.38亿元;做好环保税、资源税、车船税等税种征管。

扎实推进城乡两费征缴,联合社保等相关部门、乡镇街道和银行协力推进,征缴率达100%。开展电力类非税收入明细申报管理试点。顺利完成4项非税收入征管职责划转。加强国际税收管理,入库非居民税收1921万元。加强个体税收管理,对认定双定户不规范的82户终止其双定户认定。

【税收风险管理】规范异常增值税扣税凭证管理,做好物流行业增值税发票风险整治扫尾工作,认定走逃失联户164户,完成认定和推送异常凭证4.13万条,完成异地核查任务2796条;参与配合全市碳酸钙行业整治,对矿山行业、医药零售、免税农产品代开、个税股权转让等风险点进行分析应对;严格进出口“三新”业务管理,疑点较大移送稽查1户。(关浩然)

编辑:唐国强

经济管理

Economic management

综述

【概况】2020 年，根据全面建成小康社会和“十三五”规划收官计划，在面对突如其来的新冠肺炎疫情以及新安江水库建库以来首次九孔泄洪的严重冲击，建德市坚持稳中求进工作总基调，以高质量发展为主题，以供给侧结构性改革为主线，落实各类经济宏观管理规划和微观管理手段，扎实做好“六稳”工作，全面落实“六保”任务，立足“防大汛、抢大险”，逆势奋进，实现“两手硬、两战赢”，保持经济持续健康发展和社会大局稳定，全市经济发展整体指标在全省位居前列，为“十四五”发展打下坚实基础。

全年实现地区生产总值 391.9 亿元，同比增长 5.3%，其中第三产业增加值 172.8 亿元，增长 6.4%；农业增加值 37.9 亿元，增长 1.6%；规模以上工业增加值 135.1 亿元，增长 8.5%；受新冠肺炎疫情主要影响，实现社会消费品零售总额 114.1 亿元，下降 0.7%；固定资产投资下降 9.9%，但工业投资增长 17.1%。地方财政收入 34.2 亿元，增长 10.1%；城镇居民人均可支配收入 54962 元，增长 3.9%，农村居民人均可支配收入 30762 元，增长 7.3%；新增城镇就业人数 21814 人，户籍人口基本医疗保险参保率 99.4%。

【规划编制与重大课题调研】年初，编制《建德市 2020 年规划编制计划》，提交市政府常务会议审核通过并下文实施。列为 2020 年编制计划的规划有 46 个，其中经 2019 年结转编制 5 个，2020 年新编规划 41 个，核定市级财政安排编制经费 478.3 亿元。

同时，围绕事关经济和社会发展宏观性、战略性问题，市发改局开展调研，撰写《建德市城市协调发展区思路研究——三城联动、五高聚引》《新一轮区域协调发展战略背景下建德高质量发展的对策研究》《关于对 320 国道沿线区域发展前期研究的建议》《关于“十四五”期间打造浙西综合交通枢纽的研究》等报告。对全市 225 家被列入监测的各类企业，开展网上问卷调查(共 7 次，问卷上报率 100%)和经济运行分析，形成月度、季度、年度监测分析报告 4 篇，为如期完成《建德市国民经济和社会发展第十四个五年规划和二〇三五年远景目标纲要(草案)》编制提供科学依据。

【重点项目建设】2020 年，全市列入省重点实施类项目 2 个，总投资 23.8 亿元，年计划投资 5.6 亿元。至年末，2 个省重点实施项目均开工建设，完成投资 6.23 亿元，超过年度计划 11.3%。

16 个列入杭州市重点实施类项目(总投资 221.18 亿元，年度计划投资 28.70 亿元)全部开工建设，至年末完成投资 36.86 亿元，超过年度计划 28.4%。

98 个市政府投资重点实施类项目(其中新增项目 39 个、续建项目 59 个；总投资 339.6 亿元，年计划投资 73.7 亿元)，2 个项目暂停（洋安休闲度假区夜景照明工程暂缓实施；城东村方家坪排屋安置房拟取消实施而暂停），其余开工建设，开工率 100%，至年末，完成年度投资 78.3 亿元，超过年度计划 6.2%。

【社会信用体系建设】2020 年，全市继续加强社会信用体系建设，深化“信易”+应用。在全国 387 个县级市中，建德市综合信用指数 86.24，一度位列全国第6位、GDP300亿元~500亿元城市首位暨浙江省县级市首位，较2019年同期上升70余位。同时建设全国首个交通安全领域失信修复平台——交通安全公益减分平台，该平台为全国开展道路交通安全教育减免道路交通违法积分试行工作以来首个线上平台。（朱永鹏）

经济体制改革

【概况】2020年，推进全市经济体制改革，重点组织营商环境评价。同时，着力深化小城市培育，争取千年古城复兴试点，加强防疫专项再贷款发放，争取退税政策等工作内容。全年办理退休人员死亡后供养直系亲属享受生活补助费审批32人。

【防疫专项再贷款与退税政策】2月2日开始，对全市与疫情防控有重要作用、从事与疫情防控相关的企业（企业承诺疫情防控期间服从国家统一调配、资金需求直接用于相关生产经营活动），先后4次报送企业34家，争取列入国家、省级重点防疫企业名单。其中朝美日化、朗索医用、新安包装、西子卫生、横山气体等18家企业列入全国、省政府疫情防控重点保障企业名单，获得专项贷款，发放贷款42笔，贷款总额约3.43亿元，争取上级财政贴息433.48万元。各企业享受低息、贴息政策，获得实际一年期贷款利率低于1.6%的优惠。同时，20家列入全省重点名单的生产企业，获得“按月向税务机关申请全额退还增值税增量留抵税额、为扩大产能新购置的相关设备费用可在企业所得税税前扣除”的优惠政策，至年末初步统计获得退税120余万元。

【营商环境评价】市政府将优化营商环境工作纳入部门年度考核；市发改局成立工作专班，定期召开会议研究，下发工作交办单34份，提醒单41份，与市政协举办“请你来协商”打造一流营商环境活动。积极组织相关部门参加各级营商环境培训，提前召开迎评动员会，发动各个部门夯实迎评基础。建德市在全省52个参加评价的县市中，营商环境便利度得分为78.33分，总排名第九。获得电力、登记财产、注销企业、市场监管、信用监管等5个一级指标排名全省第一，开办企业、获得信贷、政府采购、公共服务4个一级指标排名全省前十。在全杭州市14个区、县（市）中营商环境评价排名第二。

【小城市培育】乾潭镇获全省小城市培育试点考核良好等次，在全省57个小城市培育试点镇中排名第22名，取得列入全省小城市培育试点后最好成绩，获考核奖励资金850万元。梅城镇、寿昌镇参加省“千年古城”调研考察活动，积极争取列入省“千年古城”计划，至年末，梅城镇列入全省首批11个“千年古城”复兴试点之一。（朱永鹏）

区域合作和对口支援

【概况】2020年，建德市持续深入推进东西部扶贫协作，按照《建德市—岑巩县东西部扶贫协作三年行动计划（2018—2020）》安排，助力岑巩县巩固脱贫攻坚成果。此外，继续深化建德市与衢州市开化县山海协作工程、重庆市涪陵区江东街道对口支援工作、长春市德惠市对口合作工作，其中，统筹实施江东街道辣子村道路改建等工程落实援助资金41.2万元。

【东西部扶贫协作】全年建德市共投入东西部扶贫协作资金4600万元，在贵州省岑巩县实施帮扶项目14个，带动贫困人口5532人，实现人均增收500元以上。

派遣教育、医疗、农技等人才46名前往岑巩县挂职，接受岑巩县65名党政干部、专技人才到建德挂职学习，两地合力开展岑巩党政干部及专业技术人才培训40期，培训2419人次；开展创业致富带头人培训，培训人数100人，其中培训后创业成功62人。开展“线上+线下”就业岗位精准推送，岑巩籍建档立卡贫困户到浙江就业995人，累计1551人；到其他地区就业317人，累计331人。克服疫情返岗复工952人。

两地加大产销对接力度，多措并举助力岑巩农产品销售，建德市采购岑巩县农产品490余万元，帮助销售农产品7080余万元。

全市各层面累计向岑巩县捐资捐物折合1225.92万元。捐赠资金主要用于岑巩县补齐“两不愁三保障”短板，受益贫困群众1万余人，资助大学生1138人(其中建档立卡贫困学生596人)，开发公益性岗位3879个。捐赠防疫物资51.32万元，捐赠100万元帮助岑巩县大榕易搬点幼儿园建设，国有企业捐赠180万元用于岑巩县设立公益岗位。建德市慈善总会捐赠床上用品、衣物等物资共计价值108.5万元，建德市希望工程领导小组、建德市总工会、建德市残联分别捐赠12.6万元、10万元和30万元用于爱心助学、技能培训和残疾人帮扶。全市16个乡镇(街道)捐赠460万元用于帮助结对乡镇补齐“两不愁三保障”短板。

继续开设“新型学徒制订单班”，开展精准扶贫“人才战略”对口帮扶。继续采取“政府+企业+合作社+农户(贫困户)”模式发展产业，在继续扩大原有西红花、食用菌、草莓、蚕桑等“普惠式农业”生产规模的基础上，新增黄精种植，帮助岑巩县打造中药材产业园。以上产业项目利益联结覆盖岑巩县59个贫困村，西红花、蚕桑、食用菌、果蔬乐园、茶树菇等产业项目共落实分红资金420.99万元，累计惠及贫困人口17040人。

【山海协作工程】2020年，继续围绕《全面深化建德市—开化县山海协作工程战略合作协议》，开展高层次对接交流，进一步推进山海协作工程。

建德市落实援助资金330万元，在2019年乡村振兴示范点项目基础上，完成音坑乡底本村开马线沿线庭院改造和6.7公顷精品橘园养护。建德市草莓协会与开化县农业农村局合作，通过产销对接、规划统筹、共同致富、绿色防控，帮助池淮镇搭建草莓新品种繁育基地1个、面积6.7公顷，新品种种植示范基地1个，加快开化县草莓产业发展。

继续开展医疗、教育、文旅合作，建德市组织医疗资源赴开化开展医疗义诊3次，惠及110余人次；开展教育组团式帮扶，选派骨干教师“送教”43人次，接纳开化23名教师注册加入李小玲网络名师工作室；开展建德—开化“山海协作”暨17℃建德新安江迎“双节”全域旅游新产品推介活动，促进开化和建德两地旅游市场的互动、互推、互送。

(朱永鹏)

公共资源交易

【概况】2020年，杭州市公共资源交易中心建德分中心完成各项交易1593个，交易金额55.36亿元，节约(增收)金额8.85亿元。其中，建设工程1459项，交易金额46.87亿元，节约资金7.36亿元；采购(含政府采购)293项，交易金额2.13亿元，节约资金2661.71万元；产权交易42项，成交金额6.67亿元，资产增值1.06亿元。

【实施“不见面”招投标制度】全面推行网上业务办理。其中房建、市政、水利、交通等工程建设项目和政府采购项目按照杭州要求全面实行全流程网上电子招投标，实现招标文件发布、质疑(异议)提交、答复、投标文件递交、开标、公示全程网上办，全流程无纸化，至12月底完成项目线上采购70个。借力腾讯“云直播”系统，向全社会公开开标过程，在杭州县(市)区较早实现工程建设项目远程异地评标，2020年完成远程异地评标44个。

【公共资源交易监管】由市公共资源交易管理委员会办公室牵头开展政府投资项目联审联查，全年组织开展联审联查8次，检查政府投资项目共计15个，出具联审联查报告和《季度通报》共计9份，及时将问题报告反馈至行政监管部门和建设单位，收到整改报告13份。全年组织市交易中心检查3次，参加市农办村级工程项目专项督查3次，督查8个乡镇(街道)，强化对村级工程项目管理的监管力度，内部交易平台检查机制得到完善。在杭州市公共资源交易中心建德分中心门户网站设立“曝光台”，及时更新招投标领域单位及个人不良行为记录，全年公示不良行为记录9条，被限制参与建德市招投标活动23家企业。

(余　婷)

审 计

【概况】2020年，建德市审计局全面依法独立履行审计监督职责，积极推进审计全覆盖，共组织完成审计和审计调查项目21个。其中，财政审计项目6个，领导干部经济责任审计项目6个（含同步实施市林业局原党委书记、原局长自然资源资产离任审计项目1个，协助省审计厅开展现任市委书记、市长任期经济责任审计），专项审计调查项目9个。通过审计查处主要问题金额24.06亿元，通过上缴财政或归还原渠道资金6116万元。移送市纪委监委、主管部门案件线索13件。反馈本年度和历年移送事项8件，其中判处刑责2人，给予党纪政务处分5人、效能问责4人。市审计局获2020年度杭州市审计工作综合考核优秀，获评2020年度浙江省优秀县级审计机关。

【疫情防控审计】2—4月，根据审计署关于加强疫情防控资金专项审计监督会议精神，开展建德市应对新冠肺炎疫情防控资金和捐赠款物专项审计，通过审计推动被审计单位及时落实整改，确保抗击"新冠肺炎疫情保障款物依法依规使用到位。推动15.94万元采购资产规范管理，促成建德市慈善总会和建德市红十字会及时公开完成捐赠信息，及时开具捐赠票据23笔，涉及物资79823件。

【财政审计】2020年分别实施市本级预算执行及其他财政收支情况审计，更楼、三都、下涯3个乡镇（街道）财政决算审计、建德市统计局等6个部门预算执行专项审计调查。通过审计，市财政部门将3993万元省市补助指标下达给预算单位，组织收回各类资金394万元；相关乡镇（街道）收回各类资金80万元，并对内控制度进行完善。相关部门收回多发放补助资金17万元，上交结余资金268万元。

【经济责任审计】2020年，共完成3个部门及3个乡镇（街道）共9名领导的经济责任审计（离任审计5名、任中审计4名）。对领导干部在重大经济事项决策中程序不到位、确定事项内容不合规、财政资金资产管理不到位、政府投资项目监管不到位、对下属单位监督管理及下属单位履职不到位等问题予以审计揭示。通过审计，收回各类资金252万元，出台或完善制度13项。

【自然资源资产审计】8—9月，对市林业局原党委书记、原局长任职期间的自然资源资产管理和生态环境保护责任履行情况进行审计，重点审计森林资源管理情况。审计表明：部分林区道路先建后批，存在将已占用林地划入公益林（0.31公顷）和临时征占用林地到期恢复情况督查工作不到位，部分乡镇枯死松树除治工作开展不及时、采伐除治不到位，7个林业项目未按规定实施、面积未达标仍给予补助41.45万元等问题。

【政府投资审计】4—5月，开展建德市部分村级小额工程项目管理情况专项审计调查，审计表明：建德市村级小额工程项目管理存在肢解发包、工程质量缺陷、项目进度滞后、结算价不真实等问题。5—10月，开展建德市部分乡镇美丽城镇建设项目跟踪审计，重点对乾潭镇、梅城镇、大洋镇、寿昌镇负责实施的57个美丽城镇建设项目2020年1月至10月31日管理情况进行审计监督，发现前期审批程序不到位、肢解发包中介业务、合同管理不规范、投资控制不到位等问题。6—8月，开展建德市府前路区块旧城改造工程预算执行审计，审计表明：该项目存在项目预算审核结果未及时报备、建设用地费用超概算等问题。7—11月，开展建德市部分公共投资基本建设项目工程价款结算情况专项审计调查，重点对三都镇、下涯镇和更楼街道3个乡镇（街道）2018年1月至2020年6月30日期间完成的结算审核的277个项目（合同总造价23775.2509万元，审定造价22974.0455万元）价款结算审核及工程款支付情况进行审计监督，发现存在工程结算资料不齐全、工程结算滞后、结算价不真实等问题。

【政策跟踪审计】4—7月，开展建德市垃圾分类处理实施情况专项审计调查，结果表明：垃圾分类处理实施过程中存在终端设施建设、垃圾分类投放、有害垃圾处置、主城区配套内控管理等问题。6—7月，开展建德市企业职工基本养老保险基金专项审计，重点关注企业职工基本养老保险总体运行情况、企业职工基本养老保险政策差异情况、按照《关于解决未参保集体企业退休人员及其他相关人员基本养老保障等遗留问题的实施意见》参加企业职工基本养老保险的情况和被征地农民参加企业职工基本养老保险情况，甄别出6处全市企业职工基本养老保险政策与省政策存在的差异，并就一次性补缴参保政策对建德市职工基本养老保险基金支付能力造成的影响进行测算。

【民生资金审计】4—5月，开展市政府股权投资管理情况专项审计调查，重点关注市政府国有资产监督管理办公室及其他各部门对股权投资的日常管理情况、投资收益情况和控股国有公司资产、损益情况，发现股权投资管理过程中，在参股投资管理、国有资产管理、股权核算管理以及控股国有公司内部管理等方面存在的问题。11月，开展建德市第二十次"春风行动"专项资金收支情况审计，发现资金未按机构职能合理分配、多分配专项资金1万元的问题，审计期间市人力社保局将1万元"春风行动"专项资金退回建德市慈善总会账户。（罗　文）

统计

【概况】2020年，建德市统计局紧紧围绕高质量发展、"15+7"重要经济指标和全省争先创优行动，紧盯国内外经济社会发展形势，深入分析新冠肺炎疫情对全市经济发展的即期和预期影响，开展重点行业、重点领域、重点企业的监测调研分析，不断优化创新统计服务。围绕全市重点经济指标，提供精准优质的统计分析，发挥统计科学服务决策作用。特别是面对新冠肺炎疫情，开展疫情防控大摸排，累计排摸48万人(次)，建立全市疫情防控动态管理台账，为打赢疫情防控阻击战提供精准统计信息。在全国文明城市创建工作中，开展创建全国文明城市问卷调查并撰写调查报告，为文明城市创建决策提供参考。全年共印发快报11期、专报23期，17篇分析和统计专报得到市领导批示。首次编印《数说建德2019》，全面展示2019年建德市经济社会发展成果，得到广泛好评。

【第七次全国人口普查工作】成立以常务副市长俞伟为组长的全市第七次人口普查领导小组，全市256个村(社区)人口普查机构全覆盖。共选聘"两员"2625人，其中普查指导员404人、普查员2221人。开展人普宣传，落实普查物资保障，组织"两员"培训，共计培训7800人(次)。在新安江街道明珠社区顺利开展第七次全国人口普查综合试点工作。11月15日前全面完成短表登记及中长表抽样登记工作，并通过验收，顺利完成第七次全国人口普查登记工作。

◎ 普查员入室开展人口普查统计(供图/市统计局)

【防范和惩罚数据造假专项整治工作】2020年，市统计局开展防范和惩治统计数据造假专项整治工作。全年共对410个统计调查对象进行数据核查、检查，其中规上工业企业153家，规上服务业和限上贸易企业152家，固定资产投资项目105个。对检查中发现轻微问题的63家单位现场进行指导纠正，并对存在统计违法行为的6家单位进行查处。有序推进执法检查工作，全年共执法检查单位60家，其中检查规上工业企业28家、贸易企业18家、服务业10家、建筑业4家，对存在统计违法行为的6家单位进行行政处罚（简易程序处罚当场警告2家、一般程序处罚警告并罚款4家)。推进统计诚信单位评价工作,1家企业被评定为"建德市统计诚信单位",并成功通过"杭州市统计诚信单位"的审核评定。 (陈丽云)

市场监管

【概况】2020年,建德市市场监督管理局以"高质量发展"为主线,疫情防控和经济发展两手抓,积极开展集贸市场提升建设,持续优化营商环境,深化放心消费建设,严格规范市场秩序,保障全市市场环境平稳有序,全力筑牢民生安全底线,确保无重大食品、药品、特种设备安全事故发生。全市新增市场主体共计9852户,同比增长19.2%,市场主体活力持续释放。

【农贸市场提升工程】2020年,将"放心农贸市场"创建列入建德市政府年度工作任务,新安江农贸市场续创、乾潭综合市场新创为浙江省放心农贸市场,大洋镇秀昌农贸市场和洋溪街道农贸市场通过二星级、大同商贸市场和乾潭综合市场通过三星级、下涯镇便民菜场和乾潭永兴农贸市场通过一星级文明规范市场验收。至年底,全市共建成省放心农贸市场11家、四星级文明规范农贸市场1家、三星级文明规范农贸市场4家、二星级文明规范农贸市场5家。实现"放心农贸市场"城区、中心镇全覆盖以及一星级以上农贸市场全覆盖。

同时,按照"便利化、人性化、特色化、智慧化、规范化"的建设要求,新安江街道溪头农贸市场实施农贸市场"五化"提升行动并高分通过省市场监管局实地验收,成为杭州市首批创建成功的"五化"农贸市场。

【防疫物资市场秩序保障】把好市场准入关,认证、验收、审批同步进行,除朝美口罩外,全市新增梅城朗姿、三都汇生、大洋耀欣3家医用口罩厂,有力保障防疫物资市场供应。派出专员入驻朝美日化监管医用口罩生产,协调应急解决扩线增量,规范工艺流程,全市防疫物资抽检样品合格率达100%,实现产能品质双保障。开展防疫物资专项整治行动,对无证经营、囤积居奇、哄抬价格等违法行为,从快从严从重查处,共计查处案件38起,其中涉刑移送公安2起,罚没款58.76万元,案件查办数量位列杭州市第一。

【商事登记集成化改革】全省首推"无窗口"化,取消商事登记受办窗口,147个事项100%实现网上办理,"零纸质"登记增加2200余件,商事登记自主办理程度达全省最高。提质优化"住所承诺制",住所(经营场所)自主申报覆盖"负面清单"以外的所有单位,以"无纸化"在线申报,累计7363家新设市场主体受益,占新设市场主体总数的75.1%。。

【"放心消费"工程】2020年,深化"放心消费重点县区"建设,全市共建成各类放心消费单位2200余家,建成放心消费示范街区2个,放心工厂172家,全面超额完成创建任务。成功举办杭州市放心工厂现场会,严州古城景区、寿昌步行街放心消费得到全面肯定。全年受理举报投诉件6279件,全部按期限和要求办结并反馈,为消费者挽回损失400余万元。其中,市市场监管局办结案件352件(万元以上的大要案52件,同比案件数增加14.29%),罚没款419.5万元(增长74.3%)。

【"诚信计量"建设】在全市开展"推进诚信计量、建设和谐城乡"行动,对62家加油站346支加油枪、10家农贸市场418台(件)衡器、30家眼镜店、14家医疗机构、2家快递企业以及7家计量建标单位进行计量监督检查,与60余家单位签订诚信计量承诺书,推进诚信计量服务体系建设,有效规范市场计量秩序。推进计量强检免费工作,完成本级计量强制检定6265台件,减免收费47.5万元。建立计量支撑快速响应机制,开辟计量检定校准绿色通道,入企计量帮扶220家次。

【标准体系建设】坚持质量强市,以政府质量奖为抓手,推动全市企业夯实质量基础,5家企业获评政府质量奖,放心工厂创建达到全覆盖,碳酸钙块状产业产品合格率由47.1%提高到100%。突出标准引领，全年建德市起草发布的浙江制造标准 4 个,5 家企业完成“浙江制造”认证并获 6 张认证证书,完成丽水“山耕”认证 3 家并获认证书 3 张;主体起草工业行业标准 2 个、团体标准 7 个,牵头发布杭州地区首个《公筷公勺使用管理规范》;开展全市 301 家规上企业主导产品采用国标情况核查,结果表明全市采标率达 54.5%,同比提高 3.21%;完成“道德银行”“德文化社区家园” 两项地方标准,《德文化》系列标准体系高分通过验收。同时,完成洋溪品牌指导服务站初步建设。

【落实企业纾困解难政策】有序培育小微企业,动态更新小微企业培育库,完成“个转企”200 家,超额 61.3%完成杭州市下达任务。组建建德市小微企业和个体工商户纾困专班,“两直” 兑付资金 1973.8 万元，累计兑付 2745 户，成为杭州地区首个达到 100%兑付率的市(区、县),兑付投诉件为 0,投诉率为杭州市最低。市市场监管局派出 30 名服务专员驻企开展复工复产帮扶,各复工企业享受政策补助 180 万元,获减(免)各类检测费用 95.5 万元,动员非公有制企业减免租金 175 万元,为全市农贸市场经营户减免租金 408.5 万元。

【食品安全监管】疫情期间，强化冷链食品物防工作,全市 140 余家纳入浙冷链系统管控,实现动态监控、闭环管理、溯源倒查。在全市所有农贸市场出入口部署人员,严格落实“口罩、健康码、体温”三合一要求。严厉打击活禽、野生动物非法交易行为,强化市场内各类水产、蔬菜、禽肉等食品安全检查,督促每日消杀,组织货源保供稳价,守好民生菜篮子安全。市市场监管局协同市疾控部门开展食品(含食品外包装)及超市、农贸(批)市场等重点场所环境新冠肺炎病毒检测工作，至 12 月底共检测食品重点场所从业人员样本 682 件,冷链食品及外环境样本 943 件,结果均为阴性。

全年完成食品安全监督抽检 1427 批次（合格率 98.32%）、风险监测 400 批次、定性检测 67858 批次（问题检出率 0.05%），食品安全质量稳中有升。完成名特优食品作坊创建 12 家,5S 食品作坊创建 11 家,中小学建成智能“阳光厨房”建设 11 家。完成 2020 浙江省老年人·迷你气排球交流邀请赛、2020 年浙江省中学生田径锦标暨浙江省第十五届中学生运动会、2020 年国际大学生“浙江最美绿道”趣味毅行暨建德全民健身徒步大会、上海院士远程医疗网络建设高峰论坛等 29 项重大活动开展餐饮环节保障监督工作,确保重大活动餐饮食品安全“零事故”。成功举办杭州市农村家宴转型提升现场会。新安江街道等 8 个镇(街道)食安办顺利完成三星级创建。

◎ 6 月 23 日,举办杭州市农村家宴转型提升现场会(供图/更楼街道办)

【药品药械安全监管】在生产、流通、使用各环节开展分类分级全链条检查，全年检查生产企业 23 家次、经营企业 276 家次、医疗机构 36 家次,根据检查结果整改处理 103 家次、约谈 9 家次、处罚 14 家次。集中开展中药饮片、无菌植入医疗器械、疫苗等药械专项检查，全年检查医药企业单位 143 家次，抽查中药饮片 148 批次，根据结果整改处理 46 家次、处罚 4 家次。全年抽检药品 208 批次、医疗器械 5 批次、化妆品 30 批次，检测处置不合格药品 1 批、化妆品 5 批。全年上报药品不良反应监测报告 679 例、医疗器械不良事件报告 92 例。完成省级为民办实事项目,“送药上山进岛”便民服务点扩面 5 家,建成 24 小时“网订店送”药房 5 家。

【特种设备安全监管】深化双重预防机制，推进特种设备使用单位分类评价,全市 723 家单位参加分类评价,占全市特种设备使用单位 76%。推行复工企业特种设备“网上办、掌上办、邮寄办、预约办”,

为121家企业延期复审企业特种设备作业人员证256本,网上申报检验设备453台。开展压力容器、压力管道、锅炉节能安全等重点领域安全隐患排查整治,共检查432家单位1212台(件)设备,排查隐患132项,发出安全监察指令书33份,查处立案违法行为4起,查封设备4台,作业人员新取证619人次,复审724人次,全市特种设备总体平稳。至年末全市共有在役特种设备使用单位960家,在册特种设备共计9132台(件),其中在役7121台(件),在役率78.0%。

【产品质量安全监管】对39家危化品、危化品包装物容器和11家食品相关产品生产企业开展分级分类监管,组织换发许可证审查11家。全年完成各级产品质量监督抽查313批次,涉及7大行业62种产品,综合合格率92.3%,闭环处置不合格19批次。出动执法人员271人次开展电动车专项整治,检查415家电动车销售商,立案14起。开展全市性的塑料污染治理工作,出动执法人员93人次,检查农资销售企业86家,餐饮店、奶茶店128家。开展禁止使用不可降解一次性塑料吸管宣传20余次,受众达2300多人。

【强化市场主体信用监管】推进"互联网+监管"平台,落实"双随机、一公开",全年制定并开展跨部门检查15次,开展电动车、疫情期间积压食品、对涉嫌电信网络诈骗市场主体专项检查等共计97项。至年末,全市掌上执法率达99.7%,双随机抽查事项覆盖率100%,监管行为覆盖率100%,并列杭州第一。线上云指导零接触推进年报工作,企业、农专社、个体户年报率分别达到94.0%、86.4%、66.0%。依法开展长期未经营市场主体清理、吊销,清理个体户393家,吊销企业368家、农业专业合作社29家,引导企业守法经营。将1682家未按时年报企业中查无下落745家企业列入经营异常名录。继续开展"守合同重信用"公示活动,全年获评浙江省AAA级、AA级、A级"守合同重信用"企业分别达到13家、42家和31家。

◎ 1月2日,省市场监管局副局长马剑平(前排右二)调研寿昌步行街放心消费街区建设(胡依佳/摄)

物价管理

【价格监督检查】全年办结价格类案件62件,罚没款101.46万元,其中查办防疫物资类价格违法案件26起,罚没款44.3万元。开展价格专项整治,元旦春节、国庆中秋期间以商场、超市、旅游景点市场为重点,严肃查处不明码标价和价格欺诈等行为,共计出动执法人员187人次,检查市场主体300余家,查办案件34起,其中未明码标价33件,价格欺诈1件。全市物价稳定,交易环境良好,尤其是在新冠肺炎疫情期间,全市未发生重大物价波动和纠纷事件,保证了全市抗疫工作的有序推进。

【落实"转供电"新政】严格落实国家电网"转供电"新政(转供电是指电网企业无法直接供电到终端用户,需由转供电的第三单位转供的行为),对全市35家转供电主体开展检查,重点检查"转供电"主体是否执行疫情期间阶段性降低企业用电成本,转供电是否加价多收取其他费用等违规行为。共清理规范不合理加价行为6起,退还终端用户多收款项80余万元。

知识产权保护

【商标培育】建德市米兰风尚酒店有限公司等83

家企业开展商标注册、续展、转让等工作；全市商标注册申请量 6068 件，同比增长 200.1%；初审量 5101 件，增长 345.8%；注册成功 4082 件，增长 122.5%。建德市家禽产业协会等 3 家单位申报地理标志证明商标（“建德鸡蛋”“建德吴茱萸”“里叶白莲”）完成申报前期工作；建德市草莓行业协会等 3 家单位完成国家地理标志专用标志使用前期准备工作。全市完成商标权质押 2 笔，授信额 5378 万元。

【专利知识产权工作】建立专利示范试点企业创建培育库，全年被认定为杭州市专利示范试点企业 8 家，其中示范企业 2 家。全年末全市有各级专利试点示范企业 35 家，其中国家级 4 家、省级 7 家。开展企业知识产权国家标准认证，勇华电器等 5 家企业通过第三方知识产权贯标认证。全年专利申请量、授权量分别达到 2585 件、1113 件，其中发明专利申请 1040 件（增长 340.7%）、发明专利授权 72 件（同比增长 60%）、PCT 国际专利申请 8 件，专利申请结构持续优化。全年完成专利权质押 4 笔，质押额 6913 万元，企业以此获贷 1953 万元。新增 7 家市级商业秘密保护示范站点，新安化工获评省级示范站点。

【知识产权保护】组织开展“4·26”世界知识产权日宣传活动，以横幅、屏幕滚动播放等方式，在机关、园区和企业等重点单位，广泛宣传“知识产权与健康中国”主题，营造“依法保护知识产权”的社会氛围。邀请专利事务所专家举行直播授课，为企业从业人员讲授企业专利商标申请实务知识，强化企业知识产权保护意识。组织开展商标代理市场专项、春茶市场及西湖龙井证明商标专项整治行动，出动执法人员 363 人次，检查茶叶生产企业、茶叶经营户、超市商场 321 家次。查处商标假冒侵权案件 5 件，罚没款 3.9 万元。（胡依佳）

编辑：黄建生

人力资源管理和社会保障

Human Resource Management and Social Security

综述

2020年,建德市人力社保工作围绕“两战全胜”目标,坚持“民生为本、人才优先”主线,做好人才引进、培养工作,成立杭州市首家“技能大师服务企业志愿团”,为中小微企业提供技术咨询、技术攻关、技能人才培养等精细化服务,为全市43家企业攻克技术难关67个,特色亮点做法先后被《浙江日报》《杭州日报》等媒体报道。以“三服务”“五大比拼”等中心工作为载体,抓要事、攻难事、办实事,通过数据跑、人社助企服务专员跑代替企业跑,实现“企业点单、人社服务”,解决企业需求230余项,涉及金额2700余万元。在全市开展的八轮“三服务”工作大比拼中,人力社保工作获得7次第一名、1次第三名。

做好全市适龄人口就业以及职工基本养老、工伤保险、被征地参保各项社会保险等工作,依法妥善处置各类劳动纠纷案件1245件、涉及人数1797人,确保劳动就业和养老保险领域的社会稳定。

建立、健全各类医疗保障制度,推进经办标准化建设和提升医保基金绩效,促改革、优服务、防风险、强基础,稳步开展各项工作。全市基本医疗保险户籍人口参保率达99.44%,其中贫困持证人员参保率达100%,基本实现全民医保、应保尽保。

人力资源管理

【概况】3月,市政府出台《建德市本土人才自主培养奖励实施细则》《建德籍人才“智力回归”工程实施意见》《建德市用人单位、中介及个人引进推荐人才(团队)奖励实施办法》3个修订版政策;7月,出台《“建德英才”计划实施意见》,为全市人才资源引进和自主培养做出全面规划。至年末,新引进海外人才项目31个,引进“智力回归”项目6项,引进杭州市“钱江特聘专家”8名,推荐申报杭州市“521”人选10人,新建博士后科研工作站3家,新引进博士后6名,在杭州地区处于前列。

全年兑现应届高学历毕业生一次性生活补贴899万元、人才购房补贴95万元,兑现应届高校毕业生工作津贴14.16万元。为3名人才办理车辆上牌补贴,办理人才参观卡87份、旅游券1659份。组织高层次、高技能人才174名参加健康疗休养、1398名参加健康体检。

全年公开招聘教育和卫计系统事业人员204名、其他单位事业人员43名、党政储备人才27名。公开招考招聘实现“零投诉”。办理964名工作调动、机构改革人员转隶及新录用人员的工资关系接转。完成26名(不含机关)事业单位工作人员工龄变更调整。

◎ 10月27日,举办高层次人才大赛上海专场赛(供图/市人力社保局办公室)

【专车接送助力企业复工复产】在新冠肺炎疫情防控、复工复产期间,市人力社保局及时调集政府包车 195 辆、沟通专列 21 列,帮助 260 余家企业接回贵州、湖南、四川等返岗员工 4500 余人;对承运省外未返岗员工及杭州复工专列的承运企业,发放财政全额补助 250 余万元。

【用工“云”招聘与顶岗实习】抗疫期间,市人力社保局针对高校毕业生、企业急需用工、女性群体等不同群体分类开展“云”上招聘活动,共为 561 家次企业发布就业岗位 1.2 万个,帮助达成就业 2000 余人。同时,及时协调、安排 151 名市工业技校“小工匠”(在校学生)到新安化工、农夫山泉等 62 家大中型企业顶岗实习,一定程度上及时缓解企业技术用工紧缺的困难。

【人才培养】2020 年,开展 5 期省级高级研修班、19 期市本级知识更新班,培训专业技术人才 2000 余人次。新建山里红家庭农场、葆元牧业、建德一院 3 家博士后科研工作站,成功选拔新一批建德市“282 人才培养工程”培养人选 165 名,完成 69 名“131”培养人选年度考核工作,培养人选主要参与的科研成果 212 项,取得经济效益 3.17 亿元。入选享受国务院特贴(钟泽)、杭州市政府特贴人才(詹波)各 1 名,吴建华成功获评建德市首位正高级经济师。

【技能培训】2020 年开展中式烹调师、砌筑工、劳动关系协调员、汽车维修工、茶艺师等 11 个项目竞赛,培养高技能人才 917 名;全市共培养高技能人才 1291 人次。为新冠肺炎疫情影响期间停工半停工的各类企业发放不超过 800 元的线上培训补贴,为餐饮、外贸家纺等 36 家企业开展酒店、餐饮服务、缝纫工、电工等 46 个项目的线上培训,给予补贴 126 万元,涉及稳定岗位 1585 个。职业技能提升行动分两批终审通过 214 个班次,发放补贴 177.05 万元,帮助 12009 名劳动者提升就业技能。以工代训补贴企业 2623 家,发放补贴 1300 余万元。新增 11 家建德市级技能大师工作室,成功创建杭州市级技能大师工作室 2 家。

【招引优秀党政储备人才】启动第三批面向“双一流”高校(学科)引进党政储备人才工作。择优从 1429 名考生中筛选出 150 名硕博研究生入围面试。创新采用“个人素质评价+撰写调研报告+无领导小组讨论”的方式,最终确定 29 名考生为拟聘用对象。

【公开招聘事业人员】全年共计招聘事业编制 274 名,其中部分事业单位招聘事业人员 43 名,党政储备人才 27 名,教育系统招聘教师 116 名,卫健系统招聘 88 人。委培生定向培养分配工作开展顺利,教育系统拟分配委培生 20 名,卫健系统拟分配临床专业委培生 22 名,合计拟分配委培生 42 名。

(钱　敏)

劳动保障

【概况】2020 年,全市城镇新增就业人数 2.18 万人,城镇登记失业率控制在 2.42%以内。举办招聘会 65 场,组织企业赴黔东南举办专场招聘,为建档立卡贫困人员提供就业岗位 4242 个,接纳 81 名岑巩县籍务工人员到全市就业。举办各类招聘会 43 场,参与企业 1021 家次,提供就业岗位 2.40 万个,达成初步就业意向 3000 余人次。民营职介所共提供就业岗位 7000 余个,求职登记 3500 余人次,介绍成功 1300 余人次。市财政为 3500 余人次发放就业创业补贴 797 余万元。

基本养老保险参保率达 98.9%。职工基本养老、工伤保险、被征地参保新增参保 1.19 万人、1.39 万人、1916 人。办理各类退休 1.04 万人,为 192.93 万人次发放各类养老金 36.21 亿元,向省市争取各类补助 14.12 亿元。全年完成工伤认定 885 件,结案率 94.6%;完成工伤职工劳动能力鉴定 433 人次、因病劳动能力鉴定 70 人次。

制订并执行社保费“免减缓”、失业保险稳岗返还、降低失业保险费、疫情期间线上技能培训补贴等一系列惠企政策,为全市 6300 余家企业减轻负担,涉及金额 5.63 亿元。其中落实社保费返还及失业保险费(稳岗补贴)返还,全年为 2577 家企业返还 4622.9 万元,涉及职工 5.5 万人;开展“展翅行动”，全年发放技能提升补贴 781 笔 146.55 万元；实施阶段性降低失业保险费率政策，为企业减负 4888.26 余万元。

处置各类劳动纠纷案件总计 1245 件，涉及人数 1797 人，为劳动者挽回损失 1633.5 余万元。结合日常巡查、专项检查共监察各类用人单位 1784 家，书面审查 6155 家。完成特殊工时审批业务 77 宗，涉岗员工 9098 人。完成劳务派遣许可审批13 件。认真落实国有企业薪资改革政策，加强对国有企业劳动用工和工资分配的管理。仲裁院接收案件 223 件，其中立案 182 件、结案 163 件，结案率 89.6%；调解率 87.1%，涉及劳动者 437 人、经济标的 2308.65 万元，为劳动者挽回经济损失1500.88 万元。全市未发生劳动争议群体性事件。

【人力社保业务“家门口”办】依托社银合作和乡镇街道便民服务中心，下放 35 项人力社保民生事项，事项下放率达 94.5%；通过银行网点和劳动保障站办理城乡居民养老保险参保缴费 4000 余件，占业务总量的 90%；办退 3500 余件，占业务总量的 97.2%，实现市民“在家门口办理人力社保业务”建设目标。

【“七星级”社保大厅建设】整合人才、就业、社保等业务，建立“一窗通办”窗口，实现“取一个号、排一次队、办所有事”，深受企业好评。设立网办窗口，提供“一对一”帮办服务，实现 67 项社保业务网上办理，“网上办”率 60%以上，缩短市民办事时间，好评率达 99.2%。

【养老保险审核】全年审核符合退休条件的档案 1173 份，审核通过新申请特殊工种 188 人次。审核符合省 221 号文件参保人员 21 人。供养直系亲属生活补助费审核联合办公认定 42 人，退休人员信息修改认定 18 人，特殊待遇审核 9 人，女职工、高级专家延期退休审核 9 人。 （钱　敏）

医疗保障

【概况】2020 年，建德市认真落实国家、省、杭州市医疗保障工作要求，推进经办标准化建设和提升医保基金绩效，促改革、优服务、防风险、强基础，各项工作有序稳步开展。全市基本医疗保险参保人数为 43.97 万人，其中职工医保 17.08 万人、城乡居民医保 26.89 万人，户籍人口参保率达 99.44%，其中贫困持证人员参保率达 100%，基本实现全民医保、应保尽保。职工医保基金收入 7.15 亿元，支出 6.38 亿元，当期结余 0.77 亿元，累计结余 1.44 亿元；其中统筹基金收入 4.44 亿元、支出 4.37 亿元，当期结余 682 万元，累计赤字 0.56 亿元。城乡医保基金收入 4.55 亿元，支出 4.51 亿元，当期结余 466 万元，累计结余 0.11 亿元。

医药卫生体制改革继续推进。9 月 1 日，正式实施《建德市医疗服务价格改革方案》，调整医疗服务价格，实现与杭州同城同价；推行总管预算管理下的 DRGs 点数付费支付方式改革，合理控费、保证质量。

【新冠肺炎疫情防控和复工复产工作】预付医保应急专项基金 1200 万元，保障市定点医疗机构开展防控救治工作，减轻医院垫资压力；对 6300 余家参保单位减半征收 2 月至 6 月单位缴费部分，为企业减负 8800 万元，为 119 家企业申办医保延缴业务，助力企业渡过难关。兜底保障新冠肺炎患者和疑似患者共计支出医保基金 11 万元。做好疫情期间全市口罩预约销售工作。全市 15 个乡镇(街道)口罩销售平稳有序，未发生人群聚集现象。

【药品集中带量采购工作】认真落实国家组织药品集中带量采购工作，超额完成采购任务，平稳实施医保药品支付标准全覆盖改革工作，在协议签订的 15 个工作日内，向医疗机构预付周转金，同时督促医疗机构提高药款结算率，缩短结算周期。

【医保药品支付标准全覆盖改革】协同配合省局提升药品集中采购平台功能，推进医保药品支付标准全覆盖改革，鼓励辖区内民营医院和药房使用平台采购，做好民营医疗机构的账号申领工作，挤出药品虚高水分，形成统一的医保支付标准。

【成立医疗保障反欺诈中心】6 月 29 日，建德市率先成立全省首家县级医疗保障反欺诈中心，其主要职能是加强医疗保障基金监管，开展反欺诈普法宣传、日常医保基金监督检查、参保人员外伤稽核调查，投诉举报案件的核查处理、稽核内审及实施开展医保智慧监管等工作，进一步整合多部门力量，完善联合监管机制，确保医保基金安全、平稳、可持续运行。

◎ 6 月 29 日，建德市医疗保障反欺诈中心成立（供图/市医保局办公室）

【医保基金监管】联合医保、卫健、市场监管、公检法等多部门力量，建立死亡人员数据共享机制，根据清单及时办理停保及医保账户清算，共排查出未及时办理停保业务 200 余人次。充分发挥第三方监管作用，引入太平洋保险公司参与医保业务经办和监管，发挥商保公司专业优势，弥补人员队伍力量不足。委托第三方对 10 家定点医药机构进行医保基金使用情况进行审计。继续开展基金监管三年行动计划，对全市 70 家“两定”（医保定点医疗机构和定点药房）单位开展专项检查，共暂停定点医药机构 29 家，移送市场监管局处置 2 例、移送公安机关立案侦查 2 家。组织开展定点医疗机构的自查自纠工作，共追回违规金额 794 万元，其中公立医疗机构 581 万元、社会办医疗机构 213 万元，均已上缴到位。全年全市医药费用支出增幅同比降低 12%。

【“最多跑一次”改革】通过整合服务窗口、开设自助服务区、配备专业导办人员以及推行医保事项“网上办”“掌上办”等举措，全年各类医保业务办理量 7 万件，其中线上办结率达 93.4%。5 月，利用官方微信公众号，搭建“建德医保微信容缺受理平台”，免去复杂的登录注册手续，通过在平台上补交相关材料，一次办妥，破解老年人办事因材料不全、不熟悉复杂的互联网操作而跑多次的难题，提高了办事服务满意度。全年受理事项 1300 余件。推进长三角医保一体化建设，市属 11 家医疗机构实现跨省、长三角直接结算，方便全市就诊 1800 余人次，涉及医疗费用 502 万元。（郎倩枝）

编辑：吴树根

信息业

Information industry

综述

2020年，市内三大通信网络运营商和铁塔公司，加大信息业基础建设投入，强化和提升服务水准，加快企业数字上“云”，推动全市数字产业化、产业数字化、城市数字化“三化融合”工作。全年数字化基础设施改造投入1.6亿余元，新建5G基站369个，基本实现主城区5G网络全覆盖。为确保全市新冠肺炎疫情防控、汛期抗洪救灾的安全部署、推进，以及城市建设各方面实现有条不紊的大数据调控，奠定基础。

邮政事业进一步拓展新型业务，加快改革，从传统报刊发行向金融领域相关产业延伸、转型。华数公司，不断采用多媒体融合技术，完善信息传播平台，丰富传播方式，为全市精神文明建设和对外宣传做出新贡献。

通信

【中国电信股份有限公司建德分公司】以下简称电信建德分公司。2020年年末，该公司有员工112人，下设4部(综合部、市场部、网络部、政企部)、9支局(新安江支局、城郊支局、寿昌支局、梅城支局、乾潭支局、大同支局、高铁新区支局、洋溪支局、政企支局)。全年完成业务收入1.35亿元，同比增长7.1%；税后利润725万元，增长6.1%。

2020年，以5G新安江主城区连续覆盖、重点区域高体验感、高质量下载速率和上传速率为主要内容，继续抓好网络质量提升工程；梅城、寿昌等主要乡镇做到有5G信号覆盖，用户体验感佳。全年实现200个站点开通建设。同时，不断完善制度，提升社区经理服务能力，拓展市场，实现市场稳健发展。至年底，宽带用户总数达8.1万户，同比增加3.9%；iTV出账用户总数达6.9万户，iTV用户减少0.28万户，同比减少4.2%；移动电话用户总数达15.5万户，净增移动用户2.3万户，较上年增长17.4%；固定电话用户总数达5万户，与上年基本持平。

在年初抗击新冠肺炎疫情过程中，该公司全力以赴完成市政府的通信保障工作，指导完成全市210个疫情监控的安装，完成各重保单位专线提速。新安江大坝首次9孔泄洪之际，分公司抢修通信光缆、紧急开通紫金大桥监控，做好网络通畅的守卫者。同时组织党员和团员青年（志愿者）1000余人次送电信服务进社区、进企业、进农村，开展现场电信为民服务。（邵　芸）

【中国移动通信集团浙江有限公司建德分公司】以下简称移动建德分公司。2020年，设市场部、政企部、网络部、综合部4个市本级部，下设新安江、梅城、寿昌、大同、乾潭、高铁新区6个分局，年底在册员工98人。本年度完成主营服务收入3.01亿元，收入增长率3.9%；通话用户总数达到33.89万户，增长1.0%。

持续开展5G二期建设工作。全市总计开通5G宏站169个、室分32个，完成新安江主城区、乡镇镇区以及主要工业园、高铁车站的5G信号覆盖，5G基础网络基本建成，其中包括新建汇聚机房8个，保障5G站点的高流量、高可靠性的需求。完成4G项目开通35个，4G宏站扩容96个、室分扩容11个，有效保障热点区域的4G客户通信需求。完成1.06万个宽带信息点覆盖以及504个企业网络接入工作。全力以赴做好疫情期通信保障、服务保障、防控保障“三大保障”，开展7×24小时驻点服务。快速响应政府视联网项目需求，开通视联网点位46个，全年视联网保障服务650余场。

全年新增移动用户数8.4万户。年末，5G终端用户数3.9万户，是上年的39.8倍。5G权益用户数2.9万户，5G资费用户数3.8万户，12月手机上网流量规模320亿兆。农村服务网点建设，全年新增社会渠道11家，宽带用户累计达到8.0万户，增长8.1%；宽带电视用户达到7.05万户，增长11.9%。

2020年，该公司重点开展企业数字化转型服务，在各行各业打造信息化项目标杆，深化企业数字上云，积极完成桌面云+服务器等超融合项目；建设杭州移动第一个“雪亮村居”项目，通过云存储满足客户建设周期短、费用低的需求；为各街道、社区垃圾监控点位建设智慧平台；强化建设，提升乡镇“雪亮工程”智慧化改造；强化企业网络预覆盖和厚覆盖，逐渐从基础固网建设者向信息化提供商快速转型。

新冠肺炎疫情防控期间，配合市政府发送防疫公益短信400余万条，为全市党政机关免费开通视频彩铃业务，为相关单位提供测温验证健康码设备；开展进驻企业为外来员工提供网络服务活动，推进企业开展复工复产；新安江大坝9孔泄洪期间，做好网络保障工作，累计基站发电48次、故障抢修11次，有效保障移动通信网络畅通。（叶 敏）

【中国联合网络通信有限公司建德分公司】以下简称联通建德分公司。2020年底，有员工43人，下设办公室（含网络部）、政企客户部、市场部（含乡镇支局、新安东路营业厅、寿昌营业厅、乾潭营业厅）。全年主营业务收入5000万元，完成率110.8%，完成率位列杭州第一。

2020年完成网络投资1500万元，扩大4G、5G网络基础建设和覆盖范围。根据5G网络总体规划、政府招商引资区域以及5G场景应用需求，对工业园区、航空小镇、智慧小微园区、景区、主城区、中心镇等重要场景进行5G网络覆盖，与建德电信共建共享5G网络基站217站次。对4G网络弱覆盖的农村、景区、居民密集等区域进行4G网络补强工作，提升4G网络覆盖率，全年建设4G基站115站次。至年底完成新安江街道、洋溪街道、更楼街道、梅城镇、寿昌镇、航头镇、大同镇、杨村桥镇、乾潭镇、三都镇、下涯镇等镇中心区块驻地网网络覆盖，以及全市3个街道、12个镇、1个乡的工业园区、智慧小微园区等网络专线资源覆盖。联通建德分公司驻地网主干网基础带宽50G、出口带宽100G，实现新建小区FTTH百兆、千兆驻地网网络全覆盖。

围绕“数字经济”一号工程建设，助力疫情防控、复工复产、“智慧城市”建设。新冠肺炎疫情期间，该公司通过“助企宝”“健康ETC等”产品，与市教育局、各政府窗口单位紧密联系，为其热成像及健康ETC项目提供技术支撑，多项智慧防疫措施并举，助力打赢疫情防控阻击战，推进复工复产。同时实施“企业上云”，对下涯马目、梅城五马洲等工业园区做好业务攻坚，提供专线、综合布线、信息化项目建设，助力全市工业项目数字化改造；大力推进“航空小镇”全套信息化项目为建德“智慧旅游”提供样板，通过园区监控、园区WiFi、智能停车、智能照明、园区票务、园区广播、信息发布、综合布线、园区机房等9大系统的建设+App，参与政府“智慧小镇和AAAA景区”创建；为在农村构建“一中心、四平台、一网格”治理新模式，提供技术保障。（饶建霞）

【铁塔公司建德办事处】中国铁塔股份有限公司是在落实“网络强国”战略、深化国企改革、促进电信基础设施资源共享的背景下，由中国移动通信有限公司、中国联合网络通信有限公司、中国电信股份有限公司和中国国新控股有限责任公司出资设立的大型国有通信铁塔基础设施服务企业。公司主要从事通信铁塔等基站配套设施和高铁地铁公网覆盖、大型室内分布系统的建设、维护和运营。中国铁塔股份有限公司杭州市分公司建德办事处（简称铁塔公司建德办事处）于2014年成立。2020年年末，该办事处管理市域内基站总数1246个，其中塔类基站1211个、室分35个。通过资源共享，移动建德公司、联通建德公司、电信建德公司三家运营商基站共享率95%以上。

2020年，该办事处以“智慧城市”建设为中心工作，积极配合市委、市政府及通信运营商开展5G通信基础设施建设，与建德市政府协议、实施《建德市5G基站建设“一件事”集成改革实施方案》《建设工程配建5G移动通信基础设施技术标准》。全年完成5G基站迭代升级改造建设项目344个，其中新建基站27个、改造项目317个，总投资3289.8万元。实现建德市主城区及各大乡镇的5G信号连片覆盖。在杭州市5G建设完成率排名前三，获得省级明星办事处荣誉。

此外，该办事处结合“美丽乡村”“智慧城市”建设，发挥铁塔高位资源优势，全年完成21个通信塔高位监控设备搭载，有效助力杭州市生态环境局建德分局环境监测工作。大同镇富塘村、杨村桥镇“草莓小镇”结合当地乡镇特色，完成“一乡镇一特色”塔体亮化工程，实现通信塔与社会塔的行业共享结合。（何　翀）

邮　政

【概况】中国邮政集团有限公司浙江省建德市分公司，以下简称邮政建德分公司。2020年年末有邮政储蓄网点17家、邮政营业网点20家；投递道段70条，总长度2997千米（单程），妥投点50873个。邮政各项金融及普遍服务遍及全市各乡镇。

受新冠肺炎疫情影响，全年业务收入减少，总收入1.22亿元，同比减少1.6%，完成率88.15%；完成利润892万元，完成率102.5%。其中，金融业务收入6864万元，位居全省第二，增长19.3%，增幅居全省第四；寄递业务收入3141万元，减少33.4%；函件集邮业务收入406万元（函件190万元、集邮216万元），减少3.8%；报刊业务收入441.9万元，增长1.4%。至12月31日，邮政储蓄余额42.36亿元，年增5.89亿元，其中价值存款（两年以下）新增5.68亿元。

该公司开展营业网点量化评价活动、普服达标整治行动、普服达标集中整治“回头看”活动，提高邮政普服水平。全年建制村打卡、给据邮件投递信息及时上网率、约投挂号妥投率、给据邮件省内T+3、T+5、代投自提占比等指标均达到省分公司要求。年内莲花社区、沧滩社区、严中新安江校区、航头村、罗桐社区紫金滩5个代办点转为自办，至年底完成所有代办转自办工作。建德分公司被评为浙江省分公司“党建工作示范单位”，建德分公司寄递党支部被省分公司评为“抗疫群英会”。

【参与疫情防控期间各项服务】全年共完成20多批量的救援物资寄递工作，其中3次共为中央x委后勤机关寄递2万只口罩；派人驻点朝美日化有限公司，直接将口罩从厂家寄递至全国各地。积极与建德市教育局、市农业农村局等单位对接，主动承担全市教科书配送任务。

针对建德多地农产品出现销路受阻的困境，该公司主动对接农业农村局组织开展“微菜篮”项目，采用基地直送+平价选购+邮政专送的“防疫保供”新模式，为市民提供“无接触式菜篮子”，既解决果蔬种植农户销路难题，又为特殊时期满足市民基本物资需求提供帮助。微平台共接收市民订单1500余笔，销售额累计约3.75万元。在“邮乐购”销售平台上线大洋镇江东村椪柑，共受理线上订单4107笔总量25吨，实现滞销农产品最大商品化，帮助果农增收。

【重大资产处置】2020年，完成“富春江股份”清理工作，成交价249万元；完成新安江府前路地块二期改造征迁工作，新安路5幢和7幢公司房屋按产权调换方式由政府征收，获得补偿补助等各项金额合计1590.78万元。6月28日，邮政建德分公司从新安江街道健康南路41号迁址至溪头路158号。（刘小飞）

数字电视网络

【概况】建德华数数字电视有限公司，以下简称建德华数公司。为全市唯一数字电视网络企业。2020年，实现营销收入1.01亿元。至年末，全市292个

(含涉农社区)建制村有线电视覆盖率100%,光纤总长2670千米,有线电视用户终端15.77万个,华数宽带终端突破5万个,固定资产原值达9000万元。公司获得"浙江省广播电视运营考核优秀单位""杭州市敬老文明号"等荣誉称号。

【基础建设】2020年,建德华数公司继续推行城乡低保家庭实现有线电视初装费和试听维护费"双减免",对全市重点优抚对象实施有线电视视听维护费减半收费政策。同时,投资400余万元完成22个村网络升级改造,实现网络双向功能;完成11个村级骨干机房和智慧网络平台升级扩容;积极推进智慧家庭、智慧安防业务,完善农村应急广播体系,助推平安建德建设。新冠肺炎疫情防控期间,完成全市建制村室外广播和15户用户机顶盒广播应急平台的互联互通,第一时间传达疫情防控最新指令和防护知识;面向中小学生推出"共享直播课堂",为全市3000多名学生居家学习提供华数电视支撑;支持医院、隔离点、重点区域上线监控和小区封闭管理的设施建设,推出"零接触服务模式"。

【大数据服务】运用"互联网政务服务"和大数据,发挥家庭电视终端优势,推进"最多跑一次"进客厅,市民在家中登录华数4K"居家办"即可办理50余项事项。全市安装完成"杭州办事"24小时综合自助服务终端机73台,提高办事效率。推出"乡村美好生活云治理平台",重点建设家里反映、家里办事、家里关注、家里会议、家里服务、家里超市6大模块,形成办事便捷、服务高效,可复制、可推广、具有服务群众零距离特色的乡村治理新模式。"清廉建德智慧管家"平台覆盖全市建制村(社区),以触摸屏一体机和手机端、电视端的多终端展示方式,为市民及时了解"三务"公开、"建房一件事""务工全透明"等信息提供服务,并接受市民监督和评价。

(翁文忠)

编辑:吴树根

科学技术与气象服务

Science, technology and Meteorological services

科学技术

【概况】2020年，建德市实现R&D经费支出7.48亿元，较上年度增长5.1%，R&D经费支出占GDP的比重为1.91%，较上年度增长0.27个百分点。全年从财力、物力、基础建设、人才政策等方面，引导、助力企业加大科技投入，抓好科技人才引进和本地科技人才队伍建设；以孵化园、科研所和省级通航产业重点实验室等为载体，完善科研平台；举办各类科技创新挑战赛和成果发布(拍卖)会，促进科研成果转化，实现最大市场价值。在新冠肺炎疫情防控期间，科技部门深入企业开展"三服务"活动，结合防疫工作组织线上培训，国家高新技术企业完成任务数的205.6%，有力推进全市复工复产工作。

【科技创新主体培育】实施建德市高新技术企业梯队培育计划，全年实施各类科技计划625项，其中省级科技计划91项。新认定高新技术企业37家，累计有效高新技术企业104家。新增省科技型中小企业101家，有效省级科技型中小企业累计423家。新增杭州市雏鹰计划企业6家。年末，杭州市级以上高新技术企业研发中心107个，其中省级以上45个。科技企业孵化器9家，其中省级1家；众创空间3家。

市政府出台和完善相关政策，鼓励企业参与新产品、新技术研发，新增省级新产品试制计划101项。提高创新券的补助力度和使用范围，发放创新券补助1053.6万元。开展科技成果登记服务。全年专利申请量2585件，其中发明专利申请量1040件，分别同比增长55.4%、340.7%；专利授权量1113件，其中，发明专利授权量72件，分别增长78.9%、60.0%。创新能力加快提升，建德市入选中国创新百强县(市)。新安化工"除草剂系列产品绿色关键平台技术开发与应用"项目获省科技进步二等奖。"草甘膦水性化制剂关键平台技术开发与应用"获中国石油和化学工业联合会科技进步一等奖。"草甘膦酸盐可溶性固体剂型"获2020年度石化行业专利金奖。

【科技平台建设】10月，建德市首个在杭科技飞地孵化园——"建德智立方"开园。"建德智立方"位于滨江德信AI产业园内，总面积2207平方米。园区采用产业链招商模式，广泛集聚以AI人工智能、高端制造为代表的智慧产业，是一个集"孵化、创业、投融资"为一体的专业园区。至年末有7个项目入驻飞地，包含先进制造、人工智能、互联网+等高新技术产业，并且全部完成在建德注册工作。项目孵化成熟后将在建德设立生产基地，实现"人才研发在杭，产业化在建"，开拓"人才+科技+项目"的招才招商新模式。

◎ 10月29日，第五届中国创新挑战赛(浙江)在建德市举办(朱永标/摄)

此外，8月，杭师大新安硅谷研究院落户建德；10月，全国首个通航省级重点实验室——浙江省通用航空运行技术研究重点实验室落户建德航空小镇并正式揭牌运营。

【科技成果转化】举办浙江大学、浙江科技学院建德技术转移中心签约仪式暨四校科技成果建德发布会，建德市与浙江大学、浙江科技学院签订设立建德技术转移中心协议，新安化工集团与浙江大学化工学院现场签订技术合作协议；来自浙江大学、浙江工业大学、浙江科技学院、上海第二工业大学的专家分别对新材料与节能环保、生物医药、自动化、智能制造等众多领域的科技成果进行展示。举办杭州科技创新协作员—浙江大学服务企业行动建德专场，杭州科技创新协作员走访服务企业解决企业困难，推动服务产学研合作项目10项，合同经费1050万元。举办浙江科技成果竞价（拍卖）会建德专场，成交项目9项，成交额共2257万元，溢价率29.8%。举办第五届中国创新挑战赛（浙江）暨2020年浙江省技术需求“张榜招贤”大赛生物医药行业和新材料行业2场现场赛。

新冠肺炎疫情防控期间，积极开展疫情应急攻关项目。市科技局广泛收集高校及科研院所疫情防治科研成果，主动联系对接浙大高分子科研团队，与朝美日化联合攻关口罩防护能级提升技术应急攻关项目获杭州立项，争取项目资金90万元。

【科技支农】完善建德农业科技政策。市科技局参与《建德市科研资金管理办法》制定并落地，该《办法》包含星创天地、企业研究院、研发中心等平台建设，涉及科技型企业扶持以及建德本级农业科技成果转化、社会发展领域建德农业科技相关政策。2020年新增建德市绿环有机肥料有限公司、杭州七香茶业有限公司等农业类杭州市企业高新技术研究开发中心2家，浙江葆元牧业有限公司、建德市山里红家庭农场有限公司等农业类浙江省科技型中小企业7家，杭州全新农业设施有限公司、杭州思味王食品有限公司等农业类国家高新技术企业2家，建德市草莓产业创新服务综合体成功认定为杭州市创新服务综合体。组织申报省重点研发项目1项、落实各级农业科技经费333.31万元。

【科技人才队伍建设与服务】积极招引高层次人才落户建德，组织申报杭州市“521”人才计划，推荐国外院士1名，国家高层次人才计划专家2名（其中1名已与建德当地企业合作），浙江省高层次人才计划专家3名。推荐4人进行人才认定，其中认定B类人才2人、C类人才1人、D类人才1人。华奕无人机创业团队入选省级领军型创新创业团队，实现建德市省级创业团队“零的突破”。2家省领军型创新创业团队、3名外国专家省高层次人才计划项目进入答辩环节。

建立动态管理，优化人才服务。疫情期间，为加强外国专家管控，全面排除风险隐患，市科技局组成外国专家服务工作专班，明确分管局领导和责任人，建立辖区工作外国人存量与增量动态管理清单。共摸排13家企业、27人，其中持证外国人数为23人，无疫情疑似、确诊人数。为办理外国人工作许可业务开通绿色通道，实现跑“零”次全程网上办结服务。共办理外国人来华工作许可业务12项。

推进人才培育，招引高端人才。全年新增院士专家、博士后工作站6家，引进培育顶尖人才14名、杭州市级以上领军人才79名，获国务院特殊津贴、全国劳动模范等国家级荣誉人才5名。梳理出医药化工、装备制造、碳酸钙等主导传统产业的“技术需求清单”共计135项，发送至各大专院校，实施“菜单式”引才，精准对接直面技术难题，获杭州市“115”引智项目立项17项。在杭州市国际人才交流与项目合作大会期间，征集具有代表性的技术需求16项，其中新安化工揭榜金额达到800万元，鑫鼎纤维揭榜金额达到1500万元并参与大会“揭榜挂帅”路演。

【助力复工复产】面对突如其来的新冠肺炎疫情，市科技局针对全市300余家科创平台、高新技术企业及科技型企业，发布《做好防疫工作的一封信》；制定外籍专家疫情防控应急机制，严格排查其相关信息和个人动向，联合有关部门、乡镇妥善

◎ 浙大专家助力企业复工复产（供图/市科技局办公室）

处置日籍专家入境隔离1起；派驻5名驻企服务专员帮助企业制定疫情防控措施，督促指导企业严格落实员工“健康打卡”等防疫措施，做好惠企政策宣传解读和申报指导工作。主动对接乡镇，沟通年度计划任务等，推动复工复产。累计走访科技型企业60余家，摸排高新技术企业培育企业40家，指导企业开展研发费用归集、研发项目申报等工作。年度累计收集上报各类“三服务”问题450个，办理事项460个，已办结460个，办结率100%。

同时，开展助力推进疫情防控和经济发展组团服务，与财政部门联合开展疫情期间孵化器、众创空间房租减免的申报工作，累计为17家企业减免房租12.8万元。年度企业研发经费加计扣除、高企所得税分别减免6651万元、7047万元。年度争取上级资金共计3710万元。（朱晓卿）

气象服务

【生态气象服务】有效发挥建德生态气候资源优势，通过杭+新闻、杭州发布、建德发布、今日建德等媒体线上发布《2019年建德气候宜居指数白皮书》，向社会提供气候变化的最新监测信息。加强生态监测气象服务，开发集数据监控和新安江雾预报模式为一体的立体气候宜居城市气象服务系统，开展江雾预报模型研究。积极挖掘气候资源，梅城镇江南秘境七里扬帆景区入选省首批“乡村氧吧”名单，为乡村旅游业经济发展赋予气象附加值。

【公共气象服务】2020年，市境出现12次较大范围强降雨天气过程，全年启动暴雨、强对流、寒潮、台风应急响应13次，发布各类专题气象服务材料178期、各类预警信号122次，其中暴雨预警信号38次、雷电预警信号27次、大雾预警信号18次、大风预警信号14次、高温预警信号10次、寒潮预警信号6次、霜冻预警信号3次、道路结冰预警信号2次、低温预警信号2次、冰雹预警信号1次、台风预警信号1次，累计发送灾害性天气预警短信340余条，受众约190万人次。

【气象现代化建设】推进X波段多普勒双偏振天气雷达建设项目和气候宜居城市气象服务保障项目。新建4个沿江生态气候监测站、1个负氧离子监测站和1个蓝莓农业气象专业服务站，加密建设4个区域自动站。X波段多普勒双偏振天气雷达建设项目完成项目立项前期工作并通过市规划委员会审议。启动宜居建德生态气候中心（X波段雷达数据处理中心）建设前期工作。推进“十四五”规划编制工作。

【农业气象服务】开展建德苞茶种植精细化气候区划和气候品质区划研究，联合国家气候中心、南京信息工程大学建立苞茶30米×30米高精度气候网格数据库和苞茶适宜气候区划模型，编制《建德苞茶种植精细化气候区划报告》并通过全国气候标委会评审发布，为苞茶产业种植布局和发展规划提供科学依据。开展民宿（农家乐）气象灾害防御保险试点工作，为民宿经济注入气象动力。积极探索融入乡村钉服务平台建设，拓宽气象预警信息发布辐射范围，构建市、乡镇（街道）、村立体化云端气象服务网络工程，实现基层气象防灾减灾治理能力由大屏式服务向指尖式服务转变，充分发挥“智慧气象”服务效能。

【气象防灾减灾工作】重点做好梅汛期、新安江水库泄洪等重大气象业务服务保障工作，切实发挥好防灾减灾“第一道防线”作用。泄洪期间气象应急值班小组24小时与多部门联合开展市防汛抗旱指挥部值班值守工作，提供专项气象服务信息44期。首次开展新安江流域上游段跨省联防联动气象服务和新安江水库泄洪口风力监测，重点加强对新安江流域上游强降雨汇水区天气实况、雨情汛情监测、预警预报服务情况等开展电话会商分析研判。加强疫情防控气象服务保障工作，密切与市疫情防控指挥部、市卫生健康局等单位沟通联络，以电子显示屏、微信、微博等渠道广泛发布疫情防控健康知识，及时向疫情防控一线工作者传递气象监测预报预警服务信息。

【气象社会管理】落实“互联网+”监管和“双随机、一公开”监管工作，联合教育、应急、住建等部门开展中高考校点、危化企业、加油站、燃气储配站防雷安全专项检查执法82次。推进部门数字化转型深化“最多跑一次”改革，实现“5项100%”（气象窗口办事跑零次比例、即办事项比例、掌上办事项率、网上办事项率、材料电子化比），承诺期限压缩比达到97.7%；全年办理行政许可审批事项22件，气象证明保险自助查询数据理赔201件。

【人工影响天气工作】2020年，在大同镇黄垄村、更楼街道红旗水库、杨村桥镇王谢水库开展4次人工增雨作业，发射火箭弹24枚，作业面积1635平方千米，增水量182.4万吨，有效缓解饮用水库容缺乏和森林防火压力。其中，8月25日15时28分在台风外围云系影响时，市气象局在杨村桥镇王谢村作业点实施增雨作业2轮次，发射增雨火箭弹8枚；根据市气象自动站网监测数据显示，作业影响区域莲花镇、洋溪街道、下涯镇、杨村桥镇普降中到大雨，最大雨量出现在莲花镇戴家村，达31.4毫米。平均面雨量17.8毫米，累计降水约600万吨，有效缓解当地旱情，降低森林火险等级。

【气象科普宣传】“3·23”世界气象日，联合明珠小学通过钉钉群直播，为明珠小学学生开展气象科普讲座，开展微信公众号气象科普知识线上答题活动，并广泛动员，积极推广参与浙江省气象局发起的在线直播课堂活动。“5·12”防灾减灾日，联合市科协组织社区居民参观科普教育基地。“6·23”杭州防雷安全宣传日，开展全市乡镇线上科普视频展播宣传，播放视频52场，受众600余人。推动5个气象科普点进农村文化大礼堂工作常态化落地实施，并建成文化大礼堂气象科普精品示范点1处。12月4日，参加宪法日科普活动，现场发放各类宣传材料1000余份。年内新增3块沿江气象显示屏，实时滚动天气预报、灾害预警等气象服务信息。

（赵建光）

编辑：唐国强

教 育

Education

综述

【概况】根据省级公报，2019年度建德市在全省县域教育现代化发展水平监测指数排名全省第47名，同比提高17位。教育公众满意度连续2年高于全省平均水平。2020年，建德市出台《关于贯彻优先发展推进建德教育现代化的若干意见》，继续完善教育现代化建设各项制度，至年末，建德市成功创建省示范学习型城市、浙江省语言文字规范化市。

2020年年末，全市共有学校98所。其中，教育局所属学校97所，在职在编教师4320人，学生54803人。其中，普通高中5所（含民办高中1所和新世纪初中所办的高中部）、职业高中1所、初中19所（含九年一贯制学校3所、民办初中1所）、小学30所、幼儿园40所（含民办16所）、电大1所、特殊学校1所。实行义务教育段学校公办、民办同等招生，在市纪委市监委专项监督下，网上统一报名"阳光招生"，确保招生工作公开、公正、透明，全年未发生涉招生工作的信访事例。此外，另有市人力资源和社会保障局所属职业高中1所（建德市工业技术学校）。

全市教育总投入11.95亿元，其中预算内教育经费拨款（含预算内其他经费拨款）11.33亿元（包括教育事业费10.07亿元、教育费附加0.23亿元、其他一般公共预算安排的教育经费0.24亿元、政府性基金预算安排的教育经费0.79亿元）。各项事业收入0.61亿元。人员经费支出8.74亿元（含社保经费支出本年起从个人家庭补助调整到人员经费），公用经费支出2.89亿元。全市中小学校电脑总拥有量1.68万台，生机比2.36:1；多媒体教室装备2863套，其中多媒体进普通教室1829套；有图书馆（室）的中小学校54所，拥有率100%，在课外活动期间开放图书馆（室）的学校数50所，中小学馆藏纸质图书205.57万册，生均册数51.91，当年生均添置纸质图书0.62册。

全年义务教育段学生享受营养餐2597人次，享受寄宿生生活补助254人次。普通高中免学费354人次，享受国家助学金926人次，享受在园幼儿教育补助280人次、职业高中免学费5403人次、享受国家助学金639人次。全年资助学生12069人次，资助金额936.11万元。

【教育项目建设】2020年，全市在建续建教育项目15个（重点项目5个），总投资3.31亿元，其中当年计划投资1.29亿元。明珠幼儿园、下涯中心幼儿园投入使用，月亮湾幼儿园叶家园区、寿昌新城幼儿园完成建设，培智学校迁建、明镜小学扩建工程主体结顶，新安江第二小学开工建设。完成暑期维修和零星工程项目71个，投入资金2309万元。

【特殊时期教学】新冠肺炎疫情防控期间，市教育局坚持一日一研判，精密智控6.2万余名师生，实现疫情防控和返校复学"两手硬、两战赢"，"停课不停学"，严格按省市"空中课堂"要求，出台《建德市中小学空中课堂指导意见》，利用钉钉、"开课啦""乐课"等平台进行空中直播、录播，形成"高中一校一策、初中共享资源、小学平台推进"基本模式，服务学生4.10万名。采取最严密措施顶住防疫和防洪的双重压力，确保高考圆满完成。强化后疫情时代常态化防控，筑牢校园安全防线。全市未发生教师、学生涉疫事例，教学秩序平安稳定。

【校园安全建设】完善“人防、技防、物防、制防、联防”五位一体的防控网络，健全“护校安园”长效机制，对全市所有学校（含分校分园）开展安全风险评估，发现问题立整立改。年度新增专用校车25辆，总量达到55辆，校车全覆盖的乡镇从上年度8个增至15个，实现全市覆盖（大洋镇实行寄宿制，不采用校车）。全市所有学校全部建立学校健康指导员制度，加强秋冬季传染病防控，切实保障学生生命健康。

【跨县域新名校集团化合作办学】2020年，全市5所高中，梅城镇所有中小学、幼儿园与杭州优质学校结对，加盟名校集团，实现理念共享、资源共享、成果共享、优势互补、共同提高，推动城乡学校均衡和谐发展，共建共享“美好教育”。严州中学新安江校区钱其乐获得第34届中国化学奥林匹克竞赛金牌，入选国家集训队，并预保送至北京大学。

【足球进校园工程】2020年，全市有杭州市级及以上足球特色学校34所，其中全国足球特色学校5所、省青少年校园足球特色学校12所。3名教练员获评杭州市校园足球优秀教练员，1名教练员获评全国优秀校园足球教练员。梅城中心小学、大慈岩初级中学、新安江中心幼儿园申报2020年国家级足球特色学校和幼儿园。建德市获评“杭州市2020年度校园足球工作先进市”。在2020年杭州市“市长杯”校园足球精英联赛暨小学男子组最佳阵容联赛中，建德市获得甲级组第五名。

【文明校园创建活动】开展“小手拉大手、文明齐参与”为文明城市建设加分活动；着力提升学生文明素养，形成建德教育“最美1平米”好习惯养成教育特色品牌；创建杭州市绿色学校2所。开展文明校园创建活动，新增文明校园8所（共52所，其中杭州市文明校园9所、省级文明校园1所——新安江第一小学），打造德文化示范校2所（共15所）。

【承办省级中学生田径锦标赛】11月12—15日，浙江省中学生田径锦标赛暨省第十五届中学生运动会田径比赛在新安江中学举行，来自省市各地92支代表队，988名运动员分甲、乙、丙三组参加94个项目的比赛。本次比赛，省派裁判中，有国际级4名、国家级26名。

【落实教育领域民生实事】完成省级民生实事——梅城镇老年学堂建设并投入使用；完成杭州市民生实事——安装中小学幼儿园教室和高中的寝室空调共1965台，超额目标任务（112台）；全市级完成60所中小学幼儿园850个普通教室灯光改造，优化中小学生、幼儿用眼环境。完成11家智能阳光厨房创建任务，阳光厨房覆盖达100%。

学前教育

【概况】2020年，全市40所幼儿园（法人单位40所，园区共有74个）。其中，教育部门主办幼儿园22所、集体主办幼儿园2所、社会力量举办幼儿园16所。在园幼儿总数1.33万人，其中公办幼儿园在园幼儿人数1.05万人，占全市78.6%。全市普惠性幼儿园在园幼儿人数1.30万人，普惠率97.4%。创建省二级幼儿园（园区）3个，至年末，全市有省一级园区5个、省二级46个、省三级22个全市省等级幼儿园覆盖率达到100%，其中省一、省二优质资源覆盖率为86.0%。名园集团化覆盖率达到59.8%以上，城乡幼儿园互助共同体覆盖率达100%。3周岁~5周岁幼儿入园率96.0%，毛入园率111.5%。

◎ 8月，大慈岩中心幼儿园的操场改造竣工（供图/市教育局办公室）

全市有杭州市农村示范性幼儿园12所，有49个幼儿园(分园)创建为杭州市标准化建设达标幼儿园(其中公办42个)。

幼儿园教师持有资格证比率98.4%，园长持有上岗证比率100%；全市幼儿园教师学历合格率100%，其中大专及以上学历98.8%。

全市非编有证教师补助标准为人均7.15万元/年。全年支付民办园奖补资金640万元，奖补资金用于民办园非编教师工资补助、安保设置、教学仪器用具添置、校舍维修改造等。

【幼儿教师职业技能大赛】11月，举行全市幼儿教师职业技能大赛。137名教师参加本次大赛。经过弹、唱、跳、画、说五个环节比赛，最终评出一、二、三等奖共36名。

【民办幼儿园"问题清单式"督查】2020年，为规范民办幼儿园办园行为，市教育局针对民办幼儿园办园行为中出现的问题，梳理形成问题清单，实地督查，发放整改通知书16份，限期整改。

义务教育

【概况】2020年年末，全市有初中学校19所(含民办1所、九年一贯制学校3所)，在校学生1.02万人，基本持平。小学学校30所，在校学生2.26万人，同比增长2.5%。初中、小学适龄儿童入学率及巩固率均达100%，初升高比例99.7%。义务教育阶段省标准化学校达100%。

继续推进义务教育均衡化发展，全市义务教育段学校城乡教育共同体结对覆盖率达到100%，其中初中成立新安江一中、新安江二中、新安江三中3个共同体，小学成立实验小学、明珠小学、明镜小学、新安江一小、新安江二小、新安江三小6个共同体。

【举办中小学生文化艺术节】3—10月，举办建德市2020年中小学生文化艺术节，全市55所中小学校3000余名学生参加音乐、视觉、文化普及三大类别15个项目的比赛。10—12月参加杭州市中小学生文化艺术节，选送节目获奖率达到91.2%，获得浙江省中小学生艺术节一等奖2项，二、三等奖11人次。建德市教育局评为杭州市优秀组织奖。

【学生近视防控工作】8月，市政府转发《浙江省学生常见病和健康影响因素监测与干预工作方案(2020年版)》，召开全市儿童青少年近视防控会议，对全市学生视力进行普查，41所中小学(幼)购置屈光仪。2020年建德市儿童青少年近视调查为55.4%，同比下降1.1%。

【劳动教育实践活动】确定航头初中等10所学校为"建德市劳动教育示范学校"，下涯中心小学等5所学校为"建德市劳动教育课程建设特色学校"，新安江第一小学等11所学校为"建德市劳动教育试点学校"。下半年组织中小学生走进梅城古镇开展研学旅行活动，认定新联航空科普中心研学基地等9家单位为建德市中小学生研学旅行教育基地(第二批)，"千鹤妇女精神"教育基地等5家单位为杭州市研学基地。

◎ 1月3日，寿昌第一小学组织学生开展劳动教育(供图/市教育局办公室)

【初中提质强校行动】深化新安江第一初级中学、新安江第二初级中学、新安江第三初级中学城乡学校互助共同体建设。推进初中提质强校行动，明确新安江第三初级中学、梅城初级中学为杭州市公办初中提质强校行动首批试点学校；市教育局派员蹲点调研初中学校8所，强化教学管理。

高中段教育

【概况】2020 年，全市共有普通高中 5 所(含民办普通高中 1 所)，职业学校 1 所。普通高中在校学生 7082 人，同比减少 4.1%；职业高中在校学生 1473 人，与上年持平。全市初中毕业生升入高中段学生 3375 人，初升高比例 99.7%，其中升入普通高中的人数 1863 人、升入职高(含工业技校)人数 1512 人。

【2020 年高考成绩保持稳定】2020 年，建德市普通高中高考一段录取人数 572 人，其中一流大学建设高校录取 49 人，一流学科建设高校录取 105 人。严州中学新安江校区一段录取人数 380 人，录取率达 67.4%。新安江中学一段录取人数 122 人，寿昌中学一段录取人数 31 人，严州中学梅城校区一段录取人数 32 人，育才中学一段录取人数 7 人。新安江职业学校参加高职单考单招及 3+2 选拔考试，录取 219 人，录取率 93.6%，其中本科录取 4 人；其中数控专业数控汽车方向技能成绩居浙江省第一名。市工业技校 2017 级升学班 29 人参加单考单招，上线率和录取率均达 100%，其中本科录取 2 人。

【师生职业技能大赛】在 2020 年杭州市中等职业学校师生职业技能大赛中，新安江职业学校参与 13 个类别 27 个赛项，获金牌 4 枚、银牌 11 枚、铜牌 19 枚，总成绩位列杭州市 50 所参赛中职（技工)学校第 15 名。获 2020 年浙江省中职学生创新创业大赛一等奖；2020 年浙江省中职信息化教学设计和说课大赛二、三等奖各 1 项。

◎ 11 月，新安江职校学生参加杭州市中等职业学校师生职业能力大赛(供图/新安江职校)

【产教融合实践】新安江职业学校学前教育、旅游服务与管理、烹饪专业与 23 家企业、行业协会、幼儿园对接，学生参与会务、茶歇服务、西点 DIY 体验等教学实践共 35 场。学前专业 147 名学生入园实践；113 人获保育员中级证书；园林专业与兰都生物科技共建铁皮石斛教学实践基地。

【职业教育活动周宣传】11 月，疫情防控期间建德职业教育宣传活动，以网络宣传展示为主、线下交流展示为辅。新安江职业学校和市工业技校各自校内开展以职业技能大赛为主的职业教育活动周活动，进行线上交流和典型活动案例的宣传报道。

【建德市工业技校】该校为建德市人力资源和社会保障局举办，属于高中段职业(技工)教育，同时开设大专学历五年制高级工班。2020 年年末有教职工 98 人，在校学生 1714 人，设有机电技术应用、数控机械加工、化工分析与检验等 9 个专业。

新冠肺炎疫情防控期间，组织、选派 164 名学生到 68 家企业顶岗实习，助力企业复工复产。开展电工作业、焊接与热切割作业、安全管理等线上培训 11 期；举办电工、焊工、钳工、车工等技能鉴定、开展特种作业、移民培训、百万员工培训、退役士兵培训等，培训人数 8657 人次。积极服务地方经济，继续探索教育扶贫新模式，为 159 名实习学生提供涉及 25 家企业的岗位 426 个；继续开展学徒制订单班实践，共计招收贵州籍化工学徒制班新生 24 人。

学生章子彦获全省技工院校学生思想政治·文化素养学习竞赛省级决赛三等奖。教师马胡频获杭州市技工院校 2020 年优秀教案评比一等奖，吴夏烟、陈静怡获 2020 年建德市中职(技工)学校教师教学能力大赛一等奖。（钱　敏）

成人(社区)教育·民办教育

【概况】2020 年,全市有省标准化乡镇成人文化技术学校 16 所、社区学院 1 所、社区教育中心 6 所、社区教育教学点 10 个。按照分步实施、有序推进、打造亮点的原则,稳步推进"学习共同体""送教进社区""学分银行""学习平台""创建省学习型城市""社区教育进农村文化大礼堂""老年学位"等工作。各成校整合培训资源,拓展培训工作渠道,开展家政服务、养老护理、垃圾分类、茶文化、村监会干部、美丽庭院、女性形象设计、讲解员、安全员、党建知识、中式面点师、健康养生、民宿管理、法律知识等社会培训,全年完成社会培训 6.14 万人次,超过省定任务。

【社区教育品牌创建工作】 以创建学习共同体,构建市民 30 分钟学习圈为载体推进终身教育。通过"衔泥伴耕 相约礼堂——三师五艺四季行" 系列活动,开展社区教育进文化礼堂活动 180 余场,参与人数达 2.30 万人。深入开展"一校一品"建设,新安江成校社区市民养老模式(共学养老、积极养老、主动养老),梅城成校结合严州古城特色"游古府、赏古韵、学茶艺、品小吃"为主题的茶艺培训、小吃培训、古城导游培训,杨村桥成校为草莓小镇建设服务而开展的草莓师傅初、中、高级证书培训和以"德文化"宣传为主题的家规家训培训;大同成校以"大同保姆"为品牌开展家政人才培训并成功创建为浙江省现代化成人学校,寿昌成校"堂前燕"主题宣讲培训。明珠社区秀色舞蹈队、罗桐社区开心舞蹈队、三都婺韵创杭州市优秀学习共同体,吴素琴获评 2020 年杭州市"百姓学习之星";建德市"乡村美丽庭院建设培训"获 2020 年杭州市"终身学习品牌"项目。

【民办学校准入审核管理】2020 年,进一步严格民办学校准入审核管理, 确定需持有教育部门的批准文书,方可进行登记注册。完成 75 所民办学校年检工作并予以通告,公布民办培训机构白名单,促使民办教育培训机构规范办学。全市经教育核准取得办学许可证的民办教育 77 所,其中幼儿园 16 所、学历教育学校 2 所(新世纪实验学校、育才高中)、民办培训机构 59 所。全年拨付民办幼儿园、初高中教育发展专项资金 877.82 万元。

【民办教育监管专项整治】 以师生的健康为中心,坚持科学防控与日常监督相结合,出台《关于印发《建德市校外培训机构严格落实疫情防控措施有序推进复工复课工作方案》的通知》,并通过复课(训) 工作培训会做好解释,82 家机构参加培训,受训人数 100 余人。按照"规范办学、安全办学、有序办学"要求,在 8 月和 11 月开展校外培训机构专项整治行动,制定《建德市开展校外培训机构排查治理行动方案》和《建德市校外教育培训机构清查整治工作方案》, 结合全国文明城市创建工作,从登记许可、机构信息、管理宣传、安保卫生、规范办学等五大方面进行对照检查。市教育局联合多部门开展"双随机"检查 3 次,出动执法人员共计 33 人次。

师资队伍

【概况】2020 年,全市有专任教师 4320 人(其中幼儿园 1043 人、小学 1359 人、初中 1052 人、高中 741 人、职高专任教师 112 人、特殊教育学校专任教师 13 人)。幼儿园、小学、初中、普通高中专任教师学历合格率均达 100%。小学专任教师专科及以上学历 99.7%, 初中专任教师本科及以上学历 96.0%。完成 3763 名教职工的学年度考核工作,其中优秀 521 人、占教职工比例 13.8%, 合格 3236 人、占 86.2%。

谢余泉等 4 名教师获评 2020 年浙江省"春蚕奖"。获评浙江省三育人先进 2 名,获评杭州市优秀教师 13 名、优秀班主任 6 名、优秀校长 2 名、优秀教育工作者 5 名、农村教师突出贡献奖 2 名;获评建德市道德模范 1 名。

【教师科研成果】 全市共收到教师参评立项课题

567 项，各中小学、幼儿园送评率达 100%。《基于学科核心素养的中学思政课议题式教学行动研究》等 413 项课题被确定为全市 2020 年教育科研立项课题，其中重点研究课题 26 项、规划研究课题 43 项、教师小课题 344 项。新安江第二小学《基于"导航式评价"的小学生学业评测体系的开发与实践研究》，纳入杭州市 2020 年基教教研重点立项课题，李家中心幼儿园的《幼儿园"农趣"活动的设计与运作》，纳入 2020 年浙江省教研规划课题。

【教师招聘招引】全年共招聘新教师 113 名(其中从安徽师范大学、杭州师范大学等知名师范院校招聘 30 名、社会招聘 53 名、学前教育定向委培生 20 名)，其中研究生学历 20 名(包括招聘 19 名和 1 名新安江中学引进杭十四中支教教师)。2020 年继续定向培养招生小学全科教师 10 名(录取分数在高考一段分数线以上)，定向培养招生学前教育教师 10 名。

【专业技术职务评审和资格认定注册】2020 年，对照教师岗位设置管理、评聘结合原则，继续实行教师职称结构比例、中高级职称评审指标控制，确保取得中高级职称人员全部获聘。全年认定二级教师 175 人、三级教师 41 人，取得一级教师职称 64 人、讲师 1 人、高级教师职称 46 人、高级讲师 2 人。4 所普通高中职称自主评聘试点工作结束，共完成教师资格认定 116 人、教师资格注册 124 人，补(换)发教师资格证 12 人，解除教师资格并收回资格证书 1 人。

【骨干教师队伍建设】2020 年，坚持"强本提质、双线并推"教师培养工作模式，健全教师培养培训体系。除一般性教研活动项目外，共开设教师培训项目 50 个班次，参训教师达 6002 人次。所有项目均实现分层分类，"教评学" 完成率达 100%，"学评教"满意率达 99.2%。全市各校自主开设校本研修申报项目共 81 个。

【"支教"工作】2020 年，派出"支教"教师 10 名，其中援疆 7 名、援藏 1 名、援黔 2 名，为期一年半；此外，另有 4 名教师到岑巩县支教半年。6 月，又派出 29 名学前教师到岑巩支教 1 个月；9 月，派出 4 名学前教育教师赴岑巩，支教时间 1 年；11 月，派出 8 名心理健康教师赴岑巩，其中 2 名支教时间 1 个月、6 名支教 1 周。特级教师李小玲名师工作室招收岑巩县籍学员 2 名，并赴岑巩县进行讲学支教。

【两级名师工作室建设】建设杭州市名师乡村工作室 22 个(其中 3 个为建德市本地名师)，招收学员教师 274 人。设立建德市名师工作室 20 个，招收学员教师 165 人，实现名师培养学科全覆盖目标。加强杭州与建德两级名师工作室的双向互动与建设，积极推广"名师公开课""智慧课堂"等教学形式，促进名师对乡村教师的引领与培养。(储建伟)

高等教育

【概况】2020 年，驻建德市高等教育院校共 2 所，即"杭州科技职业技术学院严州校区"和"国网浙江省电力有限公司培训中心浙西分中心"，分别承担学前教育专业、电力技能培训等教育工作，分属杭州市、浙江省电力公司管辖。

【杭州科技职业技术学院严州校区】2020 年，杭科院严州校区(严州师范学院)下设综合办公室、后勤科等科室，在编教工 6 人、非编人员 30 人，教育学院派驻严州校区教学和管理人员 5 人。校区承担教育学院学前教育专业一年级学生的教育培养工作，上半年有 2019 级学生 411 人，下半年有 2020 级新生 488 人。

2020 年，对新校区地下用水管网进行重建；完成学生公寓纱窗制作安装和空调出水管链接。配合公房管理处完成校区所有房产证更换。校史展陈馆接待校友及社会人士参展近 300 人次。 (钱志翔)

【国网浙江省电力有限公司培训中心浙西分中心】浙西分中心为国网浙江省电力有限公司培训中心四校区之一，位于建德市新安江街道，由东、西两个校区组成，其中东校区位于新安路241号，西校区位于朱家东路99号，总占地面积约7.67公顷。2020年年末有教职员工105人，其中研究生及以上学历16人、大学本科及以上学历91人，“双师”型人才36人，专职培训师32人。

分中心建有电力行业电缆附件安装人员评价基地、国家电网公司输电线路带电作业实训基地、国网浙江省电力有限公司抗灾抢修实训基地、安全培训中心与安全作业培训实训基地、变电运维与变电检修实训基地、新能源技术实训基地等。主要承担国网浙江省电力有限公司系统各类管理和技术人员培训，承担电力行业特有工种职业技能鉴定和电力企业科技及管理咨询服务，承办省公司级及以上单位竞赛调考。

全年共培训办班200期，折合5.25万人日；完成中国电力企业联合会技能等级认证、国家电网有限公司技能等级评价133批、2348人次；高效承办国网浙江省电力有限公司应急技能竞赛等省公司级及以上竞赛、调考5项。

12月，浙西分中心获得由中国航空器拥有者及驾驶员协会颁发的民用无人机驾驶员训练机构合格证，为开展多旋翼无人机视距内驾驶员及超视距驾驶员培训奠定基础。　（王　磊）

◎ 国网浙江电力公司培训中心浙西分中心大楼（杨忠平/摄）

编辑：吴树根

文化·旅游·体育

Cultural Tourism and Sports

文化

【概况】2020年，建德市继续加大投资力度，完善文化基础设施和文化产业鼓励政策，发掘和研究非物质文化遗产（以下简称“非遗”），推进文化体育旅游深度融合，为全市中心工作服务，丰富群众精神生活，文化事业取得出色成绩。完成寿昌综合文化站、新安江综合文化站改造提升及梅城千鹤、乾潭幸福2家杭州书房建设；建德市博物馆正式落成开馆。12月，严东关五加皮酿酒技艺成功入选第五批国家级非物质文化遗产（简称“非遗”）代表性项目名录公示。

全年完成各类演出、讲座、展览等文化惠民活动263场，覆盖231家文化礼堂。全年送书下乡近3.0万册；培训讲座展览活动100余场次；组织文化走亲14场；开展2020年“漫步云端 书香抗疫”线上读书月、线上“天籁浙江印象诗路”朗诵大赛等活动。1月，举办首届建德市新年音乐会；推出现代婺剧《千鹤女人》，该剧获杭州市文艺精品创作扶持项目。9月，建德市获评浙江省首批戏曲之乡（剧种名称婺剧）。

围绕文化市场平安有序规范，开展各类专项整治行动，累计日常巡查检查经营场所3389家次，行政处罚立案调查10件，办结案件9件，没收违法物品98件（册），开展文化市场“双随机”检查23次，涉及场所97家次，拆除非法卫星电视地面接收设施42件；排查整改隐患25处。开展校园周边专项检查3次，整改问题隐患11处。

新冠肺炎疫情防控期间，全面支持文化企业“战疫情、渡难关”，出台《有效应对疫情支持全域旅游发展的十条意见》，设立应急专项扶持资金，累计兑现补助资金1170万元。出台《建德市人民政府关于扶持影院复工复产的若干政策意见》，降低影院房租负担，发放电影消费券150万元，有效缓解电影企业经营困难。深化“走亲连心三服务”，大同农创客中心挂牌成立杭州市首家“双千”直播空间点，开展助农直播10余场。推出“学习强国”云助力活动，有效破解草莓、鸡蛋等滞销困境。

【考古与文保工作】严格落实“5万平方以上出让土地考古前置”项目建设开工工作制度，完成恒大温泉三期、下涯西湖畈、洋溪S-1地块共30余万平方米考古勘探，发现古代墓葬8座，出土青瓷盏、盘口壶等文物20余件。结合美丽城镇建设，推进古新昌县及古寿昌县考古勘探；逐步推进寿昌经济开发区区域评估工作。年内完成16处2019年历史建筑重点维修项目，争取2020年历史建筑重点修缮项目13处，争取杭州农村历史建筑保护专项280万元。

【“非遗”保护成果及展示】12月，经一年半的相关申报工作，严东关五加皮酿酒技艺项目入选第五批国家级非物质文化遗产代表性项目名录公示名单，实现建德市国家级非遗项目“零的突破”。非遗名录体系建设完成4个省级“非遗”代表性项目及其4名传承人省级自评，公布第八批建德市级“非遗”代表性项目，开展第三批“非遗”传承教学基地的申报评审。钱塘江诗路（富春山水）文化传承生态保护区纳入省级文化传承生态保护区创建名单。建德市入选首批浙江省“文化基因解码工程”重点支持县（市）。

举办“文化和自然遗产日”系列活动，组织严东关五加皮酿酒技艺、倒笃菜制作技艺、面塑技艺、新叶昆曲、婺剧和提线木偶等项目参加杭州市各类展演活动。乾潭镇下梓村、大慈岩镇上吴方村、三都镇马宅村3个村落被列入第三批杭州市"非遗"旅游景区(民俗文化村),严东关五加皮酿酒技艺、严漆生产技艺和玉雕技艺3个项目被列入第一批杭州市传统工艺振兴项目。

【建德市博物馆开馆】9月30日,建德市重大文化项目——建德市博物馆正式开馆。该项目2017年底动工,工程总建设投资约1.6亿,建筑面积9891平方米、展厅面积4264平方米,共设常设展厅4个和临时展厅1个。浙江省文物局副局长曹鸿、浙江省文物局博物馆和社会文物处副处长杨文庆、解放军火箭军政治部原副主任于春福少将,武警部队原政委徐永清上将夫人周清(代表徐永清),以及童定干、朱欢、吴铁民、吕平、俞伟等建德市领导出席开馆仪式。至年底,累计参观人数6.1万人次,接待团队327批,接待学生团体131批;举办第二课堂及其他活动59场,累计参加活动人次约3280人次。 (吴京攀)

◎ 9月30日,建德市博物馆开馆仪式(周密/摄)

【图书馆工作】全年文献借阅40.02万册次,书刊借阅9.01万人次,总流通50.0万人次。采购馆藏图书100.8万元。面向基层乡镇(街道)图书分馆、村农家书屋、文化礼堂,以送书、送讲座、送展览形式,送书下乡33个地点3.59万册,送书下乡专项资金30万元。其中乡镇分馆图书2.70万册、农家书屋图书0.36万册、千鹤书房0.54万册,另扶持赠送贵州黔东南州岑巩县移民安置点新书300册、价值1.20万元。

全年新增建德市一苇培训学校有限公司、建德经济开发管理委员会、建德市交通运输3家借阅流通点,均以集体借阅方式进行图书馆外流通服务。4月23日,大同镇24小时自助图书馆开放;10月,寿昌镇24小时自助图书馆开放;12月,乾潭镇24小时自助图书馆试行开放。(李迎春)

体育

【概况】2020年,建德市深入推进全民健身,完善基层体育组织网络。全年累计开展各类体育赛事活动126场,参与人次2.8万人。举办各类培训207场,参与人次1.6万人。参加浙江省、杭州市等各类体育竞技项目比赛,取得省级以上第一名121个、第二名30个、第三名32个。培育推出一批体育品牌,建德新安江17℃夏日冬泳国际挑战赛入选浙江省重点培育品牌体育赛事名录库(2020年),建德航空极限运动基地融合江南大冰洞飞拉达攀岩、高空跳伞、直升机跳水、汽车漂移4个项目获评2020浙江省运动休闲旅游示范基地称号。

全年新评定AAA等级社团2家(建德市气排球协会、建德市篮球协会),AAAA等级1家(建德市木兰拳协会)。至年底,全市登记注册社会体育组织35家,其中AAA等级以上社团17家,达标率48%。

开展体育监督检查,累计出动检查107人次,检查高危体育场所85家次;体育市场"双随机"抽查5次,涉及相关场所12家次;联合市卫健局等单位,开展高危体育经营场所专项检查4次。

【体育设施升级完善】2020年,完成省级体育小康村升级工程20个,累计101个;百姓健身房14个,累计14个;5人制足球场1个,累计6个;11人制标准足球场1个,累计2个。完成莲花镇齐平村、杨村桥镇杨村桥村体育公园建设。

至年末,全市共有各级各类运动场地1600余处。其中有体育健身公园22个、体育健身广场12

个、体育健身中心4个、门球场29片、健身点(苑)670个。体育场地面积110余万平方米,实现全市村(社区)体育设施、健身点(苑)普及率100%,形成市、乡镇(街道)、村三级全民健身网络。

【全民健身运动】5月,全市有序恢复室外小型健身体育活动。全年累计开展各类体育赛事活动126场活动,参与人次2.8万人。举办各类培训207场,参与人次1.6万人。开展线上(网络+赛事)线下(居家健身)赛事及健身活动,举办"云赛事",满足群众体育健身需求。同时,根据疫情管控后期实际情况,以网上教学、展示、培训等形式,开展木兰拳、跆拳道、太极拳等社会体育项目线上教学活动。

【体育竞技成绩】积极组队参加杭州市、浙江省青少年阳光体育比赛,涉及排球、跆拳道、举重、摔跤、散打、游泳等项目。青少年竞技体育取得省级比赛第一名8个、第二名4个、第三名6个,取得杭州市级体育比赛第一名27个、第二名23个、第三名26个。成年人群众体育取得省级体育比赛第一名113个、第二名26个、第三名16个;杭州市级体育比赛第一名26个、第二名39个、第三名15个。

发挥建德市特色项目优势,获浙江省青少年阳光体育中小学生排球锦标赛女排第一、男排第四,杭州市小学生阳光体育排球锦标赛女排第一、男排第一,获杭州市中小学生阳光体育举重锦标赛5个成绩第一名,获浙江省青少年阳光体育(体育传统项目学校)跆拳道比赛7金4银6铜。

【举办第二届全国智能体育大赛建德城市赛】5月17日,由中华全国体育总会主办的2020第二届全国智能体育大赛建德城市赛启动仪式在新安江体育馆举行。此次赛事项目全部在线上完成,共有智能跑步、智能骑行和智能划船3个大项6个小项。吸引全国线上35余万名体育爱好者参加。有46家媒体予以报道宣传,宣传覆盖3000万人次,央视第一频道《晚间新闻》给予50秒的报道。

【"夏日冬泳"百城挑战赛】8月17日,由浙江省体育局主办的2020中国·建德17℃新安江"夏日冬泳"百城挑战赛在杭州建德新安江举行,吸引全国122支代表队805名冬泳爱好者参加。

◎ 8月17日,举行"夏日冬泳"百城挑战赛(朱永标/摄)

【第二届武林大会】9月19日,建德市第二届武林大会在新安江体育馆举行,全市47支代表队1000余名武术爱好者参加大极拳、木兰拳、长拳、少林拳、形意拳、南拳、天罡拳等项目比赛。

【第三届建德新安江万人徒步大会】10月31日,"全民健身·共享亚运"杭州毅行大会暨2020中国最美绿道第三届建德新安江万人徒步大会在新安绿道正式开幕,该赛事由建德市政府、杭州市政协教育科技卫生体育委员会、杭州市体育局、杭州市城乡建设委员会、杭州日报报业集团和杭州文化广播电视集团共同主办。分为5.2千米健身组和12千米体验组。起于洋溪,讫于马目大桥,沿途设下涯千亩花海、山边滩头村界、12千米终点处补给点,近万名徒步爱好者参赛。

【Wynca新安·2020建德17℃新安江马拉松比赛】11月29日,Wynca新安·2020建德17℃新安江马拉松比赛在新安江畔开赛。本次马拉松赛事由建德市人民政府主办。以"爱的原乡、爱在17(一起)、为爱奔跑"为主题,设置全程马拉松、17千米"爱情跑"和3千米"欢乐跑"3个项目,赛道沿途经过新安绿道、下涯湿地、黄饶半岛等特色景观带,近万名马拉松爱好者参与。120多家国家省市媒体对此活动予以宣传报道，人民网、央视新闻、新华社等国家级媒体平台进行全程直播，播放点击量超1000万人次。

【其他文体旅融合重大赛事】以“爱在17幸福共享”为主题，相继举办迎亚运倒计时两周年、第十二届荷花节、第八届建德“7017”新安江青岛啤酒节、航空小镇啤酒节暨北极光嘉年华、首届“爱在17”脱单生活节、第十九届中国·17℃建德新安江旅游节开幕式(闭幕式)、第十六届杭州·浙西旅游合作峰会等大型活动。 （吴京攀）

旅游

【概况】2020年，建德旅游业围绕“两手抓、两战赢”目标，积极应对，综合施策，统筹推进新冠肺炎疫情防控和旅游事业发展，着力为市场复苏聚力、为产业发展聚能、为公共服务提质、为行业治理增效。建德市入围2020年全国县域旅游综合实力百强县；浙江卫视《还有诗和远方》栏目走进建德；《江清月近人》获评2020杭州·浙西文旅融合示范项目，成为建德“夜经济”新亮点；“千鹤妇女精神”教育基地被授予第四批浙江省红色旅游教育基地；新叶村获评第二批全国重点旅游乡村。寿昌镇成功创成浙江省AAAAA级景区镇，多个乡镇、村落成功创建为A级景区城、村。浙江省杭州市新联航空文旅集团有限公司祝昌国入选2020年度乡村文化和旅游能人支持项目人员，杭州天马吉翔国际旅游有限公司被评为四星级品质旅行社。

全市共梳理重点文旅项目40个，计划投资21.27亿元，1—12月完成投资额23.66亿元。江清月近人、景澜·新安江宿、开元溪西畈“方外”酒店、“千鹤妇女精神”教育基地等项目建成开业。灵栖洞丛林探索、三都渔村水滑道等老景区改造提升项目完成。野马岭运动度假项目、杨村桥“桃园渔歌”、三都渔村一期提升工程等项目有序推进中。

以“钱塘江诗路水上专线”为主题，5月1日，建德—兰溪水上游复航，沿途串联女儿滩、将军岩、灵羊岛等多个集历史文化、自然风光于一体的兰江景点；开辟新安江—梅城航段精品游水上观光旅游线路，途径下涯花海、落凤山、岱头、十里埠、双塔凌云、三江口；推出富春江新景游，线路容纳千年古府梅城、南峰塔、三江口、三都渔村等。市场反应良好，游客络绎不绝。

全年开展各类检查3839家次，行政处罚立案调查10件，办结案件10件，没收违法物品555件(册)，受理投诉105件，办结率100%。开展“双随机”检查45次，整改隐患问题216个。

在全省县市区层面率先出台《有效应对疫情支持全域旅游发展的十条意见》，设立应急专项扶持资金，累计兑现补助资金1170万元，帮助企业解决“生存”问题。在疫情防控的大背景下，全市旅游业实现逆势增长，全年接待游客1319.4万人次，同比增长1.0%；实现旅游总收入137.7亿元，增长2.4%。

◎ 航头镇志军家庭农场特色采摘园（供图/航头镇政府办公室）

【文旅融合】实施“文旅深度融合工程”，推出“跟着省长游诗路”系列文旅产品，举办浙江省钱塘江诗路(梅城)诗词大会，钱塘江诗路(富春山水)文化传承生态保护区入选省级创建名单，梅城镇入选全省首批千年古城复兴试点建设名单，严州古城综合保护与利用入选全省文旅“金名片”培育项目。

出台建德市文化创意产业扶持实施细则、文化创意平台认定办法，匠铜实业获评浙江省文化产业示范基地，严州府酒店获评全省首批“百县千碗”特色体验店。举办第十六届中国国际动漫节、厨神争霸赛建德分会场，参展第十四届杭州文博会。“建德新安江17℃夏日冬泳国际挑战赛”入选浙江省重点培育品牌体育赛事名录库(2020年),杭州九仙生物科技有限公司获评2020年浙江省中医药文化养生旅游示范基地,建德航空极限运动基地获评浙江省运动休闲旅游示范基地,杭州新安雷迪森酒店荣获杭州市第六批"智慧旅游"示范企业(单位),梅城严州古城步行街、寿昌古镇中山路步行街获评2020杭州·浙西文旅消费示范点,梅庄、金源昌等5家民宿培育成为精品民宿。

【文旅产业数字化】实现灵栖洞、江南大冰洞等5家景区"浙里好玩"平台景点预约功能;依托城市大脑,全力攻坚应用场景提质扩面。"30秒入住"覆盖17家酒店,使用达标率116.5%;"20秒入园"覆盖景点(文博场馆)14家,使用率100%。直播推广旅游产品,以"直播带你看中国,局长喊你来旅游"为主题,在线预售特惠旅游产品。引导景区借助直播平台开展市场营销,相继开展"城市快闪直播·建德清肺之旅""陈妙林带你跑进最美绿道"等7场直播活动。

【旅游景区提档升级】严州古城梅城创建国家AAAA级景区项目通过景观资源评估,寿昌镇创建为浙江省AAAAA级景区镇,梅城和乾潭成创建为AAAA级景区镇,大洋和莲花创成AAA级景区镇,三都镇春江源村、杨村桥镇十里埠村、下涯镇之江村等10个村获评浙江省AAA级景区村。严州古城获批"未来景区"改革试点单位,乾潭镇获批省山地旅游度假改革试点单位。

【大型旅游推介会】4月14日,在杭州举办欢乐游杭州——建德疗休养产品推介暨建德疗休养消费券首发活动,推出2条建德疗休养精品线路和5款"建德清肺之旅""五一"特惠产品,并首次发布建德疗休养千万元消费券。

7月17日,在江苏常州举办疫情后浙江省首个跨省推介会——2020杭州17℃建德新安江清凉避暑产品(常州)推介会,全新发布建德文旅品牌"爱在一起",推出"江苏市民17日免费游建德新安江"特享政策。

8月10日,在上海举行"爱在17,悦享未来"2020杭州17℃建德新安江文化旅游暨投资环境(上海)推介会,发布"爱在17——上海'建德爱情旅游日'"政策。在"17℃建德新安江"旅游品牌基础上,推出3条爱情旅游线路,作为杭州唯一县市亮相"中意"爱情文化周。

【旅游消费惠民措施】新冠肺炎疫情防控期间,在全省县市层面率先推出建德旅游消费券2万套,价值1000万元;与江干、萧山、临安、余杭等区县市开展职工疗休养结对和互送,推出"全国游客免门票游建德新安江"政策,累计惠民近6万人次。市域各景区(点)、民宿、酒店宾馆全年累计接待杭州职工疗休养团队1765批次5.43万人。夜间演绎、灯光秀场、网红美食、文创集市等"夜间经济"发展红火,梅城"严滋味夜宵"和寿昌"909夜街"等夜间美食,"十一"期间吸引游客近20万人次。

【"江清月近人"实景演艺开演】10月1日,"江清月近人"大型沉浸式山水实景演艺开演。该项目由中国实景演出创始人、国家一级编剧梅帅元执导,以孟浩然《宿建德江》为主题,深入挖掘建德历史文化,采用环岛行进的沉浸式观演设计,由"江、清、月、近、人"5个演区构成一台串珠分布而又相互关联的完整实景演出。项目总投资约1.1亿元,于2018年底开始前期选址,历时近两年。至年末共演出65场,接待游客2万余人次。

【千鹤妇女精神教育基地建成开放】5月27日,浙江省首个全国妇女爱国主义教育基地——"千鹤妇女精神"教育基地建成对外试运营。该项目2019年4月立项。项目总投资额约5500万元,占地面积约19923平方米,建筑面积约4474.72平方米,包括展厅、报告厅、教室、会议室、管理用房等设施。展厅占地面积2672.77平方米,展陈面积2145.79平方米。以文字、图片、视频、实物等内容,全面展示"千鹤妇女精神"从毛泽东时代的形成发展到新时代的传承弘扬。至年底,接待24个城市游客2.20万人次,承办红色教育培训10余次。

(吴京攀)

编辑:吴树根

卫生健康

Health and Hygiene

综述

【概况】2020年，全市共有各级各类医疗卫生机构389家，市级医疗卫生单位10家(其中三级乙等综合性医院1家、二级甲等医院1家)、乡镇(街道)卫生院(社区卫生服务中心)15家、社区卫生服务站18家、一体化管理村卫生室194家，民营医院、门诊部和个体诊所等机构152家。固定资产总值6.26亿元(含在建工程)。全市设有病床2770张，每千人口实有床位6.52张，每千人口执业(助理)医师2.99人，每千人口注册护士3.62人。卫生专业技术人员3763人，每千人拥有卫生技术人员8.44人(注：上述有关数据，因与上年统计口径不一致而不作比照)。

全年卫生事业投入3.50亿元，同比增长52.2%，卫生支出占财政支出比6.0%。全年基本公共卫生人均经费为67.61元。全年医疗机构诊疗总数350.79万人次(减少8.8%)、急诊12.22万人次(减少19.2%)、健康体检21.42万人次，入院7.19万人次、出院7.18万人次，住院病人手术2.49万人次。医疗机构总收入20.40亿元(其中医疗收入14.82亿元)，总支出20.52亿元，增减幅度分别为5.5%、-8.2%、16.1%。

◎ 7月29日，国家远程医疗中心浙西分中心落户建德(供图/市卫生健康局办公室)

因应机构改革后新形势，继续深化妇幼保健和人口计划生育工作，全年未发生孕产妇死亡事例。继续强化中医中药工作，建立特色中医门诊(专科)；推进地方病防治，强化特殊传染病防范和治疗。积极开展公共卫生监督和全民爱国卫生运动，推进“健康建德”建设。

面对突如其来的新冠肺炎疫情，全市卫生健康机构严密组织、积极行动、及时处置发现的患情，确保全市防疫大局平安；同时积极组织16名医务人员，分3批支援武汉，顺利完成任务，并平安返回建德。

【综合医改】持续加强控费管理，5家公立医院全年医疗总费用增长7.6%，低于省控目标10.0%；门诊均费增幅4.3%(剔除核酸检测费用)，达到省控目标；住院均费增幅4.6%，低于省控目标增幅5%；医疗服务收入占比32.0%，持续上升；药占比25.6%，持续下降；检查化验收入占比下降，遏制逐年上升势头；资产负债率持续下降；受新冠肺炎疫情的影响，百元医疗收入医疗支出增幅9.8%；收支平衡盈利3家、亏损2家。医改指标总体取得良好成效。

【“智慧”医疗】开展“最多跑一次”医疗机构服务大提升行动，公立医院100%开通“互联网+诊疗”，门诊智慧结算率和病房智慧结算率分别达到84.9%和77.3%。全面实施“城市大脑·先诊疗后付费”项目，超额完成杭州市双月攻坚重点任务，“舒心就医”指标突破 90%。全市公立医院实现“健康码”就医和脱卡就医付费。2020 年起，在全省率先探索启动建德健康数据治理平台建设，缩短市民平均就诊时间、平均就诊排队次数。通过开放性“中枢”设计，将全市健康数据纳入统一化管理分析，实现全域医疗健康数据的实时在线化。

【医共体建设】全市有医共体牵头医院 3 家，医共体成员单位 16 家(其中乡镇卫生院 13 家、社区卫生服务中心 3 家)、村卫生室(服务站)210 家。牵头医院全年开展模块化业务培训 62 次，成员单位参加模块化培训 3474 人次，强化了医共体内同质化管理，基层服务能力得到全面提升，有 9 个乡镇卫生院开展住院病区服务，14 家提供夜间门急诊服务，2 家开展择期手术，服务指标处于杭州地区前列。3 家医共体成员单位建立全专科联合门诊 41 个，开设 14 个特色门诊科室。建立“两员一中心一团队”的医共体公共卫生管理新模式。基本建成整合型医疗卫生服务体系。

【新冠肺炎疫情防控】全年累计隔离医学观察 9718 人，留置检测 2765 人，接收安置杭州转送的 1501 名入境人员。N 例确诊病例全部治愈出院，实现“患者零重症、医务人员零感染”目标。组建 4 支应急处置小分队实行 24 小时工作制，累计出动 922 次，完成流调 461 人次，对重点场所开展消毒 100 余次，培训指导 30 余次，累计消毒面积 18.0 万平方米，机场接机 112 人次；选派 16 名医护人员支援武汉 “抗疫”，59 名医护人员进驻市二医院隔离病房，138 名医务人员进驻 4 家市级集中医学观察点。坚持“两手硬、两战赢”，抽调 330 人组建健康指导员队伍，分赴企业和学校，为全市复工复产复学提供医学保证。成立 30 余人的市级医疗救治专家组，以医共体为单位组建 8 支医疗救治组。组织开展医院感染防控、新冠肺炎病毒核酸检测技术、“新冠”肺炎医疗救治、秋冬季疫情防控等培训 70 余场，培训医务人员 7000 余人次。确保全市未发生因疫情波及而导致的社会秩序混乱事例。

◎ 防疫人员上街随机测温(供图/市卫健局办公室)

【家庭医生签约】全年共签约家庭医生服务 17.16 万人，常住人口签约覆盖率为 38.5%,，其中 10 类重点人群签约 15.67 万人，重点人群签约覆盖率为 88.3%(其中 65 岁以上老年人签约 6.19 万人，签约覆盖率 91.2%)。全年县域就诊率 83.0%，提高 1.2%，基层就诊率 66.0%。基层医疗机构服务能力不断提升，乾潭镇中心卫生院和大同镇中心卫生院达到国家“优质服务基层行”推荐标准并得到国家卫健委通报表扬。

【应急体系建设】2020 年，以补齐突发公共卫生应急管理体系短板为重点，完善医疗资源配置。4 家市级医院开设发热门诊，共设有隔离留观室 11 间，15 家乡镇卫生院均在预检分诊基础上，设置隔离观察室和传染病专用诊室。传染病定点医院设置救治总床位数 121 张、重症监护床位 20 张，基本满足全市确诊、疑似患者隔离治疗所需。救护车配备 19 辆，其中负压救护车 4 辆；储备能满足 30 天满负荷运转需求的防控物资。12 月，建德市第一人民医院二期工程(感染楼)建设项目获批建设。投入 460 万元，完成改造建德市第一人民医院、建德市第二人民医院、建德市市中西医结合医院、建德市疾控中心 PCR 实验室，3 家公立医院均配备快速核酸提取仪，进一步提高检测速度，全市核酸检测能力最大量达 2500 人份/日。按照国家卫生健康委发热门诊“三区两通道”的设置标准，对市级医疗机构发热门诊进行升级改造。乡镇卫生院和社区卫生服务中心均完成发热诊室设置。

(洪意钧)

公共卫生

【概况】2020年,全市共有公共卫生专业机构5家,医共体牵头医院3家,医共体成员单位16家(其中乡镇卫生院13家、社区卫生服务中心3家),村卫生室(服务站)210家。每千名城市常住人口公共卫生人员数1.22。以城市常住人口为基数,全年基本公共卫生人均经费为67.61元,杭州市基本公共卫生年度考核以961.02的总分位列15个区(县、市)第六名。

全年居民电子健康档案建档率92.5%,动态使用率57.1%;高血压患者健康管理率30.9%,规范管理率67.7%;Ⅱ型糖尿病患者健康管理率29.6%,排名杭州市第三,规范管理率67.9%;重性精神疾病患者管理率、稳定率和传染病疫情报告率、卫生监督协管信息报告率均为100%。在农村开展健康素养进文化礼堂活动,全市开展活动礼堂数201个,纳入试点并达标礼堂数176个,覆盖率87.6%。

全年监督检查医疗机构300余家次,监督检查中小学校21家次、幼托机构93家次、校外培训机构5家次。

【健康体检与死亡原因报告】对城乡居民医疗保险参保人开展健康体检,全年完成体检人数14.14万人,占参保人数52.6%。检出泌尿生殖系统疾病7.76万人、高血压1.67万人、精神疾病1.40万人、高脂血症者0.94万人、糖尿病0.63万人、肝功能异常0.41万人、胆囊炎(胆石症)0.38万人、肾功能异常0.34万人、恶性肿瘤及良性肿瘤0.08万人、慢性阻塞性肺疾病0.07万人、肺结核87人、其他疾病2.84万人。

全市脑卒中报告年发病率521.26/10万,肿瘤报告年发病率409.96/10万、糖尿病报告年发病率365.86/10万、冠心病急性事件报告年发病率53.69/10万。

全市报告死亡3618例,粗死亡率7.09‰。前五位死因依次为恶性肿瘤(2.00‰)、脑血管病(1.33‰)、心脏病(0.93‰)、损伤与中毒(0.84‰)、呼吸系统疾病(0.82‰)。居民人均期望寿命为82.90岁,其中男性80.50岁、女性85.57岁。

【疾病预防控制】2020年,全市无甲类传染病报告,乙类传染病报告9种821例,报告发病率为183.67/10万,发病率同比下降10.6%。报告因传染病死亡8例(肺结核4例、艾滋病4例)。丙类传染病4种2655例,报告发病率953.97/10万,同比下降40.6%。

全年接到疑似传染病突发应急事件报告42起,共派出突发事件应急小分队和流调人员42次,应急处置人员1005人次,采集标本616件,消杀面积19.0万平方米,应急事件调查率100%,及时处置率100%。全年上报突发公共卫生事件5起、学校诺如病毒感染性胃肠炎暴发疫情3起,确保学校卫生安全。

【免疫规划】全市上报基础接种率分别为:卡介苗99.9%、脊灰99.7%、麻苗99.9%、百白破99.7%、乙肝疫苗99.7%(乙肝首针及时率99.6%)、流脑99.9%、乙脑99.7%、甲肝99.9%。接种点共上报疑似接种不良反应152例,及时调查处置率100%。新增成人接种门诊1家。全年全市犬伤门诊接诊人数5793人。

【主要传染病防治】登革热防治。4—11月,在全市开展伊蚊幼虫密度调查工作,共调查3200户居民房屋,阳性户数190户;调查容器1451个,阳性容器293个。布雷指数(BI)9.2%,容器指数(CI)20.2%,房屋指数(HI)5.3%,均同比下降。4—11月双层叠帐成蚊帐诱指数监测,共布帐64顶,捕获白纹伊蚊21只,帐诱指数为0.66%。全年无登革热报告病例。

艾滋病防治。全年共筛查HIV抗体7.53万人次,新发现报告艾滋病病毒感染者和病人18例,按现住地址新增管理18例。至年底,全市登记在册艾滋病感染者和病人211例,存活病例185例,全年累计治疗且坚持治疗的HIV/AIDS患者164人(含儿童1人),治疗覆盖率90.1%。全年重点人群监测7848人,检出HIV感染者1人。

结核病防治。全年新发现活动性肺结核 269 例、结核性胸膜炎 38 例、其他肺外结核 27 例、病原学阳性肺结核病人 185 例，其中新病原学阳性病人 166 例，对其密切接触者 165 例均进行筛查。全年非定点医院转诊肺结核 495 例，转诊到位 491 例；转诊追踪 276 例，追踪到位 272 例。系统管理率 97.56%，肺结核病人治疗成功率 90.2%（293/325）。中盖结核病项目三期应用电子药盒进行肺结核患者治疗管理社区随机试验（CRT），共登记筛查病例 336 例，共使用 GeneXpert 试剂 300 余份，其中 73 例病例纳入项目进行管理。纳入管理的病例中，停止治疗 45 例、无效病例退组 17 例、中途退组 11 例。10 月 16 日，该项目通过中盖国家项目办验收。

【地方病防治】"三热病人"血检 411 人，血检率为 0.08%，未发现疟疾病人。开展人体土源性线虫现状调查，完成粪便和土壤检验共 1040 份。完成血吸虫病血清学查病 755，粪检结果为阴性。查螺总面积达 74.65 万平方米，未发现有螺地区。

【卫生监测】"四害"常规监测。成蚊密度为 9.45 只/小时，蝇平均密度为 1.38 只/笼，鼠年平均捕获率为 0.67%，蟑螂平均密度为指数 0.22 只/张。

消毒隔离监测。监测全市医疗机构 22 家，采样 373 件，合格率 97.9%。抽查托幼机构 10 家，监测 170 份，合格率 95.0%。重点场所监测 2 家，监测样品 25 件，合格率为 96.0%。

水质监测。完成枯、丰水期水质监测，共采集水样 100 件，3318 项次，其中新安江街道沧滩、明珠、溪头 3 个社区城市生活饮用水合格率 100%，农村生活饮用水合格率 92.1%。监测点覆盖人口达 26.55 万人。其中对 6 家集中式供水单位、8 家二次供水单位进行卫生监督监测，总计监测件数 52 件。

食品安全风险监测。完成食品中化学污染物及其有害因素、微生物及其致病因子监测采样 493 件。报告食源性疾病病例 367 例，可疑食物暴露信息填报率 100%。上报就诊腹泻病例数共计 9348 例，住院数总数 231 例，死亡 0 例。食源性疾病病原体监测哨点共报告病例 186 例，检出沙门氏菌阳性 10 例。全年接报食源性疾病可疑事件报告 1 起，处置事件 1 起。

职业卫生。上报各类报告卡 208 张。重点职业病应报个案卡 832 张，录入率 85.0%。尘肺病调查人员 653 人，其中死亡 218 人、存活 255 人、失访 180 人。9 月，对全市 591 家企业开展职业病危害因素监测、危害现状调查工作。

◎ 梅城小学送餐梯正式投入使用（供图/梅城镇政府办公室）

【健康教育】开展学校、社区健康素养讲座 110 场，受益学生和居民人数约 8599 人次。在大众传媒开展媒体健康教育，《今日建德》报全年刊登健康教育文章 139 篇。继续与多家广告公司合作，开设长运车站电子屏、公交车、大型超市视频，开展健康知识宣传，更换视频宣传内容 32 次；针对新冠肺炎疫情防控工作，市疾控中心受电视台邀请录制访谈视频 22 期，制作 VLOG 短视频 11 个，通过电视、《今日建德》公众号播放宣传。全年共印刷健康教育资料 24 类 16.46 万份，组织开展健康教育活动 10 次，发放资料 8754 份，展出展板 50 块、横幅 16 条，受益 1160 人次。

2020 年，建德市居民健康素养水平为 20.3%（标化后的健康素养水平为 28.5%），同比提升 3.74 个百分点。29 家单位申报建德市无烟单位创建。被命名为浙江省健康促进金牌学校小学 1 所、被命名为浙江省健康促进银牌学校小学 4 所；被命名为浙江省健康促进（铜牌）学校小学 11 所，被命名为浙江省健康促进 3 家。

【学生口腔窝沟封闭工作】2020年开始，窝沟封闭项目工作由市三家医共体承担。11月，杭州市口腔办对建德市2019—2020学年学生窝沟封闭工作开展完好率抽查，抽查新安江第一小学、洋安小学、月亮湾小学、新安江第二初级中学学生436名，检查封闭牙数1394颗，完好牙数1185颗，完好率85.0%，达省市要求。

【精神卫生工作】2020年年末，全市严重精神障碍患者在册2506人，均纳入统一规范管理，管理率100%、规范管理率99.8%。继续加大精神障碍患者救治救助力度，将严重精神障碍纳入基本医疗保险门诊特殊病种保障范围，全年新增109人（累计1614人）纳入保障范围。困难严重精神障碍患者住院补助42人，补助经费3.1万元。收治森林防火涉案患者45人，补助费用29.5万元。“三无”人员在院24人，补助费用13.25万元。全年开展重性精神障碍患者专项排查5次，成立复核诊断专家组，对在册且长期不服药、有肇事肇祸倾向及疑似病人进行复核诊断与排查，共计118人次，全部纳入社区个案管理，并及时与公安系统重点名单对接上报。 （王惠明）

妇幼保健

【概况】2020年，全市孕产妇早孕建册率98.3%，系统管理率97.1%，住院分娩率100%，高危孕产妇住院分娩率100%，产后访视率97.8%，孕产妇死亡率0/10万。7岁以下儿童保健覆盖率97.1%，0~3岁儿童当年系统管理率96.2%，新生儿疾病筛查率99.1%，出生缺陷发生率22.39‰。新生儿先天性心脏病排位第一。婴儿死亡率3.55‰，5岁以下儿童死亡率5.32‰。新生儿破伤风发生率为0。

婚登婚检实行“一站式”服务，婚检率80.0%。全年发出婴儿出生医学证明3262份，办理补证151份。实施“最多跑一次”，全面开展出生医学证明多证联办，全市助产机构共办理出生医学证明多证联办业务2151份，其中办理邮寄54例。

全年完成18周岁以下未成年人城乡参保体检6.50万人，该年龄段参保人员体检率97.6%，超额完成0~6岁儿童、在校中小学生体检工作。

新增2家社会办的婴幼儿照护服务机构、1家托幼一体化的幼儿园，新增托位115个，年末托幼儿43人。12月，挂靠市妇保院，成立建德市婴幼儿照护服务指导中心。

【孕产妇管理】设置5个高危孕产妇筛查点，定时定点开展筛查工作。全年县级水平筛查率为97.5%，全市本地户籍3348名产妇参加产前筛查3206人，筛查率95.8%；371名流动人口产妇自愿接受产前筛查341名，筛查率91.9%。建立危重孕产妇抢救视频系统，实现与省、杭州市专家的现场视频实时对接。全年未发生孕产妇死亡。

【托幼机构管理】全市托幼机构保教人员体检1782人，体检率100%，合格率100%。22名保健教师取得杭州市妇幼保健院颁发的上岗资格证，保健人员提高班培训39人。5家甲级幼儿园、49家乙级幼儿园卫生监测合格率100%，其他20家幼儿园（包括分园）合格率99.1%。

【“艾梅乙”母婴消除】加强预防艾滋病母婴传播宣传和管理，制定《建德市消除艾滋病、梅毒、乙肝母婴传播实施方案》，对4944名（含婚检）服务对象进行艾滋病检测，阳性0例；3176名梅毒检测对象，检出阳性14例；3176名乙肝检测对象，检出阳性163例，（阳性率5.1%）对其分娩新生儿166例，全部接受免费乙肝免疫球蛋白针注射，乙肝母婴阻断率100%。

【“两癌”筛查】全年对“两癌”（宫颈癌、乳腺癌）筛查具体实施措施进行优化，设妇科、乳腺科主检，现场解疑释惑。完成对大洋、三都、更楼、杨村桥等4个镇的35~64周岁参保适龄女性“两癌”筛查，其中宫颈癌筛查9006人，检出宫颈癌4人、宫颈高度癌前病变31人、低度宫颈病变226人；乳腺癌筛查9066人，检出乳腺癌3人。均进行临床治疗。

【新生儿先天性心脏病筛查】该项目作为杭州市

2019 年民生实事项目延续，2020 年累计筛查 3025 人，筛查率 99.8%。其中筛出阳性儿童 222 人，阳性率 7.3%，阳性儿童心脏超声检查率 99.1%，确诊先天性心脏病 124 人，同时，对阳性儿童均予以建档随访，管理率 100%，确保早发现、早诊断、早治疗。 （廖爱军）

爱国卫生

【概况】根据 2020 年公布结果，在 2019 年健康浙江建设考核中，建德市获得考核优秀等次，并在 85 个县(市、区)中排名第二。顺利通过 2019 年国家卫生城市(区)复审，寿昌镇、钦堂乡、大洋镇等 7 个乡镇（街道）成功创建为国家卫生乡镇（县城），乾潭镇通过国家卫生乡镇复审，国家卫生乡镇覆盖率达到 50%。在此基础上，2020 年开展李家镇、航头镇、莲花镇等 6 个乡镇创国卫乡镇工作，至年底均通过验收考核待命名；省级卫生村达标的村审核上报 27 个村，并现场核查和公示。建德市第四人民医院、市中西医结合医院、国家电网公司职业病防治院 3 家医院创建为 2020 年浙江省健康促进医院。

结合疫情防控工作，深入开展爱国卫生运动，在全市各乡镇(街道)、单位常态化、广覆盖、高水平推进“月末周五卫生大扫除”活动。

【改厕改水】全年实施并完成 355 座户厕改造，无害化卫生户厕普及率 99.2%，完成杭州市下达的改厕任务。完成航头镇公曹供水站、莲花镇单村供水站净水设施改造工程、杨村桥镇龙溪桥村自来水工程 3 个改水项目，并通过验收。

【病媒生物预防和控制】继续开展病媒生物预防控制工作市场化运作，16 个乡镇（街道）均由专业 PCO 公司实施专业化“四害”消杀，推进病媒生物防制技防设施建设，委托第三方评估公司对建德市新安江等 3 个街道“四害”防制效果评测与密度调查，重点是公共外环境、“五小”行业、农贸市场、“四害”控制效果的调查、分析评估以及群众满意度测评，对评估效果进行发送抄告单到 3 个街道，要求立即整改。召开迎接省病媒生物控制水平 C 级复审工作部署会，联系各街道、有关部门、PCO 开展好病媒生物防制工作，顺利通过省病媒生物控制水平 C 级复审。

【健康教育】以“健康建德”建设为载体，积极培育健康村镇及健康单位建设。完成乾潭镇、下涯镇 2 个“健康乡镇”申报，等待评审；完成国家电网公司职业病防治院、建德市第四人民医院、建德市中西医结合医院 3 家浙江省“健康促进医院”的创建；做好寿昌镇卫生院、乾潭镇中心卫生院、大同镇中心卫生院 3 家杭州市“健康医院”的创建工作。其中，大同镇中心卫生院和乾潭镇中心卫生院为免检单位，寿昌镇卫生院等待验收。 （汪思涵）

中医中药

【新冠肺炎疫情防控中医中药应用】面对新冠肺炎疫情，市卫生健康局坚持中西医结合理念，坚定中医药疫情防控信心，发挥中医药在疫情防控中的独特作用。向一线防疫人员、隔离人员、企业员工等人群累计发放中药预防汤剂、中药颗粒等 1736 余份。组织开展中医疫情防控专项检查，对全市 26 家中医医疗机构特别是社会办中医机构的应急处置、院感管理等方面工作进行指导。指导建德中医院和建德市中西医结合医院完成核酸实验室改造并进行备案，具备新冠肺炎病毒核酸检测能力并常态化开展相关检测工作。

【中医药适宜技术基地创建】12 月，建德市中西医结合医院携手全市 6 家乡镇卫生院，获得浙江省中医药管理局批准，被列为浙江省第二批基层常见病多发病中医药适宜技术推广建德基地。该基地的创建进一步完善全市基层中医药服务网络，推动全市中医药适宜技术推广长效机制形成，为中医药适宜技术推广打下坚实基础。

【中医药科研】建德市中西医结合医院针灸康复

科、内分泌科(中西医结合)、建德中医院的中医骨伤科、中医肾病科通过建德2017—2019年周期建德市重点学科验收；建德中医院骨外科通过浙江省非公立医院特色学科验收；建德市中西医结合医院针灸科被确定为浙江省“十三五”中医药重点专科培育项目，建德市第一人民医院中医醒脑针治疗颅脑损伤研究以及建德市中西医结合医院探穴针治疗颈源性头痛研究获2020年杭州卫生科技计划立项。

【医疗帮扶合作】认真做好“双下沉两提升”(医疗人才下沉、医疗资源下沉，提升医疗服务能力、提升群众就医满意度)工作，2020年度杭州市中医院与建德市中西医结合医院的合作，在杭州市“双下沉两提升”评估考核中获优秀等次。全力做好对口帮扶，建德市中西医结合医院与贵州岑巩县中医医院建立帮扶关系，全年派出医务人员6名(其中派驻时间6个月1人)、累计完成门(急)诊505人次，为当地培训447人，帮助开展新技术新项目2项。 (张威振)

职业安全

【概况】2020年，建德市有职业病危害企业505家，其中在国家职业病危害申报系统完成申报企业360家。全年组织督查职业病危害用人单位70家，其中省级双随机抽查44家。通过督查用人单位职业卫生工作开展情况，共责令限期改正32家，警告27家次，行政罚款9家，罚款金额25.28万元。根据浙江省2020年卫生行政执法效能监测指标测算，建德市职业卫生执法效能分值为92.66分。

【尘毒职业病危害治理】2020年，全市共注销矿山企业4家、冶金企业3家，关停建材企业1家。通过执法整治，全市现有矿山、化工、冶金、建材4个行业尘毒严重危害企业31家，同比减少8家。从2019年9月开始对全市尘毒危害企业进行执法检查，至2020年年末，上述31家企业全部接受检查；实际检查次数72次，下达执法文书63份，立案处罚11起，警告22项，责令限期改正53项，罚款17万元。

【职业病防治工作】2020年，严格落实建设项目职业卫生“三同时”(建设项目职业病防护设施必须与主题工程同时设计、同时施工、同时投入生产和使用)监管，全年共收到用人单位建设项目职业病防护设施“三同时”竣工验收方案10份。

按照省市“双随机一公开”要求，开展职业卫生执法，全年共随机抽取重点职业病危害用人单位16家、一般职业病危害用人单位24家，均在规定时间内完成。责令限期整改34家，警告15家，罚款4家，罚款金额8.8万元。

制定建德市发生职业病、疑似职业病单位专项检查工作方案，召开工作会议，对7家发生单位负责人和管理员进行培训，并按规范要求组织现场检查，对3家单位依法作出行政处罚；4月25日至5月1日《中华人民共和国职业病防治法》宣传周期间，联合国家电网职业病防治院及乾潭、钦堂等乡镇，结合新冠肺炎防控工作要求，采取送防疫用品、送防疫知识、送职业健康知识等形式，对重点行业、重点岗位、接触重点职业病危害因素工人进行宣传培训，提高用人单位、劳动者新冠肺炎、职业病防护知识。 (王惠明)

国家电网公司职业病防治院

【概况】国家电网公司职业病防治院(以下简称职防院)创建于1965年，是一所集职业病防治、综合门诊、工伤康复、健康管理、健康体检为一体的专科医疗机构，参照二级甲等综合性医院管理，是国家电网公司唯一的职业病防治机构，也是浙江省、杭州市及建德市基本医疗保险和工伤医疗保险定点医疗机构。

职防院占地面积共4.19万平方米，建筑面积约1.48万平方米，核定床位300张。全口径用工162人，其中中高级以上卫生专业技术人才76人、杭州市高层次人才16人。核准设立一级学科

19个、二级学科34个，其中职业病科、康复医学科、呼吸内科、健康管理为重点发展特色专科。

职防院主动适应医疗卫生体制改革和市场竞争新形势，秉承“服务社会、服务企业、服务员工”发展宗旨，深入建设现场、偏远海岛、地方社区及农村开展送健康活动6次，直接服务900余人。精准对接国网浙江公司员工健康需求，完成医疗保障服务23批次，服务覆盖3.81万人。2020年，实现总收入7498.62万元。全年无安全生产、重大医疗差错、纠纷和医疗事故发生。顺利通过2020年浙江省健康促进医院省级评估验收，获“浙江省健康促进医院”称号。

【疫情防控工作】新冠肺炎疫情防控期间，职防院积极应对，抢先采购口罩等防疫物资，全力配合建德市疫情防控领导小组在院设立密切接触者医学观察点，累计收治观察患者21人次。选派15名医护人员支援建德市定点医疗机构和医学观察点工作208天。落实常态化疫情防控工作要求，实现零确诊、零疑似的“双零”目标。

【职业卫生工作】完成《国网浙江公司职业卫生管理体系建设咨询项目》，协助电力企业构建职业卫生管理体系。参与修订行业标准《电力行业高温作业分级》，参与课题《电网企业员工职业健康防护技术应用研究》获全国电力职工技术成果奖二等奖。开展电力行业及相关企业职业卫生培训，参与浙江省职业卫生国家级继教班专题讲座。在职业病防治法宣传周发放《中华人民共和国职业病防治法》宣传手册800余册。全年累计收治职业病人278人次。

【门诊诊疗工作】全年共接诊门诊患者8.09万人次。大力拓展体检业务，做好建德市高考学生体检工作，累计完成职业健康检查及健康体检2.56万人次。配合建德市疾控中心，完成部分学校、乡镇肺结核筛查工作。加强与杭州市第一人民医院心内科的专科合作，与上海电力医院签订对口支援合作协议。加入国康集团3个类专科联盟。

【工伤康复工作】继续与浙江省人民医院康复医学科专科合作，添置天轨平行杠、数字OT、经颅磁等康复设备，服务质量、服务能力持续提升。联合浙江省人民医院康复医学科在社区开展大型义诊活动，相关工作得到浙江省、杭州市工伤社保部门及地方服务对象的认可和好评。（吴思幸）

编辑：吴树根

社会生活

Civil Life

民政工作

【概况】2020年，建德市本着深入践行“民政为民、民政爱民”理念，积极为群众办好事、办实事，推动各项工作取得新进展、新成效。民政、移民工作荣获全省优秀。殡葬管理考核连续第三年位列杭州前三位，被列入全省婚俗改革试点县（市）、全省殡葬信息系统建设试点县（市）；大慈岩镇入选省级城乡社区治理和服务创新实验区。移民小微园建设经验在全省民政工作会议上作经验交流，村（居）委会换届工作得到省委常委、杭州市委主要领导的肯定和批示。

【社会救助】2020年年末，全市在册享受低保8730户10719人、特困人员392户395人，全年累计发放各类民政补助1.2亿元。其中，发放低保金9156万元，困难群众物价补贴1387万元，困境儿童、精简对象等补助425万元，临时救助107万元。对救助标准（每人月标准）予以提高，最低生活保障由833元增至882元，城镇特困人员由1458元增至1598元，农村特困人员由1166元增至1306元，社会散居孤儿和事实无人抚养儿童由880元增至1790元。全年开展3次专项治理行动，通过严格的线上比对、镇村核实、部门互核，对全市享受社会救助对象（低保、低边、特困、精简等群体）进行全方位调查核实，共处理5000余条系统异常。同时，加大排摸，取消低保1375人、低收入边缘人员4388人，新增低保834人、低收入边缘人员348人。在杭州市率先开展外来人员纳入建德市最低生活保障救助试点，补齐救助政策短板，扩大社会救助广度和宽度。

【养老服务】2020年，全市共有养老机构18家、床位3596张，每百名老人拥有机构养老床位2.8张。全年完成困难老年人适老化家庭改造190户，新建示范型居家养老服务中心8家、老年食堂（助餐点）17家，全面实施1049户特殊困难老年人助餐服务。累计建成运行村（社区）居家养老服务照料中心261家、老年食堂89家、助餐点10家。在全市32家养老服务机构和乡镇示范型居家养老服务中心全覆盖安装“亲情直通车”视讯系统，方便老人与子女联络和情感交流。“千里眼”视控系统覆盖全市所有养老机构，实现一台电脑实时监控养老机构运行情况，追踪管理漏洞和安全隐患。在困难家庭适老化改造中，全省首创特色LOGO，一户一码，通过“微信扫一扫”即可了解每户施工进程、项目前后对比照片和维保单位基本信息，实现改造过程全程智慧监管。

【村（居）委会换届选举】全面完成村（居）委会换届选举，除1个社区的1名社区居民委员岗位进行另行选举外，256个村（社区）中255个一次性完成选举，一次成功率由上届77.3%提升到99.6%，其中229个村全部一次选举成功。“一肩挑”人选平均得票率98.6%，选民参选率99%。委员学历大专以上341人占42.3%，平均年龄42.5岁，30岁左右委员130人。村民代表中党员比例达50.8%。

【基层社会治理】2020年，全市建成社会工作站3家和社会工作室8家，培育民办社工机构2家（心手相牵社会工作服务中心、捷诚社会工作服务中心)。大慈岩镇“新时代·邻里睦”乡村微治理入选省级城乡社区治理和服务创新实验区实验任务，寿昌镇桂花村“五治桂花”微治理入选浙江省基层社会治理百个优秀案例。

乾潭镇马鞍岭社区获评2020年杭州市民政民生领域先进单位;梅城镇千鹤村、大同镇管村桥村、三都镇圣江村、杨村桥镇十里埠村、大慈岩镇陈店村、航头镇大店口村、大洋镇庆丰村、钦堂乡蒲田村等8个村获评浙江省第二批省级农村引领型社区;更楼街道石岭村、梅城镇望山村、寿昌镇十八桥村、乾潭镇安仁村、大慈岩镇上吴方村和李村村等6个村获评2020年度杭州市田园社区示范点;沧滩社区、新安社区、宝华洲社区、东昌社区、马鞍岭社区、许乐村、友谊村、西湖村、顾家村、桂花村、陈家村、管村桥村、永盛村、骑龙村、乾潭村、春江源村、松口村、十里埠村、之江村、新叶村、航川村、李家村、高垣村、齐平村、大溪边村等25个村(社区)获评2020年度杭州市和谐(文明、平安)考评示范村(社区)。

【社会工作人才队伍建设】2020年，建德市出台《建德市专职社区工作者管理实施办法》，实现社区工作者管理有规可依。举办专职社区工作者培训班、社工证考前培训班、社会工作人才培训班。全年132人通过全国社会工作者职业水平考试，全市累计持证人员404人。举办“第十届社区工作者节”,表彰和交流社区工作经验。市民政局组织3名社区工作领军人才赴苏州市考察学习。新安社区游云庆和马鞍岭社区施建忠获评杭州市2020年度杭州市社区治理和服务工作先进个人。

【社区减负工作】开展“社区万能章”专项治理行动,联合市委考评办、组织部开展季度督查,抽查部分村社现场重点督查挂牌规范化、村务公开栏、村民议事记录本等，通报减负督查中对存在问题并落实整改。

【殡葬改革】生态墓地建设推进有序,高标准建设寿昌集镇二期、更楼集镇二期、杨村桥集镇一期、下涯集镇一期、青龙头社区一期等区域型、集镇型的生态墓地共万余穴。建设金桥村、胡涔畈村、丰产村、余洪村、大塘边村、寻芳村等一批村级生态墓地,形成规格一致、模式统一的乡村生态墓地建设标准。总投资10万元建成全市首个树葬区,该树葬区占地约500平方米,绿化率超过90%,整体设计体现尊重生命、尊重自然、尊重逝者的人文精神,以弘扬厚养薄葬、天人合一、绿色生态的殡葬新风尚。新建骨灰堂4座,其中航头镇和更楼街道骨灰堂投入使用,大同镇、大慈岩镇骨灰堂完成主体工程。开展移风易俗专项整治,提倡厚养薄葬、文明礼葬、丧事简办,3500余场备案丧事场均用时由原7~9天减至3~4天,含有迷信色彩的封建道场等隆丧厚葬行为得到全面遏制。

【婚姻登记服务】坚持以“依法行政、优质服务”为宗旨,以“七星级”政务服务为目标,持续优化婚姻登记服务,推进婚育户一件事联办、婚姻登记全省通办工作。全年婚姻登记总量5045件,其中结婚登记2738对(同比减少380对)、离婚登记1387对(同比减少174对)、补发结婚登记证751件、补发离婚登记证168件、出具婚姻登记记录1份。结婚、离婚登记人数比为1.97:1。

2020年,建德市被列入全省婚俗改革实验县(市、区),积极开展婚俗改革,通过建立健全工作机制、搭建婚俗改革示范平台、专业化开展婚姻家庭辅导、培育发展婚俗文化品牌等措施,传承发展中华优秀婚姻家庭文化,倡导婚事新办简办,有效助力新时代文明实践。

【移民扶持工作】全面完成2020年度大中型水库(在册)直补移民人口复核,核减200人,恢复1人,确定当年享受直补移民人口23558人。全年共向上争取到各类移民资金1.22亿元,发放直补资金1413.48万元,投入移民资金1.07亿元,实施移民扶持项目90个。其中,联村道路、机耕路、游步道建设项目42个,投入移民资金3626万元;环境整治提升项目16个,投入移民资金1622万元;路灯安装及景观提升工程8个，投入移民资金524万元。着力打造“水清岸绿、路面平坦、休闲观光”的村庄环境,农村人居环境得到进一步提升。

【地名公共管理与服务】依法、稳慎、有序推进不规范地名整治工作。全年命名住宅区5处、大型建筑物2处、道路5条,设置地名标志1.2万余块,办理门牌证1.0万余本。处理数字城管案卷220件,及时解决率达100%。

寿昌镇、寿昌镇乌石村入选第二批浙江省“千年古镇(古村落)”。 (刘小红)

老龄工作

【概况】2020年年末,全市60周岁及以上老年人口130979人,占户籍总人口25.7%,同比增加2.9个百分点。其中60~69周岁72133人,占老年人口的55.1%,占总人口的14.1%;70~79周岁38742人,占29.6%,占总人口的8.6%;80周岁及以上20104人,占15.3%;百岁老人35人,增加8人。老龄化程度高于全国、全省和杭州市平均水平。老年人低保数达5930人,占低保人数的54.95%。全年办理老年优待证本3061本,为全市128260人支付保费384.78万元。

【老年人医疗健康与养生服务】2020年全市参加城乡居民保险的60岁(含)以上老年人共9.89万人。各承检机构共为60岁(含)老年人进行健康体检6.21万人次,体检率62.8%。老年人健康管理率68.9%,老年人电子健康档案建档率99.0%;全年免费接种70周岁老年人流感疫苗1.03万针次,紧急接种新冠肺炎疫苗1778针次。

在建德市寿昌镇卫生院横钢分院建立全市首个安宁疗护病区,在建德市第二人民医院建立市老年健康指导中心,在新安江街道沧滩社区顺利完成老年人心理关爱项目。大同镇中心卫生院作为全省21个医养结合服务能力提升项目,开设养老病区、家庭病房,该试点项目前期投入经费200万元,2020年底完成项目。与华数合作开展健康数字平台试点,探索智慧医养服务。

【老年人服务】老年电大注册学员1万余人。组织开展重阳节慰老、“老年宣传周”等慰老志愿服务活动57场(次),服务老年人8.8万人次,下拨慰问资金共20.64万元。李家镇黄建国获评全国“最美敬老爱老助老模范人物”。新安江社区服务中心获得杭州市第三届敬老文明号。全市各类机构为老年人提供法律援助案件26件、法律咨询1000余人次,调解各类矛盾纠纷1480人次。 (何 源)

人口与计划生育

【概况】全年出生人口3866人,同比减少1036人,减幅21.1%。出生人口男女性别比106.07:100,与上年基本保持稳定。计划生育率96.2%,同比降低1.1个百分点。全年为3895对夫妇办理生育服务登记,发放奖励扶助金716.74万元、特别扶助金642.48万元、计生社保补贴333.98万元、计生手术并发症补助金201.54万元。全面落实好计生特殊家庭三项制度(计划生育特殊家庭双岗联系人、全科医生签约服务和计生特殊家庭就医绿色通道制度),为全市计生特殊家庭建立电子信息档案,并配有镇村联系人和家庭医生。开展以“家有二宝 幸福满堂”为主题的杭州市“5·15”国际家庭日育儿经验视频分享大赛活动。

【国标母婴设施建设】“一屋一室”建设为2020年度建德市十件民生实事之一,2020年新建绿城美好广场、钦堂卫生院、新安江街道、大慈岩镇卫生院、下涯卫生院、乾潭镇马鞍岭社区服务中心独立母婴室6家,超额完成市政府下达工作任务。全市二级以上医疗机构全部设置母婴室,至年底全市累计建成标准化母婴室25家。

【生育登记服务】5月,在全面启用生育登记网上办理和手机“浙里办”App自主办理的基础上,生育登记办证服务时限由3个工作日改为24小时内办结。全年全市共办理生育登记3895件、再生育审批159件,其中一孩生育登记2375件、二孩生育登记1520件;生育登记中“浙里办”手机App办理2081件、婚育联办930件,线上办理率77%。

【计生特殊家庭关心关爱工作】2020年，在全市49周岁以上特殊家庭中继续开展暖心慰问，保证重大节假日、生日、生病住院“四必访”，落实慰问资金87.8万元，发放杭州市计生公益金8.5万元、建德市计生公益金20.9万元。为全市每户计生特殊家庭建立电子信息档案，配有1~2名镇村联系人和家庭医生。以市第四人民医院专家为骨干，成立特殊家庭心理援助团队，全年为“失独家庭”等计生特殊家庭提供心理疏导服务50余次。

【青春健康教育工作】在全市中小学重点推进青春健康基地建设，各乡镇(街道)计划生育协会精心打造青春健康教育品牌，继续扩大覆盖范围，9—10月，在全市16个乡镇(街道)开展“9·26”青春健康教育交流讲课，每个乡镇开展1次以上讲课活动。全年在适龄青少年群体中开展线上线下培训104场，培训3.48万人次，开展“青春健康沟通之道家长课程”11场，覆盖1580名家长。开展师资培训1期，培训37人次，通过师资培训提高骨干教师教学水平。 (叶 昕)

【计划生育业务培训】全年组织全市16个乡镇(街道)计生工作人员开展药具新平台系统“一对一”操作培训2次、免费避孕药具与国家免费孕前优生检查相关知识培训1次，对市妇保院临床工作人员计生知识培训1次，累计355人次受训。孕前优生检查4638人，确诊高危人群300余例，孕前优生检查率92.76%，追踪随访指导1000余次，随访率100%。发送孕前优生宣传资料1500余份，优生指导4000人次。全市注册药具网点301个，其中人工网点285个、自助网点16个(新增4个)，发放免费避孕药具2.90万人次。其中12台自助发放机发放计生药具2461人次。 (廖爱军)

民族与宗教工作

【概况】2020年，全市有畲族、苗族等33个少数民族，共5600余人，占建德户籍总人口的1.1%；其中畲族人口4000余人，占全市少数民族总人口的72.0%；有洋溪街道团结村、大慈岩镇双泉村及大同镇高桥村、胡村源村、小溪源村共5个少数民族村，19个少数民族聚居自然村，1所民族小学。大同镇高桥村获评全省民族团结进步先进模范集体，被评为第四批中国少数民族特色村寨。大慈岩镇双泉村获评全国文明村称号。

全市所有宗教信仰活动场所(聚集点)均经过批准备案、登记在册。

◎ 大同镇高桥村畲族文化传承项目——彩带编织(供图/市社科联办公室)

【少数民族村发展扶持工作】2020年，围绕推动民族村产业发展、突出民族文化为重点，优化筛选大同高桥村等3个项目，补助资金50万元。开展2015—2019年民族村扶持项目“回头看”，对项目完成情况和绩效进行评估，涉及项目64个，涉及资金累计625.5万元。2020年之前的所有在建民族项目全部“清零”，建设未受到疫情影响。

完成大同镇3个少数民族村抱团物业发展项目并投入使用，每年每村可获10万元租金，完成洋溪街道团结村畲族风情楼并对外营业，每年可获20万元租金+分红稳定收益。

【涉宗教活动场所管理】1月23日，全省启动重大公共突发卫生事件一级响应，建德市全面暂停所有宗教场所、民间信仰点的所有宗教性活动。6月2日，按照“属地管理、受控有序、责任到点”原则，经对全市宗教场所逐一进行开放风险评估后，有序恢复开放。全市宗教活动场所实现“零开放、零活动、零感染”。

疫情防控期间，各宗教团体积极行动，配合

市、乡镇两级政府对宗教教职人员和信教群众开展疫情防控政策宣传；同时积极投入抗击疫情的援助工作。全市宗教界捐助善款19.7万元。梅城永固堂获得“省级宗教法治宣传教育基地”。

(金　洵 施方庭)

关心下一代工作

【概况】2020年,全市各级关工委组织“五老”宣讲共225场次,受教育人数6.7万人次。全年共创办“假日学校”89所,2866名中、小学生参加学习和实践体验活动;共发放助学金657万余元,资助学生2650余人次。建德市新雨关心下一代基金会的400万元资金按要求全部投放在市交通发展投资有限公司进行盘活。建立企业关工委组织3家,组建市“红领巾宣讲团”6个。

新安江水电站和大同书院被授牌杭州市关心下一代教育基地;市关工委、新安江街道、梅城镇、大同镇、航头镇获评杭州市关心下一代工作先进集体。洪国根、韩春荣、汪国云、陈庆祥、唐国强等15人获评杭州市关心下一代工作先进个人;王运获评全国关心下一代“双带”农村致富青年先进个人,汪国云获评全国关心下一代先进工作者。

【教育与宣讲工作】5—6月,市关工委联合市检察院、市民政局、市心安驿站心理健康服务中心,赴大洋镇、航头镇等乡镇小学,开展法治宣传和心理健康进校园、抗击疫情宣传等活动,在大同书院、更楼街道、三都镇等地开讲“德道·五老课堂”5场次,参加学生160余人次。8月中旬,配合杭州市委老干部局红色吟诵团到建德开展红色吟诵活动,在李家镇、梅城镇等乡镇假日学校开展红色教育宣讲,200名学生参与。9月,在全市中小学校开展法治开讲入课堂、“光盘行动”进校园、我爱祖国拼搏奋斗等活动。10月,组织全市百名“红领巾讲解员”赴航头镇中心小学开展农耕馆观摩和培训活动,并在新安江街道、梅城镇、寿昌镇、航头镇、李家镇、大洋镇6家建立“红领巾宣讲团”,开展试点,接待、交流省内外关工委组织4批次,共135人次。

【关爱与帮教工作】3月,针对新冠肺炎疫情防控复杂形势,市关工委、市检察院、团市委、市妇联、市民政局、市卫健局6个部门联合发文《关于新型冠状病毒疫情防控期间做好留守儿童防护工作的意见》,帮助全市留守儿童在疫情期间做好防护工作。5月,市关工委资助航头中心小学2万元;6月,开展“福彩暖万家”资助活动,发放助学金20万元,资助困难学生100人;8月,在市老年大学举行杭州市关工委第二十届暨建德市第三届“奋飞助学”专项资助活动,发放助学金9万元,资助困难学生30人;10月,向更楼街道特困学生叶泽贤给予8000元资助。12月,联合市人力社保局、市教育局、团市委、市妇联、市民政局、德通眼镜有限公司在市工业技校举行助学活动,280名学生获得捐助。12月中旬,联合市司法局、有关乡镇(街道),开展“心向阳光”社区矫正、吸毒青少年关爱帮教工作,组织“五老”成员对全市346名(其中青少年152人)社区失足、失范人员进行分片区集中结对帮教。

【基地与组织建设】6月1日,在航空小镇新联航空科普基地开展“建德市首批中小学生研学基地(营地)、科普教育基地、建德市关心下一代教育基地的授牌仪式暨‘留守儿童‘六一’欢乐行”活动。8月,推荐新安江水电站、“千鹤妇女精神”教育基地展陈馆分别申报省、杭州市级关心下一代教育基地。11月,新安江水电站、大同书院被授予杭州市关心下一代教育基地。

组织有关人员赴浙江新安化工集团、杭州建铜集团、浙江深蓝新材料科技股份公司3家企业,开展调研并建立关工委组织。依托“志愿汇”五老志愿者系统,建立市镇分级管理平台,形成数据库,录入“五老”志愿者974名。 (高卫华)

建德市社会科学联合会

【概况】2020年,建德市社会科学联合会(以下简称市社科联)积极创新,以多种形式和平台,激发基层社科队伍的积极性和创造性,在持续打造社科宣讲品牌、参与省市级课题研究、深入推进各级社科普及基地提升等方面主动作为，为建德新崛起贡献社科力量。

【开展社科普及活动】继续推进“一镇一品”社科宣讲品牌建设，结合疫情防控和服务草莓产业发展，6月3日，市社科联与杨村桥镇政府、杨村桥成校合作，以“莓好播报”系列开启年度建德市社科普及周活动序幕。活动期间开展《大江南北莓农说》《“莓好”播报宣讲比赛》《说说莓好时代》等子栏目；乡镇街道、社科类社团以及各级社科普及基地也主动围绕防疫抗疫、复工复产复学、文明城市创建等主题，开展各类社科普及活动。同时结合美丽建德建设实践，指导社科讲师团成员备课形成《2020年度社科讲师团课程菜单》，并以“西乡讲堂”“百场社科讲座进基层”活动为载体，将课程推送到村文化礼堂、党群服务中心等科普阵地，增强科普宣讲的覆盖面和影响力。至年底，共开展各种社科知识普及讲座45场次，受众数达2200人。

【社科基地建设提升】2020年，三都镇“镇头大队”文化馆、更楼街道“合作化模范邓家乡”纪念馆、梅城镇“千鹤妇女精神”教育基地3家场馆被认定为年度建德市级社科普及基地。其中，“千鹤妇女精神”教育基地被评为2020年度杭州市级社科普及基地。各社科基地围绕自身实际，挖掘基地特色，有针对性地创设“基地+”项目。“建德人遗址”展馆、杨村桥成校、大同书院等社科基地持续开展“公勺公筷”文明实践行动、家风家训宣教、清明节文明祭祀、“文明在我心知识竞赛”等特色活动。

◎ 三都镇“镇头大队”文创项目(供图/市文创办)

【省市课题申报】2020年，市社科联发动市委党校、社科类社团等社科人才积极参与省市课题申报，全年上报杭州市社科联重点课题6项，其中“女性村民与农村基层社会治理模式创新研究”课题获杭州市社科联立项资助课题，并在结题后完成成果上报。结合浙江省乡村治理体系建设试点，积极开展基层“德治”课题，通过“建德市探索基层‘德治’的做法与思考”课题立项，调研探索实施以德治促善治的基层社会治理新路径。

【学术研究活动】8月7日，市社科联组织邀请省社科联一级巡视员邵清、省社科联科研管理处处长胡晓立带队的省社科联智库专家，在梅城召开以“严州古城复兴和严州文化研究”为主题的专家座谈会，集中就千年古城文化内核打造、古迹保护、推进文旅融合做活古城业态以及千鹤妇女教育基地提升等问题展开探讨，并提出：把握梅城文化核心要素以保护和利用梅城文化独特性，保护历史文脉与遗存，将严州古城打造成为文商旅相融合的标杆性古城等共识。

同时，与严州文化研究会联系，共同做好第八届中国范仲淹国际学术大会筹备工作。完成大会组委会本地成员建议名单上报、《范仲淹与睦州》书稿编撰审核、第八届中国范仲淹国际学术大会相关方案等会议资料筹备。

【宣传平台打造】新冠肺炎疫情防控期间，市社科联联合市融媒体中心在《今日建德》微信公众号开设“严州微课”专栏，以优秀传统文化、防疫抗疫、防范自然灾害、复工复产复学等知识为主要内容，开展线上社科普及活动，全年推送“严州微课”专栏内容48期。做好《建德》杂志刊发编印工作，全年完成《建德》杂志6期。召集市社科讲师团部分讲师开展对历朝先贤故事进行整理，拍摄成相关人物简介和故事短视频10辑，向“学习强国”平台推送、宣传。

（徐　烟）

编辑：吴树根

乡镇(街道)

Township (Street)

新安江街道

【概况】新安江街道是建德市政治、经济、文化中心。2020年,街道行政区域面积110.89平方千米,辖11个社区、4个村,年末户籍总人口83227人,全年出生510人,死亡389人,人口自然增长率1.47‰。全年完成社会消费品零售总额51.37亿元,同比减少2.2%。财政总收入7.94亿元,其中地方财政收入2.09亿元,分别减少22.2%、28.1%。城乡居民人均可支配收入分别54962元、30762元,分别增长3.9%、7.3%。(注:2020年度开始,市统计局不再统计各乡镇街道城乡居民分数据,全市统一使用上述2个数据;其余数据的增减,本年鉴也直接使用统计局数据)

有规模以上企业(注:后文各乡镇街道中,均简称“规上企业”)总数23家,其工业增加值13.99亿元,增长3.9%,总产值48.13亿元,减少0.4%,销售产值46.87亿元,减少1.2%。全年自营出口1.77元亿元,增长6.0%。全社会固定资产投资21.24亿元,下降12.4%,其中工业投资0.62亿元,下降2.6%。低效工业用地处置8.39公顷,其中收储5.12公顷。

◎ 新安江街道丰产村民居

全年招商引资项目主要有:农夫仓储物流基地及天然饮用水生产线项目,总投资3.07亿元;制造业项目杭州金迎新材料有限责任公司新建年产4万吨硅酮密封胶项目,总投资1.1亿元;服务业项目浙江聚鑫辰医疗器械项目,总投资1.0亿元。房地产项目恒大林溪郡、严州誉境府、新安郡、新安里等重点项目一期销售中,二期、三期项目建设中。实到外资400万美元,增长20.6%。

有耕地277.26公顷。农业总产值1.97亿元,同比增长5.9%。农作物播种总面积878.7公顷,增长3.6%,其中:粮食作物103.47公顷,总产量483.4吨,面积和产量分别减少38.5%、37.6%;经济作物播种总面积775.27公顷,增长20.5%;油菜籽等油料作物播种面积62.7公顷,总产量242吨,面积和产量分别增长36.6%和90.9%。特色经济作物甘蔗面积5.13公顷,增长22.2%,总产量289吨,减少9.6%。蔬菜(含菜用瓜)面积572公顷,增长22.9%,总产量1.69万吨、减少21.3%。果用瓜面积106.73公顷,总产量2110.6吨,分别增长4.5%、31.4%。中草药材面积7.93公顷,总产量26.5吨,分别增长10.2%和9.1%。花卉苗木种植面积18.53公顷,盆栽类园艺32.1万盆。村庄美化零星植树400株,造林面积14.4公顷,森林抚育面积82.67公顷,新种珍贵树种浙江楠、榉树和赤皮青冈55.67公顷。

社保覆盖质量不断提升,城乡基本医疗保险参保率达99.0%,新增低、残保家庭65户。发放各类救助款和优抚金412万元,发放重度残疾人护理补助817人、金额23.63万元,发放困难残疾人生活补贴270人、金额7.14万元。

至年末，有街道所属九年制义务教育阶段学校8所（小学3所、初中2所、职业教育机构1所），有专任教师531人（小学208人、初中185人、职业教育机构10人，幼儿园128人），完成新安江第一小学、第二小学、第一初级中学、第二初级中学、新安江中心幼儿园、白沙幼儿园暑期改造及维修项目投资834万元，并协助明镜小学和新二小做好校园扩建工作，支付2020年新安江街道中小学安保费用121.16万元。

街道所属社区卫生服务中心1个（设8个社区卫生服务站、4个村级卫生室），有卫生技术人员90人。

【新冠肺炎疫情防控】建立起三级防控体系，内防反弹、外防输入，300余名街道、村（社区）干部、1000余名党员志愿者和市级机关下沉干部等防控人员形成“三合一”网格化管理模式，对隔离管控人员实行“382”工作法，全面动员精准防控。在防疫战线上成立69个临时党支部，包干分片负责、层层压实责任，守好主城区疫情防控大门和各类场所“小门”，第一时间处置发现的有关情况，筑牢疫情防控“铜墙铁壁”，确保全市中心枢纽社会秩序稳定，居民生活秩序稳定，为全市疫情防控作出表率。

【全国文明城市创建成功】11月10日，建德市成功入选第六届全国文明城市。新安江街道作为全市创建工作的主战场，坚决贯彻市委、市政府的决策部署，在创建决战决胜过程中扛起主城区使命担当。街道130余名干部包干主城区2100余个楼道，打造出最美楼道300余个。建立小区乱堆乱放、私搭乱建、毁绿种菜、车辆乱停、空中飞线5个日常动态整治清单，并逐一“清零”。开展“最美”系列评选、“文明进 万家全民齐参与”入户走访、文明劝导、垃圾分类等系列创建活动。高标准打造城中嘉苑、新林小巷、南岸花苑示范小区，推出加装电梯、楼道爱心歇歇脚、孝心车位和小区破损维修等创建暖心项目。新增小区停车位3800余个，安装便民充电桩220余处，配备楼道灭火器5000余只。

【落实企业复工复产政策】疫情防控期间，坚持疫情防控和经济社会发展工作两手抓、两手硬、两战赢。驻企专员累计帮助24家企业解决融资贷款4500余万元，帮助大润发超市等44家服务业企业减免房租和税费社保等153万余元，协助633家商贸餐饮小微企业申报增值税地方留存部分补贴140余万元。对承租街道所属经营用房的企业和个体户，免收房租14万余元。申报完成856家纾困企业补助，两直纾困补助资金全部兑付到位。在前期市级财政支持撬动汽车和家电相关消费3.4亿余元基础上，街道本级财政支持100万元，开展汽车消费嘉年华活动，直接撬动消费4073.9万元。

【平安创建】深入推进全科网格规范化建设，联合新安江派出所发起“新安义警”活动，动员组织社会各界力量参与社会治安防控，探索新形势下群防群治新模式。压实物业小区消防主体责任，重点推进新安江大厦等高层建筑消防安全隐患整改，开展无物业小区“打通生命通道”专项整治，对32个无物业小区进行消防通道标志标识施划，并开展电瓶车飞线充电专项整治工作。顺利完成省、杭州市两级安委会安全生产和消防工作考核迎检。

新安江水库九孔泄洪期间，全体街道干部、村（社区）全力参与抢险救援、转移安置、巡查值守、灾后清理、生产自救，累计紧急转移安置848户1634人，有效保障泄洪期间总体安全稳定。

【民生工程建设】改造提升4个社区党群服务中心、打造8个小区党群服务驿站，建成开放街道党群服务中心和溪头社区人大代表联络站、街道综合文化站。1个街道级、15个村（社区）级退役军人服务站投入使用。全年完成既有住宅加装电梯工作任务30台。新华书店东侧地块、叶家路网改造、汪更公路拓宽拉直等一批历时20多年的老大难问题，得到破题解决。高度重视主城区“美好教育”发展，在“六一”国际儿童节和教师节继续对辖区26所学校、幼儿园少年儿童和教职员工开展慰问；投入650余万元，完成新三小和新二中部分基础设施改造提升工程；配合做好新二小改建、明镜小学扩建等项目;积极落实护校安园各项举措;持续保障辖区相关中小学、幼儿园校舍维修改造和零星工程建设,并对运行经费不足给予支持。

【街道项目办成立】4月,制定下发新安江街道本级和村(社区)工程项目管理、变更和中介机构考评等3个具体实施办法,成立街道工程项目管理领导小组,下设项目办。规范项目准入审核机制,规范项目管理全流程。累计开展招标代理、造价咨询、监理、设计等入围中介机构竞价择优比选10余轮,严防中介寻租腐败。全年街道项目库共审核收录村社各类项目138个,同步推行“工程健康码”,现场扫码展示工程基本情况、工程进展,收集反映意见,以绿、黄、红三色进行廉政预警,将原来工程项目被动公示变为群众主动监督,有效防范工程领域廉政风险。至年底,累计归口管理村级工程项目投资总额3000余万元。同时,单独成立项目变更管理办公室,与项目办两套人马、前后衔接,累计把关受理村级变更项目5个、变更金额总计16万元。

【社区财务体制改革】4月至12月,该街道下发《关于进一步创新社区治理机制提升公共服务水平的意见(试行)》《关于进一步规范社区财务和资产管理工作的通知》《关于社区财务体制改革预算制实施的几点意见(试行)》《关于进一步改进完善社区财务和资产管理的几点要求(试行)》等文件,制定落实社区财务体制改革24条工作举措,注重发挥社区居民委员会特别法人作用,实行“居财居管”。11个社区居民委员会均独立设立银行账户,自行管理各种资金和收入。全面实行预算制,对各社区按人员经费、公用经费、上级补助经费、其他事项补贴、综合服务费和一事一议经费等六大类编制年度预算,分级确定审批权限,让社区每一笔支出有前置审核、责任明确到人、痕迹全程可溯,实现费随事转、权随责走,确保资金专款专用、合规使用,并有效保障小额资金自主使用,为社区治理提升提供资金要素保障。

【村社组织换届】高质量完成村(社区)换届选举工作,共产生村(社区)“两委”班子成员107人(新任22人),其中:党组织班子成员67人,村(居)民委员会班子成员67人(含交叉兼职人选27人);所有村(社区)书记、主任全部实现“一肩挑”,其中:新任村(社区)书记(主任)4名。

【城镇老旧小区综合改造】5—12月,新安江街道实施并完成2020年城镇老旧小区综合改造工程。该工程总投资7166万元,总改造面积约11.22万平方米,共涉及望江路区块、近江花园区块、沧中路区块、府西区块和政法路区块居民楼115幢、居民2557户,改造内容包括立面、环境(景观绿化)、管网、污水“零直排”(包括阳台水分流)、道路(包括停车位)改造以及智慧安防(监控系统)等内容。

(班杏林)

更楼街道

【概况】2020年,更楼街道行政区域面积81.41平方千米,辖14个村、2个社区(更楼、更化社区),年末户籍总人口22966人,全年出生201人,死亡163人,人口自然增长率1.65‰。全年实现社会消费品零售总额4.04亿元,同比减少6.6%。财政总收入2.12亿元,增长9.21%。其中地方财政收入6476万元,增长9.3%。

有规模以上工业企业14家(年度增加4家),实现工业增加值5.20亿元,减少2.3%。规上企业总产值13.93亿元,减少6.8%,销售产值13.76亿元,减少7.1%。完成全社会固定资产投资13.61

◎ 更楼街道甘溪村

亿元，增长 64.6%，其中工业生产性投入 7.46 亿元，增长 262.2%；工业企业新产品产值率与上年持平。新引进固定资产总投资亿元以上制造业项目 3 个，实到外资 400 万美元。自营出口交货值 1520.5 万元，减少 39.1%。

耕地面积 642.3 公顷，林地面积 6138.9 公顷。农业总产值 2.24 亿元，增长 4.6%。全年粮食作物播种面积 706.67 公顷、总产量 3950 吨，其中水稻播种面积 393.33 公顷，旱杂粮播种面积 313.33 公顷。油菜种植面积 332.47 公顷，油菜籽产量 1157 吨。经济作物播种面积 1585.27 公顷，其中蔬菜 988.33 公顷、产量 2.82 万吨，西瓜 115.2 公顷、产量 3490.2 吨，草莓 46 公顷、产量 1538.6 吨，果用甘蔗 1 公顷、产量 56 吨。年末生猪存栏 718 头、家禽 2.47 万羽。

全年完成困难群众住房改造 4 户，发放市、街道二级专项补助资金 11 万元；完成市第二轮农村危房治理改造 22 户。开展特殊家庭帮扶活动 4 次，慰问救助特殊家庭 11 户，开展各类志愿服务 18 次，新增低保家庭 48 户，办理困难救助 54 人，累计发放各类救助款 128 万元。

年末有街道所属初中、小学各 1 所，在校学生 1103 人、教职工 111 人；幼儿园 2 所，在园幼儿 635 人、教职工 84 人。有卫生院 1 所、村卫生室(站)12 个，卫生技术人员 37 人。参加城乡居民新型医疗保险 1.29 万人，参保率达 99.8%。

面对突如其来的新冠肺炎疫情，街道党工委“两手硬、两战赢”，获评杭州市抗击新冠肺炎疫情先进集体，党工委书记王一叶在杭州市深化“双万”活动报告会上作典型发言。14 个村、2 个社区的党组织、村(居)委会换届选举一次性成功，书记、主任平均得票率为 98.0%和 97.5%。

【重点项目建设】 全面推进浙江省重大产业项目——心安文化小镇项目签约落地，概算总投资 118 亿元。南方绿色建材产业园项目(概算总投资 20.5 亿元)、南方水泥更楼矿业矿石开采项目(概算总投资 1.06 亿元)、雅博士涂料厂房扩建、维佳科技轴承制造等工业项目顺利实施。国大阳光星辰二期完成交付，富力御江山项目累计完成投资 3.39 亿元。江南会境、金境玉上府、金境融富城等新房地产项目开盘。

【水利基础设施建设】 河道综合整治项目，完成甘溪河道(湖岑畈段)综合治理，投资 357.49 万元；石岭溪河道综合整治工程(许乐段、总长 5.27 千米)，投资 177.53 万元；寿昌江流域于合段(总长 1.5 千米)，投资 306.10 万元；甘溪农村河道综合治理工程河道提升项目(投资 126.62 万元)，完成总工程量 50%；寿昌江拦河闸工程(总投资 743 万元)，完成总工程量 33%。完成石界塘水库除险加固工程，总投资 148.82 万元；完成大清塘水库、清塘源水库标化管理项目，总投资 130 万元。

【惠民生办实事】 农村饮用水项目，完成岩源村过浴山自然村供水工程，总投资 187 万元；邓家村农村饮用水项目（投资 50 万元），完成总工程量 60%。投资 200 余万元建设杭州示范型居家养老服务中心，与“残疾人之家”融合在一起，10 月 25 日，该中心正式投入使用。为后塘、更楼社区、石岭、桥岭 4 个移民后靠扶持村申请入股建德航空小镇项目参与分红，2020 年度分红 20 万元。新建后塘村停车场 1 处。全域排查修缮更楼集镇公共设施，共计投入 200 余万元，实施人行道、盲道改造工作；更换主次干道的破损和损坏路灯 20 余杆。更换小区内路灯和楼道灯 160 余处。各小区内增划机动车和非机动车停车位 400 余处。在所有小区楼道一层增划婴儿车和自行车专用停放线，解决居民临时停放需求。

【城乡道路交通建设】 2020 年，完成 2 项街道“一事一议”项目——许乐村村口至寿昌石泉村段道路提升项目、於堨村桐子源进村道路修复项目；实施“四好农村路”项目，石泉—许村道路(湖塘岭脚段)、邓家—大坪道路、后塘—骆村道路、邓家—羊目坪道路、石码头(更石线)—过浴山道路、甘南线道路，项目总长 15.4 千米，其中石泉—许村道路(湖塘岭脚段)完工。汪黄公路提升改造工程(更楼街道文化中心至黄岙大桥段、总投资约 1500 万元)完成总工程量 80%；仁丰桥提升改造工程(拆旧桥建新桥,总投资1200万元)进入实施阶段;仁汇路提升改造(总投资500万元)完成工程进度30%;四号路国大市场段工程(投资约810万元)进场施工。

【"美丽乡村"建设】继续巩固"无违建"创建成果,加强新违法建筑防控和存量违建拆除工作,全年共拆除违法建筑209处,占地面积1.81万平方米、建筑面积2.65万平方米。完成"四边三化"整治交办点位306处。投资近900万元全面推进污水零直排创建,完成江南丽景、国大阳光、喜洋洋、华隆公寓、华庭家园、时代公寓、普惠家园、香槟郡、农贸市场、后塘工业园区等10个区块改造提升。

围绕创建全国文明城市,全面整治汪黄公路黄呑段、街道新综合文化站周边、集镇范围周边行政村等城郊接合部的环境"脏乱差"现象。推进更楼社区10个居民小区垃圾分类集中投放点设施建设,14个村均设置再生资源回收站点、特殊垃圾堆放点;除桥岭村外均采取"户分类—上门收集—分类运输—分类处理"方式,严格落实定时投放、统一收集的要求。石岭村、许乐村、骆村村、后塘村创成杭州市垃圾分类示范村,张家村成功创建省垃圾分类示范村。

以更楼街道花果沟为主体,经石岭村、许乐村、骆村3个村,建设集观光、采摘、农耕体验、农业培训等为一体的山谷地乡村生态旅游示范带1条,沿线建设果蔬采摘点5个、现代养殖体验园1个、休闲农庄2个和主题性观光农业园区2个。

【社会文化事业】整合16个村(社区)综合文化站、社区综合文化服务中心、文化礼堂等资源,全力打造"新时代文明实践+"大格局,实现所(站)全覆盖。投资50余万元建成更化社区文化家园。成立建德市文化馆更楼街道分馆,组织送戏下乡进农村文化礼堂活动16场。完成湖岑畈村、黄呑村体育小康村建设和更楼社区老百姓健身房建设。移风易俗,提倡丧事简办,建好生态墓地,已建成或在建生态公墓共1700余穴;街道联合更楼社区完成公墓第一期建设,700穴投入使用,骆村建成街道第一家村级骨灰堂。

【农村家宴中心建设工作】更楼街道投入500余万元,大力推进农村家宴放心厨房建设,构建成全省首个区域全覆盖农村家宴片区,打造全省领先的3.0版更楼示范区。将农村集体聚餐食品安全防控、倡导节俭节约新风尚与赋能乡村振兴、增收致富相结合,全面提升农村集体聚餐食品安全防控水平,移风易俗,形成"婚事新办,白事简办"良好氛围,拓宽村集体经济收入渠道。6月22—23日,承办杭州市"农村家宴放心厨房"转型提升现场会,得到杭州市有关领导肯定。

【基层综合治理工作】2020年,更楼街道启动"微法庭"建设,辖区16个村(社区)全部成立并挂牌"微法庭",参与社会综合治理,为村(社区)居民提居家司法服务。至年末,"微法庭"法官参与调解民间纠纷6起,实现"小事不出社区、大事不出街道、矛盾不上交",打通群众打官司的"最后一公里",取得良好社会效果。以时代商寓小区、喜洋洋小区为试点,建设小区自治管理微网格,实施"1+3+3"(1名党员+1名楼道长+3名志愿者)楼道自治管理模式。成功创建市级"最美楼道"21处。

【举办现场急救培训班】10月中旬,更楼街道红十字会、更楼成人学校、卫生院联手举办红十字会"现场急救"培训班,297名居民分别在湖岑畈村、街道办参加培训。省红十字会救护培训师李国家就急救止血、心肺复苏以及止血带、三角巾取材使用、人工呼吸和心脏胸外按压等救护知识,作演示、授课。

(吴国洪)

洋溪街道

【概况】2020年,洋溪街道行政区域面积74.71平方千米,下辖4个社区、2个村,年末户籍总人口16022人。全年出生176人、死亡76人,人口自然增长率6.3‰。全年实现社会消费品零售总额5.72亿元,同比减少7.1%。财政总收入2.04亿元,其中地方财政收入6849万元,分别减少29.5%、26.8%。

◎ 洋溪街道团结村

有规模以上企业总数14家，其工业总产值21.55亿元，同比增长9.2%；销售产值21.0亿元，增长13.8%；规模以上工业增加值（绝对值）4.79亿元，年增速11.4%。全年自营出口4.33亿元，增长45.0%。全社会固定资产投资16.26亿元，减少17.5%；其中工业生产性投入7.46亿元。招引投资亿元以上制造业项目1个，实到外资400万美元。企业专利申请量达185个。入库工厂物联网项目3个。培育数字经济企业8家，新认定国家高新技术企业8家、省科技型中小企业13家。实施低效工业用地再开发，收购、签约搬迁企业8家，盘活低效工业用地33.6公顷，保障53.33公顷万洋众创城开工建设。

农业总产值8762万元，增长4.6%。有耕地138公顷，林地6400公顷。农作物播种面积138公顷，其中粮食作物播种面积86.53公顷，总产量350吨，水稻播种面积22.27公顷，总产量200.4吨，油菜播种面积36.2公顷，产量126吨。蔬菜播种面积89.6公顷，产量2672吨。生猪存栏2060头，出栏3209头，年末家禽存栏8.48万羽，年内出栏4万羽。流转耕地113.5公顷，治理抛荒农田8.8公顷。

全年造林抚育面积10公顷，森林抚育面积300公顷，完成经济林造林10公顷，完成林区道路建设1千米。

建设畲族风情楼，推动村企合作，增加团结村集体经济年租金收入20万元及20%的年运营利润分红。全年新纳入低残保户6户、低边家庭4户，发放各类救助资金113万元，救助184人次。居家养老服务中心运行良好，老年食堂运行规范。大力推进殡葬设施建设，基本完成青龙头社区花园式公墓建设，有力推动移风易俗。推行“433”垃圾分类模式，创建省级垃圾分类示范村1个、示范小区1个、杭州市级垃圾分类示范村2个、示范小区3个。累计清运垃圾6632吨。

年末，有街道所属小学2所，在校学生1205人、专任教师77人；幼儿园3所，在园幼儿556人、专任教师57人。出台《洋溪街道关于加强教师队伍建设激励办法》，进一步健全教师荣誉、表彰激励制度，累计投资500余万元用于护校安园、师资培育等工作。顺利完成洋溪小学征迁，开工建设建德市培智学校新校区。

辖区有医疗卫生机构5所，分别是建德市妇幼保健院1所、富春骨伤科专科医院1所、建德市康复医院1所、朱池社区卫生室1所、友谊村卫生室1所，共有医疗卫生技术人员73人。

全年新引进各类大学生275人，D类以上人才9人，高层次人才认定创历史新高，新化化工被认定为杭州市专家工作站，引进博士后2人。

【洋安区块征迁“清零”】洋安区块自2007年启动征迁开发，是全市整村拆迁的一个重要区块。至2020年6月仍有3户未完成征迁。街道以“不清零等于零”为目标，用“信心+决心+态度”三招“心法”和“谋划先行、严把政策、精准研判、亮榜赛马、合力攻坚”的征迁“五式”，一举实现“10年洋安历史性清零”，腾出项目用地14.7公顷，为该街道洋安区块整体开发和产城深度融合示范区建设提供用地空间保障。

【杭州万洋科技众创城开工建设】10月22日上午，万洋集团在杭州区域以医疗健康产业为主导的首个科技众创城项目——杭州万洋科技众创城开工建设。该项目位于建德高铁新城板块科技创智片区，规划用地53.33公顷，建筑面积135万平方米，建成后可容纳约400家企业，成为集科研生产、智能制造、仓储物流、金融服务、智慧园区于一体的健康产业高质量集聚发展平台。

【打造小吃品牌“虾哥螺妹”】该街道以美丽城镇创建为契机,以“夜间经济”、小店经济为突破口,推进美丽城镇业态提升,挖掘、推出以小龙虾、螺蛳为主打的洋溪风味小吃“十绝”,打响“虾”哥“螺”妹“食盒”品牌。洋溪食盒开街仪式通过网传直播平台进行直播,吸引50余万人观看,得到《人民日报》、新华网、《杭州日报》等媒体关注,仅活动当晚现场吸引游客近1000名。

【“蓝妈妈”乡村善治品牌建设】2020年,该街道围绕打造新安江南畔山野旅游慢生活区目标定位,依托“德治理”攻坚项目,深度挖掘团结特色文化资源,探索“文化IP+善治指数”善治模式,形成以“蓝妈妈”品牌为精神内核,以“一人(蓝妈妈)一篓(神奇的背篓)一组歌”为主线的乡村善治新风。“蓝妈妈”指该村全国劳动模范蓝银花,“一篓”指蓝妈妈日常所用畲族背篓,通过前两者串联衍生出文创篓、智慧篓、产业篓、指数篓系列“神奇的背篓”文化;“一组歌”指团结村善治歌曲《听妈妈的话》《神奇的小背篓》。

【新华三期安置房EPC项目】新华三期拆迁安置项目位于洋溪街道青龙头社区,北侧为320国道,东侧为规划路,西侧、南侧为新华安置房二期工程。本项目建筑物主要由8幢14—18层高层建筑物,配套幼儿园、物业社区配套服务用房、室外配套设施及景观绿化等工程。该工程用地面积24992平方米,总建筑面积78587平方米。(谢好怡)

莲花镇

【概况】2020年,莲花镇行政区域总面积86.11平方千米,下辖6个村,年末户籍总人口10468人。全年出生88人、死亡79人,人口自然增长率0.86‰。全年实现社会消费品零售总额0.85亿元,同比减少6.5%。全年财政总收入1591万元,减少30.7%,其中地方财政收入653万元,减少34.1%。

有工业企业22家,规上工业企业4家,主要涉及家纺、碳酸钙等矿石母料、农产品加工等行业。规上工业实现增加值5784万元,增幅58.4%。规上工业总产值2.21亿元,增长22.7%;销售产值2.10亿元,同比增长12.5%;自营出口5013万美元,减少24.1%。全社会固定资产投资7184万元,增长19.52%;其中工业生产性投入1963万元,剧减至上年的20.3%。招商引资新增签约项目2个。年末实现招商引税524万元。

◎ 莲花镇戴家村民居

有耕地367.7公顷,林地面积7443公顷。农业总产值3.0亿元,同比增长5%。全年粮食及油料作物播种面积207.5公顷,其中旱杂粮147.1公顷、水稻20公顷、油菜40.4公顷。完成抛荒复耕农田4.7公顷。特色经济作物铁皮石斛种植面积30公顷、产值4000余万元。全年森林抚育106公顷,造林抚育面积27公顷,完成绿化造林36公顷,其中珍贵树种造林26.7公顷,补植杉木苗9.3万株。完成1000头生猪保供任务。

全镇新增低残保21户、特困家庭3户、低保边缘困难家庭3户,新增残疾人两项补贴23人,临时救助16人,发放临时救助款6.2万元,完成“残疾人之家”提升工作。完成困难家庭危房改造21户、老龄适老化改造5户。完成镇级居家养老服务中心和昴畈村老年食堂建设。实现6个村生态公墓建设全覆盖。全年办理便民事项(代办)5452件。全力“稳就业、保就业”,推广以工代训政策,实现城镇新增就业201人。制定消薄增收“一村一策”,6个村全部完成“5030”消薄任务。成立莲花镇戴农富劳务服务有限公司,由公司承接镇村绿化管护、卫生保洁、零星工程用工等业务,通过统一派工,实现低收入农户和村集体经济双增收。

年末有镇属小学1所,在校学生251人、专任教师23人;幼儿园1所,在园幼儿171人、专任教师16人。卫生院1所、卫生技术人员17人;规范化卫生室5个、乡村医生6人。全年镇卫生院家庭医生签约总人数3585人。2020年城乡居民医保参保6149人,参保率99.6%。莲花村创建为浙江省卫生村。

完成村级组织换届,6个村换届选举一次成功率100%,"一肩挑"人选党组织和村委会选举平均得票率99.1%。

【小微权力监管中心成立】成立全省第一家镇级小微权力监管中心,农村资产管理服务中心会计出纳、村项目办工作人员及农经员集中办公,村级"三资管理"、工程项目、务工派活等日常工作统筹推进。在全市率先开展"清廉乡村智慧管家"工作,戴家村被评为2020年"清廉乡村智慧管家"金管家,成功承办"全市清廉乡村建设暨智慧管家工作推进会"。相关经验做法得到《新华每日电讯》、浙江卫视、《新安改革》等媒体报道,中纪委、省政府、省纪委等领导莅临现场指导调研,给予充分肯定。

【疫情防控与复工复产】新冠肺炎疫情防控期间,落实重点地区来建人员居家医学观察和集中医学观察203人,开展防疫督查102次,下发督查通报39期,开展突击检查16次。积极有序推动企业复工复产,全镇26家企业实现镇级服务专员"一对一"驻企跟班全覆盖,针对性地帮助解决企业面临的防疫物资匮乏、人员通勤困难等问题,企业复工率达100%,产能恢复率118.29%。通过"亲清在线"平台助力帮扶政策高效兑付,共兑现稳岗扶持、社保、税费减免等补助资金36万元,解决企业优惠续贷1800余万元、新增授信1500余万元。

【工业经济发展】推进淘汰落后产能和"低散乱"企业整治提升工作,完成低效工业用地"腾笼换鸟"2宗,分别引进"戈不舍"农俗产品加工体验项目(投资2000万元)、年产300吨卤制品加工建设项目(投资800万元);完成"新思格"家居改造提升,有序推进豪丰木业公司地块盘活、三意农业公司年产1.2万吨速冻调理食品建设、美尔泰公司新建年产100万件婴儿产品生产线、东科新材料公司年产1万吨聚乙烯蜡及年产1.5万吨橡胶防护蜡产业化等项目。

【招商引资】主要领导带队赴杭州、宁波、上海等地举办各类招商推介会6次。邀请杭州电联集团、杭州印象西湖文化、景域驴妈妈集团、新长城影视集团等知名企业到莲花实地考察10余次。成功签约电联高端康养综合体项目(总投资1.2亿元)和双岩景区开发项目(总投资1.5亿元)。

【许建茹获"乡村振兴领军人物"荣誉称号】1月15日,杭州九仙生物科技有限公司总经理许建茹,在北京第十届三农创业英雄颁奖大会上,获"乡村振兴领军人物"荣誉称号,此次活动由农业农村部办公厅指导、中国农业电影电视中心主办,全国共评选出10位"乡村振兴创业英雄"和4位"乡村振兴领军人物"。

【全域旅游】2020年,完成戴家村农旅文化接待中心改造项目,成功创建浙江省AAA级景区镇,林茶村成功创建为浙江省AAA级景区村,莲花镇成为全市首个镇域A级景区村庄全覆盖乡镇。杭州九仙生物科技有限公司成功创建为浙江省中医药文化养生旅游示范基地。举办第三届年俗旅游文化节暨"住民宿过大年活动"发布会(1月)和"激情畅饮·干杯莲花"精酿啤酒音乐节活动(7月),承办"生态莲花·康乐小镇"建德市第七届农村文化节开幕式暨传统音乐展演活动,宣传特色旅游资源,激活乡村旅游业态。农旅调研成果《建德市莲花镇立足生态优势全域发展乡村旅游》在杭州政务信息刊登,获杭州市有关领导肯定。

全镇共接待游客45.5万人次、同比增长26.6%,实现旅游收入1.2亿元、增长21.8%。

【特色农业】有序推进杭州市整乡镇推进山区农业产业发展项目,重点培育茶叶、铁皮石斛、果蔬等特色产业扩面发展27公顷,带动农户发展农业产业及就业777户，实现3个主导产业增收3830万元。积极探索生态产品价值实现机制，盘活闲置耕地资源，全面完成5.1公顷抛荒田整治工作；引入优质民间工商资本杭州鲜农源家庭农场，流转昴畈村土地6.7公顷并完成果树种植，打造特色生态农业基地，实现农业规模化经营。完成高标准农田建设项目、戴家村姚村和昴畈村中低产田改造项目。

【美丽宜居环境打造】建成辖区内首个综合功能站，占地面积约1967平方米。以"巩固成果、提升重点、补齐短板"为原则，通过串点成线，连线成面，开展新时代美丽乡村"一廊十线"全域提升工作。林茶村被评为省级美丽宜居示范村优秀村庄，莲花村杭州市级美丽宜居示范村、林茶村杭州市美丽乡村精品村建设通过验收。

完成莲花郭村至江珠道路提升移民项目，建淳线至林茶大中修(建淳线至江珠、江珠至林茶入村口)、林茶至茶园头大中修、徐家村示范道路绿化工程共计9.9千米，示范绿化道路3.8千米全部完成。

实现莲花集镇和6个村垃圾分类高标准全覆盖，以及资源回收站和特殊垃圾收集点位全覆盖，垃圾控量工作位列全市第一，成功创建杭州市垃圾分类达标乡镇，林茶村成功创建为浙江省级高标准农村生活垃圾分类示范村，昴畈村、莲花村、徐家村、戴家村成功创建为杭州市级生活垃圾分类示范村。

【"五水共治"持续深化】全面完成畜禽退养工作，完成蛋鸡退养50余万羽，拆除养殖房6.0万平方米，完成复耕2.0万平方米。抓好"河长制"各项工作，完成河长巡河、"一河一策"、"一河一档"编制、"五水共治"满意度宣传等工作。在全市率先完成10个单村供水站提升工作，并代表建德市多次接待省、杭州市领导参观及其他县市考察学习。实现农村生活污水提升改造项目全覆盖。完成污水零直排区创建，集镇截污纳管率达96.0%。

【社会治理】创新基层社会治理，推动法治、德治、自治"三治融合"，戴家村探索数字赋能基层治理，成立建德市戴农富劳务服务有限公司，全村保洁绿化、村庄企业保洁、绿化管护、工程零星用工、家政服务等业务，由低收入农户群体承接。经过一年运行和估算，节约村集体资金45万元，"戴农富"公司实现盈利15万元。相关做法相继被新华社《内参选编》《浙江日报》、省纪委监委网站、杭州廉政网等报道。戴家村被列为全国乡村治理数字化实践暨党建引领强村善治研讨会现场考察点，获评浙江省民主法治村。 (周璐洋)

梅城镇

【概况】2020年，梅城镇行政区域面积154.95平方千米，辖13个村、5个社区，年末户籍总人口40680人，全年出生304人、死亡283人，人口自然增长率0.51‰。年末全镇18个村(社区)完成换届选举，一次性选举成功率100%，参选率、"一肩挑"得票率、"两委"委员得票率均在99.6%以上，居全市第一。全年实现财政总收入2.34亿元，其中地方财政收入7666万元，同比分别减少27.4%、31.9%。社会消费品零售总额7.13亿元，同比增长9.4%。

工业企业325家。其中规上企业56家(新增13家，退出1家，迁入2家；新增省高新技术企业2家、省科技型中小企业12家，新建院士工作站1个，亿元以上企业15家)。规上工业总产值59.13亿元，增长10.3%；销售产值57.97亿元，增长9.7%；规上工业实现增加值12.79亿元，增长

◎ 梅城镇洋程村口"虹桥"

11.4%。完成外贸自营出口 13.34 亿元，增长 6.57%。全社会固定资产投入 10.84 亿元，其中工业生产性投入 6.32 亿元。全年招引固定资产投资亿元以上项目 3 个(制造业 1 个、服务业 2 个)，实到外资 300 万美元。

耕地面积 992 公顷，林地面积 9300 公顷。农业总产值 4.45 亿元，增长 4.3%。农作物播种面积 2076 公顷，其中粮食作物 912 公顷，粮食总产量 4279 吨；水稻播种面积 213.3 公顷，产量 1792 吨。油菜种植面积 277 公顷，油菜籽产量 609.4 吨。高山蔬菜 30 公顷，茶叶 413 公顷，渔业养殖面积 240 公顷。40 公顷标农提升项目进场施工，创建杭州市绿色品质农业综合示范基地。发展特色农业，推进农旅融合，完成“星空谷”项目规划，成立“千鹤嫂”创业联盟，引进道法自然研学项目。保障农业生产，完成粮食功能区“非粮化”及抛荒田清理整治 160 公顷。完成“一村万树”项目 2 个，种植珍贵树种 5.87 公顷。年末生猪存栏 3464 头、家禽 12.65 万羽。

全年新办理低(残)保 62 户、低保边缘困难家庭 19 户、临时救助 14 户、残疾人两项补贴申请 1008 人，完成困难群众住房改造 13 户，共发放各类慰问金、救助金 520 余万元。深化“联乡结村”“一户一策”扶贫行动，落实移民帮扶资金 500 万元，超额完成年度“消薄”任务。实施居家养老服务提升工程，打造乡镇示范型居家养老服务中心 1 个，梅花社区、滨江村 2 个居家养老服务中心被评定为三星级，东湖社区三星级居家养老服务中心复评成功。

5 月 27 日，“千鹤妇女精神”教育基地建成开放，至年末，累计接待各类学习考察 720 余批次 3 万余人次；该基地获评浙江省首个全国妇女爱国主义教育基地、浙江省妇女干部教育培训现场教学基地等。

新冠肺炎疫情防控期间，建立健全镇域网格 24 小时联防机制，设置镇村卡点 98 个，共排查管控重点人员 919 人；在全市率先派出 7 辆大巴到贵州接回企业技术骨干 168 人，5 天时间企业顺利复工 325 家，并利用数字梅城防疫模块动态监控企业员工健康情况，实现“人防+技防”工作闭环，守住梅城抗疫“安全门”，推进全镇复工复产。

辖区有杭州市属大专院校 1 所（杭州科技职业技术学院），在校学前教育专业学生 487 人，教职工 38 人；市属高中 1 所，在校学生 1198 人，教师 146 人；镇属初中 1 所，学生 901 人，教师 82 人；小学 2 所(其中梅城中心小学设 2 个校区)，在校学生 2142 人，教师 159 人；公办幼儿园 1 所(设 4 个分园)，民办幼儿园 1 所，在园幼儿共 1137 人。入园率、入学率均达到 100%。

有市级医院 1 所，卫生技术人员 287 人；有卫生院 1 所、村卫生室 9 家，共计卫生技术人员 70 人。全镇城乡基本医疗保险缴费率 99.7%，基本养老保险缴费率 99.9%。梅城镇获评“浙江省老年太极导引功之乡”。

【工业企业改造与发展】 实施规上企业数字化改造，全年完成数字化改造攻关项目 1 个、工厂物联网项目 7 个、机器换人项目 9 个。实施传统制造业改造提升，引导五星、勇华等优质企业转战上下游配套生产，实现逆势扩产。推进“低散乱”企业整治，全年征收企业 14 家，拆除企业违法建筑 56 处、3.27 万平方米。加快小微产业园建设，尚深小微园一期、二期企业入驻投产，三期基本竣工。全年完成 14 个项目征迁“清零”，征地 51.5 公顷、拆迁 202 户。加快土地空间盘活，完成低效用地再开发 31.2 公顷，成功出让新城 C-24 地块，引进弘耀置业公司项目。

3 月 2 日，浙江建业化工股份有限公司在上海证券交易所挂牌上市。3 月 15 日，浙江深蓝新材料科技有限公司在香港联合交易所上市，成为建德市首家境外上市公司。11 月 7 日，勇华低压电器产业园项目开工建设，项目计划总投资 2 亿元，用地 4.2 公顷，总建筑面积 8.93 万平方米。

【创成浙江省新时代“美丽城镇”建设样板镇】 12 月 21 日，浙江省城乡环境整治工作领导小组公布 2020 年度新时代美丽城镇建设省级样板名单，梅城镇名列其中。自 2019 年 9 月以来，该镇围绕“建设新时代美丽城镇、再现千年古府新面貌”总目标，立足县域副中心城市定位，统筹推进环境综合整治、古城肌理修复、产业转型升级、文化传承保护、民生福祉改善、基层治理提升等工作。累计征迁3600余户,抢救性修复历史建筑77幢,考古挖掘古构件3100余件,保护古文化遗迹60余处;高质量推进古镇水系治理、历史街区打造、数字梅城、旅游基础设施等重大项目34个;协助编撰出版《严州文化全书》二辑1500余万字的珍贵史料;建成“一站式”综合服务中心。成立以梅城古城为核心的环三江口区域古城管委会,统筹开展各项工作。

【文化农旅融合成果】严州古城综合保护和利用工程被杭州市政府列为文旅金名片。2020年,龙山书院、范公祠、六合堂、魁星阁等重大项目完工,严州之心酒店部分和严州时代广场商场部分主体结顶。农村文化礼堂全面提升,千鹤村文化礼堂建成使用并通过杭州市书香文化礼堂验收,利群村文化礼堂完成肌理化更新。建成严滋味美食广场,推出《宋之韵·艺说严州》演艺项目。10月20日,芳草园精品酒店项目开工建设。项目计划总投资6000万元,用地2087.04平方米。

全年接待游客209万人次,实现旅游总收入2.82亿元,同比分别增长22.0%和588.0%。梅城镇获评国家AAAA级旅游景区、浙江省十佳韵味江南小镇、浙江省诗路旅游目的地、浙西文旅消费示范点等,并入选浙江省首批未来景区改革试点。

【“美丽乡村”建设】实施“美丽乡村”建设系列项目,千鹤村、西湖村、葛家村获评省级新时代美丽乡村,利群村通过杭州市精品村竣工验收。推进“四好农村路”建设,全年新建和改造提升农村公路23.7千米。完成望山村、滨江村农田道路网络提升。完善区域交通网络,临金高速建德至金华段正式通车,梅城互通建成投入使用,金建高铁建设有序推进,桐溪大桥主体工程开工。

全面完成农村生活污水处理设施提升改造,率先完成三年农村饮用水提标改造任务。完成2座山塘除险加固及洋尾溪滨江段综合整治。存量违法建筑基本“清零”,通过杭州市“无违建镇”考核。全面完成集镇“污水零直排”设施排查,完成“厕所革命”项目厕所改造8座。新建、改造分类设施120余处,垃圾中转站开工建设,垃圾分类达标村创建实现全覆盖。

【农村住房改造完成安置分房】9月12—13日,梅城镇第二批农村住房改造安置户完成分房,该项工作涉及滨江村、利群村、洋程村、伊村村、南峰村、望山村等6个村543户农户(待房时间持续6年),分配房屋700套。各流程由建德市公证处现场公证,确保平稳有序、公平公正。

【举办严州古城开城仪式暨钱塘江诗路·第二届梅城诗词大会】9月30日,严州古城开城仪式暨钱塘江诗路·第二届梅城诗词大会举行。本次活动由浙江省文化和旅游厅、浙江广播电视集团、杭州市拥江办指导,杭州市文化广电旅游局和建德市人民政府联合主办,梅城镇人民政府承办。开城仪式以“诗、书、礼、乐”为主线,内容包含虾灯开场、儒生祭礼及南宋制式的“知府巡街”等环节;诗词大会以山水故事为纽带,围绕“梦回千古”“睦州流韵”“古今芳华”3个篇章展开。活动吸引600余名观众现场参与,40余家媒体进行报道。

【严州古城步行街入选杭州高品质步行街】11月12日,严州古城步行街入选“杭州市级高品质步行街”并被正式授牌。严州古城步行街由正大街、南大街、府前街、东门街以及沿玉带河风情街等构成,与元代古城墙共同构筑“三横纵”的旅游景观区,内含旅游街区1180米、观光河道街区1700米,沿街途覆盖店面商铺320余家,建有金石馆、澄清光庐、清邮局、“德文化”实践中心、郑氏故居、杭州书房、浙大西迁建德办学点等文化展示与体验场馆,是融合文化、文创、康养、旅居等综合型步行街。 (徐惠珠)

杨村桥镇

【概况】2020年,杨村桥镇行政区域面积134.16平方千米,辖13个村,年末户籍总人口20931人。全年出生181人、死亡146人，人口自然增长率1.67‰。全年实现社会消费品零售总额6.22亿元，同比增长6.9%。财政总收入9519万元，其中地方财政收入3169万元，分别增长34.4%、13.3%。

有规上工业企业17家，其工业总产值18.60亿元，同比增长66.1%，销售产值18.06亿元，增长65.3%。实现规上工业增加值3.57亿元，增长59.9%。全年自营出口4.88亿元，同比增长4.9倍。全社会固定资产投资5.39亿元，增长5.5%。其中工业生产性投入2.08亿元，增长1.7倍。全年新增国家高新技术企业1家，申请专利59件，新产品产值率达52.0%。

有耕地面积836.73公顷，林地面积1.13万公顷。农业总产值4.99亿元，同比增长5.1%。农作物播种面积1884.74公顷。其中，粮食作物播种面积480公顷(其中水稻播种面积204公顷)，总产量14402吨(其中水稻产量2142吨)；油料作物油菜籽播种面积220公顷，总产量881吨。完成1043.26公顷种粮直补发放，计5281户、资金9.39万元。

◎ 杨村桥镇长宁村

全镇草莓种植户2324户，种植面积5473.4公顷，产量2.5万吨，产值12亿元，其中本地653户、面积200公顷、产量13680吨、产值2.5亿元。蜜梨种植面积290.54公顷，产值4358万元。茶园面积91.7公顷、茶叶产量19.6吨，其中白茶面积36.67公顷、产量0.5吨、产值300万元。西红花、铁皮石斛、蓝莓种植面积1.42公顷，产值640万元。全年流转土地92.87公顷，流转率0.12%。整治抛荒田167公顷。完成高标准农田建设13.3公顷。完成造林53.3公顷。完成河道综合整治2000米，修复水利水毁项目9个。

开展金建铁路、建衢铁路、医用防护用品产业园等9个项目土地征收，征收91.93公顷、房屋征收95户、搬迁坟墓91穴。梓源安置房、综保工程等项目安置群众113户。“四好农村路”建设总里程33.79千米，总投资6626.31万元。全年拆除违法建筑1.47万平方米，完成省级“无违建镇”创建验收。“污水零直排镇”创建项目总投入600万元，完成并通过建德市考核验收。龙源水库项目总投资2900万元，大坝坝体浇筑完成40%。完成年度“消薄”任务，13个村集体经济总收入1487万元，其中经营性收入582万元。

全年发放各类救助金473.4万元，惠及950余人。新建镇级示范型居家养老服务中心，完成23户老年人家庭适老化改造，完成7个村老年食堂厨房改造，连续第五年举办重阳节敬老宴。生活垃圾分类处理项目总投入250万元，成功创建杭州市垃圾分类示范村4个、示范小区1个。

年末有村级文化礼堂13家，村级文化礼堂全覆盖；十里埠村文化礼堂被评为浙江省五星级文化礼堂。有镇属幼儿园、小学、初中、成人学校各1所，在校师生人数1315人。教育扶持奖励资金总投入390万元。

有卫生院1所，村卫生室13个，卫生技术人员51人。农村居民参加城乡居民基本医疗保险参保率99.2%。

疫情防控期间，防疫物资重要生产企业建德市朝美日化有限公司有关事迹在《人民日报》、央视《新闻联播》头条、省改革办《竞跑者》上刊播；董事长林锦祥获评全国抗疫民营经济先进个人；公司获评浙江省抗疫先进集体。杨村桥镇党委获评杭州市首批通报表扬的战“疫”先进党组织，绪塘村党委副书记董键获评杭州市抗疫先进个人。

12月，13个村组织换届选举全部一次成功，村党组织换届选举书记平均得票率97.9%，委员平均得票率94.1%，党员参选率99.7%，莓农党员返乡参选率71.5%；村委会换届选举主任平均得票率97.9%，选民参选率达96.7%；“一肩挑”人选平均得票率97.9%.

【草莓产业新发展】投资1330万元,在路边村搭建“农业标准地”16.67公顷,每年可增加集体经济收入10万元。在草莓小镇引进7.3公顷越秀、粉玉等新品种,建成草莓小镇示范园区,完成草莓小镇形象提升工程。与“盒马鲜生”合作,建成建德市首家草莓分拣中心,全年分拣草莓1000吨,盒马超市日均销量5000盒,带动草莓收购价增收20元/千克。打造全国首个“草莓产业数字化平台”,在全国27个省(直辖市)建德草莓生产地安装传感设备、监控等智能设备,汇集全产业链20余项数据,服务建德莓农2000余户,通过多端口开发、多渠道采集、多场景应用,实现草莓全产业链数据互联互通。全年地产草莓产业总产值2.3亿元,亩均收益5.5万元,同比增长27.9%,创历史新高。草莓小镇列入2020年国家农业产业强镇建设名单。

打造15家“莓好”播报宣讲阵地,开设莓农心理咨询室、聊天室。组建“莓好播报”宣讲队伍,开展讲述“莓好”往事、天南地北莓农说、图说“莓好”时代等活动。杨村桥镇“莓好”播报总站被评为杭州市级社科宣讲点,“莓好播报” 宣讲志愿服务队被授予2020年疫情防控期间第三批建德最美志愿团队。

【重点项目建设】医用防护用品产业园项目(医用防护用品国家战略储备基地) 规划面积6.87公顷,计划总投资5亿元,至年末完成投资7000万元。由杭州交通投资集团有限公司、中铁二十三局共同投资建设的装配式建材项目, 计划总投资2亿元,至年末完成投资1.1亿元,完成厂房建设,部分设备安装到位。建德市杨村桥休闲度假项目(德扬乐活岛养生休闲度假区,位于岭源村)计划总投资6亿元,一期建设完成。

【全市首家数字监察办公室】7月, 率先在全市开展数字监察办公室建设。建立镇村两级清廉乡村智慧管家监管平台,设立“8+X”模块,其中“我们是监理”模块,对近年来所有村级工程项目经录入后公开, 并在村监察联络站留言板块接受村民意见、建议,形成互动。至年末该办公室多次接待中央、省、市纪委领导考察,《人民日报》对该做法做了宣传报道。

【全市首家“指尖户主会”】根据外出莓农多的地域特色,以岭源村为试点,在“清廉乡村智慧管家”微信平台建立“我们的户主会”版块,打造全市首家“指尖户主会”。村民通过手机端“会议”,了解所有村级工程相关情况和进度, 并通过平台对工程进行星级评定、发表意见建议;相关信息自动推送到管理后台, 管理人员对相关建议及时予以回复和采纳。至年末, 13个村共收到村民关于村级工程意见建议1800余条, 其中合理化建议228条,采纳20余条,节省工程资金100余万元。

【杨长线道路拓宽工程】该公路为乡道,始建于20世纪70年代中期,通车使用后,经过多次修整改造。本次工程,主要建设内容为道路拓宽、路面浇筑、排水沟设置以及对部分路段截弯取直。项目总长10.8千米,总投资4500万元,道路拓宽共征用土地3公顷、拆迁房屋49幢、迁移供电及通信等各类杆线10.8千米。3月动工,12月底完工,杨长公路沿线村民安全出行保障得以提高, 特别是长宁片区5个村8000余人出行条件得到重大改善。

【学校植物科普馆开馆 】9月4日, 杨村桥中心小学植物科普馆开馆。作为杭州市科协“走亲连心三服务” 为基层办实事之一, 该植物科普馆总投资20余万元,占地面积90平方米,分藻类植物、蒴类植物、裸子植物和被子植物、种子植物4个标本区。馆藏植物标本332科2328种,为目前江南地区植物标本最全的校园科普馆。 (王　赛)

下涯镇

【概况】2020年, 下涯镇行政面积161.78平方千米,辖11个村,年末户籍总人口27486人。全年出生292人、死亡187人,人口自然增长率3.78‰。全年完成社会消费零售总额5.14亿元,同比减少4.6%。财政总收入2.63亿元,同比减少13.6%;其中地方财政收入7574万元,减少16.0%。

◎ 下涯埠和之江半岛

有工业企业 91 家,其中规上企业 26 家。规上工业总产值 103.25 亿元,增长 14.2%,销售产值 101.39 亿元,增长 12.8%。规上工业增加值 33.80 亿元,增长 14.8%。规上高新技术产业增加值增速 12.2%。科研经费支出 2.4 亿元。自营出口 12.51 亿元。固定资产投资额 14.64 亿元,其中工业投资 13.76 亿元。市级重点项目稳步推进,恒大混凝土搬迁项目通过规划审查,该项目建设目标为"建德市首个国家级花园式混凝土企业"。"152"项目中策仓储物流配套项目(总投资 28.6 亿元)获省重大产业项目批复;浙江东翼新材料项目(总投资 12 亿元),一期一号厂房竣工;IFF(国际香料香精)二期扩建项目第一标段投产,第二标段 10 月实现试生产;建德亿联高新材料项目(总投资 20 亿元)土建开工。

有耕地面积 16180 公顷,林地 12930 公顷。粮食播种面积 114.8 公顷,粮食总产量 2200 吨,同比增长 2.3%。油菜籽产量 1288 吨,增长 3.1%。组织开展抛荒地整治、苗木用地整治等工作,降低粮食功能区"非粮化"比例。全年造林面积 44 公顷,幼林抚育 43 公顷,审批林木蓄积采伐量 4134.5 立方米。年末全镇生猪存栏 5000 余头,蛋鸡存栏 27.0 万羽。

实施"四好"农村路建设项目,完成丰和村上何自然村至高家等 9 条道路改造提升。完成全年度省级危房改造任务 32 户,实现域内危房全部"清零"。办理医疗救助等临时救助 22 户、残疾人两项补贴 684 人次,补助金总额 190 余万元。年度新增最低生活保障农户 35 户,按照建德市标准纳入保障体系。下涯镇示范型居家养老服务中心通过杭州验收,辖区内创成建德市三星级居家养老服务照料中心 5 家。以"工业小镇山水最美、山水小镇工业最强"为目标,快速推进美丽城镇建设步伐,获得浙江省美丽城镇建设样板创建乡镇行动方案省级优秀。

全年接待游客 60.54 万人次,同比增长 20.0%;实现旅游收入 3999 万元,同比增长 22.6%。

至年末,有幼儿园 1 所、小学(含初中)2 所,在校学生 1105 人,教师 107 人。有卫生医疗机构 2 处(下涯卫生院及马目分院)、村卫生室 9 个(一体化 8 个、非一体化 1 个),有卫生技术人员 49 人。完成马目卫生院提升和下涯卫生院预防接种门诊改造项目,完成城乡居民健康体验 7429 人次。

新冠肺炎疫情防控期间,设置专人值守交通卡口 49 处,地毯式入户排查 2.1 万余人,精准管控重点对象 788 人;同时关心关爱在外莓农,各村居在防疫初期向在外莓农寄送口罩 4 万余只;办理中策橡胶 4000 余名员工疫情防控通行证,一周内恢复产能 98%。朗索医用消毒剂有限公司先后获得国务院、省级嘉奖。

【成立之江部省共建大党委】6 月 23 日,成立之江部省共建乡村振兴示范区建设大党委启动仪式暨之江·新安影像论坛系列活动。活动由浙江省摄影家协会、杭州市文学艺术界联合会、建德市委宣传部、之江部省共建乡村振兴示范区建设大党委、下涯镇人民政府、建德市文学艺术界联合会、建德市融媒体中心(集团)、杭州市摄影家协会、新安江摄影联盟、新安江沿线县(市)摄影家协会和中国摄影网等联合举办。论坛宗旨为:进一步助力之江省部级乡村振兴示范区建设,扩大建德旅游美誉度,推动新安江的全域旅游和"拥江"发展。

【高强高导铜合金项目建成】该项目占地 11.97 公顷,总建筑面积 16.18 万平方米。计划 2022 年 12 月全面投产,总投资 20.2 亿元(其中固定资产投资 7.5 亿元)。项目一期占地 10 公顷。6 月,实现试生产;8 月,高强项目线材试生产。

【纳米复合功能性新型面料及3D印花和3D喷绘面料项目落地】该项目位于高铁新区马目区块，占地11.13公顷，建筑面积22万平方米。计划总投资10亿元(其中固定资产投资7.2亿元)。建设目标为：以纳米复合功能性新材料、3D科技制造、户外用品为主，形成以集智造研发、电子商务、仓储物流、生产生活配套、总部基地、金融服务和智慧园区管理为一体的智能制造业产业园。至年末，一期5栋厂房结顶。

【"阳光征迁五公开"工作法】"阳光征迁五公开"工作法，即在征迁工程中对评估结果、安置人口信息、房屋合法面积、房前屋后和签约进度结果5方面公开。2020年完成杭橡防护距离、衢建铁路建德段、之江村乡村振兴、黄饶足球场等项目年度征迁任务，完成房屋拆迁234户，企业拆迁6家，土地征收4.73公顷。

【土地整治】通过积极争取国家级项目，开展全域生态修复。成功申报全域土地综合整治省级示范乡镇。完成丰和村青塘坞、江湾村高畈、大洲村西坞、之江黄饶等5个垦造耕地(水田)项目，合计30公顷；完成大洲村、金洲村建设用地复垦项目0.87公顷(13亩)。

【成立之江村乡村振兴发展有限公司】7月，成立全市首个村资企业——之江村乡村振兴发展有限公司，实现资源变资产，资金变股金，村民变股民的"三变"探索，因地制宜打造"一村一产"特色品牌，不断增强"造血"功能。

【人居环境建设】开展"阳光整治"行动，实施大洲村、下涯村、丰和村村庄环境整治全覆盖，集中拆除之江村绿皮棚屋及附属用房246户287处、5100余平方米，完成100余户、3万余平方米外立面改造；积极开展农村人居环境百日攻坚，助推新时代美丽乡村"一廊十线"建设。马目村、联和村在"美丽乡村"建设中成为全市先进典型。

推进和美家园安置房三期、春秋安置房二期工程；之江安置房一期完工通过验收，二期工程开工；配合高投公司做好黄东坞区块安置房建设。

【"消薄"增收工作】制定"消薄"增收"一村一策"。5月，率先完成11个村"3020""消薄"增收任务，其中8个村完成"5030""消薄"增收任务；总结提炼春秋村"村+企"共建共赢发展新模式，用好人才库多维评价体系。春秋村获得杭州市消薄增收先进集体和杭州市美丽宜居示范村。 (季江柳)

大洋镇

【概况】2020年，大洋镇行政区域面积223.77平方千米，辖19个村，年末户籍总人口33702人。全年出生312人，死亡275人，人口自然增长率1.10‰。全年实现社会消费品零售总额1.84亿元，增长1.3%。财政总收入6187万元，其中地方财政收入2026万元，分别减少19.0%、27.8%。

全镇有工业企业33家、三产服务业企业54家。规上工业总产值25.17亿元，同比增长12.3%，销售产值25.31亿元，增长14.8%，实现规上企业增加值5.07亿元，增长9.6%。完成固定资产投资5.14亿元，增长42.0%，其中工业投资3.00亿元。实现自营出口6.12亿元，增长28.0%。杭州关亨智能家居、杭州同壮农业2个固定投资1亿元以上项目开工建设；新化化工综服公司搬迁项目和新型煤气化综合利用技术改造项目累计完成投资2亿元；大洋生物年产2.5万吨碳酸钾和1.5万吨碳酸氢钾项目累计完成投资2000万元；大洋生物在深交所主板挂牌上市。全年MEI指数（经济运行月度评价指数）考核位列全市首

◎ 大洋镇新源村古桥——青云桥

位。全年培育新进规企业3家,其中数字经济企业1家,新上限服务业企业2家。对接高新技术产业园扩容,大洋化工区块纳入建德市化工园区,农房征用105户,完成化工园区500米安全防护距离下王区块(一期)房屋征迁工作。

有耕地面积1467.98公顷,林地面积18189.8公顷。农业总产值5.42亿元,增长4.7%。全年粮食作物播种面积2397.5公顷、总产量1.28万吨,分别增长21.1%、12.8%。其中水稻播种面积330公顷、总产量2871吨。油菜籽等油料作物播种656公顷,总产量2308.8吨,产量增长1倍。茶园面积754.1公顷、总产量501.9吨,面积增长25%,产量减少2.2%。橘园面积183公顷、总产量1.40万吨,总产量增长8.5%。特色水果枇杷园面积476.3公顷、总产量2148.9吨,分别减少2.8%、14.2%。杨梅园面积605.2公顷,减少2.7%),总产量1847吨,增长2.9%。年末生猪存栏1.51万头,为上年11倍多;家禽存栏68.5万余羽,其中蛋禽45.7万羽。

全年实施垦造水田项目21个、面积约146.7公顷,至年末完成垦造水田40.6公顷、旱地改水田13.7公顷,建设用地复垦7.9公顷,完成小吉—向阳、白章线—下徐、洋尾—突沙、三将线—何坟山、高家—杨和庵等公路及村道路改造提升26.4千米,总投资4000余万元;完成三河区块堤防工程(总投资8582万元)施工招标工作;实施山塘除险加固工程(西效坞山塘综合整治1处和山塘水库标准化维修养护24处,计划投资175万元。

至年末,全镇有纳入收入型低保16户、残保32户。全年对各类困难户34户70人发放临时救助8.12万元。实施危房改造2户、发放补助2.76万元。城乡养老保险参保率96.6%,城乡医保参保率99.1%;特困人员养老保险参保率95.0%。

年末有义务教育阶段学校4所:初中1所,在校学生388人、专任教师44人;小学3所,在校学生895人、专任教师63人。有幼儿园1所,为浙江省二级幼儿园、杭州市师范教科室,在园幼儿485人、专任教师48人。全年兑现教育先进奖励53万元。周锦荣获评杭州市第六届"最美杭州人——感动杭城十佳教师",胡根旺获杭州市农村特殊教育贡献奖。有卫生院1所,村卫生室19个,卫技人员47人,其中高级职称1人、中级职称5人。大洋镇创建成为"国家卫生乡镇"。

12月,19个村全部完成村组织换届选举,平均参选率99.5%、"一肩挑"人选得票率99.9%。

【抗"疫"服务企业】新冠肺炎疫情防控期间,该镇31个基层党组织和860余名党员累计捐物资金200余万元。坚持"一手抓防疫,一手抓复工",积极推动企业复工复产,审核备案企业"一员一档"1800余人。蹲点开展企业"三服务",累计收集困难问题108件,协助解决95件,提交市级协调解决5件,兑现惠企资金40余万元。完成9宗低效用地补办和报批、15家"个转企"的全程代理代办。企业产能恢复率和企业复工率位列全市前列。

【农旅融合振兴乡村工作】2020年,大洋镇争取建德市"一镇一业"项目资金240万元、杭州市乡村振兴产业发展资金500万元、杭州市整镇推进山区农业产业资金1500万元,投入用于农旅融合、乡村振兴。出台扶持政策,充实农业现代化人才队伍,建设镇级农创客中心,全年新增农创主体20家。打造"红耕大洋"区域品牌,孵化本地直播电商新农人。同壮生态养殖场主体结构完工,新进栏生猪1万余头。新建河源村高山特色养殖场,扩产鲁塘村精品枸杞园、三河村新联田园农业,完成柳村村蔬菜有机转换认证及柳村村黄金山望星空露营基地建设。投入资金6000余万元完成环双童湖绿道、大洋镇城市客厅、卓兰芳故居、农耕文化展陈馆、桃园望星空基地、大洋初中跑道修复等22个重点项目,构建15分钟生活圈。加大旅游基础设施建设力度,推出江南枸杞——千亩梯田农旅结合示范带,成功创建AAA级景区镇;提升童祖恺故居等7处红色景点,串联3条研学游线路。全年接待游客约35万人次,旅游收入约850万元。

【低效用地盘活】全面开展工业低效用地整治,目科农业1.93公顷低效用地转型建设小微企业园,引进年产10万台智能除霾节能新风机生产项目;盘活美扬实业0.67公顷(10亩)土地;完成维丰饲料 3.73 公顷土地征收评估。推进农村土地综合整治工作，完成垦造耕地项目 15 个、54.33 公顷，建设用地复垦项目 8 个、7.93 公顷。

【“乡村小脑”建设试点】 2020 年，大洋镇被列入杭州市首批“乡村小脑”(生态管家)建设试点单位。全年建设智慧大棚 6.7 公顷、互联监控 100 余处，为远程操控半自动化生产奠定基础；对三产服务业场所实行客流动态数据收集与分析画像，精准指导文旅项目推广营销。承办第三季度杭州市美丽城镇现场会，大洋镇成功创建省级美丽城镇达标镇。同时，重构平台政府，实施数字化镇域管理，整合在用“乡村钉”、建房审批、三改一拆、项目申报等平台，倒逼流程优化，解放劳动力，减少村级管理人力投入。人机结合高效管控垃圾乱投、苗木乱砍、车乱停、道乱占等管理乱象。

【文化惠民工作】继续实施“文化惠民”工程，提升文化礼堂 2 个，创建四星级文化礼堂 3 个，开展“乡音宣讲”“第三届万人太极”等文化活动 248 场，成功创建“浙江省老年太极拳(剑)之乡”“杭州市语言文字规范化乡镇”“省级信用镇”。

【基础设施改善】创成小城镇环境综合整治省级样板镇、国家卫生乡镇、省美丽城镇达标镇、省园林城镇、省 AAA 级景区镇、杭州市“无违建”乡镇。引进资金建设建南枇杷、麻车杨梅、新源猕猴桃等休闲采摘基地，立杨生态枸杞园、千亩梯田等农文旅项目，文旅融合基础设施不断完善。完成“污水零直排区”建设。大洋、三河、麻车 3 处农贸市场投入使用。贯穿镇域的金建高速建成通车、白章线实施改造提升，建德东部居民出行条件得到改善。

(陈晓笑)

寿昌镇

【概况】2020 年，寿昌镇行政区域面积 155 平方千米，辖 23 个村、4 个社区，年末户籍人口 45287 人。全年出生 342 人、死亡 267 人，人口自然增长率 1.65‰。全年实现社会消费品零售总额 6.14 亿元，同比减少 7.1%。财政总收入 2.54 亿元，其中地方财政收入 7892 万元，分别减少 29.8%、25.3%。

全镇(含建德市经济开发区)，有规模以上工业企业 22 家(镇 7 家、开发区 15 家)，规上增加值总产值 32.14 亿元，销售产值 31.88 亿元，分别减少 3.2%、3.7%。企业实现工业增加值 11.85 亿元，增长 3.7%。自营出口 1.03 亿元，减少 3.1%。固定资产投资额 19.62 亿元，其中工业性投资 8.11 亿元，均有减少。

杭州市级“152”项目——建德红狮环保产业园完成矿山二期、粉磨二期等项目，累计投资 13 亿元；航空产业创业园二期投入使用，机场扩建、通航信息产业园等项目落地建设，累计投资 12.6 亿元；完成红狮粉磨二期项目(投资 1.2 亿元)土建，设备到场安装 90.0%，年度投资 0.5 亿元，累计完成投资 0.52 亿元；建德市环境能源项目(投资 4.6 亿元)点火运行，年度投资 2.73 亿元，累计完成投资 3.91 亿元；河南里养老养生项目(投资 1.29 亿元)主体结构结顶，完成室内装修、室外景观打造等工作，年度投资 0.49 亿元，累计投资 1.1 亿元；卧龙峡漂流项目(投资 1.1 亿元)8 月试漂，游客接待中心开展主体建设，年度投资 0.46 亿元，累计完成投资 0.63 亿元。新引进投资亿元以上项目 3 个，达成投资意向 23 个。

全面启动寿昌老火车站区块改造提升，完成企业整治 36 家，累计拆除面积 3 万余平方米，完成低效用地回收 5 公顷；改造提升低效企业 2 家，达成中球冠、横箭、横冈、广鑫等企业搬迁意向，涉及用地 16.83 公顷，低效用地得以开发储备。

有耕地 1238.53 公顷，林地 9332.97 公顷。农业总产值 4.08 亿元，增长 4.7%。粮食播种面积 1200 公顷，粮食总产量 1.09 万吨。油菜播种面积 577.13 公顷，总产量 232 吨。果用瓜种植面积 128.07 公顷，总产量 3521 吨。蔬菜种植面积 698 公顷，总产量 2.02 万吨。年内生猪出栏 5299 头、家禽出栏 10.4 万羽；年末生猪存栏 3861 头、家禽存栏 13.48 万羽。

完成 257.6 公顷高标准农田建设，整治 53.3

◎寿昌镇十八桥村大戏台

公顷抛荒田和“非粮化”,“非粮化”率从 26.0%降至 16.0%。有泮家庭农场成功创建为省级示范性家庭农场。完成改田改水任务 18 余公顷,复垦 9.3 公顷。完成 23 个村“3020”消薄工作,其中 16 个村完成“5030”消薄工作。

全年完成低（残）保、低保边缘人员 541 户 885 人信息核查。开展各类困难群众慰问 1690 余人次。发放残疾人重度护理补贴 920 人、228.65 万元,困难生活补贴 656 人、189.93 万元。发放慈善大病救助金 8 户、2.4 万元。全覆盖完成 847 户四类困难群众住房安全排查,并对 16 户困难群众 D 级危房进行改造,累计投入 80 万元,该做法得到中国建设报、杭州电视台等媒体报道。三岩村获评浙江省卫生村。河南里钱江缘颐养院成功创建杭州市四星级“残疾人之家”、杭州市五星级示范型居家养老服务中心。全年参加城乡居民基本医疗保险人数 25313 人,参保率为 99.16%。

全年实施“四好农村路”项目 20 个,总投资 2500 万元。永嘉桥村、西华村完成文化礼堂建设,望江社区获评杭州市三星级社区文化家园,绿荷塘村获评杭州市四星级农村文化礼堂。完成金桥村生态墓地、城北村生态墓地提升改造工程（二期),并申报省级节地生态安葬示范点。

年末,有镇属中小学校 4 所、中心幼儿园 1 所及其分园 5 所、民办幼儿园 1 所,在校学生 3911 人,教师 321 人(含幼儿园学生及教师)。寿昌新城幼儿园建成,投资 3700 万元。镇初中新操场投入使用。实现“大鼻子”专用校车标准化全覆盖,落实学生餐补政策,实现学生义务教育阶段每人每餐补贴 1 元。发放困难学生助学金 40 人,共计 12 万元。寿昌初中校男子足球队获浙江省第十二届中小学生校园足球联赛杭州市级赛初中男子组第三名,寿昌二小获得杭州市“市长杯”足球班级联赛冠军，寿昌一小获得浙江省优秀课外阅读先进集体称号。

年末有卫生院 1 所、社区卫生服务站 3 所、一体化村卫生室 14 所、非一体化村卫生室 4 所、牙科等个体诊所 9 所、养老院 1 所。有职工 103 人,医卫技术人员 89 人,其中正高职称 1 人、副高职称 1 人、中级职称 23 人。疫情防控期间,设立值守卡点 57 个,摸排重点地区返建人员 210 人,安排服务点监测 83 人，累计居家隔离医学观察 627 人。桂花村蒋益民获评杭州市优秀共产党员及抗击疫情先进个人。

2020 年,寿昌镇获评浙江省美丽城镇省级样板镇、浙江省 AAAAA 级景区镇、浙江省文明城镇、浙江省园林城镇、浙江省森林城镇、浙江省第六批历史文化名镇、浙江省千年古镇地名文化遗产、浙江省首批现代商贸特色镇、杭州市高品质步行街、浙西文旅消费示范点、杭州市文化创意街区等 11 个创建荣誉。

【集镇建设】完成共建单位、生活小区、雨污管网污水零直排改造。完成湖滨路、西湖路北侧路段“白改黑”,复兴二路断头路全线贯通。

全年完成土地征收 50.2 公顷，房屋征收 111 户;东皇畈区块征迁“清零”。拆除省系统库违法建筑点位 564 处、面积 1.8 万平方米。加强农贸市场周边占道经营和十八桥新城区块环境秩序整治,落实市场化保洁工作,实行集镇主干道上门收集,实现垃圾分类全覆盖。出台《寿昌镇集镇长效管理办法》,常态化开展全域环境卫生秩序整治。西湖配水工程已投入试运行,水质为Ⅲ类以上。投入资金 25 万余元,完成南门广场、市三院 4 个公交站台建设。投入资金 110 万元,完善全镇交通网络工程,开通公交 2 号线,延伸公交 1 号线,为百姓出行提供更便捷的服务。完成老旧小区加装电梯 3 台。中山路步行街传统文化活动展示展演形成常态,全年合计表演近 1000 场、大型主题活动 12 次。

【新农村建设】东门村、西门村、城中村、城北村、石泉村、绿荷塘村6个村高质量建成省级“美丽乡村”示范村,山峰村建成杭州市“美丽乡村”示范村,大塘边村建成杭州市精品村,十八桥村、山峰村创建为杭州市善治村,桂花村、河南里、山峰村获评AAA级景区村。山峰村被评为浙江第二批省级农村引领型社区,乌石村被评为浙江省千年古村落地名文化遗产,城中村、城北村被评为浙江省首批商贸发展示范村。

完成翠坑溪金桥段河道综合治理工程。完成南浦村(东招岭、大坑底)饮水工程,金桥村里诸、南浦村童源里、乌石村乌石源单村供水提升项目,解决近2000人饮水问题。完成周村村等5个村的移民项目,红路村、石泉村“一事一议”项目,累计投资850余万元。石泉溪生态沟渠、林相改造等世行贷款项目有序推进。完成17个联乡结村帮扶项目,共计投入1642万元。“十里寿昌江”项目成功申报浙江省农村综合改革集成建设试点,为全市唯一,争取省财政三年给予最高6000万元资金支持,全力推进试点工作。

【创建“美丽城镇”省级样板】全年实施“美丽城镇”建设项目19个,其中完成综合文体中心、城镇客厅打造等16个项目,累计投入5043万元。旅游集散中心、智能化停车场、城镇视觉系统、标识系统等设施投入使用。高分通过省级验收评比,成功创建新时代美丽城镇建设省级样板。新建行政服务分中心满足建德西南片区20万名市民办事需求。寿昌镇综合广场集党群服务中心、综合文化中心等“六心”为一体,可供6大乡镇街道实现基础设施共享服务。新建城镇客厅,具备城镇展览、游客接待、民俗文化展示等功能。作为建德市副中心城镇的公共服务水平和辐射带动能力显著增强,城镇能级不断提升。

【省AAAAA级景区镇创建成功】寿昌镇聚焦夜间休闲旅游、文旅融合项目及通航旅游业态发展,以打造“浙西旅游集散中心”为目标,成功创建浙江省AAAAA级景区镇,成为建德市唯一获此殊荣乡镇。投资1560万元,完善旅游交通体系,开通周边景点城乡公交线路4条、航空小镇短途观光旅游航线4条,实现长三角区域全覆盖。新建旅游标识系统、各类文化场馆、大巴停车场等18类旅游配套设施,旅游购物中心、配送中心正式营业。恒大温泉、金都康养(研学)项目、翁宅—林栖高端民宿等旅游住宿服务项目,概算总投资超50亿元,其建设目标为:寿昌旅游接待床位超过3500张,高等级酒店数量达到主城区水平。中山路步行街新引进业态83家,助推原有业态转型升级24家,店铺出租率从上年64.4%提高至96.6%,改造率达74.3%。做活“寿昌909”夜间经济品牌,打造“夜宵一条街”“文创小集市”,吸引外地游客23万余人次“打卡”体验。开展“宜居建德·寿昌古镇国风动漫文化节”“寿昌909好吃节”等系列活动。全年共计获国家级新闻媒体报道11次、省级新闻媒体报道26次,接待安徽、上海、苏州等21地游客,共计832批次,83万余人次,旅游收入超9488万元。

【社会治理工作】寿昌镇综合信息智慧化指挥中心投入使用,通过智慧小区、智慧停车位等模块组合,完成城镇广泛区域的“360度无死角”智慧化监管。启用镇级矛盾纠纷调处中心,全年接待群众来镇信访37批次,成功化解25件,处置到市级上访7批次。配备常驻调解员,化解信访积案6件。完成电动自行车专项整治,建成村(社区)交通治理站18个。成立寿昌女子巡逻队,开展制度化、日常化巡逻。“走村不漏户,户户见干部”入选第二批全国乡村治理典型案例。

【乡贤统战工作】充分利用党群服务中心、文化礼堂等资源建设乡贤馆,完成9个村乡贤馆建设。在镇级“统战之家”打造乡贤工作站,配备6名工作人员。开展村级乡贤联络联谊活动,吸纳7名乡贤返乡担任村两委干部,引进高学历乡村派特指导员21名、在校大学生担任家乡宣传员27名;同时,招引农村储备人才6人,开展直播带货4场,为乡村振兴注入新动能。 (王洁瑕)

大慈岩镇

【概况】2020年，大慈岩镇行政区域面积86.59平方千米，辖12个村，年末户籍总人口20727人。全年出生178人、死亡128人，人口自然增长率2.40‰。全年实现社会消费品零售总额1.69亿元，同比增长2.8%。财政总收入5344万元，其中地方财政收入1842万元，分别减少20.7%、23.6%。

有规上工业企业13家(年度增加4家)，实现2.32亿元，增长16.2%。规上工业总产值9.74亿元，增长20.2%，销售产值9.20亿元，增长16.0%。全年固定资产投资3.17亿元，其中工业投资2.22亿元。完成自营出口1077万元，锐减54.9%。引进国家高新技术企业1家、外资企业1家。年末到位外资4万美元。签约金属粉材智能制造、申邦净化器和慈峰新材料3个亿元以上制造业项目，引进飞凤心灵农场亿元休闲旅游项目。屹通新材在深交所成功IPO，成为该镇首家主板上市企业。

引进5000万元以上个性化招商项目3个，其中5亿元以上项目1个。完成招商引税400万元；引进聆云山舍、荷畔山庄精品民宿项目，实现外资新突破。规上服务业企业营业收入4195万元，增长16.0%，获评浙江省“小升规”优秀集体。

有耕地面积1195公顷，林地面积5524公顷。农业总产值5.3亿元，同比增长9.0%。全年粮食作物播种面积1254公顷、粮食总产量8920吨。其中谷物播种面积748.7公顷、总产量6006.23吨；豆类播种面积237.6公顷、总产量954吨；薯类播种面积247.7公顷、总产量1901吨；油料作物(油菜籽为主)种植460.8公顷，总产量1604.7吨。主要经济作物有白莲、柑橘、茶叶、蚕桑等，其中白莲种植481公顷(“十里荷1号”种植面积253.3公顷)，莲子产量468.9吨，产值4690余万元。

◎ 农历三月三，大慈岩镇新叶村祭祖仪式

全年共完成高标准农田建设234.7公顷（其中新增水田25.1公顷)，兑现政策补贴款1584万元；兴修农田水利渠系设施52.5千米。完成抛荒田和“非粮化”整治面积163.7公顷，整治田实现种植面积133.4公顷。

投资4000余万元打造文旅特色型美丽城镇，完成“污水零直排镇”“美丽园区”等项目建设。对标“一廊十线”全域环境提升，建设垃圾分类展陈馆等基础设施，承办全市垃圾分类工作现场会。深化农村生活污水长效运维管理，实施12个村污水提标改造工程，建成管网12千米，提标改造终端33个。农饮水达标提标三年行动计划走在全市前列。

全年实施临时救助39户，帮扶慰问76户，落实资金55万元。资助各类困难学生42人次。新纳入低保、低保边缘及供养人员50户110人。完成农村困难家庭危旧房改造30户。落实残疾人两项补贴198万元，惠及827人次。新增城镇就业人数500人。完成农村合作医疗保险镇级补助198万元，惠及全镇11433人。完成大慈岩镇“残疾人之家”三星级创建、大慈岩镇居家养老服务中心提升改造及李村村骨灰堂建设等工程。新叶村二期安置地农户集资建房工程(杭派民居示范项目)获浙江省优质工程奖。

实施全域“四好农村路”项目建设，新(改)建檀新线、官塘线等农村公路18千米。完成檀新线美丽公路李村至三石田段建设，建成“荷田绿道”10.12千米。

年末有义务教育阶段学校2所，初中、小学各1所，在校学生672人、教师53人；有镇中心幼儿园1所，在园幼儿272人、教职工52人，其中教师32人。投入199万元进行暑期校园改造工程。有镇卫生院1所、村级卫生工作站(所、室)10个，医疗卫生技术人员35人，其中中级职称以上3人。大慈岩镇创建为国家卫生乡镇。

【黄炜获“全国抗击新冠肺炎疫情先进个人”荣誉称号】8日，在北京举行的全国抗击新冠肺炎疫情表彰大会上,原大慈岩镇党委书记黄炜获得“全国抗击新冠肺炎疫情先进个人”荣誉,接受大会表彰。

【“美丽乡村”建设】投资2000万元,完成陈店村杭州市精品村、上吴方特色村、新叶村达标村项目,启动汪山村达标村项目,其中陈店村、上吴方村通过验收,陈店村获建德市“党建双强”助力美丽乡村比武最美村称号;投资1500万元,推进里叶、双泉、大坞自然、樟宅坞自然、麻车岗5个自然村中国传统村落项目。大慈岩镇入选省级特色农业强镇创建名单,争取资金870万元,启动“荷美小镇”一期项目。十里荷塘、葆元牧场获评浙江省最美田园。探索“古村治理”模式,实施“新时代·邻里睦”乡村善治德治理,大慈岩镇被列为第三批省级社区治理和服务创新试验区,上吴方村获评“浙江省民主法治村”“浙江省善治示范村”。

【“荷美小镇”平台谋划】依托省级特色农业强镇创建,重点打造“荷美小镇”乡村振兴地域特色平台。出台《关于加快推进大慈岩镇莲子产业高质量发展的实施意见》,计划三年出资1000万元扶持莲子产业发展。成立建德市莲子联合会,引导种植大户土地流转。打造5个精品园,发挥规模效益。落实低收入农户农资券项目,实现富民增收。

【农文旅融合发展】全年累计共接待游客61万人次,实现旅游收入5300万元,其中乡村旅游接待游客40.5万人次,实现旅游收入4300万元。新叶村获评“第二批全国乡村旅游重点村”,里叶村和双泉村获评第六批浙江省历史文化名村。完成里叶历史文化村落重点村项目规划,提升里叶大荷塘音乐会舞台和夜景灯光。完成培桂堂等7个古建筑修缮工程。完成双泉AAA景区村和汪山、吴山A级景区村创建,建成A级旅游厕所3座。成功举办“新叶晒秋节”“荷塘月色”七夕音乐节等活动,被新华社、人民日报、光明日报等省内外30多家媒体平台报道。

【新叶村获评全国重点旅游乡村】新叶古村着力强化乡土建筑整治项目推进。对古建筑开展保护修缮,完成庆余堂、方穆勇等8处古建筑维修。实施古村落业态提升,委托浙江火石乡创文化创意有限公司进行新叶古村品牌全案策划,包括对新叶村旅游标识标牌进行整体改造;收购村内部分闲置建筑进行业态打造,完成南塘区块轻奢南洋茶餐厅、手工树皮画技艺馆、四方塘边石头房、新叶昆曲茶馆改造提升。提升古村基础设施。完成村内农贸市场主体工程、南塘边古道铺设,以及乡土建筑消防、安防工程建设。完成石塘、文昌阁、四方塘等旅游线路重要节点的环境整治以及节点打造。

同时,开展新叶古村“云招商”,集中签约引进木雕工作室、剪纸蛋雕工作室、民宿直播间、美术写生基地、青年企业家交流中心等文化创意产业项目。开放新叶彩虹滑道、茶憩戏曲茶馆、星洲时光茶餐厅、新叶穿越照相馆等网红新业态。建设提升“你好,新叶”时光漫步道、萤火虫点灯、有序堂烟花巷,兴起古村“夜经济”。（吴京攀）

【第八届西湖荷花展双城联展暨第十二届建德荷花节】6月19日,第八届西湖荷花展双城联展暨第十二届建德荷花节在新叶村开幕。建德市与杭州西湖风景名胜区灵隐管理处建立区域协作,签订人才引进协议,以双城联展推动城乡统筹。活动通过浙江电视台等直播渠道,开展“网红带货”活动,进一步扩大“建德里叶白莲”品牌影响力,累计观看人数达110万人次,销售额达10余万元。

【企业招才引智】杭州市屹通新材料股份有限公司引进高端人才2名,成功挂牌浙江省屹通新材雾化金属粉末研究院,被工信部认定为专精特新“小巨人”企业,该企业科研人员、博士郑卓入选杭州“131”人才培养人选。浙江葆元牧业有限公司引进B类人才1名,与浙江大学动物科学院教授科研团队共建教学实践与科研基地,成为建德市首家畜牧企业博士后科研工作站。

【平安建设工作】率先完成7件信访积案化解,完成率位列全市第一。处理市长电话等来电、来信讼率排名全市最低。完成新叶乡土建筑消防工程,实现村级微型消防站全覆盖,6月23日成功举办杭

州市文物消防安全工作现场会。（沈恒阳）

航头镇

【概况】2020 年，航头镇行政区域面积 157.74 平方千米，辖 18 个村，年末户籍总人口 34849 人。全年出生 283 人，死亡 200 人，人口自然增长率 2.38‰。全年实现社会消费品零售总额 5.28 亿元，同比增长 5.7%。财政总收入 6582 万元，其中地方财政收入 2477 万元，分别减少 13.3%、7.6%。

有规模以上工业企业 14 家(其中产值超亿元 6 家)，其工业总产值 10.08 亿元，销售产值 9.86 亿元，分别增长 7.1%、7.9%；实现规上工业增加值 2.89 亿元，增长 5.2%。全年完成固定资产投资 4.52 亿元，减少 5.6%，其中工业投资 2.30 亿元，增长 4.5%。招商引资签约亿元以上制造业项目 2 个，其中骨料生产线建设项目进入试生产阶段，环保加气砖新型建材项目开始设备定制。年末外资到位 300 万美元。

全年新增明扬农牧、兴隆钙粉、狮虎涂料、布石新材料规上企业 4 家，出让工业用地 4.4 公顷。沈氏节能和中海油联合研制国内首创微通道紧凑高效换热器，万吨级连续流智能微反应成套装备项目入选浙江省首台(套)。云峰纳米科技轻钙车间自动化改造完成，实现包装过程全自动化。宏兴钙业建成华东地区最大石灰钢窑。

年度完成垦造耕地 37.3 公顷，建设用地复垦 6.7 公顷，盘活低效用地 5 公顷。开展粮食生产功能区“非粮化”和抛荒田整治，整治抛荒田面积 34.07 公顷，核查储备补充耕地 42.3 公顷。至年末有耕地面积 1710 公顷，林地面积 1.19 万公顷。农业总产值 3.42 亿元，同比增长 5.9%。全年粮食播种面积 1630 公顷、粮食总产量 8550 吨，其中水稻种植面积 960 公顷、总产量 7500 吨；粮食功能区最高亩产达到 825 千克。油菜种植面积 735 公顷、总产量 1756 吨。甘蔗种植面积 48.4 公顷、总产量 2909 吨，茶园面积 184.6 公顷、总产量 88.6 吨，果园种植面积 412 公顷、总产量 8794 吨，其中桃园 112.5 公顷、总产量 2889 吨。特色农产品西湖莼菜种植面积 7.3 公顷、西红花 6.7 公顷。生猪出栏 5.05 万头，年末存栏数 4.5 万头，保供任务数及实际完成数均列全市第一。明大生态、航欣生态养殖园竣工投产，航大生态农业园被农业农村部评为杭州市唯一畜禽养殖标准化示范场。

全年开展各类困难临时救助 92 人次，办理高龄津贴 149 人，办理大病救助、各类助学 19 人次。打造浙江省四星级“残疾人之家”，建成航头镇示范型居家养老服务中心。全市首座骨灰堂(东村人文纪念馆)投入使用。开设老年食堂 5 家。完成危旧房改造 23 处，发放农房证书 1302 户。全面完成“3020”和“5030”消薄任务，村集体经济总收入 1660 万元，增长 54.0%。其中经营性收入 676 万元，增长 41.0%。

年末，19 个村(居民区)组织全部一次性完成村级组织换届选举，其中 9 个村进行“一肩挑”人选调整，新进村“两委”委员 27 名。

有初中 1 所，教职工 71 人，在校学生 462395 件。开展“148”法律援助，接待群众来访 218 人次，受理调处解决各类矛盾纠纷 113 起，万人诉人；小学 3 所，教职工数 92 人，在校生 861 人；幼儿园 3 所，教职工 71 人，幼儿 431 人。镇卫生院 1 所、村卫生室 15 所，卫生技术人员 58 人，其中卫生院在编 35 人、聘用 9 人，村卫生室 14 人。

【现代农业提档升级】持续推进省级现代农业园区创建，依托“一镇一业”项目，大力发展瑞德、养耕堂等设施农业，高标准建成果蔬示范园区。航头精品蔬菜园提质扩面，形成 40 公顷连片综合性蔬菜园。黄木岗蔬菜专业合作社、建德千龙农业获评浙江省放心菜园。成立镇农合联为农服务平台，引入直播孵化平台“大鱼传媒”，在全市率先开展“带货直播+线上销售”。航头草莓合作社“越秀”草莓获评第 19 届中国精品草莓擂台赛金奖。瑞德水果玉米单季销量超过 130 万元。

【“美丽乡村”建设】东村精品村开工建设，彭家村精品村、大店口特色村、溪沿达标村通过市级验收。成功创建 A 级以上景区村 6 个，其中彭家村为 AAA 级景区村。打响航川村“水韵山川”品牌，吸引省市内外50余批次团队参观调研。珏塘乡村振兴项目累计投入修缮等资金2000余万元,航头高品质住宅小区康金房产(航城悦府)首期开售,农业科创服务中心完成规划设计,启动内部装修。拆除存量违法建筑490处6040平方米,整治“四边三化”点位445处,成功创建杭州市“无违建乡镇”。

建成“四好农村路”13条。持续推动幸福美丽河道打造,开展河道治理、山塘水库整治、水环境治理、饮用水提升、污水治理提升等涉水项目21个。全镇乡镇级以上河道水质均达到Ⅲ类及以上。开展巡河“绿币”积分活动,依法严厉打击电鱼毒鱼行为,全年解决涉河问题530个。加快污水“零直排”和农村生活污水提标改造工程,新建提升生活污水终端池13处,完成珏塘自来水主管网改造。

强化巡查、压实责任,露天焚烧秸秆行为得到有效遏制。利用AI技术对集镇范围区域所有垃圾投放点位进行实时监控,实现垃圾分类管理常态化。综合执法中队开展全方位巡查,全年一般程序立案45起,简易处罚18起,出具责令整改意见书103份。2020年航头镇垃圾分类排名建德市第一,获评2020年度杭州市生活垃圾分类工作优胜乡镇。

【探索新型乡村治理路径】开展“大队伍+微治理”德治理”创新攻坚,引导社会力量助力乡村治理,围绕群众身边事,组建乡贤能人引导队、美丽乡村建设队、文明实践服务队、社会综合治理队等“十支队”,其中示范队伍36支,130余名村“两委”干部全员上阵,1200余名党员全员入队,860余名村民代表全面参与,覆盖基层党员群众3.5万余人,有效破解基层治理中“干部在干、群众在看”的难题与现象。

以“锋平义警”队伍建设以及智慧信息平台建设为抓手,整合村中老党员、老教师、乡贤、司法、法院、公安等力量,打造建德市首个村级“矛盾纠纷调处中心”,推行村级矛盾纠纷调处“3139”工作法和“点单式”专业调解机制,以实现队伍建设制度化、平台建设智能化、问题处置专业化为目标,将村级矛盾处理制度化、精准化、智能化。航川村矛盾调处中心运行以来,在“最多反映一次”数据

◎ 航头镇灵栖村

上,由上年195件降至53件,基本实现矛盾问题发现在萌芽、化解在基层。

【“文化航头”品牌建设】举办航头镇“灵栖洞天·文化航头”第七届农民文化节系列活动,开展第四届“最美航头人”评选活动,组织品牌节庆、文化走亲、文化惠民、“非遗”等各类文化活动47场(次),成功创建为浙江省老年体育排舞之乡。建成航头镇“新时代文明实践站”示范站,“南屏社戏”获评建德市级非物质文化遗产代表性项目。

【建德市首座骨灰堂建成并投入使用】推进殡葬领域移风易俗,实行骨灰安葬跟踪制度,建成村级生态公墓15处。东村村建成全市首座骨灰堂(东村人文纪念馆)并投入使用。该骨灰堂严格按照殡葬管理工作“集约管理、生态入葬、文明祭扫”要求,可用于该片区及航头镇迁坟安置,与传统殡葬模式相比可节约土地资源0.7公顷,预计减轻群众明等工程,总投资1766万元。新建汀步1负担约2000万元,实现骨灰安葬由“入土”到“入室”转变,获省、杭州市有关领导肯定。(王露菡 谢佳辉)

大同镇

【概况】2020年,大同镇行政区域面积172.27平方千米,辖34个村,年末户籍总人口55326人。全年出生425人、死亡424人,人口自然增长率0.02‰。全年完成社会消费品零售总额6.76亿元,

同比增长 6.3%；财政总收入 1.81 亿元，其中地方财政收入 6171 万元，分别减少 6.3%、9.4%。提前完成辖区内 34 个村年度“3020”消薄任务，其中黄山头、三村、劳村等 18 个村完成“5030”消薄任务。年末 34 个村全部完成村级组织换届选举。

有规上工业企业 13 家，其工业总产值 16.03 亿元，销售产值 15.61 亿元，分别同比增长 19.4%、17.7%。全年完成社会固定资产投资 6.13 亿元，同比减少 6.12%；其中工业投资 4.90 亿元，与上年持平。实现外贸自营出口 6756 万元，增长 108.8%。新引进固定资产投资亿元以上项目 3 个：杭州杭昇建材有限公司年产精细化石材整形和深加工 50 万吨项目、杭州正创高分子新材料有限公司年产 3 万吨碳酸钙新型材料（另含 1 万吨注塑材料、1 万吨发泡板）建设项目、建德农发牧业科技有限公司大同生态循环农业产业项目。杭州丝绸服饰创新园项目完成投资 1.2 亿元，生态循环农业产业项目完成投资 8200 万元，超启创客青少年素质教育基地项目完成投资 1500 万元。工业功能区投资 2500 万元，完成道路新建 1500 米、污水管网 2600 米、雨水管网 2000 米，新增绿化面积 1.20 万平方米。园区内有国家级高新技术企业 4 家、国家林业重点龙头企业 1 家，省级中小微科技型企业 3 家，增加省级研发中心 1 家，申请专利 45 项。

耕地面积 3754.2 公顷，其中水田 2333 公顷。林地面积 1.2 万公顷，其中经济林中竹林 3333 公顷、油茶 2000 公顷，毛竹、油茶产业基地规模位居全市第一。农业总产值 4.39 亿元，增长 5.1%。粮食播种面积 2203.9 公顷、粮食总产量 1.74 万吨；油菜籽播种面积 782.47 公顷、总产量 2735 吨；茶叶播种面积 341.6 公顷、总产量 502.4 吨；蔬菜 561.2 公顷、总产量 1.60 万吨；西瓜播种面积 110.3 公顷、总产量 3343.1 吨；食用菌 25.3 吨。年内出栏生猪 1.26 万头、家禽 49.5 万羽；年末存栏生猪 6800 头、家禽 76.0 万羽；其中规模饲养蛋禽 70.0 万羽，产值 7537.92 万元。

全年完成低效用地再开发地块 14 个，面积 15.3 公顷。实施耕地垦造项目 95 个、457.7 公顷，其中年度新增 45 个、面积 217.7 公顷。新增宅基

◎ 大同镇富塘村

地复垦项目 6 个、面积 5.5 公顷。至年末，新建高标准农田 76 公顷，垦造耕地 80 公顷。种植抚育珍贵树种约 80 公顷，联合国世界银行项目 749.47 公顷林相改造进展顺利。清理枯死松木面积 292.06 公顷，运送处理疫木 3718 吨，有效遏止松材线虫病扩散蔓延。

实施并完成生态河道治理 6.19 千米，修建加固生态护岸 7.97 千米，新建生态湿地 1 处，修建堰坝 2 座。新建上马、富塘、丰畈泵房 3 座，修复丰畈、永盛、郎家、三村、大同、溪口、镇源、黄家、劳村等泵房 10 座。

完成大长线—翁家、大长线—淤溪、溪口—清潭 3.4 千米路面大中修续建工程和道路绿化改造工程，完成永盛村道路硬化亮化、永平村道路建设。新建机耕桥 2 座，大同溪堤顶道路沿途设置照座、景观节点 1 处。

全镇纳入最低生活保障及残疾人生活保障体系 1879 人，全年发放最低生活保障金 1547 万元；对 161 人次发放临时救济共 15.3 万元。发放困难学生资助金 24.08 万元、困难户建房补助 203.5 万元。城乡医疗保险参保人数 5.50 万人，参保率 99.3%；投入城乡医保镇级配套资金 565.6 万元。建成大同镇示范型居家养老服务中心溪口颐养院，集中供养和散居五保老人 53 人；设立并创建三星级大同镇“残疾人之家”。建成首家省级“新时代枫桥式退役军人服务站”。完成 18 个村节地生态公墓建设项目和潘村骨灰堂基建工程，实施 5 个村生态公墓、4 个村骨灰堂项目建设。镇级便民服务中心完成提升改造。完成葛岭、江头、朝阳等

3个村地质灾害点核销。

年末全镇有义务教育阶段学校4所（初中1所、小学3所），在校学生2185人、教师198人(含14人代课)。有幼儿园5所，在园幼儿820人、专任教师98人(含代课51人、民办15人)。有卫生院1所、一体化村卫生室31个，医疗卫生技术人员130人(包括持有乡村医生证20人)。家庭医生签约1.64万人，全年提供服务0.78万余人次。

【成立农创大党委】6月9日，成立“稻香小镇”农创大党委，市委常委任书记、分管副市长任副书记、相关部门领导任委员，建立农创大联盟，实现平台共建、资源共享、产业共兴、品牌共塑。成立杭州“稻香小镇”农创工场旅游发展有限公司，形成“六个统一”工作机制；编制完成“稻香小镇”乡村振兴农创示范带概念规划和农创客专项规划；完成清水平台游步道、水稻育秧观光工厂、核心区外立面改造等大党委项目24个，总投资约2500万元；开展核心区人居环境提升集中攻坚月行动，销号环境整治点位4200余个，打造节点景观52处。

【农文旅深度融合】7月1日—9月21日，举办2020中国·建德大学生“农创日”发布会暨第二届杭州市农创客大赛启动仪式、中国农民丰收节浙江庆丰收活动暨第二届杭州市农创客大赛颁奖仪式，央视“朝闻天下”栏目对此予以报道。举办首届中国(建德)水稻产业发展论坛，推出3.33公顷共享稻田；新建“6·6”稻路骑行线，举办“奇妙稻田”研学活动；打造稻田观光小火车等网红打卡点，接待游客12万人次。“稻香小镇”被确定为省级现代农业园区创建对象，纳入浙江省休闲农业和乡村旅游20条秋冬精品线之一。枫树岭、葛岭、黄家、上马、万兴、禹甸、竹源7个村通过A级景区村创建初验，永平村通过AA级景区村验收。

【创业创新焕发活力】出台《大同镇农创客创业创新奖励扶持政策》，改建大同美丽农业展陈馆、农创客三楼创业中心，新建集仓储、冷藏、物流为一体的电商基地，建设“一公里”驿站。农创客中心被授予“建德市青年人才驿站”，浙江农林大学选此作为“大学生农业创业实训基地”“大学生社会实践基地”。“贵妃青创”农场获评省级示范性青创农场。至年底，农创客团队达到43家220余人，实现年销售额1.5亿元。4位副省级以上领导实地参观指导农创客中心建设，并给予高度评价和肯定。

【“双千”直播空间点正式启动】9月21日，杭州市首家“双千”直播空间点在大同镇农创客中心揭牌。直播间总占地160平方米，以青山秀水为直播间背景，展现新时代乡村振兴新面貌；接入千兆级中国移动专线，充分满足直播需求；引进直播团队，进行助农直播。

【数字化平台建设】投入900余万元开发“云上稻香”平台，新建镇级社会治理综合服务中心，实现信访矛盾“一站式”服务；打造“数据驾驶舱”，加载清廉乡村、智慧城管等功能；研发“云上调解”App，组建中心、专家、法律服务三支专业化队伍，通过“点单式”专家问诊和“派单式”专业调解，全年共解决各类纠纷843件，“云上稻香”平台被评为杭州市城市社区智慧治理十佳案例。

【古城文化研究系统开展】年初启动古城文化研究工作，成立古城文化专题研究组，对寿昌县治所在地及存续时间、“大同”地名由来、农耕文化等10余个专题进行研究，拟出版系列丛书3本，初稿已究所建德考古工作站专业考古队对大同6处古遗址进行复查，发现5处古墓葬，对其中3处进行考证，确定为西晋古墓，并从中采集古文物22件，具有较高研究价值。

【“美丽城镇”建设规划编制】成立“美丽城镇”综合指挥部，建立项目推进、长效管理、特色亮点、综合资料四大工作专班，制定出台“一路两区四中心·三带五美一田园”美丽城镇规划，并获“浙江省第二批样板创建城镇行动优秀方案”。该规划内容主要为：打通“一条”城镇快速路；建设农耕文化历史街区、集镇发展新区2个区；建设提升城镇展示中心、邻里中心、乡村小脑中心、行政服务大同分中心4个中心；形成产业带、集镇带、农业带发展主轴；实现环境美、生活美、产业美、人文美、治理美；打造现代生态田园城镇。全年完成“大比拼”项目23个，总投资9800万元。“监控喊话”和现场执法并用，门前三包和垃圾分类共管，文明行为与信用指数挂钩，做好长效管理。大同镇“美丽城镇”工作在全市“五大比拼”中共登红榜4次，在第二组11个乡镇中考核第一位，并获评“杭州市无违建乡镇”。

（王　燕）

李家镇

【概况】2020年，李家镇行政区域面积104.94平方千米，辖10个村，年末户籍人口20084人。全年出生173人，死亡152人，人口自然增长率1.04‰。全年实现社会零售品消费总额1.77亿元，同比增加8.9%。财政总收入2.57亿元，其中地方财政收入6885万元，分别增长12.4%、1.3%。

有规上工业企业16家，全年实现规上工业增加值9.91亿元，同比增长12.4%。规上工业总产值25.40亿元，销售产值25.28亿元，分别增长12.2%、11.1%。完成固定资产投资4.61亿元，其中工业投资完成4.40亿元，分别增长7.5%、31.7%。实现自营出口650万元，增长4.9%。完成海螺光储项目（分两期，计划投资11亿元）一期投入1.0亿元，海螺水泥位列全市企业税收第二位，获经济发展特别贡献奖；双超钙业、华宇纳米、健丰钙业3家获2020年度市级培育制造业企业。

有耕地面积683.8公顷，林地面积816.85公顷。农业总产值2.27亿元，同比增长5.8%。全年粮食播种面积1103.1公顷、粮食总产量6808吨。其中水稻播种面积457.2公顷、产量3835吨，小麦播种面积61公顷、总产量221吨。粮食作物播种面积、总产量均与上年基本持平。“嘉丰优2号”获杭州市“十大好味稻”金奖。强化农企规模化经营，培育杭州市农业“机器换人”示范基地1个（杭州德林农机服务有限公司），新增省级示范性家庭农场2家（建德市李家镇发根家庭农场、建德市李家镇刘平家庭农场），省美丽牧场1家（建德市李家镇洪亮生态养殖场）。依托农业龙头企业——樵

◎ 李家镇沙墩头村

夫农业开发有限公司带动与辐射全镇大力发展中药材产业，全镇中药材种植面积约133.3公顷，年产值约2000余万元，与上年持平。建成全国最大单体斐济果基地33.3公顷，首期发放村级分红36万元。完成龙桥村东坞里垦造水田1.91公顷，沙墩头、石鼓、三溪等三村建设用地复垦合计0.45公顷（6.67亩）。实施省级木本油料项目——油茶26.8公顷。加大森林资源管护，完成珍贵树种造林54公顷，抚育施肥170余公顷，建设林下经济17公顷，除治清理枯死松木面积60余公顷。

全镇共有低保468户575人，低保边缘家庭认定20户36人，其中年度新增低保50户63人、低保边缘户3户10人。城乡居民参加新型城乡医完成，进入出版社编辑阶段；邀请杭州文物考古研疗保险参保登记率99.7%。全年实施危房改造19户，发放农村困难家庭住房救助专项改造资金49万元。开展“冬日暖心”行动，为50户困难群众发放御寒物资。新增李家村曙光、前山排老年食堂助餐点，完成适老化改造15户。老年人免费结直肠癌筛查605人、流感疫苗接种500人。

年末，全镇有义务教育阶段学校3所。其中小学2所，在校学生401人、教师49人；初中1所，在校学生300人、教师36人。李家中心幼儿园在园幼儿278人、教职工48人。有镇卫生院1所、村卫生室10所，共有卫生技术人员37人，其中副主任医师1名、主治医师8名；床位19张，主要用于骨伤科。

疫情防控期间，该镇划分网格26个，设置检查卡口24个，发动党员、干部、民兵、志愿者等2万余人次，摸排走访5100余户，无一人失管，无一

例确诊病例。复工复产期间，成立服务企业专班，深入企业“三服务”，协助企业申报复工复产补助50余万元，解决问题60余项。2月底实现复工率100%，在全市率先完成所有规上企业复工申请及审批。

年末，完成全部村(居民区)村级组织换届选举工作，全部实现村党委书记、村委主任“一肩挑”。

【“美丽城镇”和“美丽乡村”建设】总投资9000余万元，按“五个美、十个一”(环境美、生活美、产业美、人文美、治理美；一条快速便捷的对外交通通道、一条串珠成链的美丽生态绿道、一张健全的雨污分流收集处理网、一张完善的垃圾分类收集处置网、一个功能复合的商贸场所、一个开放共享的文体场所、一个优质均衡的学前教育和义务教育体系、一个覆盖城乡的基本医疗卫生和养老服务体系、一个现代化的基层社会治理体系和一个高品质的镇村生活圈体系)指标要求，全面梳理实施“美丽城镇”优化升级项目11个、补丁项目4个。镇邻里中心建成投用，串点连线周边各公共场所，实现5分钟、15分钟生活圈覆盖全镇区，获评杭州市“美丽城镇”达标镇。以创建“无违建镇”为目标，全年累计拆除违法建筑158处共1.33万平方米，腾出土地面积1.14万平方米，完成拆后利用1.1万平方米，拆后利用率达96.1%。开展已审批农房“回头看”，严格落实“五到场”制度，确保新违“零增长”。投入300余万元完善硬件设施，推行“四定”垃圾分类投放模式，全年生活垃圾总量同比同期减少11.0%，诸家、沙墩头、龙桥村获评杭州市垃圾分类示范村，金色家园小区获评杭州市垃圾分类示范小区。改造提升镇文化展陈馆，传承、保护历史人文资源，培育“一村一品”特色文化品牌，举办特色文化系列活动，方便百姓在家门口享受公共文化服务。

新联村、沙墩头村创建为省AAA级景区村，长林村、白马村通过A级景区村验收，长林特色村建设全面完成。推进“一廊十线”建设，串联“建德人遗址”、田间超市和斐济果小镇田园综合体，打造浙人文化休闲示范带。

【乡村善治工作】搭建“田间超市”智慧平台，推出“浙李红、浙李治、浙李帮、浙李品”公共服务产品，打造“村村有超市、户户有管家”新模式；“5+N”管家服务水平不断提高，组建管家队伍60余支，注册线上管家3000余人，群众参与互动4000余人次，有效推动党建引领、管家自治。

创新“公司+银行+集体”低收入农户金融授信增收模式，获得新华社、浙江日报等主流媒体关注。深入实施消薄“一村一策”项目，率先全面完成10个村年度“3020”和“5030”消薄任务。发放全国首家乡镇级消费券助推乡村农旅复苏，该做法获“学习强国”全国平台推介。开展乡音宣讲达人秀、环境整治、文明劝导等活动，推进乡村文明。新联村获评省级善治村，新桥村获评省级文明村，李家村黄建国获评全国“最美敬老爱老助老模范人物”。

【水利工程建设及农村饮用水安全】实施并完成寿昌江流域李家段综合治理工程，总投资600余万元，涉及长林、新联等6个村，主要内容为：河床疏浚、修建游步道、堤防和堰坝整治等。5月，水源工程小源里水库工程全面完成，总投资1500余万元。小源里水库以供水为主、兼顾防洪，水库大坝按30年一遇洪水标准设计、300年一遇洪水标准校核，库容48.3万立方米，主要为辖区范围内的龙桥、沙墩头、长林、三溪、白马、石鼓、李家(2个自然村)等7个村及工业园区供水。此外，石鼓水库除险加固工程完工验收，总投资2019万元。长林村等5个村农村生活污水提标改造工程全部完成，“五水共治”工作考核排名靠前。建成区、园区均成功创成杭州市“污水零直排区”。

【管道天然气正式开通】12月10日，建德市“管道天然气镇镇通工程”重要部分——李家镇管道天然气正式开通供气。由建德杭燃燃气有限公司供气。至年底，共铺设燃气管道2.5千米，实现通气企业3家、居民7户。

【李家镇绿色能源站工程正式投运】10月，位于李家镇工业园区内李家镇绿色能源站建成正式运行。该项目总投资400万元，占地约2401.96平方米。设置2台20立方米LNG卧式真空粉末储罐，总储存规模为40立方米，气化状态下可储量约2万立方天然气。建德市华宇纳米科技有限公司成为该镇生物质(煤)改气首个工业企业。该公司管道气开通，实现原有的2台5吨热风炉和6蒸吨生物质锅炉清洁能源改造，有效推进企业环保绿色生产运行。

【首届斐济果开摘品尝节】10月27日，“斐香浙里 决胜小康”首届斐济果开摘品尝节在李家镇沙墩头斐济果园开幕。2000余人参加或观看歌舞表演、斐济果推介、战略合作签约、首期股份分红发放、斐济果采摘品尝等活动。李家镇积极探索村企合作新模式，通过大力发展特色农业，通过精品果园建设、斐济果园骑行道建设等项目，建设集采摘、赏玩、游乐于一体的“斐济”小镇。（何　倩）

乾潭镇

【概况】2020年，乾潭镇行政区域面积368.48平方千米，辖24个村、1个社区，年末户籍总人口44595人。全年出生371人，死亡304人，人口自然增长率1.50‰。年末完成所有村(社区)村级组织换届选举，实现村党委书记、村委主任“一肩挑”。全年实现社会消费品零售总额6.89亿元，同比减少2.4%。财政总收入1.86亿元，其中地方财政收入7604万元，分别减少12.1%、1.1%。

有工业企业388家，其中67家规上企业总产值37.17亿元，销售产值36.20亿元，分别同比增长2.2%、1.2%。规上企业实现增加值6.77亿元，增长3.9%。完成全社会固定资产投资10.31亿元，增长3.9%，其中工业投资5.36亿元，增长37.8%。全年实现自营出口11.10亿元，减少2.0%。开工建设置信乾潭智造谷、爱博家具、大畈棚改安置房等项目。佳桐科创园、萌辰科技、千页工具等亿元重点制造业项目以及马岭天观佛手桥项目签约落地。开展低效用地盘活，制定出台《乾潭镇低效工业用地处置三年行动方案》，2020年完成低效工业用地再开发35宗，面积35公顷，其中完成瑞得

◎ 乾潭镇安仁村

蚕丝地块3.12公顷收储，成功招引汉艮高端织品等亿元制造业项目。

有耕地1438公顷，林地面积26012公顷，其中公益林13292公顷。全年完成粮食功能区抛荒田整治51.53公顷，高标农建设面积297公顷。农业总产值5.38亿元，增长5.7%。粮食播种面积1781.73公顷。其中水稻种植面积734.93公顷。油菜播种面积543.6公顷，总产量1843吨。全镇有农民专业合作社58个(其中示范性专业合作社7个)，家庭农场116家（其中示范性家庭农场4个）。全年珍贵彩色健康森林造林15.13公顷，平原绿化13.3公顷，开展珍贵树种保育68.13公顷，退化防护林改造213.33公顷。建德市鑫欣生猪养殖扩建项目(总投资1.3亿元)开工建设，新增生猪存栏2万头。陵上新村蛋鸡现代化养殖场20万羽自动化养殖项目(总投资2800万元)完成项目申报及前期审批。

完成木兰水库除险加固、桐坞山塘综合治理和姚村溪农村河道综合治理工程，完成胥溪河道综合治理项目一标段10千米建设。建成下包、大畈、沛市等13个村24个农村污水治理提升项目，24个村生活垃圾分类集置点全覆盖。前陵村“美丽乡村”精品村均成功创成杭州市“污水零直排区”。建设项目通过市级综合验收。完成幸福、下梓民宿提升项目及“一镇一业”幸福村果蔬乐园2.0项目。

结合“三改一拆”“四边三化”等行动，拆除违法建筑16.13万平方米，完成道路修复、绿化补植、路灯维护等点位1000余处，城镇空间得以拓展。完成农村危房改造5户，发放补贴15万元。实现24个村级文化礼堂全覆盖，其中胥江村文化礼堂通过浙江省四星级评定验收。

全镇城乡居民和医疗保险覆盖率达到99.54%。全年办理低保57户,救助困难群众1068人,发放各类救助资金25.48万元。

全年接待游客118.1万人次，同比增长78.1%;旅游收入1.35亿元,增长63.7%。年末有民宿35家、房间数445间、床位712张。完成梓洲村AAA级景区村庄建设,安仁村、前陵村成功创建AA级景区村庄,牌楼村、仇村村成功创建A级景区村庄，至年末全镇共有AAA级景区村落5个、AA级景区村落4个、A级景区村落6个,创建数量和质量均为全市领先。11月29日,在乾潭镇子胥公园举办“百姓舞台,万民同乐”建德市第七届农村文化节闭幕式暨乾潭镇第三十四届万乐节文艺演出。

2020年,乾潭镇获批全省首批、建德唯一山地休闲度假发展试点，获评省级小城市培育良好单位、省级美丽城镇达标镇、省特色体育之乡、杭州市“无违建”镇、AAAA级景区镇等称号,并通过国家卫生镇、“中国家纺寝具名镇” 复评。11月1日，在乾潭镇下包勇峰基地举办勇峰自行车公园2020年度积分赛总决赛,赛事吸引来自全国各地数十名选手参赛。

年末有学校7所，其中幼儿园3所、小学2所、初中1所、九年一贯制学校1所。其中,安仁中心学校学生618人、教师57人；乾潭二小学生976人、教师66人;乾潭一小学生1060名、教师62名。乾潭初中学生818人、教师84人。全市规模最大单体幼儿园——乾潭中心幼儿园在园幼儿719人、教师60人(在编30人,非编30人);育苗幼儿园在园幼儿153人,教师13人;万乐幼儿园在园幼儿269、教师21人。乾潭成校有教职员工8人,其中教师5人。

乾潭镇卫生院共有技术人员117人，全镇卫生室(站)23个,技术人员27人,其中,中、高级职称以上32人。家庭医生签约总数19529人,签约率43.8%。

【城乡面貌综合整治】结合“三改一拆”“四边三化”等行动,成功创建杭州市无违建镇。扎实开展一廊十线整治行动，全面完成农村生活垃圾分类硬件设施提升,成功创建省级示范村1个、杭州市级生活垃圾示范村5个、杭州市生活垃圾示范小区2个。立足土地做好“消薄增收”文章,出台《乾潭镇村级财务管理》十条红线,推进村集体资金规范使用,24个村全部提前完成年度“5030”“3020”消薄任务。根据美丽城镇创建要求,先后投入5000余万元全面完成华海路背街小巷整治、老旧小区改造、城区雨污分流排查整治、城市客厅、文体中心、马鞍岭社区便民服务中心等项目，成功创建浙江省美丽城镇达标镇。小城市培育取得新进展,摘除上一年度小城市培育试点考核“黄帽子”,获得省级小城市培育良好单位，入围新一轮小城市培育计划。

【打造德治社会品牌】积极打造“乾行大道 德润新潭”德治理品牌,以德治为突破口,促进“三治”融合，形成具有本地文化特色的基层治理新模式。“四个平台一张网”治理成效显著,通过网格联动,全年76个网格,协助处理110联动应急案件192起,为处置社会突发事件、维护社会稳定发挥了积极作用。

完成综合信息指挥“云”平台及数字化视频监控系统建设,切实提高社会治理的精细化、规范化水平。实行信访问题项目化监管,全年化解信访积案8件,有效化解率达80%。健全多元化纠纷协调机制,始终坚持矛盾纠纷抓小、抓早、抓苗头,全年成功调处各类纠纷919件，调解成功率达100%。全年未发生食品安全中毒、特种设备安全事故。重拳整治交通违法行为,全年交通事故接警率、死亡率分别下降50%以上。梓洲村4名老党员守护“夺命坡”短片获2020年全省党员教育观摩交流典型事迹片二等奖，最美医生吴光潮家庭和本人分别被授予 “全国五好家庭”“全国诚信之星”“最美浙江人”等称号。

【举办2020第九届浙江自行车联赛首站建德乾潭爬坡赛】9月6日,2020第九届浙江自行车联赛首站建德乾潭爬坡赛在乾潭镇开赛。本次比赛为浙江自行车联赛2020年第一次自行车赛事,同时也是浙江省年度首次户外大型比赛。由浙江省体育局、建德市人民政府联合主办，浙江省体育竞赛中心、建德市文化和广电旅游体育局、乾潭镇人民政府共同承办。

本次比赛设公路车组、山地车精英组、山地车大师组、山地车女子组和山地车大众组，参赛车队近50个、选手200名。赛道总长25.3千米，途经邵家村、胥岭脚、罗村村，终点位于罗村水库。长沙顺时针车队施文通卫冕公路组冠军，宁波梦想车队李波夺得山地车精英组冠军，浙江联合车队吴明俊夺得山地车大师组冠军，伊诺华轮胎车队廖彬彬夺得山地车女子组冠军，衢州招商银行公路车队杨振龙获得山地车大众组冠军。

【新一轮小城市培育试点三年行动计划通过浙江省专家评审】8月下旬，在全省小城市培育试点三年行动计划专家评审会上，乾潭镇作为建德市首个小城市培育试点单位通过评审。

2013年，乾潭镇列入浙江省第二批小城市培育试点后，重点进行城镇基础设施提升和城乡环境综合整治。近年来，乾潭镇把省级小城市培育试点作为推进新型城镇化、统筹城乡发展的有效抓手，在产业发展、城镇建设、民生保障、生态建设等方面取得积极成效，综合发展实力稳步提升。

根据行动计划方案，2021—2023年，乾潭镇将以重大项目建设作为小城市培育的抓手，精心规划实施6大类共74个项目，总投资46.4亿元。同时着力做好以下6个方面：以规划引领、品质提升，打造美丽城镇发展样板；有机促农、制造升级，做大生态健康特色产业；文化引领、治理筑基，打响幸福乾潭城市品牌；设施提标、服务提质，升级城乡公共服务水平；生态为先、绿色赋能，建设全域生态绿色城市；开放合作、融入市场，深化重点领域改革创新。（王　蔚）

钦堂乡

【概况】2020年，钦堂乡行政区域面积55.32平方千米，辖7个村。年末户籍总人口8679人。全年出生40人，死亡77人，人口自然增长率-4.24‰。全年实现社会消费品零售总额1.27亿元，同比减少7.4%。财政总收入1.1亿元，其中地方财政收入3889万元，分别增长13.0%、1.2%。获得国家卫生乡镇、浙江省“平安农机示范乡镇”、浙江省“农业机器换人示范乡镇”等荣誉。

有规上工业企业17家，年度新增3家(建德市弗丽斯纺织品有限公司、建德市迪旺工具有限公司、建德市耀恒光电有限公司)。规上企业工业总产值9.15亿元，销售产值9.08亿元，分别减少11.8%、12.1%。规上工业实现增加值2.62亿元，减少4.4%。实现自营出口9487万元，减少28.1%。全社会固定资产投资2.09亿元，减少25.4%，其中工业投资1.67亿元、增长21.9%。

全年盘活闲置厂房2万平方米，报批低效用地7.5公顷。小微企业园一期顺利开工并完成主体结顶，浙江钙业、浩盛塑料、华康钙业等企业完成生产线改造，鸿运钙业、双立塑业、永银家居等企业项目基本完成。浙江钙业上市步伐加快，完成股权结构改革，建成生产管理数字化集成管控项目。智能制造实现突破，浙江钙业完成数字化生产管理，振宏塑化物联网项目顺利通过验收，新增上云、杭州“e融”认证企业95家，规上企业数字化改造实现全覆盖。年度招商引资落地签约项目2个，年末实到外资100万美元。

企业创新步伐不断加快，新获实用新型专利50项，发明专利4项，浙江钙业、耀恒光电、旭鹏智能柜3家企业获评国家高新技术企业，大岩山矿业、华隆塑业获评省科技型中小企业。新冠肺炎疫情防控期间，全面落实上级惠企减负政策，全乡企业获得减免企业税费100余万元，减免缓交社保200余万元。

全乡有耕地面积621.6公顷，林地面积4098.6公顷。全年粮食播种面积344.27公顷，油料作物62.5公顷\总产量219.8吨。完成33.3公顷高标农、40.7公顷中低产田改造，20公顷果园、中草药园基础设施建设全面完工。完成宅基地整理0.88公顷(13.14亩)，垦造水田8.7公顷。农业产业扶持新政制定出台，生猪养殖1万余头，粮食生产和生猪保供任务全面超额完成。“维好多”猕猴桃通过中国绿色食品发展中心产品检测。蒲田

◎ 钦堂乡葛塘村

村获评省级农作物病虫害防控示范区，蒲田粮油专业合作社获评全省“平安农机”示范合作社。

全年完成森林抚育80公顷、珍贵树种造林13.3公顷，油茶产业造林规划3.3公顷，发展林下经济13.3公顷。全面完成松材线虫病危害除治面积408.3公顷，清理枯死木330余立方米。

积极发展生态观光、农事体验等旅游新业态，完成葛塘村“山花烂漫”建设项目。新增游步道7千米、标识标牌15处，完成谢田村、庄丰村A级景区村创建工作，举办第五届国际稻香节暨杭州国际日系列活动，进一步打响“爱在一起、钦堂等你”特色品牌。开展“一廊十线”景观节点提升和葛塘村杭州市风情小镇、大溪边村省级美丽宜居示范村建设，获得全市第二批美丽乡村示范带比武第一名。葛塘村、大溪边村分别获得浙江省美丽乡村特色精品村、美丽宜居示范村称号。有序推进“四好农村路”项目建设，完成改造提升8.3千米，交通发展基础条件进一步改善。

深化“最多跑一次”改革，全面推行审批服务“就近办”，整合医保、社保、农房审批等窗口，打造“一站式”便民服务中心。全年共完成农房确权发证614本。城乡居民基本医疗保险参保率99.69%，城商结合保险获得杭州市有关领导批示肯定。全乡有纳入最低生活保障体系223人，全年发放各类困难补助201.7万元、临时救济金2.55万元。困难住房救助3户，完成残疾人家庭医生签约354人，完成比例95.9%。稳步推进适老化改造，钦堂乡日间照料中心正式试运营。

年末有义务教育阶段学校1所，学生110人、教师16人；幼儿园2所，在园幼儿165人、教师22人。全面完成钦堂小学、幼儿园硬件提升工程，优化教学环境、教育质量。

年末有乡卫生院1所，村级卫生室7个，有医疗卫生技术人员16人，其中中级职称以上5人。推进“健康钦堂”建设，完成乡卫生院改造提升，新增彩超、DR等医疗设备。

2020年，钦堂乡在全市率先高质量完成村级组织换届，获得村(社区)换届优秀等次。蒲田村成为杭州市“党建双强”第三季度之星，获评省“民主法治村”，大溪边村获评省级“善治示范村”。黄向阳获评省级“兴村(治社)名师”，王运获评省“最美巾帼新农人”，童玉琴、郭关训等5人获评“建德好人”。

【“美丽城镇”建设】文体广场、小镇客厅等9个项目全部竣工并通过杭州市级验收，总投资近1000万元，城镇功能与品质进一步提升。城镇管理不断加强，新成立钦堂城管中队，完成拆违拆旧1.3万平方米，清理乱贴乱涂、废弃杂物、破旧广告牌120余处。

“集镇污水零直排区”建设稳步实施，谢田、庙前、庄丰等村农村生活污水处理设施有效提升。清渚溪河道综合整治一期工程正式完工，新增绿化提升3000余平方米。垃圾分类有效推进，新建生活垃圾集中处置点8处，新购电动垃圾运输车14辆、垃圾分类桶1400只。

【“一句话宣传口号”征集】为积极推进美丽城镇建设，提高钦堂公众知名度，3月，钦堂乡开展“一句话宣传口号”宣传文案征集工作，累计共收到投稿60个共470条，最终确定“爱在一起 钦堂等你”为钦堂乡宣传口号。

【钦堂乡小微企业创业园开建】6月，钦堂乡小微企业创业园正式开建。计划投资1.5亿元，建筑面积约12万平方米，设计规划可容纳15至20家中小企业，投产后预计可实现年产值8亿元、年税收4000万元。

【举办首届“钦·亲”杯乡音宣讲达人秀】6月21日,钦堂乡党委组织开展首届“钦·亲”杯乡音宣讲达人秀活动,来自各村、钦堂幼儿园、钦堂小学、农商行等11名选手参加宣讲比赛活动。

【组队参加市农村文化礼堂运动会】8月8日,在全市农村文化礼堂运动会上,钦堂乡谢田村、蒲田村、庄丰村3个村共22名运动员代表参加体能、象棋、拔河、乒乓球等4个项目比赛,并夺得优异成绩。谢田村获得象棋比赛团体第三名,蒲田村获得乒乓球比赛团体第四名,蒲田村方美娟、王木香分别夺得乒乓球女子单打第二名、第三名,谢田村郭洪良获得象棋个人赛第三名,胡定华获得乒乓球男子单打第八名。

【第五届“稻舞田间”稻香节暨杭州国际日系列活动】9月18日,在钦堂乡蒲田村“稻舞田间”场地(面积26.7公顷稻田),举行“爱在一起·钦堂等你”为主题的丰收晚会,拉开第五届“稻舞田间”稻香节暨杭州国际日系列活动帷幕。开幕式节目主要有女子十二乐坊、省级“非遗”项目《跳净童》、杂技《节节高》民俗表演等。稻香节上,还举办浪漫旅拍和农产品直播带货活动。

【庙前村举办首届新时节乡贤敬老大会】11月23日,钦堂乡庙前村举办首个新时节乡贤敬老大会,庙前村乡贤捐资捐物共计8万元,用于慰问为70周岁及以上村民。 (朱 飞)

三都镇

【概况】2020年,三都镇行政区域面积186.04平方千米,辖19个村,年末户籍总人口24772人。全年出生176人、死亡210人,人口呈负增长状态,自然增长率-1.37‰。全年实现社会消费品零售总额1.95亿元,同比增长2.8%。财政总收入2207万元,其中地方财政收入832万元,分别减少51.2%、50.5%。

全镇有规上工业企业16家(年度净增5家)。规上企业实现增加值1.19亿元,同比增长9.2%;其总产值7.84亿元,销售产值7.42亿元,分别增长9.3%、5.1%。新产品产值率45%。规上企业数字化改造覆盖率达100%。实现自营出口值3.19亿元。完成固定资产投资2.96亿元,其中工业投资1.56亿元,分别增长25.4%、11.4%。引进高新技术企业4家,新增科技型中小微企业2家,新增国家高新技术企业5家,完成“机器换人”项目培育2个。建设用地复垦项目2个、面积2.8
顷。完成企业低效用地、安置地盘活6.2公顷。

有耕地面积1189公顷,林地面积19011公顷。农业总产值7.15亿元,增长5.2%。全年粮食播种面积379公顷,粮食总产量2500吨。全年新增涉农主体15家,其中羊峨村蔬菜专业合作社、“睦州旺桔”家庭农场获评省级示范。实施“整乡整镇山区农业三年行动”,围绕柑橘、西红花、香榧三大主导产业,全年共实施产业扶持项目7个,完成投资483.75万元,引进柑橘新品种1.2万株,培育西红花核心种植区36.7公顷,新发展香榧基地5.3公顷,招引农创客等乡土人才21名。全镇宫川、椪柑等优质柑橘种植面积1879.6公顷、总产量6.98万吨,面积与总产均保持稳定。有香榧基地1703公顷,干果(商品果)总产量160吨。名贵中药材西红花种植面积200公顷,年产干丝2400千克,产值7200万元(专业合作社收购价每千克2万元)。长豇豆、四季豆、茄子、西红柿等高山蔬菜种植418.5公顷,总产量1.45万吨,主销杭州、上海等地超市。

开展守护“粮食功能区”行动,全年累计投入资金80余万元,复垦抛荒土地3.2公顷。实施垦

◎ 三都镇新和村公园

造耕地项目 7 个、面积 21.3 公顷。完成粮食功能区土地整治 44.7 公顷，新增粮食播种面积 80 公顷。打造农业“标准地”36.7 公顷，推行西红花—水稻轮作，亩均效益增加近 1.5 万元，实现亩产值翻番。省级全域土地综合整治和生态修复试点 64 个子项目全部完成验收，全面完成全域土地综合整治及生态修复，获评 2020 年度浙江省土地利用优秀成果。

全年实施后源溪综合治理工程、三江口村杨家安置房工程等镇级项目 23 个；实施三都镇 C116 三下线至小坞坪公路提升改造工程、三都镇 C107 凤凰至高丘公路提升改造工程等村级项目 49 个。总投资 1.434 亿元，增长 28.4%，争取上级补助资金 1.105 亿元；其中后源溪河道全域综合整治，年度投入资金 3000 万元，整治河道 19.63 千米，沿溪主体道路基本贯通。完成 10 个移民项目，投资 1234.71 万元，争取移民补助 850 万元。实施“联乡结村”帮扶项目 11 个，争取帮扶资金 348 万元。

全镇城乡居民和医疗保险覆盖率达到 99.5%。全年救助困难群众 1046 人，发放各类救助资金 266.29 万元。年末完成村(居民区)组织换届，实现“一肩挑”，新一届“两委”班子成员平均年龄较上届年轻 2.1 岁，大专以上学历较上届增加 15 人。

年末有镇属初中、小学各 1 所，幼儿园 2 所，在校学生 1239 人，老师 167 人，其中镇中心小学学生 584 人，教职工 65 人(含代课、保安、后勤)；镇初级中学学生 262 人，教职员工 50 人(含临聘人员)；镇中心幼儿园在校生 228 人，教职工 38 人；上街幼儿园学生 165 人，教师 18 人。投入 30 万元购买 50 座校车 1 辆，增开 4 条校车线路，解决上学接送难问题。三都镇初中获评浙江省健康促进铜牌学校、杭州市青年文明号等；三都中心小学获评杭州市红领巾学院、杭州市文明校园、建德市“劳动基地”示范点。

全镇有医疗卫生机构 18 家，包括 1 家卫生院、1 家社区卫生服务站、3 家私人诊所、13 家村卫生室，共有医疗卫生技术人员 60 名。

2020 年，三都镇创建为第三批省级农业特色强镇，获评省级农村一二三产融合发展示范园、省级农业绿色发展示范区、森林浙江建设工作先进集体、浙江省农村文化礼堂建设示范乡镇、浙江省卫生镇、浙江省“五水共治”工作考核优秀乡镇、浙江省“美丽河湖”等各类荣誉。

【“农业特色型”美丽城镇建设】对标“五美”要求，实施建设项目 32 个，总投资 1.2 亿元。高标准打造城乡会客厅，推出“醉三都”公共地域品牌。整合城管、交警、环卫等部门单位力量，提升集镇精细化管理水平。综合实施全国文明镇、国家卫生镇、平安三都创建“三创合一”。全年拆除违法建筑 190 处、1.3 万平方米；开展杭州市小微企业专项整治活动，拆除违法建筑 10 处，办理没收返租企业 12 处。三都镇获评杭州市“无违建乡镇”。

【新农村建设】围绕“一廊十线”整体布局，完成新和村杭州市精品村、和村村杭州市美丽宜居示范村建设，启动前源村杭州市精品村建设，争创浙江省级景区村 8 个，其中省 AAA 级景区村庄 2 个、AA 级景区村庄 1 个、A 级景区村庄 5 个。推出渔家乐“折扣月”“山里人五一亲子游”“云赏樱花”“云游三都”等活动，助力乡村旅游经济复苏。加快农旅文旅融合步伐，大力发展民宿经济、直播经济等新兴业态，农产品销售额增长 12.0%，19 个村全面完成“5030”消薄任务。

【乡村善治典范——“美好账本”】5 月，三都镇推行“美好账本”基层治理“大数据”平台，实现乡村善治群策群治。围绕聚焦垃圾分类、说事议事、创业致富等 6 件小事，将村民日常行为和村规民约纳入“美好账本”积分体系，让村庄治理户户有“数”。垃圾分类实施“一桶一芯片、数据上云端”模式，全镇 8015 户投放准确率提升至 84.2%，垃圾日均回收量下降 35.0%；各农户大门安装个性化定制“智慧橘灯”，根据“美好账本”数据，实行常态化亮灯，满分为五盏橘灯，群众主动参与垃圾分类、民情议事的热情得到激发。同时，整合镇域银行、超市、医院等资源，将村民行为积分与信用数据相嵌套，推出“美好治理贷”“美好消费券”“美好体检单”等激励套餐，让村民充分享受自治实惠。

创新实施扫码兑换"无人超市",实现无一商品丢失。

"美好账本"相关做法获杭州市级改革试点认定,"乡村钉"列入全省十大改革创新项目,《人民日报》《新华每日电讯》等媒体给予关注和头版报道。

【城乡会客厅对外开放】7月,三都镇"城乡会客厅"开馆。一楼设醉底蕴、醉动人、醉特色、醉善治、醉幸福、醉可期6大板块,含三都历史沿革时间轴、产业介绍、乡村治理总体介绍以及数说三都等内容,二楼为三都创客基地。至年末累计接待考察团15批次。

【吉远智能云仓暨电商孵化中心建设项目正式启动】该项目位于三都工业功能区内,计划总投资3000万元。主要建设内容包括改建智慧云仓储区1.10万平方米、电商办公中心1000平方米及新增网络自动化分拣流水线5条。至年末,盘活原三元伞业土地0.57公顷(8.5亩)及闲置厂房1.2万平方米。

【松口村入选全国"一村一品"示范村】根据《农业农村部办公厅关于开展第十批全国"一村一品"示范村镇认定工作的通知》,农业农村部组织专家对第十批全国"一村一品"示范村申报材料进行评审,并经过公示后,确定第十批全国"一村一品"示范村镇名单,松口村位列其中,为杭州市唯一。

【省医学生思政理论课校外实践教育基地揭牌】4月22日,浙江省医学生思政理论课校外实践教育基地揭牌仪式在三都镇政府举行。该教育基地为三都镇同时也是建德市首个镇校协作省级思政教育基地。基地为杭州医学院大学生接触社会、贴近群众、服务基层搭建了新平台;同时,借助高校资源下沉,为三都镇发展提供智力支持。(*沈凝初*)

编辑:唐国强 吴树根

照片拍摄:胡建文

2020 年度新闻人物

2020 News Person

第七届建德市道德模范

王江平 男，1960 年 3 月出生，中共党员，籍贯建德，中共建德市纪律检查委员会退休干部。2018 年 4 月退休，本可以安逸享受退休生活的王江平主动牵头负责困境儿童（孤儿）项目，成立建德市心手相牵志愿服务大队并担任大队长。在帮扶工作中，他以身作则，主动担当，带领团队关心关爱重点结对帮扶困境儿童（孤儿）55 名和居家颐养的“孤寡高龄羸弱”老人 8 名，常态化开展关爱活动，尽己所能为他们提供生活上的帮助和精神上的慰藉。

李则华 男，1989 年 9 月出生，中共党员，籍贯建德，金华货运中心新安江南站货运员。2019 年 2 月 7 日下午 3 时许，李则华正在大慈岩镇陈店村拜年，忽然听到有人大喊“救命”，他第一时间冲出门外，顺着呼喊声赶到池塘边，看到一个六七岁的小姑娘正在水中拼命挣扎。危急关头，他毫不犹豫地跳进冰冷的水中，冒着危险将小女孩救上岸，避免了一起溺水事故的发生。事后，李则华患有的类风湿关节炎受冰水刺激后发病，但在他心里，这和救人比起来，根本算不了什么。

李萍 女，1984 年 7 月出生，中共党员，籍贯建德，建德市第一人民医院数据管理科科长。曾在 ICU（重症医学科）从事临床护理工作十余年，有护理和救治各种危重患者的丰富经验。2020 年 1 月 27 日（大年初三），李萍作为建德市首批驰援武汉的医护人员，加入浙江省第二批紧急医疗队重症护理支援队，增援至武汉市肺科医院，参与新冠肺炎疫情重症患者的救治护理工作。抗疫期间，因表现突出，被评为“杭州市优秀共产党员”。

杨利娟 女，1963 年 4 月出生，群众，籍贯建德，建德市寿昌镇志愿服务队队长。2012 年，杨利娟走上志愿服务之路。8 年来，她一心扑在志愿服务工作中，就算生病了，也未曾停下脚步，她累计照顾孤寡老人 40 名、困难儿童 86 名，提供各类物资帮助、爱心捐赠价值 8 万余元。2018 年 8 月，她以寿昌镇红色商铺为“据点”组建专业志愿服务队伍。在她的行动感召下，队伍人数由 28 人扩展到 200 余人。她与队友们烧制爱心茶、参与疫情防控……有志愿服务的地方，总能看到她和她的队友们的身影。

邹雪明 男，1960 年 7 月出生，中共党员，籍贯建德，国家电网建德市供电公司离退休党总支书记。他是父母的孝心儿子，十年如一日照顾患病的父母，用实际行动证明了“久病床前有孝子”。父母过世后，他是离退休职工的“贴心儿子”，将单位 400 多名退休职工视为双亲，主动积极照顾生病老人、垫付医药费……他总是主动为老人们解决各种难题。“古道热肠”，是周围人对他的评价。8 年来，他每月必到衢州为一名困难无助老太太打扫做饭、送去温暖，用行动丰富了“孝老爱亲”的内涵。

傅胜红 男，1968 年 12 月出生，中共党员，籍贯建德，新安江街道罗桐社区党委委员、居委会副主任。自 2003 年加入社区以来，他把社区当成自己的家。社区里的大小杂事都是他的家事，他就像累不垮的“老黄牛”，哪里有“脏乱差”，哪里就有他的身影。小区的整治、死角的清理、协调城郊垃圾清运、楼道危房排查、“五水共治”、“三改一拆”……烈日下他参与除草清理楼道，风雨里他清淤排除险情，寒冬中他扫雪保安全，护河行动有他的足迹，夜间巡逻有他的身影，乐于奉献、默默担当，他为社区这个大家庭，默默奉献出自己所有的力量。

雷国香 女，1951 年 1 月出生，中共党员，籍贯建德，大同镇高桥村民族小学原校长。她是建德市“畲族彩带”传承人，曾获得建德市“民族团结先进个人”、浙江省“民族教育先进个人”等荣誉称号。雷国香热爱家乡、热爱生活，多年来为村里、为村民以及畲族传统文化的挖掘和传承做出了重要贡献，她是高桥村民不能忘记的恩师。退休后，她还始终关心下一代，每到暑假就义务为当地的留守儿童上课补习，教小朋友们画画、唱畲歌。

黎绵和 男，1949 年 6 月出生，中共党员，籍贯建德，建德市老干部特爱工作室党支部书记。他是全国抗癌明星，在退休之际不幸患上直肠癌，以乐观的心态和健康的生活方式战胜癌细胞。而后，他将全部精力投入到防癌抗癌事业，组织患过癌症、放化疗康复的退休同志成立志愿团队。在他的带领下，团队一面积极募集救助资金，一面组织志愿者开展老帮老、病友帮病友的志愿服务，同时积极向大众普及防癌抗癌知识。十多年来，他用行动帮助多名患者与病魔做斗争，受到社会一致认可。

穆亚涵 女，1986 年 1 月出生，中共党员，籍贯建德，中国银行股份有限公司建德支行副行长。作为金融工作者，她致力于帮助建德的中小企业解决“融资难、融资贵”的难题，2020 年以来，为中小企业提供贷款新增 2.5 亿余元，平均利率 3.8%~4%，远低于同业平均水平。她不惧困难，积极向上争取资源，为建德市的政府重点工程提供有力金融支持。疫情期间，她主动担当作为，送温暖、送服务，所在银行对授信民营企业 2 月贷款利息进行减免。她主动组织单位党员成立先锋队，慰问一线医护人员，带头参与卡口值守。

穆海鸿 男，1963 年 1 月出生，群众，籍贯淳安，建德市林业局新安江林场护林员。在工作中，他用执着信念，在山高坡陡、远离人烟的林区守护青山 40 余年。在他的管护下，千岛湖新安江片林区近万亩山林未发生过一起森林火灾或盗伐滥伐林木案件。在生活中，他以点点善意汇聚爱心，从 2004 年得知自己是稀缺血型以来，他坚持无偿献血 17 年，累计献血（含血小板）32 次、1.3 万余毫升，珍贵的“熊猫血”多次在危急时刻挽回患者生命，他也因此荣获“全国无偿献血奉献奖银奖”。

（摘自市文明委表彰材料）

名 录

Lists

2020年度建德市优秀共产党员

曾旭龙　新安江街道健安社区党委书记、居委会主任

汪海峰　新安江街道党建工作科科长

吴双凤(女)　新安江街道公共服务科负责人

程新炉　更楼街道人大工委主任

张益飞　更楼街道张家村党总支委员

孙　鸣(女)　洋溪街道经济发展和生态环境科科长

胡建芳　梅城镇人大副主席

蔡振庭　梅城镇村镇建设管理办公室负责人

邵　双　寿昌镇十八桥村党总支书记

叶　俊　大同镇劳村村党总支书记

胡小君(女)　乾潭镇牌楼村党委书记、村委会主任

沈晓成　三都镇人武部副部长

董　键　杨村桥镇绪塘村党委副书记

鲁芳芳(女)　下涯镇公共服务办副主任

陈晓明　下涯镇司法所副所长

胡建宏　大慈岩镇檀村村党委书记、村委会主任

郑盛璐　大慈岩镇公共服务办主任

陈黄琴(女)　航头镇党委委员

徐三凯　李家镇副镇长

袁　红(女)　大洋镇党委委员

叶　蓁(女)　莲花镇公共服务办主任

甘伟蓓（女）钦堂乡党建工作办公室主任、妇联主席

余益忠　市政府办公室信息调研科正职负责人

舒胜男(女)　市第一人民医院重症医学科护师

许　筠(女)　市第一人民医院重症医学科护师

方文燕(女)　市第四人民医院主管护师

赵天祥　市第二人民医院主治医师

陈利云（女）市中西医结合医院副主任护师、护理部副主任

方　璐(女)　市妇幼保健院主管护师

王　翔　市疾病预防控制中心环境与卫生监测科科长

俞早荣　市卫生健康局党委委员、副局长

乐军飞　杨村桥镇党委委员、派出所所长

唐向前　市公安局团委书记、指挥中心信访科副科长

季仲恺　市公安局交警大队事故处理中队副政治指导员

吴苏明　市委政法委维护稳定科科长

张　炜(女)　市机关事务服务中心综合科科长

祝　悦　市纪委市监委派驻第七纪检监察组副组长

方　祺　市委宣传部外宣科副职负责人

马翠琴(女)　市财政局机关党委副书记兼机关纪委书记

徐　斌　市经济和信息化局投资运行科科长

郝国双　市农业技术推广中心茶叶服务站站长

2020年度新任市领导简介

王　伟　男，汉族，1968年6月生，浙江台州人，1991年6月加入中国共产党，1988年8月参加工作，中央党校研究生学历。现任建德市副市

长、公安局局长。

曾任杭州市公安局刑事侦查支队办公室主任，杭州市看守所政委、所长，杭州市公安局监所管理支队党委书记、支队长，刑事侦查支队副支队长、支队长、党委书记等职。

袁思明 男，汉族，1984年10月生，江西宜春人，2005年12月加入中国共产党，2006年7月参加工作，硕士研究生学历。现任建德市副市长。

曾任：浙江省委办公厅综合二处副处长，调研协调处副处长等职。

叶 强 男，汉族，1971年3月生，浙江建德人，民进会员，1989年8月参加工作，省委党校研究生学历。现任政协建德市委员会副主席、民进建德市委员会主委。

曾任建德市教育局副局长，新安江街道办事处副主任，科学技术局局长(知识产权办主任、地震局局长)，民进建德市委员会副主委等职。

2020年建德市组织机构及负责人名录

【市委和市委工作部门、直属单位】

中共建德市委员会

书 记：童定干

副书记：朱 欢 周友红 吕 平

常 委：尤荣福(4月免) 俞 伟
周萍英(女) 留 正(11月免)
张早林 何亦星 朱春根
夏喜生 陈文岳(4月任)

中共建德市纪律检查委员会(监察委员会)

书 记：周萍英(女)

副书记：刘国金 徐建新

常 委：吴建军 黄园凤(女)
钱海山 吕 坚

监委主任：周萍英(女，1月任)

监委副主任(代主任)：周萍英(女，至1月)

监委副主任：刘国金 徐建新

监委委员：王光辉 吕 坚 陈小龙 吴建军

办公室主任：钱海山

干部室主任：章菊芳(女，9月免)

党风政风监督室主任：夏成毅

案件审理室主任：黄 翔

案件监督管理室主任：吕 坚(11月免
王文军(11月任)

纪检监察一室主任：吴建军(4月免)
李 玲(女，4月任)

纪检监察二室主任：陈美华

纪检监察三室主任：项 栋

市纪委、监委派驻第一纪检监察组组长：
曹剑波(9月任)

市纪委、监委派驻第一纪检监察组副组长：
林坤荣(7月免) 王志强
李 俊(7月任)

市纪委、监委派驻第二纪检监察组组长：姜自力

市纪委、监委派驻第二纪检监察组副组长：
胡志斌 徐建明

市纪委、监委派驻第三纪检监察组组长：
孙宁春(女)

市纪委、监委派驻第三纪检监察组副组长：范红杰

市纪委、监委派驻第四纪检监察组组长：
周爱花(女，4月免) 钟利平(4月任)

市纪委、监委派驻第四纪检监察组副组长：
陈永平 朱文献(11月任)

市纪委、监委派驻第五纪检监察组组长：
孙施伟(7月免) 唐明杰(7月任)

市纪委、监委派驻第五纪检监察组副局级纪检员：
阎洪伟

市纪委、监委派驻第六纪检监察组组长： 季建平

市纪委、监委派驻第七纪检监察组组长：熊卫国(9月任)

市纪委、监委派驻第八纪检监察组组长：罗志光
市直机关纪工委书记：孙宁春（女，4月任）
市纪委、监委派驻市法院纪检监察组组长：
饶冬良（9月免） 章菊芳（女，9月任）
市纪委、监委派驻市检察院纪检监察组组长：
余　峰（9月免） 黄曙光（9月任）
市纪委、监委派驻市公安局纪检监察组组长：
娄卫星
副局级纪检员：王毅生

市委办公室（政策研究室、保密局、台办、综合考评办）

主　任（保密局局长、档案局局长、台办主任、机要局局长）：黄朝光
副主任：乐照明　傅　欣（4月免）　舒志强
苏晓明（兼）
办公会议成员：曹剑波（9月任）
台办专职副主任：陈晓峰

组织部

部　长：何亦星
常务副部长：郑泽挥
副部长：章　明（兼，9月任）　余小途（1月免）
钱一军（兼，1月免）　郑芳华（兼，9月任）
叶宏清　李　佳（女，6月任）
部务会议成员：孙宁春（女）　赖艳芬（女）
黄晓庭（4月免）　黄英杰（9月任）
人才办主任：何亦星
人才办副主任（公务员局局长）：李　佳（女，4月任）
两新工委副书记：赖艳芬（女）
党建办专职副主任：黄晓庭（4月免）
副局级组织员：李　佳（女，4月免）
直属机关工委专职副书记：黄英杰（9月任）

宣传部

部　长：朱春根
常务副部长：鲁　斌
副部长：吴元标　刘自强（9月免）
陈立刚（9月任）
部务会议成员：严卫华（7月免）　谢黎琴（女）
周爱花（女，4月免）　钱航军
钟利平（4月任）
郎　栋（兼，7月任）
文创办主任：谢黎琴（女）
文创办副主任：王献萍（女，7月免）
文明办主任（新闻办主任）：吴元标
新闻办副主任：钱航军

统战部

部　长：张早林
常务副部长（侨联主席）：陈友明
副部长：吕一华（兼）　骆志春　龚志坚
民族宗教事务局局长（侨办主任）：龚志坚
侨联专职副主席：叶　晔（女，9月任）

老干部局

局　长：郑芳华（7月任）
副局长：傅卫红　吴　琴（女）

政法委（综治办、维稳办、防范和处理邪教问题领导小组办公室）

书　记：吕　平（兼）
副书记：俞　伟（兼）　留　正（兼，11月免）
王　伟（10月任）　叶志平
许柏生　汤志文
委　员：柯汉根（兼，10月免）　毛志军（兼）
高　翔（兼）　黄朝光　朱春福

市委改革办

主　任（政策研究室主任、“最多跑一次”改革办公室主任）：叶孝富
副主任：杨　强　严　俊

市委编办

主　任：唐正彪
副主任：余　丹（女）

市委巡察办（组）

主任：陈小龙
副主任：李锡斌　唐治平
第一巡察组组长：徐　强（11月免）
黄园凤（女，11月任）
第一巡察组副组长：张建楠
第一巡察组副局级巡察专员：朱　军
第二巡察组组长：邵永明
第二巡察组副组长：汪建平（9月任）
第二巡察组副局级巡察专员：陈宏水
第三巡察组组长：谢伟东（11月免）
第三巡察组副组长：李　俊（7月免）
钱晓黎（女，9月任）

第三巡察组副局级巡察专员:曾向阳
第四巡察组组长:李海芳(4 月免)
傅殿红(4 月任)
第四巡察组副组长:郎忠魁
第四巡察组副局级巡察专员:赖江平
信访局
局 长:苏晓明
副局长:刘建成 朱文献(11 月免)
王 新(11 月任) 陈 钢
副局级信访督查专员:王 新(11 月免)
高 飞(11 月任)

【市人大和人大常委会机关】
市人大常委会
主 任:叶万生
副主任:童文扬 赵志荣 吕建月(女) 吴岳炎
徐拥军 杨福泉
市人大常委会办公室
主 任(机关党组书记):黄卫平
机关党组成员:王 煦 刘新奎 黄宣人
吴学东 王 坚
副主任:吴 霞(女,10 月免) 王姚丹(女)
陈 彬(10 月任)
法制和内务司法工作委员会(7 月撤销)
主 任:王 煦(7 月免)
副主任:张 蕾(7 月免)
监察和法制司法工作委员会(7 月新建)
主 任:王 煦(7 月任)
副主任:张 蕾(7 月任)
财政经济工作委员会
主 任:刘新奎
副主任:辛国红(10 月任)
教科文卫和民族宗教工作委员会
主 任:周伟清
城建环保工作委员会
主 任:黄宣人
副主任:洪介明(7 月免) 吴红忠(10 月任)
代表工作委员会
主 任:吴学东
副主任:汪建勋
农业和农村工作委员会
主 任:林大宏(1 月免) 王 坚(1 月任)
社会建设工作委员会(10 月新建)
主任:吴 霞(女,10 月任)

【市政府和政府工作部门、直属单位】
市人民政府
市 长:朱 欢
副市长:俞 伟 陈文岳(5 月免)
柯汉根(10 月免) 钱晓华(女)
郑志华 王 伟(10 月任)
何瑞洪 袁思明(5 月任)
市政府办公室
主 任(党组书记、数据资源管理局局长、外事办主任):程星火
副主任:王路达 周 治 吴勇富 杨志瑜
徐晓路 王 波 徐卫军
党组成员:姜自力 王路达 周 治 吴勇富
杨志瑜 徐晓路 王 波 徐卫军
数据资源服务中心主任:张 鲲(8 月免)
副局级组织员:刘 丽(女,4 月任)
行政审批服务管理办公室
党组书记:俞 伟(兼)
主 任(党组副书记、公共资源交管办主任):马永红
副主任:方红月(女) 董 风 徐锡平(1 月任)
党组成员:方红月(女) 董 风 张胜良
徐锡平
公共资源交易中心主任:张胜良
发展和改革局
局 长(党组书记、金融办主任、对口支援和区域合作局局长):徐 俊
副局长:程 霄(5 月免) 徐新平(8 月免)
郑子清(10 月任) 胡 敏
傅 佳(女,8 月任)
党组成员:程 霄(4 月免) 郑子清(9 月任)
傅 佳(女,7 月任) 胡 敏
经济和信息化局
局 长(党组书记):何来信
副局长(党组成员):许文权 吴 勇 徐峰平

教育局

局　长(党委书记):包海洋
党委副书记:程　璐(女)
副局长:陈向阳　赖忠林　张光荣(12月任)
党委委员:罗志光　陈向阳　赖忠林
　　李益民(7月任)　张光荣(11月任)
正局级组织员:李　萍(女,4月免)
副局级组织员:李益民

科学技术局

局　长:叶　强
党组书记:赖红芳
副局长(党组成员):吴　鹏

公安局

局　长(党委书记、督察长):柯汉根(10月免)
　　王　伟(10月任)
政　委(党委副书记):翁磊松
党委副书记(常务副局长):汪永刚
副局长:陈建平　赵　斌　吴中华
党委委员:陈建平　赵　斌　娄卫星　陆　勇
　　吴中华
政治处主任:陆　勇
交警大队大队长:赵　斌(兼)
交警大队教导员:颜　宾(7月免)
刑侦大队大队长:唐　辉
刑侦大队教导员:吴　昊
巡特警大队大队长:吴　竣
巡特警大队教导员:饶应忠
经侦大队大队长:胡秋法(1月免)
经侦大队教导员:钭志强(4月免)
治安大队大队长:吕　晶
治安大队教导员:江海波
国保大队大队长:翁益明(5月免)
禁毒大队大队长:方建标(5月免)
指挥中心主任:方祥林
森林警察大队教导员:潘　弘
正局级组织员:蒋文忠
副局级组织员:钭志强(4月任)
　　翁益明(4月任)　方建标(4月任)
保留副局长级干部:胡秋法　夏卫诚

民政局

局　长(党组书记、移民局局长):娄樟锡
副局长:徐志强　蒋建强　俞利海
党组成员:徐志强　蒋建强
　　朱月琴(女,11月任)
副局级组织员:朱月琴(女)

司法局

党组书记:朱春福
局　长(行政复议局局长):巫海武
党组副书记(副局长):张成仁
副局长(党组成员):何武军
党组成员、政治处主任:樊江平

财政局

局　长(党组书记、国资办主任):陈　刚
副局长:孟　洁(女)　陈　善　张奕涛
党组成员:孟　洁(女)　季建平　陈　善
　　方明明　李　鹏(11月任)
总会计师:方明明
国有资产服务中心主任:李　鹏(12月任)

人力资源和社会保障局

局　长(党组书记):章　明
党组副书记:夏金庚(7月任)
副局长:王志洪(1月免)　陈　茜(女)
　　蓝建荣　夏金庚(8月任)
党组成员:蓝建荣

住房和城乡建设局

局　长(党组书记、人防办主任(民防局局长)):
　　周献锦
副局长(党组成员):潘向阳　黄　伟　邵　炯

交通运输局

局　长(党组书记):高建军
交通运输综合行政执法队队长:高建军
副局长:冯慧超　吴红忠(10月免)
　　王晓静(女)　唐　涛(9月任)
党组成员:汪建平(9月免)　冯慧超
　　吴红忠(9月免)　吕建清　王晓静(女)
　　翁献忠(兼)　唐　涛(8月任)
总工程师:唐建锋(8月免)
道路运输管理处处长:吕建清(10月免)
交通运输综合行政执法队专职副队长:

吕建清(10 月免) 冯慧超(10 月任)
公路段段长:汪建平(10 月免)
公路与运输发展中心主任:吕建清(10 月任)
农业农村局
局 长(党组书记、农业综合行政执法队队长):
邱剑娟(女)
副局长:卢梅富 邹宗根 盛 夏(女)
党组成员:卢梅富 邹宗根 盛 夏(女)
王毅锋 孙施伟(7 月免)
何建红(8 月任) 唐明杰(7 月任)
俞洁民(挂职)
总农艺师:何建红
畜牧兽医局局长:王毅锋
农业综合行政执法队专职副队长:王毅锋
正局级组织员:郎 栋(7 月免)
林业局
党组书记:傅定辉
局 长:蒋智鸿(1 月免) 傅定辉(1 月任)
副局长:宣永培 唐良忠
党组成员:唐良忠 麻建强(9 月任)
总工程师:麻建强(10 月任)
水利局
局 长(党组书记):金 斌
副局长:钱向军 郑朝红
党组成员:钱向军 郑朝红 赖建军(8 月任)
总工程师:赖建军
商务局
局 长(党组书记、投资促进局局长、粮食和物资储备局局长):谢照昌
副局长:孙 巍 孙 健 蒋华平
党组成员:孙 巍 孙 健 蒋华平
郭 敏(女,11 月任)
总经济师:郭 敏(女,12 月任)
文化和广电旅游体育局
党组书记:龚 鑫(7 月免)
局 长(文化市场综合行政执法队队长):
龚 鑫(8 月免)
副局长:许宏斌 刘光星(8 月免)
王献萍(女,8 月任) 黄 辰
党组成员:许宏斌 刘光星(7 月免)
王献萍(女,7 月任) 邵永忠 黄 辰
文化市场综合行政执法队专职副队长:邵永忠
卫生健康局
局 长(党委书记):王 田
党委副书记:雷庆红
副局长:俞早荣 黄玉琴(女)
周旭芳(女,3 月任)
党委委员:俞早荣 黄玉琴(女)
熊卫国(9 月任)
退役军人事务局
局 长(党组书记):饶建平
副局长(党组成员):许来富 邵志兵
应急管理局
局 长(党委书记):蔡新春
党委副书记:夏金庚(7 月免)
副局长:夏金庚(8 月免) 张成刚
吴宽宏(8 月任) 应晓农
党委委员:张成刚 吴宽宏(7 月任)
应晓农 郑雷骏(8 月任)
总工程师:郑雷骏(9 月任)
审计局
局 长(党组书记):吴水星
副局长:刘晓鸿 宁卫珍(女)
党组成员:刘晓鸿 宁卫珍(女)
黄国英(女,7 月任)
苏巧玲(女,7 月任)
总审计师:余银良(9 月免) 苏巧玲(女,9 月任)
经济责任审计工作联席会议办公室主任:黄国英(女)
统计局
党组书记:李海芳(4 月任)
局 长:叶 鹃(女)
副局长:赖文武 郑建霞(女,5 月免)
党组成员:赖文武 郑建霞(女,4 月免)
社会经济调查队队长:黄 寅
医疗保障局
局 长(党组书记):蔡爱珍(女)
副局长:王 珏(女) 夏献军
党组成员:夏献军
市场监督管理局
局 长(党委书记、知识产权局局长、市场监管综

合行政执法队队长）：胡国正
副局长：胡早明　江　涛（1月免）
　　郑子清（10月免）　邵亦宏
党委委员：胡早明　郑子清（9月免）　邵亦宏
　　程晓晖　胡小平（11月任）
市场监管综合行政执法队专职副队长：程晓晖
副局级组织员：胡小平

城市管理局

局　长（党组书记、综合行政执法局局长）：方新卫
副局长：胡俊成（1月免）　陈根良（12月免）
　　罗清武
吴志兵（10月任）　陈　飞（12月任）
党组成员：陈根良（11月免）　罗清武
　　吴志兵（9月任）　陈　飞（11月任）

经济开发区（航空小镇）

党工委书记：尤荣福（兼，5月免）
　　陈文岳（兼，5月任）
主任（党工委副书记）：林益平
副主任：陶国强　郎贤平　兰胜平
党工委委员：陶国强　郎贤平　兰胜平　江　涛

高铁新区（高新园）

党工委书记：夏喜生（兼）
主任：张国潮（1月免）　黄　炜（8月任）
党工委副书记：黄　炜（7月任）
党工委委员：饶　斌（7月免）　方　向　李　炜
　　陈　赟（女）　徐旭飞（兼，4月任）
　　余昊雯（女，11月任）
副主任：严　华（1月免）　饶　斌（8月免）
　　方　向　陈　赟（女）
经济发展中心副主任：方　向（8月任）
　　余昊雯（女，12月任）

严州古城管理委员会

主任：何瑞洪（兼，4月任）
副主任：唐黎明（8月任）　姚钟书（12月任）

【市政协和政协机关】

市政协

主　席：吴铁民
副主席：程　旭　严凌云　叶志高（2月免）
　　徐亚娟（女）　王百金　叶　强（1月任）
秘书长：林　立（1月免）　蒋智鸿（1月任）
副秘书长：胡文静（女）　徐新平（1月免）
　　胡晓华（1月任）　陈　茜（女，1月免）
　　王素平（女，1月任）　徐月芳（女）
　　俞利海　林志强（1月免）
　　倪宪红（1月任）

市政协办公室

机关党组书记：蒋智鸿
主　任：林　立（1月免）　蒋智鸿（1月任）
机关党组成员：厉红寿　邵益文　吴康福
　　施树康　方　韦　谢伟东（11月任）
副主任：陈立刚（10月免）　李林山（10月任）
　　祝红芳（女，10月任）

法制财金民宗港澳台侨委员会

主　任：厉红寿

城建资源环境委员会

主　任：胡伟钰（1月免）　吴康福（1月任）
副主任：张建华

经济科技委员会

主　任：邵益文
副主任：吴元福

文史和教文卫体委员会

主　任：方　韦
副主任：周建兵

提案工作委员会

主　任：施树康

委员工作委员会

主　任：金伟媛（女，5月免）

【民主党派　工商联】

民革建德市委员会

主任委员：徐拥军
专职副主任委员：胡文静（女，11月免）
　　李　静（女，11月任）

民盟建德市委员会

主任委员：钱晓华（女）

民建建德市委员会

主任委员：巫海武
专职副主任委员：王素平（女）

民进建德市委员会

主任委员：叶强

专职副主任委员：徐月芳(女)

工商联

党组书记(副主席)：吕一华

主　席：潘余明

副主席：倪宪红　李永祥　包江峰(兼)
吴康孟(兼)　胡益飞(兼)　项建平(兼)
徐竹清(兼)　吴利钢(兼)
张　毅(兼)　傅水芳(兼)

党组成员：倪宪红　李永祥

【人民武装】

人武部

部　长：(略)

政　委：(略)

【检察、审判机关】

检察院

检察长(党组书记)：高　翔

常务副检察长(党组副书记)：胡建强

副检察长：张碧林　胡　明(10月免)
夏育宏(10月任)　庄子珺(女,10月任)

党组成员：张碧林　胡　明(8月免)
范艳春　余　峰(8月免)
夏育宏(8月任)　黄曙光(8月任)
庄子珺(女,8月任)

政治处主任：范艳春

检察委员会专职委员：叶建强　徐红春

法院

院长(党组书记)：毛志军

常务副院长(党组副书记)：许　勇

副院长：刘国平　仇　盛　吴建辉

党组成员：邹向东　刘国平　饶冬良(8月免)
仇　盛　张　振(8月免)　吴建辉
章菊芳(女,8月任)　胡永红(8月任)

政治处主任：邹向东

执行局局长：胡永红(8月任)

审判委员会专职委员：张　振(8月免)　沈小明
章荣生　王纲强(8月任)

寿昌法庭庭长：刘展宏

乾潭法庭庭长：胡永红(10月免)　花林昌(12月任)

梅城法庭庭长：黄曙光(10月免)
俞　颖(女,12月任)

【事业单位】

市委党史和地方志编纂研究室

主　任(党组书记)：严卫华(7月任)

副主任(党组成员)：张永祥　李寿根

市委党校(社会主义学院)

校　长：吕　平(兼)

社会主义学院院长：钱晓华

常务副校长(社会主义学院副院长)：仇康君

社会主义学院副院长：陈友明

副校长：王　平　李林山(9月免)
蒋秀英(女,9月任)

融媒体中心(集团)

总编辑(党委副书记)：朱　言

副总编辑(副主任、党委委员)：钟清鸿　吴时力
余　锋　吕冰峰

机关事务服务中心

主　任(党组书记)：胡卫明

副主任：黎　源　张　勇(10月任)

党组成员：黎　源　张　勇(9月任)

档案馆

馆长(党组书记)：曹剑波(9月免)　刘自强(9月任)

副馆长(党组成员)：蒋富华

杭州市住房公积金管理中心建德分中心

主　任：陈淦涛

数据资源服务中心(4月机构升格)

主任：徐新平(8月任)

副主任：张　鲲(8月任)

党组成员：张　鲲(7月任)

【群众团体】

总工会

主　席：吕建月(女,兼)

党组书记：余小途

常务副主席：傅定辉(1月免)　余小途(1月任)

副主席(党组成员)：廖文平　汪为骏

团市委

书　记：郑　雄（女，4月任）

副书记：郑　雄（女，—4月）　周义盼（4月免）
孙陆炜　邵慧婷（女，4月任）

团市委党组（11月撤销）

党组书记：郑　雄（女，4—11月）

党组成员：郑　雄（女，4月免）　周义盼（4月免）
孙陆炜（11月免）邵慧婷（女，4—11月）

妇联

主　席（党组书记）：童志云（女）

副主席：卢　萍（女）　王思群（女，12月任）

党组成员：卢　萍（女）　王思群（女，5月任）

科协

主　席（党组书记）：洪树华

副主席（党组成员）：钟德智　李　成

文联

主　席（党组书记）：丁能权

副主席：周建兵（6月免）　朱旭敏（女）
余子龙（兼）

党组成员：朱旭敏（女）

残联

党组书记：官建强

理事长：钱志明（5月免）官建强（5月任）

副理事长（党组成员）：余志林　王培森

供销总社

主　任（党组书记）：钟利平（4月免）
王志平（4月任）

副主任：韩建强　姚士军（11月免）
陈根良（12月任）

党组成员：韩建强　姚士军（9月免）
陈根良（11月任）

红十字会

会　长：郑志华（兼）

常务副会长：王雪霖（10月免）　徐军潮（10月任）

党组副书记：徐军潮

副会长：赖艳芬（女，兼，10月免）
舒志强（兼，10月免）　乐照明（兼，10月任）
杨志瑜（兼）　叶宏清（兼，10月任）
蒋樟茂（10月任）

社会科学界联合会

主席：严卫华（兼，10月免）　郎　栋（10月任）

专职副主席：蒋秀英（女，10月免）

计划生育协会

会　长：徐亚娟（女，兼）

常务副会长：郑泽挥（兼）

专职副会长：张　鲲

【企业单位】

城市建设发展投资有限公司

董事长（党委书记）：吴小龙

总经理（党委委员）：章晓行

副总经理：徐京山（8月免）　汪旭飞
陈庆军（8月任）

党委委员：徐京山（7月免）　汪旭飞
吴　峰（7月免）　陈庆军（7月任）
马艳霞（女，7月任）

纪委书记：马艳霞（女，7月任）

新安旅游投资有限公司

董事长（党委书记）：郑希平

总经理：朱红霞（女，8月免）　刘光星（8月任）

副总经理：谢双明　胡志丰　骆燕君（女，8月任）

党委委员：朱红霞（女，7月免）　刘光星（7月任）
谢双明
胡志丰　骆燕君（女，7月任）

资产经营投资有限公司

董事长（党委书记）：项智东

总经理：徐　强（12月任）

副总经理：王建强　杨　涛（3月任）

党委委员：徐　强（11月任）　王建强　杨建红
杨　涛（2月任）　滕益芳

纪委书记：杨建红

交通发展投资有限公司

董事长：汪德文（8月免）

党委书记：汪德文（7月免）

总经理：黄志良（8月免）　唐建锋（8月任）

副总经理：陶庭震（8月任）

党委委员：黄志良（7月免）　陶庭震
刘旭东（7月任）　许有平

纪委书记：刘旭东（7月任）

高铁新区投资发展有限公司
董事长(党委书记):徐旭飞
总经理:饶 斌(8月任)
副总经理:王新宇 吴 峰(8月任)
党委委员:饶 斌(7月任) 王新宇
吴 峰(7月任) 陈志宏(7月任)
纪委书记:陈志宏(7月任)
两山建设开发有限公司
副总经理:甘 伟 徐京山(8月任)
王良来(8月任)
党委委员:甘 伟 徐京山(7月任)
王良来(7月任) 刘屹洋(7月任)
纪委书记:刘屹洋(7月任)

【双重和垂直管理单位】
国家税务总局建德市税务局
局长(党委书记):葛欣欣(9月免)
方新平(9月任)
建德市规划和自然资源局
局 长(党委书记):姜建生
杭州市生态环境局建德分局
局 长(党组书记):占志忠
钱江海关驻建德办事处
主 任:俞仁贤
杭州港航建德执法大队
大队长:翁献忠
建德市邮政局
局 长:潘羽华
建德市烟草专卖局
局 长:朱土夏(2月免) 庄一庆(2月任)
建德市气象局
局 长:丁卫华
建德市供电公司
执行董事(书 记):朱卫东
中国人民银行建德市支行
行 长:楼 华(12月免) 沈云松(12月任)
浙江银监局建德监管组
主 任:童小芳
中国工商银行建德市支行
行 长:何 静(女,4月免) 倪 锋(4月任)
中国银行建德支行
行 长:王 浩
中国农业银行建德市支行
行 长:罗正进
中国建设银行建德市支行
行 长:陈文贵(3月免) 叶孝丰(3月任)
交通银行杭州建德支行
行 长:任冠群
建德市农村商业银行股份有限公司
董事长:王锦芳(女)
行 长:程银川
中国农业发展银行建德市支行
行 长:杨 敏
副行长(代履行职务):叶晓君(女,11月任)
中国邮政储蓄银行建德市支行
行 长:胡光红
杭州银行建德支行
行 长:陈 骏
浙江建德湖商村镇银行
行 长:饶卫东(1月任)
副行长(代履行职务):周 颖(女,1月免)
浙江民泰商业银行杭州建德支行
行 长:李功林
中国民生银行杭州建德支行
行 长:刘 扬
泰隆商业银行建德支行
行 长:钱凯峰(5月任)
代履行行长职务:钱凯峰(5月免)
上海浦发银行建德支行
行 长:叶欢庆
中信银行杭州分行建德支行
行 长:汪建康
台州银行建德支行
行 长:金敬挺
中国人民财产保险公司建德支公司
总经理:陈 烈(8月免) 程 俊(8月任)
中国人寿保险公司建德支公司
总经理:郑红月(女)
中国电信股份有限公司建德分公司
总经理:金 波

中国移动建德分公司

总经理:胡晓东(9月任)

副总经理(主持工作):胡晓东(9月免)

中国联通建德分公司

总经理:吕继军

建德华数数字电视有限公司

总经理:苏 卫(女)

【乡镇(街道)】

新安江街道

党工委书记:吕鹏云

党工委副书记:程 斌 徐国平

党工委委员:雷国军 严 华 宋国平 邱伟军 王剑飞 章红兵 李 炜 封菊珍(女,7月任)

政法委员:徐国平

纪工委书记(派出监察办主任):章红兵

人大工委主任:陈 刚

人大工委副主任:谢林伟 何 凯

办事处主任:程 斌

办事处副主任:雷国军 严 华(1月任) 傅胜英(女)

更楼街道

党工委书记:王一叶

党工委副书记:倪浩群 郑芳华(7月免) 陈黄琴(女,7月任)

党工委委员:邵卫明 徐进荣 黄松霖 宋良宏 吴海华 阮镇江 邵丽娟(女)

政法委员:郑芳华(7月免) 陈黄琴(女,7月任)

纪工委书记(派出监察办主任):邵丽娟(女)

人大工委主任:程新炉

人大工委副主任:余小群 江 徽

办事处主任:倪浩群

办事处副主任:邵卫明 徐进荣 傅 宇(女) 王 峰

洋溪街道

党工委书记:蒋建成

党工委副书记:叶 莲(女) 邱锦平

党工委委员:张建平 徐序红(女) 陈伟强 叶月玲(女,7月任) 张 宏 王建辉 李建伟

政法委员:邱锦平

纪工委书记(派出监察办主任):李建伟

人大工委主任:李 刚

人大工委副主任:邵仪鹏 陈 赟(女)

办事处主任:叶 莲(女)

办事处副主任:张建平 徐序红(女) 范铁锋 吴燕婷(女)

梅城镇

党委书记:何瑞洪(7月免) 龚 鑫(7月任)

党委副书记:沈小来 周向阳 练 超(7月任)

党委委员:夏育宏(9月免) 张晓勇(7月免) 陈明芳 李建军 朱 锐(9月任) 程小波 蒋 挺 邹林红(女,7月任) 胡庆华(11月任)

政法委员:周向阳

纪委书记(派出监察办主任):李建军

人大主席:蒋 华

人大副主席:章秋松 胡建芳

镇 长:沈小来

副镇长:夏育宏 彭思远(女,1月免) 吴 杰 唐黎明(8月免) 陈韵之(女,1月任) 张继宏(8月任)

副镇级组织员:于书印

寿昌镇

党委书记:倪国芳

党委副书记:骆旭华 徐 诤(11月免)

党委委员:陈 飞(11月免) 穆亚琴(女) 江 涛 胡益标 汪 栋(女) 姜 雯(女,7月任) 郎登峰(11月任)

政法委员:徐 诤(11月免)

纪委书记(派出监察办主任):胡益标

人大主席:宋有军

人大副主席:徐国友 叶筱寅(8月免)

镇 长:邹 泉(1月免) 骆旭华(1月任)

副镇长:章晓行(1月免) 王金郎(1月免) 方 鸣 关 诚 穆亚琴(女,1月任) 杨文超(8月任)

大同镇

党委书记:方 华

党委副书记:杨成军　郑建霞(女,4 月任)
党委委员:吴建新　傅　佳(女,7 月免)　方　聪
　　何　明　黄光辉　饶　军　廖卫忠
　　汪海峰(7 月任)
政法委员:方　聪
纪委书记(派出监察办主任):何　明
人大主席:周继发
人大副主席:苏雪平　方荣良
镇　长:杨成军
副镇长:吴建新　钟小娟(女)　杨建功

乾潭镇

党委书记:李　俊(女)
党委副书记:肖　虎　徐利平　黄晓庭(4~7 月)
党委委员:章万林　吴建军　余　岩　沈　灵(女)
　　唐明杰(7 月免)　封菊珍(女,7 月免)
　　宋晓华(7 月任)　王　琳(女,7 月任)
　　赖双月(女,9 月任)
政法委员:徐利平
纪委书记(派出监察办主任):唐明杰(7 月免)
　　宋晓华(7 月任)
人大主席:吴晓峰(1 月免)　陈观宝(1 月任)
人大副主席:程志红
镇　长:唐正彪(1 月免)　肖　虎(1 月任)
副镇长:章万林　沈晓东(1 月免)　包　韩(女)
　　胡风华　陈　浩(8 月任)

三都镇

党委书记:张建明
党委副书记:方　睿　蒋一新
党委委员:郭顺洪　黄丽芳(女)　胡正洪
　　张仲建　钱　媛(女)　陈勇华
　　谢跃红
政法委员:蒋一新
纪委书记(派出监察办主任):张仲建
人大主席:程新炉(1 月免)　叶晓敏(女,1 月任)
镇　长:官建强(1 月免)　方　睿(1 月任)
副镇长:郭顺洪　谢跃红(1 月免)　张　勇
　　李利平　黄丽芳(女,1 月任)
　　游大川(1 月任)

杨村桥镇

党委书记:蒋哲远
党委副书记:李可大　吕建忠
党委委员:方国东　华爱民　徐玲莉(女)
　　乐军飞　曹　健　楼锦武(11 月任)
政法委员:吕建忠
纪委书记(派出监察办主任):华爱民
人大主席:赖如平
人大副主席:许来友
镇　长:李可大
副镇长:兰胜平(1 月免)　方国东　余卫刚
　　麻建强　谢晓君(女,1 月任)

下涯镇

党委书记:叶胜平
党委副书记:吴　雯(女)　吴　峰
党委委员:刘正中　王晓慧　蒋羽剑(女)
　　刘晓鹏　缪佳春
政法委员:吴　峰
纪委书记(派出监察办主任):王晓慧
人大主席:王　坚(1 月免)
人大副主席:吴建卫
镇　长:吴　雯(女)
副镇长:刘正中　陈为新　姜勇军　方仲华
　　杨　涛(8 月任)

大慈岩镇

党委书记:黄　炜(7 月免)　游佩芝(女,11 月任)
党委副书记:游佩芝(女,—11 月)
　　徐　诤(11 月任)　诸葛杰成
党委委员:邓建江　吴　炜　姚　飞(女)
　　郎忠杰　方　玮(7 月任)
　　唐旭华(11 月任)
政法委员:诸葛杰成
纪委书记(派出监察办主任):方　玮(7 月任)
人大主席:李　刚(1 月免)　周　明(1 月任)
人大副主席:徐射宏
镇　长:游佩芝(女)
副镇长:邓建江　吴瑞华　胡卫勤
　　方　玮(8 月免)　陈烈光(8 月任)
　　杜立恒(8 月任)

航头镇

党委书记:游国平
党委副书记:黄伟斌　郑勇军

党委委员：刘复文　毛晨婴　郑广明
　　陈黄琴（女，7月免）　蒋小伟
　　郑益华（7月任）
政法委员：郑勇军
纪委书记（派出监察办主任）：蒋小伟
人大主席：孙　斌
人大副主席：林黎明
镇　长：黄伟斌
副镇长：刘复文　诸葛杰成（1月免）　周小堂
　　黄英杰　葛博浩（1月任）
　　邵　蓁（女，8月任）

李家镇

党委书记：章晓腾
党委副书记：金鹏飞　诸葛林
党委委员：吴志兵（9月免）　方建卫
　　吴成梁　翁仙红（女）
　　姜一文（女，4—8月）　陈钇任（7月任）
　　尚　飞（11月任）
政法委员：诸葛林
纪委书记（派出监察办主任）：
　　姜一文（女，4—8月）　翁仙红（女，9月任）
人大主席：沈　龙
人大副主席：翁仙红（女，1月免）
　　唐晓东（1月任）
镇　长：金鹏飞
副镇长：吴志兵　方建卫　詹轶凡　徐三凯
　　王耀平（8月任）

大洋镇

党委书记：陈正清
党委副书记：何洪宇　徐　斌
党委委员：谢作华　鲁益祥　叶　萌（女）
　　袁　红（女）　张建辉　唐　潇（4月任）
　　潘丽萍（女，7月任）
　　张晓娟（女，11月任）
政法委员：徐　斌
纪委书记（派出监察办主任）：潘丽萍（女，7月任）
人大主席：翁炳昌
人大副主席：姚根伟
镇　长：何洪宇（1月任）
副镇长：何洪宇（1月免）　谢作华　鲁益祥
　　徐晓刚　潘丽萍（女，8月免）
　　陈庆鹏（8月任）

莲花镇

党委书记：叶　姣（女）
党委副书记：应永江　李伟锋
党委委员：吴宽宏（7月免）　唐晓晖
　　叶月玲（女，7月免）　童孝廉
　　章　洁（女）　周义盼（4月任）
　　诸可静（女，7月任）
政法委员：李伟锋
纪委书记（派出监察办主任）：章　洁（女）
人大主席：傅殿红（8月免）
镇　长：应永江
副镇长：吴宽宏（8月免）　滕新春
　　王小波（8月任）

钦堂乡

党委书记：邹　泉
党委副书记：王志平（4月免）　练　超（7月免）
　　傅　欣（4月任）　张晓勇（7月任）
党委委员：杨红军　朱　锐（9月免）
　　翁　玲（女，9月任）　刘爱莲（女）
　　朱志成　蒋伟明　汪会良（7月任）
政法委员：练　超（7月免）　张晓勇（7月任）
纪委书记（派出监察办主任）：汪会良（7月任）
人大主席：许珍红（女）
乡　长：王志平（8月免）　傅　欣（8月任）
副乡长：杨红军　翁　玲（女）
　　甘伟蓓（女，8月任）

说明：1.该“名录”收录2020年各单位在任市管领导干部（未包括挂牌机构）。

2.任免职时间（月份）已经注明，凡未标明时间的，均系职务未变动。如有差错，以任免文件为准。

（邱利成）

编辑：黄建生

重要文件选录

Documents Selection

重要文件目录

【中共建德市委文件】

市委〔2020〕1 号 关于全面建设风清气正政治生态的“十项规定”

市委发〔2020〕7 号 印发《关于应对新冠肺炎疫情支持企业共渡难关的政策》的通知

市委发〔2020〕28 号 关于授予曾旭龙等 41 名同志“建德市优秀共产党员”称号的决定

市委发〔2020〕35 号 关于推进新时代民政事业高质量发展的实施意见

市委发〔2020〕43 号 关于全国文明城市创建工作先进集体和个人行政奖励的通报

【市委办公室文件】

市委办发〔2020〕6 号 关于印发《建德市全国乡村治理体系建设试点示范工作实施方案》的通知

市委办发〔2020〕20 号 关于印发《建德市党建引领强村善治实施意见》的通知

市委办发〔2020〕28 号 关于印发《建德市政治生态评估预警方案(试行)》的通知

市委办发〔2020〕30 号 关于印发《高质量做好村(社区)组织换届选举工作的意见》的通知

市委办发〔2020〕32 号 印发《关于落实省委办公厅〈进一步加强检察机关法律监督工作的若干意见〉的实施方案》的通知

市委办发〔2020〕33 号 关于印发《建德市档案工作服务农村基层社会治理省级试点项目实施方案》的通知

【市政府文件】

建政〔2020〕1 号 关于印发《建德市政府投资项目管理办法》的通知

建政〔2020〕2 号 关于印发《建德市最低生活保障实施办法》的通知

建政函〔2020〕48 号 关于公布《建德市 2020 年度政府集中采购目录及标准》的通知

建政函〔2020〕75 号 关于降低非居民用管道天然气价格的通知

建政函〔2020〕99 号 关于印发《建德市医疗服务价格改革方案》的通知

【市政府办公室文件】

建政办函〔2020〕2 号 关于印发《建德市公共租赁住房保障货币补贴实施办法》的通知

建政办函〔2020〕3 号 关于印发《建德市政府投资预算管理办法(试行)》的通知

建政办函〔2020〕4 号 关于印发《建德市直管公房管理办法》的通知

建政办函〔2020〕10 号 关于印发《建德市育禽养殖禁划分调整方案》的通知

建政办函〔2020〕21 号 关于印发《建德市发展学前教育第三轮行动计划》的通知

建政办函〔2020〕41 号 关于开展既有住宅加装电梯工作的实施意见

建政办函〔2020〕56 号 关于印发《建德市小客车县(市)指标配置管理办法实施细则》的通知

建政办函〔2020〕64 号 关于废止《关于涵养服务业税源的若干意见》(建政办函〔2014〕119 号)

市委重要文件辑录

中共建德市委
关于全面建设风清气正政治生态的
“十项规定”

市委〔2020〕1号

为全面建设风清气正的政治生态，加快推动形成亲清融合的创业生态、山清水秀的宜居生态，崇德向善的社会生态，根据《关于新形势下党内政治生活的若干准则》《中国共产党党内监督条例》等党内相关法规文件精神，结合建德实际，现就优化政治生态建设提出以下“十项规定”。

1.严禁阳奉阴违，必须旗帜鲜明讲政治。坚决与党中央、省委、杭州市委保持高度一致，第一时间贯彻落实上级党委和市委各项决策部署。允许发挥主动性、创造性，但绝不允许“上有政策、下有对策，有令不行、有禁不止”，合意的执行，不合意的不执行，在执行上打折扣、搞变通。

2.严禁各行其是，必须凝心聚力重团结。全力维护班子团结，认真落实民主集中制，在研究重大问题时要充分发表意见，不能当场无原则一团和气，会后滥加评议。决策形成后，要服从组织决定，坚决执行，不得违背集体决定自作主张，坚决反对和纠正当面不说、背后乱说，会上不说、会后乱说。

3.严禁各自为政，必须执行重大问题请示报告制度。人大、政府、政协、法院、检察院党组要定期向市委报告工作，研究涉及全局的重大事项或作出重大决定时要及时向市委请示，上级单位来检查指导工作、外地单位来我市交流工作等情况要及时报告。

4.严禁推诿卸责，必须率先垂范强执行。积极发挥以上率下“头雁效应”，坚决反对不担当、不作为、乱作为。市委集体研究决策的重大事项，牵头领导要积极协调推进，雷厉风行、一抓到底，不允许行动迟缓、推诿扯皮，确保市委交办的工作件件有落实、事事有回音。

5.严禁因循守旧，必须争先创优争一流。坚决纠正得过且过、不思进取、小进即满的思想，坚决去掉不求有功、但求无过的懒政思想，增强改革创新本领，营造敢闯敢试氛围，不允许躲在“安乐窝”里混日子，躺在“功劳簿”上干工作。

6.严禁敷衍塞责，必须知行合一敢担当。顺境逆境看襟度，大事难事看担当。坚持为党的事业担当、为建德发展担当，职权范围内工作要敢于决断、善于落实，遇到矛盾问题不得议而不决，上推下卸，严禁在大是大非面前“装糊涂”、在发展难题面前“讲佛系”。

7.严禁跑官要官，必须树立正确选人用人导向。坚持把公道正派作为干部工作核心理念，把实干担当用人导向贯穿选人用人全过程，形成能者上、庸者下、劣者汰的选人用人机制，不准任人唯亲、搞亲亲疏疏，不准封官许愿、跑风漏气、收买人心，不准把党的干部当作私有财产，不准搞人身依附关系。

8.严禁脱离群众，必须牢记为民服务宗旨。坚持一切为了群众、一切依靠群众，改进和创新“走村不漏户、户户见干部”密切联系服务群众做法，多渠道倾听群众呼声，主动深入一线开展“三服务”。对基层反映的问题诉求实行“首问负责制”，坚决反对形式主义、官僚主义，把对上负责和对下负责一致起来。

9.严禁我行我素，必须严明政治纪律和规矩。必须严格遵守党的政治纪律和政治规矩，不准散布违背党的理论和路线方针政策的言论，不准公开发表违背上级党委和市委决定的言论，绝不允许在党内培植个人势力，搞小山头、小圈子、小团伙，严禁在党内拉私人关系、培植个人势力、结成利益集团。

10.严禁贪图享乐，必须在永葆清廉本色上做表率。带头严格执行中央八项规定精神，做到以上率下，以身作则，加强党纪修养，知敬畏、存戒惧、守底线。带头倡导务实节俭、绿色环保，坚决杜绝铺张浪费、讲排场比阔气。坚持依法行政、秉公用权，坚决反对特权行为、特权现象。带头树立良好家风，从严管好亲属和身边工作人员，自觉净化社交圈、生活圈、朋友圈，保持“亲”“清”政商关系。

中共建德市委 建德市人民政府印发《关于应对新冠肺炎疫情支持企业共渡难关的政策》的通知

市委发〔2020〕7号

各乡镇(街道)党(工)委、政府(办事处),市级机关各单位:

现将《关于应对新冠肺炎疫情支持企业共渡难关的政策》印发给你们,请结合工作实际,认真抓好贯彻落实。

中共建德市委

建德市人民政府

2020年2月19日

关于应对新冠肺炎疫情支持企业共渡难关的政策

为全面落实中央、省和杭州市关于坚决做好疫情防控工作、全力稳企业稳经济稳发展的决策部署,不断深化“三服务”活动,努力减少疫情对企业发展造成的影响,支持和帮助企业实现平稳健康发展,特制定以下政策:

一、加快落实省、杭州市各项政策。快速落实省委、省政府《关于坚决打赢新冠肺炎疫情防控阻击战全力稳企业稳经济稳发展的若干意见》和杭州市委、市政府《关于严格做好疫情防控帮助企业复工复产的若干政策》的各项惠企条款,各职能部门要确定专人、简化程序、快速审核、提高效率、及时兑现。(责任单位:各相关职能部门)

二、降低企业用电用水用气成本。工业用电价格根据国家政策及时调整,工业用水价格、天然气价格在原实际结算价格的基础上下调10%,期限为3个月。因价格下调影响供电、供水、供气企业绩效的,由考核牵头部门在年终考核时综合考虑。(责任单位:市发改局)

三、加大对重点应急物资生产企业的支持。经认定的重点应急物资生产企业享受“亩产效益评价”A类企业城镇土地使用税差别化减免政策,并优先享受其他相关税费减免政策。承担应急物资调拨任务的企业,从事应急物资生产因员工加班工资支出、原材料采购价格上涨、员工集中管理等因素产生的额外成本,经清算后给予一定比例补助。对因疫情导致生产经营受到重大影响,缴纳房产税、城镇土地使用税确有困难的企业,可申请房产税、城镇土地使用税困难减免。(责任单位:市经信局、市财政局、市税务局)

四、给予集中过渡住宿、包车补贴。疫情防控期间,没有集中住宿条件,在外租用宾馆对返企员工进行封闭式管理的工业企业,在14天内按照实际发生住宿费用酌情给予补助。对我市企业市外员工相对较为集中的地区,政府适时组织专车负责接送;对杭州市统一组织的复工专列员工,由政府组织专车接送,所产生的费用由市财政承担。鼓励企业“点对点”接送方式组织员工返建,企业通过包车、企业间拼车等方式单次接送来源地相对集中的员工返建上岗15人以上,所产生的包车费用全额补助。(责任单位:市经信局、市财政局、市人力社保局)

五、加强信贷纾困。各银行业金融机构对全省一级响应期间及其后3个月内到期的企业贷款均应提前与企业沟通。全省一级响应期间到期的贷款,借款人受疫情影响还款有困难或有续贷意愿的,原则上应通过展期、续贷、重组等方式进行处理,做到不转逾期、不计罚息、不影响征信。在疫后恢复生产时期,对受疫情影响较大、暂时出现现金流问题的企业,视情况设定合理的还款宽限时间,不得盲目抽贷、压贷、断贷。(责任单位:人行建德支行、浙江省银保监局建德监管组)

六、降低融资成本。完善企业风险补偿、余值抵押、政策性担保、贴息等政策措施并强化执行力度。鼓励和推动商业银行信用贷款、无还本续贷、制造业中长期贷款扩面增量。进一步提高企业资产抵质押率。

鼓励银行业金融机构对全市现有贷款1000万元以下的企业减收(或免收)2月份利息,根据银行业金融机构减(免)利息情况,市财政局在财政性资金竞争性存放评分时给予一定倾斜。对符合《建德市中小企业转贷专项资金管理办法》(建政办函〔2018〕110号)申请条件的企业,使用市财政中小企业转贷专项资金暂不收取资金使用费，执行期限为3月、4月、5月(按借款协议中出借时间计算)，企业应在《借款协议》约定期限内归还所借资金。(责任单位：市财政局、人行建德支行、浙江省银保监局建德监管组)

七、减免企业房屋租金。对承租市属及以下国有经营用房的企业和个体工商户，免收2、3月份房租。(责任单位：市财政局)

八、全力支持外贸、电商稳定发展。对因疫情不能参加境内外展会的，已支付且确实无法退回的展位费用，可按不高于原补助标准继续补助。对原定于2、3月份出货的出口订单因疫情影响无法按时交付产生的违约赔偿金，按照实际赔偿金额给予50%的补助，最高不超过10万元/家。对电商企业（含跨境电商）2月份的快递物流费用给予50%补贴，最高不超过2万元/家。(责任单位：市商务局)

九、对物业企业进行补助。对全市物业管理服务企业，按照管面积每平方米不超过0.3元的标准，给予两个月的分档补助。(责任单位：市住建局)

十、鼓励企业多途径招录新员工。在2020年5月31日前招录首次在建就业员工，并依法缴纳社会保险3个月以上的，按每人1000元的标准给予企业用工补助。(责任单位：市人社局)

十一、临时性降低医保费率。疫情防控期间，对裁员率不高于5%的参保企业，由税务部门在2020年3月、4月按职工基本医疗保险单位缴费费率的75%征收。(责任单位：市医疗保障局、税务局)

本政策有效期至2020年5月31日。上级相关惠企政策，遵照执行。

中共建德市委 建德市人民政府
关于印发《建德市低收入农户高水平
全面小康行动计划(2018—2022年)》的通知

市委发〔2019〕22号

各乡镇(街道)党(工)委、政府(办事处)，市级机关各单位：

现将《建德市低收入农户高水平全面小康行动计划(2018-2022年)》印发给你们，请结合实际认真贯彻落实。

中共建德市委

建德市人民政府

2019年8月3日

建德市低收入农户高水平全面小康行动计划
(2018—2022年)

为深入贯彻党的十九大精神，切实打赢低收入农户增收攻坚战，根据省委、省政府关于印发《低收入农户高水平全面小康计划(2018—2022年)》(浙委发〔2018〕41号)和杭州市委、市政府关于印发《杭州市低收入农户高水平全面小康行动计划(2018—2022年)》(市委发〔2018〕43号)等文件精神，结合我市实际，制定本计划。

一、总体要求

(一)指导思想。全面贯彻党的十九大精神，以习近平新时代中国特色社会主义思想为指导，围绕市委、市政府决胜高水平全面建成小康社会目标，按照“扶贫工作没有完成时”的要求，通过完善扶持政策、加大扶持力度、创新扶持方式、激发内生动力，逐步提高低收入农户收入水平，改善低收入农户生活质量，确保我市高水平全面建成小康社会。

(二)基本原则

1.坚持党政主导原则。加强党对扶贫开发工作的领导，确保党在扶贫开发工作中始终统揽全局、政府主导、部门协同，为打赢我市低收入农户增收攻坚战提供坚强的政治保障。

2.坚持农民主体原则。充分发挥扶贫帮扶对象的主体作用，坚持扶贫与扶志、扶智相结合，强化劳动光荣、致富光荣导向，创造条件让有劳动能力的低收入农户通过劳动增加收入，与全市人民共创共享小康生活。

3.坚持政策“兜底”原则。完善社会保障政策，通过政府“兜底”保障符合条件的低收入农户最低生活需求，在努力做到“幼有所育、学有所教、病有所医、老有所养、住有所居、弱有所扶”的基础上，逐步提高社会保障标准,扩大社会保障范围。

4.坚持“小康路上一个不少”原则。按照“干在实处永无止境、走在前列要谋新篇、勇立潮头方显担当”的要求,守住全市人民同进小康、不让一人掉队的底线,优化政策措施,创新工作方法,积极帮扶发展,推动我市打赢低收入农户增收攻坚战,为争创部省共建乡村振兴示范区夯实基础。

(三)实施时间、对象和主体

低收入农户高水平全面小康行动计划实施时间为2018年至2022年;扶持对象为我市建档立卡的低收入农户;实施主体为乡镇(街道)人民政府(办事处)。低收入农户的认定,以家庭人均可支配收入为主要依据,按照上年当地最低生活保障标准的1.5倍确定收入标准线,由市政府组织核定,并建档立卡,每年进行动态调整。

(四)目标任务

1.低收入农户收入较快增长。全市低收入农户人均可支配收入年增幅达到10%以上,高于全市农村居民收入增长水平。到2022年,低收入农户最低收入水平达到年人均10000元以上,有劳动力的低收入农户年人均可支配收入达到18500元以上。

2.社会保障水平显著提高。逐步提高社会保障范围和保障标准,除低保户以外的低收入农户在社会保险、社会救助、社会福利等社会保障政策方面实现全覆盖,做到应保尽保、应补尽补,确保不出现绝对贫困现象。

3.集体经济相对薄弱村较快发展。村级集体经济稳定增长,增收长效机制普遍建立。到2022年,在全市范围内全面消除年总收入30万元以下、经营性收入20万元以下的集体经济相对薄弱村。

4.低收入农户生活质量明显改善。农村基本公共服务水平显著提高,低收入农户住房、教育、医疗、社会保障等指标达到全面小康标准。

二、主要举措

(一)深化区市协作。建立健全城乡融合发展机制,深化萧山区、江干区、杭州经济开发区与建德市的区市协作,促进城乡资源优化配置,增强县域经济综合实力,缩小城乡区域差距,助力集体经济相对薄弱村发展、低收入农户增收和生活质量提升,每年落实协作资金6000万元以上,每年完成产业协同资金4亿元以上,镇街结对全覆盖。[责任单位:市农业农村局、各乡镇(街道)]

(二)深化“联乡结村”活动。加大“联乡结村”帮扶力度,聚焦低收入农户增收和集体经济相对薄弱村发展“短板”。发挥帮扶集团成员单位资源优势,深入开展城乡学校结对、医疗卫生“双下沉、两提升”、文化科技下乡、旅游下乡、国防资源进乡村等活动,确保11个帮扶镇农民人均可支配收入年增幅高于全市农村居民平均水平。完善一村一策帮扶机制,采取联合开发、抱团发展的方式,通过投资入股设立乡村振兴公司、移民创新创业公司和三农发展公司,实施“高新园科创中心孵化器”、“创新创业小微企业园”等大平台项目建设,实现薄弱村扶持全覆盖。[责任单位:市委组织部、市财政局、市农业农村局、各乡镇(街道)]

(三)发展特色产业。加大农业产业政策扶持力度,优先扶持低收入农户发展三大优势产业、九大特色产业。发展一村一品,鼓励村经济合作社利用村级资产兴办或控股发展特色小吃、农产品加工作坊、电商特色村等特色产业,每年排定培育计划,重点培育1—2个特色村,对村级投入给予50%补助,相对薄弱村补助上浮到70%,单个村最高补助不超过100万元。探索低收入农户、致富能手和集体经济相对薄弱村三方组成的“党建联社”;大力开发“小康岗位”,统筹政府、企业(经营主体)和社会力量与低收入农户进行联结带动,确保低收入农户收入持续稳定增长。[责任单位:市农业农村局、市供销社、市民政局、市财政局、市商务局、市文广旅体局]

(四)发展来料加工业。鼓励和扶持乡镇(街道)、村级组织和经济组织开展来料加工点建设,推动易地搬迁安置小区来料加工业,开发来料加工衍生品,拉长来料加工产业链,努力培育一批家庭工场、手工作坊、乡村车间,着力打造一批来料加工专业镇村。(责任单位:市妇联、市财政局、市农业农村局)

(五)完善创业就业机制。为低收入农户提供免费的技能培训,提高创业就业能力。开展扶贫富带头人培训，充分发挥示范引领带动作用，促进低收入农户就业创业致富。鼓励工商企业、农业龙头企业、农民专业合作社等经济实体优先吸纳低收入农户务工。优先安排低收入农户从事当地山林、村庄、景区、民宿等维护、保洁等工作，增加就地就近就业岗位。鼓励各类农信机构为低收入农户提供免抵押、免担保的小额信用贷款，帮助低收入农户发展生产、自主创业。（责任单位：市农业农村局、市教育局、市科技局、市财政局、市人力社保局、市农商行）

（六）加大教育帮扶力度。加强城乡学校互助共同体建设，优化配置城乡教育资源，共建共享“品质教育”。完善对低收入农户子女不同教育阶段的奖补或减免政策。低收入农户中持有《最低生活保障家庭证》、《最低生活保障边缘家庭证》、《建德市残疾人基本生活保障证》的困难家庭，其子女就读全日制普通高校，给予每学年每人3000元的一次性“春风行动”助学款。（责任单位：市教育局、市民政局、市财政局、市农业农村局）

（七）完善养老和医疗保障制度。完善基本养老保障制度，对低收入农户中持有《最低生活保障家庭证》、《残疾人基本生活保障证》和二级及以上《中华人民共和国残疾人证》、《最低生活保障边缘家庭证》家庭成员，其个人缴费按最低档次标准由市财政给予全额补贴。完善医疗保险救助政策，将低收入农户纳入城乡居民基本医疗保险、大病保险和医疗救助保障范围，发生重特大疾病的普通农户导致返贫的，经认定可纳入低收入农户范围并享受医疗救助。低收入农户中《最低生活保障边缘家庭证》持有者个人应缴纳的城乡居民医保费由政府补贴一半，其他持证人员和重点优抚对象由政府全额补贴。对城乡居民基本医疗保险和大病保险支付后自负费用仍有困难的患者，加大医疗救助和其他保障政策的帮扶力度。全面实施家庭医生与低收入农户签约。（责任单位：市人力社保局、市医疗保障局、市残联、市卫生健康局、市总工会、市财政局、市民政局、市农业农村局）

（八）改善居住生活条件。实施“四好农村路”三年行动计划。实施农村人居环境提升三年行动计划，开展“洁化序化美化”专项整治，改善低收入农户生活环境。实施农村危旧房质量安全常态化管理，实行农村困难家庭住房即时救助保障。对农村困难家庭危房实行改造补助，确保农村困难家庭危房“发现一户，解决一户”。实施地质灾害隐患综 合治理“除险安居”工程，确保偏远地区人民群众居者安心。（责任单位：市交通运输局、市住建局、市规划和自然资源局、市农业农村局、市水利局、市供电局）

（九）完善兜底保障制度。完善最低生活保障对象认定办法，对符合最低生活保障条件的农村困难对象做到应保尽保，稳步提高农村最低生活保障标准。全面落实困难残疾人生活补贴和重度残疾人护理补贴制度，做到应补尽补。加大残疾人社会救助力度，对符合城乡低保条件的残疾人家庭，做到应保尽保。对因遭受自然灾害造成基本生活受到严重影响的农户，及时提供生活救助。对因特殊原因造成基本生活暂时出现严重困难的低收入农户，给予非定期、非定量的临时救助，切实帮助解决困难。（责任单位：市民政局、市残联、市财政局、市应急管理局）

（十）开展扶志教育帮扶。加强农村公共文化阵地建设，提升低收入农户的公共文化服务获得感。坚持扶贫扶志相结合，坚决防止政策养“懒汉”、助长“不劳而获”“等靠要”等不良风气。加强教育引导，开展扶志教育活动，帮助低收入农户转变思想观念，激发和增强致富奔小康的热情和信心。把扶贫领域诚信纳入国家信用监管体系，将不履行赡养义务、虚报冒领扶贫资金、严重违反公序良俗等行为人列入失信人员名单。（责任部门：市委宣传部、市农业农村局、市教育局、市民政局、市文广旅体局、人行建德市支行）

（十一）深化干部结对帮扶。以“三服务”、“组团包干”为载体，完善市级领导、部门和乡镇干部、第一书记、乡村振兴特派员、科技特派员与低收入农户建立“一对一”或“一对多”结对帮扶全覆盖的工作机制，实行一户一档、一年一核。结对干部每半年至少上门走访一次，开展政策宣传、生产服务、增收指导、产品销售、捐赠慰问和助学解困等活动[责任单位：市委组织部、市科技局、市农业农村局、各乡镇(街道)]

三、保障措施

（一）加强组织领导。把实施低收入农户高水平全面小康行动计划作为乡村振兴的重要工作来抓。按照“各级书记一齐抓、党政正职亲自抓，靠前指挥”的要求，建立健全党委统一领导、政府负责、各部门协同的扶贫开发工作机制。加强各级帮扶干部队伍建设，乡镇（街道）要明确分管领导和低收入农户增收工作干部，强化责任落实。市扶贫办具体负责《计划》的工作指导、综合协调、督查考核等工作。[责任单位：市委办、市府办、市委组织部、市民政局、市农业农村局、各乡镇（街道）]

（二）加强资金保障。市镇财政要优先保障扶贫帮扶专项资金投入，加大对低收入农户扶持力度。围绕项目安排精准，统筹整合各方帮扶资金，提高资金使用绩效。加大税费减免，对自主创业的低收入农户免收相关办证手续费、工本费，实行税费减免。加强政策衔接，把低收入农户增收和生活改善融入各级相关政策特别是乡村振兴工作中，巩固低收入农户高水平全面小康行动计划实施成果。（责任单位：市财政局、市农业农村局、市审计局）

（三）凝聚帮扶合力。各级职能部门要主动担责，主动作为，扎实推进；各相关部门要努力向上争取资金，积极配合；社会各界要热心参与，热心投入，群策群力；各乡镇（街道）要精心组织，精心实施，抓好落实。实施低收入农户高水平全面小康行动计划是全社会的共同责任，要凝聚帮扶力量，充分发挥群团组织、非营利性社会团体参与扶贫帮扶工作。（责任单位：市委统战部、市总工会、团市委、市妇联、市工商联、市教育局、市民政局、市人社局、市农业农村局）

（四）完善工作机制。加强扶贫数据库和低保对象数据库对接，实现扶贫信息的精准和共享。实施扶贫对象动态管理，乡镇（街道）、村建立低收入农户档案，做到一户一档、一年一核、销号管理，对有条件退出低收入农户范围的给予一年的观察期，确保其稳定增收致富。落实项目申报“最多跑一次”要求，加快推动“互联网+政务服务”工作。完善扶贫统计监测制度，动态调整对象样本，认真做好低收入农户高水平全面小康统计监测工作。（责任单位：市农业农村局、市民政局、市统计局、市审管办）

（五）加大宣传力度。充分发挥各级新闻媒体的作用，加大宣传力度，做活宣传文章，引导社会各界主动参与，形成工作合力。提高政策知晓率，扶贫办组织相关扶贫部门进行扶贫惠民政策汇编并宣传。要及时总结推广好的做法、好的经验，善于发现先进典型，广泛促进和带动全市帮扶增收工作。加强扶贫干部培训，重点开展针对政策运用、资金使用、项目管理、信息化建设等方面的培训，不断提升扶贫业务人员综合素质。（责任单位：市委宣传部、市民政局、市人力社保局、市农业农村局）

（六）强化监督考核。加强对扶贫开发责任落实、政策制定、工作推进、项目管理和资金使用的监督管理，市扶贫开发领导小组每年组织扶贫工作检查，各成员单位要按照职能开展监督，要充分发挥纪检监察机关和财政、审计等部门作用，提升监督合力。完善扶贫资金项目公告公示制度，公开项目安排、资金分配等信息。进一步完善考核评估工作，把实施低收入农户高水平全面小康行动计划有关内容纳入“乡村振兴工作”专项考核内容。持续开展扶贫领域腐败和作风问题专项治理工作，认真排查和切实解决责任落实不到位、工作措施不精准、工作作风不扎实以及形式主义、官僚主义等突出问题，推动扶贫领域作风明显改善。[责任单位：市纪委（监委）、市委组织部、市考评办、市民政局、市财政局、市农业农村局、市审计局]

中共建德市委 建德市人民政府关于印发《建德市全面推进文化兴盛行动实施方案（2019—2022年）》的通知

各乡镇（街道）党（工）委、政府（办事处），市级机关各单位：

现将《建德市全面推进文化兴盛行动实施方案（2019—2022年）》印发给你们，请结合实际认真贯彻落实。

中共建德市委
建德市人民政府
2019年9月29日

建德市全面推进文化兴盛行动实施方案
(2019—2022 年)

为深入学习贯彻习近平新时代中国特色社会主义思想和党的十九大、全国宣传思想工作会议精神,贯彻落实省第十四次党代会、省委十四届三次全会、全省宣传思想工作会议和省委、省政府《关于推进文化浙江建设的意见》(浙委发〔2017〕48 号)精神,根据杭州市委十二届四次全会提出的"文化兴盛"专项行动要求和《杭州市全面推进文化兴盛行动实施方案(2018—2022 年)》,特制定本方案。

一、主要任务

1.实施优秀传统文化传承发展计划

加强建德优秀传统文化挖掘和研究。做好革命胜迹、遗迹的挖掘、保护和利用工作,传承红色基因,发挥红色文化的教育作用。实施建德本土文化系列丛书编撰出版及传播工程,充分展示、普及、传播建德的历史遗存、文化景观、名人乡贤、书院学校、诗词楹联、音乐戏曲、工艺风物等优秀传统文化内容。统筹全市文保单位(点)、历史建筑、工业遗产、传统村落、历史文化名镇名村、历史文化街区保护。鼓励乡镇(街道)志村志编修和村史馆建设,留住乡村文脉和乡村记忆。

做好沿江文化带建设。深入挖掘严州文化、新安文化、"三自"水电文化等资源,推进"钱塘江诗路"建设,打造"百里诗词长廊";挖掘整理梅城厚重历史文化,让历史文化遗产真正活起来,再现"活态古府"新貌,讲好"一步一历史"的故事;挖掘寿昌深厚历史文化底蕴,融入航空科技,打造"可游、可品、可赏"的特色"千年古镇";挖掘和提升乾潭、三都和下涯等文化遗迹比较集中的区域,发展沿江文化旅游,打造提升"非遗"旅游景点景区品牌。大力发展乡村文化旅游,打造一批高品质的文旅示范点。

实施非物质文化遗产保护传承。加快"非遗"濒危项目口述历史记录、资料整理汇编等抢救性保护,并不断加强保护成果宣传解读、拍摄记录等拓展工作。坚持以婺剧艺术发展为重点,全面开展"传承人对话""非遗进校园、进农村文化礼堂、进社区文化家园"等活动。培育一批非物质文化遗产传承教学基地,形成非遗有传承的格局。结合乡村振兴战略,加强村级非遗展示馆(室)建设。

2.实施市民公共文明素质提升计划

加强理想信念教育。按照学懂弄通做实的要求,持续推动习近平新时代中国特色社会主义思想和党的十九大精神学习宣传贯彻工作往深里走、往实里走、往心里走。深化中国特色社会主义和中国梦宣传教育,深入开展"不忘初心、牢记使命"主题教育,大力弘扬红船精神、浙江精神、"建功立德"地域人文精神,不断提升干部群众精气神。

弘扬时代文明新风。深化"我们的价值观"主题实践和"最美建德人"主题宣传活动,大力培育文明乡风、良好家风、淳朴民风等。推进新时代文明实践中心建设,推动"最美现象"成为普遍现象。深化文明村镇、文明单位、文明家庭等创建工作,实施小城镇文明提升行动,高水平实现全国文明城市创建目标。深化德文化地域品牌建设,推进"德文化"标准体系在基层持续深化实践。

促进人的全面发展。强化先进典型示范引领,开展道德模范、建德好人、最美人物等系列选树宣传。推进志愿服务、诚信体系制度化建设,持续发挥"好传统好家风信用贷""道德银行"等辐射作用。广泛普及工作生活、社会交往等方面的公共文明礼仪规范。不断加强爱国主义教育基地建设,推动新时代爱国主义教育制度化常态化。加强青少年历史文化教育,深化"扣好人生扣子 争当时代新人"德育工作。

3.实施公共文化服务示范领跑计划

完善公共文化服务设施。加快"两馆两中心"等重大文化设施建设,推进农村文化礼堂、社区文化家园、企业文化俱乐部建设。扎实推进农村文化礼堂行政村"建设全覆盖,管理全星级"。坚持以"文化驿站、共享空间"为基本定位,以培育邻里文化、志愿文化、社工文化为重点,全面建设社区文化家园,到 2021 年实现全市社区全覆盖。深化"学习型城市""书香建德"建设,在全市形成一批城市书房、乡村书吧,营造全民阅读氛围。

推进公共文化服务标准化均等化智慧化。落实国家、省建设现代公共文化服务体系的要求，制定发布符合我市实际的公共文化服务地方标准规范。深入推进图书馆分馆和文化馆分馆建设，到2019年，完成省级中心镇及人口5万以上的乡镇（街道）文化分馆建设；2022年，力争50%非中心镇建立文化馆分馆。发挥市级图书馆和文化馆的服务指导作用。加强公益性文化培训，加大专项公共文化服务和产品供给，保障特殊群体基本文化权益。推进数字图书馆、数字文化馆建设，逐步实现“智慧共享书房”全市覆盖。

打造公共文化服务品牌。精心策划举办各类市民群众喜闻乐见的群众文化活动，提升群众文化品牌活动影响力。探索“文共体”运作模式，整合资源、发挥优势，深化“一镇一节”品牌培育。持续开展“文化四季行”“文艺轻骑兵”“送戏、送图书、送电影”等文化惠民活动。举办“百姓纳凉大舞台”“我们的村晚”“农村文化节”等文化活动，激活城乡文化活力。

4.实施文艺繁荣和高峰攀登计划

推进重大主题文艺精品创作。围绕中华人民共和国成立70周年、全面建成小康社会、中国共产党成立100周年等重要时间节点，加大对文化精品和本土题材文艺创作的扶持力度，组织“讴歌新时代”“讴歌改革开放”“讴歌乡村振兴” 等重大题材精品创作。加强重大革命历史题材、现实题材、爱国主义题材等创作，推出一批有建德特色的原创优秀作品，争取入选全国、全省、杭州市“五个一工程”和各级文艺奖项。

提升文艺为中心工作服务的水平。广泛开展“到人民中去 向人民学习 为人民服务”文艺志愿服务活动，组织作家、艺术家深入生活、扎根人民，进行创作采风，在文学、美术、摄影等领域推出一批精品力作，推动“书法村”“摄影基地”“婺剧乡村实践基地”等特色乡村建设。组织开展“中国知名作家走进建德”等有影响力的活动。关心和扶持民间文艺人才，进一步发挥民间文艺团体和协会的作用。加强基层文化队伍建设，建立文艺人才库，壮大文艺志愿者队伍，进一步建立健全文联组织，团结引领广大文艺工作者为社会主义服务、为人民服务。

5.实施文化创意产业发展引擎培育计划

优化文创产业发展格局。以“新安江—洋溪”文创中心、三江口文创产业带、航空小镇文创产业带以及乾潭悦动小镇、杨村桥草莓小镇、大同稻香小镇等集聚点打造“一心、两带、多点”的文创产业集群和具有严州文化特色的古城文创综合体验区。加快建设一批文创园区、街区、村落，植入地方特色文化元素，助推乡村振兴。做好杭州文创西进的产业布局对接，积极引进优质文创项目，加快融入之江文化产业带。

加快文创产业融合发展。坚持“文化+设计+互联网”融合发展模式，积极推进文创产业化、产业文创化，推动文创产业与旅游、制造、休闲健康、现代农业融合发展。大力发展文化休闲旅游、数字内容产业、设计服务业等重点行业。强化对地方传统文化的挖掘和提升，探索“非遗”、民间手工艺、书画演艺的产业化程度和现代水平，促进产业转型升级。

提升文创品牌影响力。鼓励企业利用资本市场集聚要素，整合资源，提升企业综合竞争力，以玺匠文创、雨歌动漫等一批领军型、骨干型、成长型文创企业作为标杆，提升建德文创品牌的影响力，强化文创“智囊团”在文创产业提升过程中的指导性作用，形成企业互助、资源共享、人才互通的良性循环。鼓励有实力的文创企业通过新设、收购、兼并等方式进行战略布局，推动核心内容产品走向世界。

6.实施城市文化表达与传播计划

加强城市文化对外展示交流。抓住2022年杭州亚运会筹办契机大力宣传建德文化，配合杭州外宣开展城市品牌推广活动，持续举办“17℃新安江”艺术节、建德新安江·中国草莓节、建德苞茶区域品牌推介会等，完善城市形象视觉识别系统的使用规范和产品体系，进一步拓展“宜居建德”品牌影响力。

构建城市文化对外传播体系。推进媒体深度融合发展，进一步建立各部门携手联动、资源共享、质效优化的大外宣格局。全面深化与中央、省、杭州市主流媒体的战略合作，建设软硬件一流的建德融媒体中心，充分发挥重大文化会展赛事活动的传播作用，挖掘整合建商群体和在建外籍人士、建德籍海外侨胞等民间资源的传播优势，大力提升建德文化传播力。开发运用移动化智能化融媒体技术，应用虚拟现实、3D动画、H5动画、移动直播等技术，提升建德文化对外传播力。落实原创新闻作品版权保护制和有偿使用制度。

二、实施阶段

结合市委关于组织开展推进“六大行动”比学赶超活动和“六大行动”重点工作任务责任分解有关部署要求，全力推动建德文化繁荣兴盛。

1.谋划部署阶段(2019年5月前)。由市委宣传部牵头，联合各有关单位，在深入调研、广泛征求意见的基础上，研究制定本实施方案。

2. 全面推进阶段（2019年6月—2021年12月)。组织各有关单位召开专题部署会，统一思想共识，明确任务要求和责任分工。树立工程化、项目化思维，创新推进各项工作任务落实。加强对各单位全面推进文化兴盛行动有关进展情况的督查检查、定期通报，及时掌握工作进度和成效。持续加大宣传力度，营造全市推进文化兴盛行动的浓厚氛围。

3.提升发展阶段(2022年)。按照本方案设定的目标和明确的各项任务，结合建德经济社会发展实际，对标先进县市，深入找差距、补短板、强弱项，确保各项目标任务能够高标准完成。在全市范围内开展推进文化兴盛行动宣传活动，汇集全市各单位尤其是宣传思想文化战线在推进文化兴盛行动方面的进展成效、特色亮点，促进相互学习借鉴。

三、工作保障

1.完善文化政策保障。建立健全文化遗产保护政策，出台实施“非遗”代表性项目管理办法、代表性传承人管理办法等制度，加大相关工作的考核评估。加大公共财政对文化建设的投入力度，落实中央、省、杭州市文化改革发展各项综合及专项配套政策，建立与经济发展水平相适应的投入机制。不断扩大文创专项资金和文创产业投资基金规模，提高资金使用绩效。健全社会力量参与工作机制，引导和鼓励企业、社会组织及个人通过捐赠或共建的方式，共同参与优秀传统文化传承发展工作。推进文化法治建设，提高文化领域治理能力和依法行政水平。

2.加强文化人才队伍建设。坚持党管人才原则，协调推进公共文化服务、文化艺术、“非遗”文化、新闻媒体、社会科学、文化产业、基层文化人才队伍建设。做好全国文化名家暨“四个一批”人才、浙江省宣传文化系统“五个一批”人才、浙江省“万人计划”等的遴选推荐，培育一批德艺双馨名家大师。注重青年人才梯队培养，实施“非遗”传承人群研培计划。加强文化志愿者队伍建设，关心和扶持民间文艺人才，夯实基层文化工作人才支撑。

3.加强党对文化工作的全面领导。各级党委和政府要把文化建设工作摆在全局工作的重要位置，纳入经济社会发展总体规划，纳入领导班子和领导干部考核重要内容，纳入党建工作和意识形态工作考核，与经济社会建设一同部署、一同推进、一同考核。建立由市委宣传部牵头，相关部门共同参与的协调推进机制。支持人大、政协履行职能，发挥民主党派、人民团体和社会各界积极作用，共同推进文化兴盛行动顺利实施。

市政府重要文件辑录

建德市人民政府关于印发《建德市政府投资项目管理办法》的通知

各镇、乡人民政府，各街道办事处，市政府各部门、单位：

《建德市政府投资项目管理办法》已经市政府45次常务会议审议通过，现予印发，请遵照执行。

建德市人民政府
2020年1月8日

建德市政府投资项目管理办法

第一章 总 则

第一条 为规范本市政府投资项目管理，健

全科学、民主的政府投资项目决策和实施程序，优化投资结构，提高投资效益，加强政府投资全过程监管，根据《政府投资条例》《浙江省政府投资项目管理办法》以及有关法律、法规，结合本市实际，制定本办法。

第二条　本办法所称的政府投资项目，是指市级（含乡镇、街道）财政一般公共预算、政府性基金预算、国有资本经营预算安排资金所进行的固定资产投资项目。

第三条　政府投资项目主要包括：

1.农业、水利、能源、交通、城乡公用设施、人防工程等基础性项目；

2.教育、文化、卫生、体育、社会保障、生态建设、环境保护、资源节约等公益性项目；

3.政府公共服务设施项目；

4.电子政务和信息化类项目；

5.其他应列入本规定管理的政府投资项目。

前款所列项目采用政府和社会资本合作模式的，按照政府投资项目管理。

第四条　政府投资应当与我市经济社会发展水平和财政收支状况相适应。政府投资项目的安排应当遵循量力而行、确保重点、综合平衡的原则，严格执行固定资产投资项目管理程序，坚持以规划指导项目建设，加强项目储备和政府投资计划管理，做到估算控制概算、概算控制预算、预算控制决（结）算。

第五条　政府投资分为直接投资、资本金注入和投资补助、转贷、贷款贴息等方式。本办法只适用于直接投资、资本金注入方式的政府投资项目，采用投资补助、转贷、贷款贴息的政府投资项目，另行制定管理办法。

第六条　建德市政府投资项目审查领导小组负责市发展和改革局提出的政府投资项目前期工作规划和计划、年度投资计划和重大项目的审批把关。

市发展和改革局是政府投资项目的综合管理部门，负责政府投资项目规划和计划的编制、组织实施、协调监督等综合管理工作。

市财政局主管政府投资预算管理工作，负责政府投资项目资金财务活动的监督管理。

市审计局依法独立履行政府投资项目预算执行情况和竣工财务决算审计监督职责。

市审管办负责政府投资项目并联审批事项和涉及多部门审批事项的组织、协调、督办。

市公共资源交易管理委员会办公室负责对政府投资项目交易活动的综合监督、管理和协调。

市其他有关主管部门，按照各自职责对政府投资项目进行管理和监督，督促项目业主做好项目的实施工作。

项目业主是项目的直接责任人，具体负责项目的前期准备、项目申报、资金筹措、项目实施、投资控制、工程质量安全、基建财务管理、竣工财务决算等工作。

行政机关在政府投资项目管理活动中，应当保障其他出资人的合法权益。

第七条　政府投资项目管理按以下程序进行：

（一）列入市中长期规划

（二）申报前期审查

（三）列入储备库

（四）开展前期工作（规划选址、土地预审、规划调整、农转用、方案设计、资金来源审查、可行性研究报告等）

（五）列入年度建设计划

（六）开展实施准备工作（初步设计和概算审核、施工图设计和预算审核、施工招投标、施工合同和施工许可等）

（七）各专项验收和试运行

（八）结算审核、竣工验收和竣工财务决算批复

（九）移交和正式投入使用

（十）对于急需建设的项目，经建德市政府投资项目审查领导小组同意后，部分程序可合并或简化。

第二章　计划管理

第八条　建德市政府投资项目审查领导小组办公室（设在市发展和改革局）根据《建德市政府投资项目前期审查工作操作细则》《建德市政府投资重点项目决策论证操作细则》规定，负责全市政府投资项目前期审查日常工作。经审查同意的项

目列入项目储备库开展前期工作，年度投资项目从项目储备库中选取。

政府投资计划与政府投资预算应充分衔接，合并编审。

第九条 全市政府投资项目储备库由市发展和改革局、市财政局负责。凡50万元以上的政府投资项目，都必须纳入全市政府投资项目储备库。项目业主应在每年9月底前报市发展和改革局。

第十条 年度政府投资项目按投资总额分政府投资一般性项目和重点项目。重点项目按前期工作进展分实施类、预备类、前期类；一般性项目按前期工作进展分实施类、预备类。列入重点项目建设计划的，原则上要求是单体项目，估算总投资必须达到2000万元以上。

第十一条 政府投资项目年度建设计划决策程序：

（一）当年10月，市发展和改革局、市财政局在组织各部门、乡镇（街道）申报下一年度政府投资项目和政府投资预算的基础上，结合经济社会发展规划和财力可能，提出下一年度政府投资项目建设初步计划（以下简称初步计划）。

（二）当年11月，市发展和改革局、市财政局将初步计划报市政府投资项目审查领导小组审查，并征求市政府分管领导意见后，提交市长办公会议研究。

（三）初步计划经市长办公会议研究后，分别向市人大常委会、市政协征求意见。

（四）初步计划分别征求市人大常委会、市政协征求意见后，提交市政府常务会议、市委财经委员会、市委常委会议研究。

（五）初步计划经市政府常务会议、市委财经委员会、市委常委会议研究后，由市政府下达一般性政府投资项目年度建设计划，并将市重点项目年度建设计划提交市人大常委会票决后报市人代会审议。

（六）市人代会审议后，由市政府下达市重点项目年度建设计划。

第十二条 年度政府投资项目建设计划应当包括：项目名称、估算总投资、建设内容和建设规模、建设周期、年度投资额以及资金来源、责任单位等情况。

第十三条 政府投资项目建设计划一经确定，必须严格执行，原则上不得调整。因政策调整、自然灾害、突发事件或其他紧急状况等原因确需调整年度计划、建设规模、建设内容或者增减政府投资项目的，由项目业主提出调整方案，经市发展和改革局、市财政局、项目主管部门初审后，报市政府投资项目审查领导小组审定。

其中重点项目增减、投资规模超计划（或绝对额超500万元以上）的，经市委财经委员会研究后按《政府重大投资项目监督暂行办法》程序提请市人大常委会审议；重点项目其他事项调整经市长办公会议研究确定后公布，并报市人大常委会备案。

第十四条 政府投资项目年度建设计划纳入国民经济和社会发展计划，执行情况接受市人民代表大会及其常务委员会监督。

第十五条 因城市规划实施需要先行开展土地储备工作，由市土地储备中心或由其会同其他做地主体提出申请（涉及农用地转用的土地储备项目也可由市规划和自然资源局提出申请），经市规划和自然资源局审核后报市政府下达年度经营性用地做地、收储、出让计划，该计划作为项目审批文件。

第三章 前期管理

第十六条 政府投资项目经过前期联审，取得前期联审意见的，视作完成项目建议书批复。其中小额投资项目（单个项目投资不得超500万元）年度建设计划，由市发展和改革局、市财政局和项目主管部门联合下达，该计划作为项目审批文件。

第十七条 除涉及国家秘密的项目外，政府投资项目审批通过浙江政务服务网投资项目在线审批监管平台（以下简称在线平台）办理。市级相关部门应当通过在线平台实行项目一口受理、网上办理、规范透明、限时办结。

市级相关部门应当通过在线平台实行信息公开、协同监管，加强事中事后监管，主动接受社会监督。

第十八条 政府债务率若超警戒线，市发展

和改革局对政府投资项目不得审批;因危房改造、地质灾害防治等特殊情况确需审批的，应当经市政府常务会议决策，同意的项目报经省投资综合管理部门、财政部门批准。对政府债务率未超警戒线,市本级、乡镇(街道)政府投资项目涉及举借政府债务的，应当由市财政局对政府债务风险进行评估。

第十九条 严格政府投资项目审批,未经市财政局评估债务风险的,不得立项;项目总投资无法落实或资金来源不清的,不得立项;本市政府债务化债计划未完成或隐性债务未消化完成,不得立项。

第二十条 项目业主应委托工程咨询机构编制可行性研究报告。项目可行性研究报告批复前,项目资金来源需经市财政局审查确认,市规划和自然资源局应当出具规划选址意见,涉及新增用地的,应当出具用地预审意见。

项目开工建设前,项目业主应当依法取得环境影响评价文件审批意见或者履行环境影响登记表备案手续。

第二十一条 项目业主根据批复的规划设计方案和可行性研究报告委托符合资质的工程设计单位编制初步设计和项目概算。设计单位应当严格按照有关规范,遵循估算控制概算的原则,进行限额设计。

投资在2000万元以上的项目概算原则上需委托中介机构进行审核。中介机构要对建设标准、概算缺漏项等有明确审查意见,并承担责任。概算超过估算10%或500万元以上的,项目可行性研究报告应当按原程序重新报批,重新报批之前按第二章有关规定的程序审查。

初步设计与概算审批前,由市发展和改革局按照《建德市政府投资项目初步设计评审工作操作细则》规定组织有关部门和专家进行评审,复杂或重要项目可以委托工程咨询机构进行评估。

第二十二条 项目业主依照批准的初步设计和项目概算,进行施工图设计和编制预算。预算原则上不得超过概算,确因特殊原因引起预算超过概算的,应当按原程序重新报批。

第二十三条 政府投资项目的勘察、设计、施工和监理以及与工程建设有关的重要设备、材料等采购应依照法律、法规及相关规定实行招标。招标前,政府投资项目应当取得市发展和改革局出具的初步设计批复,同时,经市财政局审核或备案的施工图预算应作为政府投资项目招标控制价的编制依据。政府投资项目未纳入年度建设计划的、施工图预算未经市财政局审核或备案的,不得进入招标程序。

第四章 建设管理

第二十四条 项目业主应当建立健全设备材料管理、施工组织、合同签订、工程质量、档案管理、财务管理和资产管理等内控制度。

政府投资项目应严格按照批复的建设标准、建设规模、建设内容及建设时序进行建设,确保工程质量和工程进度。未经批准,严禁擅自提高建设标准、扩大建设规模、改变建设用途。

应急抢险项目由建设单位报市政府确认。

政府投资项目严禁转包和违法分包。

第二十五条 政府投资项目工程变更管理按照《建德市政府投资项目工程变更管理办法》等相关规定执行。

第二十六条 建立健全政府投资项目月度进展报告机制,各项目业主应在每月25日前将项目进展情况月度报表报送市发展和改革局。

第二十七条 市委办(督查考评办)、项目督查组(市发展和改革局)会同相关部门对年度政府投资项目计划的执行情况进行监督检查和协调，并向市政府报告。对政府投资的重大建设项目,政府项目稽察机构按照国家、省、市重大建设项目稽察有关规定实施稽察,并向市政府报告。

第二十八条 项目业主要严格按照财政部《基本建设财务规则》(财政部令第81号)和《基本建设项目建设成本管理规定》(财建〔2016〕504号)等法律、法规的规定,加强对政府投资项目的资金管理，确保项目资金专款专用和项目投资计划的实施。具体按照《建德市政府投资预算管理办法》执行。

第五章 后期管理

第二十九条 政府投资项目建设完工后，项目业主应当按照国家和省、市有关规定办理工程价款结算，项目主管部门应当会同市财政局加强对工程价款结算的监督。

项目竣工后，项目业主应当按照国家和省、市有关规定编制竣工财务决算。竣工财务决算经项目主管部门审核后报市财政局或其授权的有关主管部门批复。

审计部门对政府投资项目概算的执行情况和决算进行审计监督。

第三十条 政府投资项目涉及消防、人防、安全生产、建设档案等专项验收的，应当由有关行业主管部门依法组织专项验收。国家另有规定的，从其规定。

各项专项验收、工程价款结算后，应当按照《建德市政府投资项目竣工(综合)验收管理办法》相关规定组织竣工验收。

第三十一条 项目业主应当于竣工验收合格后，根据市财政局批复或备案的竣工财务决算，办理政府投资项目资产交付和产权登记。

第三十二条 逐步建立健全政府投资项目后评价制度。亿元及以上的重大政府投资项目在建成交付试用期满后，市发展和改革局应当会同财政局有选择地进行项目后评价，后评价包括前期工作、实施情况、工程质量、投资效益、环境效益、社会效益等内容，后评价结论应当报告市政府。

第三十三条 推行政府投资项目绩效评价制度。根据预算绩效管理要求，政府投资项目实行绩效评价，评价结果作为安排政府投资预算的重要依据。

第六章 责任追究

第三十四条 项目业主有下列行为之一的，市级有关行政主管部门按照各自职责，可以责令项目业主限期纠正；由有权机关对负有直接责任的主管人员和其他直接责任人员依法给予处分：

(一)未经批准擅自提高或降低建设标准、扩大或缩小投资规模的；

(二)依法应当实行招标的建设工程未实行招标的；

(三)未经竣工验收或者验收不合格即交付使用的；

(四)其他违规行为。

第三十五条 咨询评估机构及其执业人员在对初步设计、施工图设计进行咨询评估设计时弄虚作假，或者提供结论意见严重失实的，依照中介机构管理有关规定予以处罚。

第三十六条 政府有关部门负有直接责任的主管人员和其他直接责任人员有下列行为之一的，有权机关应当责令其限期纠正，并依法追究其行政责任：

(一)违反本办法第十八条、第十九条、第二十条规定批准可行性研究报告的；

(二)违反本办法第二十一条规定批准设计文件的；

(三)违反本办法第二十三条规定招标的；

(四)违反有关拨付建设资金规定的；

(五)其他违法行为。

第三十七条 上级负责人强令或者授意有关部门违反本规定的管理程序，或者违法干预政府投资项目决策的，由有权机关依法追究其行政责任。

第三十八条 政府投资项目发生重大质量及安全生产事故的，对有关责任人员依法追究其行政直至法律责任。

第三十九条 违反本规定，构成犯罪的，依法追究刑事责任。

第七章 附 则

第四十条 本办法由市发展和改革局负责解释。

第四十一条 本办法自2020年2月8日起执行，原《建德市政府投资项目管理办法》(建政〔2010〕3号)、《建德市政府投资项目管理工作规则》(建政函〔2012〕73号)同时废止。

第四十二条 国有企业投资项目参照本办法执行。

建德市人民政府关于印发《建德市最低生活保障实施办法》的通知

建政〔2020〕2号

各镇、乡人民政府,各街道办事处,市政府各部门、单位:

《建德市最低生活保障实施办法(修订)》已经市政府第十六届四十八次常务会议审议通过,现印发给你们,请认真贯彻执行。

建德市人民政府

2020年3月5日

建德市最低生活保障实施办法

为进一步健全最低生活保障制度,保障全市城乡居民基本生活,根据《浙江省社会救助条例》和《浙江省最低生活保障办法》(省政府令第358号)等有关规定,结合我市实际,制定本实施办法。

第一章 总 则

第一条 本市行政区域内的最低生活保障工作(含残疾人基本生活保障),适用本办法。

第二条 最低生活保障工作应当遵循以下原则:

(一)公开、公平、公正、及时;

(二)政府保障与社会帮扶、劳动自救相结合;

(三)应保尽保、应退尽退、动态管理;

(四)保障水平与经济社会发展水平相适应。

第三条 最低生活保障所需资金由民政部门按实际情况编制支出计划,经财政部门审核后列入年度财政预算,专款专用。

第四条 市民政局负责最低生活保障管理工作。市财政、教育、公安、人力社保、医保、住建、卫生健康、审计、市场监管、统计、残联、公积金、人民银行等部门,应当按照各自职责做好最低生活保障有关工作。

乡镇人民政府、街道办事处负责最低生活保障的申请受理、调查核实等工作。

村(居)民委员会协助乡镇人民政府、街道办事处做好最低生活保障有关工作。

第五条 最低生活保障标准按照当地居民生活必需的费用确定,并根据当地经济社会发展水平和物价变动情况适时调整。

第六条 各级人民政府及有关部门可以通过购买服务,组织社会力量从事最低生活保障政策宣传、家庭情况核对和就业指导等工作。鼓励社会组织和个人通过捐赠、志愿服务等帮扶方式参与最低生活保障工作。

第二章 最低生活保障对象

第七条 持本市户籍的居民,有以下情况之一的,在申请低保时,可根据不同情况提出相应的申请:

(一)收入型低保。其共同生活家庭成员人均月收入低于我市最低生活保障标准,且符合我市最低生活保障家庭财产状况规定的本市户籍家庭,给予最低生活保障。

(二)支出型低保。共同生活的家庭成员因医疗、就学等刚性支出费用较大,人均实际生活水平低于我市最低生活保障标准,且符合我市最低生活保障家庭财产状况规定的本市户籍家庭,给予最低生活保障。

前款所称的医疗费用是指在提出申请之月前的12个月内,家庭成员发生的、已按规定享受医疗保险、医疗救助政策后,应由个人承担的自负、自理和自费部分的医疗费总和;就学费用是指家庭成员就读于国内全日制普通高校、高等职业学校、高等专科学校、普通高中、中等职业学校和幼儿园,在开学时缴纳的一学年学费(保教费)。具体按照《建德市支出型贫困家庭基本生活救助办法(试行)》(建政办函〔2016〕51号)有关规定操作。

(三)残疾人单独施保。持有建德市户籍和“中华人民共和国残疾人证”,符合下列情形之一的,可以单独施保:

1.精神残疾或智力残疾、本人收入低于当地低保标准的成年残疾人;

2.残疾等级为二级(含)以上、本人收入低于低保标准的成年重度残疾人;

3.残疾等级为二级(含)以上、家庭人均收入在当地低保标准200%以下的重度残疾人；

4. 城镇居民家庭中残疾等级为三级（含)以下、本人收入低于当地低保标准、在法定劳动年龄内尚未就业的成年残疾人。

第八条 共同生活的家庭成员包括：

(一)配偶；

(二)未成年子女以及虽已成年但不能独立生活的子女；

(三)共同居住的父母；

(四)其他具有法定赡养、扶养、抚养关系且共同居住的人员。

共同生活家庭成员中的下列人员，可以本人作为户主,单独提出最低生活保障申请：

1.孤儿或事实无人抚养的困境儿童；

2.丧失劳动能力与60周岁(含)以上父母共同生活的未婚、离异或丧偶的成年子女；

3.已婚但丧失劳动能力符合低保条件的子女与60周岁以上(含60周岁)父母共同生活在一起的家庭，其已婚并共同生活的子女可以单独为户提出最低生活保障申请。

第九条 家庭成员的人均月收入按照提出最低生活保障申请当月前6个月（其中支出型低保家庭为申请前12个月)内家庭月均收入除以家庭成员数计算，家庭收入包括扣除缴纳的个人所得税和社会保障性支出后的工资性收入、经营性收入、财产性收入、转移性收入和其他收入,但是以下收入除外：

(一)政府给予优抚对象和其他享受特殊照顾人员的抚恤金等待遇；

(二)政府、有关单位给予有重大贡献的人员的奖励；

(三)人身伤害赔偿中生活补助费以外的部分；

(四)因重大疾病、自然灾害等原因获得的社会救助；

(五)其他特殊收入。

第十条 在法定就业年龄段内有劳动能力及条件的人员未就业的，按照当地月最低工资标准计算其收入。

但是,其中存在以下情况的,对在劳动年龄段内有劳动能力但实际未就业的下列人员，不再按当地最低工资标准计算其收入,按实际收入计算。

1. 家庭成员中有患重大疾病或住院治疗、生活不能自理的,需照护该病患的1名家庭成员；

2.家庭成员中有失能残疾人和生活不能自理的精神(智力)残疾人,需照护该残疾人的1名家庭成员；

3.单亲家庭中,需抚养学前儿童的父亲或母亲；

4.怀孕、哺乳或需照顾2周岁以下婴儿的妇女；

5.归正家庭,在监狱内服刑人员,重返社会3年内。

第十一条 家庭成员根据法定义务向非共同生活的人员支出的赡养费、扶养费、抚养费,在计算家庭收入时相应扣除。

第十二条 家庭财产主要包括银行存款、有价证券、机动车辆等。

第十三条 家庭收入和财产状况认定的具体办法根据浙江省、杭州市的社会救助家庭经济状况认定办法执行。

第三章 最低生活保障申请和认定

第十四条 申请最低生活保障,应当向户籍所在地的乡镇人民政府、街道办事处提出；在本市范围内经常居住地与户籍所在地不一致的,可以向经常居住地的街道办事处提出。

乡镇人民政府、街道办事处和村(居)民委员会应当加强最低生活保障宣传和走访调查,帮助符合条件的家庭申请最低生活保障。

第十五条 申请最低生活保障,应当提供家庭成员身份证,填写申请表,并在申请表上签字同意接受有关部门对其家庭经济状况进行调查核实。

第十六条 申请最低生活保障的家庭成员与最低生活保障经办人员、村(居)民委员会成员有近亲属关系的,应当如实申明,乡镇人民政府、街道办事处应当单独予以登记,并另行安排工作人员进行入户调查。

第十七条 乡镇人民政府、街道办事处应当自受理最低生活保障申请之日起15个工作日内,通过入户调查、邻里访问、信息核查、信函索证等方式，对申请人的家庭人口、收入和财产状况进行调查核实。

第十八条 有以下情形之一的，乡镇人民政府、街道办事处应当组织民主评议：

(一)申请人家庭情况较为复杂的；

(二)申请材料的真实性、准确性存在异议的；

(三)申请人主动要求进行民主评议的。

民主评议人员由乡镇人民政府、街道办事处工作人员和申请人所在村、社区的村(居)民委员会成员、村(居)民代表等组成，有近亲属关系的，应当回避。

第十九条 乡镇人民政府、街道办事处应当根据调查核实结果出具初审意见，并在申请人所在村、社区公示7日。公示期满后3个工作日内，将初审意见和相关材料报送市民政局。

第二十条 市民政局应当自收到初审意见之日起5个工作日内，对申请人的最低生活保障资格进行认定。符合条件的，予以批准并确定保障金额；对不符合条件的申请，在作出不予批准之日起3个工作日内，通过乡镇人民政府、街道办事处书面告知申请人理由。

第二十一条 市民政局、乡镇人民政府(街道办事处)和村(居)民委员会应当将最低生活保障对象名单、保障金额等信息(个人隐私除外)在当地网站、乡镇人民政府(街道办事处)有关办公场所和申请人所在村、社区长期公布并定期更新。

第四章 最低生活保障待遇和监督管理

第二十二条 最低生活保障金的数额按照最低生活保障对象家庭人均月收入低于当地最低生活保障标准的差额确定，从作出认定批准之日的次月起按月发放。

差额低于当地最低生活保障标准百分之三十的，按照百分之三十计发。

对获得最低生活保障家庭中的重度残疾人和精神、智力三、四级残疾人可全额享受低保金。

第二十三条 建立物价指数和最低生活保障待遇联动机制，物价水平涨幅达到规定条件的，按照国家、省有关规定给予最低生活保障对象临时价格补贴。

第二十四条 符合条件的最低生活保障对象可以依法申请医疗、住房、教育、就业等其他相关社会救助。

第二十五条 乡镇人民政府、街道办事处应当按照一户一档的要求，建立最低生活保障对象档案，及时更新最低生活保障对象相关信息。

市民政局和乡镇人民政府、街道办事处应当定期对最低生活保障对象进行复核，并根据需要进行随机走访调查。对家庭人口、收入和财产状况较为稳定的家庭，应当每年至少复核1次；对家庭成员有劳动能力及条件的家庭，应当每季度至少复核1次，并且定期进行走访调查。

第二十六条 乡镇人民政府、街道办事处应当根据最低生活保障对象家庭人口、收入和财产状况的变化，及时调整保障金额，并提交市民政局审批。保障金额的调整从作出决定的次月起执行。

最低生活保障对象有以下情形之一的，乡镇人民政府、街道办事处应当提交市民政局取消其最低生活保障资格：

(一)家庭收入和财产状况不符合规定条件的；

(二)拒绝接受对其家庭人口、收入和财产状况进行调查核实的；

(三)家庭成员有劳动能力及条件，无正当理由，在六个月内连续三次拒绝接受有关部门介绍的与其健康状况、劳动能力相适应的工作的；

(四)有与其收入水平不相符的高消费行为的。

乡镇人民政府、街道办事处调整保障金额或者取消保障资格应提交市民政部门审批，并将审批结果和理由及时书面告知保障对象。

第二十七条 最低生活保障对象家庭成员实现就业的，在核定其家庭收入时，对就业收入按照有关规定予以扣减。

第二十八条 市民政局和乡镇人民政府、街道办事处应当设立咨询电话、网上信箱等联系方式，加强最低生活保障工作的社会监督。

第二十九条 市财政、审计部门应当对最低生活保障资金的使用情况依法实施监督。

第三十条 最低生活保障申请人通过虚报、隐瞒、伪造等手段骗取最低生活保障资格的，由市民政局取消其资格,乡镇人民政府、街道办事处负责追回骗取的最低生活保障金和其他社会救助金,并依法将其行为记入个人征信系统;情节严重的,处骗取的最低生活保障金数额1倍以上3倍以下罚款;构成犯罪的,依法追究其刑事责任。

第三十一条 市民政局、乡镇人民政府、街道办事处及其工作人员有以下情形之一的,由上级行政机关或者监察机关责令改正;对直接负责的主管人员和其他直接责任人员依法给予处分:

(一)不按照规定条件受理最低生活保障申请的;

(二)不按照规定条件作出最低生活保障认定的;

(三)不按照规定对最低生活保障相关信息进行公示、公布的;

(四)收受最低生活保障申请人或者最低生活保障对象财物的;

(五)有其他滥用职权、玩忽职守或者徇私舞弊行为的。

第五章 附 则

第三十二条 未纳入最低生活保障范围,但扣除刚性支出后共同生活家庭成员人均月收入在当地最低生活保障标准1.5倍以下,且家庭财产状况符合当地规定条件的本市户籍家庭,为最低生活保障边缘家庭,可以申请有关专项社会救助。

最低生活保障边缘家庭的申请和认定适用本办法第三章规定,认定范围今后根据本地实际和分类救助的需要适时进行调整。

第三十三条 对本实施办法未作具体规定的有关事项,民政部《最低生活保障审核审批办法(试行)》《浙江省最低生活保障办法》《浙江省社会救助家庭经济状况认定办法》已有明确规定的,从其规定。

第三十四条 本办法自2020年4月5日起施行。《建德市城乡居民最低生活保障实施办法》(建政〔2014〕3号)同时废止。

第三十五条 本办法由建德民政局负责具体实施。

建德市人民政府关于调整完善基本医疗保险部分政策的通知

各镇、乡人民政府,各街道办事处,市政府各部门、单位:

为认真贯彻落实党中央国务院有关医疗保障制度改革要求,进一步提升医疗保障服务能力和保障水平,根据《关于印发杭州市基本医疗保障办法的通知》(杭政〔2020〕56号)文件精神,结合我市基本医疗保险制度运行情况,经市政府同意,对我市基本医疗保险部分政策进行调整完善,现就有关内容通知如下:

一、完善职工医保缴费年限和补缴政策

(一)下列情形可计算为职工医保缴费年限,但不重复计算。

1.职工医保实际缴费年限。

2.职工医保视同缴费年限。除按规定应当缴纳职工医保费的年限外,职工基本养老保险视同缴费年限计算为职工医保视同缴费年限。

3.2002年12月31日前符合国家和省有关规定的连续工龄。

4.其他符合国家和省有关规定的年限。

(二)本市职工医保实际缴费年限包括以下三部分,但不重复计算。

1.本市企业职工大病医疗保险实际缴费年限。

2.在杭州市行政区域内和浙江省本级参加职工医保的实际缴费年限。

3.在部队参加职工医保的实际缴费年限。

(三)参保人员在本市连续参保缴费至在本市按月领取基本养老金或法定退休年龄时,本市职工医保实际缴费年限满10年(含),且职工医保累计缴费年限满20年(含)的,应在我市医保经办机构办理医保退休资格确认手续后,按规定享受职工医保退休人员待遇。

未达到上述缴费年限要求,符合法律法规和政策规定的下列参保人员,可在我市选择按月缴纳或一次性补缴职工医保费至规定年限,并在办理医保退休资格确认手续后,享受职工医保退休人员待遇:

1.本市户籍,在本市连续参保缴费至在本市按月领取基本养老金或法定退休年龄的人员。

2.非本市户籍,但在本市用人单位就业并连续参保缴费至法定退休年龄,且在本市按月领取基本养老金的人员。

3.非本市户籍,但在本市以灵活就业人员身份连续参保缴费至法定退休年龄的人员。

选择按月缴纳职工医保费的参保人员,缴费标准和医保待遇按同期灵活就业人员标准执行;选择一次性补缴职工医保费的参保人员,补缴基数为办理补缴时的上年度省平工资,补缴费率为9.5%,一次性补缴的医保费不予划入个人账户。选择一次性补缴职工医保费后,不得再变更为按月缴纳职工医保费。

持有效期内本市民政、残联部门核发的《特困人员救助供养证》《最低生活保障家庭证》《最低生活保障边缘家庭证》《残疾人基本生活保障证》或二级及以上《中华人民共和国残疾人证》的人员(以下统称持证人员)应按月缴纳至规定年限。

二、提高统筹基金最高支付限额

1.将职工医保统筹基金参与支付的住院最高医疗费限额(以出院日期为准累计计算)提高至40万元。

2.将城乡居民医保统筹基金参与支付的住院最高医疗费限额(以出院日期为准累计计算)提高至30万元。

三、调整大病保险政策

(一)所有参加我市职工医保和城乡居民医保的人员,应同时参加大病保险并缴纳大病保险费。大病保险费由个人缴纳、医保费划转和政府补贴构成,用于建立大病保险基金。

职工医保参保人员大病保险年筹资标准为100元,其中个人缴纳48元,职工医保费中划转52元,个人应缴纳部分从其个人账户当年资金中扣缴。城乡居民医保参保人员大病保险年筹资标准为90元,其中个人缴纳40元,政府每人每年补贴50元,个人应缴纳部分从其缴纳的城乡居民医保费中划转。

大病保险费按年度筹集,同一结算年度内筹资标准不变。医疗保障和财政等部门可根据大病保险基金运行情况,按规定程序适时调整筹资标准。

(二)参保人员发生的下列符合大病保险支付范围的医疗费用(以下简称大病保险合规费用),由大病保险基金和个人共同承担:

1.住院最高限额以上,符合医保开支范围的住院和规定病种门诊医疗费;

2.住院最高限额以下,由个人按比例承担的住院和规定病种门诊自付部分医疗费(含起付标准);

3.浙江省大病保险特殊药品费用;

4.享受浙江省罕见病用药保障待遇后个人承担的罕见病药品费用;

5.国家和省规定的其他医疗费。

(三)罕见病用药保障实行省级统筹,所需资金从大病保险基金中上解至浙江省罕见病用药保障基金。参保人员按规定享受全省统一的罕见病用药保障待遇。

(四)参保人员大病保险待遇享受起止时间与其基本医疗保险待遇享受起止时间一致。在一个结算年度内,参保人员发生的大病保险合规费用按以下规定结算:

1.由个人承担一个起付标准,具体为:持证人员7500元,退休人员1.3万元,其他参保人员2.5万元。

2.最高支付限额为60万元。

3.起付标准以上,最高支付限额以下部分费用按超额累进制结算,具体比例为:

(1)持证人员:起付标准以上至10万元(含)为80%,10万元至20万元(含)为85%,20万元至40万元(含)为90%,40万元以上为95%。

(2)非持证人员:

职工医保参保人员:起付标准以上至10万元(含)为75%,10万元至20万元(含)为80%,20万元至40万元(含)为85%,40万元以上为90%。

城乡居民医保参保人员:起付标准以上至10万元(含)为70%,10万元至20万元(含)为75%,20万元以上为80%。

四、调整医疗救助政策

(一)医疗救助资金由市政府按规定安排,取消12元/年的个人缴费。

(二)医疗救助对象为参加我市职工医保或城

乡居民医保的持证人员以及市政府规定的其他特殊困难人员。

（三）一个结算年度内，医疗救助对象在定点医药机构发生的符合医保开支范围的医疗费，扣除基本医疗保险、大病保险以及其他医疗补助后的个人承担部分，纳入医疗救助范围，并按以下标准救助：

1.《特困人员救助供养证》持有者，其个人承担的门诊、住院和规定病种门诊医疗费予以全额救助。

2.《最低生活保障家庭证》《残疾人基本生活保障证》和二级及以上《中华人民共和国残疾人证》持有者，其个人承担的住院和规定病种门诊医疗费救助70%；门诊医疗费救助50%，最高不超过3000元。

3.《最低生活保障边缘家庭证》持有者，其个人承担的住院和规定病种门诊医疗费救助60%。

五、调整生育保险政策

（一）调整生育医疗费和计划生育医疗费

女职工符合规定生育或实施计划生育手术的，按职工医保规定结算生育医疗费和计划生育医疗费。

按照国家规定参加基本医疗保险的职工未就业配偶、灵活就业人员和城乡居民医保参保人员，其符合规定的生育医疗费用和计划生育医疗费用纳入基本医疗保险基金支付范围。

取消女职工生育医疗费和计划生育医疗费定额支付和城乡居民医保参保人员生育医疗费定额支付政策。

（二）调整生育津贴和计划生育津贴

1.生育津贴

符合《浙江省人口与计划生育条例》规定生育的女职工，生育津贴按享受产假128天计发（含奖励假30天）；难产的，增加产假15天；生育多胞胎的，每多生育1个婴儿，增加产假15天。

女职工怀孕不满4个月流产的，享受产假15天；怀孕满4个月流产的，享受产假42天。

2.计划生育手术津贴

（1）放置宫内节育器按2天计发；

（2）取宫内节育器按1天计发；

（3）输精管结扎按7天计发；

（4）单纯输卵管结扎按21天计发；

（5）产后结扎输卵管按14天计发。

3.女职工符合规定的生育津贴和计划生育手术津贴计发公式为：应计发津贴=生育时所在用人单位上年度职工月平均工资÷30×应计发天数。

用人单位上年度职工月平均工资，由医保经办机构根据用人单位上年度12月份参保职工的年度月平均工资总额除以对应人数确定。当年新成立的用人单位上年度职工月平均工资，由医保经办机构按用人单位参保职工第一个月工资平均数计算。

（三）调整申请条件和申请时间

1 职工享受生育津贴和计划生育手术津贴，须同时具备下列条件：

（1）符合国家、省、市规定条件的生育或者实施计划生育手术的。

（2）职工在生育或计划生育手术时，用人单位已按规定在本市为其办理参保登记手续，并连续缴费（不含补缴）满12个月。

2.生育津贴和计划生育手术津贴由用人单位在职工产后或手术后的次年年底前，按规定向我市医保经办机构申请。医保经办机构审核后拨付给职工所在用人单位，并由用人单位按照《浙江省女职工劳动保护办法》相关条款及本通知规定的生育保险待遇项目和标准发给职工。

六、其他

本通知自2021年1月1日起执行，原政策规定与本通知不符的，以本通知为准。

建德市人民政府
2020年12月31日

建德市人民政府办公室关于印发《建德市公共租赁住房保障货币补贴实施办法》的通知

各镇、乡人民政府，各街道办事处，市政府各部门、单位：

经市政府研究，现将《建德市公共租赁住房

保障货币补贴实施办法》印发给你们，请认真组织实施。

建德市人民政府办公室

2020年1月9日

建德市公共租赁住房保障货币补贴实施办法

一、为做好我市公共租赁住房建设和管理工作，根据《住房和城乡建设部、财政部关于做好城镇住房保障家庭租赁补贴工作的指导意见》（建保〔2016〕281号）、《关于加快发展公共租赁住房实施意见的通知》（浙政办发〔2010〕92号）和《杭州市公共租赁住房建设租赁管理暂行办法的通知》（杭政办〔2011〕20号）等文件精神，结合我市实际，特制定本办法。

二、本办法所称的公共租赁住房保障分为实物配租和货币补贴两种。

实物配租是指政府向符合公共租赁住房保障条件的申请家庭提供住房，并按照公共租赁住房租金标准收取租金（办法另行制定）。

货币补贴是指在房源不足的情况下，对符合享受公共租赁住房条件并已在租赁市场租房居住的对象进行租金货币补贴的一种方式。

三、市住建局牵头负责住房保障的组织实施工作，负责会同市发改局、市规划资源局等部门研究制定公共租赁住房保障需求年度计划，具体负责资格审核、货币补贴发放等有关组织工作；市发改（物价）局负责租金标准的制定和公布；市财政局负责补贴资金的落实；市民政局负责对申请人及其家庭成员收入进行认定，核实申请人婚姻状况；市规划资源局负责对申请人及其家庭成员的房产、土地使用权申请登记情况的核实；市人力社保局负责对申请人及其家庭成员的编制、退休金、社会保险缴纳情况及申请家庭有关人员学历（职称）认定的核实；市公安局负责浙江省居住证核实、房屋租赁备案情况的核查；市税务局负责对申请人及其家庭成员的个人所得税缴税情况的核查；市市场监管局负责对申请人及其家庭成员的企业注册资金及个体经营户注册信息的核查；公积金建德分中心负责公积金缴纳情况及提取情况的核查；市银监办负责查询申请人及其家庭成员的金融财务情况；其他相关部门根据各自职责，负责做好指导、配合和行业监管等工作。

申请人所在乡镇（街道）及社区（居委会、村委）按照各自职能，负责申请受理、初审和后续协调管理。

四、公共租赁住房保障货币补贴资金通过上级补助的保障性住房专项资金、公积金增值收益、财政预算安排资金等渠道筹集。

五、公共租赁住房实行分类准入。

（一）中等偏下收入住房困难家庭申请公共租赁住房须同时符合下列条件：

1.申请人具有建德市户籍1年（含）以上；

2.申请人及家庭成员在本市无房或人均住房建筑面积在15平方米以下且家庭住房面积在45平方米以下；

3.申请家庭人均可支配收入低于上年度人均可支配收入的100%以下；

4. 申请人及家庭成员符合政府规定的其他条件。

（二）新就业大学毕业生（创业人员）申请公共租赁住房须同时符合下列条件：

1.申请人具有本市户籍或持有《浙江省居住证》（或《浙江省临时居住证》）；

2.申请人具有全日制普通高校本科以上学历且毕业未满6年，或申请人具有中级（含）以上职称，或高级（含）以上职业资格证书；

3.申请人在本市用人单位工作，并签订一年（含）以上劳动合同，且在本市连续缴纳社会保险金一年（含）以上，或持有本市营业执照和一年（含）以上完税证明；

4.申请人及家庭成员在本市无房或人均住房建筑面积在15平方米以下且家庭住房面积在45平方米以下；

5.申请家庭人均可支配收入低于上年度人均可支配收入的100%以下；

6. 申请人及家庭成员符合政府规定的其他条件。

（三）外来务工人员申请公共租赁住房须同时符合下列条件：

1.申请人具有非本市常住户籍并持有《浙江省居住证》(或《浙江省临时居住证》);

2. 申请人在本市用人单位工作 3 年以上,并签订劳动合同,且在本市连续缴纳社会保险金 3 年以上;

3.申请人及家庭成员在本市无房或人均住房建筑面积在 15 平方米以下且家庭住房面积在 45 平方米以下;

4.申请家庭人均可支配收入低于上年度人均可支配收入的 100%以下;

5. 申请人及家庭成员符合政府规定的其他条件。

六、上第第五条二、三款所称用人单位是指位于本市范围内的国家机关、事业单位、外地驻建机构,以及登记注册地在本市的社会团体、企业、民办非企业组织。非法人分支机构申请的,需提交法人组织的授权书。

七、申请家庭成员(含申请人的未成年子女)在本市范围内的下列房产应纳入房产建筑面积核定范围:

(一)申请家庭成员拥有的房产;

(二) 申请家庭成员承租的公房和单位自管房;

(三)申请家庭成员有农村批地建房的,按农村批地建房面积核计。

以上房产因买卖、赠予、离婚析产等原因已转让不满 3 年的,纳入房产核定范围。

申请家庭因重大疾病等原因造成经济条件特别困难,将原有房产转让后未满 3 年的,原有房产不纳入房产面积核定范围。

本办法所称家庭成员,包括配偶,同一户口簿中共同居住的子女、父母和其他有法定扶养、赡养、抚养关系的人员。

八、公共租赁住房按照保障对象群体实行分类申请、统一受理,具体程序如下:

(一)发布公告。市住建局在媒体和社区发布公共租赁住房保障货币补贴受理公告,公告中应明确受理对象、受理时间、受理地点、受理审核流程及货币补贴标准等内容。

(二)申请和受理。符合条件的申请家庭向市住建局(房改办)办事窗口或政府网站自行下载领取并如实填写《建德市公共租赁住房货币补贴申请表》(以下简称申请表)并将填写完整的表格和所需材料提交所在单位,单位初审后提交市住建局(房改办)。无用人单位的申请人直接将填写完整的申请表和所需材料提交户籍所在社区。

(三)审核和公示。市住建局牵头,各部门配合,做好申请家庭的资格认定工作。基本符合条件的申请家庭在政府网站和社区予以公示,公示期为 5 日,接受社会监督。

(四)发放补贴。公示期满无异议的,由市住建局根据分类标准发放租金货币补贴。

九、保障家庭应在"保障资格证"有效期届满前 3 个月内,按原申请程序向市住建局(房改办)受理窗口提交相关材料进行资格年审。经市住建局(房改办)年审符合条件的,可继续按规定申领货币补贴保障;年审不符合条件的,货币补贴保障终止。

十、公共租赁住房货币金补贴的期限,除中等偏下收入住房困难家庭外,申请家庭的补贴期限累计不得超过 6 年。

十一、公共租赁住房货币补贴标准由市价格主管部门会同财政、住建等部门制定,实行动态管理,每两年调整一次,并向社会公布。

十二、货币补贴保障标准,按照货币补贴标准租金乘以家庭保障建筑面积(需扣除已有房产面积)计算核定。

十三、持有有效期内《最低生活保障证》《最低生活保障边缘家庭证》,或持有残疾 1、2 级《残疾证》《残疾人基本生活保障证》的家庭,按货币补贴标准的 1.5 倍发放。

十四、货币补贴保障面积标准为:单人户享受 36 平方米,2—3 人(含)户享受 48 平方米,4 人(含)及以上户享受 60 平方米。

十五、申请人员采取隐瞒事实情况、提供虚假资料、伪造证明材料等手段骗得公共租赁住房货币补贴的,按照以下方式处理:

1.由住房保障管理部门取消申请人的保障资格,并收回发放的公共租赁住房货币补贴;

2. 自取消其公共租赁住房保障资格之日

起 5 年内，申请人不再具有公共租赁住房保障申请资格。

住房保障管理部门可同时采取以下措施：

1. 将其行为通报市联合征信系统管理部门，市联合征信系统管理部门应将申请人的违规行为记入相应的征信系统；

2.将申请人相关违规信息在有关媒体上进行曝光；

3.如申请人属于监察对象的，应将其行为通报工作单位监察部门，并由监察部门按照有关规定予以处理。

十六、本办法自 2020 年 2 月 9 日起施行，原《建德市公共租赁房租赁管理办法》（建政函〔2010〕78 号）同时废止。

十七、本办法由市住建局负责解释。

建德市人民政府办公室关于印发《建德市发展学前教育第三轮行动计划》的通知

各镇、乡人民政府，各街道办事处，市政府各部门、单位：

《建德市发展学前教育第三轮行动计划》已经市政府同意，现印发给你们，请结合实际认真贯彻落实。

建德市人民政府办公室

2020 年 4 月 21 日

建德市发展学前教育第三轮行动计划

自 2016 年实施《建德市学前教育第二轮三年行动计划（2016—2018 年）》（建政办函〔2016〕176 号）以来，我市学前教育发展取得了明显成效，学前普惠率显著提高，由 2016 年的 70%提高至 96.56%；学前教育资源供给不断扩张，3 年新增学位 3800 个；优质资源覆盖面不断扩大，达到 82.91%；教师队伍不断壮大，素质明显提升，专任教师数由 2016 年的 863 人增加到 1049 人，持证率达 97.8%，大专以上学历达 98.2%。为进一步加快我市学前教育改革发展步伐，促进学前教育均衡优质发展，根据《国务院关于学前教育深化改革规范发展的若干意见》《浙江省学前教育条例》、杭州市委、市政府《关于深化基础教育改革建设“美好教育”的实施意见》（市委办发〔2018〕81 号）、《杭州市发展学前教育第三轮行动计划》（杭政办函〔2019〕93 号）以及《建德市加快推进教育现代化建设“美好教育”行动计划》（2019—2022）四年行动计划的精神，特制定本计划。

一、总体要求

（一）总体目标

坚持“政府主导、社会参与、公办民办协调发展”的思路，优化学前教育发展结构，进一步重视内涵建设，整体提升我市学前教育质量。到 2023 年，全面建成公益普惠、均衡优质、城乡发展一体化的学前教育公共服务体系，各级各类幼儿园保教队伍素质和办园水平大幅提升，较好满足广大人民群众对优质学前教育的需求，促进儿童健康、快乐成长。

（二）具体指标

1.优化学前教育发展格局。建立以普惠性幼儿园（公办园和普惠性民办园，下同）为主体，个性化民办幼儿园为补充的学前教育发展格局。到 2023 年，全市学前三年户籍儿童入园率保持在 99%以上，全市普惠性幼儿园在园幼儿人数占在园幼儿总数比例保持在 96%以上，其中公办幼儿园在园幼儿人数比例达到 75%以上。

2.推进学前教育均衡优质发展。到 2023 年，全市等级幼儿园覆盖率保持在 99%以上，其中优质学前教育覆盖面(省一级、二级幼儿园在园幼儿人数覆盖面) 达到 90%；全市名园集团化覆盖率达到 66%。

3.深化学前教育体制机制改革。进一步理顺以乡镇（街道）为主的学前教育办园体制和管理体制；完善学前教育经费保障机制和师资队伍发展机制；形成学前教育质量评估监管体系。到 2023 年，全市幼儿园教师持有资格证比率保持在 99%以上；幼儿园教师大专及以上学历保持在 98%以上。

二、主要措施

（一）健全学前教育公共服务体系

1.优化学前教育结构和布局。综合考虑全面两孩政策、新型城镇化进程和户籍制度改革等因素，优化学前教育结构。各乡镇(街道)要根据社会经济发展、人口发展情况，落实新一轮《建德市学前教育布局(布点)专项规划》(2017年修编)。继续按照“新建一批、置换一批、改造一批”的思路，适度提高百户比标准，积极挖潜，充分利用空置厂房、公共服务设施、中小学闲置校舍等资源加快幼儿园建设，鼓励各类产业园区开展嵌入式幼儿园试点，有效解决幼儿园布局盲点问题。

2.规范小区配套幼儿园建设和使用。根据国务院《关于开展城镇小区配套幼儿园治理工作的通知》(国办发〔2019〕3号)、《浙江省住宅小区配套幼儿园建设管理办法》要求，全面落实住宅小区配套幼儿园建设，并确保配套幼儿园办成普惠性幼儿园，不得办成营利性幼儿园。健全联动管理机制，确保配套幼儿园与首期建设的居民住宅区同步规划、同步设计、同步建设、同步验收。

3.增加普惠性资源供给和受益面。加快新增人口集中地区和城郊接合部普惠性幼儿园建设，支持鼓励乡镇(街道)、村集体、国有企事业单位、高等学校举办普惠性幼儿园。以“公办为主”思路发展农村学前教育，大力加强乡镇公办中心幼儿园建设，并根据人口集聚程度，建好多所公办幼儿园，着力解决偏远地区幼儿入园问题，满足农村适龄儿童就近接受学前教育的需求。

4.普及和提升学前特殊教育。积极推进特殊教育向学龄前特殊儿童延伸，大幅度提升特殊儿童接受学前教育比例。推动有条件的学校、公办幼儿园、儿童福利机构和残疾儿童康复机构及社会力量举办残疾儿童学前教育。鼓励幼儿园建设特殊教育资源教室，接受轻度特殊儿童随班就读。到2023年全市户籍残疾儿童接受学前教育比例保持在90%以上。

(二)完善学前教育投入保障体系

1.加大学前教育经费保障力度。健全学前教育经费投入机制，规范使用管理，强化绩效评价，提高使用效率。进一步提高公共财政预算学前教育事业费在教育事业费中所占比例，到2023年比例达到10%以上。

2. 公办学前教育生均日常公用经费投入机制。学前教育预算内生均日常公用经费标准达到省定标准，并逐步缩小与小学生标准之间的差距，并确保覆盖到各公办幼儿园。

3.优化普惠性民办幼儿园的扶持机制。在对民办幼儿园规范考核的基础上，市财政要按照民办幼儿园适龄学籍人数，以本市同级同类公办幼儿园上年度生均预算内教育事业费为依据给予不低于20%基准比例的补助，并列入市财政预算，重点向普惠性民办幼儿园倾斜。具体补助办法按照《建德市民办幼儿园考核办法》(建教普〔2019〕32号)文件执行。

4.加大学前教育专项资金投入。对公办新增幼儿园按核定的办园规模给予一次性每班16万元定额补助，对民办新增幼儿园市财政按上级补助标准给予1:1配套补助，并纳入学前教育专项资金统筹使用管理。

5. 健全学前教育承办分担机制。根据办园成本、经济发展水平和群众承受能力等因素，合理提高公办园和普惠性民办幼儿园收费标准并建立定期动态调整机制。稳步推进营利性和非营利性民办幼儿园分类登记，健全非营利性民办幼儿园收费管理办法和营利性民办幼儿园收费价格监管机制。

(三)深化学前教育保教队伍建设体系

1.严格依标配备教职工。根据《教育部 中央编办 财政部 人力资源社会保障部关于加强幼儿园教师队伍建设的意见》(教师〔2012〕11号)和《教育部关于印发〈幼儿园教职工配备标准(暂行)〉的通知》(教师〔2013〕1号)要求，科学核定公办幼儿园教职工编制，逐年提高事业编制教师占比，可适当核增名园集团核心幼儿园和乡镇中心幼儿园的事业编制数量。

2.依法保障幼儿园教师地位和待遇。依法落实幼儿园事业编制教师工资待遇保障政策，参照义务教育阶段教师水平，落实幼儿园教师收入。落实幼儿园事业编制教师工资收入定期增长机制，全面实施农村特岗教师津贴制度。保障公办幼儿园非事业编制教师工资收入逐步达到事业编制教师水平。按照政府购买服务范围的规定，将公办幼儿园的保育员、保安、厨师等工作人员服务纳入政府购买服务范围，所需资金从市财政预算中统筹安排。民办幼儿园要按照浙江省等级幼儿园要求，合理确定相应教职工的工资收入。各类幼儿园依法依规足额足项为教职工缴纳社会保险和住房公积金。根据学前教育特点和幼儿园教师专业标准，完善幼儿园教师职称评聘标准，畅通职称评聘通道，提高幼儿园教师职称比例，高级职称比例提高至10%。

3.加强保教队伍建设和管理。认真落实教师资格准入及定期注册制度，严格执行幼儿园园长、教师专业标准，全面落实幼儿园教职工持证上岗；强化师德师风建设，健全师德教育机制，加大考评监督力度，全面落实教育部《幼儿园教师违反职业道德行为处理办法》；依法保障教师进修培训、专业技术资格评审、表彰评比、教研活动等权利；有计划、有针对性地开展幼儿园教师分层培训，进一步加强骨干教师培养力度，幼儿园骨干教师培训纳入新一轮“中小学（幼儿园）名师151培养工程”；优秀园长纳入“名校长525培育工程”平台，遴选幼儿园园长参加“国培计划”“省培计划”等专题培训，全面提高幼儿园园长素质。并将建设以需求为导向，多渠道开设适应不同岗位保教人员专业发展需要的在职培训课程，加强保育员队伍培训工作，增强培训针对性和实效性。

(四)深化学前教育改革

1.继续推进名园集团化战略。进一步丰富名园集团化办学和城乡幼儿园互助共同体等结对帮扶形式，积极探索跨区域、跨类别幼儿园集团化办学等多种模式运作，扩大名园在师资、管理、服务等方面的输出，加快新办园发展，缩短城乡距离，整体提升全市学前教育质量，让更多的适龄儿童在家门口接受优质学前教育。

2.深化学前教育课程改革。遵循幼儿身心发展规律，树立科学保教理念，坚持以游戏为基本活动，全面推进幼儿园课程改革。建立幼儿园课程备案审核制，有效提升园长的课程领导能力和教师的课程实施能力；规范幼儿园及相关教育培训机构的课程实施和保教行为，防止和纠正“小学化”倾向。

3.完善幼儿园等级评定和质量检测体系。鼓励各类幼儿园上等级、创品牌、树名园，全市2020年底前完成省市幼儿园等级并轨工作，努力提高省一级、省二级幼儿园比例，扩大优质资源覆盖面；加强对各级各类幼儿园保教质量、规范办园、教师队伍建设等方面的监测评估，探索开展第三方办园质量评估，并将评估结果作为年度考核重要依据。

(五)强化学前教育监管

1.加大办园行为监管力度。乡镇(街道)、单位部门履行好监管的主体责任，建立乡镇(街道)、单位部门和幼儿园办园行为动态监管机制，加大对薄弱幼儿园改造、无证幼儿园整治。加强对民办幼儿园经费使用及收费行为的监管力度，非营利性民办幼儿园办园结余均须用于继续办园。

2.强化幼儿园安全、健康工作。加强对幼儿园安全工作的监督与指导，建立全覆盖的幼儿园安全防护体系。各职能部门以及幼儿园所属部门(单位)、所在街道(乡镇)、城乡社区居民委员会(村民委员会)按职责落实对辖区幼儿园的安全监管，有关部门要加强执法监督。建立健全幼儿园安全防护体系，落实安全工作园长负责制，完善安全管理制度，改善安全保障基础条件，不断提升幼儿园安全防护水平。保障幼儿的视力健康发展，实现全市3~6岁儿童新发近视率明显下降，高度近视发生率显著降低，视力健康整体水平普遍提升，到2023年，力争实现全市3-6岁儿童总体近视率每年降低1个百分点以上。

3.加快学前教育信息化建设与管理。将学前教育信息化纳入基础教育信息化建设和管理体系，健全学籍管理信息系统，规范学籍管理；加强学前教育行政管理人员、幼儿园教职工信息技术应用能力培训，推进信息技术在学前教育中的有效应用。

三、工作要求

(一)加强组织领导

健全政府统筹牵头、教育主管和其他部门齐抓共管的工作机制，落实机构编制、发改、教育、财政、人力社保、住建、卫生健康、规划资源主管部门等部门职责，协力推进发展学前教育第三轮行动计划的实施，确保各项目标任务落实到位，切实保障学前教育健康可持续发展。

(二)营造良好氛围

认真推广学前教育改革成功经验，倡导有利于学前教育健康发展的舆论导向，大力营造全社会共同关心、支持学前教育事业发展的良好氛围。

(三)强化督导考核

加大对学前教育事业发展的督导考核力度，重点开展对学前教育经费投入和使用、城镇住宅小区配套幼儿园建设使用、教职员工配备及待遇保障、“小学化倾向”治理等进行专项督查。督查结果列入对各乡镇(街道)的目标管理考核范畴。

本计划自 2020 年 5 月 21 日起施行，由市教育局负责牵头组织实施。

附件：1. 建德市发展学前教育第三轮行动计划(2019—2023 年)年度目标

2.建德市(2019—2023 年)学前教育建设行动计划

附件 1

表 12　建德市发展学前教育第三轮行动计划(2019—2023 年)年度目标

指标	建德市目前指标（2019 年）	杭州市到 2023 年目标	建德市到 2023 年目标
学前三年户籍幼儿入园率	97.67%	保持在 99%以上	保持在 99%以上
普惠性幼儿园在园幼儿人数占在园幼儿总数比例	96.56%	保持在 90%以上	保持在 96%以上
公办幼儿园在园幼儿人数占在园幼儿总数比例	75.08%	达 75%	保持在 75%以上
等级幼儿园在园幼儿人数占在园幼儿总数比例	100%	保持在 99%以上	保持在 99%以上
优质学前教育覆盖率(省一、二级幼儿园幼儿人数覆盖面)	82.08%	达 90%	达 90%
幼儿园教师资格证持有率	97.8%	保持在 99%以上	保持在 99%以上
幼儿园教师大专及以上学历比率	98.2%	保持在 98%以上	保持在 98%以上
名园集团化覆盖率	45.26%	达 66%	达 66%
学前特殊儿童入园率	84.21%	达 90%	达 90%
学前教育事业费占比	9.6%(是 2018 年，2019 年未算)	10%以上	10%以上
班额控制在小班 25 人、中班 30 人，大班 35 人以下	66.53%	90%	达 90%

附件 2

表 13 建德市(2019—2023年)学前教育建设行动计划

序号	项目名称	建设地点	项目性质	建设内容及规模（班）	用地面积（亩）	建筑面积（平方米）	投资估算（万元）	建设主体	建设期限（年）
1	桥南幼儿园	新安江街道	新建	12个班级	6	7100	5438	城投公司	2019
2	明珠幼儿园	新安江街道	新建	12个班级	9	7858	5000	资投公司	2019
3	碧桂园幼儿园	新安江街道	新建	9个班级	5.7	3203	2000	碧桂园房产	2019—2020
4	下涯中心幼儿园	下涯镇	新建	12个班级	15	6450	2500	下涯镇	2019—2020
5	大同中心幼儿园上马分园	大同镇	新建	9个班级	6.2	2500	700	大同镇	2020—2021
6	寿昌新城幼儿园	寿昌镇	新建	18个班级	12	8000	3376	开发区	2020—2021
7	梅城镇新城幼儿园	梅城镇	新建	12个班级	7	6200	3600	梅城镇	2020—2022
8	梅城镇南峰幼儿园	梅城镇	新建	12个班级	10	4100	2600	梅城镇	2021—2023
9	三都中心幼儿园	三都镇	迁建	15个班级	12	5130	2600	三都镇	2020—2022
10	建德市洋溪中心幼儿园城中园区	洋溪街道	新建	9个班级	7.5	3600	2700	城投公司	2020—2022
11	杨村桥中心幼儿园绪塘分园	杨村桥镇	新建	5个班级	3	1500	405	杨村桥镇	2020—2021
12	溪头幼儿园	新安江街道	新建	15个班级	12	6000	3000	待定	2021—2023
13	江村埠幼儿园	新安江街道	新建	9个班级	6	4200	2200	待定	2022—2023
14	新建村幼儿园	新安江街道	新建	12个班级	9	4500	2500	资投公司	2022—2023
15	府东幼儿园	新安江街道	新建	15个班级	8.9	5500	3000	待定	2023
	合计	——	——	——	129.3	75841	41619	——	——

建德市人民政府办公室关于开展既有住宅加装电梯工作的实施意见

各镇、乡人民政府，各街道办事处，市政府各部门、单位：

为进一步完善我市既有住宅使用功能，改善老旧小区居住条件，提高人民群众生活品质，根据《中华人民共和国物权法》、《浙江省人民政府关于加快发展养老服务业的实施意见》(浙政发〔2014〕13号)、《关于开展既有住宅加装电梯试点工作的指导意见》(浙建〔2016〕6号)和《杭州市人民政府办公厅关于开展杭州市区既有住宅加装电梯工作的实施意见》(杭政办函〔2017〕123号)等法律法规和文件精神，结合实际，现就我市开展既有住宅加装电梯工作提出如下意见。

一、基本原则

既有住宅加装电梯工作遵循“业主主体、社区主导、政府引导、各方支持”的原则。

二、实施主体

本单元、本幢或本小区相关业主作为既有住宅加装电梯申请人，负责意见统一、工程报建、设备采购、工程实施、维护管理等相关工作。

申请人可以推举业主代表作为实施主体负责上述工作，也可以书面委托电梯企业、具有设计施工资质的单位、物业服务企业、原建设单位、原产权单位、第三方代建单位等作为实施主体代理上述工作。受托人应当与委托人签订委托协议，明确双方的权利义务。

鼓励政府机关、企事业单位对自行管理的职工住宅组织实施加装电梯工作。

申请人作为建设单位承担相应法律法规规定的义务。

三、申请条件

（一）全市范围内四层及以上的非单一产权既有住宅和企事业单位住宅（集体宿舍）且同时满足以下条件：

1.具有合法的权属证明；

2.未列入房屋征收范围和计划；

3.已建成投入使用的无电梯住宅、集体宿舍。

（二）既有住宅加装电梯应当经本单元、本幢或本小区房屋专有部分占建筑物总面积三分之二以上的业主且占总人数三分之二以上的业主同意并签订加装电梯协议。拟占用业主专有部分的，还应当征得该专有部分的业主同意。

四、资金筹集

既有住宅加装电梯所需建设资金及运行使用、维护管理资金主要由业主承担，具体费用应根据业主所在楼层等因素协商，按一定分摊比例共同出资。业主可以申请使用本人及配偶的住房公积金、住房补贴。

对全市范围内四层及以上的非单一产权既有住宅加装电梯，市政府给予10万元/台的补助；涉及管线迁移所需的费用由各管线单位和政府共同承担，其中政府承担5万元/台，超出部分由各管线单位承担。

五、工作流程

（一）统一意见。按照申请条件由申请人征求相关业主形成加装电梯的统一意见。

（二）制定方案。由申请人编制符合建筑设计、结构安全、消防安全和特种设备等相关规范、标准的设计方案。

（三）协议、方案公示。既有住宅加装电梯应当经有关业主同意后签订加装电梯协议，协议需明确项目负责人或委托单位主要职责、资金概算及费用筹集方案、电梯运行维护保养费用分摊方案，以及加装完成后的使用管理单位等内容。

以上协议和方案由加装电梯房屋所在社区居委会（村委会）在拟加装电梯单元楼道口、小区公示栏等位置公示10天，公示期间因加装电梯可能受到影响的利害关系人无实名制书面反对意见的，由社区居委会（村委会）盖章备案；有异议的，所在社区居委会（村委会）应业主请求，应当组织调解。

（四）施工图审。方案经业主充分协商、公示认可后，由申请人委托具有相应资质的设计单位按改建工程进行施工图设计。施工图经有资质的图审机构审查后报市住建局备案。

（五）联合审查。申请人应当向市住建局提出加装电梯的申请，并提供以下材料：①相关业主身份证、房屋权属证明复印件；②代理人身份证、授权委托书；③加装电梯方案文本（相关文字说明、图纸等）；④施工图审查备案证明文件；⑤经社区居委会（村委会）备案的加装电梯协议；⑥市住建局要求提供的其他材料。由市住建局召集国土资源、市场监管、消防、城管等部门及有关管线单位和所在地乡镇（街道）进行联合审查，出具联合审查意见。

加装电梯涉及电力、电信、水业、燃气、数字电视、网通等管线移位及其他配套设施项目改造的，相关单位应开通绿色通道，根据联合审查意见，予以优先办理。

（六）工程施工。申请人应委托具有相关资质的施工单位、监理单位进行加装电梯的施工及施工过程中的监督管理。加装电梯施工前，申请人应当向市住建局办理工程质量安全监督登记手续，施工单位应向有资质的特种设备检验检测机构申报电梯监督检验。施工过程接受特种设备安全监督管理部门和建设工程质量安全监督部门的质量安全监督。

（七）工程验收。加装电梯有关业主对加装电梯工程施工全过程的安全生产负总责，设计、施工、监理单位和电梯企业等按有关法律法规规定负相应责任。工程竣工后，申请人应组织设计、施工、监理单位和电梯企业等对加装电梯工程进行质量竣工验收。竣工验收应邀请所在乡镇（街道）、社区居委会（村委会）参加，市住建局组织有关单位进行监督指导。

（八）使用登记。申请人应依法在电梯投入使用前或者投入使用后 30 日内向市市场监管部门办理特种设备使用登记，取得使用登记证书。

（九）建档移交。工程结束后，申请人应将建设工程竣工资料移交市城建档案馆。

（十）资金补助。申请人提供竣工验收记录报告（原件）、电梯使用合格证（复印件核对原件）和电梯档案移交单（原件）三项资料，申请电梯补助资金。市政府补助资金拨付所在乡镇（街道），由乡镇（街道）拨付给电梯加装项目。

六、相关要求

（一）安全要求。既有住宅加装电梯的设计、施工、监理单位应具备相应资质。加装的电梯应符合《中华人民共和国特种设备安全法》以及相关标准和安全技术规范的要求，由具备相应资格的单位制造和安装，安装前应报告市特种设备安全监督管理部门，投入使用前应经监督检验合格并制定电梯安全管理制度，投入使用后应按要求定期检验合格方可继续使用。

（二）规划要求。既有住宅加装电梯应以实用性为原则，不得侵占城市道路，不得影响城市规划实施；应尽量减少占用现状绿化，尽量减少对周边相邻建筑的不利影响，不得增加或变相增加住宅使用空间，建筑面积不计入容积率。在满足消防、安全条件，保障各项功能正常适用的前提下，加装电梯体量不纳入建筑间距计算。

（三）建立协调机制。一是各乡镇（街道）成立组织协调小组，做好居民协调、引导以及初步审核等工作，因地制宜推进项目实施。二是建立联席会议机制，由市住建局召集国土资源、财政、市场监管、消防、城管等职能部门和乡镇（街道）、社区居委会（村委会）召开联席会议，切实解决推进过程中的难点问题。

七、部门职责

建德市既有住宅加装电梯工作领导小组负责统筹领导全市既有住宅加装电梯工作。

市住建局承担领导小组日常工作，并负责既有住宅加装电梯工作的政策制定、指导协调、规划管理和建设工程质量安全监督等工作。

市委宣传部负责既有住宅加装电梯的宣传工作。

市财政局负责做好加装电梯专项资金保障工作。

市市场监管局负责加装电梯技术指导、电梯运行维护的安全监督管理工作。

各乡镇（街道）和社区居委会（村委会）负责既有住宅加装电梯的政策宣传、业务指导、矛盾协调等工作。

其他相关部门、单位应当根据职责分工，按照简便高效的原则，依法支持既有住宅加装电梯有关审查和备案工作。

八、保障措施

（一）加装电梯新增部分，不再另行测绘，不计入各分户业主的产权面积，不再办理不动产登记。

（二）对已经依法办理有关施工手续的既有住宅加装电梯工程，相关业主应当提供必要的施工便利，不得阻挠、破坏施工。

（三）市特种设备安全监督管理部门应当统一公布有资质的既有住宅加装电梯制造、安装、改造、修理单位名单等信息，方便群众自主选择。

（四）加装电梯的生产、经营、使用、维护保养、检验、检测、安全风险评估、监督管理按照《杭州市电梯安全管理办法》的相关规定执行。

（五）既有住宅加装电梯工作应结合实际，积极探索使用新材料新技术新办法，鼓励购买相关保险。

本意见自 2020 年 7 月 22 日起施行，原《关于开展既有住宅加装电梯工作的实施意见》（建政办函〔2018〕54 号）同时废止。

建德市人民政府办公室

2020 年 6 月 22 日

附件

建德市既有住宅加装电梯工作领导小组

经市政府研究，决定对建德市既有住宅加装电梯工作领导小组予以调整。调整后领导小组成员名单如下：

组　长：朱　欢

副组长：俞　伟　钱晓华

成　员：程星火（市府办）

吴勇富（市府办）

鲁　斌（市委宣传部）

苏晓明（市信访局）

汪永刚（市公安局）

娄樟锡（市民政局）

陈　刚（市财政局）

姜建生（市规划和自然资源局）

周献锦（市住建局）

蔡新春（市应急管理局）

胡国正（市市场监管局）

方新卫（市城管局）

朱卫东（市供电公司）

沈光明（市消防救援大队）

程　斌（新安江街道）

倪浩群（更楼街道）

叶　莲（洋溪街道）

沈小来（梅城镇）

骆旭华（寿昌镇）

杨成军（大同镇）

肖　虎（乾潭镇）

方　睿（三都镇）

李可大（杨村桥镇）

吴　雯（下涯镇）

游佩芝（大慈岩镇）

黄伟斌（航头镇）

金鹏飞（李家镇）

何洪宇（大洋镇）

应永江（莲花镇）

傅　欣（钦堂乡）

项智东（市资投公司）

领导小组下设办公室（设在市住建局），周献锦同志兼任办公室主任。

建德市人民政府关于公布《建德市2020年度政府集中采购目录及标准》的通知

各镇、乡人民政府，各街道办事处，市政府各部门、单位：

为进一步明确我市各级机关、事业单位和团体组织实施政府采购的范围和标准，提高财政资金使用效益，规范政府采购行为，根据《中华人民共和国政府采购法》《中华人民共和国政府采购法实施条例》《浙江省财政厅关于继续执行浙江省2019年度政府集中采购目录及标准和政府采购品目分类目录的通知》（浙财采监〔2019〕12号）和《杭州市人民政府办公厅关于公布杭州市2020年度政府集中采购目录及标准的通知》（杭政办函〔2020〕6号）规定，经市政府同意，现公布《建德市2020年度政府集中采购目录及标准》，并将有关事项通知如下。

一、集中采购

（一）纳入集中采购目录的项目，采购单位应当委托集中采购机构依法组织采购。其中，全省统一集中采购项目，由省级行政主管部门依法组织采购；市教育局和市卫生健康局所属单位采购教育设备与医疗设备的，统一委托部门集中采购机构依法组织采购，也可以委托集中采购机构代理采购。

（二）需委托省市有关行政主管部门实施部门集中采购的，采购单位应当按照规定向市财政部门办理政府采购有关手续。

（三）全省统一集中采购项目以外，单项或年度批量预算金额在分散采购限额标准以下的货物类政府集中采购项目，采购单位通过浙江“政采云”平台电子卖场——网上超市、行业馆或主题馆进行采购。全省统一集中采购项目以外，单项或年度批量预算金额达到分散采购限额标准但在公开招标数额标准之下的货物类政府集中采购项目，采购单位通过浙江“政采云”平台电子卖场——在线询价系统、反向竞价系统、行业馆或主题馆进行竞价采购。全省统一集中采购项目以外的服务类政府集中采购项目，采购单位通过浙江“政采云”平台电子卖场——网上服务市场系统进行定点采购。

二、分散采购

(一)分散采购限额标准

1.货物、服务类项目:20 万元。

2.工程类项目:30 万元。

(二)分散采购要求

集中采购目录以外，单项或年度批量预算金额达到分散采购限额标准的项目，依法实施分散采购。采购单位可以依法自行组织采购,也可以依法委托采购代理机构组织采购。

为进一步提高政府采购效率，对单项或年度批量预算金额在分散采购限额标准以上、公开招标数额标准以下,规格或服务标准较为统一、现货货源充足或市场竞争充分且价格变化幅度小的货物类和服务类分散采购项目，采购单位可以通过浙江“政采云”平台电子卖场进行竞价采购。

对集中采购目录以外，单项或年度批量预算金额在分散采购限额标准以下的货物或服务类项目,采购单位应当通过浙江“政采云”平台电子卖场——网上超市、网上服务市场、行业馆或主题馆进行采购(未上线的货物或服务除外)。

三、公开招标数额标准

(一)单项或年度批量预算金额达到 200 万元的政府集中采购、部门集中采购和分散采购项目,应当实行公开招标。符合非公开招标采购方式法定适用情形的，可以采用公开招标以外的采购方式，但应当在采购活动开始前获得杭州市政府采购监督管理部门或建德市人民政府批准。

(二)工程类项目公开招标数额标准,按照国家有关规定执行。

四、其他相关规定

(一)对于依法不进行招标但需要进行政府采购的建设工程项目，采购单位应当按照政府采购相关规定采用竞争性磋商、竞争性谈判或者单一来源方式进行政府采购。

(二)采购单位或者其委托的采购代理机构在组织实施政府采购活动时,应当执行节约能源、保护环境、科技创新,扶持不发达地区和少数民族地区,促进中小企业、监狱企业、残疾人福利性单位发展等政府采购政策。

在政府采购活动中中标或成交的中小企业，可以凭政府采购合同，按优于一般中小企业的贷款利率,向相关银行申请信用贷款。

(三)采购单位采购农特产品的,同等条件下应当优先采购贫困地区的农特产品。

(四)对符合国民经济发展要求、代表先进技术发展方向、首次投向市场、暂不具备市场竞争力,但具有较大的市场潜力和产业带动作用、需要重点扶持的首台套产品,实行政府首购制度。

(五)采购单位应加强履约验收管理,以全面完整、客观真实、公开透明为原则,对全过程验收情况进行记录,确保政府采购质量和服务水平。

(六)采购单位及其委托的采购代理机构在组织实施政府采购活动时，应当执行供应商信用记录查询及使用的相关规定。

(七)中央与地方共建单位使用中央或地方财政性资金进行的政府采购，可适用中央预算单位集中采购目录及标准。

(八)政府采购品目分类目录按照《浙江省财政厅关于印发浙江省 2019 年度政府采购品目分类目录的通知》(浙财采监〔2018〕20 号)执行。

五、工作要求

(一)有关部门要保障政府采购当事人合法权益,政府采购当事人要共同构建公平竞争、诚实守信、规范执业、高效有序的政府采购营商环境。

(二)有关部门要认真贯彻落实“最多跑一次”改革精神,全面提升政府采购效率;财政部门要进一步完善浙江“政采云”平台建设,大力推进电子化、数字化采购。

(三)采购单位应当按照规定建立健全政府采购内控机制,制定实施电子化采购内部规程,加强对本单位实施电子卖场采购的管理，有效防范廉政风险。

本通知自 2020 年 5 月 30 日起执行，由市财政局负责牵头组织实施,《建德市 2020 年度政府集中采购目录及标准》有效期为 2020 年 1 月 1 日至 2020 年 12 月 31 日。前发文件规定与本通知不一致的,以本通知为准。

附件:建德市 2020 年度政府集中采购目录及标准

建德市人民政府

2020 年 4 月 30 日

附件

表 14

建德市 2020 年度政府集中采购目录及标准

一、集中采购目录		
项目代码	项目名称	说明
A	货物类	
A02010103	服务器	
A02010104	台式计算机	
A02010105	便携式计算机	
A02010201	路由器	
A02010202	交换设备	限于交换机
A020103	信息安全设备	
A020105	存储设备	
A02010601	打印设备	限于喷墨、激光、热式打印机，不包括针式打印机和条码专用打印机
A0201060901	扫描仪	
A02010801	基础软件	限于办公软件和操作系统软件
A020201	复印机	
A020202	投影仪	
A020204	多功能一体机	
A020210	文印设备	
A02021001	速印机	
A02021002	胶印机	
A02021006	油印机	
A020305	乘用车	
A020306	客车	
A020307	专用车辆	
A0206180203	空调机	指中央空调、多联式空调、恒温恒湿精密空调、壁挂式空调、吸顶机、柜机
A020808	视频会议系统设备	
A02081001	传真机	
A02091001	普通电视设备	限于电视机

续表 14

一、集中采购目录		
项目代码	项目名称	说明
A0321	免费避孕药具	全省统一集中采购
A050201	义务教育教科书	全省统一集中采购
A05020101	国家课程	全省统一集中采购
A05020102	省级地方课程	全省统一集中采购
A05020103	配套作业本	白练习本集中采购，其余由全省统一集中采购
A0601	办公家具	
A070301	工作制服	限于执法人员统一着装，全省统一集中采购
A0901	纸制文具及办公用品	限于复印纸
A110503	兽用疫苗	指动物疾病防控疫苗，全省统一集中采购
A110703	人用疫苗	指一类、二类疫苗，全省统一集中采购
A20	辅助学习资源	限于义务教育，限于全省教育系统
A2001	音像教材	限于义务教育，全省统一集中采购
A2002	学具	限于义务教育，全省统一集中采购
A2003	科学计算器	限于义务教育，全省统一集中采购
C	服务类	
C0301	电信服务	限于网络线路租赁，定点采购
C0403	车辆及其他运输机械租赁服务	限于公务出行用车服务，定点采购
C050301	车辆维修和保养服务	定点采购
C050302	车辆加油服务	定点采购
C060102	一般会议服务	限于本单位组织会议所产生费用，定点采购
C0803	审计服务	定点采购
C081401	印刷服务	定点采购
C0820	绩效评价服务	定点采购
C1204	物业管理服务	定点采购
C15040201	机动车保险服务	定点采购
C180601	省内培训	限于本单位组织培训所产生费用，定点采购

续表 14

二、部门集中采购目录		
项目代码	项目名称	说明
A0320	医疗设备	
A032001	手术器械	
A032002	普通诊察器械	
A032003	医用电子生理参数检测仪器设备	
A032004	医用光学仪器	
A032005	医用超声波仪器及设备	
A032006	医用激光仪器及设备	
A032007	医用内窥镜	
A032008	物理治疗、康复及体育治疗仪器设备	
A032009	中医器械设备	
A032010	医用磁共振设备	
A032011	医用 X 线设备	
A032012	医用 X 线附属设备及部件	
A032013	医用高能射线设备	
A032014	核医学设备	
A032015	医用射线防护设备	
A032016	医用射线监检测设备及用具	
A032017	临床检验设备	
A032018	药房设备及器具	
A032019	体外循环设备	
A032020	人工脏器及功能辅助装置	
A032022	手术急救设备及器具	
A032023	口腔科设备及技工室器具	
A032024	病房护理及医院通用设备	
A032025	消毒灭菌设备及器具	
A032026	医用低温、冷疗设备	
A032027	防疫、防护卫生装备及器具	

续表 14

二、部门集中采购目录		
项目代码	项目名称	说明
A032028	助残器具	
A032031	兽医设备	
A032032	医疗设备零部件	
A032033	属于国际招标的医疗设备	
A032099	其他医疗设备	
A033412	教学专用设备	
A03341201	普教仪器设备	高中（含）以下学校各类实验室（包括专用功能教室、学科教室、创新实验室）教学仪器设备、标本、模型、挂图、实验桌柜，以及配套教学的设备、设施等
A03341203	机床类仪器设备	限于中等职业教育
A03341204	汽车维修类仪器设备	限于中等职业教育
A03341205	电子电工类仪器设备	限于中等职业教育
A050102	中小学、学前教育图书资料	限于高中（含）以下学校、学前教育机构
A2004	教育信息化工程辅助学习资源	限于高中（含）以下普通中小学校和中等职业学校直接从市场购买的、非定制开发的、成熟的商业教育信息化工程辅助学习资源
A2005	教育教学软件	限于高中（含）以下学校直接从市场购买的、非定制开发的、成熟的商业教育教学软件
A2006	学前教育玩教具	
C020101	教育信息化工程辅助学习资源开发任务	限于高中（含）以下学校定制开发的教育信息化工程辅助学习资源
C020102	教育教学软件开发服务	限于高中（含）以下学校定制开发的教育教学软件

建德市人民政府
关于降低非居民用管道天然气价格的通知

各镇、乡人民政府，各街道办事处，市政府各部门、单位：

根据浙江省物价局《关于加强天然气价格监管降低非居民用天然气价格的通知》（浙价资〔2017〕139 号）精神，经研究同意，决定降低我市非居民用管道天然气销售价格，现将有关事项通知如下：

一、非居民用管道天然气销售价格由最高每立方米 5.5 元降至每立方米 4.65 元。同时，鼓励各燃气经营公司对用量大的用户予以优惠。

二、本通知自 2020 年 6 月 15 日起执行，请按规定认真做好明码标价工作。

建德市人民政府

2020 年 7 月 1 日

索 引

Index

说明：

一、本索引设目名索引和图表索引 2 个分目。

二、目名索引按目名第一字汉语拼音（同音字按声调）顺序排，首字相同按第二字音序排，依此类推。类目、分目分别用深蓝色、蓝色标注。标引词后的阿拉伯数字表示内容所在的页码。

三、本年鉴的“特载”未作索引；“概况”“综述”条目均未作索引。

四、图表按序号排列，所在位置标注方法同上。

主题索引

阿拉伯数字

“1+2+X”数字经济平台构建 …… 172
“1+4+12+N”四级政务服务体系构建 …… 111
2020 年高考成绩保持稳定 …… 258
2020 年度建德市优秀共产党员 …… 318
2020 年度十件民生实事项目全面完成 …… 105
2020 年度新任市领导简介 …… 318
2020 年度新闻人物 …… 315
2020 年建德市组织机构及负责人名 …… 319
320 国道建德段改建工程完工 …… 192

A

“艾梅乙”母婴消除 …… 271
爱国卫生 …… 272
安全生产 …… 212
安全生产行政执法检查 …… 212
安全生产与应急管理 …… 212
案件查处 …… 81

B

《编外人员管理实施办法》 …… 148
保密工作 …… 81
保密监督检查 …… 81
保险 …… 223
保障改善民生民利 …… 144
保障体系建设 …… 151
本土人才培育 …… 88
编制建德市节约用水“十四五”规划 …… 167
标准体系建设 …… 239
殡葬改革 …… 276

病媒生物防制……272
不动产登记……201
“博爱帮困”工程……137
“博爱家园”建设……137
“不忘合作初心，继续携手前进”主题教育活动……121
“不忘合作初心，继续携手前进”主题教育……124

C

财通证券建德严州大道证券营业部……225
财政……227
财政·税务……227
财政监管……228
财政审计……237
财政事项改革……227
财政收入……64
参与抗洪抢险救灾……150
参与各项涉疫工作……143
参与抗疫服务社会……120
参与抗疫防汛工作……123
参与社会综合治理……143
参与新冠肺炎疫情防控……121,124,150,202
参与疫情防控和抗洪救灾……129
参与疫情防控期间各项服务……249
参政议政……124,125
参政议政工作……123
参政议政活动……122
残疾人关怀政策落实……135
“残疾人之家”提升星级项目……136
草莓产业新发展……293
产教融合实践……258
产品质量安全监管……241
产业协作……157
产业转型与做强……70
尘毒职业病危害治理……273
成功创建全国“三无县”……94
成功创建全国文明城市……35
成立5G应用联合实验室……180
成立农创大党委……305
成立医疗保障反欺诈中心……246
成立之江部省共建大党委……294
成立之江村乡村振兴发展有限公司……295
成品油市场……189
成人（社区）·民办教育……259
承办“传承弘扬千鹤妇女精神”系列座谈会……130
承办杭州市工商联“主席会长思享会”……126
承办省级中学生田径锦标赛……256
承包数据档案管理……154
城区公共交通建设……194
城市管理……202
城市建设与管理……198
城市数字化亮点工程建设……110
城乡道路交通建设……284
城乡发展融合深入……104
城乡会客厅对外开放……314
城乡建设……198
城乡面貌改善……70
城乡面貌综合整治……309
城镇老旧小区综合改造……283
“诚信计量”建设……239
惩治刑事犯罪……145
澄清容错机制建设……80
充分发挥代表主体作用……97
出口市场与主要出口商品……188
出口信保工作……188
初中提质强校行动……257
处理民商事纠纷……146

畜产品安全监管…………………………161
畜牧生产…………………………160
传统制造业提升改造…………………………104
船舶及港口污染防治…………………………195
船舶拖泥数据测量…………………………196
创成浙江省新时代“美丽城镇”建设
样板镇…………………………290
创建“美丽城镇”省级样板…………………………299
创设政企红盟…………………………87
“创新主体”培育…………………………173
创业创新焕发活力…………………………305
促进依法行政…………………………146
村（居区）委会换届选举…………………………275
村（社区）组织换届…………………………87，283
村镇住房及历史建筑管理…………………………202

D

打击经济领域违法犯罪活动…………………………142
打击社会治安领域违法犯罪活动…………………………142
打造德治社会品牌…………………………309
打造小吃品牌“虾哥螺妹”…………………………287
大慈岩镇…………………………300
大数据服务…………………………250
大事记…………………………42
大同镇…………………………303
大型旅游推介会…………………………266
大洋镇…………………………295
代表联络站规范化建设…………………………100
档案工作“最多跑一次”改革…………………………95
档案工作…………………………94
档案工作服务农村基层社会治理项目…………………………95
档案文化宣传…………………………95
党史宣讲…………………………90
党校教育工作…………………………91
道路交通安全综合治理…………………………141
道路交通运输及行业管理…………………………194
稻米品牌建设…………………………157
德信 AI 产业园飞地建成并投入运营…………………………172
德翼高科项目开工并列为浙江省“152”及
杭州市大好高项目…………………………179
低温雨雪冰冻天气…………………………69
低效用地盘活…………………………296
抵御新安江水库九孔泄洪灾损…………………………103
地方病防治…………………………270
地理位置…………………………57
地名公共管理与服务…………………………277
地区生产总值…………………………64
地质灾害防治…………………………210
第八届西湖荷花展双城联展暨第十二届
建德荷花节…………………………301
第二届武林大会…………………………264
第二轮安全生产专项整治三年行动…………………………213
第七次全国人口普查工作…………………………238
第三届建德新安江万人徒步大会…………………………264
第五届“稻舞田间”稻香节暨杭州国际日
系列活动…………………………312
第七届建德市道德模范…………………………315
电力生产安全稳定…………………………199
电网发展提档升级…………………………199
电子电器行业…………………………171
“订单+清单”系统工作…………………………188
东西部扶贫协作…………………………235
电子商务…………………………182
动物疫病防控…………………………162
队伍建设…………………………215
对港、澳特区工作…………………………82
对台湾地区工作…………………………82
对台湾及港澳工作…………………………82
对外经贸…………………………187

对外贸易……64

F

发展绿色生态畜牧业……160
法 治……138
法律监督职能履行……144
法院……145
法治政府建设……139
“法雨春风”服务月活动……147
“法治带头人”“法律明白人”培育工作……148
范仲淹与《严先生祠堂记》……61
防范和惩罚数据造假专项整治工作……238
防范化解风险……228
防空警报建设与管理……150
防疫防汛保障……111
防疫抗疫工作……127
防疫物资市场秩序保障……239
防疫专项再贷款与退税政策……235
防灾减灾工作……214
房产和住房保障管理……204
房产基建管理……112
纺织服务行业……171
“放心消费”工程……239
丰富个性化服务……93
风险管控……141
“非遗”保护成果及展示……262
服务创新驱动……132
服务打好“三大攻坚战”……143
服务好企业复工复产……110
服务好涉外疫情防控……110
服务基层与社会……123
服务经济建设……126
服务科技工作者……132
服务科学决策……133
服务企业“创先争优”专项工作……232
服务青年群体……130
妇女干部综合素质提升……132
妇女领衔“美丽庭院”创建工作……132
妇女权益保障和维护……131
妇幼保健……271
复工复产工作……170
傅胜红……316

G

改厕改水……272
“改革创新大比拼”活动……77
改革试点（示范）……77
干部“四风”纠治与群众身边不正之风和腐败问题整治……80
干部培训与激励……86
干部使用管理……86
高标准农田评估……156
高等教育……260
高耗能项目管控……175
高强高导铜合金项目建成……294
高效特种林业产业基地建设……163
高中段教育……258
个人所得税年度汇算清缴工作……232
更楼街道……283
工 业……170
工伤康复工作……274
工信部第二批专精特新“小巨人”企业……174
工业行业……171
工业经济发展……288
工业品牌建设……173
工业企业改造与发展……290
工业企业简介……176
公安……141

公共服务…………………………………… 182
公共机构节水降耗监察………………………… 168
公共气象服务………………………………… 253
公共卫生…………………………………… 269
公共资源交易……………………………… 236
公共资源交易监管……………………………… 236
公开招聘事业人员……………………………… 244
公路治超非现场执法检测称重系统建成…… 194
公民身份信息变更“一件事”联办改革…… 110
公平贸易工作………………………………… 188
公务接待管理………………………………… 112
公务用车管理………………………………… 112
共青团建德市委员会………………………… 129
供电…………………………………………… 199
供气…………………………………………… 200
供水和排水…………………………………… 200
供销合作……………………………………… 190
古城文化研究系统开展………………………… 305
骨干教师队伍建设……………………………… 260
固体废物排放………………………………… 206
关爱与帮教工作……………………………… 279
关心下一代工作……………………………… 279
管道天然气正式开通…………………………… 307
规范落实国家粮食惠农政策…………………… 157
规范提升新型农业经营主体…………………… 155
规划编制与重大课题调研……………………… 234
规划管理……………………………………… 209
规模以上工业增加值…………………………… 64
国标母婴设施建设……………………………… 277
国家电力网浙江省电力有限公司培训中心
浙西分中心………………………………… 260
国家电网公司职业病防治院………………… 273
国民经济和社会发展…………………………… 64
国内贸易……………………………………… 189
国土规划和自然资源管理…………………… 209
国土空间规划………………………………… 209
国有资产经营………………………………… 228

H

海关业务……………………………………… 182
寒潮…………………………………………… 67
杭黄高铁建德站……………………………… 196
杭衢高铁建德段建设…………………………… 196
杭州“两山”建设开发有限公司……………… 231
杭州奥立达电梯有限公司……………………… 177
杭州东方雨虹建筑材料有限公司……………… 177
杭州建德高铁新区投资发展有限公司………… 230
杭州科技职业技术学院严州校区……………… 260
杭州朗索医用消毒剂有限公司………………… 178
杭州市天然气利用工程建德段建设…………… 200
杭州万洋科技众创城开工建设………………… 286
杭州县市首个交通全流程电子标试点成功…… 193
杭州屹通新材料股份有限公司………………… 178
杭州银行建德支行……………………………… 222
“荷美小镇”平台谋划………………………… 301
航空交通运输………………………………… 197
航头镇………………………………………… 302
红色场馆建设…………………………………… 91
后勤服务保障………………………………… 111
环境保护……………………………………… 206
环境保障和监测……………………………… 207
环境法治建设………………………………… 206
环境管理体系国际标准认证…………………… 207
环境监督管理………………………………… 207
环境整治长效治理……………………………… 203
环境质量……………………………………… 206
换发第三代残疾人证免费乘公交……………… 136
黄炜获“全国抗击新冠肺炎疫情先进个人”
荣誉称号…………………………………… 300

会员教育培训体系建设……126
惠民生办实事……284
婚姻登记服务……276

J

《建德年鉴（2020）》出版发行……91
机场改（扩）建工程……197
机构编制工作……89
机构编制规划……90
机构编制业务服务……90
机构编制资源配置方式创新……90
机关事务工作……111
机械制造行业……171
积极参与疫情防控和抗洪救灾……136
基本地情……57
基层党建工作……86
基层民主法治建设……148
基层善治基础建设……138
基层社会治理……275
基层统战工作……89
基层宣讲……92
基层综合治理工作……285
基础建设……250
基础设施改善……297
基地与组织建设……279
吉远智能云仓暨电商孵化中心建设项目正式启动……314
疾病预防控制……269
集市贸易……189
集镇建设……298
计划生育业务培训……278
计生特殊家庭关心关爱工作……278
纪检监察……79
技能培训……244
家庭医生签约……268
价格监督检查……241
检察……143
检察、审判机关……325
减税降费政策全面落实……232
建材水泥行业……171
建德苞茶品牌建设……158
建德草莓品牌建设……158
建德海螺水泥有限责任公司……176
建德湖商村镇银行……221
建德经济开发区（航空小镇）……179
建德农商银行……221
建德千岛湖通用机场被列为省航空应急救援主运行基地……197
建德千岛湖通用机场获得三字码“JDE”……197
建德市白沙小额贷款有限公司……225
建德市博物馆开馆……263
建德市残疾人联合会……135
建德市朝美日化有限公司……177
建德市城市建设发展投资有限公司……228
建德市第十六届人民代表大会第四次会议……97
建德市妇女联合会……130
建德市赴温州考察洞头先锋女子民兵连建设……149
建德市高铁新区……180
建德市工商业联合会（总商会）……125
建德市工业技校……258
建德市红十字会……136
建德市环境能源项目成功点火运行……203
建德市建业小额贷款股份有限公司……226
建德市交通发展投资有限公司……229
建德市科学技术协会……132
建德市人民代表大会……96
建德市人民政府……103
建德市人民政府办公室关于开展既有住宅加装电梯工作的实施意见……357

建德市人民政府办公室关于印发《建德市公共租赁住房保障货币补贴实施办法》的通知……350
建德市人民政府关于公布《建德市 2020 年度政府集中采购目录及标准》的通知……360
建德市人民政府关于降低非居民用管道天然气价格的通知……365
建德市人民政府关于调整完善基本医疗保险部分政策的通知……348
建德市人民政府关于印发《建德市最低生活保障实施办法》的通知……345
建德市人民政府关于印发《建德市政府投资项目管理办法》的通知……340
建德市融媒体中心……83
建德市社会科学联合会……279
建德市首座骨灰堂建成并投入使用……303
建德市水产技术推广站注销……161
建德市文学艺术界联合会……133
建德市新安旅游投资有限公司……230
建德市新安小额贷款股份有限公司……225
建德市移民创新创业小微企业园开园……180
建德市资产经营投资有限公司……229
建德市总工会……127
建德首次获得国家非主要农作物品种登记……158
建德至金华高速公路开通……193
建设项目环境管理……206
建设银行建德支行……220
建置沿革……57
建筑行业管理……202
建筑业与房地产管理服务……201
健康教育……270
健康教育……272
健康体检与死亡原因报告……269
“建商”宣传……125
“江清月近人”实景演艺开演……266
降水量和雨日……67
交流互动……157
交通基础设施建设……192
交通卡点疫情防控……191
交通信息化建设……193
交通银行杭州建德支行……220
交通运输……191
教　育……255
教师科研成果……259
教师招聘招引……260
教学培训……92
教育事业……64
教育项目建设……255
教育与宣讲工作……279
街道项目办成立……283
节能降耗……175
节能宣传工作……175
节能专项监察执法……175
节水型社会建设……167
金建铁路建德段建设……196
金千铁路建德段……196
金融・保险……217
金融风险监测……218
金融服务……218
金属加工行业……171
经济发展十大突出贡献制造业企业……174
经济发展特别贡献奖……174
经济管理……234
经济领域机构编制配置……90
经济体制改革……235
经济责任审计……237
经济作物……157
精神卫生工作……271
境外外经贸综合服务体系提升建设……188

救护培训工作……137
就业安置工作……151
举（承）办多种艺术展览……133
举办 2020 第九届浙江自行车联赛首站
建德乾潭爬坡赛……309
举办第二届全国智能体育大赛建德城市赛……264
举办全国党建引领强村善治研讨会……87
举办首次全市退休公务员集体荣退仪式……93
举办首届“钦·亲”杯乡音宣讲达人秀……312
举办现场急救培训班……285
举办严州古城开城仪式暨钱塘江
诗路·第二届梅城诗词大会……291
举办中小学生文化艺术节……257
军 事……149

K

开展“我的美丽乡愁”红色主题创作……134
开展民主监督……122
开展社科普及活动……280
开展执法司法规范化水平提升年活动……139
抗“疫”服务企业……296
抗击突如其来的新冠肺炎疫情……34
抗疫情专题文艺创作……134
考古与文保工作……262
科技成果转化……252
科技创新主体培育……251
科技平台建设……251
科技人才队伍建设与服务……252
科技事业……64
科技支农……252
科学技术……251
科学技术与气象服务……251
科学精准防控新冠肺炎疫情……103
科研人才平台建设……88
科研咨政……92
跨境电商……183
跨县域新名校集团化合作办学……256
矿政管理……210
“空间拓展大比拼”活动……170

L

垃圾分类处置……203
垃圾投放点位提升改造……203
兰花产业发展迅速……159
“蓝妈妈”善治品牌建设……287
劳动保障……244
劳动教育实践活动……257
老干部“银色家园”综合体建设战略合作
协议签约……93
老干部工作……92
老龄工作……277
老年人服务……277
老年人医疗健康与养生服务……277
雷国香……316
黎绵和……316
李 萍……315
李家镇……306
李家镇绿色能源站工程正式投运……307
李则华……315
理论宣讲……82
理论学习……82
历史人文……60
莲花镇……287
联合承办之江新安影像论坛……134
粮食购销及储备……189
粮油生产……157
“两癌”筛查……271
“两办”值班室与应急值班双向融合……214

两会平台建言献策……123
两级名师工作室建设……260
“两治一整”百日攻坚行动……194
林场……165
林业……162
林业病虫害检测与防治防控……165
林业企业……164
林政资源管理……164
临时机构与编外用工管理……90
留守儿童关爱工作……131
陆游与严州刻书业……61
落实“转供电”新政……241
落实教育领域民生实事……256
落实企业复工复产政策……282
落实企业纾困解难政策……240
落实疫情期间支持政策……205
落实用电“惠企”政策……200
旅游……265
旅游景区提档升级……266
旅游消费惠民措施……266

M

梅城镇……289
梅汛期暴雨……68
“美丽城镇”建设……198，311
“美丽城镇”建设规划编制……305
“美丽城镇”和“美丽乡村”建设……307
美丽河湖建设……169
美丽乡村建设……153，285，291，301，302
美丽宜居环境打造……289
门前“三包三色”分类管理……203
门诊诊疗工作……274
免疫规划……269
“盟员之家”建设……122
民办教育监管专项整治……259
民办学校准入审核管理……259
民办幼儿园“问题清单式”督查……257
民兵骨干、民兵教练员和学生军训教员集训·149
民兵跨区联训……149
民革建德市委员会……120
民生工程建设……282
民生领域机构编制配置……90
民生司法保障……146
民生支出保障……227
民生资金审计……238
民政工作……275
民主党派 工商联……324
民主党派·工商联（总商会）……120
民主监督……125
民主评议……116
民族与宗教工作……278
名 录……318
穆海鸿……317
穆亚涵……316

N

纳米复合功能性新型面料及3D印花和3D喷绘面料项目落地……295
宁波银行杭州建德支行……222
农村电商……183
农村发展党员违规违纪问题排查整顿……87
农村公路保险……193
农村集体资产管理……155
农村家宴中心建设工作……285
农村金融改革……154
农村经营管理……154
农村人居环境长效管理……153
农村住房改造完成安置房分房……291

农村综合产权流转交易平台建设……154
“农创客”工程……129
农夫山泉建德生产基地……176
农林牧渔业增加值……64
农旅融合振兴乡村工作……296
农贸市场提升工程……239
农田建设管理……156
农文旅融合发展……301
农文旅深度融合……305
农业·农村……153
农业行政执法……161
农业机械……161
农业机械执法检查……162
农业科技及农业机械……161
农业气象服务……253
“农业特色型”美丽城镇建设……313
农饮水达标提标工程……201
“农转用”报批……209
女工“大比武”活动……132

P

排水……201
平安创建……282
“平安建德”创建……138
平安建设工作……301
蒲松龄《聊斋志异》首个刻本……62

Q

“七星级”社保大厅建设……245
其他工作……81
其他行业……171
其他文体旅融合重大赛事……265
企业单位……326
企业风险管控体系建设……212
企业服务优化……173
企业家联谊会工作……123
企业经营管理人才培训……173
企业培育和管理……172
企业社会责任履行……126
企业招才引智……301
气候……60
气温……67
气象……67
气象防灾减灾工作……253
气象服务……253
气象科普宣传……254
气象社会管理……254
气象现代化建设……253
钱塘江干流禁渔工作……162
乾潭镇……308
强对流天气……67
强化市场主体信用监管……241
切实解决“执行难”……146
钦堂乡……310
钦堂乡小微企业创业园开建……311
青春健康教育工作……278
青少年科普专项工作……133
青少年思想工作……129
清廉建设监督与深化……79
清廉文化建设……81
晴热高温……69
“请你来协商”平台建设……117
秋季连阴雨……69
“千鹤妇女精神教”育基地创建成全国妇女爱国主义教育基地……131
“千鹤妇女精神”教育基地建成开放……266
区域合作和对口支援……235
全国文明城市创建成功……282

全面从严治党……71
全面深化改革工作……76
“全面从严治党”推进与落实……79
全面完成开源增收项目预期目标……232
全民健身运动……264
全民科学素质提升工作……133
全市党建工作暨巡察工作动员部署会……76
全市人大宣传工作会议……98
全市首家“指尖户主会”……293
全市首家数字监察办公室……293
全域旅游……288
全域绿化彩化……163
群众福祉增加……71
群众团体……127
群众团体……325

R

人才储备……87
人才培养……244
人才资源管理……243
人防宣传教育……151
人工影响天气工作……254
人居环境建设……295
人口……62
人口年龄分布……62
人口迁移……64
人口区域分布……62
人口性别结构……62
人口与计划生育……277
人力社保业务“家门口”办……245
人力资源管理和社会保障……243
人民防空……150
人民福祉持续增强……104
人民武装……149
人民武装……325
日用轻工行业……171
日照……67
入围 2020—2022 年省级绿色转化财政专项激励政策名单……228
入围全省农村综合改革集成建设项目县……228
入选部编小学教材的《宿建德江》……61

S

三都镇……312
“三废”治理……208
森林扶育苗和公益林管理……163
森林消防工作……164
山海协作工程……236
商　贸……181
商标培育……241
商贸安全生产管理……181
商贸扶持政策……181
商事登记集成化改革……239
上海浦东发展银行杭州建德支行……222
上市企业监管监管……219
少数民族村发展扶持工作……278
“扫黑除恶”专项斗争……139
设计（消防）管理……202
社会保障……65
社会服务……125
社会服务工作……122
社会工作人才队伍建设……276
社会化服务……213
社会基层治理平台建设……142
社会救助……275
社会生活……275
社会文化事业……285
社会稳定维护……138

社会信用体系建设……………………………234
社会治理工作………………………………299
社科基地建设提升…………………………280
社区财务体制改革…………………………283
社区减负工作持……………………………276
社区教育品牌创建工作……………………259
涉“经济体制改革”信访受理………………93
涉城乡住房建设国土空间规划……………198
涉农城乡区域统筹发展……………………157
涉水项目与水上船舶安全监管……………195
涉宗教活动场所管理………………………278
深化“亩均论英雄”改革……………………173
深入推进社会矛盾纠纷调处化解中心
（信访超市）规范化建设……………………94
审计…………………………………………237
生态环境保护建设和自然资源规划管理……206
生态建设……………………………………207
生态气象服务………………………………253
生态文明示范市创建………………………207
生态文明宣传………………………………208
生态修复……………………………………210
生物科技行业………………………………171
生育登记服务………………………………277
省 AAAAA 级景区镇创建成功………………299
省航空应急救援主运行基地和杭州市
常态化备勤点建设…………………………215
省市课题申报………………………………280
省医学生思政理论课校外实践教育基地揭牌·314
师生职业技能大赛…………………………258
师资队伍……………………………………259
湿地保护与管理……………………………163
十大亩均绩效制造业企业…………………174
实施“不见面”招投标制度…………………236
实施“最严格水资源管理”制度……………167
实施多部门联动巡察机制……………………78
实施杭州市首个特种交通机械设备智能监管·195
实施杭州市中低产田改造示范项目…………156
实施数字乡村治理新模式……………………156
实现村级巡察全覆盖…………………………79
实现长三角通勤旅游航线互联互通…………197
食品安全监管…………………………………240
食品饮料行业…………………………………171
史志工作………………………………………90
史志系列丛书编印……………………………91
市场监管………………………………………239
市场主体法律顾问服务网格化全覆盖………148
市场主体清查试点工作………………………232
市第一批重大项目集中签约集中开工………180
市级平台体制机制调整完善…………………89
“市级重点制造业企业”评选………………174
“市级培育制造业企业”评选………………174
市纪委十四届五次全体（扩大）会议………76
市名由来………………………………………58
市情概览………………………………………57
市人大和人大机关……………………………321
市十六届人大常委会会议……………………98
市委办公室文件………………………………331
市委常委会议…………………………………72
市委和市委工作部门、直属单位……………319
市委农村工作会议暨全国乡村治理体系
建设试点示范工作部署会……………………75
市委十四届八次全体（扩大）会议…………71
市委十四届九次全体（扩大）会议…………71
市委重要会议…………………………………71
市委重要文件辑录……………………………332
市应急综合指挥中心建设……………………214
市域社会治理…………………………………139
市长办公会议…………………………………108
市政府办公室文件……………………………331
市政府常务会议………………………………106

市政府和政府工作部门、直属单位……………321
市政府全体（扩大）会议……………………105
市政府文件……………………………………331
市政府重要文件辑录…………………………340
市政设施维修管理……………………………199
市政协常委会会议……………………………114
市政协和政协机关……………………………324
市政协十四届委员会第四次会议……………114
市直管公房专项巡察……………………………79
事业单位………………………………………325
视察检查………………………………………101
视频会见帮教中心投入使用…………………147
首次试行预算草案“三审”制………………100
首次专题听取和审议人大街道工委工作
情况报告……………………………………101
首届斐济果开摘品尝节………………………308
首届新时节乡贤敬老大会……………………312
寿昌镇…………………………………………297
数字档案馆建设…………………………………94
数字电视网络…………………………………249
数字赋能“零跑腿”…………………………205
“数字赋能”建设……………………………138
数字化服务能力提升…………………………172
数字化建设……………………………………104
数字化建设探索………………………………111
双重和垂直管理单位…………………………327
“双千”直播空间点正式启动………………305
水表普查与维护………………………………200
水产健康养殖示范场建设……………………160
水产业…………………………………………160
水稻绿色高质高效创建工作…………………157
水利工程建设及农村饮用水安全……………307
水利基础设施建设……………………………284
水利建设………………………………………168
水利事业改革…………………………………168
水路运输管理…………………………………195
水资源管理……………………………………167
水资源管理与水利建设………………………167
税（费）种管理………………………………233
税收风险管理…………………………………233
税务……………………………………………231
司法行政………………………………………147
四大产业平台建设……………………………180
“四好农村路”三年行动计划收官…………193
松口村入选全国“一村一品”示范村………314
诉讼制度改革…………………………………147
诉源治理………………………………………139

T

台州银行股份有限公司杭州建德支行………222
泰隆银行股份有限公司杭州建德支行………223
探索新型治理路径……………………………303
探索与长三角地区人大建立交流合作和
协同发展机制………………………………101
碳酸钙整治提升巡察……………………………78
唐末诗人李频……………………………………61
淘汰35蒸吨/小时以下燃煤锅炉……………175
特色街区打造…………………………………181
特色农业………………………………………288
特殊时期贷款政策落实………………………217
特殊时期教学…………………………………255
特殊时期政治监督………………………………80
特殊时期治安保障……………………………141
特种设备安全监管……………………………240
提升“12345”效能指数………………………94
体育……………………………………………263
体育竞技成绩…………………………………264
体育设施升级完善……………………………263
调查研究与政策制定……………………………77

调解和事队……148

铁路运输……196

铁塔公司建德办事处……248

通信……247

统计……238

统一战线工作……88

图书馆工作……263

土地出让……210

土地整治……295

土地资源空间拓展……210

推动检察改革创新……144

“退二线”干部一线履职……87

退役军人事务……151

托幼机构管理……271

W

Wynca 新安·2020 建德 17℃新安江马拉松比赛……264

外汇服务与管理……218

外来人才引进与培育……87

外事工作……110

外资招商及港澳台资招商……187

完成 2020 年度征兵工作……149

完善“司法协作”机制建设……233

王国平获全国劳动模范称号并进京接受表彰·128

王江平……315

网络综合治理……85

危险货物道路运输专项整治行动……195

“违建”治理……204

卫生监测……270

卫生健康……267

未成年人保护……144

文化……262

文化、体育事业……65

文化·旅游·体育……262

文化传承……85

文化供给……85

文化惠民工作……297

“文化航头”品牌建设……303

文化农旅融合成果……291

文旅产业数字化……266

文旅融合……265

文明委全体（扩大）会议暨创建全国文明城市“决战决胜”誓师大会……76

“文明建设”工程……83

文明校园创建活动……256

文体旅融合加快……104

文艺创作成果……135

文艺人才扶持……134

“无窗口化”改革……110

“无违建”市创建……198

“五水共治”持续深化……289

无障碍环境建设……136

武警建德中队……150

物价管理……241

X

下涯镇……293

“夏日冬泳”百城挑战赛……264

险情处置……215

现代农业提档升级……302

乡村善治典范——“美好账本”……313

乡村善治工作……307

乡村治理体系试点工作……155

“乡村振兴”工作评议……100

“乡村小脑”建设试点……297

乡贤统战工作……299

乡镇（街道）……281

乡镇（街道）…………………………… 328
项目协作…………………………………… 157
消防安全综合治理……………………… 215
消防救援…………………………………… 215
消费券发放………………………………… 181
“消薄”增收工作………………………155，295
小城市培育………………………………… 235
小额贷款公司监管……………………… 219
小额贷款企业……………………………… 225
小微权力监管中心成立………………… 288
校园安全建设……………………………… 256
协商建言…………………………………… 115
协商建言…………………………………… 123
新安江街道………………………………… 281
新安江水库九孔泄洪始末………………38
新安江水力发电厂……………………… 179
“新安夜话·部长有约”访谈活动……… 87
新材料行业………………………………… 171
新冠肺炎疫情防控……………………268,282
“新冠”疫情防控中医中药应用……… 272
新冠肺炎疫情防控和复工复产工作…… 245
新华三期安置房 EPC 项目……………… 287
新农村建设………………………………… 153
新农村建设………………………………… 299
新农村建设………………………………… 313
新品种引进与推广……………………… 161
新生儿先天性心脏病筛查……………… 271
新叶村获评全国重点旅游乡村………… 301
新一轮小城市培育试点三年行动计划
　通过浙江省专家评审………………… 310
“新制造计划”建德行动方案………… 170
信访和“12345”市长公开电话………… 93
信访和提议案……………………………… 207
信息和智慧经济…………………………… 171
信息业……………………………………… 247
信用体系建设……………………………… 218
行政复议职责履行……………………… 140
行政规范性文件管理…………………… 140
行政审批服务管理及
　（“最多跑一次”改革）……………… 110
行政许可“最多跑一次”改革………… 213
行政争议调解中心实质化运行………… 140
行政执法“三项制度”落实情况专项
　执法监督………………………………… 140
行政执法…………………………………… 165
行政执法案卷评查……………………… 140
行政执法监督约谈制度………………… 140
修志辅导工作……………………………… 91
许建茹获“乡村振兴领军人物”荣誉称号…… 288
宣传教育…………………………………… 81
宣传平台打造……………………………… 280
宣传思想工作……………………………… 82
学前教育…………………………………… 256
学生近视防控工作……………………… 257
学生口腔窝沟封闭工作………………… 271
学术研究活动……………………………… 280
学校植物科普馆开馆…………………… 293

Y

烟草专卖…………………………………… 189
严州古城步行街入选杭州高品质步行街……291
杨村桥镇…………………………………… 291
杨利娟……………………………………… 315
杨长线道路拓宽工程…………………… 293
洋安区块征迁“清零”………………… 286
洋溪街道…………………………………… 285
“阳光征迁五公开”工作法…………… 295
养老保险审核……………………………… 245
养老服务…………………………………… 275

药品集中带量采购工作……245
药品药械安全监管……240
野马飞机生产制造总部项目落户……180
野生动物保护与管理……165
一站式多元解纷机制建设……146
“一府两院”工作报告会……98
“一带一路”市场开拓……188
“一公里驿站”助力乡村振兴……193
“一句话宣传口号”征集……311
医保基金监管……246
医保药品支付标准全覆盖改革……245
医共体建设……268
医疗帮扶合作……273
医疗保障……245
“医养一体化”居家养老服务社会化养老探索……93
依法履行重大行政决策程序护航房屋征收……140
依法治税工作……233
移民扶持工作……276
义务教育……257
议政建言……120
疫情防控工作……274
疫情防控科普宣传……132
疫情防控审计……237
疫情防控巡察……78
疫情防控与复工复产……288
疫情舆论引导和社会宣传……82
意识形态工作……85
银行……219
银行保险业监管……218
营商环境评价……235
营造法治化营商环境……143
应对新安江水库九孔泄洪……192
应急管理……213
应急体系建设……268
应急准备及演练……214
拥军优抚工作……151
“拥江发展”项目……199
用电环境优化……199
用工“云”招聘与顶岗实习……244
用水服务……200
优化税收营商环境……232
邮政……249
幼儿教师职业技能大赛……257
渔业转型……160
与伍子胥有关的乡土文化……61
园区集聚……183
员工安全培训……213
“云上稻香”平台上线……305
孕产妇管理……271

Z

《中华人民共和国民法典》宣传……148
再生资源回收项目……182
造林和义务植树……163
增值税电子发票试点工作……232
债务融资工具发行……218
战疫情促发展暨“五大比拼”工作部署会……75
章燮与《唐诗三百首》……62
招商引资……184
招商引资……288
招引优秀党政储备人才……244
召开“千鹤女子民兵连”组建方案研讨暨任务部署会……149
召开第二十四个环卫工人节表彰大会……204
召开建德市总工会第十六届委员会两次全体会议……128
浙江大洋生物科技集团股份有限公司……178
浙江建业化工股份有限公司……177

浙江民泰商业银行杭州建德支行……………223
浙江名酒严东关五加皮酒……………………62
浙江人类源头——建德人……………………60
浙江省首个大型航空产学研基地投入运营……179
浙江省中长期青年发展规划
（2017—2025 年）省级试点……………129
浙商银行杭州建德支行………………………221
征地拆迁…………………………………211
证券………………………………………224
政策跟踪审计………………………………237
政府法律顾问制度…………………………140
政府投资审计………………………………237
政协建德市委员会…………………………113
政协履职…………………………………115
政治生态建设………………………………80
政治协商…………………………………125
政治协商工作………………………………122
知识产权保护………………………………241
知识产权保护………………………………242
执法检查…………………………………101
"执法司法规范化水平提升年"活动…………147
直播电商…………………………………184
"支教"工作………………………………206
职业安全…………………………………273
职业病防治工作……………………………273
职业教育活动周宣传………………………258
职业卫生工作………………………………274
植物检疫和有害生物防除工作………………161
指标收益…………………………………210
志愿者服务工作……………………………130
制造业与互联网融合………………………172
智慧水利工程………………………………169
中策橡胶（建德)有限公司…………………176
中共建德市委 关于全面建设风清气正
政治生态的"十项规定"…………………332
中共建德市委 建德市人民政府关于印发
《建德市全面推进文化兴盛行动
实施方案（2019—2022 年)》的通知……337
中共建德市委 建德市人民政府关于印发
《建德市低收入农户高水平全面小康
行动计划（2018—2022 年)》的通知……334
中共建德市委 建德市人民政府印发
《关于应对新冠肺炎疫情支持企业
共渡难关的政策》的通知…………………333
中共建德市委文件…………………………331
中共建德市委员会…………………………70
中国电信股份有限公司建德分公司…………247
中国工商银行股份有限公司建德支行………219
中国联合网络通信有限公司建德分公司……248
中国民生银行杭州建德支行…………………223
中国民主促进会建德市委员会………………124
中国民主建国会建德市委员会………………122
中国民主同盟建德市委员会…………………121
中国农业发展银行建德市支行………………222
中国农业银行股份有限公司建德市支行……219
中国平安财险保险股份有限公司建德支公司·223
中国人民银行建德市支行……………………217
中国人寿保险股份有限公司建德市支公司····224
中国太平洋财产保险股份有限公司
建德支公司…………………………………224
中国移动通信集团浙江有限公司建德分公司·247
中国银行建德支行……………………………220
中国银河证券股份有限公司
建德新安路证券营业部……………………224
中国邮政储蓄银行股份有限公司建德市支行·223
中华联合财产保险股份有限公司建德支公司·224
中介服务管理规范化…………………………111
中介机构规范发展专题调研…………………100
中信银行杭州建德支行………………………222
中药材生产…………………………………159

中医适宜技术基地创建……272
中医药科研……272
中医中药……272
重大产业项目落地平稳……104
重大资产处置……249
重点商贸项目……182
重点调研及成果转化……77
重点项目……168
重点项目建设……234,284,293
重点项目投资……70
重点招商项目……184
重要会议……97，114，105
重要活动……100
重要文件目录……331
重要文件选录……331
重要政策意见制定……78
主任会议听取专项工作汇报……99
主题宣传……83
主体指标总体向好……103
主要传染病防治……269
主要荣誉……92
助力复工复产……252
“助力垃圾分类，人大代表在行动”主题实践活动……100
助力高质量一体化发展……96
助力疫情防控及复工复产……88
助推市域治理效能提升……96
住房公积金管理……204
住房制度改革……204
住房制度改革和住房保障……204
专 记……34
专车接送助力企业复工复产……244
专利知识产权工作……242
专题调研……121
专题议政……116
专业技术职务评审和资格认定注册……260
资源状况……59
“智慧”医疗……267
自然保护地管理……164
自然环境……58
自然资源督察……211
自然资源信息数字化工作……211
自然资源资产审计……237
自主品牌建设……188
综合行政执法领域机构改革……89
综合医改……267
总人口……62
邹雪明……316
足球进校园工程……256
组队参加市农村文化礼堂运动会……312
组织工作……85
组织开展各类“学子活动”……130
祖国统一联谊工作……121
“最多跑一次”改革……76，246
“最美抗疫职工”评比表彰……127
“最美家庭”及“文明家庭”评选表彰……132

图表索引

图 1　2011—2020 年全市生产总值及增长速度示意图…………26
图 2　2020 年各产业增加值占 GDP 比重示意图…………26
图 3　2011—2020 年地方财政收入及其增长速度示意图…………26
图 4　2011—2020 年规模以上工业增加值及其增长速度示意图…………27
图 5　2011—2020 年规模以上工业增加值及其增长速度示意图…………28
图 6　2020 年建德市各月平均气温与上年和常年的比较图…………67
图 7　2020 年建德市各月雨量与上年和常年的比较图…………67
图 8　2020 年建德市各月日照与常年及上年的比较图…………67
图 9　2020 年建德市各乡镇（街道）地闪空间分布图…………68
图 10　2020 年建德市各乡镇（街道）地闪统计图…………69
图 11　2020 年建德市地闪、雷暴日数月分布图…………69
图 12　2020 年建德市企业参展情况图…………188
表 1　2020 年末户籍人口数及其构成统计表…………27
表 2　2020 年规模上工业总产值前十大行业增长情况表…………28
表 3　2020 年金融机构本外币存贷款余额及增速情况表…………29
表 4　2020 年全市人口年龄构成统计表…………32
表 5　2020 年建德市建制村、社区一览表…………63
表 6　2020 年建德市国民经济主要指标情况表…………65
表 7　2020 年杭州市级以上劳模、工匠、五一劳动奖章（状）一览表…………128
表 8　2020 年建德市重点招商项目情况表…………184
表 9　2020 年建德市外资及港澳台资招商总投资 1000 万美元及以上项目统计表…………187
表 10　2020 年贸易摩擦（壁垒）涉案企业排查情况表…………188
表 11　2020 年建德市城市供水到户价格一览表…………201
表 12　建德市发展学前教育第三轮行动计划（2019—2023 年）年度目标…………356
表 13　建德市（2019—2023 年）学前教育建设行动计划…………357
表 14　建德市 2020 年度政府集中采购目录及标准…………362

图书在版编目（CIP）数据

建德年鉴. 2021 / 建德市史志编纂委员会编. --北京：方志出版社，2021.12
ISBN 978-7-5144-5024-8

Ⅰ. ①建… Ⅱ. ①建… Ⅲ. ①建德—2021—年鉴 Ⅳ. ①Z525.54

中国版本图书馆CIP数据核字(2021)第269848号

建德年鉴（2021）

编　　者：建德市史志编纂委员会
责任编辑：罗　滔
出 版 者：方志出版社
地址　北京市朝阳区潘家园东里 9 号（国家方志馆 4 层）
邮编　100021
网址　http://www.zgfzcb.cn
发　　行：方志出版社图书经销中心
电话（010）67110500
经　　销：各地新华书店
印　　刷：杭州华界印务有限公司
开　　本：889×1194　　1/16
印　　张：27
字　　数：695 千字
版　　次：2021 年 12 月第 1 版　　2021 年 12 月第 1 次印刷
印　　数：0001～1000 册
ISBN　978-7-5144-5024-8　　定价：240.00 元